Simone de Beauvoir

A cerimônia do adeus

TRADUÇÃO **Rita Braga**
PREFÁCIO **Magda Guadalupe dos Santos**

7ª edição

EDITORA
NOVA
FRONTEIRA

Título original: *La cérémonie des adieux, suivi de entretiens avec Jean-Paul Sartre, août-septembre, 1974*
Copyright © Éditions Gallimard, 1981
Venda proibida em Portugal.

Direitos de edição da obra em língua portuguesa no Brasil adquiridos pela Editora Nova Fronteira Participações S.A. Todos os direitos reservados. Nenhuma parte desta obra pode ser apropriada e estocada em sistema de banco de dados ou processo similar, em qualquer forma ou meio, seja eletrônico, de fotocópia, gravação etc., sem a permissão do detentor do copirraite.

Editora Nova Fronteira Participações S.A.
Av. Rio Branco, 115 – Salas 1201 a 1205 – Centro – 20040-004
Rio de Janeiro – RJ – Brasil
Tel.: (21) 3882-8200

Imagem de capa: François Lochon / Gamma-Rapho / Getty Images

Dados Internacionais de Catalogação na Publicação (cip)

B385c   Beauvoir, Simone de, 1908-1986
        A cerimônia do adeus/ Simone de Beauvoir; traduzido por Rita Braga; prefácio por Magda Guadalupe dos Santos. – 7. ed. – Rio de Janeiro: Nova Fronteira, 2025.
        496 p.; 15,5 x 23 cm

        Título original: *La cérémonie des adieux, suivi de entretiens avec Jean-Paul Sartre, août-septembre, 1974*

        ISBN: 978.65.5640.903-0

        1. Literatura francesa. I. Braga, Rita. II. Título.

        CDD: 843
        CDU: 8821.133.1

André Felipe de Moraes Queiroz – Bibliotecário – CRB-4/2242

Conheça outros livros da autora:

Simone de Beauvoir, em suas memórias, nos dá a conhecer sua vida e obra. Quatro volumes foram publicados entre 1958 e 1972: *Memórias de uma moça bem-comportada, A força da idade, A força das coisas* e *Balanço final*. A estes se uniu a narrativa *Uma morte muito suave*, de 1964. A amplitude desse empreendimento autobiográfico encontra sua justificativa numa contradição essencial ao escritor: a impossibilidade de escolher entre a alegria de viver e a necessidade de escrever; de um lado, o esplendor do contingente; do outro, o rigor salvador. Fazer da própria existência o objeto de sua obra era, em parte, solucionar esse dilema.

Simone de Beauvoir nasceu em Paris, a 9 de janeiro de 1908. Até terminar a educação básica, estudou no Curso Désir, de rigorosa orientação católica. Tendo conseguido o certificado de professora de filosofia em 1929, deu aulas em Marseille, Rouen e Paris até 1943. *Quando o espiritual domina*, finalizado bem antes da Segunda Guerra Mundial, só veio a ser publicado em 1979. *A convidada*, de 1943, deve ser considerado sua estreia literária. Seguiram-se então *O sangue dos outros*, de 1945, *Todos os homens são mortais*, de 1946, *Os mandarins* — romance que lhe valeu o Prêmio Goncourt em 1954 —, *As belas imagens*, de 1966, e *A mulher desiludida*, de 1968.

Além do famoso *O segundo sexo*, publicado em 1949 e desde então livro de referência do movimento feminista mundial, a obra teórica de Simone de Beauvoir compreende numerosos ensaios filosóficos, e por vezes polêmicos, entre os quais se destaca *A velhice*, de 1970. Escreveu também para o teatro e relatou algumas de suas viagens ao exterior em dois livros.

Depois da morte de Sartre, Simone de Beauvoir publicou *A cerimônia do adeus*, em 1981, e *Cartas a Castor*, em 1983, o qual reúne uma parte da abundante correspondência que ele lhe enviou. Até o dia de sua morte, 14 de abril de 1986, colaborou ativamente para a revista fundada por ambos, *Les Temps Modernes*, e manifestou, de diferentes e incontáveis maneiras, sua solidariedade total ao feminismo.

Sumário

Prefácio, 9
Prefácio da autora, 17

1970, 19
1971, 28
1972, 40
1973, 56
1974, 83
1975, 96
1976, 112
1977, 117
1978, 129
1979, 133
1980, 138

Entrevistas com Jean-Paul Sartre, agosto-setembro de 1974, 149

Prefácio às entrevistas, 151

Prefácio
— MAGDA GUADALUPE DOS SANTOS[*] —

Pode-se considerar *A cerimônia do adeus* o ponto de chegada de uma espécie de trilogia de Simone de Beauvoir sobre a velhice, integrada também por *Uma morte muito suave*, publicação de 1964, e *A velhice*, de 1970. Se este último ensaio aborda o tema de um ponto de vista geral, num viés antropológico e ético interessado no tratamento cruel que se reserva aos mais velhos em nossa cultura, os outros dois mergulham nas memórias da própria autora, pondo em cena o que envolveu a morte de personagens que lhe são próximas e caras: em *Uma morte muito suave*, sua mãe, cuja hospitalização e falecimento põem fim às vivências e lembranças de um casamento burguês infeliz; e, no presente volume, *A cerimônia do adeus*, lançado em 1981, Jean-Paul Sartre, o aclamado filósofo com quem compartilhou mais de cinquenta anos de intensa convivência, amor e amizade.

Como escreve a autora no prefácio, seu relato dirige-se a quem deseja conhecer os últimos anos de vida de Sartre, descritos da ótica de quem viveu a seu lado e não apaga seu próprio eu — os dados sendo buscados no diário por ela mantido durante uma década, entre 1970 e 1980. Desde o início desse período, entre viagens e projetos, Sartre já manifestava alguma decadência dos sentidos, certa indiferença ao que se passava ao redor e momentos de lapso de consciência. Contudo, como forma de recuperar as relações com a vida, mantinha participação em manifestações políticas, ao lado de intelectuais franceses, como Michel Foucault e Jean Genet, e alemães, como Heinrich Böll.

Assim, à narrativa dos grandes fatos históricos na França e no mundo se entremeia o relato dos distúrbios de saúde de Sartre, as contínuas visitas aos médicos, a falta de controle sobre o próprio corpo, diante da qual ele, em vez de se sentir constrangido, respondia com simplicidade que é preciso "ser modesto, quando se é velho". Foi a partir de então que

---

[*] Professora de filosofia na Universidade Estadual de Minas Gerais e na PUC Minas. Integrante do comitê editorial da revista *Simone de Beauvoir Studies*.

ela, Beauvoir, confessa haver tomado plena "consciência da irreversibilidade da degradação da velhice", a resignação de Sartre diante da perda dos dentes e da visão, o que causava uma perturbação dolorosa em Beauvoir.

De um lado, ao acompanhar a última década de vida pública do grande filósofo, aliás, uma vida compartilhada consigo, Simone de Beauvoir confirma suas qualidades de memorialista, um aspecto a não ser desconsiderado pelo leitor. Assim, dentre outras memórias, acompanhamos a viagem de ambos a Portugal, em 1975, apenas um ano após a Revolução dos Cravos, bem como sua visita à Grécia na mesma época.

Embora a Beauvoir as capacidades intelectuais do companheiro parecessem intactas, já a partir de 1973 Sartre dava sinais de perda de memória e dos movimentos, manifestava "lembranças ilusórias" e era acometido por oscilações de humor, lapsos mentais e a experiência de "uma inquietação difusa em relação a seu corpo, a sua idade e à morte" — tudo isso antes mesmo de completar 68 anos.

A perda gradativa da visão o confundia muito, mesmo que não se queixasse disso; o fato de que não mais podia ler não o impedia de querer folhear os livros, como em um esforço para restabelecer o equilíbrio entre o que um dia fora e o que estava perdendo. Assim, Simone de Beauvoir se torna um amparo para seus olhos fragilizados, na condição de leitora dos livros, o que ele aceitava apenas porque a falta de visão lhe parecia "suportável se considerada provisória". De sua parte, Beauvoir afirma sentir-se arrasada, sendo-lhe apavorante assistir à "agonia de uma esperança", enquanto os medicamentos para estabilizar a vista provocavam incontinência urinária.

Como a escrita de Sartre termina por reduzir-se a sinais ilegíveis, durante uma viagem a Roma, Beauvoir sugere gravações de entrevistas sobre literatura, filosofia, vida privada — o que constitui o texto que se encontra no fim deste volume, como um anexo apresentado em grande estilo. Após a experiência das gravações, a ideia de ambos era criar programas de televisão, o que mostra o desejo de continuarem atuantes na esfera intelectual e pública.

Contudo, o agravamento das debilidades não avança; Sartre se vê proibido de fumar e as dificuldades motoras se intensificam. A isso se soma que, mantendo sua participação na revista *Les Temps Modernes*, ele se vê gradualmente envolvido por supostos amigos, em especial por

Simone de Beauvoir

Benny Levi, que no relato aparece como Pierre Victor, o qual, conforme Beauvoir, passa a servir-se do nome de Sartre para expressar suas próprias ideias, bastante desviadas do modo de pensar e ser do filósofo. A dificuldade de recusar tais publicações distorcidas devia-se a sua condição física, por ver-se diante de um futuro fechado e sem forças para duvidar de Victor senão ao custo de renunciar "a um prolongamento vivo de si mesmo". Ademais, não tinha ele mais condições de avaliar um texto se não o podia ler com os próprios olhos, menciona Beauvoir.

A narrativa de *A cerimônia do adeus* e as entrevistas que ocupam as quase quatrocentas páginas deste livro merecem ser lidas e não apenas recontadas. Beauvoir parece ter necessidade de tudo registrar e sobre tudo refletir, a fim de controlar a delicada situação do corpo do *outro* por meio da escrita, tirando partido dos efeitos produzidos por essa força de registro. O que então se revela é a forma como os relatos excedem os limites do que se consideraria legítimo narrar, sobretudo acerca da velhice, da incontinência e da morte, como se, no âmbito textual, certos tabus discursivos devessem ser ultrapassados em relação aos discursos logocêntricos. Afinal, a cultura ocidental admite a descrição dos hábitos sexuais de um homem ilustre e famoso, mas não que se escreva acerca de sua perda de controle das funções excretórias.

A indagação que se levanta é quanto seria culturalmente permitido escrever sobre a velhice e a morte — e, no caso de Beauvoir, que o faz na primeira pessoa, quanto poderia ela, em seu intento realista, considerar que o real é passível de ser verdadeiramente descrito? Tanto na parte memorialística quanto nas entrevistas, destacam-se questões relativas ao corpo, às diferenças entre homens e mulheres e à relação entre vida e morte. O que realça e fascina na escrita de Beauvoir é justamente, no conjunto de *A cerimônia do adeus*, como ela se recusa a respeitar restrições e tabus impostos a quem pretende falar do corpo em processo de envelhecimento, fazendo-o num livro que é tanto um poema de despedida quanto uma profunda reflexão filosófica e antropológica em bases existencialistas.

Uma vez mais, sua escrita realça como o vivido merece ser apreendido em variantes de gênero, idade e com a possibilidade de mudanças em suas representações, temas perseguidos desde *O segundo sexo*, em que também se transgride uma gama considerável de limites, em

A cerimônia do adeus

termos sexuais, corpóreos e culturais. Na *Cerimônia*, é o corpo em declínio que se tematiza, na forma como uma mulher observa e identifica, no corpo masculino, a resignação, o conformismo, mas ainda as últimas manifestações de uma inteligência que sabe reconhecer as fragilidades da própria velhice. Sob uma perspectiva comum, trata-se de uma quebra do silêncio sobre os interditos da vida, sobre o que não deveria ter sido escrito, pois choca os leitores em seu realismo — leitores que, todavia, amadurecem pela experiência da profundidade poética da própria narrativa.

Em 1980, já internado e no fim da vida, vítima de um edema pulmonar que incide em problemas renais, Sartre vagava entre alucinações e fantasias, necessitando poder "morrer em paz". Em seu enterro, uma multidão de cinquenta mil pessoas acompanhou o carro fúnebre, numa homenagem final. De fato, um enterro que "Sartre desejava e que dele não saberia", tal como exposto por Beauvoir.

Se a velhice e a morte integram o imaginário cultural, uma evidência da ambiguidade da vida, a despedida de um amigo querido, com quem Beauvoir compartilhou mais de cinquenta anos de intensa convivência, amor e amizade, além de laços intelectuais e políticos, merecia um ritual de escrita como uma última homenagem de prática existencial. O registro memorialístico de Simone de Beauvoir pode ser também lido como uma forma de capturar os sinais de sua mortalidade e os de Sartre, substituindo os rituais religiosos de morte pela escrita de homenagem carregada de uma simbologia de representações captadas pela memória.

Aos leitores que acompanham a trajetória quase épica dos relatos beauvoirianos sobre o mundo ao redor, *A cerimônia do adeus* se apresenta sobretudo como uma via para superar o peso de constatações e inquietações. Um livro de grande atualidade moral, em que se desvela o grande outro da cultura ocidental: a velhice, aqui apresentada com cristalina coragem.

A cerimônia do adeus

*Aos que amaram Sartre,
que o amam,
que o amarão.*

Prefácio da autora

Eis aqui meu primeiro livro — o único certamente que você não leu antes que o imprimissem. Embora todo dedicado a você, ele já não lhe concerne.

Quando éramos jovens e, ao final de uma discussão apaixonada, um de nós triunfava ostensivamente, dizia ao outro: "Você está enclausurado!" Você está enclausurado; não sairá daí e eu não me juntarei a você: mesmo que me enterrem ao seu lado, de suas cinzas para meus restos não haverá nenhuma passagem.

Este *você* que emprego é um engodo, um artifício retórico. Ninguém me ouve; não falo com ninguém. Na realidade, dirijo-me aos amigos de Sartre: àqueles que desejam conhecer melhor seus últimos anos. Relatei-os tal como os vivi. Falei um pouco de mim, porque a testemunha faz parte de seu testemunho, mas fiz isso o menos possível. Primeiro, porque não é esse meu tema; e depois, conforme observava ao responder a amigos que me perguntavam como aceitava as coisas: "Isso não pode ser dito, isso não pode ser escrito, isso não pode ser pensado; isso se vive, e é tudo."

Este relato baseia-se essencialmente no diário que mantive durante esses dez anos. E também em inúmeros testemunhos que recolhi. Obrigada a todos aqueles que, com seus escritos ou de viva voz, ajudaram-me a descrever o fim de Sartre.

1970

Durante toda a sua existência, Sartre jamais cessou de questionar-se; sem desconhecer o que denominava seus "interesses ideológicos", não queria que o alienassem, optando assim frequentemente por "pensar contra si", fazendo um difícil esforço para "espremer os miolos".

Os acontecimentos de 1968, com os quais se envolveu e que o tocaram profundamente, foram para ele motivo de uma nova revisão; ele se sentia contestado enquanto intelectual e, através disso, foi levado, no decurso dos anos que se seguiram, a refletir sobre o papel do intelectual e a modificar sua concepção a respeito.

Sobre isso ele explicou-se com frequência. Até então,[1] Sartre concebera o intelectual como um "técnico do saber prático" que rompia a contradição entre a universalidade do saber e o particularismo da classe dominante da qual era produto: encarnava assim a consciência infeliz, tal como Hegel a define; satisfazendo sua consciência através dessa própria má consciência, julgava que ela lhe permitia situar-se ao lado do proletariado. Agora, Sartre julgava que era preciso ultrapassar esse estágio: ao *intelectual clássico* contrapunha o *novo intelectual*, que nega em si o momento intelectual, para tentar encontrar um novo *estatuto popular*; o novo intelectual procura fundir-se com a massa, para fazer triunfar a verdadeira universalidade.

Sem ainda havê-la traçado claramente, Sartre tentou seguir essa linha de conduta. Em outubro de 1968, assumira a direção do boletim *Interluttes* que, ora mimeografado, ora impresso, circulava entre os comitês ativistas. Ele estivera muitas vezes com Alain Geismar e interessara-se profundamente por uma ideia que este lhe expusera no início de 1969: editar um jornal no qual as massas falariam às massas, ou melhor, o povo, ali onde suas lutas o haviam parcialmente reconstituído, falaria às massas, para engajá-las nesse processo. Após iniciar-se, o projeto tomou outra direção. Mas realizou-se quando Geismar aderiu à Esquerda

---

[1] Especialmente nas conferências que fez no Japão.

A cerimônia do adeus

Proletária (G.P.)[2] e maoistas criaram com ele *La Cause du Peuple*. O jornal não tinha proprietário. Era escrito, direta ou indiretamente, por trabalhadores e sua venda se fazia através de militância. Visava dar uma ideia das lutas realizadas na França pelos operários a partir de 1970. Muitas vezes, mostrou-se hostil aos intelectuais e ao próprio Sartre, por ocasião do processo de Roland Castro.[3]

Entretanto, por intermédio de Geismar, Sartre entrou em contato com vários membros da G.P. Quando, por haverem alguns artigos de *La Cause du Peuple* atacado violentamente o regime, seu primeiro diretor, Le Dantec, e depois o segundo, Le Bris, foram presos, Geismar e outros militantes propuseram a Sartre que os substituísse. Ele aceitou, sem hesitar, porque achava que o peso de seu nome poderia ser útil aos maoistas. "Cinicamente, coloquei minha notoriedade na balança", diria ele mais tarde, durante uma conferência realizada em Bruxelas. A partir daí, os maoistas foram levados a fazer uma revisão de seu julgamento e de sua tática em relação aos intelectuais.

Relatei em *Balanço final* o processo de La Dantec e de Le Bris, que transcorreu a 27 de maio, e no qual Sartre foi citado como testemunha. Nesse dia, o governo anunciou a dissolução da Esquerda Proletária. Pouco antes tinha havido um comício na Mutualité, onde Geismar conclamara o público a sair às ruas no dia 27 de maio, para protestar contra o processo: falou apenas oito minutos e foi preso.

O primeiro número de *La Cause du Peuple* dirigido por Sartre saiu a 1º de maio de 1970. O poder não o molestou, mas o ministro do Interior mandou apreender todos os números: felizmente, o impressor

---

[2] *Gauche prolétarienne*. (N.T.)

[3] Roland Castro, militante de *Vive la Révolution* (V.L.R.), junto com Clavel, Leiris, Genet e alguns outros, ocupara o escritório da C.N.P.F. (Conféderation Nationale du Patronat Français) para protestar contra a morte de cinco trabalhadores imigrados, asfixiados pelo gás de calefação. Eles foram seviciados pelos C.R.S. (Compagnie Republicaine de Sécurité), presos, depois soltos, exceto Castro que, num sinal vermelho descera do veículo, tentando fugir. Capturado pelos policiais, foi acusado de violência para com estes. Foi condenado, porque o juiz recusou-se a situar o processo no único terreno válido, o terreno político. Sartre depôs a favor dele, e seu depoimento foi malevolamente comentado por *La Cause du Peuple*.

pôde fazer sair a maioria dos exemplares antes da apreensão. O governo então se voltou contra os vendedores, que foram julgados por um tribunal de exceção, acusados da reconstituição da liga dissolvida. Contei também como Sartre, eu mesma e inúmeros amigos vendemos o jornal no centro de Paris sem grandes inquietações. Um dia, as autoridades se cansaram desse combate inútil e *La Cause du Peuple* foi distribuído nas bancas. Foi criada uma Associação de Amigos de *La Cause du Peuple* cujos diretores éramos eu e Michel Leiris. De início, o comprovante de registro da associação nos foi recusado; foi preciso um recurso perante um tribunal administrativo para que nos fosse concedido.

Em junho de 1970, Sartre contribuiu para a fundação do Socorro Vermelho cujos principais sustentáculos foram ele e Tillon. O objetivo da organização era lutar contra a repressão. Num texto, em grande parte redigido por Sartre, o comitê de ação nacional declarava entre outras coisas:

> O Socorro Vermelho será uma associação democrática, legalmente declarada, independente; seu objetivo essencial será o de assegurar a defesa política e jurídica das vítimas da repressão e de proporcionar-lhes apoio material e moral, bem como às suas famílias, sem qualquer exclusão...
> ...Não é possível defender a justiça e a liberdade sem organizar a solidariedade popular. O Socorro Vermelho, surgido do povo, servi-lo-á em seu combate.

A organização englobava os principais grupos esquerdistas, o Testemunho Cristão e diversas personalidades. Sua plataforma política era muito ampla. Desejava, essencialmente, opor-se à onda de prisões desencadeada por Marcellin após a dissolução da G.P. Um número muito elevado de militantes estava preso. Era preciso reunir informações sobre esses casos e criar formas de ação. O Seguro Vermelho contava com vários milhares de membros. Foram constituídos comitês de base em diversos bairros de Paris e no interior. Entre os comitês departamentais, o de Lyon era o mais ativo. Em Paris, a organização ocupou-se particularmente dos problemas dos imigrados. Embora, em princípio, esses grupos fossem politicamente muito ecléticos, foram os maoístas que dentro deles desenvolveram a maior atividade e, mais ou menos, se encarregaram deles.

A cerimônia do adeus

Ao mesmo tempo que cumpria zelosamente suas tarefas militantes, Sartre dedicava a maior parte de seu tempo a seu trabalho literário. Terminava o terceiro volume de sua grande obra sobre Flaubert. Em 1954, Roger Caraudy lhe propusera: "Tentemos explicar um mesmo personagem, eu de acordo com os métodos marxistas, você segundo os existencialistas." Sartre escolhera Flaubert, a quem criticara em *Que é a literatura?*, mas que o seduzira quando lera sua correspondência: o que o atraía nele era a preeminência atribuída ao imaginário. Sartre tinha preenchido uma dezena de cadernos e depois redigido um estudo de mil páginas que abandonara em 1955. Retomou-o e reformulou-o inteiramente de 1968 a 1970. Intitulou-o *O idiota da família* e escreveu-o ao correr da pena com muito entusiasmo. "Tratava-se de mostrar um método e de mostrar um homem."

Ele justificou várias vezes suas intenções. Falando, em maio de 1971, com Contat e Rybalka, especificou que não se tratava de uma obra científica, porque não utilizava conceitos, mas noções, sendo a noção um pensamento que nela introduz o tempo: a noção de passividade, por exemplo. Em relação a Flaubert, ele adotava uma atitude de *empatia*. "É esse meu objetivo: provar que todo homem é perfeitamente conhecível, contanto que se utilize o método apropriado e que se disponha dos documentos necessários." Dizia também: "Quando mostro como Flaubert não se conhece e como, ao mesmo tempo, ele se compreende admiravelmente, indico o que denomino o vivido, ou seja, a vida em compreensão consigo mesmo, sem que seja indicado um conhecimento, uma consciência tética."

Seus amigos maoistas de certa maneira condenavam esse trabalho: teriam preferido que Sartre escrevesse algum tratado militante ou um grande romance popular. Mas nesse terreno ele não pretendia ceder a nenhuma pressão. Compreendia o ponto de vista de seus companheiros, mas não o partilhava: "Se vejo o conteúdo", dizia a propósito de *O idiota da família*, "tenho a impressão de uma fuga, e se vejo, ao contrário, o método, tenho o sentimento de ser atual".

Ele voltou ao problema na conferência que fez mais tarde em Bruxelas. "Estou ligado há 17 anos a uma obra sobre Flaubert que não interessaria aos operários porque está escrita num estilo complicado e certamente burguês... Estou ligado a ela, o que significa: tenho 67 anos, trabalho nela desde os cinquenta anos e sonhava com ela anteriormente... Na medida em que escrevo Flaubert, sou um *enfant terrible* da burguesia que deve ser recuperado."

Sua ideia profunda era que em qualquer momento da história, qualquer que fosse o contexto social e político, continuava a ser essencial compreender os homens e que, para isso, seu ensaio sobre Flaubert poderia ajudar.

Sartre estava satisfeito com seus diversos engajamentos, quando, após uma agradável temporada em Roma, retornamos a Paris, em setembro de 1970. Ele morava num pequeno e austero apartamento, no décimo andar de um prédio do Bulevar Raspail, em frente ao cemitério de Montparnasse e bem perto de minha casa. Gostava de lá. Levava uma vida bastante rotineira. Via regularmente velhas amigas: Wanda K., Michèle Vian e sua filha adotiva Arlette Elkaïm, em casa de quem dormia duas noites por semana. As outras noites, passava-as em minha casa. Conversávamos, ouvíamos música: eu constituíra uma discoteca respeitável, que eu enriquecia todos os meses. Sartre se interessava muito pela escola de Viena — sobretudo Berg e Webern — e por compositores atuais: Stockhausen, Xenakis, Berio, Penderecki e muitos outros. Mas retornava com prazer aos grandes clássicos. Gostava de Monteverdi, de Gesualdo, das óperas de Mozart — sobretudo *Cosi fan tutte* —, das de Verdi. Durante esses concertos em casa, comíamos um ovo cozido ou uma fatia de presunto e bebíamos um pouco de uísque. Moro num "ateliê de artistas com *loggia*", segundo a definição dada pelas agências de aluguel. Passo meus dias numa peça ampla de pé-direito alto; por uma escada interna tem-se acesso a um quarto, ligado ao banheiro por uma espécie de sacada. Sartre dormia em cima e descia pela manhã para tomar chá comigo; às vezes, uma de suas amigas, Liliane Siegel, vinha buscá-lo e levava-o para tomar café num pequeno bistrô próximo à casa dele. Ele frequentemente via Bost, na minha casa, à noite. Com muita frequência também, Lanzmann, com o qual tinha muitas afinidades, apesar de alguns desacordos quanto à questão palestino-israelense. Apreciava particularmente as noites de sábado que Sylvie passava conosco e os almoços de domingo que reunia a nós três no La Coupole. De quando em quando, encontrávamo-nos, também, com diversos amigos.

À tarde, eu trabalhava na casa de Sartre. Aguardava a publicação de *A velhice* e pensava num último volume de minhas memórias; ele revia

A cerimônia do adeus

e corrigia, em *O idiota da família*, o retrato do doutor Flaubert. Era um outono magnífico, azul e dourado. O ano[4] anunciava-se muito bem.

Em setembro, Sartre participou de um grande comício organizado pelo Socorro Vermelho para denunciar o massacre dos palestinos pelo rei Hussein da Jordânia. Seis mil pessoas estavam presentes. Sartre encontrou-se aí com Jean Genet, a quem não via há muito tempo. Genet estava ligado aos Panteras Negras, sobre os quais escrevera um artigo no *Le Nouvel Observateur*, e preparava-se para ir à Jordânia, onde queria passar algum tempo num campo palestino.

Há muito tempo que a saúde de Sartre não me preocupava. Embora fumasse dois maços de Boyards por dia, sua arterite não piorara. Foi brutalmente que, no final de setembro, fiquei tomada de medo.

Uma noite de sábado, jantamos com Sylvie no Dominique, e Sartre bebeu muita vodca. De volta à minha casa cochilou e depois dormiu de vez, deixando cair seu cigarro. Ajudamo-lo a subir a seu quarto. No dia seguinte, pela manhã, parecia em perfeito estado e foi para sua casa. Mas, quando às duas horas, Sylvie e eu fomos buscá-lo para almoçar, ele esbarrava em todos os móveis. Ao sair do La Coupole, embora tivesse bebido muito pouco, cambaleava. Levamo-lo de táxi à casa de Wanda, na rua du Dragon, e ele, ao descer do carro, quase caiu.

Já lhe acontecera sentir vertigens: em 1968, em Roma, ao sair do automóvel na praça Santa Maria de Trastevere, vacilara tanto que Sylvie e eu tivemos de sustentá-lo; sem dar muita importância ao fato, eu ficara surpresa, porque ele não havia bebido nada! Mas nunca esses transtornos tinham sido tão manifestos e adivinhei sua gravidade. Anotei em meu diário: "Este estúdio, tão alegre desde meu regresso, mudou de cor. O bonito tapete escuro evoca um luto. É assim que será preciso viver, talvez ainda com felicidade e momentos de alegria, mas com o peso da ameaça, a vida colocada entre parênteses."

Ao transcrever estas linhas surpreendo-me: de onde me veio esse negro pressentimento? Penso que, apesar de minha aparente tranquilidade, havia mais de vinte anos que vivia em estado de alerta. O primeiro aviso fora em 1954, no final de sua viagem à U.R.S.S.: a crise de hipertensão que levara Sartre ao hospital. No outono de 1958 fui

---
[4] Havíamos conservado o hábito de contar por anos escolares.

tomada de angústia;[5] por pouco Sartre escapara de um ataque; a partir daí, a ameaça permanecia: suas artérias, suas arteríolas estavam muito estreitas, haviam-me dito os médicos. Cada manhã, quando ia despertá-lo, precisava assegurar-me de que respirava. Não sentia uma verdadeira preocupação; era mais uma fantasia, mas que significava algo. As novas indisposições de Sartre me obrigaram a tomar, dramaticamente, consciência de uma fragilidade que, na realidade, eu não ignorava.

No dia seguinte, Sartre mais ou menos recuperara seu equilíbrio e foi ver seu médico habitual, o doutor Zaidmann. Este prescreveu exames e recomendou a Sartre que não se fatigasse enquanto esperava a consulta com um especialista no domingo seguinte. Este — o professor Lebeau — não quis opinar: o desequilíbrio podia ser proveniente de uma perturbação do ouvido interno ou de uma perturbação no cérebro. A seu pedido foi feito um eletroencefalograma que não acusou qualquer anomalia.

Sartre estava cansado: um abscesso na boca, uma ameaça de gripe. Mas foi com grande alegria que, a 8 de outubro, enviou à Gallimard o enorme manuscrito do Flaubert.

Os maoistas haviam organizado para ele uma viagem a Fos-sur-Mer e a outros centros industriais, para que ali estudasse as condições de trabalho e de vida dos operários. No dia 15 de outubro, seus médicos proibiram-lhe que a fizesse. Além de Zaidmann, ele estivera com especialistas que haviam examinado seus olhos, seus ouvidos, seu crânio, seu cérebro: não menos de 11 consultas. Haviam detectado sérias perturbações circulatórias na região esquerda do cérebro (a zona da linguagem) e um estreitamento dos vasos sanguíneos. Ele deveria fumar menos e submeter-se a uma série de injeções revitalizadoras. Dentro de dois meses seria feito um novo encefalograma. Certamente estaria então curado. Mas não devia estafar-se, sobretudo fisicamente. Na realidade, agora que Flaubert estava terminado, não tinha razão alguma para fatigar-se. Lia manuscritos, romances policiais e pensava vagamente numa peça. Durante esse mês de outubro, escrevia também uma apresentação para a exposição de Rebeyrolle que este intitulara *Coexistences*. Apreciávamos muito seus quadros. Ele fora passar dois dias conosco em Roma e nos despertara a maior simpatia. Quando o conhecemos, também

---

[5] Ver *A força das coisas*.

simpatizamos muito com sua mulher, uma pequena armênia, vivaz e engraçada. Revimo-los muitas vezes nos anos seguintes. Eram ligados a Franqui, o jornalista que nos convidara para ir a Cuba em 1960 e que depois se exilara por opor-se à política pró-soviética de Castro.

Apesar dos problemas de saúde, Sartre continuava suas atividades políticas. Foi nessa ocasião que ocorreu, em casa de Simon Blumenthal — o impressor de *La Cause du Peuple* —, a operação que relatei em *Balanço final*. Através de Geismar, Sartre conhecera Glucksmann: concedera-lhe uma entrevista, na qual retomava a análise feita para *La Cause du Peuple* sobre as lutas operárias na França (entrevista que foi transmitida a 22 de outubro pela Hersischer Rundfunk).

A 21 de outubro, ocorreu o processo de Geismar. No comício do qual este participara para protestar contra a prisão de Le Dantec e Le Bris, houvera cinco mil assistentes que gritavam: "Dia 27, todos na rua!" Muitos oradores haviam falado: somente Geismar fora preso, em virtude, evidentemente, de pertencer à G.P. Além disso, a manifestação do dia 27 não fora sangrenta: os C.R.S. haviam utilizado gás lacrimogêneo, os manifestantes atirado algumas cavilhas; ninguém fora ferido. Ainda assim, esperava-se um veredicto severo. Sartre tinha sido citado como testemunha. Mas, em vez de representar perante a justiça burguesa o papel convencional que lhe fora consignado, preferiu ir falar aos operários de Billancourt. A direção não lhe permitiu entrar na fábrica. Por outro lado, o Partido Comunista distribuíra, às oito horas da manhã, um panfleto que colocava os operários da Renault em guarda contra ele. Ele falou do lado de fora, trepado num tonel, através de um megafone, perante um público bastante restrito: "São vocês que têm que dizer se a ação de Geismar é boa ou não", disse ele. "Quero dar meu testemunho na rua, porque sou um intelectual e acho que a ligação do povo e dos intelectuais, que existia no século XIX — nem sempre, mas que deu resultados muito bons —, deveria voltar a existir atualmente. Há cinquenta anos que o povo e os intelectuais estão separados; é preciso agora que sejam um só."

Os adversários de Sartre dedicaram-se a ridicularizar sua intervenção. O P.C. retrucou-lhe que a ligação entre o povo e os intelectuais estava garantida, já que grande número destes se inscrevia no partido. Entretanto, Geismar foi condenado a 18 meses de detenção.

Sartre participou da criação de um novo jornal, *J'Accuse*, cujo número zero surgiu a 1º de novembro. Estava ligado à equipe que o dirigia: Linhart, Glucksmann, Michèle Manceaux, Fromanger, Godard, entre outros. Este jornal não era redigido por militantes, mas publicava grandes reportagens feitas por intelectuais. Sartre aí escreveu alguns artigos. Apenas dois números se seguiram ao primeiro: um foi publicado a 15 de janeiro de 1971, o outro, a 15 de março. Liliane Siegel, usando seu nome de solteira, Sendyk, era diretora de publicação. Continuou no cargo quando *J'Accuse* fundiu-se com *La Cause du Peuple*. Com Sartre, tornou-se codiretora de *La Cause du Peuple — J'Accuse*. E como o governo não queria prender Sartre, foi ela quem ocupou por duas vezes o banco dos réus, com Sartre testemunhando em sua defesa.

No entanto, sua saúde continuava a preocupar-me. Quando passava momentos desagradáveis — e não eram poucas as tarefas pesadas que infligia a si próprio —, bebia muito. À noite e mesmo durante o dia, frequentemente estava sonolento. O professor Lebeau, que ele consultou a 5 de novembro, disse que essa sonolência era decorrente da medicação que lhe haviam receitado contra suas vertigens: diminuiu as doses dos remédios. A 22 de novembro, fez-se um novo encefalograma em Sartre, inteiramente satisfatório, e pouco depois o professor Lebeau garantiu-lhe que estava completamente curado, que não estava mais ameaçado de vertigens do que qualquer outra pessoa. Ele ficou feliz com isso, mas restava-lhe uma preocupação: seus dentes. Precisava colocar uma dentadura, coisa que temia, por medo de já não poder falar em público e por evidentes razões simbólicas. Na verdade, o dentista realizou um excelente trabalho e Sartre se tranquilizou.

Estava satisfeito por ver publicado o livro de Contat e Rybalka intitulado *Les écrits de Jean-Paul Sartre*. Corrigia as provas de *O idiota da família*. Estava muito bem-disposto quando presidiu, em dezembro, o processo das Hulheiras.

Relatei esse processo em *Balanço final*, mas, como Sartre lhe deu muita importância, quero voltar ao assunto aqui. Em fevereiro de 1970, 16 mineiros foram mortos e muitos outros ficaram feridos por uma explosão de grisu em Hénin-Liétard. Sendo a responsabilidade das Hulheiras evidente, alguns rapazes, não identificados, atiraram, por represália, coquetéis Molotov nos escritórios da direção, provocando um incêndio. A polícia prendeu, sem prova alguma, quatro maoistas e dois ex-sentenciados. Seu processo deveria realizar-se na segunda-feira, 14 de dezembro, e o Socorro Vermelho convocou, no sábado 12, um tribunal popular em Lens.

A cerimônia do adeus

Para preparar esta sessão, no dia 2 de dezembro Sartre, acompanhado de Liliane Siegel, foi colher informações entre os mineiros. Dirigiu-se a Bruay, onde se hospedou em casa de um antigo mineiro, André, militante muito ligado aos maoistas. Sua mulher, Marie, preparara para o jantar um prato que Sartre detestava, coelho, que ele engoliu polidamente e que lhe provocou uma crise de asma de duas horas. No dia seguinte, esteve com Joseph, um militante idoso, também conhecido na região, e outros mineiros. Depois, no subúrbio de Douai, falou com July, importante membro da ex-G.P., que Sartre apreciava, embora seu triunfalismo o irritasse. Viu também Eugénie Camphin, uma velha semicega, mãe e esposa de mineiros da Resistência fuzilados pelos alemães.

O processo se realizou então a 12 de dezembro, na prefeitura de Lens, e mostrou, com uma evidência fulminante, a responsabilidade das Hulheiras. Sartre resumiu os debates num vigoroso requisitório, que terminava assim: "Apresento-lhes, pois, as seguintes conclusões: o Estado-patrão é culpado do assassinato de 4 de fevereiro de 1970. A direção e os engenheiros responsáveis pela fossa seis são seus executores. Consequentemente, são igualmente culpados de homicídio intencional. É intencionalmente que escolhem o rendimento em lugar da segurança, isto é, que colocam a produção das coisas acima da vida dos homens." Na segunda-feira seguinte realizou-se o processo dos 16 supostos incendiários e eles foram absolvidos.

Pouco tempo antes, Sartre aceitara dirigir, além de *La Cause du Peuple*, dois outros jornais esquerdistas: *Tout*, que era o órgão do V.L.R.[6] e *La Parole au Peuple*.

1971

No início de janeiro desenrolavam-se, na U.R.S.S. e na Espanha, dois processos que tiveram muita repercussão: o de Leningrado e o de Burgos. A 16 de dezembro de 1970, 11 cidadãos soviéticos — um

---

[6] *Vive la Révolution*. (N.T.)

ucraniano, um russo, nove judeus — compareceram perante o tribunal de Leningrado. Eles haviam projetado desviar um avião a fim de deixar seu país. Mas algo transpirou e, na noite de 15 para 16 de junho, antes de qualquer começo de ação, foram presos em diferentes cidades. Dois deles foram condenados à morte: Kuznetsov, que organizara o complô, e Dymischitz, um piloto comercial que deveria tomar os comandos do avião, depois que a tripulação tivesse sido imobilizada e desembarcada. Sete acusados receberam de dez a 14 anos de trabalhos forçados; dois outros, quatro e oito anos.[7] A 14 de janeiro de 1971, realizou-se, em Paris, um grande comício em favor deles, do qual Sartre participou; estavam presentes também Laurent Schwarz, Madaule, nosso amigo israelense Eli Ben Cal. Todos denunciaram o antissemitismo da U.R.S.S.

Ao processo de Burgos compareceram bascos pertencentes ao E.T.A. e acusados por Franco de complô contra o Estado. Gisèle Halimi esteve presente como observadora e fez um resumo do processo num livro publicado pela Gallimard. Ela pediu a Sartre um prefácio, que prazerosamente ele aceitou escrever. Ele definiu o problema dos bascos, relatou sua luta e, em particular, a história do E.T.A. Indignava-se contra a repressão franquista de um modo geral e, em particular, contra a maneira pela qual transcorrera o processo de Burgos. Nesta ocasião, ele desenvolveu, sobre um exemplo preciso, uma ideia que o interessava sobremodo: a oposição de um universal abstrato — aquele ao qual se referem os governos — e do universal singular e concreto, tal como se encarna nos povos constituídos por homens de carne e osso. É este — afirmava ele — que as revoltas dos colonizados querem promover — a partir do exterior ou do interior — e é este que é válido, porque capta os homens em sua situação, sua cultura, sua linguagem e não como conceitos vazios.

Contra o socialismo centralizador e abstrato, Sartre preconizava "um *outro* socialismo, descentralizador e concreto: assim é a universalidade singular dos bascos, que o E.T.A. opõe justamente ao

---

[7] Dymschitz e Kuznetsov não foram executados, sem dúvida graças à pressão exercida pelo Élysée. Em 1973, conseguiu chegar a Paris, e foi editado em francês, o manuscrito de Kuznetsov, *Journal d'un condamné à mort*, que teve enorme repercussão. Em abril de 1979, Kuznetsov, Dymschitz e três outros conjurados foram trocados por dois espiões soviéticos presos nos Estados Unidos.

centralismo abstrato dos opressores". Seria preciso, dizia ele, criar "o homem socialista com base em sua terra, sua língua e mesmo seus costumes renovados. É somente a partir daí que o homem deixará, pouco a pouco, de ser o produto de seu produto, para tornar-se finalmente o filho do homem".

Nessa mesma perspectiva Sartre dedicou, dois anos depois um número de *Les Temps Modernes* (agosto–setembro de 1973) às reivindicações dos bretões, dos occitânicos, de todas as minorias nacionais oprimidas pelo centralismo.

Geismar estava detido na Santé. Embora gozando de um regime relativamente privilegiado, solidarizou-se com os outros presos políticos que haviam encetado uma greve de fome, reivindicando para os presos comuns e para si próprio condições de encarceramento mais suportáveis. Alguns esquerdistas decidiram jejuar também, para apoiar suas reivindicações. Foram alojados na capela Saint-Bernard — na Gare Montparnasse — por um padre progressista. Michèle Vian fazia parte dos grevistas, a quem Sartre visitava com bastante frequência. Acompanhou-os quando, ao cabo de 21 dias, interromperam seu jejum e tentaram uma entrevista com Pleven. Muito enfraquecidos para fazerem uma longa caminhada, foram de carro até a praça de l'Opéra, de onde atingiram a pé a praça Vendôme. Postaram-se em frente ao Ministério da Justiça, mas Pleven recusou-se a recebê-los. Depois, Pleven capitulou; concedeu um regime especial aos detentos que haviam feito greve de fome e prometeu melhorar as condições dos presos comuns: promessa esta que não foi cumprida.

A 13 de fevereiro, Sartre deixou-se convencer por seus amigos maoistas a participar de uma empresa bastante tola: a ocupação do Sacré-Coeur. Durante uma manifestação do Socorro Vermelho, um militante do V.L.R., Richard Deshayes, ficara desfigurado por uma granada de gás lacrimogêneo. Para alertar a opinião pública, a G.P. decidiu ocupar a basílica; esperava o consentimento de monsenhor Charles. Sartre, acompanhado de Jean-Claude Vernier, Gilbert Castro, Liliane Siegel, entrou na igreja — onde se encontravam alguns fiéis — e pediu para ver monsenhor Charles. O padre a quem se dirigiu disse-lhe que transmitiria seu pedido. Passaram-se 15 minutos sem que ele retornasse. E depois todas as portas se fecharam, exceto uma, e os manifestantes, cujo número se tornara significativo, sentiram que tinham caído numa armadilha.

Simone de Beauvoir

Castro e Verner agarraram Sartre e Liliane e os esconderam num canto, enquanto os C.R.S., penetrando pela saída que permanecera aberta, batiam indistintamente em todo mundo. Castro e Vernier conseguiram fazer com que Sartre e Liliane saíssem, fizeram-nos tomar o carro desta e os instalaram num café. Quando retornaram, um pouco mais tarde, disseram que o embate tinha sido muito violento; um rapaz tivera a coxa perfurada pelo ferro de uma grade. Sartre, que vi à noite com Sylvie, achava toda essa história deplorável: só podia desmoralizar militantes já duramente agredidos, alguns dias antes, ao final de uma manifestação. A 15 de fevereiro, com Jean-Luc Godard, ele concedeu uma entrevista à imprensa sobre esse caso, que os jornais comentaram muito. A 18 de fevereiro, retirou-se do Socorro Vermelho, no qual, em sua opinião os maoistas tinham assumido um lugar excessivamente importante.[8]

Poucos dias depois estourou o caso Guiot: tratava-se de um estudante de liceu falsamente acusado de haver agredido um policial e que havia sido preso como se em flagrante delito. Os estudantes de liceu protestaram maciçamente: eram milhares sentados na calçada do Quartier Latin, onde havia um sem-número de carros de polícia estacionados. Por fim, Guiot foi posto em liberdade. Mas, nas ruas de Paris, a atmosfera continuava pesada: por todos os lugares viam-se nas paredes fotos de Deshayes, desfigurado. Em meados de março houve um choque extremamente violento entre os esquerdistas e a Ordem Nova: muitos policiais foram feridos.

Sartre acompanhava de perto toda essa agitação. Sua saúde parecia muito boa. Continuava a corrigir as provas de *O idiota da família*. Assistia a todas as reuniões de *Les Temps Modernes* que se realizavam em minha casa.

No início de abril, fomos a Saint-Paul-de-Vence. Sartre, de trem, com Arlette, e eu, de carro, com Sylvie. O hotel onde ficamos era na entrada da cidadezinha, superlotada de turistas durante o dia, mas calma pela manhã e à noite, e bem igual, então, à preciosa lembrança que havíamos guardado dela. Arlette e Sartre ficaram num anexo. Eu me instalei com Sylvie numa pequena casinha, ao fundo de um jardim plantado de laranjeiras. Havia lá um grande quarto, que dava para um terraço

---

[8] Retirou-se do Comitê Dirigente, mas ainda participou de muitas ações organizadas pelo Socorro Vermelho.

A cerimônia do adeus

minúsculo, e uma ampla sala de estar, de paredes caiadas e vigas aparentes e com bonitos quadros de Calder em cores vivas. Estava mobiliada com uma comprida mesa de madeira, um divã, um bufê, e dava para o jardim. Era lá que eu passava a maioria de minhas noites com Sartre. Bebíamos uísque e conversávamos. Jantávamos um pouco de salsichão ou uma barra de chocolate. No almoço, em compensação, eu o levava aos bons restaurantes das redondezas. Às vezes, aí nos reuníamos os quatro.

Na primeira noite espantaram-nos grandes iluminações na colina em frente a Saint-Paul: eram estufas que à noite eram violentamente iluminadas com luz elétrica.

À tarde, frequentemente líamos, cada um por seu lado. Ou fazíamos passeios, revendo os lugares que havíamos amado: entre outras coisas, nos deu prazer tornar a ver Cagnes e o hotel encantador onde, muitos anos antes, havíamos passado uma temporada deliciosa. Uma tarde, estivemos na fundação Maeght, que já conhecíamos. Havia uma exposição Char; os quadros, agrupados em torno de seus manuscritos e de seus livros, eram muito bonitos: quadros de Klee, de Vieira da Silva, de Giacometti e muitos de Miró, cujos trabalhos se tornavam cada vez mais ricos à medida que ele ia envelhecendo.

No último dia, Sartre encomendou ao hotel um *aïoli* que — não havendo sol — comemos no *chauffoir*, uma peça ampla e agradável com uma grande lareira e uma biblioteca. Ele foi embora à noite com Arlette. Sylvie e eu pegamos a estrada, no dia seguinte, pela manhã. Sartre ficara encantado com suas férias.

Ficou também feliz quando, de regresso a Paris, recebeu da Gallimard uma caixa enorme cheia de exemplares de *O idiota da família*: duas mil páginas impressas. Disse-me que isso lhe proporcionara tanto prazer quanto a publicação de *A náusea*. Houve, imediatamente, críticas muito calorosas.

No início de maio, Pouillon comunicou-nos a morte do amigo que em minhas *Memórias* chamei de Pagniez. Segundo ele, Pagniez, aposentado, se entediava tanto que se deixara morrer: tivera uma hepatite que degenerara em cirrose. Com ele, havendo a sra. Lemaire falecido alguns anos antes, era todo um momento feliz de nosso passado que desaparecia. Mas havia muito que Pagniez se tornara um estranho para nós e recebemos a notícia com indiferença.

Simone de Beauvoir

Foi também no início de maio que, com uma voz trêmula de emoção, Goytisolo telefonou a Sartre, para pedir-lhe que assinasse uma carta muito violenta, dirigida a Fidel Castro, a propósito do caso Padilla. Esse caso incluiu vários momentos: 1º a prisão de Padilla, poeta muito conhecido em Cuba, acusado de pederastia; 2º uma carta delicada de protesto assinada por Goytisolo, Franqui, Sartre, eu própria e alguns outros; 3º Padilla foi solto e redigiu uma autocrítica delirante, na qual acusava Dumont e Karol de serem agentes da C.I.A. Também sua mulher fez sua autocrítica, proclamando que a polícia a tratara "com ternura". Essas declarações provocaram inúmeros protestos. Nosso ex-intérprete cubano, Arcocha, que optara pelo exílio, escreveu em *Le Monde* que, para obter tais confissões, era preciso que tivessem submetido Padilla e sua mulher à tortura. Por trás de toda essa história atuava Lyssendro Otero, que nos acompanhara em 1960, durante quase toda a nossa viagem: ele era no momento o homem forte em relação a toda a cultura. Goytisolo achava que uma verdadeira gangue de policiais controlava Cuba. Soubemos que Castro, no momento, considerava Sartre como um inimigo: estava sujeito, dizia ele, à nefasta influência de Franqui. Num discurso pronunciado nessa época, Castro atacou a maioria dos intelectuais franceses. Sartre não se abalou com isso, porque há muito tempo já não tinha ilusões sobre Cuba.

Após o regresso, além de seus familiares e seus companheiros esquerdistas, Sartre e eu estivemos com alguns amigos. Tito Gerassi nos falava do *underground* americano. Rossana Rossanda descrevia-nos as dificuldades e as possibilidades de seu jornal, o *Manifesto*, que ia passar de semanário a diário. Robert Gallimard explicava-nos o que ocorria nos bastidores das editoras. Almoçamos com o jornalista egípcio Ali, que nos ciceroneara, em 1967, durante nossa viagem pelo Egito. No início de maio estivemos com nossa amiga japonesa Tomiko; contou-nos a longa viagem que acabava de fazer pela Ásia.

A 12 de maio, Sartre participou de uma manifestação que se realizou diante da prefeitura de Ivry: Behar Behala, um imigrado um tanto débil, roubara um pote de iogurte numa caminhonete; policiais haviam atirado nele, deixando-o gravemente ferido. Após um trabalho de informação, o Socorro Vermelho organizara uma ação contra a polícia.

Sartre vivia muito em minha casa nessa época, porque seu elevador estava quebrado; quando era obrigado a subir seus dez andares, isso o cansava muito.

A cerimônia do adeus

Na terça-feira 18 de maio, como todas as terças, Sartre chegou à minha casa à noite: passara a noite de segunda na casa de Arlette. "Como vai?", perguntei-lhe de maneira rotineira. "Pois é! Não muito bem." De fato, vacilava, balbuciava, tinha a boca um pouco torta. Na véspera, eu não percebera que ele estava fatigado, porque tínhamos ouvido discos e falado pouco. Mas, à noite, ele chegara à casa de Arlette em mau estado; e acordara pela manhã tal como o via: evidentemente, sofrera um pequeno ataque durante a noite. Há muito tempo que eu temia um acidente dessa natureza e prometera a mim mesma que conservaria meu sangue-frio; evocava o exemplo de amigos que haviam passado por isso e saído indenes. Aliás, Sartre ia ver seu médico no dia seguinte: isso me tranquilizava um pouco, mas não muito. Tive de fazer um grande esforço para não mostrar meu pânico. Sartre fez questão de beber sua dose habitual de uísque, de modo que, à meia-noite, já nada articulava e teve dificuldade em arrastar-se até a cama. Durante toda a noite, lutei contra a angústia.

No dia seguinte, pela manhã, Liliane Siegel acompanhou-o ao doutor Zaidmann. Ele me telefonou, dizendo que tudo corria bem: estava com 18 de pressão — o que nele era normal — e começariam imediatamente um tratamento sério. Um pouco depois, Liliane, ao telefone, foi menos otimista. Segundo Zaidmann, a crise era mais grave do que a de outubro, e preocupava-o que as perturbações tivessem reaparecido tão depressa. Uma das causas era certamente o fato de que, desde março, ele já não tomava seus remédios; também tinha sido prejudicial ter de subir de quando em quando dez andares. Mas o essencial consistia numa grande dificuldade de circulação sanguínea numa determinada zona do cérebro, à esquerda.

Estive em casa de Sartre à tarde e não o achei nem melhor nem pior. Zaidmann o proibira rigorosamente de caminhar. Felizmente seu elevador funcionava. À noite, Sylvie levou-nos de carro à minha casa e ficou um pouco conosco. Sartre só bebeu suco de fruta. Ela estava consternada com seu aspecto. Suponho que — sem que talvez se desse conta — o ataque tivesse sido um choque sofrido para ele; parecia muito abatido. A todo momento o cigarro caía de seus lábios; Sylvie o apanhava, dava-o a ele, Sartre o pegava e o cigarro escapava de seus dedos. Essa manobra repetiu-se não sei quantas vezes durante essa noite fúnebre. Como não era o caso de conversar, coloquei discos, entre outros o *Réquiem* de Verdi, que Sartre apreciava enormemente e que ouvíamos com frequência. "É apropriado à ocasião", murmurou ele, o que nos deixou, a mim e a Sylvie, geladas. Ela se foi pouco depois, e logo Sartre se deitou. Ao acordar, parecia-lhe que mal podia mexer o braço direito, de tal forma o sentia dormente e pesado. Quando Liliane veio buscá-lo para tomarem o café da manhã, sussurrou-me: "Acho que está pior do que ontem." Tão logo saíram, telefonei ao professor Lebeau, no hospital. Ele não podia vir, mas mandaria um outro especialista. Encontrei-me com Sartre em sua casa e, às 11h30, o doutor Mahoudeau chegou. Examinou Sartre durante uma hora e me tranquilizou. A sensibilidade profunda não fora atingida, a cabeça estava intacta, o ligeiro balbucio era decorrente do repuxamento da boca. A mão direita estava fraca: Sartre continuava a ter dificuldade para segurar um cigarro. Tinha 14 de pressão: era uma queda ruim, devida aos remédios que ingeria. Mahoudeau passou uma nova receita e recomendou grandes precauções durante 48 horas. Sartre devia repousar bastante e não ficar nunca sozinho. Assim fazendo, estaria inteiramente restabelecido dentro de dez ou vinte dias.

Sartre submetera-se docilmente a todos os exames, mas recusou-se a ficar em repouso. Sylvie — liberada do Liceu pela Ascensão — levou-nos ao La Coupole, onde almoçamos os três. Sartre estava nitidamente melhor. No entanto, sua boca continuava torta. No dia seguinte, como estivesse almoçando no mesmo lugar com Arlette, François Périer o viu e, vindo à minha mesa, disse-me: "É lastimável isso que ele está tendo, essa boca repuxada; isso é muito grave." Felizmente eu sabia que *desta vez* não era muito grave. Os dias seguintes correram bem e, na segunda-feira pela manhã, Zaidmann comunicou que logo iria suspender o tratamento; mas acrescentou, que, a seguir, o retorno à vida normal seria bastante demorado; chegou mesmo a dizer a Arlette que talvez Sartre nunca ficasse totalmente curado.

No entanto, quando, na quarta-feira 26 de maio, passamos a noite com Bost, ele recuperara totalmente o andar, a linguagem e retomara seu bom humor. Na presença dele, comentei com Bost, a rir, que me veria obrigada, sem dúvida, a brigar com ele para que moderasse seu consumo de álcool, de chá, de café, de excitantes. Sartre subiu para deitar-se e, da sacada do meu estúdio, cantarolou: "Não quero afligir minha Castor, nem de leve…" Isso me emocionou. E fiquei também emocionada,

A cerimônia do adeus

quando, almoçando comigo no La Coupole, ele me mostrou uma moça morena de olhos azuis, o rosto meio redondo, e perguntou-me: "Sabe quem ela me lembra?" "Não." "Você, quando tinha a idade dela."

Só uma coisa falhava: sua mão direita continuava fraca. Era-lhe difícil tocar piano — o que fazia com prazer em casa de Arlette — e difícil, também, escrever. Mas, no momento, isso não tinha importância. Enquanto esperava poder voltar ao trabalho, corrigia as provas de *Situações VIII e IX* e isso o mantinha bastante ocupado.

Em junho, criou com Maurice Clavel a Agência de Imprensa Libération. Assinaram em conjunto um texto, no qual definiam os objetivos dessa agência, que contava poder publicar diariamente um boletim de informação:

Desejamos, todos juntos, criar um novo instrumento para a defesa da verdade... Não basta conhecer a verdade, é preciso ainda fazer com que ela seja ouvida. Com rigor, verificando tudo o que diz, a Agência Libération difundirá regularmente as notícias que receber... A Agência de Imprensa Libération quer ser uma nova tribuna que dará a palavra aos jornalistas que querem dizer tudo, às pessoas que querem saber tudo. Dará a palavra ao povo.

No final de junho, Sartre começou a sentir dores atrozes na língua. Não conseguia comer, nem falar sem sofrer. Eu lhe disse: "O ano está mesmo péssimo: o tempo todo você teve problemas." "Oh!, isso não tem importância", respondeu ele. "Quando se está velho, isso já não tem importância." "Como assim?" "Sabe-se que isso já não vai durar muito tempo." "Está querendo dizer porque se vai morrer?" "Sim. É normal que se vá decaindo pouco a pouco. Quando se é jovem, é diferente." O tom com que disse isso me perturbou: parecia já do outro lado da vida. Aliás, todo mundo notava esse desapego; ele parecia indiferente a muitas coisas, certamente porque estava desinteressado por seu próprio destino. Muitas vezes mostrava-se, se não triste, pelo menos ausente. Eu só o via realmente alegre durante nossas noites com Sylvie. Em junho, comemoramos na casa dela o 66º aniversário de Sartre e ele estava radiante.

Voltou a consultar seu dentista e parou de sentir dores. Ao mesmo tempo, notavam-se os progressos que fizera desde maio. Zaidmann constatou que estava inteiramente restabelecido. E muitas vezes Sartre me repetiu que estava muito satisfeito com seu ano.

Ainda assim, sentia-me angustiada por deixá-lo. Ele ia passar três semanas com Arlette, duas com Wanda, enquanto eu viajaria com Sylvie. Gostava dessas viagens, mas a separação de Sartre era sempre um pequeno choque para mim. Desta vez, almocei com ele no La Coupole, onde Sylvie iria buscar-me às quatro horas. Levantei-me três minutos antes. Ele sorriu, de maneira indefinível, e disse: "Agora, é a cerimônia do adeus!" Toquei-lhe o ombro, sem responder. O sorriso, a frase me perseguiram durante muito tempo. Atribuía à palavra "adeus" o sentido supremo que ela teve alguns anos depois: mas na época eu era a única a pronunciá-la.

Fui para a Itália com Sylvie. No dia seguinte, à noite, dormimos em Bolonha. Pela manhã, tomamos a autoestrada que nos levaria à costa leste; uma bruma tépida encobria a paisagem; em toda a minha vida, jamais experimentei um tal sentimento de absurdo, de desamparo: que fazia eu lá? Por que estava ali? Logo recuperei meu amor pela Itália; mas todas as noites, antes de adormecer, chorava durante muito tempo.

Entrementes, Sartre passeava pela Suíça; de quando em quando, um telegrama me assegurava que estava bem. Mas, ao chegar a Roma, onde ele deveria reunir-se a mim, encontrei uma carta de Arlette. Sartre tivera uma recaída, dia 15 de julho; como da primeira vez, constatara o fato ao despertar; a boca estava ainda mais retorcida do que em maio, a articulação, embaralhada, o braço, insensível ao frio e ao calor. Ela o levara a um médico em Berna, e Sartre a proibira veementemente de avisar-me. Três dias depois, a crise passara; mas ela telefonara a Zaidmann, que lhe dissera: "Para ter espasmos dessa natureza, suas artérias devem estar muito cansadas."

Fui buscá-lo na estação Termini. Ele me fez sinal, antes que o tivesse visto. Vestia um terno claro e tinha um boné na cabeça. O rosto estava inchado por um abcesso em um dos dentes, mas parecia gozar de boa saúde. Instalamo-nos em nosso pequeno apartamento, no sexto andar do hotel; incluía um terraço, de onde tínhamos uma vista imensa sobre o Quirinal, o teto do Panteon, São Pedro, o Capitólio, cujas luzes víamos apagar-se, todas as noites, à meia-noite. Naquele ano, o terraço fora em parte transformado num salão que uma janela envidraçada separava da área descoberta: podíamos ficar lá o tempo todo. O abcesso de Sartre desaparecera e ele já não teve nenhum incômodo. Sartre nunca se mostrava ausente, estava animado e risonho. Ficava acordado até uma da manhã e se levantava por volta das sete e meia: quando saía de meu quarto, por volta das nove horas, encontrava-o sentado no terraço, apreciando a beleza de Roma e lendo. Dormia duas horas durante a tarde, mas jamais cochilava. Em Nápoles, com Wanda, fizera longas caminhadas: entre outras, revisitara Pompeia. Em Roma, já não tínhamos vontade de passear: sem nos mexermos, estávamos em todos os lugares.

Por volta das duas horas, comíamos um sanduíche perto do hotel; à noite, íamos a pé jantar na praça Navona ou num restaurante próximo. Às vezes, Sylvie nos levava de carro ao Trastevere ou à Via Appia Antica. Sartre, ajuizadamente, colocava seu boné, quando atravessava uma zona ensolarada. Tomava pontualmente seus remédios, bebia apenas um copo de vinho branco no almoço, cerveja no jantar e, depois, dois uísques no terraço. Nada de café e chá, somente no desjejum (nos outros anos, ingeria às cinco horas infusões extremamente fortes). Corrigia o terceiro volume de *O idiota da família* e distraía-se lendo *gialli*, os romances policiais italianos. De quando em quando, estávamos com Rossana Rossanda e, uma tarde, recebemos a visita de nosso amigo iugoslavo Dedijer.

Vendo Sartre, tal como estava durante essas férias romanas, ter-lhe-iam vaticinado vinte anos de vida. Aliás, era o que ele imaginava. Como me queixasse, um dia, que voltávamos sempre aos mesmos *gialli*, ele me disse: "É normal. Há apenas uma quantidade determinada deles. Não há que esperar poder ler novos durante os próximos vinte anos."

De regresso a Paris, Sartre continuou a passar muito bem. Tinha 17 de pressão, bons reflexos. Deitava-se em torno da meia-noite, levantava-se às oito e meia, já não dormia durante o dia. Restava-lhe um quê de paralisia na boca que lhe dificultava a mastigação e, às vezes, o fazia cecear.

Não controlava inteiramente sua escrita. Mas isso não o preocupava. Estava novamente muito atento às coisas e às pessoas. A calorosa acolhida que receberam os dois primeiros volumes de *O idiota da família* sensibilizou-o sobremaneira. Enviou o terceiro à Gallimard e dedicou-se ao quarto, no qual contava estudar *Madame Bovary*. Lia e criticava cuidadosamente o manuscrito de meu próximo livro, *Balanço final*, e dava-me muito bons conselhos. Anotei em meados de novembro: "Sartre vai tão bem, que estou quase instalada na tranquilidade."

No final de novembro, ele participou, com Foucault e Genet, de uma manifestação realizada no bairro de la Goutte d'Or, para protestar contra o assassinato de Djelalli, um jovem argelino de 15 anos. O porteiro de seu prédio o abatera, no dia 27 de outubro, com um tiro de carabina; ele fazia muito barulho — explicava ele —, e, sem preocupação de contradizer-se, sustentava havê-lo tomado por um ladrão.

Sartre precedeu, na rua Poissonière, Foucault e Claude Mauriac que carregavam uma faixa na qual se lia um apelo aos trabalhadores do bairro. Foi reconhecido pelos policiais e estes não intervieram. Tomou a palavra, falando por um megafone, e anunciou a criação de um plantão permanente de Comitê Djelalli; ele se instalaria, a partir do dia seguinte, na sala paroquial de la Goutte d'Or, enquanto se aguardava um outro local. O cortejo prosseguiu até o Bulevar la Chapelle, tendo Foucault tomado a palavra várias vezes. Sartre desejava participar do plantão, mas Genet, com quem almoçou dias depois, o desaconselhou: achava-o muito cansado.

Não sei se Sartre sentia esse cansaço, mas na noite de 1º de dezembro, disse-me, abruptamente: "Esgotei meu capital-saúde. Não passarei dos setenta anos." Protestei. E ele: "Você mesma me disse que de um terceiro ataque é difícil escapar." Não me lembrava de ter dito isso. Era certamente um alerta contra possíveis excessos. "Os que você teve foram muito leves", respondi. Ele continuou: "Creio que não terminarei Flaubert." "Isso o aborrece?" Sim, isso me aborrece." E falou-me de seu enterro. Desejava uma cerimônia muito simples e desejava ser cremado. Sobretudo, não queria ser colocado no Père Lachaise entre sua mãe e seu padrasto. Desejava que grande número de maoistas acompanhasse seu caixão. Não pensava nisso com frequência — disse-me —, mas pensava.

Felizmente, sobre esse ponto seu humor era versátil. A 12 de janeiro de 1972, disse-me com ar alegre: "Talvez vivamos por muito tempo ainda." E no final de fevereiro: "Oh! Espero muito estar ainda aqui dentro de dez anos." De quando em quando, aludia, rindo, à sua "mini--invalidez", mas não se sentia de forma alguma em perigo.

A cerimônia do adeus
1972

Como as promessas de Pleven, em relação à modificação do regime carcerário, não tivessem sido cumpridas, Sartre decidiu dar uma entrevista coletiva no Ministério da Justiça. A 18 de janeiro de 1972, acompanhado de Michèle Vian, encontrou-se, no hotel Continental, com membros do Socorro Vermelho e alguns de seus amigos: Deleuze, Foucault, Claude Mauriac. Estavam presentes duas viaturas de radiodifusão, a R.T.L. e Europa 1. A delegação dirigiu-se à praça Vendôme e penetrou no Ministério da Justiça. Foucault tomou a palavra e leu o relatório enviado pelos prisioneiros de Melun. Gritavam: "Pleven! Demissão. Pleven ao *mitard*.[9] Pleven! Assassino." Os C.R.S. dispersaram o ajuntamento. Prenderam Jaubert, um jornalista que, na tentativa de intervir contra a agressão a um imigrado, fora selvagemente espancado e tivera de ser hospitalizado.[10] Sartre e Foucault interferiram para soltá-lo. Dali, os manifestantes se deslocaram para a Agência de Imprensa Libération. Havia lá uns trinta militantes que não tinham estado na praça Vendôme e, entre estes, Alain Geismar que acabava de sair da prisão. Sartre sentou-se numa mesa, ao lado de Jean-Pierre Faye. Contou com humor o desenrolar dos fatos: "Os C.R.S. não foram particularmente brutos", disse ele. "Também não foram particularmente delicados, iguais a eles mesmos." Quando terminou de falar, a reunião se dissolveu e ele regressou à sua casa.

Uma realização à qual se deu com prazer foi o filme que Contat e Astruc lhe dedicaram. Cercado por seus colaboradores de *Les Temps Modernes*,[11] e respondendo às suas perguntas, ele falava, ele se descrevia. Filmavam em geral na casa dele, às vezes na minha. Talvez fosse um pouco monótono vê-lo todos os dias às voltas com os mesmos interlocutores, mas foi graças à sua familiaridade com eles que se exprimiu

---

[9] Gíria: solitária, cela de presídio. (N.T.)

[10] Todos os jornalistas de Paris se haviam unido para protestar. Organizaram uma grande manifestação em frente ao Ministério do Interior.

[11] Exceto Lanzmann, que se encontrava em Israel.

com tanta naturalidade e segurança. Estava animado, risonho, na melhor forma. Não dera continuação a *As palavras* por temor de entristecer a sra. Mancy e porque outros trabalhos o haviam absorvido: ali ele contou o novo casamento de sua mãe, sua ruptura interna com ela, suas relações com seu padrasto, sua vida em La Rochelle onde, considerado parisiense e mais ou menos rejeitado por seus condiscípulos, fizera o aprendizado da violência e da solidão. Aos 11 anos, percebera bruscamente que já não acreditava em Deus e, por volta dos 15, a imortalidade terrena substituíra, para ele, a ideia de sobrevivência eterna. Fora tomado, então, pelo que denominava "a neurose de escrever" e, sob a influência de suas leituras, começara a sonhar com a glória, que nessa época associava com fantasias de morte.

Descrevia, a seguir, sua amizade com Nizan, sua emulação, sua descoberta de Proust e de Valéry. Foi nessa época, por volta dos 18 anos, que ele começou a transcrever suas ideias, por ordem alfabética, num livreto editado pelos supositórios Midy e que encontrara no metrô. A principal era já a da liberdade. Ele narrava depois, resumidamente, os anos passados na Escola Normal,[12] anos felizes, quando com seus companheiros executava benignas violências contra os *talas*.[13] Chegara à filosofia através de uma leitura de Bergson e, daí em diante, ela permanecera essencial para ele: "A unidade do que faço é a filosofia."

Relembrou a seguir sua estada em Berlim, a influência exercida sobre ele por Husserl; seu trabalho de professor, a resistência a assumir a idade adulta, a neurose, engendrada ao mesmo tempo por essa resistência e por sua experiência com a mescalina, ligada a suas pesquisas sobre o imaginário. Ele explicava, também, o que haviam representado para ele *A náusea* e *O muro*.

A sequência das entrevistas girou em torno de sua passagem pelo Stalag XII D, a criação de *Bariona*, seu regresso a Paris, *As moscas*. Depois, sobre a voga do existencialismo, os ataques de que fora alvo no fim dos anos 1940, o sentido do engajamento literário, suas posições políticas: sua adesão ao R.D.R.,[14] sua ruptura com este, sua decisão de aproximar-se dos comunistas em 1952, em decorrência da onda de

---

[12] Escola Normal Superior. (N.T.)

[13] Católicos militantes. (N.T.)

[14] *Rassemblement Démocratique Révolutionnaire*. (N.T.)

anticomunismo que grassava na França e, especialmente, do caso Duclos e dos pombos-correios. Fez alusão a De Gaulle, "personagem nefasto na história", e denunciou a abjeção da sociedade atual.

Expôs as preocupações morais que sempre teve e disse o prazer que sentia ao encontrar, sob uma outra forma, a mesma inquietação entre seus amigos maoistas que ligavam a moral à política. Definiu longamente seu moralismo: "No fundo, o problema, para mim, consistia em saber se escolhíamos política ou moral, ou bem se a política e a moral eram uma só coisa. E então agora retornei a minha posição inicial, mas mais enriquecido, colocando-me no nível da ação das massas. Existe neste momento, um pouco em todos os lugares, uma questão moral, questão moral que não é senão a questão política, e é neste plano que estou inteiramente de acordo, por exemplo, com os maoistas... No fundo escrevi duas morais, uma entre 1945 e 1947, completamente mistificada... e depois anotações de 1965, mais ou menos, sobre uma outra moral, com o problema do realismo e o problema da moral."

Para encerrar, ele voltou ao tema ao qual atribuía a maior importância: a oposição entre o intelectual clássico e o novo intelectual que atualmente ele escolhera ser.

O filme ainda não estava terminado quando, a 24 de fevereiro, um advogado belga, amigo seu, Lallement,[15] fez com que Sartre fosse convidado por jovens advogados de Bruxelas para realizar uma conferência sobre a repressão. Partimos por volta de uma hora da tarde, pela autoestrada, com Sylvie dirigindo. Fazia um lindo sol e paramos no caminho para comer *croissants* de presunto que ela preparara. Chegamos às cinco e meia e logo encontramos o hotel onde nos tinham reservado acomodações. Uma vez instalados, fomos tomar um aperitivo no bar, onde Lallement e Verstraeten[16] vieram ter conosco. Verstraeten conservava seus bonitos olhos azuis, mas estava de uma magreza que o fazia parecer-se a Conrad Veidt. Jantamos com eles e outros amigos no Cygne, na

---

[15] Lallement participara da luta pela F.L.N.: com amigos, ajudou alguns argelinos a cruzar a fronteira. Organizara para Sartre, em Bruxelas, uma grande conferência sobre a guerra da Argélia.

[16] Verstraeten era professor de filosofia sartriana. Escreveu um livro sobre Sartre e dirigia com ele a coleção de filosofia, criada por Sartre e Merleau-Ponty, e publicada pela Gallimard, com o nome de Biblioteca de Filosofia.

Grand-Place que mais uma vez admiramos. Passeamos um pouco pelas ruazinhas próximas e fomos para o Palácio do Congresso.

Com um rápido olhar, pudemos ver que o público era inteiramente burguês: as mulheres, muito empetecadas, visivelmente acabavam de sair do cabeleireiro. Sartre, que desde 1968 não usava ternos clássicos e gravata, naquela noite vestia um pulôver preto, que a assistência olhou com censura. Na verdade, ele não tinha nada a ver com aquelas pessoas e não compreendemos bem por que Lallement o convidara.

Sartre leu, sem muito entusiasmo, seu texto sobre "Justiça de classe e justiça popular". Na França, dizia ele, "existem duas justiças: uma, burocrática, que serve para prender o proletariado à sua condição, a outra, selvagem, que é o momento profundo pelo qual o proletariado e a plebe afirmam sua liberdade contra a proletarização...A fonte de toda justiça é o povo... Escolhi a justiça popular como a mais profunda e a única verdadeira". Ele acrescentava: "Se um intelectual escolhe o povo, precisa saber que o tempo das assinaturas de manifestos, dos tranquilos comícios de protesto ou dos artigos publicados por jornais reformistas terminou. Ele não tem tanto que falar, mas antes tentar, através dos meios à sua disposição, dar a palavra ao povo." A esse respeito, expôs o que era *La Cause du Peuple* e seu papel pessoal no jornal.

Para mostrar a deformação das leis burguesas citou o caso de Geismar, o de Roland Castro e o caso dos "Amigos de *La Cause du Peuple!*" Descreveu o regime carcerário que há dez anos não cessara de degradar-se e denunciou as pressões consideráveis a que estavam submetidos os juízes.

Nada disso penetrou no público. Houve algumas perguntas pertinentes feitas por esquerdistas e grande quantidade de perguntas idiotas, às quais Sartre respondeu com desenvoltura. O único episódio divertido dessa sessão foi ver Astruc arrastar-se pelo chão com sua máquina para filmar Sartre falando: suas calças caíam pelas pernas, deixando à mostra as nádegas. A primeira fila do público teve muita dificuldade em manter a seriedade.

Na saída, uma senhora resmungou, olhando para Sartre: "Não valeu a pena arrumar-se." E uma outra: "Quem fala em público faz um esforço, veste-se." Na casa de Erasmo, muito bonita, muito bem-mobiliada, onde os advogados haviam organizado um coquetel, o tema foi retomado por uma ouvinte que atacou Sartre diretamente. Ela se *alçara* da classe operária para a burguesia, e o primeiro cuidado dos operários que sobem assim é usar uma gravata.

No dia seguinte, Sartre regressou de trem com Arlette, que chegara pouco antes do jantar; e eu, pela estrada, com Sylvie...

Em Paris, tomamos conhecimento do assassinato de Overney. Era o trágico desfecho de uma longa história. Em consequência de dispensas arbitrárias — motivadas, na realidade, por razões políticas —, dois empregados demitidos pela Renault — o tunisiano Sadok, o português José — haviam iniciado uma greve de fome, à qual se associara o francês Christian Riss. Haviam encontrado asilo numa igreja da rua du Dôme, em Boulogne. A 14 de fevereiro, no fim da tarde, Sartre fora à Renault, nas oficinas da ilha Seguin, para debater com os empregados. Acompanhado pela cantora Colette Magny, por membros do Comitê Gacem Ali[17] e por alguns jornalistas penetrou lá clandestinamente, através de um estafeta. Haviam distribuído panfletos, protestando contra a dispensa de militantes maoistas — em particular daqueles que faziam greve de fome. Tinham sido brutalmente expulsos pelos guardas. Sartre comentou o incidente numa entrevista coletiva: "Fomos à Renault para falar aos operários. Já que a Renault foi estatizada, deveríamos poder andar por lá. Não pudemos falar com os operários. O que prova que a Renault é o fascismo. Os guardas se tornaram violentos, quando viram que já não havia operários para defender-nos. Várias pessoas foram violentamente espancadas e uma mulher jogada escada abaixo."

Diariamente, desde o final de janeiro, militantes maoistas distribuíam na porta Émile-Zola de Billancourt panfletos do Comitê de Luta Renault. A 25 de fevereiro, convocaram uma manifestação, que deveria realizar-se à noite em Charonne, contra as dispensas, a inatividade e o racismo. Entre eles encontrava-se Pierre Overney, dispensado da *Régie*[18] um ano antes, e, na época, chofer-entregador numa lavanderia. Os oito guardas uniformizados que protegiam a porta estavam nervosos. Era a hora em que os operários começavam a sair e a grade estava aberta. Houve uma discussão entre maoistas e guardas, depois um tumulto. De uma

---

[17] Comitê criado em Boulogne para denunciar todo ato racista ou repressivo contra imigrados.

[18] Régie Renault: *régie* designa correntemente algumas empresas nacionalizadas. (N.T.)

guarita, um homem em trajes civis observava a cena. Como os maoistas avançassem alguns passos para o interior da fábrica, ele gritou: "Caiam fora ou atiro..." Overney, que estava a dois metros dele, recuou. Tramoni atirou: a bala não saiu. Atirou uma segunda vez, abatendo Overney. Depois, fugiu para dentro da fábrica.

Depois desse assassinato houve manifestações, tumultos por parte dos operários; da parte da direção, novas dispensas. Sartre foi fazer um levantamento em frente às fábricas Renault. "O senhor sente necessidade de fazer um levantamento pessoalmente?", perguntou-lhe um jornalista. "Não confia na justiça oficial?" "Não, de maneira alguma." "E que acha da atitude do P.C.?" "É absurda. Dizem: a prova de que eles são cúmplices[19] é que se matam uns aos outros. Isso me parece um argumento pouco válido. E são antes os comunistas que estão com o governo contra os maoistas."

A 28 de fevereiro, levados por Michèle Manceaux, Sartre e eu participamos de uma grande manifestação organizada para protestar contra o assassinato de Overney. Havia uma quantidade enorme de gente. Não ficamos muito tempo, porque Sartre caminhava com dificuldade. Em virtude de uma reunião do Choisir,[20] não pude acompanhá-lo ao enterro. Ele compareceu com Michèle Vian. Por causa de suas pernas, não pôde acompanhá-lo até o fim, mas achou extraordinária aquela imensa aglomeração. Nunca, desde maio de 1968, a nova esquerda revolucionária reunira tantas pessoas nas ruas de Paris. Segundo os jornais, havia pelo menos 200 mil pessoas. Falavam todos de um renascimento do esquerdismo e enfatizavam a importância desse fato.

No entanto, Sartre não aprovava o sequestro de Nogrette, o homem incumbido das dispensas da *Régie*, sequestro levado a cabo pela Nova Resistência Popular, alguns dias depois do assassinato. Ele se perguntava, aborrecido, que declaração faria se viessem solicitar-lhe uma. Os sequestradores também estavam embaraçados. Libertaram logo Nogrette, sem haver formulado nenhuma reivindicação.

A Nova Resistência Popular (N.R.P.) era o órgão militante da Esquerda Proletária, à qual sobrevivera clandestinamente. Após o sequestro

---

[19] Com *eles*, o P.C. designava os esquerdistas e a burguesia.

[20] Grupo feminista do qual era codiretora e onde minha presença naquele dia era indispensável.

A cerimônia do adeus

de Nogrette, encontrava-se numa encruzilhada: devia lançar-se decididamente no terrorismo ou dissolver-se. Contrária ao terrorismo, optou pela segunda solução. O que provocou, pouco depois, o desaparecimento do Socorro Vermelho; esta organização, na realidade, estava nas mãos dos maoistas, que deixaram de interessar-se por ela quando decidiram dispersar-se.[21]

Foi nessa época que Sartre escreveu um prefácio para o livro de Michèle Manceaux, *Les Maos en France*, em que ela reunira entrevistas de alguns de seus dirigentes. Ele aí explicava como os via e as razões de sua concordância com eles. O "espontaneísmo dos maoistas", precisava, "significa simplesmente que o pensamento revolucionário nasce do povo e que só o povo o conduz, pela ação, a seu pleno desenvolvimento. O povo ainda não existe na França: mas em todos os lugares onde as massas passam à praxis, elas já constituem o povo...". Insistia muito na dimensão moral da atitude maoista: "A violência revolucionária é imediatamente *moral*, porque os trabalhadores se tornam os sujeitos de sua história." Segundo os maoistas, dizia Sartre, o que as massas desejam é a liberdade, e é isso que transforma suas ações em festas, por exemplo, os sequestros dos patrões em suas fábricas. Os trabalhadores tentam constituir uma *sociedade moral*, isto é, "onde o homem desalienado possa encontrar-se a si mesmo em suas verdadeiras relações com o grupo".

A violência, a espontaneidade, a moralidade — são esses os três caracteres imediatos da ação revolucionária maoista. Suas lutas são cada vez menos simbólicas e pontuais, cada vez mais realistas. "Os maoistas, com sua praxis antiautoritária, surgem como a única força revolucionária capaz de adaptar-se às novas formas da luta de classes no período do capitalismo organizado."

No entanto, embora repudiasse o papel do intelectual clássico, Sartre não cessara de assinar manifestos, quando solicitado. No início de março, lançou com Foucault, Clavel, Claude Mauriac, Deleuze, um apelo em favor do Congo.

Era a primavera: uma primavera brutal e esplêndida. De um dia para outro, o sol se transformara num sol de verão; os botões explodiam, as árvores enverdeciam, e, nas praças, as flores eclodiam e os pássaros cantavam; as ruas cheiravam a relva fresca.

---

[21] Ela, no entanto, subsistiu ainda por algum tempo.

Simone de Beauvoir

De um modo geral, nossa vida seguia a mesma rotina agradável do ano anterior; víamos os mesmos amigos e, algumas vezes, pessoas ligadas a nós, mas menos intimamente. Almoçamos com Tito Gerassi, que regressava da América. Ele descreveu-nos longamente os conflitos que separavam os dois chefes dos Panteras Negras, Cleaver e Huey. Apesar de sua simpatia por Cleaver — mais inteligente, mais vivaz —, apreciava mais a seriedade de Huey. Teria gostado que Sartre o apoiasse. Mas, sem informações suficientemente sólidas, Sartre recusou-se a tomar partido.

Almoçamos também com Todd que, após uma longa busca, encontrara seu pai: parecia que este era muito importante para ele. Não o víamos desde que se separara de sua mulher, a filha de Nizan, de quem gostávamos muito. Como ele estava sempre à procura de um pai, Sartre, cuja profunda bondade convertia-se frequentemente em gentileza fácil, dedicara-lhe um livro: "A meu filho rebelde." Mas, na verdade, a ideia de ter um filho jamais lhe aflorara. Ele disse a Contat, "Autoportrait à soixante-dix ans": "Nunca desejei ter um filho, nunca, e não procuro em minhas relações com homens mais jovens do que eu um substituto da relação paternal."[22]

Em seguida, fomos a Saint-Paul-de-Vence, com Sylvie e Arlette, e lá levamos mais ou menos a mesma vida do ano anterior. Líamos, passeávamos, ouvimos a France-Musique em nosso transistor. Estivemos novamente em Cagnes, na galeria Maeght. Sartre parecia muito feliz.

Ao regressar, retomou imediatamente suas atividades militantes. Nessa ocasião, havia na região parisiense 165 mil habitações desocupadas. Os moradores do bairro de la Goutte d'Or — em sua grande maioria imigrados norte-africanos — se haviam instalado numa delas, no Bulevar de la Chapelle. Só permaneceram lá durante dois dias. A polícia cercou o imóvel. Os sitiados se haviam refugiado no último andar. Os policiais estenderam uma grande escada e quebraram todos os vidros. Obrigaram todos os ocupantes a evacuar os locais. Os homens foram conduzidos a lugar ignorado, as mulheres e as crianças reunidas num centro de alojamento.

---

[22] Sartre considerava Todd menos ainda como um filho, por não ter nenhuma simpatia por ele e mantinha com ele apenas relações muito superficiais, ao contrário do que Todd tenta insinuar em seu livro.

A cerimônia do adeus

Para protestar, o Socorro Vermelho organizou uma entrevista coletiva dirigida por Roland Castro. Estavam presentes Claude Mauriac, Faye, Jaubert. Sartre participou dessa reunião. Sintetizou o conjunto de ações levadas a efeito desde o caso Djelalli, colocando em evidência o sentido político de tais ações. Denunciou "o que é preciso denominar aqui o inimigo", isto é, as forças da ordem contra as quais tais ações tinham sido dirigidas. Em primeiro lugar, disse ele, essas moradias são inabitáveis, é preciso realmente não ter teto algum para conformar-se com elas. Em segundo lugar, expulsar os infelizes ocupantes é demonstração de um racismo caracterizado: a família Djelalli, por exemplo, não obteve apartamento decente; e é por isso que essas pessoas, sem eira nem beira, se refugiaram nesse miserável pardieiro. Este foi comprado por uma sociedade que, um dia destes, vai demoli-lo, para construir um imóvel para renda: isso constitui uma operação desumana contra a qual a população do bairro reagiu espontaneamente. Estamos, uma vez mais, no terreno da luta de classes: é no capitalismo que esbarramos. "Observem", acrescentou, "que quando a polícia desaloja os ocupantes, destrói moradias ainda utilizáveis".

Sartre se interessava por coisas muito diversas, mas, em sua opinião, todas interligadas. Escreveu, em abril, uma carta-prefácio para um trabalho redigido pelos membros da equipe dos pacientes de Heidelberg sobre a doença mental. Felicitava-os por haverem posto em prática "a única radicalização possível da antipsiquiatria", partindo da ideia de que "a doença é a única forma de vida possível do capitalismo", já que a alienação, no sentido marxista, encontra sua verdade na alienação mental e na repressão a que está sujeita.

Como de hábito, nossa distração preferida era estar com amigos. Naquela primavera, almoçamos com os Cathala.[23] Eles nos disseram que, na U.R.S.S., a situação dos intelectuais estava pior do que nunca. Quatro anos antes, Cathala publicara no *Le Monde* um artigo sobre o último romance de Tchakowsky (o diretor do hebdomadário mais importante de Moscou); ele próprio o traduzira e, a seguir, declarava

---

[23] Estivemos com eles todas as vezes que fomos a Moscou. "Ex-colega de Sartre na Escola Normal, Cathala fora gaullista durante a guerra e se tornara comunista em 1945. Dedicava-se à publicação de obras russas em francês... Sua mulher era russa... e trabalhava numa revista." (*Balanço final*.)

que era um livro não somente muito ruim, mas stalinista. Em Moscou, não lhe ofereceram mais tradução alguma. Ele viveu, traduzindo para a França, uma obra de Alexis Tolstoi. Foi recusado a Lucia, sua mulher, um visto para a França, a não ser que ela rompesse com seu marido. Por isso, há quatro anos não vinham a Paris. Finalmente, ela perdera seu emprego e encontrava-se agora sem função. Graças à embaixada da França, obtivera um passaporte. Pensavam retornar definitivamente a Paris dentro de um ano. Soljenitzyn continuava malvisto, agora mais do que nunca, por causa de seu último romance que seria publicado na França, mas não na U.R.S.S.

Sartre sofria novamente com seus dentes. O dentista disse-lhe que, em outubro, seria preciso colocar-lhe uma dentadura completa e que ele teria dificuldade de falar em público. Isso o afetou profundamente. Se não podia mais falar nos comícios, nem mesmo em reuniões pouco numerosas, seria obrigado a retirar-se da vida pública. Queixava-se também de estar perdendo a memória, o que era verdade em relação a pequenas coisas. Mas não sentia medo da morte. Bost, cujo irmão mais velho, Pierre, estava em vias de extinguir-se, perguntou-lhe se o sentia às vezes: "Sim, algumas vezes", disse Sartre. "Nos sábados à tarde, quando devo estar com Castor e Sylvie à noite, digo-me que seria estúpido sofrer um acidente." Por acidente, queria significar um ataque. No dia seguinte, perguntei-lhe: "Por que sábado?" Ele me respondeu que aquilo só lhe acontecera duas vezes, e que ele não pensara na morte, mas no fato de ser privado de sua noite.

Concedeu a Goytisolo uma entrevista para *Libre*, uma revista em língua espanhola editada em Paris. Nela analisava os problemas políticos que se colocavam em 1972 e retornava à questão que considerava fundamental: o papel dos intelectuais. Em maio, em *La Cause du Peuple*, explanou suas ideias sobre a justiça popular.

La Cause du Peuple ia mal, deixou mesmo de ser publicado. Sartre participava todas as manhãs de reuniões, nas quais os responsáveis pelo jornal debatiam os meios de salvá-lo. Ele se levantava muito cedo e cansava-se muito. À noite, ouvindo música, dormia. Uma vez, tendo bebido um único uísque, começou a balbuciar. Quando subiu para deitar-se, cambaleava. No dia seguinte, levantou-se por conta própria às oito e meia e parecia inteiramente normal. Ainda assim, eu me sentia ansiosa no avião que me levava a Grenoble, onde tinha que fazer uma conferência para *Choisir*; ao regressar a Paris no dia seguinte temia más notícias. E, de fato: às 11h30, Arlette me telefonou; ela também estivera ausente de Paris na noite de quinta-feira e Sartre passara a noite sozinho na casa dela, para ver televisão (ele não possuía televisor). Chegando lá, pouco antes da meia-noite, Puig encontrara Sartre deitado no chão e embriagado. Levara uma meia hora para pô-lo de pé. Acompanhara-o à casa dele, caminhando. Sartre não morava longe, mas caíra, e tivera um sangramento nasal. Pela manhã, telefonara a Arlette e parecia lúcido. Fui vê-lo por volta das duas horas. Tinha uma equimose no nariz, os lábios um pouco inchados, mas a cabeça estava desanuviada. Por insistência minha, prometeu ir ver Zaidmann na segunda-feira. Almoçamos no La Coupole, onde Michèle foi ter com ele para tomar o café; regressando à casa dele, telefonei a Zaidmann. Ele pediu que Sartre não esperasse até segunda-feira, mas que fosse imediatamente. Voltei ao restaurante. Depois de ranzinzar um pouco, Sartre foi com Michèle consultar o médico. Voltou por volta das seis horas. Os reflexos estavam bons, nada parecia errado, exceto a pressão: 21. Mas isso era consequência de sua libação noturna. Zaidmann prescreveu os mesmos remédios de antes e marcou uma consulta para a quarta-feira seguinte.

A noite de sábado com Sylvie foi encantadora. Sartre só começou a cair de sono à meia-noite, dormiu de um sono só até as nove e meia e acordou bem-disposto. Junho terminou muito bem. *La Cause du Peuple* ressurgiu, e o primeiro novo número foi um êxito.

No início de julho, Sartre partiu com Arlette para uma rápida viagem pela Áustria. Estive com Sylvie na Bélgica, na Holanda, na Suíça. Sartre me telegrafava, falávamos por telefone, sua saúde parecia excelente. A 12 de outubro, em Roma, fui buscá-lo na estação, mas desencontrei-me dele. Voltando ao hotel, vi-o chegar de táxi pouco depois; estava ceceando, mas disse-me logo: "Dentro de um momento isso passará." Aproveitara sua solidão para beber duas meias garrafas de vinho no vagão-restaurante. Recompôs-se imediatamente, mas eu me perguntava por que razão, sempre que podia, ele abusava assim do álcool. "É agradável", dizia-me ele. Mas essa resposta não me satisfazia. Supus que, se fugia de si mesmo assim, era porque não estava contente com seu trabalho. No quarto volume de *O idiota da família* ele se propunha a estudar *Madame Bovary* e, sempre preocupado em renovar-se, queria utilizar métodos estruturalistas. Mas não gostava do estruturalismo. Explicou-se a esse respeito: "Os linguistas querem tratar a linguagem em exterioridade e os estruturalistas, saídos da linguística, traduzem também uma totalidade em exterioridade; para eles, trata-se de utilizar os conceitos o mais longe possível. Mas eu não posso utilizar-me disso, porque me coloco num plano não científico, mas filosófico, e é por isso que não tenho necessidade de exteriorizar o que é total." Portanto, o projeto que concebera, em certa medida desagradava-lhe. Talvez percebesse também que os três primeiros volumes de *O idiota da família* continham, implicitamente, a explicação de *Madame Bovary* e que, tentando, no momento, remontar da obra a seu criador, corria o risco de repetir-se. Ele refletia, fazia anotações, mas não tinha uma ideia de conjunto do que ia fazer. E trabalhava pouco, não sentia entusiasmo. Em 1975, disse a Michel Contat: "Este quarto volume era, ao mesmo tempo, o mais difícil para mim e o que menos me interessava."

Nem por isso deixamos de passar, primeiro com Sylvie, depois sozinhos, férias excelentes. Em junho, Sartre ficava, às vezes um pouco distraído, um pouco ausente: em Roma, de modo algum. Ocupávamos sempre aquele apartamento-terraço que nos encantava. E, como de hábito, conversávamos, líamos, ouvíamos música. Não sei por que motivo, naquele ano começamos a jogar damas e isso logo nos fascinou.

Ao regressar, no final de setembro, Sartre mostrava-se admiravelmente bem. Sentiu-se satisfeito por encontrar-se na minha casa. "Estou contente por estar aqui", disse-me. "O resto me é indiferente. Mas agrada-me estar aqui." Ali passamos noites felizes e eu, mais ou menos, voltara a sentir-me despreocupada.

Não por muito tempo. Em meados de outubro, novamente tomei consciência da irreversibilidade da degradação da velhice. Tinha observado que, em Roma, quando, após o almoço, íamos ao Giolitti para degustar sorvetes maravilhosos, Sartre corria ao banheiro. Uma tarde, voltando ao hotel com Sylvie, pelo Panteão, caminhando muito rápido à nossa frente, ele, de repente, parou e nos disse: "Uns gatos mijaram em mim. Aproximei-me da balaustrada e me senti úmido." Sylvie pensou que ele estivesse gracejando. Quanto a mim, percebi o que ocorrera, mas não disse nada. Em Paris, na minha casa, no início de outubro, quando Sartre se levantou de onde estava sentado, para ir ao banheiro, havia uma mancha em sua poltrona. No dia seguinte, eu disse a Sylvie que havia derramado chá. "Dir-se-ia que uma criança se distraiu", observou ela. No dia seguinte, à noite, nas mesmas circunstâncias, havia novamente uma mancha na poltrona. Então falei sobre isso com Sartre: "Você está com incontinência urinária. Tem que falar com o médico." Para grande surpresa minha, ele me respondeu com toda a naturalidade: "Já falei com ele. Há muito tempo que isso acontece: são essas células que perdi." Sartre fora sempre extremamente puritano; jamais aludia a suas necessidades fisiológicas e procedia sempre com a maior discrição. Por isso, perguntei-lhe, no dia seguinte pela manhã, se essa falta de controle não o constrangia. Ele me respondeu, sorrindo: "É preciso ser modesto, quando se é velho." Fiquei emocionada com sua simplicidade, com essa modéstia tão nova nele; e, ao mesmo tempo, sentia-me triste por sua falta de agressividade, por sua resignação.

Na verdade, sua maior preocupação naquele momento eram seus dentes. Frequentemente, tinha abscessos que o faziam sofrer. Só ingeria alimentos muito pastosos. E não podia evitar que lhe colocassem uma dentadura. Na véspera do dia em que o dentista iria terminar de arrancar-lhe os dentes do maxilar superior, ele me disse: "Passei um dia triste. Sentia-me deprimido. Fazia esse tempo horrível. E, além disso, meus dentes..." Nessa noite, não coloquei discos, temia que ele ficasse ruminando. Examinamos minha correspondência e jogamos damas. Na manhã do dia seguinte, todos os seus dentes superiores haviam desaparecido. Ele veio para minha casa e sentia vergonha de andar na rua. Na verdade, de boca fechada, estava muito menos desfigurado do que quando tinha um abscesso. Servi-lhe, de almoço, purê, guisado, compota de maçã. No dia seguinte, à tarde, o dentista colocou a dentadura. Disse-lhe que, durante uma semana, ela certamente o incomodaria um pouco, mas que estaria livre de todas aquelas infecções que o atormentavam antes. Sartre estava aliviado por se estar realizando a operação e visivelmente menos deprimido do que na véspera.

Dois dias depois, por volta das cinco e meia da tarde, chegou à sua casa todo alegre. Seus novos dentes absolutamente não o incomodavam; nenhuma dificuldade de elocução, mastigava melhor do que antes. À noite, quando chegou à minha casa por volta da meia-noite, perguntei-lhe como passara uma noite que previra ser desagradável: "Foi maçante", disse-me ele, "mas eu só pensava em meus dentes e estava tão contente!"

Simone de Beauvoir

Imediatamente ele se mostrou mais vivo, mais alegre do que nunca. A 26 de novembro, assistimos a uma projeção do filme sobre ele; e mostrava-se também na vida tal como aparecia na tela: em alguns momentos, parecia-me transbordar de juventude. (O que houve de extraordinário em Sartre, e de desconcertante para seu *entourage*, foi que, do fundo dos abismos onde parecia enterrado para sempre, ressurgia bem-disposto, intato. Eu chorara por ele durante todo o verão e ele voltara a ser totalmente ele mesmo, como se jamais tivesse sido tocado pela "asa da imbecilidade". Suas ressurreições, ao sair dos limbos, justificam que, a seguir, eu possa dizer entre uma página e outra: "Ele estava muito mal. Ele estava muito bem." Havia nele um cabedal de saúde física e moral que resistiu, até suas últimas horas, a todos os golpes.)

Ele continuava a ocupar-se de *La Cause du Peuple*. Em outubro, escreveu um texto com seus amigos do jornal: "Nous accusons le Président de la République", que foi divulgado em cartazes e reproduzido no suplemento do número 29 do jornal. Em dezembro, assinou com 135 outros intelectuais um apelo, "Le nouveau racisme", que foi publicado em *La Cause du Peuple* e reproduzido em *Le Nouvel Observateur*. Foi também *La Cause du Peuple* que imprimiu, a 22 de dezembro, sua entrevista com Aranda. Aranda, assessor técnico do ministro do Equipamento, publicara em *Le Canard Enchaîné* documentos que comprovavam a corrupção e as pressões exercidas por determinadas personalidades do regime. Ele entregou seus dossiês à Justiça e foi o único inculpado. Sua personalidade intrigava Sartre, que desejava ter uma entrevista com ele. Tendo Aranda aceito, Sartre tentou convencê-lo de que, ao denunciar os erros da administração, ele atacava o Estado e que, para evitar as malversações, era preciso estabelecer "um governo sustentado e controlado por um povo capaz de recusar tal ato injusto". Embora magoado, porque Pompidou queria abafar o caso, Aranda não desejava colocar o Estado em causa e invocava as fraquezas da natureza humana. Sartre sustentava que, querendo ou não querendo, Aranda era, a seu modo, "um agente da democracia direta".

Em novembro, ele se lançou num empreendimento que o seduzia muito: uma série de entrevistas feitas com amigos esquerdistas, Pierre Victor e Philippe Gavi. Aí precisaria seu itinerário político; eles tentariam definir o pensamento esquerdista tal como este se desenvolvera depois de 1968. O conjunto seria publicado com o título: *On a raison de se révolter*.

A cerimônia do adeus

Seus dois interlocutores lhe haviam sido apresentados por Geismar, dois anos antes. Pierre Victor — cujo nome verdadeiro era Benni Lévi — era um jovem judeu egípcio, que estudara filosofia e frequentara a Escola Normal. Fora um dos principais responsáveis pelo movimento marxista-leninista, e depois, com Geismar, dirigira a G.P. até sua dissolução. Já tivera inúmeras conversas com Sartre, que muito o apreciava; Sartre se sentia seduzido por sua juventude e por sua militância. Ele esclareceu isso em 1977, num diálogo com Victor, que *Libération* publicou:

Sartre: Almocei um dia com você na primavera de 1970.
Victor: ...Quem você achava que ia encontrar?
Sartre: Um personagem estranho que me parecia um pouco como Milorde, o Malandro... Tinha bastante curiosidade em vê-lo, naquela manhã, pelo que me haviam dito... Um personagem misterioso.
Victor: Você está me vendo...
Sartre: Vejo você, e o que me agradou de imediato é que você me pareceu muito mais inteligente do que a maioria dos políticos com que eu estivera até então, especialmente os comunistas, e muito mais livre. Digo mesmo: você não se recusava a tratar de assuntos menos políticos. Você tinha, em suma, o tipo de conversa, fora do tema principal, que gosto de ter com as mulheres: sobre a conjuntura, coisa que raramente temos com os homens.
Victor: Você não me considerou inteiramente um chefe, nem inteiramente um duro.
Sartre: De qualquer forma, você era um duro, mas um duro com qualidades femininas. Sob esse aspecto, eu achava você simpático.
Victor: Quando foi que você se interessou por uma discussão teórica fundamental entre nós?
Sartre: Isso foi paulatino... Tive contatos com você que se transformaram pouco a pouco... Entre nós realmente havia liberdade: a liberdade de colocar sua posição em risco.

Gavi era um jovem jornalista que escrevera artigos muito interessantes em *Les Temps Modernes*. Pertencia ao V.L.R. — movimento menos dogmático, mais anarquista do que o maoismo — cujo jornal, *Tout*, Sartre dirigira durante um tempo. Sartre também simpatizava bastante com ele. E estava feliz por concretizar, num livro, suas ligações com os maoistas, graças aos quais renovava seu pensamento político. Com ar feliz, disse-nos uma noite, a mim e a Bost, que sua amizade com eles o rejuvenescia. Só lamentava ser um pouco velho demais para que ela fosse inteiramente frutífera. Disse isso, durante uma de suas primeiras entrevistas, em dezembro de 1972:

"1968 chegou um pouco tarde para mim. Fora melhor se tivesse acontecido quando eu tinha cinquenta anos... Para esgotar as exigências que se podem ter com um intelectual conhecido é preciso que ele tenha 45... cinquenta anos. Por exemplo, não posso ir até o final das manifestações, porque tenho uma perna que me falha. Por exemplo, no enterro de Overney, só pude fazer um pequeno trecho do percurso...

"Disse e repetirei as razões objetivas pelas quais estou com vocês. Uma das razões subjetivas é que os maoistas me rejuvenescem por suas exigências... Só que, a partir dos setenta anos, se persistimos em misturar-nos com pessoas que agem, somos transportados aos lugares de carro com uma cadeira de abrir e fechar, somos um incômodo para todo mundo e a idade nos transforma em ornamento. Digo isto sem melancolia: preenchi bem minha vida, estou satisfeito...

"E estou satisfeito com suas vinculações comigo. É óbvio que só existo para vocês na medida em que lhes sou útil. Aprovo isso inteiramente. Mas quando se trata de realizar ação em comum, existe amizade, isto é, uma relação que ultrapassa a ação empresa, uma relação de reciprocidade... Eis o sentido profundo de minha relação com vocês. Creio que, se me questionam, e me contesto para estar com vocês, ajudo na medida de minhas possibilidades a criar uma sociedade onde ainda haverá filósofos, homens de um tipo novo, braçais-intelectuais, mas que se farão a pergunta: Que é o homem?"

O único inconveniente desses encontros é que, para prolongá-los até as duas horas da tarde, Victor e Gavi comiam sanduíches, bebendo vinho tinto; Sartre, que almoçava mais tarde, também bebia, sem nada comer. Sem dúvida, era por isso que, frequentemente, se sentia fatigado e sonolento à noite. Em janeiro, Liliane Siegel — que era amiga deles — pediu a Victor e Gavi que tivessem cuidado, sem que ele o percebesse, para que Sartre bebesse menos. Foi o que fizeram e, em janeiro, Sartre parou de dormitar.

Estava interessado num projeto que apaixonava Victor e Gavi, e que o atraía ao máximo: o lançamento de um jornal que deveria intitular-se *Libération*. A 6 de dezembro, na nova sede da Agência de Imprensa Libération, à rua Bretagne 14, houve uma reunião preparatória, da qual Sartre participou. Gavi expôs o programa do jornal que devia aparecer em fevereiro. Sartre falou sobre o papel que nele pretendia representar: "Quando me pedirem artigos, eu farei." Também criticou a manchete do último número de *La Cause du Peuple*: "A guilhotina, mas para Touvier."[24] Realmente era inadmissível que Touvier tivesse sido libertado. Mas ele fora condenado à prisão, não à morte, e não havia razão alguma para se exigir que fosse guilhotinado.

1973

A 4 de janeiro, houve uma nova reunião preparatória. E, a 7 de fevereiro de 1973, Sartre aceitou conceder uma entrevista a Jacques Chancel, na série Radioscopie, para apresentar *Libération*. Chancel tentou fazê-lo falar sobre sua vida, sobre sua obra, como conviria às diretrizes do programa; Sartre se esquivava e retornava ao único assunto que o interessava: *Libération*. Pouco depois, sempre para apresentar o jornal, compareceu a um comício em Lyon, de onde voltou bastante satisfeito. Acompanhei-o a um outro comício em Lille. A reunião se realizou numa grande sala dando para a *grand-place*. Havia muita gente sobretudo jovens. Sartre e dois outros oradores expuseram o que se propunha ser *Libération*. O público participou entusiasticamente da discussão e apontou diversos escândalos, pedindo ao *Libération* que os denunciasse.

No início de fevereiro, inaugurou-se *Libération*, nas instalações do jornal, perto da Porta de Pantin. Sartre enviara oitenta convites, e fora

---

[24] Touvier era um ex-miliciano, autor, ou cúmplice, de assassinatos de membros da Resistência e de judeus. Condenado à morte em 1945 e 1947, depois, por roubos, duas vezes a cinco anos de prisão e dez anos de banimento em 1949, acabava de ser indultado por Pompidou. Para os crimes de guerra havia prescrição, mas não para os crimes comuns. Não se podia, pois, exigir sua morte, mas apenas a prisão e o banimento.

preparado um grande bufê, mas — jamais entendemos o porquê — quase ninguém compareceu. Só estavam presentes os colaboradores do jornal. Por volta das sete horas, apareceram Cuny, Blain e Moulodji.

Sartre tinha muitas outras atividades. Em janeiro de 1973, a propósito das prisões, enviou uma mensagem, publicada em *Le Monde*, sobre "este regime que nos mantém a todos num universo concentracional". Deu uma entrevista à revista bruxelense *Pro Justitia*, na qual falou do caso Aranda, do caso de Bruay-en-Artois, das posições de Michel Foucault e da justiça na China. Escreveu um prefácio para o livro de Olivier Todd,[25] *Les paumes*, que era a reedição de *Une demi-campagne*, publicado em 1957 por Julliard. Descrevia aí seu plano de fundo histórico: a situação no Marrocos em 1955–1956.

Concedeu a M.A. Burnier uma entrevista que foi publicada em *Actuel* em fevereiro de 1973: "Sartre parle des maos." Analisava sua ação política a partir de maio de 1968, em particular sua ligação com *La Cause du Peuple*. "Acredito na ilegalidade", dizia ele. Continuava a ocupar-se assiduamente de *Les Temps Modernes*. Aí publicou um artigo em janeiro: "Elections, piège à cons"; nele rejeitava o sistema da democracia indireta que deliberadamente nos reduz à importância: este sistema atomiza e serializa os eleitores. Todos os artigos desse número seguiam a mesma linha e atestavam a unidade política da equipe: teve muito sucesso junto aos leitores e Sartre ficou muito satisfeito com isso. Retomou sua análise da política francesa numa entrevista dada em fevereiro a *Der Spiegel*.

Nesse mesmo mês, junto com jornalistas de *Libération*, foi fazer uma enquete sobre os grandes conjuntos de Villeneuve-la-Garenne. Não considerou essa expedição muito frutífera. Ela ocasionou uma discussão, publicada em junho no *Libération*, onde jovens se manifestaram, mas onde Sartre, que estava presente, não tomou a palavra.

No final de fevereiro teve uma bronquite, da qual se curou logo, mas que o deixou bastante cansado. Domingo, quatro de março, era o primeiro turno das eleições legislativas. *Libération* lhe pedira um texto sobre a questão e, à noite, Michèle Vian e eu o acompanhamos ao jornal. Havia muita gente na redação e acompanhavam-se os resultados em

---

[25] Assim era sua gentileza: jamais recusava um favor, mesmo se sentia pouca simpatia por quem lho pedia.

meio a uma grande zoeira: barulho do rádio, discussões. Sartre redigiu num canto de mesa um bom texto para o número zero. Estava orgulhoso por haver escrito tão rápida e eficazmente, apesar da confusão. Quanto a mim, estava preocupada. A noite fora muito pesada para ele. No dia seguinte, almoçou no La Coupole com Michèle, que sempre o fazia beber muito, e retornou com ela a *Libération* para uma entrevista. Havia engarrafamento: três quartos de hora num táxi para ir, outro tanto para voltar. Quando o vi rapidamente, à noite, por volta das sete horas, ele me disse que fora muito penoso. Foi à casa de Arlette, por volta das oito horas, para ver um filme na televisão; ela me disse depois que ele, ao chegar, não parecia bem-disposto. Telefonou-me no dia seguinte perto do meio-dia: "Sartre não está muito bem." Na véspera, em torno das dez horas, sofrera um ataque, seu rosto se crispara, o cigarro caíra-lhe dos dedos, e, sentado em frente à televisão, ele perguntava: "Onde está a TV?" Parecia um velho de oitenta anos, senil. Por três vezes, tivera o braço paralisado. Zaidmann, alertado, mandara que se começasse imediatamente com injeções de *pervincamine*. A primeira injeção já fora aplicada. Ele recuperara o movimento do braço, e seu rosto já não estava crispado, mas a cabeça não estava muito bem. Telefonei ao professor Lebeau, no La Salpêtrière, e ele me disse que veria Sartre dois dias depois.

Essa noite, Bost vinha ver-nos. Sartre chegou antes dele. Falei-lhe de seu ataque; não se lembrava de quase nada. Discutimos com Bost sobre as eleições. Sartre insistiu em beber dois uísques, e, por volta de 23 horas, sentiu-se mal. Mandei-o dormir. Bost foi embora perto de meia-noite, e eu me estendi, toda vestida, em meu divã.

Sartre apareceu por volta de nove horas na sacada de meu estúdio. Perguntei-lhe: "Como está?" Ele tocou na boca: "Melhor. Meu dente já não está doendo." "Mas você não estava com dor de dentes –" "Sim, você sabe que sim. Durante toda a noite com Aron." Enfiou-se no banheiro. Quando desceu para tomar um suco de frutas, eu lhe disse: "Não foi Aron quem esteve aqui ontem à noite: foi Bost." "Ah! sim. É o que queria dizer." "Você se lembra. Passamos um bom começo de noite. E, após ter bebido um uísque, você se sentiu fatigado." "Não foi por causa do uísque: foi porque eu tinha esquecido de retirar meus protetores de ouvidos."

Eu estava em pânico. Liliane veio buscá-lo para levá-lo a tomar um café e, perto das dez horas, telefonou-me: a coisa ia muito mal. Sartre lhe dissera: "Passei uma noite agradável com Georges Michel.[26] Estou contente por estar reconciliado com ele; era uma bobagem estarmos brigados. Eles foram muito amáveis: deixaram que me deitasse às 11 horas." (Sartre não estava absolutamente brigado com Georges Michel.) Continuava a divagar.

Telefonei ao professor Lebeau, pedindo-lhe que visse Sartre naquele mesmo dia. Ele respondeu que, afinal, aquilo não era caso para ele, que ia conseguir-me uma consulta com um neurologista, o doutor B. E a consulta foi marcada para as seis horas da tarde.

Às cinco e meia fui com Sylvie buscar Sartre em casa de Arlette. Ele tinha uma aparência normal. Levei-o, de táxi, ao doutor B., a quem expus os fatos. Ele examinou Sartre, deu-lhe uma receita e o endereço de uma doutora que deveria procurar imediatamente para fazer um eletroencefalograma. Sylvie, que nos esperara num café, acompanhou-nos. Deixamos Sartre no *hall* de um grande prédio moderno e nos sentamos num café sinistro, de luzes vermelhas, onde uma ave assobiava e gritava ininterruptamente: "Bom-dia, Napoleão!" Ao fim de uma hora, subimos ao consultório da doutora e aguardamos num salão confortável e silencioso. Sartre veio ter conosco por volta das oito horas. O eletroencefalograma não assinalava nenhuma anomalia séria. Regressamos a minha casa de táxi, depois de deixar Sylvie na dela. Sartre dizia que a doutora tinha sido muito gentil; levara-o a uma sacada para mostrar-lhe a vista e lhe oferecera um uísque: isso, evidentemente, não era exato. O doutor B. prescrevera remédios, recomendara a Sartre que ingerisse muito pouco álcool e proibira-lhe o fumo. Mas Sartre decidira não dar ouvidos. Passou-se a noite a jogar damas. Deitamo-nos cedo.

No dia seguinte, Sartre parecia bem. Mas, por volta das 11 horas, Liliane telefonou, para dizer-me que, tomando o café da manhã com ela, Sartre começava a divagar. Não a reconhecia; tomava-a ora por Arlette, ora por mim. Ela lhe dissera que era Liliane Siegel. "Liliane Siegel, eu a conheço," respondera. "Mora num prédio vizinho e é professora de ioga." Perguntou também: "Quem é então a jovem que veio ontem comigo e com Castor?" "Certamente era Sylvie." "Não, não era Sylvie: era você."

---

[26] Escritor, autor dramático cujas peças Sartre muito apreciava. Era um grande amigo de Liliane.

A cerimônia do adeus

Almocei com ele. Falou-me do copo de uísque que a doutora lhe oferecera. Respondi que se tratava, certamente, de uma lembrança ilusória. Ele o admitiu. Passei a tarde em sua casa. Ele lia. Eu também.

No dia seguinte pela manhã tinha consulta às oito e meia com o doutor B. no La Salpêtrière. Quando cheguei à porta de Sartre, às oito horas, Arlette, que deveria ir conosco, estava chamando sem obter resposta. Abri a porta com minha chave: Sartre dormia a sono solto. Vestiu-se rapidamente e um táxi nos levou ao hospital, onde um enfermeiro se encarregou de Sartre. Enquanto procurávamos um táxi, Arlette e eu, ela sugeriu que Sartre passasse uns dias com ela em Junas, para restabelecer-se inteiramente; propus que ele se encontrasse comigo, depois, em Avignon. Mas ele aceitaria? Ela observou que muitas vezes ele dizia um não que significava um sim e que não se zangava se forçávamos a mão. Ao meio-dia, estive com o doutor B. no La Salpêtrière. Explicou-me que Sartre tivera uma anoxia, isto é, uma asfixia do cérebro, devida em parte ao fumo, mas sobretudo ao estado das artérias e das arteríolas. Aprovou o projeto de uma temporada no campo, com o qual Sartre concordou sem resistência. B. pediu-lhe que escrevesse seu nome e seu endereço, o que Sartre fez sem dificuldades. Então, B. disse com segurança: "Curá-lo-emos."

Revi Sartre à tarde e, à noite, ele foi para a casa de Wanda, onde o filho de Liliane Siegel foi buscá-lo para trazê-lo a minha casa. Ela me disse, depois, que Sartre tornara a divagar: falara-lhe longamente de uma negra sentada nos seus joelhos...

No dia seguinte, sábado, nossa noite com Sylvie não foi agradável: Sartre teimava em beber e fumar e nós nos sentíamos arrasadas. Recriminamo-lo durante o almoço do dia seguinte, coisa que o embaraçou. Seu elevador estava novamente com defeito, mas ele insistiu em subir os dez andares para trabalhar em sua casa. O que ele chamava trabalhar, naquele momento, consistia em preparar um artigo que lhe haviam solicitado sobre a resistência grega; lia e relia um livro excelente, *Les kapetanios*, mas creio que não conseguia reter nada. À noite, em minha casa, jogamos damas. Ele estava nitidamente melhor, mas suas lembranças ainda estavam confusas.

Segunda-feira à noite, após ter lido ainda, durante todo o dia, *Les kapetanios*, partiu para Junas. Arlette me telefonou no dia seguinte. O tempo estava bom, Sartre estava satisfeito por encontrar-se no Midi, lia romances policiais. Mas ainda tinha dificuldades. Perguntara: "Por que exatamente estou aqui? Ah! É por causa de meu cansaço. E também estamos aguardando Hercule Poirot." Ela achava que os romances policiais o incitavam a fabular e levava-o a passear o mais frequentemente possível. Na sexta-feira, disse-me que ele estava de ótimo humor, que se divertia escalando rochedos nas pedreiras da *garrigue*.[27] Mas, quando seu secretário Puig foi passar dois dias com eles, após sua partida, Sartre perguntou a Arlette com precaução: "Dedijer esteve aqui?" (Dedijer não se parecia nada com Puig, mas também era íntimo de Arlette.) No sábado ela me confirmou que ele estava bem; coisa curiosa, quinta e sexta, antes de ir dormir, ele se esquecera de pedir seu uísque habitual. Soube, depois, que também o esquecera no sábado. Quando lembrei isso a Sartre, ele me disse em tom irritado: "É porque estava caducando."

No domingo pela manhã, no trem que me levava a Avignon, sentia-me angustiada: não sabia que Sartre ia encontrar. Quando revi, depois de Valence, as árvores em flor, os ciprestes, pareceu-me que o mundo oscilava para sempre: oscilava na morte.

Sartre desceu de um táxi, diante do hotel de l'Europe onde eu o esperava: malbarbeado, os cabelos muito compridos, pareceu-me muito envelhecido. Levei-o até seu quarto, dei-lhe livros (uma vida de Raymond Roussel, e a correspondência de Joyce). Falei um pouco com ele e deixei-o repousar.

Saímos ao cair da noite e caminhamos para a praça de l'Horloge, muito próxima. "Temos que virar à esquerda" — disse-me ele, o que estava certo. Acrescentou, mostrando-me um hotel: "Esta manhã esperei-a em frente a este hotel, enquanto você entrava numa loja." Respondi que ainda não tínhamos passeado por Avignon. "Então era Arlette." Mas Arlette não saíra do táxi. Sartre não conseguia situar essa lembrança enganosa, mas apegava-se a ela. Tivemos um jantar excelente, regado a Châteauneuf-du-Pape. Em seu quarto, servi-lhe um uísque com muito gelo e jogamos damas um pouco: mas ele tinha dificuldade de fixar a atenção.

Na manhã seguinte estava muito bem-disposto, quando tomamos o café da manhã em seu quarto. Um táxi nos levou a Villeneuve-les--Avignon. Alguns anos antes, eu passara três semanas no hotel onde almoçamos e a dona me reconheceu. Ela disse a Sartre que seu filho de

---

[27] Terreno árido e calcário da região mediterrânea; lande. (N.T.)

A cerimônia do adeus

sete anos teria ficado muito feliz em vê-lo, porque na escola ensinavam-lhe poemas seus: isso nos surpreendeu. Quando nos levantamos para ir embora ela estendeu a Sartre o livro de ouro: "Por favor, sua assinatura, Senhor Prévert." "Mas eu não sou sr. Prévert", disse Sartre, deixando-a perplexa. Revisitamos o forte Saint-André; soprava um vento forte que desgrenhava os cabelos de Sartre: como ele me parecia vulnerável! Sentamo-nos por um momento na relva, depois na porta do forte, num banco de onde se via o Ródano e Avignon; a primavera estava magnífica: uma profusão de árvores em flor. O tempo estava agradável; assemelhava-se à felicidade.

Da praça de Villeneuve um táxi nos conduziu ao hotel. O porteiro nos levou a umas freiras que tinham que aplicar uma injeção diária em Sartre. Era a uns vinte metros do hotel e eu o deixei lá; ele retornou sozinho, sem dificuldade. Depois de jantar na praça de l'Horloge, jogamos damas e Sartre mostrava toda a sua presença de espírito.

No dia seguinte pela manhã, alugamos um carro com chofer, para ir rever Baux. A chegada foi magnífica: um deserto de pedras com um tempo maravilhoso. Sartre sorria de prazer e me dizia com ar feliz: "Quando nós dois viajarmos este verão…" Eu corrigi: "Você quer dizer: quando estivermos em Roma." "Sim", disse ele. Mas repetiu várias vezes: "Quando nós dois viajarmos…" Tomamos um aperitivo, sob o sol, no Oustau de Baumanière, onde almoçamos. Passeamos pela cidade morta. Retornamos por Saint-Rémy e por um belo campo florido. Sartre olhava o relógio. Disse-lhe brincando: "Tem um encontro?" "Sim, você sabe, com a mulher que encontramos esta manhã numa *brasserie*." Disse-lhe que não havíamos estado numa *brasserie*. "Mas claro que sim, ao partir, junto à estrada." Ele hesitou: "Ou então foi ontem." Convenci-o de que não tínhamos nenhum encontro marcado. Ele me disse depois que se tratava de uma impressão vaga, que mesmo que tivesse ficado a sós, teria retornado diretamente ao hotel. A seguir, ficamos lendo lado a lado em seu quarto. Ele lia muito lentamente. Levou dois dias para terminar o *Nouvel Observateur*. No entanto, estava outra vez completamente presente ao mundo. À noite ele me disse: "De qualquer maneira, é preciso que você recomece a escrever." "Certo", disse eu, "quando você estiver inteiramente bem".

O dia seguinte, 21 de março, estava mais deslumbrante: "É a primavera!", disse-me Sartre, alegremente. Fomos, de carro, rever a ponte du

Gard. Quando bebíamos um uísque no terraço ensolarado do Albergue du Vieux Moulin, ele me perguntou: "É uma ponte do século XIX?" Retifiquei, com o coração apertado. Depois do almoço caminhamos um pouco pelas aleias que se estendem por trás da ponte. Sartre se sentava em todos os bancos: a comida deixara-o pesado, dizia ele. Retornando a Avignon, como novamente olhasse o relógio, eu lhe disse: "Nós não temos compromisso algum." "Mas, sim", respondeu-me. "Com esta moça…" Mas não insistiu. Na véspera, ao sair para tomar sua injeção, encontrara um casal de professores que pertencia ao comitê Libération; ao regressar, a jovem mulher o aguardava na esquina e ele falara com ela. A ideia de compromisso ligava-se a esse episódio. À noite fiz com que Sartre recapitulasse seu dia e ele se lembrava muito bem. Jogamos damas e conversamos.

No dia seguinte, levantou-se às dez horas, bem no momento em que nos traziam o café de manhã. "Passamos uma noite agradável ontem", disse-lhe. Ele hesitou: "Sim. Mas, ontem à noite, eu estava achando que era invisível." "Você não mencionou isso." "Foi depois que cheguei. Sentia-me *em perigo* com relação às pessoas. Então, pensei que era invisível." Como eu insistisse, disse-me que não tinha medo de ninguém em particular, mas que tinha a impressão de ser um objeto, sem relação com as pessoas. "Mas você tem relações com elas." "Sim, eu as faço existir." Ele afirmou, o que era falso, que, tirante o vinho, era sempre eu quem escolhia as refeições. Concluí daí que ele estava inteiramente confuso, que não compreendia o que se passava consigo mesmo. Minimizava seus lapsos de memória e suas pequenas divagações — no entanto, dizia-se "fatigado" senão doente. Durante essa temporada, ele repetiu duas vezes com ar acabrunhado: "Vou completar 68 anos!" Uma vez em Paris, pouco antes de seu ataque, ele me dissera: "Vão acabar cortando-me as pernas." E, como eu protestasse, acrescentara: "Oh! as pernas! Poderia abrir mão delas." Evidentemente, experimentava uma inquietação difusa em relação a seu corpo, a sua idade, à morte.

Naquele dia estivemos em Arles. Depois de almoçar no Jules César, revimos Saint-Trophime, o teatro, as arenas. Sartre parecia abatido. Nas arenas, perguntou-me: "Encontrou-se essa coisa que havíamos perdido?" "O quê?" "Essa coisa que é necessária para ver as arenas. Esta manhã estava perdida." Ele se enredava e remoía. Em Saint-Trophime pegáramos um tíquete válido apenas para a igreja, depois, no teatro, um tíquete completo: era nisso que ele estava pensando? De qualquer forma, estava desorientado. Voltamos por Tarascon, cujo castelo revimos. Na chegada, Sartre disse ao chofer: "Então, está combinado, pagamos-lhe amanhã." "Mas não", disse eu, "vamos partir amanhã, não nos veremos mais." Sartre pagou, dando uma enorme gorjeta. A religiosa que lhe aplicava as injeções dissera-lhe que ele poderia pagar todas as aplicações no último dia; sem dúvida, houvera uma confusão em seu espírito.

No dia seguinte, pela manhã, disse-me que estava encantado com sua estada, mas que retornar a Paris lhe parecia "normal". Não deixara endereço com Michèle Vian e eu lhe perguntei se ela não teria ficado zangada por isso: "Claro que não", disse-me ele, "ela sabe muito bem que você tem que partir sem deixar endereço, por causa desse homem que a incomodou". "A mim?" "Sim." "Porque queria umas notas sobre minha doença." Eu neguei e Sartre me disse com ar de espanto: "Sempre pensei que isso fosse verdade." Essas lembranças enganosas que remontavam aos primeiros dias do ataque não me inquietavam muito.

Naquela manhã, jornalistas telefonaram e Sartre recusou-se a recebê-los. Tomamos um aperitivo ao sol, na praça de l'Horloge e comemos no primeiro andar de um restaurante: Sartre se divertia, olhando as pessoas que passavam na rua. Demos um grande passeio pela cidade, sem que ele mostrasse sinal de cansaço. Às seis horas, instalamo-nos no trem e nele jantamos. Liliane Siegel e seu filho nos aguardavam na estação às 23h30 e levaram-nos para minha casa.

No dia seguinte, Sartre cortou o cabelo, coisa que o rejuvenesceu muito, e almoçou com Arlette. Disse-me que ela não estava contente com ele, mas sem explicar-me o porquê. Ela me explicou por telefone. Sartre lhe contara que seus maços de cigarros haviam ardido no riacho; e como ela o olhasse com ar de dúvida, ele acrescentara: "Você acha que estou gagá, mas, no entanto, é verdade." Afirmou também ter dado uma entrevista a um inglês.

À tarde, levei-lhe sua valise. Ele abriu sua correspondência e examinou livros que lhe haviam sido enviados. Na minha casa, à noite, na companhia de Sylvie, mostrou-se incapaz de manter uma conversa. Subiu para deitar-se por volta das 23h30.

Ao acordar, lembrava-se perfeitamente do dia anterior. Estava satisfeito, porque iria encontrar-se, em torno do meio-dia, com uma jovem grega que redigira um estudo sobre ele e de quem gostava muito.

Parecia inteiramente presente, mas eu me perguntava quando teria condições de voltar a trabalhar.

À noite, na minha casa, não percebeu que Sylvie colocara água na garrafa de uísque; essa pequena traição me era desagradável: mas não via outra maneira de reduzir sua dose de álcool. Ele tornou a repetir-me durante a noite: "Vou completar 68 anos!" Perguntei-lhe por que isso o mobilizava tanto: "Porque pensava que só completaria 67."

No dia seguinte, revimos o doutor B. Falei-lhe dos estados confusos de Sartre, na presença deste, que ouvia com indiferença. Depois, B. conduziu-o ao seu laboratório para examiná-lo. Não o achou mal. Sua escrita estava bem melhor do que na vez anterior. Disse-lhe que o álcool e o fumo eram os seus maiores inimigos, mas que, tendo que escolher, preferia proibir-lhe o álcool que ameaçava danificar seu cérebro. Só lhe permitia um copo de vinho ao almoço. Receitou remédios. Ao sair, Sartre estava bastante acabrunhado por ter que abrir mão do álcool. "Estou dizendo adeus a sessenta anos de minha vida." Um pouco mais tarde, na sua ausência, telefonei ao doutor B. Ele me disse que, em caso de novo ataque, não estava seguro de que fosse possível seu restabelecimento. "Ele está em perigo?", perguntei-lhe. "Sim", disse-me. Eu o sabia, mas mesmo assim foi um choque. Mais ou menos claramente, Sartre se sentia ameaçado, já que me disse à noite: "Um dia tem que acabar. Afinal, foi feito o que se pôde. Foi feito o que havia a fazer."

Ao acordar, tornou a divagar um pouco. Falou-me de um prefácio que tinha de escrever para uns gregos, o que era exato, mas também de um outro, para um rapaz que quisera suicidar-se porque seus pais o mantinham prisioneiro; já não se lembrava de seu nome, mas era um amigo de Horst e de Lanzmann. Em realidade, nunca se falara de tal rapaz. No entanto, à noite, parecia em perfeito estado; dava a impressão de estar inteiramente resignado a não mais beber e me ganhou nas damas.

Breve trégua. Arlette me telefonou dois dias depois, pela manhã, dizendo que Sartre tinha vertigens, tombava para a direita, caía. O doutor B., consultado por telefone, mandara diminuir as doses dos remédios: se, no entanto, as perturbações continuassem, seria preciso que ele ficasse em observação no La Salpêtrière. Na minha casa, no final da tarde, ele cambaleava.

Seu equilíbrio estava melhor no dia seguinte. Mas, tomando o café da manhã com Liliane, mais uma vez divagara: mencionara um encontro que teria tido com operários... No entanto, passamos uma noite muito agradável com Sylvie. Ele nos declarou alegremente: "Quando completar setenta anos, voltarei a beber uísque." Isso me reconfortou, porque parecia significar que se absteria durante dois anos.

Durante esse início de abril, apesar de uma certa fraqueza nas pernas e certa confusão mental, ia bastante bem. Estava lendo um pequeno livro de crítica sobre *O muro* que o estava interessando. Começava a ressentir-se por não trabalhar. Escreveu uma carta, publicada por *The New York Review of Books*, pedindo a anistia dos americanos que haviam desertado durante a guerra do Vietnã.

Passou alguns dias em Junas com Arlette: Sylvie e eu fomos buscá-lo de carro, para levá-lo a Saint-Paul-de-Vence. Quando chegamos em frente à casa, Sartre desceu da varanda onde tomava sol. Como todas as vezes em que o revia, após uma ausência, impressionou-me mal: tinha o rosto intumescido, algo de entorpecido e desajeitado nos gestos. Partimos os quatro, pelas bonitas paisagens do Languedoc; *garrigues* e vinhedos, árvores frutíferas e flor, colinas azuis ao longe. Atravessamos a Crau, passamos pela Camargue, entrevimos Arles e paramos para almoçar num agradável hotel às portas de Aix. Sylvie ficou dormindo no carro. Nós partimos para Brignoles, por esse campo de Aix que tanto amo. A um determinado momento, Sartre disse: "Mas que aconteceu com esse rapaz que tínhamos trazido? Esquecemo-lo?" Ele não insistiu. Explicou-me depois que tinha sido a ausência de Sylvie, durante o almoço, que o confundira.

Durante a estada em Saint-Paul, ele não mais manifestou confusão mental, mas faltava-lhe energia. Fazia um lindo sol, o campo resplandecia. Agradava-lhe passear de carro, rever Nice, Cagnes, Cannes, Mougins. Mas, em seu quarto, arrastava-se indefinidamente a ler *Les kapetanios*; mal conseguia ler romances policiais. "Ele não pode continuar assim" — disse-me Arlette com voz assustada. Ele se dava conta de seu estado. Uma manhã, acendendo seu primeiro cigarro, disse-me: "Não posso mais trabalhar... Acho que estou gagá..." No entanto, conservava o gosto de viver. Falando de Picasso, morto aos 92 anos, eu lhe disse: "É uma boa idade: você ainda teria 24 anos de vida." "Vinte e quatro anos não é muito", respondeu-me.

Ele retornou com Arlette, eu, com Sylvie. Quando almocei com ele, no dia de meu regresso, estava vivaz e caloroso; ouviu com prazer o relato de minha viagem de Saint-Paul a Paris. À tarde, em sua casa, mostrou prazer ao abrir sua correspondência e folhear os livros recebidos. Mas, em outros dias, parecia-me declinante, desligado, sonolento. Essas oscilações de esperança e de angústia me esgotavam.

Voltamos a consultar o doutor B. Enquanto examinava os reflexos de Sartre na sala contígua a seu consultório, ouvia-o dizer: "Bem… muito bem…" Tudo estava bem, exceto a pressão: 20-12. Quando voltaram ao escritório, Sartre queixou-se de seu entorpecimento mental. Com uma espécie de ingenuidade encantadora, precisou: "Não estou bobo. Mas estou vazio." B. prescreveu um estimulante e diminuiu a dosagem de todos os remédios. Depois, aconselhou a Sartre: já que não podia mais escrever um trabalho sério, que tentasse a poesia. Ao deixá-lo, Sartre, que começava a recuperar sua agressividade, exclamou: "Esse idiota não fez nada por mim!" Eu protestei e ele me respondeu: "Zaidmann teria feito o mesmo." Na verdade, ele achava que se teria curado sozinho, o que absolutamente não era verdade.

Continuava a ter altos e baixos. Dormia um pouco à tarde e, ao acordar, frequentemente dizia palavras confusas. Um dia, contando-lhe Arlette que fora ver, em sessão privada, o filme de Lanzmann, *Pourquoi Israël?*, ele lhe disse: "Não foi só você, Arlette também esteve lá." "Arlette?" "Sim, isso lhe interessa, porque ela é uma judia *pied-noir*."[28] Então ela perguntou: "E eu? Quem sou eu?" Sartre caiu em si: "Ah! Eu queria dizer que você tinha levado uma amiga com você." Ela disse a Sartre que, no início da sessão, tinha havido um alarme de bomba e a sala fora revistada. Ele me contou apenas que a projeção começara com atraso: esquecera o porquê. As coisas não penetravam nele e, como todos os seus amigos observavam, estava distante, um pouco entorpecido, quase empanado, tendo nos lábios um sorriso fixo de gentileza universal (sorriso devido a uma ligeira paralisia dos músculos da face).

No entanto, frequentemente passava boas noites com ele. Bebia com prazer suco de frutas. As refeições de domingo, com Sylvie, eram muito animadas. Tito Gerassi — que desejava escrever uma biografia política de Sartre — almoçou conosco no La Coupole, depois conversou com ele a sós: encontrou-o em excelente forma. A 21 de maio, Sartre retomou suas entrevistas com Pierre Victor e Gavi, que disseram a Liliane

---

[28] Francês da Argélia. (N.T.)

A cerimônia do adeus

Siegel: "Ele se mostrou extraordinariamente inteligente; exatamente como antes." No final de maio, participou de uma reunião de *Les Temps Modernes*: Horst, Lanzmann — a quem, a seu regresso do Midi, dera a pior impressão — acharam-no tão vivo, tão inteligente como no passado. Sua memória era ainda hesitante com respeito a nomes próprios, e ele se lembrava pouco dos momentos de sua doença, em particular de suas vertigens. Aludia, às vezes, a sua "mini-invalidez" e disse-me um dia: "Isso não deve ter sido agradável para você." "Não", respondi. "Mas menos ainda para você." "Oh! Eu! Não me dava conta."

Estava muito satisfeito por ter retomado suas entrevistas com Victor e Gavi. Durante nossas noites com Sylvie, mostrava-se alegre e até engraçado. A 17 de junho, teve uma entrevista com Francis Jeanson sobre sua adolescência. Especificou sua posição em face da violência.

O único ponto negativo eram seus olhos. Procurara, como todos os anos, um oftalmologista: este constatara que ele perdera quatro décimos de sua visão. Quase a metade. E ele só tinha um olho válido. Tinha que submeter-se a tratamento durante 15 dias e, caso não se obtivesse resultados, seria preciso cogitar de uma pequena operação.

Quinze dias depois, o oculista não soube bem o que diagnosticar. O fato é que Sartre via mal e se preocupava. Lembro-me dele inclinado sobre uma lupa grossa que nossa amiga japonesa lhe dera, olhando ansiosamente artigos de jornais; mesmo com a lupa não conseguia ler tudo. Repetiu várias vezes essa tentativa, sempre sem êxito.

Poucos dias depois, Arlette me telefonou: Sartre voltara a sentir vertigens, caíra ao levantar-se da cama. Naquela tarde, procurou um especialista muito conhecido: ao relatar-me essa consulta, à noite, mostrava-se muito abatido: o oculista detectara uma trombose de uma veia temporal e uma tríplice hemorragia no fundo do olho. Em compensação, o doutor B. — com quem marcara uma hora — foi otimista. As vertigens haviam cessado, a marcha voltara a ser correta. A pressão continuava alta — 20-12 — mas, sob o aspecto neurológico, estava tudo normal. B. me deu uma carta para o oftalmologista, na qual especificava que Sartre sofria de uma "arteriopatia cerebral, com manifestações alternantes", que era hipertenso e pré-diabético. No fundo, eu já sabia tudo isso, mas vê-lo escrito me transtornou. Vendo minha perturbação, Lanzmann telefonou a um médico amigo seu, o doutor Cournot. Este explicou que seria preciso pelo menos um ano para que

Sartre se restabelecesse completamente. Mas, uma vez curado, poderia viver até os noventa anos. Em caso de novo ataque, impossível prever se este seria benigno ou trágico.

Consultado novamente, o oculista disse que duas das três hemorragias estavam curadas e dois décimos da visão recuperados. Seriam necessárias ainda duas ou três semanas para recuperá-la por inteiro. Sartre continuava preocupado. Num almoço com amigos de quem gostava muito — Robert Gallimard e Jeannine, a viúva de Michel —, não abriu a boca. Ao deixá-los, perguntou-me um pouco ansioso: "Isso não pareceu esquisito?" Mas, de um modo geral, suportava bem seu problema. Nas entrevistas com Victor e Gavi não falava muito, mas acompanhava atentamente as discussões e intervinha apropriadamente. Participou de uma conversa com jovens trabalhadores de Villeneuve-la-Garenne, onde fizera uma enquete, publicada a meados de junho no *Libération*. Assinou um apelo para a interdição de um comício da Ordem Nova; realizado o comício a 21 de junho, ele atacou, no *Libération*, a decisão de Marcellin. Estava muito alegre na reunião de 27 de junho de *Les Temps Modernes*, e permaneceu assim nos dias subsequentes. O doutor B. estava muito satisfeito com a saúde dele; e Sartre achava que sua visão estava melhorando.

Como de hábito, passou três semanas com Arlette. Eu viajava pelo Midi com Sylvie, e Arlette enviava notícias dele, que eram boas; no entanto, caminhar cansava-o logo e ele lia com dificuldade. Fomos buscá-lo em Junas, 29 de julho, para levá-lo a Veneza, onde deveria encontrar-se com Wanda. Ainda desta vez, rever Sartre foi para mim uma felicidade mesclada de tristeza. Por causa de seu lábio repuxado e de sua visão deficiente, seu rosto tinha uma expressão hirta, ele parecia idoso e sem energia.

No entanto, os quatro dias que passamos de Junas a Veneza foram agradáveis. Sartre estava um pouco aturdido, um pouco ausente, mas muito alegre. Apesar de sua visão deficiente, distinguia as paisagens e o movimento o entretinha. Atravessamos Nimes e acompanhamos o Durance, evitando Arles e Aix, por causa dos engarrafamentos. Almoçamos muito bem no castelo de Meyrargues e Sartre bebeu um copo de velho Châteauneuf. Eu reservara acomodações na Bastide du Tourtour, onde chegamos por pequenas estradas encantadoras. De nossas varandas tínhamos uma vista sensacional: bosques de pinheiros e, ao longe, montanhas azuladas.

A cerimônia do adeus

Na manhã do dia seguinte, quando me encontrei com Sartre, fazia uma hora que estava sentado em seu terraço, de frente para a admirável paisagem provençal. Não se entediara? Não. Gostava de olhar o mundo sem fazer nada. Em Junas, sentava-se na varanda e, durante longo tempo, contemplava a cidade. Alegrava-me que o ócio não lhe pesasse, mas tinha o coração um pouco apertado, porque para comprazer-se nisso era preciso que estivesse realmente "vazio" como dissera ao médico.

Bost nos recomendara que comêssemos em Menton, no Chez Francine, uma sopa de peixe ao alho e óleo: Sartre estava com muita vontade de fazê-lo. Instalamo-nos no terraço do pequeno restaurante, trouxeram-nos a sopa e, no ato, Sartre derrubou o prato sobre seus pés. Não houve grande estrago. Limpamos seus sapatos e a garçonete trouxe nova porção. Ele sempre fora desajeitado, mas agora, com o problema da visão, parecia inteiramente desorientado. Encarou o incidente com uma indiferença anormal, como se já não se sentisse responsável por seus gestos, nem interessado com o que lhe acontecia.

Chegamos a Gênova por uma autoestrada apinhada de caminhões, e a entrada na cidade foi demorada e cansativa: em vez de impacientar-se, Sartre estava de excelente humor. Instalamo-nos num hotel próximo à estação e lá fizemos um jantar leve.

Pela manhã, por volta das nove horas, novamente encontrei Sartre à janela: tendo-se levantado às sete e meia, distraía-se observando o local da estação e seu trânsito. Sentia-se na Itália, e isso o encantava. Almoçamos em Verona um delicioso presunto, e fomos para um hotel de quartos um pouco barrocos e muito bonitos, no qual estivera com Sartre dez anos antes. Enquanto ele fazia sua sesta, passeei com Sylvie. Depois, os três fomos beber qualquer coisa num dos inúmeros cafés da *grand-place*, junto às arenas. Como Sylvie estivesse cansada, jantei sozinha com Sartre num pequeno restaurante perto do hotel. Ele caminhava devagar, mas sem muita dificuldade, e parecia muito feliz.

Em Veneza, Sylvie deixou o carro na enorme garagem da Piazza Roma e tomamos uma gôndola. Depois de deixar Sartre em seu hotel, no Grande Canal, instalamo-nos no Cavaletto, atrás da praça São Marcos. Depois fomos buscar Sartre. Demos-lhe o transistor, para que pudesse ouvir música pela manhã, enquanto Wanda dormisse ainda num quarto ao lado. Ele nos levou ao Fenice para almoçar, quase sem errar o caminho. Para proteger-se do sol — perigoso para ele — usava um chapéu de palha que detestava. "Sinto vergonha com esse chapéu", disse-me depois em Roma. Depois de tomarmos coquetéis na praça São Marcos, retornamos ao hotel de Sartre, de onde uma lancha a motor o conduziu ao aeroporto para receber Wanda. De pé na lancha, acenou-nos, com aquele sorriso tão gentil, quase excessivamente gentil, que estava em seus lábios quase que permanentemente. Sentia-me apreensiva, sem razão precisa: ele me parecia tão vulnerável!

Dois dias depois, a 3 de agosto, encontrei-me com ele, às nove da manhã, num café da praça São Marcos. E novamente nos três dias subsequentes. Às vezes, ele chegava antes de mim. Duas vezes, por não enxergar a hora em seu relógio, levantou-se às quatro da manhã e vestiu-se. Só então percebeu que ainda estava escuro e voltou a deitar-se. Wanda lhe dava seus remédios escrupulosamente. Passeavam muito juntos, às vezes durante quase uma hora. Ele estava satisfeito por estar em Veneza.

E depois, uma manhã, eu o deixei. Não queria obrigar Sylvie a estagnar em Veneza, que ela já quase conhecia de cor. E, ainda que nossos encontros matinais agradassem a Sartre ("Vou sentir falta de você", disse-me ele), atrapalhavam-no um pouco. Deixei endereços com Wanda. Fui para Florença.

Cheguei a Roma dia 15 de agosto, e, na tarde de 16, fui com Sylvie esperar Sartre em Fiumicino. Reconhecemo-lo imediatamente através do vidro: por seu chapéu, seu corpo e, sobretudo, seu modo de andar. Segurava numa das mãos sua pequena maleta de viagem, na outra o transistor. No hotel, sentiu muito prazer em reencontrar nosso terraço. Estava muito bem, mas ainda assim continuava um pouco desajustado. Sylvie colocou o transistor na mesa. Ele perguntou: "Não quer ficar com ele?" "Claro que não, é para você." "Oh! Eu não preciso dele." Ao passo que, depois, passava horas a ouvir música e reconhecia que lhe teria sido penoso abrir mão dele...

Nos dias seguintes, quando me levantava, por volta das oito e meia, Sartre já estava no terraço, muitas vezes tomando o café da manhã e olhando vagamente o mundo. Nesse dia, então, sua visão estava muito pior do que no início de agosto. Não conseguia ler, nem escrever. Fiz com que Michèle telefonasse a seu oculista: este lhe disse que, certamente, havia uma nova hemorragia e aconselhou que se consultasse um especialista lá mesmo. O hotel me indicou um que tinha fama de ser o melhor de Roma: tinha curado Carlo Lévi de um descolamento de retina. Ele marcou uma consulta para o dia seguinte à tarde. Morava no bairro de Prati, um bairro arejado e alegre, do outro lado do Tibre. Era jovem e simpático. Constatou uma hemorragia no centro do olho: não havia o que fazer, a não ser esperar. Havia, também, um início de glaucoma e a pressão ocular estava muito acentuada. Receitou gotas de *Pilocarpme* e *diamox*. Na outra consulta, a pressão diminuíra, mas eu dera a Sartre *diamox* naquela mesma manhã. Quando voltou lá, sem haver tomado o remédio, a pressão tinha aumentado, mas não excessivamente. O oculista esperava que a *pilocarpine* fosse suficiente para neutralizar o glaucoma. Na última consulta, não aceitou que Sartre lhe pagasse seus honorários. Pediu apenas um livro com dedicatória. Sartre levou-lhe três, nos quais escrevera algumas palavras às cegas. Gostava muito desse médico, tranquilizador e amigável.

A rotina de nossos dias nos agradava. Pela manhã, eu lia para Sartre (esse ano li estudos sobre Flaubert, um número de *Les Temps Modernes* sobre o Chile, o livro de Roy Ladurie, dois grossos volumes apaixonantes sobre o Japão, *La vie chère sous la terreur*, de Mathiez, o último livro de Horst[29]). Após uma rápida refeição, ele dormia mais ou menos durante duas horas. Eu passeava com Sylvie, ou líamos lado a lado, na parte coberta do terraço. Fazia calor, apesar do ar-condicionado, mas eu gostava desse calor, da penumbra, do cheiro de couro sintético. Quando Sartre acordava, lia para ele os jornais franceses e italianos. À noite, jantávamos com Sylvie.

Era durante as refeições que Sartre mais me preocupava. Já não sofria de incontinência urinária. Quanto a álcool, café e chá, só bebia o que lhe era permitido. Mas sentia-me desolada ao vê-lo ingerir tantas massas, sobretudo sorvetes, uma vez que era pré-diabético. E, além disso, em consequência de sua prótese dentária, da quase insensibilidade de seus lábios, de sua semicegueira, comia de forma inconveniente: a boca ficava suja de comida e eu temia irritá-lo, dizendo-lhe que a limpasse. Ele lutava com os espaguetes, levando à boca enormes bocados e deixando-os cair. Dificilmente aceitava que o ajudasse a cortar a carne.

---

[29] Horst se assinava Gorz em seus trabalhos e aparecia com esse nome no comitê de redação de *Les Temps Modernes*. Mas, em meu relato, conservo sempre seu nome verdadeiro.

Simone de Beauvoir

Intelectualmente, mostrava-se muitas vezes inteiramente alerta; sua memória, íntegra. Mas, de vez em quando, desligava-se. Às vezes isso me irritava. Outras vezes, quase chorava de compaixão, por exemplo, quando me disse: "Sinto-me envergonhado com este chapéu", e, quando ele, ao sair de um restaurante, murmurou: "As pessoas olham para mim!", num tom que significava: "Acham-me bem desprezível." Mas, ao mesmo tempo, surpreendia-me com seu bom humor, com sua paciência, com sua preocupação de não nos molestar: jamais se queixava de já não enxergar bem.

Traduzi para Sartre o número da revista *Aut Aut*, dedicado a ele; nesse número saíra o texto da intervenção que fizera sobre "Subjectivisme et marxisme", em 1961, no Instituto Gramsci, bem como artigos sobre ele. De quando em quando, estávamos com Lelio Basso, Rossana Rossanda. No dia subsequente ao que Sylvie nos deixou, levando o carro para Paris — 5 de setembro —, recebemos a visita de Alice Schwarzer, uma jornalista alemã que eu conhecera nas reuniões do M.L.F. e com quem Sartre e eu simpatizávamos muito. Ela fez um curta-metragem sobre mim para a televisão alemã e nos filmou, a mim e a Sartre, num fim de tarde em nosso terraço. Tivemos um jantar agradável com ela. Também nossos amigos Bost vieram passar alguns dias em Roma.

Na partida, sentia-me ansiosa: "Retornaríamos alguma vez?", perguntava-me, lançando um último olhar para a cidade. "Eis que terminaram estas férias romanas e sua triste doçura" — escrevia eu de volta a Paris. O outono estava magnífico, mas eu temia, por Sartre, as fadigas de Paris.

Ele mudou de domicílio, por ser muito pequeno o do Bulevar Raspail. Arlette e Liliane haviam encontrado, para ele, um apartamento muito maior, num décimo andar também, mas com dois elevadores. Havia lá um grande escritório que dava para a rua du Départ, com a nova torre de Montparnasse no primeiro plano e, ao longe, a Torre Eiffel; Sartre ocupava um dos dois quartos cujas janelas se abriam para um jardim interno; qualquer pessoa podia dormir no outro, de maneira que já não ficasse sozinho à noite. Ele foi ver essa moradia, antes que a arrumassem, e gostou.

Seu humor estava excelente; dizia que enxergava um pouco melhor; não tinha condições de ler, mas era capaz de jogar damas. Referia-se, com certa complacência, ao que denominava "minha doença". "Estou muito gordo", disse-me. "É por causa de minha doença." Na rua, saindo para almoçar: "Não ande tão depressa; não posso acompanhá-la, por causa de minha doença." Respondi: "Mas você já não está doente." E ele: "Então estou o quê? Diminuído?" Essa palavra me doeu: "Claro que não", respondi. "Você está apenas com as pernas um pouco fracas." Mas não sabia bem o que pensava ele de seu estado.

No entanto, poucos dias depois, ele se sentiu cansado: "Vi gente demais. Em Roma, não víamos ninguém." Como conseguiria suportar as tensões do processo que se realizaria a 8 de outubro? Era uma história antiga. Em maio de 1971, *Minute* exigira a prisão de Sartre. Por artigos selecionados de *La Cause du Peuple* e de *Tout*, o ministro da Justiça e o ministro do Interior acusaram-no, em junho, de difamação. Indiciado, em liberdade, passou suas férias na Itália. O sumário de culpa se realizou em outubro e terminou rapidamente. Em fevereiro de 1972, ainda não se sabia quando se realizaria o julgamento. Agora, a data estava fixada.

A 8 de outubro, Sartre compareceria perante o Tribunal de Paris, citado por oito redatores do *Minute*, que exigiam dele oitocentos mil francos por danos e perdas por difamação, insultos e ameaças de morte. É preciso dizer que *La Cause du Peuple* não os poupara. Qualificava-os de "súcia de espúrios da Libertação, inativos da O.A.S. e profissionais do apelo ao assassinato". Os responsáveis por *La Cause du Peuple* haviam ignorado as citações recebidas, Sartre perdera o prazo. Para contra-atacar, tinha que convocar testemunhas, afirmando que ele tinha o direito de pensar de boa-fé o que seu jornal imprimira. No final de setembro, começamos a examinar o dossiê do *Minute*, que nos conseguira a advogada de Sartre, Gisele Halimi, e elaboramos as linhas gerais da declaração que ele faria perante o tribunal.

Mas ele não andava bem. Seu elevador estava novamente enguiçado, ele subira a pé, sentia dores na nuca. Procurou o doutor B., que não o achou nem pior, nem melhor, e pediu um *check-up* completo. Ao levantar-se, no dia seguinte, parecia um pouco confuso, coisa que não acontecia há muito tempo. Disse-lhe eu: "Hoje você vai ao oculista." "Não, não é ao oculista." "Claro que sim." "Não, vou ao médico que trata de mim, além do doutor B." "É o oculista." "Ah, é?" Perguntou se era B. quem lhe receitava a *pilocarpine*. Desagradava-lhe examinar seus olhos, pensar em seus olhos. Arlette e Liliane acompanharam-no ao oculista e, ao regressar, ele me disse que jamais recuperaria inteiramente a visão e que durante muito tempo não poderia ler. Acolhia o fato com uma espécie de apatia morna. Soube por Zaidmann que ele tinha uma trombose que fatalmente provocava hemorragias.

Ficou muito em minha casa durante sua mudança, da qual se encarregaram Arlette e Liliane. A 26 de setembro assinou um apelo da União de Escritores contra a repressão no Chile e outro contra o silêncio da informação oficial a respeito desse país. Nós aprimorávamos sua declaração sobre *Minute* e ele a decorava; a não ser o início, não conseguia fixá-la na memória, e eu me perguntava como se sairia. Nossas noites eram agradáveis, mas durante a tarde dormia pesadamente.

A 8 de outubro, Gisèle Halimi e um de seus jovens colaboradores vieram buscar-nos de carro e levaram-nos a almoçar na praça Dauphine. Disseram que estavam com um pouco de medo; Sartre não, estava distante, como ocorria frequentemente agora. Fomos para a 17ª Vara e, durante uma hora, assistimos a rápidos julgamentos sobre pequenos delitos. Às duas horas foi chamado o caso Sartre. Nenhum dos colaboradores do *Minute* estava presente. Tinham chamado Biaggi, além de seu advogado habitual. Começou-se com discussões de procedimento, depois foram chamadas as testemunhas e Sartre falou. Fez a acusação do *Minute*, de acordo com o que ficara combinado, e o fez com bastante segurança. Mas cometeu o erro de aludir ao sequestro de Nogrette e, nesse ponto, o presidente o deixou em posição difícil. Depois, foram ouvidas as testemunhas. Daniel Mayer esteve ótimo em sua altercação com Biaggi. Este ousara dizer que atacava Sartre por causa de sua peça *As moscas*. Debú-Bridel respondeu que grande número de resistentes, entre estes Paulhan, considerava que, sob a Ocupação, havia razão de se exprimir em público, se fosse isso eficaz, o que era o caso de *As moscas*. Claude Mauriac não se mostrou seguro: comparecera por amizade a Sartre, mas não sem desagrado. A seguir, houve ainda discussões de procedimento. O *Minute* desistira de processar Sartre por injúrias e difamação e só mantinha, contra ele, ameaças. Seu jovem advogado nos infligiu um discurso veemente e vazio: o presidente pediu-lhe secamente que parasse de golpear a mesa, porque estava quebrando o equipamento de som. Depois, Biaggi desfez-se em insultos; visivelmente não conhecia o dossiê, do contrário teria podido apontar diversos desazos em *La Cause du Peuple*, em vez de limitar-se a invectivas e citações literárias. Gisèle Halimi falou durante mais de uma hora; fez uma acusação implacável contra o *Minute*: as referências à O.A.S., os apelos ao assassinato, o racismo. O presidente advertia-a, de quando em quando, que não era esse o problema, mas deixava-a falar. Antes de levantar a sessão, deu a entender que, para não condenar o *Minute* uma vez mais, o processo seria anulado, porque a citação que amalgamava injúrias e difamação não era aceitável.[30] Retiramo-nos muito satisfeitos por haver encerrado o assunto.

À noite, Gisèle Halimi telefonou-me, dizendo que tinha sido abordada por jornalistas do *France-Soir* que lhe perguntavam: "Mas afinal o que há com Sartre? Não parece bem" — com ar de canibais. "Está em convalescença", respondeu ela. E eles, sem o menor pudor: "Se acontecesse alguma coisa, a senhora nos avisaria?" O fato é que Sartre dava uma impressão penosa, com suas pernas que se arrastavam, sua corpulência, seu olhar nublado. Simone Signoret, com quem cruzamos na praça Dauphine, parecera chocada ao vê-lo. Ele desconfiava um pouco. Um dia, na rua Delambre, como caminhássemos devagar para ir almoçar no Dôme, perguntou-me: "Não estou dando muito a impressão de um inválido?" Menti para tranquilizá-lo.

No dia do processo, no final da tarde, foi com Arlette ao oftalmologista, que lhe declarou, sem rodeios, que a retina tinha sido atingida — em parte, na direção do centro — e que não havia, portanto, esperança de cura. Um opticista lhe forneceria um aparelho especial que, utilizando a visão lateral, lhe permitiria ler talvez uma hora por dia. No dia seguinte, pela manhã, Sartre parecia arrasado. Eu lhe disse: "O processo o esgotou." "Não, não foi o processo: foi a ida ao médico." Em si, a consulta não fora cansativa, mas o oculista lhe infligira um golpe terrível. À noite, quando Bost apareceu e eu lhe falei do processo, Sartre não abriu a boca e foi deitar-se à meia-noite em ponto.

A 12 de outubro, submeteu-se a um exame completo no La Salpêtrière: Arlette o levou até lá e eu fui buscá-lo perto do meio-dia. O doutor B. disse-me que ele não poderia trabalhar durante muitos meses. Isso era evidente. Em média, apenas três horas por dia estava realmente bem; depois dormia ou mostrava-se ausente. Ao sair dos exames, parecia arrasado.

---

[30] Na verdade, Sartre foi finalmente condenado a um franco por perdas e danos e quatrocentos francos de multa.

Na quarta-feira, 16 de outubro, acompanhei-o ao opticista. Também este não dava esperanças. Talvez, com o equipamento especial que íamos encomendar-lhe, Sartre pudesse ler uma hora por dia, em condições pouco confortáveis. À noite, pela primeira vez, falamos um pouco de sua quase cegueira, e ele me parecia sincero quando disse que não sofria tanto assim com isso. (Mas, exceto com algumas dores de dente, jamais admitira que estava sofrendo, mesmo quando, sujeito a cólicas nefríticas, torcia-se de dor.) O resultado dos exames do La Salpêtrière, que recebi no dia seguinte, não era bom. Sartre estava com diabetes e seu encefalograma estava alterado. A alteração provinha, sem dúvida, do diabetes, disse-me depois o doutor B. por telefone. Talvez fosse então reversível?, pensei, esperançosa. Haviam sido detectadas em seu cérebro ondas lentas que podiam explicar sua sonolência. (Mas ainda hoje continuo convencida de que era uma defesa contra a ansiedade que sentia em relação a seus olhos.)

O opticista emprestou-lhe o aparelho de que nos falara: mas para ele era inútil. As palavras desfilavam de forma tão lenta que ele preferia que lhe lessem em voz alta e lhe seria impossível rever e corrigir seus próprios textos. Não ficou decepcionado porque não tivera ilusões a respeito. Devolvemos o aparelho.

Sartre retomou suas entrevistas com Victor e Cavi. Ouvia-os, criticava um pouco, mas de um modo geral não intervinha. Um domingo de manhã, recebeu a equipe de *Les Temps Modernes*, para discutir um editorial sobre um problema importante para ele e sobre o qual falávamos com frequência: o conflito árabe-israelense. Não pronunciou uma palavra e, no dia seguinte, disse a Arlette que achava que tinha dormido. Lanzmann e Pouillon estavam consternados. Ele dormia frequentemente enquanto eu lhe lia, mesmo quando se tratava do *Libération* que, no entanto, lhe interessava. Não se dava conta de seu estado. Disse a uma de suas velhas amigas, Claude Day: "Os olhos não vão bem; mas quanto ao cérebro, tudo vai muito bem."

Durante as noites com Sylvie, mostrava-se alegre e até — o que era muito raro agora — chegava a rir. Mas quando almoçamos um domingo com ela e nossa amiga Léna, que chegava de Moscou e que ele sentia prazer em rever, manteve-se silencioso, apagado. Ela estava tristonha, eu cansada. Só Sylvie, não sem esforços, transmitiu um pouco

A cerimônia do adeus

de animação. Felizmente, passamos depois uma noite mais desanuviada com Léna.

No final de outubro, Sartre começou a se aprumar. Interessava-se por nossas conversas. Uma manhã, como uma nova locatária se estivesse instalando no andar de cima, havia tanto barulho, que ele me disse ao deixar-me: "É a primeira vez que me sinto contente por sair de sua casa!"

Nossas discussões giravam em torno da guerra do Kippur e, desta vez, nossas opiniões eram exatamente as mesmas. Ele explicou sua posição a esse respeito numa de suas entrevistas com Victor e Gavi: "Não sou a favor de Israel em seus moldes atuais. Mas não aceito a ideia de sua destruição... Devemos lutar para que esses três milhões de indivíduos não sejam expulsos ou reduzidos à escravidão... Não se pode ser pró-árabe sem ser também um pouco pró-judeu, como o é, aliás, Victor, e não se pode ser pró-judeu sem ser pró-árabe, como sou eu. Isso gera, então, uma posição estranha..."

A 26 de outubro, concedeu, por telefone, uma entrevista a Eli Ben Gal.[31] No fim da guerra do Kippur, declarou entre outras coisas: "Meu desejo é que os israelenses compreendam que o problema palestino é o motor que impele o espírito de guerra árabe." Ditou-me, para o *Libération* uma declaração que o jornal imprimiu a 29 de outubro, mas sem absolutamente aderir a ela. "Esta guerra só pode contrariar a evolução do Oriente Médio para o socialismo", dizia ele. E analisava as responsabilidades dos dois campos. A 7 de novembro, Sartre, Clavel e Debu-Bridel confirmaram a apresentação em juízo de suas queixas abertas contra X por escutas telefônicas e violação de correspondência contra a Agência de Imprensa Libération. (Esta queixa, obviamente, não foi levada adiante.)

Pelo fato de estar melhor, a doença começava a pesar-lhe. Suportava com dificuldade que lhe aplicassem injeções pela manhã e à noite: "Será que vão continuar a tratar-me assim pelo resto da vida?", perguntou-me, irritado. Acompanhei-o ao diabetólogo, que diagnosticou um pouco de glicemia; prescreveu para Sartre umas cápsulas e um regime sem açúcar; proibiu-lhe os sucos de frutas que tomava à noite. O doutor B. achou-o melhor e suprimiu alguns remédios. Saindo de

---

[31] Publicada em *Al Hamishmar*, a 26 de outubro, e, em francês, a 5 de novembro no *Bulletin* do Mapam. Publicaram-se excertos em *Le Monde* e em *Les Cahiers Bernard Lazare*.

seu consultório, Sartre observou com ar descontente: "Não se interessa por mim!" E é verdade que o médico tratava conscienciosamente de sua doença, mas pouco se preocupava com Sartre o escritor, já que sugerira que escrevesse poemas.

Nos dias que se seguiram, com Arlette, comigo, Sylvie, Léna, mostrou-se presente e alerta. Já não assistia a nenhum espetáculo; no entanto, uma noite, fomos com Michèle Vian ao pequeno teatro da rua Mouffetard, para ver uma peça muito boa, inspirada no caso Thévenin: *J'ai confiance en la justice de mon pays*.[32] Sartre aplaudiu entusiasticamente. No dia seguinte, durante a reunião de *Les Temps Modernes*, realizada em sua casa, ouviu atentamente a leitura do editorial de Pouillon sobre o conflito árabe-israelense. Comentou-o, discutiu. E também à noite, com Bost, estava muito animado.

Mas na manhã do dia seguinte, a propósito do estupro de uma estudante de origem vietnamita por um de seus colegas, teve uma discussão que o cansou muito, com July, o diretor do *Libération*. Quando fui vê-lo, às cinco horas, fiz com que dormisse. Dormiu também no dia seguinte, à tarde, enquanto, a pedido seu, eu lhe lia as duas versões de um capítulo de *Madame Bovary*. À noite, com Sylvie, mostrava-se inteiramente desperto e ficou satisfeito com o bonito casaco forrado de pele que lhe oferecemos. Para substituir os sucos de frutas proibidos, ela preparara chá gelado aromatizado, que ele achou excelente. No dia seguinte pela manhã, reviu, com prazer, sua jovem amiga grega que vinha instalar-se por algum tempo em Paris, para seguir cursos de filosofia na Sorbonne. Mas, à tarde, tornou a dormir pesadamente.

Na manhã seguinte tinha que reler com July sua entrevista sobre o estupro. Às nove e meia fui ao café onde habitualmente tomava seu desjejum com Liliane; ela estava lá, July também, mas Sartre, não. Olhei o texto trazido por July, que não tinha pé nem cabeça. E Sartre não aparecia. Liliane telefonou-lhe às dez horas: ele acabava de acordar. Finalmente chegou e, depois que tomou um café e comeu alguma coisa, levei-o para minha casa. Em duas horas e meia redigimos um texto adequado, que foi publicado a 15 de novembro no *Libération*. Nele,

---

[32] Um jovem prisioneiro chamado Thévenin foi tido como suicida, quando evidentemente o haviam suicidado. Seus pais haviam tentado, em vão, esclarecer sua morte.

A cerimônia do adeus

Sartre refletia sobre as implicações morais e políticas do estupro da vietnamita. À noite, li para ele um artigo muito bom, escrito por Oreste Puciani,[33] sobre seu pensamento estético, o qual muito o interessou. Depois, tentamos jogar damas, mas ele já não enxergava suficientemente e tivemos que desistir. O que mais me angustiava naquele momento é que ele acreditava — ele queria acreditar — que dentro de três meses seus olhos estariam curados.

O novo apartamento estava pronto; até o telefone já tinha sido instalado. Ele estava gostando de ir morar lá. Dali em diante, passei a ficar na casa dele à noite e dormir cinco noites por semana no quarto contíguo ao dele. Arlette dormia lá nas outras duas noites.

Ele continuava dormindo pesadamente durante as tardes e — mesmo depois de longas noites de bom sono — acontecia-lhe dormir pela manhã, enquanto eu lia para ele. Decididamente, ficara indiferente a muitas coisas. Uma manhã, ao despertar, como eu enxugasse um pouco de saliva em sua roupa, ele me disse: "Sim, eu babo. Há 15 dias que babo." Eu não lhe dissera nada, com medo de constrangê-lo: mas ele não dava importância ao fato. O que o incomodava um pouco eram suas sonolências: "É tolo dormir assim!" Disse-me, também, com tristeza: "Não estou melhorando." Um sábado à noite, Sylvie, ele e eu fomos convidados para comer um cuscuz em casa de Gisèle Halimi: ele não abriu a boca. Também não falou, quando almoçamos no restaurante com Léna.

Decidi marcar uma consulta com o professor Lapresle, que o doutor Cournot enfaticamente me recomendara. Fomos vê-lo em Bicêtre, dia 23 de novembro. Ele se espantou com o contraste entre a *história* vascular de Sartre e os resultados que constatou, que eram muito bons. Segundo ele, o encefalograma nada tinha de patológico. Quanto às sonolências, não conseguia explicá-las. Pediu um exame de cérebro denominado gamaencefalograma. Insistiu veementemente para que Sartre não mais fumasse: isso tem a ver com sua visão e com sua inteligência, disse-lhe.

Ao sair, Sartre me declarou que continuaria a fumar. Mas, apesar disso, fumou menos no dia seguinte, e Sylvie e eu tivemos a surpresa de uma noite excelente, como não passávamos havia muito tempo. Sartre falou de Flaubert, dos problemas de passividade, e comunicou-nos:

---

[33] Um amigo americano que conheci através de Lise. No momento, era professor universitário na Califórnia e especialista em Sartre.

"Em 15 dias, terei deixado de fumar radicalmente." Depois disso, reservou-se o direito de fumar três cigarros por dia; nos dias subsequentes fumou oito, depois sete, depois seis, e chegou aos três. Portanto, fazia questão de viver e estava pronto para lutar.[34]

E realmente parecia ter recuperado o gosto de viver. Via frequentemente sua jovem amiga grega que dava alegria a seus dias. Uma noite, jantou muito alegremente no La Cloche d'Or com Tomiko, Sylvie e eu. E passávamos momentos felizes em *tête-à-tête*. Li para ele uma compilação de artigos que lhe eram dedicados e que ele achou muito sensatos.

Comunicou-me que ia contratar Pierre Victor como secretário: Puig permaneceria seu secretário rotineiro, Victor leria para ele e trabalharia com ele. Liliane telefonou-me para dizer que estava encantada com essa decisão, enquanto Arlette dizia-se furiosa: pensava nas relações de Schoenmann[35] com Russell e temia que Victor se tornasse o Schoenmann de Sartre. Mas Sartre estava satisfeito em trabalhar com Victor. E, quanto a mim, isso me possibilitava não mais ter que ler todas as manhãs, dispor de um pouco de tempo livre.

No início de dezembro, ele não piorara; mas não estava melhor: dormia. Dormia até pela manhã, quando Victor lia para ele. Estou certa de que era uma fuga: não conseguia aceitar sua quase cegueira. Muitos outros indícios manifestavam essa recusa. Como lhe perguntasse: "Que fez esta manhã?" "Li, trabalhei." Insisti: "Por que diz que *leu*?" "Bem, repensei *Madame Bovary*, Charles. Lembro-me de muitas coisas…"

Uma quinta feira acompanhei-o ao doutor Ciolek, um jovem oftalmologista muito simpático. Ele não deu nenhuma esperança: a hemorragia cicatrizava, mas o meio da retina conservava marcas indeléveis, estava necrosado. Sartre me disse ao sair: "Então já não poderei ler?" Encolheu-se no táxi que nos conduzia de volta e pôs-se a cochilar. Nos dias seguintes, não se mostrou mais triste do que antes. Já ouvira esse veredicto e, embora fugisse da verdade, tinha conhecimento dela. Agora, embora a conhecesse, continuava a fugir. "Não, não leve o *Libération*:

---

[34] Pouco depois, recomeçou a fumar muito.

[35] Ver *Balanço final*, no que se refere ao tribunal Russell. Schoenmann era um dos principais secretários da Fundação Russell. No Tribunal, do qual era secretário-geral, pretendia representar Russell e reger tudo. Quando queria impor sua vontade declarava: "Lorde Russell exige que…"

A cerimônia do adeus

vou dar uma olhada amanhã de manhã", dizia-me, por exemplo. Um dia, eu afastara a lâmpada de sua poltrona: ele me pediu que a trouxesse de volta. "Você diz que a luz o incomoda—" "Mas preciso dela quando leio." Corrigiu-se: "Bem, quando folheio um livro." Na verdade não podia já folhear um livro ou lê-lo. Embora quisesse sempre reter por um momento, em suas mãos, os novos volumes que eu lhe trazia. Estava muito entorpecido intelectualmente para sofrer muito com sua invalidez. Este equilíbrio duraria? E valeria a pena desejá-lo?

De acordo com o gamaencefalograma, não havia nenhuma anomalia em seu cérebro. No entanto, às vezes deixava escapar palavras estranhas. Uma manhã, enquanto lhe dava seus remédios, disse-me: "Você é uma boa *esposa*." Na quarta-feira, 12 de dezembro, na reunião do *Les Temps Modernes*, cochilava. Ainda assim, ouviu-me atentamente, à noite, quando lhe li, no *Le Monde*, uma crítica de diversos livros sobre ele.

A 15 de dezembro, um sábado, ao chegar à sua casa, encontrei-o sentado à sua mesa de trabalho, e ele me disse em tom desolado: "Não tenho ideia alguma!" Tinha que redigir um apelo em favor do *Libération*, que ia muito mal. Aconselhei-o a dormir um pouco; e depois trabalhamos juntos. Ele tinha dificuldade em concentrar-se, mas, de toda maneira, deu-me as indicações necessárias. Gavi veio buscar o texto e aprovou-o. Um pouco depois, li para Sartre, que estava muito satisfeito com este, o fim de um pequeno livro muito bom de Geneviève Idt sobre *As palavras*. Contudo, uma vez mais, ele me partiu o coração. Olhou para seu escritório: "É estranho pensar que este apartamento é meu." "Ele é muito bom, sabe." "Não gosto mais dele." "Como? Agradava-lhe tanto." "A gente se cansa das coisas." "Você se cansa rápido: eu estou no meu há 18 anos e sempre me sinto bem lá." "*Sim, mas aquele é o lugar onde já não trabalho.*" Alguns dias depois, lendo-lhe uma passagem da correspondência de Baudelaire, disse-lhe que era preciso ler uma obra sobre Louise Coleto. "Fá-lo-ei tão logo retorne a Paris", respondeu-me ele. Depois, retificou: "Depois que estiver instalado em minha vida." O apartamento novo, sua nova forma de existência, tudo isso fazia com que já não se sentisse ele mesmo.

Ele, que sempre se considerou tão lúcido, continuava a negar a evidência no que se referia a sua visão. Como, a uma de suas perguntas, respondesse, com precaução, que jamais a recuperaria completamente, ele me disse: "Não quero pensar nisso. Aliás, acho que estou enxergando um pouco melhor." Almoçando com ele, Contat perguntou-lhe como aceitava a situação, ele respondeu: "Evidentemente, ela só é suportável se considerada provisória."

De um modo geral, fazia o possível para que essa preocupação não transparecesse. Passamos em minha casa, ele, Sylvie e eu, um *réveillon* muito feliz. Ele andava melhor nesse final de dezembro, cochilava menos e, por momentos, eu reencontrava inteiramente o Sartre de antes: por exemplo, na reunião do *Les Temps Modernes* de 2 de janeiro de 1974. Outras vezes, tornava a ficar apático. A 8 de janeiro, por volta das sete e meia, quando chegou a sua casa, tinha uma expressão apagada, tão estática, que Lanzmann, que passara um momento para ver-nos, ficou aterrado. Ao partir, beijou Sartre, e Sartre lhe disse: "Não sei se você beija *um pedaço de tumba* ou um homem vivo" — coisa que nos deixou petrificados. Dormiu um pouco, depois ouviu France-Musique. No fim da noite perguntei-lhe o que tinha querido dizer: "Nada. Era uma brincadeira." Insisti. Ele se sentia vazio, no momento não tinha vontade de trabalhar. E depois, dirigiu-me um olhar ansioso e quase encabulado: "Jamais recuperarei meus olhos?" Respondi-lhe que temia que não. Era tão dilacerante que chorei a noite inteira.

1974

Alguns dias depois, o professor Lapresle repetiu-me por telefone que Sartre ia muito bem, que não tinha necessidade de tornar a vê-lo antes de três meses, e era normal que ele, para não encarar uma verdade muito penosa, se refugiasse no sono. Relatei a Sartre que, segundo Lapresle, sua saúde estava excelente. "E meus olhos, que disse de meus olhos?" Havia em sua pergunta uma mistura pungente de angústia e de esperança. "Os olhos não são assunto dele", disse-lhe. "Mas tudo está ligado", disse Sartre. E dormiu. Eu estava arrasada. É terrível assistir à agonia de uma esperança.

Continuou a dormir nos dias seguintes, enquanto eu lhe lia a correspondência de Baudelaire, depois *Le fils de la servante* de Strindberg.

A cerimônia do adeus

Durante um almoço com Sylvie, estava tão silencioso que lhe perguntei: "Em que está pensando?" "Em nada. Não estou presente." "Onde está?" "Em nenhum lugar. Estou vazio." Esse tipo de ausência era frequente. No final de janeiro, trabalhei com ele uma manhã, revendo uma de suas entrevistas com Victor e Gavi: ele pegou no sono. Estava cada vez mais pessimista no que se referia à sua visão. Disse-me que a névoa tornava-se mais espessa. Durante um almoço no La Coupole disse-me também: "Tenho a impressão de que minha visão não terá cura." Continuou: "Quanto ao resto, vou bem." E com ar tímido: "Continuo tão inteligente quanto antes?" "Sim, claro que sim", disse eu. E acrescentei: "Meu querido, você não está alegre!" "Não há razão para alegria."

Deixara de fumar quase que inteiramente e, um outro dia, perguntei-lhe: "Isso o incomoda muito?" "Isso me deixa triste." Outra vez, disse-me: "Bost falou com seu amigo Cournot. Ele disse que, depois do que eu tive, são necessários 18 meses para recuperar-se completamente." "Veja só! A mim ele havia dito 12 meses." Então, Sartre respondeu com voz um pouco seca: "Você não acha que em dois meses terei recuperado a visão."[36] Ele confundia a visão com seu estado geral.

Eu marcara uma hora com o doutor Ciolek. Ele me havia dito que Sartre não ficaria cego, mas que nunca recuperaria a visão em sua totalidade. Pedi-lhe que não lhe contasse a verdade de maneira muito brutal. Quando fomos vê-lo, no final de janeiro, ele disse a Sartre que sua visão não piorara. Mas quando este lhe perguntou se voltaria a poder ler, Ciolek foi evasivo. No corredor do prédio, Sartre me disse: "Ele não parece pensar que poderei voltar a ler e a escrever." Fez uma pausa, como que assustado por suas palavras, e acrescentou: "Durante muito tempo."

No dia seguinte, conversamos sobre a maneira pela qual poderia tentar trabalhar enquanto esperava. E subitamente, logo antes de deitar-se, proferiu em tom duro: "Meus olhos estão perdidos... pelo que todo mundo me diz." No dia seguinte, em sua casa, pegou um livro da Série Noir, colocou-o debaixo de sua forte lâmpada: "Quero ver o título." Decifrou-o corretamente, quando frequentemente não podia sequer ler as manchetes dos jornais: infelizmente, isso não provava grande coisa. Conservava certa margem de visão, mas muito reduzida.

---

[36] O ataque ocorrera dez meses antes.

No dia seguinte, perguntei-lhe se desejava que tentássemos trabalhar. "Não ainda, não imediatamente." Ele, que normalmente era tão pouco suscetível, no que se referia a seus olhos, adotava rapidamente uma atitude obstinada. Percorrendo a passagem coberta do jardim interno de seu prédio, percebi ao longe nossa imagem numa porta de vidro: "Somos nós!", exclamei, irrefletidamente. "Ah! Por favor, não faça maravilhas óticas", disse-me mal-humorado.

Os médicos o enchiam de remédios que provocaram novamente sua incontinência urinária e fizeram com que perdesse o controle dos intestinos. Ao voltar para casa uma tarde, sujou-se. Ajudei-o a contornar a situação, mas temia que esses problemas se agravassem e ele sofresse com isso. Zaidmann disse tratar-se do efeito normal de determinados remédios, que a pressão de Sartre estava excelente, seus reflexos, perfeitos.

Uma coisa me espantava: ele, que antes não queria nunca consultar médicos, queixava-se agora de que Ciolek, Lapresle não se ocupavam suficientemente dele. Desejava rever em Roma o oculista que o tratara no verão anterior: gostava muito dele, porque alimentara suas esperanças.

Intelectualmente, no início de fevereiro, começou a reagir. Por não poder *ver* as pessoas, quando estas eram numerosas, fechava-se em si mesmo. Mas, na reunião do *Les Temps Modernes* em fevereiro, surpreendeu todo mundo, por sua presença, sua inteligência. Deu boas ideias quanto a artigos e pesquisas.

No meio dessa reunião, Vidal-Naquet telefonou para protestar contra dois artigos do *Libération*, publicados a 20 e 21 de fevereiro, sob o título: "Um point de vue sur les prisionniers syriens en Israel." Eles acusavam a mim e a Sartre por havermos assinado um apelo "pela liberação dos prisioneiros israelenses na Síria", publicado no *Le Monde* e assinado, também, por Frédéric Dupont, Max Lejeune, Ceccaldi-Raynaud. Nós tínhamos enviado, imediatamente, um esclarecimento, repudiando qualquer solidariedade com esses cossignatários. O *Libération* também nos atacava. Sartre respondeu incontinenti, no próprio *Libération*, aos autores dos artigos, acusando-os de má-fé.

Nessa época, aceitou dirigir com Le Dantec e Le Bris — ambos, como ele, ex-diretores de *La Cause du Peuple* — uma coleção, La France Sauvage, que foi inicialmente editada pela Gallimard, depois pelas Presses de hoje. Redigiram, em conjunto, um texto de apresentação.

A cerimônia do adeus

A França selvagem. De certa maneira o país "real" face ao país "legal". Ou ainda: selvagem como se diz que uma greve é selvagem. O que não implica arcaísmo, nem necessariamente violência: no fundo, trata-se de um processo de efervescência, num ponto da superfície social, que leva um grupo social a erguer-se, a afirmar-se na agitação, como comunidade livre, fora de todo marco institucional que o coagisse...

Nós escolhemos a esperança. Ousamos apostar numa ruptura possível, um movimento de conjunto da humanidade para a liberdade — que só é pensável a partir das confluências das selvagens da plebe...

Isso significa que o objetivo desta coleção é, ao mesmo tempo, modesto e ambicioso. Modesto, porque nos propomos partir de fatos e retornar permanentemente a estes. Ambicioso, porque nos parece que é esta uma via de acesso a um pensamento possível da liberdade.

O primeiro volume da coleção era um trabalho de Le Bris sobre a Occitânia, que li para Sartre e que nos apaixonou. Em La France Sauvage deveria ser publicado — e o foi — o conjunto das entrevistas de Sartre com Victor e Gavi, as últimas das quais se realizaram em março. Faziam o balanço de suas discussões. O lucro para Sartre foi que "reaprendera" a teoria da liberdade. Reencontrava a "possibilidade de conceder uma luta política dirigida para a liberdade". Para ele, "o diálogo, do início ao fim, foi a captação cada vez mais precisa, cada vez mais progressiva, da ideia de liberdade".

No entanto, o equilíbrio moral de Sartre continuava precário. De tempos em tempos tentava trabalhar: isso consistia em traçar no papel sinais ilegíveis. No final de fevereiro, almoçamos em casa dos Rybeirolle. Num beco sem saída que dava para a rua Falguière, eles tinham um amplo ateliê, parte do qual estava agradavelmente arranjado para moradia; na outra parte, Rybeirolle trabalhava. Antes do almoço, mostrou-nos suas últimas telas, e Sartre disse com tristeza: "Não posso vê-las." E acrescentou: "Espero que dentro de alguns meses possa vê-las." Ele sabia agora que isso era falso; mas *queria* acreditar que o tempo trabalharia a seu favor.

A 17 de março, almoçamos com Sylvie no L'Esturgeon, um restaurante de Poissy do qual gostávamos em nossa juventude por causa de seu terraço fechado que se inclinava sobre o Sena e no qual crescia uma grande árvore. Sartre estava satisfeito por estar ali. Estava achando a comida excelente, o que era raro. No entanto, como ocorria tão frequentemente, estava ausente. À noite, foi para Junas com Arlette, que me telefonou nos dias seguintes: ele estava bem e dormia muito.

"Agora sim, minhas verdadeiras férias vão começar" — disse-me ele, alguns dias depois, quando nos encontramos em Avignon. Em companhia de Sylvie, íamos partir para Veneza. Fomos de trem para Milão, onde ficamos, como de hábito, no hotel de la Scala: foi lá que tínhamos ficado em 1946, quando havíamos descoberto a Itália, com tanta felicidade. Um outro trem levou-nos a Veneza. Uma gôndola conduziu-nos ao hotel Mônaco, no Grande Canal, perto do desembarcadouro da praça São Marcos. Instalamo-nos em quartos que davam para o canal. Pela manhã, tomava o café com Sartre, em seu quarto, e lia para ele. Por volta da uma hora, comíamos um sanduíche, no cais, em pleno sol, ou dentro do Florian, conforme o tempo: era um tempo incerto, ora muito bonito, ora encoberto; muitas vezes, à noite, uma bruma espessa envolvia inteiramente a praça São Marcos. Enquanto Sartre fazia a sesta, eu passeava com Sylvie e, em torno das cinco horas, saíamos os três juntos; mostrei a Sartre o antigo gueto, revimos o bairro de Rialto; estivemos no Lido: todos os hotéis estavam fechados; tivemos dificuldades em encontrar um pequeno restaurante, na praia, e ali, envoltos por uma bruma agradável, almoçamos frugalmente. À noite, os três jantávamos num dos lugares de que gostávamos e tomávamos um uísque no bar do hotel.

Em Veneza, Sartre sempre se sentia bem; mas, de quando em quando, ficava intranquilo. Uma manhã em que eu lia em seu quarto, o tempo estava tão bonito, que decidimos descer para o terraço à beira d'água; eu quis levar o livro: "Mas por quê?", disse ele. E acrescentou: "*Antes*, quando eu era mais inteligente, não se lia: conversava-se." Protestei, dizendo que, se eu lia para ele, era por causa de seus olhos; e, no terraço, ao sol, falamos. Na verdade, ele conservava sua inteligência, comentava nossas leituras, discutia-as. Mas muito rapidamente deixava morrer a conversa, não fazia perguntas, não emitia ideias. Não se interessava por muita coisa, em plano algum. Em compensação, obstinava-se em rotinas, em hábitos que mantinha por princípio, substituindo o verdadeiro prazer por fidelidades rígidas.

Um jornal publicou uma fotografia nossa e deu o nome de nosso hotel. Alguns importunos tentaram encontrar-nos. Mas tivemos,

A cerimônia do adeus

também, o prazer de receber um telefonema de Mondadori,[37] que veio tomar um aperitivo conosco no bar do hotel: deixara crescer a barba, envelhecera e gaguejava muito. Separara-se da mulher, a bonita Virginia. Estava acompanhado de um amigo, um maestro que dirigia, no Fenice, a última ópera de Donizetti, *Maria di Rohan*. No dia seguinte, um domingo à tarde, realizar-se-ia o espetáculo. O teatro estava lotado, mas ainda assim eles nos conseguiram três lugares no camarote real. Ficamos encantados com o magnífico *bel canto* e com os admiráveis intérpretes. Mas, para Sartre, o palco era um buraco escuro, o que o entristeceu. De um modo geral, preocupava-se mais do que nunca com seus olhos, talvez porque sentisse mais desejo de *ver*. Quando lhe perguntei, na hora da partida, se tivera uma boa estada, respondeu-me com entusiasmo: "Oh! Sim." E acrescentou: "Salvo quanto a meus olhos."

Na terça-feira, 2 de abril, à noite, instalamo-nos num vagão-leito, em cabines contíguas e comemos *croissants* de presunto regados a *merlot*. Os ferroviários italianos estavam em greve e partimos com uma hora de atraso. Pela manhã, o camareiro nos trouxe chá completo e anunciou-nos a morte de Pompidou. Alguns viajantes estavam em pânico: viam desencadear-se a anarquia. Presa de violenta agitação, uma senhora se lamentava: "A Bolsa vai quebrar!"

Para não retomar imediatamente seus hábitos parisienses, Sartre ficou alguns dias na minha casa. No sábado pela manhã, acompanhei-o ao consultório de Ciolek: a pressão ocular estava boa, já não havia hemorragia; era normal que, no teatro, mergulhado na escuridão, tivesse ficado muito ofuscado pelas luzes do palco, não podendo, assim, enxergar nada. Ao sair, Sartre parecia bastante contente: "Em suma, estou bem, tudo está em ordem", disse-me. E acrescentou, mas sem abatimento: "Ele parece dizer que nunca recuperarei totalmente a visão." "Não, você não a recuperará totalmente", disse eu, deixando vago o que seria ou não recuperar. No entanto, pela primeira vez, Sartre falava de Ciolek sem antipatia. Creio que, em Veneza, sentira medo de ficar totalmente cego e ficara aliviado ao saber que sua visão estava estabilizada. Ainda assim, depois de ver o diabetólogo e o professor Lapresle,

---

[37] O filho de nosso editor, com quem, em 1946, viajamos pela Itália e que revimos muitas vezes depois (ver *A força das coisas*).

ambos satisfeitos com seu estado geral e tendo simplificado sua medicação, disse-me mais uma vez numa voz desolada: "Meus olhos? Não os recuperarei!"

Apesar de um tempo primaveril, e até mesmo estival, ele estava bastante sombrio: "Tenho a impressão de viver sempre o mesmo dia: vejo você, vejo Arlette, médicos... e isso se repete!" Acrescentou: "Mesmo no que diz respeito às eleições... Vêm procurar-me, fazem-me falar, mas é bem diferente da guerra da Argélia." Disse-lhe que tinha um pouco a mesma impressão em relação às feministas. "É a idade", concluiu ele sem muita melancolia.

A 13 e 14 de abril, Sartre deu uma entrevista ao *Libération* sobre as eleições. Desejava a candidatura de Charles Piaget (o incentivador da luta de Lip, cujas peripécias ele acompanhava atentamente); declarava não querer votar em Mitterrand. "Acho que a União da Esquerda é uma brincadeira." Numa entrevista com Victor e Gavi posicionou-se contra a esquerda clássica: "Não acredito que os governos de esquerda possam tolerar nossa maneira de pensar. Não vejo por que votar em pessoas que pensam apenas em destruir-nos." Disse então que votaria com prazer em Piaget, porque tinha certeza de que não seria eleito. "Não sei se votaria em Piaget se ele pudesse eleger-se", concluiu rindo.

A 28 de abril, em companhia de Gavi e Victor foi apresentar em Bruay *On a raison de se révolter*, o livro — ainda inédito — que acabavam de terminar. Havia em Bruay um comitê Justiça e Liberdade que os convidara. Reviu ex-militantes, mas o encontro não foi frutífero. O livro foi publicado nos primeiros dias de maio, na coleção La France Sauvage. No *Le Monde* apareceram, imediatamente, duas críticas muito favoráveis. Sartre as discutiu com Victor, Gavi e Marcuse, com quem se encontrava pela primeira vez. Sua amiga grega estava presente à entrevista e a relatou num artigo para *Libération*. A 24 de maio, ele enviou uma mensagem a esse jornal, demitindo-se de suas funções de diretor. Por motivos de saúde, abdicava de todas as responsabilidades que assumira na imprensa esquerdista.

Ele assinara muitos textos desde o início de 1974. Em janeiro, no *Libération*, um texto redigido pelo G.I.A. (*Groupe d'informations asiles*) sobre o caso Jerôme Duran, um antilhano vítima, em Amiens, de um internamento abusivo. No mesmo jornal, a 27 de março, junto com

A cerimônia do adeus

Alain Moreau, um comunicado referente à queixa apresentada por Alexandre Sanguinetti contra uma entrevista de Alain Moreau, publicada a 9 de janeiro no *Libération*.

No início de junho, Sartre ia realmente bem. Achava-o mesmo "transformado". Já não cochilava, refletia sobre um livro que queria escrever sobre ele mesmo. Conversávamos como antes. Passávamos noites muito animadas com Sylvie e uma vez jantamos muito alegremente com Alice Schwarzer. Um dia, sugeri que, durante as férias, gravássemos entrevistas sobre ele: literatura, filosofia, vida privada. Ele aceitou. "Isso remediará *isto*", disse-me, apontando seu olho com um gesto comovente.

Sylvie nos levou uma noite à ópera, para ouvir *As vésperas sicilianas*. Sartre vestia uma camisa branca e uma gravata comprada adrede: isso constituía para ele uma espécie de disfarce que o divertia. Apreciou o espetáculo; continha falhas de distribuição, mas árias muito bonitas e coros magníficos. A *mise-en-scène*, os cenários, os trajes eram notáveis. Infelizmente, sua beleza mais ou menos escapou a Sartre, embora ali estivesse vendo melhor do que em Veneza. Apesar de tudo, estava muito alegre quando fomos, depois, cear no La Cloche d'Or.

Na noite das eleições, Sartre passou antes na minha casa e deu de presente a Sylvie uma gravação da ópera de Verdi. Depois, fomos até à casa de Lanzmann, para acompanhar os resultados pela televisão. Aliás, estes não nos emocionaram muito. O fato de caber a Giscard a desastrosa herança de Pompidou não constituía uma tragédia.

Durante este final de junho, Sartre continuava a passar muito bem. Parecia quase resignado com respeito a sua semicegueira. Comemoramos com Sylvie seu 69º aniversário e ele comeu com apetite o delicioso jantar que ela preparara. Brindamos com prazer.

Só uma coisa o preocupava; sua amiga grega parecia-lhe, não apenas muito exaltada, mas em vias de enlouquecer, no sentido literal da palavra. Fez um escândalo público numa rua de Auteuil e foi enviada para Sainte-Anne, de onde saiu para internar-se no hospital da Cité Universitaire. O psiquiatra nos disse que talvez se tratasse de um "surto delirante", mas ela parecia muito atingida, quando no sábado, 5 de julho, acompanhei Sartre, pela manhã, ao Bulevar Jourdan. Aguardei numa salinha, enquanto ele ia vê-la em seu quarto. Uma hora depois, vieram ter comigo. Vestindo um camisolão branco, os cabelos soltos, o rosto emagrecido, era a imagem clássica da louca, tal como a mostra o cinema. Cumprimentou-me com a cortesia habitual. Sartre e eu chamamos um táxi e fomos almoçar no Balzar. A entrevista com Melina o deixara bastante mobilizado. Ela se mostrara hostil em relação a ele. Acusava-o de ser responsável por sua internação e exigia que a fizesse sair. Ele protestara. "Você fez com que trancafiassem Althusser", retorquiu ela. (Na Sorbonne, seguira cursos de Althusser que acabava de ser hospitalizado em consequência de uma depressão nervosa.) Seu pai, chamado a Paris, deveria levá-la para a Grécia dentro de alguns dias. "Creio que não voltarei a vê-la nunca mais", disse-me Sartre confrangido. Eu me sentia desolada por separar-me dele nessas condições. Sylvie veio buscar-nos. Deixamos Sartre junto ao prédio de Arlette, com quem partiria, à noite, para Junas. Segurava na mão uma sacola de plástico na qual eu colocara seus apetrechos de toalete. Viu-nos partir através de uma cortina de chuva e de suas próprias brumas.

Percorri a Espanha com Sylvie, tranquilizada quanto à saúde de Sartre por telegramas de Junas, de Paris, de Florença, onde passava uma temporada em companhia de Wanda. A viagem terminou mal. Regressando da Espanha para a Itália, em Montpellier, Sylvie recebeu a notícia da morte de seu pai, fulminado por uma crise cardíaca. Após deixar-me em Avignon, partiu para a Bretanha e eu fui de trem até Florença.

Quando me encontrei com Sartre, uma manhã, no *hall* de seu hotel, quase não o reconheci, por causa de seu boné e de uma espessa espuma branca que lhe escondia o queixo: já não conseguia barbear-se e não queria, de forma alguma, recorrer a um barbeiro. No trem para Roma, cochilou. Mas quando nos vimos na manhã seguinte em nosso apartamento-terraço, constatei com alegria que ele estava muito bem. O barbeiro do hotel soubera conquistar sua confiança: Sartre barbeou-se com ele, o que o remoçou bastante. Depois disso, passou a barbear-se sozinho, muito corretamente, graças a um barbeador elétrico que Sylvie lhe comprou quando veio ter conosco alguns dias depois.

Ela ensinou-me como utilizar um gravador, e comecei com Sartre a série de entrevistas de que havíamos falado em Paris. Ele se dedicava a isso com entusiasmo, a não ser em determinados dias em que se sentia um pouco cansado e nos quais não fazíamos progressos.

Afora esta inovação, nossa vida seguia mais ou menos o mesmo ritmo dos anos anteriores: passeios curtos, música, leitura de jornais e de alguns livros. Entre outros, li para Sartre *O Arquipélago Gulag*, de Soljenitzyn, o *Hitler*, de Fest. À noite, jantávamos no terraço de nossos restaurantes prediletos.

Uma noite, quando voltávamos a pé por ruelas escuras, uma mão saída de um carro que passava por nós segurou minha bolsa; tentei conservá-la, ainda assim a arrancaram de mim e caí estendida no chão. Sartre e Sylvie ajudaram-me a chegar ao hotel que estava bem próximo. Foi chamado imediatamente um médico que disse que meu braço esquerdo fora deslocado; fez uma bandagem, e, no dia seguinte, engessei-o. Tais agressões eram muito frequentes naquele ano, e nunca mais saímos a pé à noite.

Sylvie levou de volta o carro para Paris. Os Bost nos fizeram uma visita rápida. Quando ficamos sozinhos, gravamos várias entrevistas. Saíamos pouco, porque em meados de setembro desencadearam-se temporais e chuva.

Retornamos a Paris a 22 de setembro, e Sartre instalou-se novamente, sem prazer, naquela moradia onde "já não trabalhava". Tendo Sylvie ido passar uma noite com ele, Sartre lhe disse: "Veio ver a casa do morto?" E, como pouco depois eu o interrogasse: "É isso mesmo! Sou um morto-vivo", respondeu-me. Isso foi antes que retomasse uma atividade. Depois, passou a sentir-se muito mais vivo do que morto. Continuamos nossas entrevistas e ele se dizia inteiramente *feliz*. Mesmo em relação a sua semicegueira, resolvera resignar-se e sentia-se orgulhoso por haver conseguido adaptar-se tão bem. Uma de suas primeiras providências consistiu em enviar uma carta a Giscard d'Estaing, pedindo-lhe que Benni Lévi (Pierre Victor) fosse naturalizado o mais rapidamente possível. Giscard respondeu-lhe a 30 de setembro, com uma carta de próprio punho, na qual evitava chamá-lo de mestre, prometendo-lhe obter muito rapidamente a naturalização desejada e concluindo: "Pelo que escreve, tudo nos separa. Não estou tão certo disso. Jamais pensei que os seres só se distinguissem por suas conclusões. Existe também sua busca e o senhor bem o sabe." A naturalização foi obtida muito rápido, e Sartre escreveu uma carta breve de agradecimento.[38] Victor quis comemorar o acontecimento dando uma festa, para a qual convidou todos os seus

---

[38] A isso se limitou a correspondência entre Sartre e Giscard, alardeada por alguns jornais após a morte de Sartre.

íntimos, e como Sartre e eu pretendíamos comparecer, Liliane Siegel emprestou seu apartamento, para facilitar-nos as coisas.

Ele recomeçou a assistir às reuniões de *Les Temps Modernes*. A 2 de outubro, todos os que estavam presentes — Etcherelli, Pouillon, Horst — o acharam transformado. Revia os colaboradores do *Libération*. A 15 de outubro, foi publicado no *Le Monde* um apelo de Sartre e July, redigido por este último: "Salvem o *Libération*." O jornal, afogado em dívidas, tivera que suspender sua publicação; Sartre e July apelavam ao público para que levantasse os 77 milhões de francos antigos necessários à sua sobrevivência. Continuava suas discussões com Victor; tinha muitos encontros; eu lia para ele, durante a tarde e em algumas noites, os livros de que queria tomar conhecimento (os escritos políticos de Gramsci, uma reportagem sobre o Chile, os últimos *Les Temps Modernes*, um estudo sobre *Le Surréalisme et les Rêves*, *La vie de Virginia Woolf* por Quentin Bell). Ele já não cochilava: para comer, fumar, dirigir-se, sua adaptação motora era quase perfeita. "Vai tudo bem, garanto-lhe", dizia-me gentilmente. "Você lê para mim, trabalha-se, vejo o suficiente para dirigir-me. Vai tudo bem." Admirava essa serenidade reconquistada. (Em verdade, que serenidade? Seria o orgulhoso consentimento do sábio? A indiferença de um homem velho? A vontade de não ser um peso para os outros? Como decidir? Sei, por experiência, que tais estados d'alma não são formuláveis. Orgulho, sabedoria e preocupação com seu *entourage* não permitiam a Sartre queixar-se, mesmo em seu foro íntimo. Mas que sentia em seu interior? Ninguém poderia responder, nem mesmo ele.)

A 16 de novembro, Sartre assinou uma declaração de rompimento com a Unesco que se recusava a incluir Israel numa região determinada do mundo. Foi nesse momento que Clavel lhe propôs que fizesse, na televisão, uma série de entrevistas sobre si próprio. De início, recusou: até então, com uma ou duas exceções, recusara qualquer participação pessoal na televisão, para não afiançar um organismo do Estado.[39] Mas, discutindo com Victor e Gavi, veio-lhe a ideia de produzir programas sobre a história deste século, tal como a vivera ou acompanhara desde seu nascimento. Eu estava de acordo. Ele esperava agir sobre o público, renovando profundamente a visão de nossa história recente; Marcel Jullian, diretor-presidente da Antenne 2 parecia encarar este projeto

---

[39] Ele tomara esta resolução por ocasião das greves da televisão e do rádio.

com bons olhos: assim, a televisão giscardiana provaria que se liberalizava. A 19 de novembro, Sartre deu uma entrevista a *Libération* sobre a questão. Não tinha ilusões: "Vamos ver até onde se pode ir", declarava.

No momento, tinha outros focos de interesse. No *Libération* de 21 de novembro publicou uma carta na qual protestava contra a recusa das autoridades alemãs de permitir-lhe que se encontrasse com Andreas Baader. Era um caso no qual se sentia engajado. Numa entrevista dada ao *Spiegel*, em fevereiro de 1973, justificara em certa medida, as ações da R.A.F. Em março de 1974, tinha sido publicado no *Les Temps Modernes* um artigo de Sjef Teuns sobre "a tortura por privação sensorial" que era infligida a Baader e a seus companheiros; no mesmo número fora publicado um artigo anônimo sobre "os métodos científicos de tortura" e um outro, do advogado de Baader, Klaus Croissant: "A tortura por isolamento." A seguir, Klaus Croissant tinha solicitado licença para constatar pessoalmente as condições de detenção de Baader, e decidira fazê-lo. A 4 de novembro, solicitara o direito de encontrar-se com Baader em sua prisão, tendo como intérprete Daniel Cohn-Bendit. Sua resolução foi reforçada ao ser anunciada a morte, na prisão, de Holger Meins, consecutiva a uma greve de fome. A carta de Sartre, em *Libération*, considerava a recusa alemã como "puramente dilatória". Pouco depois de sua publicação, Alice Schwarzer pediu-lhe uma entrevista para *Spiegel* sobre a questão, a qual foi publicada a 2 de dezembro. Sartre obtivera finalmente permissão para falar com Baader e explicou os motivos de sua intervenção: desaprovava as ações violentas da R.F.A. no contexto alemão atual, mas fazia questão de manifestar sua solidariedade a um militante revolucionário encarcerado e de protestar contra o tratamento que lhe era infligido.

A 4 de dezembro, foi, pois, a Stuttgart; acompanhado por Pierre Victor, Klaus Croissant e Cohn-Bendit falou durante mais ou menos meia hora com Baader. O automóvel que o conduziu à prisão de Stammheim era dirigido por Bommi Bauman, um terrorista repeso, que relatou sua experiência em La France Sauvage.[40] No mesmo dia, Sartre deu uma entrevista coletiva à imprensa (cujos excertos foram publicados no *Li-*

---

[40] Ele retomou esse relato, completando-o, alguns anos depois, sob o nome de Klein: o título desse novo livro é *La mort mercenaire*. As duas versões foram prefaciadas por Cohn-Bendit.

bération e no *Le Monde*); com Heinrich Boll, lançou um apelo, por televisão, pela constituição de um comitê internacional que protegesse os presos políticos. Sua intervenção suscitou uma violenta campanha contra ele na R.F.A. Deu uma outra entrevista coletiva à imprensa em Paris, a 10 de dezembro, com a participação de Klaus Croissant e de Alain Geismar. Mais tarde, consagrou uma entrevista a Baader, televisionada, para *Satellitte* e transmitida a 22 de maio de 1975. Ele não tinha ilusões sobre o alcance de sua visita a Stammheim: "Penso que esta visita foi um fracasso", disse. "A opinião alemã não se modificou. Talvez até a tenha levado a obstinar-se contra a causa que eu pretendia defender. Por mais que dissesse que não estava considerando os atos de que Baader era acusado, mas que apenas considerava as condições de sua detenção, os jornalistas julgaram que eu apoiava a ação política de Baader. Creio que tudo isso foi um fracasso, o que não impede que, se tivesse que repeti-la, eu a repetiria."[41] Em outra ocasião, afirmou: "O que me interessa são os motivos da ação do grupo, suas esperanças, suas atividades e — de maneira geral — seu pensamento político."

Pouco antes de partir para a Alemanha, a 2 de dezembro, Sartre, Victor e Gavi haviam apresentado *On a raison de se révolter* no curso de um debate que se desenrolou na Cour des Miracles. Tratava-se de um lugar de reunião financiado por um amigo de Georges Michel que lhe confiara sua direção artística. Georges Michel descobrira o lugar e o arrumara, com ajuda de dois arquitetos amigos seus. Havia lá um cinema, uma sala de teatro, lojas de artesãos, uma cafeteria muito barata. Nessa ocasião — e depois em muitas outras — Georges Michel colocou a sala de teatro à disposição de Sartre.

Este tinha então inúmeras atividades. A 17 de dezembro, entrevistou-se, na Casa do Japão, com estudantes desejosos de compreender os vínculos de sua filosofia com sua política. O texto, coligido por Michel Contat, foi publicado em 1975 num jornal japonês. Assinou um apelo exigindo a libertação de soldados presos por haverem reivindicado direitos democráticos no seio do exército. A 28 de dezembro, após um acidente que fez 43 mortos na mina de Liévin, Sartre reproduziu em *Libération* o requisitório que pronunciara em Lens contra as Hulheiras. Acrescentou um texto curto, pelo qual transmitia esse documento ao

---

[41] Em sua entrevista com Michel Contat: "Autoportrait à soixante-dix ans."

juiz Pascal, encarregado da instrução do processo. Junto com Foucault deu uma entrevista coletiva à imprensa a respeito do assunto.

O essencial de suas ocupações eram as discussões que tinha, três vezes por semana, com Victor, Gavi e eu em relação aos programas que queríamos preparar para a televisão. Tínhamos interrompido nossos diálogos — que uma datilógrafa começava a transcrever, com muita dificuldade, em consequência da rapidez de nossa maneira de falar e da intervenção barulhenta dos sinos de Roma durante nossas conversas. O projeto dos programas nos absorvia inteiramente. Além de nossas reuniões de trabalho, Sartre e eu falávamos muito sobre o assunto; com sua escrita quase ilegível, ele anotava reflexões, sugestões. Victor, por sua vez, entre um e outro encontro, lançava ideias no papel e estabelecia contatos. Pensávamos apresentar dez programas sobre a história do século; cada um teria a duração de 75 minutos e seria seguido de uma sequência de 15 minutos, dedicada a problemas da atualidade ligados ao tema principal. Em menos de dois meses conseguimos esboçar seis sinopses, cujo desenvolvimento exigiria a colaboração de grupos de historiadores. Havíamos procurado jovens pesquisadores, muitos dos quais eram companheiros de Victor e de Gavi.

1975

A primeira pergunta que se colocou dizia respeito ao realizador. Sartre desejaria que Truffaut trabalhasse com ele. Acompanhado de Liliane Siegel, que o conhecia bem, a 31 de dezembro, Truffaut subiu ao apartamento de Sartre. Ele não estava disponível; aconselhou a Sartre que se dirigisse a Roger Louis, que dispunha de meios substanciais. Roger Louis, grande repórter e realizador da televisão, demitira-se em 1968; explicara-se a respeito num pequeno livro muito vigoroso, *O.R.T.F., mon combat*. Fundara, então, uma cooperativa de produção independente, Scopcolor, que possuía amplas instalações em Belleville. Aceitou ajudar-nos em nosso empreendimento, que assim escapava à tutela da televisão oficial. Negociamos com Édeline nossa recusa de sua equipe de técnicos, e obtivemos nossa autonomia. Faltava-nos escolher os *metteurs en scène*. Pensei em Luntz, cujo *Les coeurs verts* muito apreciara. Ele organizou para nós uma projeção de seu último filme: este descrevia o dia de um dos heróis de *Coeurs verts*, Loulou, que saía da prisão após cinco anos de detenção. Sartre, que via um pouco, quando bem perto da tela, e ajudado pelo texto, gostou bastante do filme e eu também; Gavi e Victor não o achavam suficientemente político, mas não se opuseram. Roger Louis sugeriu Claude de Givray e, depois de ver alguns dos programas que ele realizara na televisão, concordamos. Ambos aceitaram, embora sem nenhuma garantia de nossa parte, prestar sua colaboração.

No final de dezembro, Jullian filmara, no escritório de Sartre, um curta-metragem de seis minutos, no qual Sartre, Victor, Gavi e eu anunciávamos nosso projeto: isso nos tomou uma manhã inteira; ficamos satisfeitos quando vimos sua projeção alguns dias depois. Deveria ser exibido a 6 de janeiro, durante uma emissão na qual Jullian apresentaria pomposamente seu programa do ano: não foi exibido. Um mês antes, Gavi cometera uma gafe que nem Sartre nem eu conseguimos entender: escrevera no *Libération* que, se Sartre aceitava trabalhar para a televisão, era no intuito de ridicularizá-la. Jullian disse a Sartre que não podia mostrar Gavi no vídeo, tão pouco tempo depois desse artigo. Afirmamos tão enfaticamente nossa solidariedade a Gavi, que Jullian desistiu de suprimir sua intervenção. Finalmente, nossa apresentação foi projetada, a 20 de janeiro, mas censurada.

Entrementes, houvera, a 5 de janeiro, uma reunião de historiadores, muitos dos quais vindos do interior; na ausência de Sartre, Victor a presidiu. A 7, encontramo-nos, em casa de Liliane, com Jullian e seu braço direito, Wolfromm, para precisar determinados pontos. Entre outros, problemas de dinheiro: Victor e Annie Chénieux eram assistentes de produção e ainda não tinham recebido nada; Sartre teve que pagá-los do próprio bolso. As seis primeiras sinopses haviam sido enviadas a Jullian a 20 de janeiro, apesar disso, a 22, ele depositou uma "remuneração de 13.500 francos, como adiantamento", constituindo um pagamento parcial sobre o preço da cessão, cujo conjunto de condições ficava por negociar. Foram necessários 15 telefonemas para obter este adiantamento.

Além dos encontros do "grupo dos quatro", na casa de Sartre, três vezes por semana, várias outras reuniões se realizaram. A 28 de janeiro,

A cerimônia do adeus

Sartre se entrevistou com Luntz e Civray; tornou a vê-los a 18 de fevereiro. A 1º de fevereiro, os historiadores estavam reunidos e, depois disso, encontraram-se em sessão plenária uma vez por mês, nas instalações de Scopcolor. Estavam divididos em vários grupos, que trabalhavam separadamente, sobre os diversos temas que lhes havíamos proposto; durante essas A.G.[42] expunham os resultados obtidos. Havia especialmente um grupo de mulheres que desejava esclarecer o papel das mulheres durante esses 75 anos, papel muito importante que, no entanto, fora mais ou menos encoberto. Como sabíamos que o material muito rico que nos traziam não podia ser todo ele utilizado, pensamos em fazê-lo publicar em livros que acompanhariam cada programa. Foi combinado com Pathé que nos dariam gratuitamente todos os documentos de que tínhamos necessidade.

Para resolver todos os problemas administrativos e econômicos, precisávamos de um advogado. Escolhemos Me.[43] Kiejman, que conhecíamos muito bem, e a quem, a 20 de fevereiro, Sartre e Victor expuseram nossos problemas. Entre outras coisas, ele os aconselhou a exigir, o quanto antes, a assinatura de um contrato. A 6 de março, Sartre se encontrou, em casa de Liliane, com Jullian e Wolfromm, mas não conseguiu estabelecer um contrato; obteve dele apenas um segundo cheque, cujo montante foi dividido entre os grupos de historiadores, que Kiejman ajudou a constituir-se em uma "sociedade civil" que devia ser considerada como o quinto autor dos programas.

Já disse que, constrangido por não *ver* seus interlocutores, Sartre se manifestava pouco, quando estes eram numerosos. Nas assembleias gerais era sobretudo Victor quem tomava a palavra, com uma autoridade que intimidava uns e exasperava outros. No entanto, a 13 de abril, Sartre fez uma longa intervenção. Foi uma sessão bastante tumultuada. Estava combinado que os programas se organizariam em torno de Sartre e que, se houvesse algum impasse por resolver, era ele quem decidiria em última instância. No entanto, os historiadores questionavam suas relações com o "grupo dos quatro". Não queriam limitar-se a reunir documentos cujas conclusões teóricas seriam tiradas por outros. Sartre tentou convencê-los de que, sendo o objetivo

---

[42] Assembleias Gerais. (N.T.)
[43] Abreviatura de *maître*. (N.T.)

visado uma obra "estético-ideológica", esta exigia uma síntese que somente um grupo muito restrito poderia realizar. Os historiadores compreendiam em parte este ponto de vista, mas de um modo geral se sentiam frustrados. Felizmente, Scopcolor organizara aquele dia um suntuoso almoço-bufê que desanuviou a atmosfera. Comendo e bebendo, os participantes puderam conversar em pequenos grupos ou *tête-à-tête*. As discussões da tarde foram muito mais amigáveis.

No entanto, a A.G. de 10 de maio não foi muito animada. No dia seguinte, almoçamos todos juntos, distribuídos em pequenas mesas, em Scopcolor, mas sem retomar a discussão. Ninguém conservava o mesmo entusiasmo, porque o contrato continuava não tendo sido assinado e duvidávamos um pouco que esse trabalho chegasse a realizar-se. Apesar disso, o grupo de historiadores foi à casa de Sartre uma manhã, para encontrar-se com o grupo dos quatro: mostraram-se muito cooperadores e interessantes.

O problema de dinheiro tornava-se agudo. Na segunda-feira, 12, encontramo-nos, os quatro, em casa de Sartre, com Jullian, a quem cada um de nós atacou enfaticamente: evidentemente, ele não tinha boa vontade. Aparentemente, todo o problema girava em torno da classificação da programação. Se dramática, conceder-nos-iam a quantia de que necessitávamos; sendo um documentário, só teríamos direito a um terço da quantia. Jullian tinha de convencer Alain Decaux, presidente da Sociedade de Autores e Compositores de Televisão, a classificá-la como dramática. Marcamos uma hora com ele para a quarta-feira seguinte, e Sartre definia sua posição numa carta a Jullian:

Jean-Paul Sartre

Paris, 15 de maio de 1975
Sr. Marcel Jullian
Presidente da Antenne 2
Rua de l'Université 158
Paris, 7º

Ficara combinado entre nós que eu faria um trabalho de televisão; um trabalho, isto é, um conjunto regido por uma ideia sintética, produzido a partir de imagens, de diálogos, de comentários falados por atores da história destes setenta anos (dos quais faço parte) ou por atores representando um papel histórico.

A cerimônia do adeus

Deve ficar claro que não pretendemos explicar todos os fatos desta história; não visamos ao tipo de objetividade do documentário. Realizamos escolhas no material histórico, e este é trabalhado em função de uma história singular, subjetiva — a minha.

Para ser exato, fazemos um relato e com ele esperamos que o telespectador possa discernir, a partir de sua própria história, verdades e mentiras. Pensamos conferir um caráter épico a este trabalho, que seria como que uma saga deste século.

Para tal, recorremos a operações estéticas: procedimentos simbólicos (por exemplo, uma sequência de evocação do tema de A náusea, no 3º programa),

— escrita lírica (por exemplo, a evocação da Espanha no 3º programa),

— reconstituições (por exemplo, um conselho de guerra em 1917, no 1º programa),

— cenas (Sartre representando seu papel, atores representando seu papel),

— desvios de materiais (por exemplo, materiais russos sobre Cronstadt desviados de seu destino inicial no 2º programa).

Essas operações são dadas a título de exemplo e não são limitativas.

Para mim, consequentemente, esse trabalho para a televisão só pode ser considerado como dramático, em hipótese alguma como documentário.

Decaux foi à casa de Sartre a 22 de maio; mostrou-se muito amável e compreensivo; classificou a programação como dramática, o que permitia esperar sua próxima realização. Victor transmitiu, por carta, a boa nova aos historiadores.

No entanto, as conferências com a Antenne 2 continuavam. A 11 de junho, houve uma reunião em casa de Wolfromm, da qual participaram pelo menos 14 pessoas, entre as quais, Jullian, Édeline, um representante de Pathé, Roger Louis e Pierre Emmanuel, diretor do Institut Audovisuel. Deparávamo-nos com um problema constrangedor: se o filme realizado por Contat e Astruc, *Sartre por ele mesmo*, fosse passado, poderia desqualificar a programação para a Antenne 2. A dificuldade foi contornada graças a uma carta dirigida por Seligmann — produtor do filme — a Jullian, na qual ele se comprometia a não liberá-lo antes da transmissão da série dos dez programas, produzida por Sartre para a Antenne 2. Por outro lado, nosso advogado, Me. Kiejman, encontrou-se a 18 de junho com Me. Bredin, advogado da Antenne 2, e eles elaboraram um projeto de protocolo de acordo, que Sartre e Jullian assinariam. Os realizadores e os historiadores estavam, portanto, otimistas quando tiveram suas últimas assembleias no fim de junho. Sartre estava menos otimista quando deixou Paris a 5 de julho: a 30 de junho escrevera uma carta a Jullian para marcar um encontro com ele; Jullian não respondera.

Embora muito ocupado com esse projeto, no decorrer do ano Sartre tivera muitas outras atividades. Eu continuava a ler para ele; de um modo geral, eram leituras referentes a histórias destes últimos 75 anos. Ele ouvia, gravava. Sua inteligência estava intata, sua memória excelente com respeito a tudo o que lhe interessava. Mas muitas vezes mostrava-se desorientado no tempo e no espaço, e desatento ao ramerrão quotidiano da vida que antes o ocupava tanto quanto a mim.

Com vistas a um número do *L'Arc* sobre "Simone de Beauvoir et la lutte des femmes", interroguei-o sobre sua relação com o feminismo. Ele me respondeu com bastante boa vontade, mas muito superficialmente.

De 23 de março a 16 de abril, estivemos em Portugal, onde ocorrera um ano antes, a 25 de abril de 1974, o que se denominou "a revolução dos cravos". Após cinquenta anos de fascismo, oficiais — desgostosos, entre outras coisas, pela guerra da Angola — se haviam revoltado. Mas não se tratava apenas de um golpe de Estado militar: era o povo inteiro que despertara e apoiava o M.F.A. (Movimento das Forças Armadas). Sartre desejava conhecer de mais perto esse acontecimento singular. Ao partir, preocupava-se: "Será que *verei* Lisboa?" Mas logo esqueceu essa preocupação. Ficamos num hotel central, muito barulhento, perto de um grande mercado ao ar livre. O tempo estava bonito, mas soprava um vento muito forte e não podíamos demorar-nos nas sacadas para onde davam nosso quartos; caminhávamos pelas ruas, nas quais perambulava uma multidão alegre, sentávamo-nos nos terraços do Rossio. Para Sartre, tratava-se, sobretudo, de uma viagem de informação. Em companhia de Pierre Victor, e às vezes, de Serge July, teve inúmeras conversas com membros do M.F.A. Almoçou na "caserna vermelha", que pouco tempo antes oficiais golpistas haviam tentado tomar de assalto. Fez uma conferência para estudantes, que o decepcionaram por sua falta de reação às suas perguntas. Teve a impressão de que mais se submetiam à revolução do que a faziam. Em compensação, teve contatos muito bons com os operários de uma fábrica em sistema de autogestão nas proximidades do Porto. Participou de uma reunião de escritores que se perguntavam, com perplexidade, que papel representariam dali em diante.

A cerimônia do adeus

Na volta, Sartre fez por rádio uma boa entrevista sobre Portugal e, de 22 a 26 de abril, foi publicada no *Libération* uma série de entrevistas, redigidas por July, entre Sartre, Victor, Gavi e eu: 1º "Revolução e militares"; 2º "As mulheres e os estudantes"; 3º "O povo e a autogestão"; 4º "As contradições"; 5º "Os três poderes". Sartre concluiu, expressando seu apoio crítico ao M.F.A.

Em maio, o filósofo tcheco Karel Kosik enviou-lhe uma carta aberta, para denunciar a repressão exercida contra os intelectuais de seu país. Relatava as perseguições que sofrera pessoalmente, inclusive o confisco de seus manuscritos. Sartre garantiu-lhe seu apoio em outra carta aberta: "Denomino pseudopensamento" — escrevia — "as teses defendidas por seu governo, que nunca foram produzidas ou examinadas pelo pensamento de um homem livre, mas que são feitas de palavras recolhidas na Rússia soviética e jogadas sobre as atividades para encobri-las e não para descobrir seu sentido". Publicou também, a 10 de maio, no *Le Monde*, uma declaração sobre a atividade passada do Tribunal Russell; ela lhe fora solicitada a propósito do fim da guerra do Vietnã. Deu uma entrevista a Tito Gérassi, que foi publicada numa revista de Chicago. Dizia, entre outras coisas: "Cada uma de minhas escolhas ampliou meu mundo. De tal maneira, que já não considero suas implicações como limitadas à França. As lutas com as quais me identifico são lutas mundiais." Assinou vários textos esse ano. Um apelo para que fossem respeitados os acordos de Paris sobre o Vietnã (*Le Monde*, 26–27 de janeiro). Uma alerta contra Jean-Edern Hallier, que era acusado, com ou sem razão, de haver desviado fundos destinados à defesa de prisioneiros chilenos. Um apelo em favor dos nacionalistas bascos (*Le Monde*, 17 de junho de 1975).

Passávamos noites excelentes com Sylvie. Um dia, jantamos em casa de Maheu, com quem havíamos reatado, há alguns anos, contatos muito espaçados, mas regulares e agradáveis. Simpatizávamos com sua companheira, Nadine, e com seu filho, François. Desses jantares, ela fazia uma verdadeira festa. Mas, nesse momento, Maheu estava seriamente doente: uma espécie de leucemia; e ele sabia que a morte o espreitava. Vimo-lo na clínica, para onde fora transportado após uma crise muito grave: vestindo um suntuoso *robe de chambre*, era pele e osso. Na noite em questão, em seu bonito apartamento decorado com preciosos *souvenirs*, pareceu-nos ainda mais magro e muito envelhecido. Por comparação, fiquei espantada com a juventude de Sartre, que se tornara novamente esbelto e alerta. Na verdade, era a última vez que víamos Maheu: morreu pouco depois.

Sartre sentia-se cheio de vitalidade durante esse mês de junho. Estudantes iam vê-lo; alguns lhe comunicavam trabalhos, teses de terceiro ciclo, livros que lhe eram dedicados. A imprensa falava muito nele: "Dir-se-ia que me estou tornando célebre!", disse-me ele com humor. Como Contat tivesse passado três dias com ele em Junas, em março, Sartre concedeu-lhe uma longa e comovente entrevista, publicada em parte por *Le Nouvel Observateur*, por ocasião de seu 70º aniversário e que lhe valeu calorosas felicitações: telefonemas, telegramas, cartas. Nessa entrevista,[44] intitulada "Autoportrait à soixante-dix ans", Sartre passava em revista toda a sua vida, mais ou menos em todos os planos, e descrevia o sentimento ambíguo que experimentava no momento, quanto a si mesmo e a sua relação com o mundo. "Como vai?", perguntava-lhe Contat; e Sartre: "É difícil dizer que estou bem. Mas também não posso dizer que vá mal... Minha profissão de escritor está completamente destruída... Em certo sentido isso me tira toda razão de ser: *fui* e não sou mais, por assim dizer. Mas deveria estar muito acabrunhado e, por uma razão que ignoro, sinto-me bastante bem: nunca experimento tristezas, nem momentos de melancolia, pensando no que perdi... É assim e nada posso fazer, então, não tenho razões para desolar-me. Tive momentos penosos... Agora, tudo o que posso fazer é adaptar-me ao que sou. Daqui por diante, o que não posso ter é... o estilo, digamos a maneira literária de expor uma ideia ou uma realidade."

Mais adiante, fala de sua relação com a morte: "Não que pense nisso, não penso jamais; mas sei que ela virá." Ele pensava que ela não chegaria antes de dez anos. A partir de cálculos obscuros, com respeito à longevidade de seus ascendentes, disse-me um dia que contava viver até os 81 anos. Repetiu a Contat que estava satisfeito com sua vida: "Bem. *Fiz* o que tinha que fazer... Escrevi, vivi, não há o que lamentar." Disse-lhe também: "Não tenho o sentimento da velhice." Dizia não ser indiferente às coisas, mas admitiu: "Já não há mais muita coisa que me excite. Coloco-me um pouco acima." O que ressaltava do todo

---

[44] Que foi retomada em sua totalidade em *Situações X*.

é que se sentia bastante satisfeito com seu passado, para poder aceitar serenamente seu presente.

Liliane Siegel deu uma festa em sua homenagem a 21 de junho: lá estavam, entre outros, Victor, Gavi, Geismar, Georges Michel, eu. Estávamos todos muito alegres e Sartre ria às gargalhadas. A 25 de junho, assistimos, com vários amigos, a uma projeção privada do filme *Sartre por ele mesmo*. E novamente — apesar da limitação de visão — eu o achava, a meu lado, igual ao que era na tela.

Íamos sair de férias. Nesse ano inovávamos: trocávamos a Itália pela Grécia, o que agradava muito a Sartre. O contrato com Jullian não estava assinado, o que nos incomodava, mas estávamos otimistas; e nos sentíamos satisfeitos com o trabalho fornecido por nossos colaboradores durante o ano e por nós mesmos. Sartre esboçava com Victor um trabalho que intitularia *Pouvoir et liberté* sobre o qual pensava refletir durante o verão.

Inicialmente, passou um período em casa de Arlette, depois esteve em Roma com Wanda, e em agosto — depois de uma viagem pela Grécia com Sylvie — fomos as duas buscá-lo no aeroporto de Atenas. Ele parecia estar em excelente forma. Não caminhava muito bem, mas mesmo assim, nos dias seguintes, pôde descer a pé a Colina das Musas, flanar pelas ruelas que denominam "a feira das pulgas". Reviu sua amiga grega que estava completamente curada e trabalhava como assistente na Faculdade de Atenas. Em consequência dos remédios que tomava, engordara dez quilos e mostrava-se tão calada quanto fora falante antes de sua crise. Mas continuava bonita e Sartre sentia-se bem com ela. Quando saíam juntos, eu passeava por Atenas com Sylvie.

Quase imediatamente, tomamos um navio para Creta, levando o carro conosco. Eu reservara cabines confortáveis e fizemos uma travessia excelente. Era poético estarmos às sete horas da manhã, enquanto o sol nascia, num caminho desconhecido que acompanhava o mar. O hotel de Elounda Beach pareceu-me um verdadeiro paraíso, com seus bangalôs caiados, espalhados à beira-mar, ou um pouco retirados, entre plantas perfumadas e flores de cores vivas. O que eu ocupava com Sylvie ficava a pique sobre o mar; o de Sartre ficava uns vinte metros mais para trás. Seu interior era confortável e agradável, com o frescor do ar-refrigerado. Em geral, pela manhã, Sylvie tomava banho de mar; Sartre e eu ouvíamos música: havíamos levado um gravador e cassetes;

ou líamos: lembro-me, entre outros, de um trabalho grande sobre Thorez, e *Memórias de um doente dos nervos* do presidente Schreber. Comia-se numa sala de refeições ao ar livre, protegida do sol: cada um se servia à vontade num grande bufê frio e quente. Fizemos algumas excursões de carro: uma, belíssima, pela extremidade oriental da ilha; uma a Heráklion e a Cnossos; uma outra, um pouco mais longa e cansativa, até a Caneia. Normalmente, ficávamos no hotel à tarde, com nossos livros e nossos cassetes. Não havia um bar agradável, mas tínhamos geladeiras e Sylvie nos preparava deliciosos uísques-sours[45] à noite. Jantávamos no quarto, muito frugalmente, ou, raramente, numa taberna junto ao hotel, rústica e agradável. Sartre gostava de tudo; passava maravilhosamente bem e se sentia alegre, sem preocupação alguma.

Doze dias depois, regressamos a Atenas; a volta foi penosa. Tínhamos reservado duas cabines, mas recusaram-se a entregar-nos as chaves; em vão, Sylvie e eu brigamos na recepção para recebê-las, em meio a uma multidão, uma algazarra e um calor infernais. Acabaram colocando-nos, aos três, numa cabine de quatro leitos, muito desconfortável. Já dormíamos, quando, em plena noite, um oficial abriu a porta: "O senhor é o sr. Sartre? Não o sabíamos: suas cabines estão à sua disposição." Recusamo-nos a mudar-nos.

Mergulhamos com alegria na tranquilidade de nosso hotel ateniense. Almoçávamos por volta das duas horas, no bar gelado pelo ar-refrigerado, um coquetel e um sanduíche quente. Frequentemente, após passear a pé ou de carro, tomávamos outro coquetel no sexto andar do Hilton: de lá tinha-se uma vista imensa de Atenas e do mar ao longe. Jantávamos aqui e ali, muitas vezes num restaurante ao ar livre, ao pé da Acrópole.

A 28 de agosto, acompanhei Sylvie ao navio que deveria levá-la de volta a Marselha, de onde alcançaria Paris de carro.

Dois dias depois, Sartre e eu voamos para Rodes. Um voo rápido. Não conseguia acreditar em meus olhos, quando começamos a descer. Ficamos em dois quartos contíguos, ladeados de amplas varandas, no sexto andar de um hotel situado à beira-mar a menos de dois quilômetros da cidade velha. O bar e o restaurante onde almoçávamos diariamente ficavam localizados num terraço que dava para o mar. Ao cair da

---

[45] O professor Lapresle dera a Sartre permissão para beber um pouco de álcool.

A cerimônia do adeus

noite, um táxi nos conduzia às portas da Rodes antiga. Caminhávamos pelas velhas ruas, tão bonitas e movimentadas, e era para mim uma alegria já esquecida descobrir com Sartre lugares novos. Parávamos num desses pequenos cafés ao ar livre que, nas cidades gregas, abrigam árvores magníficas. Às vezes comíamos algo num restaurante agradável ao pé da muralha. Um táxi nos levava de volta ao hotel e eu lia para Sartre, durante uma ou duas horas, em minha varanda. O tempo estava esplêndido, o mar deslumbrante; a imensa praia, a nossos pés, lembrava-me um pouco Copacabana.

Fizemos duas excursões de táxi. Uma a Lindos, cidadezinha de ruas caiadas, admiravelmente situada por sobre o mar. O lugar é famoso sobretudo por sua acrópole, mas para subir a ela teríamos que ir montados em burros e não tivemos coragem. A outra, a Kamiros, uma grande cidade antiga, bastante bem-conservada. No caminho, vimos um belíssimo mosteiro construído na montanha.

De regresso a Atenas, lá permanecemos dez dias. Estava quase fresco e era agradável caminhar. Sartre ainda era capaz de fazê-lo; até subiu à Acrópole. Às vezes, jantava com Melina, que não dispunha de tempo durante o dia. Ela o levava a um café, onde se reuniam intelectuais atenienses. Ao retornar, ele tomava um uísque comigo em seu quarto.

Deu duas entrevistas durante essa estada, uma a um diário de esquerda, a outra a um boletim anarquista.

Durante esse verão, Jullian enviara a Sartre uma carta, na qual propunha que se realizasse um "programa-piloto", o que era insultante e absurdo, já que a série de programas constituía um conjunto que não podia ser julgado por uma só parte. Alguns dias depois de retornar a Paris, 23 de setembro, Sartre, Victor e eu — Gavi estava nos Estados Unidos — nos encontramos com Jullian em casa de Liliane Siegel. Sartre atacou-o ardorosamente. Já não estava em idade — disse — para submeter-se a exames. Ora, o programa-piloto que lhe propunham era na verdade um exame que conceituariam de: medíocre, sofrível ou bom. E o único juiz aceitável teria sido o público, mas não era a este que o programa seria submetido: a "especialistas". O que significava que se tratava de uma medida de censura. O problema de dinheiro, que Jullian pretendia colocar como prioritário, não era o verdadeiro problema, já que para um programa de uma hora e meia, classificado como dramático, honorários de um milhão de francos eram normais: casos similares eram inúmeros. A verdade era que as sinopses haviam sido colocadas na mesa do primeiro-ministro, Chirac, por André Vivien, relator junto à O.R.T.N., a quem Jullian as comunicara. Desde janeiro, Vivien e Chirac se haviam oposto radicalmente ao nosso projeto, e Jullian, submisso à autoridade deles, só nos iludira. Quando nos separamos, a ruptura estava consumada.

A 25 de setembro, com Victor e comigo, Sartre deu uma entrevista coletiva à imprensa na Cour des Miracles. Logo que tomou conhecimento, dia 24, Jullian telefonou a Sartre concordando com uma soma de quatrocentos milhões antigos. Seis meses antes, ainda teria sido possível modificar os cenários de maneira a diminuir seus custos;[46] no momento já era muito tarde e Jullian o sabia: queria apenas evitar que o caso chegasse ao conhecimento do público. E chegou. Havia muita gente na Cour des Miracles. Sartre, em plena forma, reconstituiu toda a história, em sua plena verdade e de maneira totalmente convincente. Ele dera um subtítulo à entrevista: "Un problème censure-télé." Comentou: "Foi dito: Sartre desiste. Não. Fizeram-me desistir, é um caso de censura formal e não direta." Especificou que Jullian lhe prometera total liberdade de expressão. Quando lhe propusemos as primeiras estimativas, ele declarara: "Ainda que isso ultrapasse oitocentos milhões (antigos) nós o faremos." E depois, houve um conchavo com o governo a respeito disso, tendo nossas sinopses ido parar, inexplicavelmente, em mãos de Chirac, que não as aceitara. Então, Jullian tentara desgastar-nos e finalmente se refugiara na proposta inaceitável de um programa-piloto. Os jornalistas ouviram atentamente essa exposição e, no fim, alguns perguntaram: "Por que não trabalha para as televisões estrangeiras?" Sartre respondeu: "Trata-se da história dos franceses e é aos franceses que quero falar." A uma outra pergunta: "Por que não utilizar circuitos do cinema?" — ele objetivou: "Dez horas é muito tempo; por outro lado, esta série constituiria, pela primeira vez, uma visão dinâmica da televisão. Eu me perguntava se era possível trabalhar com esta televisão. Marcel Jullian me fizera hesitar. Agora está encerrado. Já não aparecerei na televisão. Nem na França nem em outro lugar." A seguir, Sartre

---

[46] Deixo claro que estava previsto um orçamento de cem milhões de francos antigos para cada transmissão. Portanto, a série de dez programas somaria um bilhão de francos antigos. Jullian oferecia menos do que a metade disso.

A cerimônia do adeus

observou: "Michel Droit, este gozou de toda a liberdade em relação às suas crônicas de 1946 a 1970."

De um modo geral, a imprensa relatou com fidelidade essa reunião, e Jullian desencadeou uma campanha de calúnias contra Sartre. De início, reconhecera: "O sr. Sartre não é um homem de dinheiro, mas gostaria de reunir o máximo de meios para realizar seu sonho." Apesar disso, insinuou que Sartre recebera enormes somas por seus direitos de autor, o que era falso, já que tais direitos basicamente tinham que ser divididos pelo numeroso grupo de historiadores. Queixou-se, também, de que Sartre entregara o trabalho a seus jovens colaboradores, o que também era uma mentira, porque Sartre era muito atuante no "grupo dos quatro" e assistia a todas as assembleias gerais. Para finalizar, a televisão lançou um boato, que repercutiu até Estocolmo, de onde um telegrama foi transmitido para a agência da France-Presse: Sartre teria exigido o montante do prêmio Nobel de literatura que recusara em 1964. Ele deu aos jornais um desmentido violento.

R.T.L. propôs-lhe redigir, comigo e com Victor, o *Journal Inattendu* de 5 de outubro de 1975. Ele aceitou e preparamos nossas intervenções. Mas esse caso o aborrecera. Arlette telefonou-me durante a semana, dizendo que o achava muito cansado e, uma noite, em minha casa, teve muita dificuldade de falar: o canto da boca e a ponta da língua estavam quase paralisados. Isso passou em 15 minutos, mas ele me disse que era algo que lhe acontecia frequentemente e fiquei preocupada.

Estava desanimado quando fomos ao estúdio de R.T.L. e tropeçava nos degraus da escada. O jornalista que nos recebeu estava, visivelmente, de má vontade e eu me sentia tensa. Sartre parecia exausto, falava lentamente e quase sem entonação. Eu morria de medo que, durante a emissão, sofresse uma ausência. Tomei a palavra, a maior parte do tempo, cortando mesmo nosso interlocutor, para explicar-me sobre Jullian. Cohn-Bendit falou simultaneamente da Suíça, de maneira muito incisiva. Assim que, de um modo geral, esse *Journal Inattendu* foi um sucesso.

Dali, fomos para a casa de Liliane, que preparara um pequeno bufê. Lá encontramos alguns historiadores, muito decepcionados com a ruptura com a Antenne 2. Por volta das cinco horas, levei Sartre para sua casa e ele dormiu um pouco. Confessava que estava exausto. "Há mais de cinco horas que estamos trabalhando", disse-me com cansaço. Passou a noite na casa de Wanda, e no dia seguinte pela manhã, 5 de outubro,

Arlette me telefonou. "Não é muito grave", disse-me. "Mas mesmo assim…" Na casa de Wanda, Sartre mais ou menos caíra. Ela o colocara num táxi; em frente ao Le Dôme, Michèle o aguardava para levá-lo para casa; ali, novamente, ele perdera várias vezes o equilíbrio. Pela manhã, ela o levara para a casa de Arlette e ele tornara a cair. Zaidmann foi chamado e aplicou injeções em Sartre, prescrevendo um longo repouso. Falei com Sartre por telefone: sua voz estava clara, mas cansada. Ficou para almoçar com Arlette, que o levou para casa no carro de um amigo. Quase o carregaram até o apartamento e o colocaram na cama. Passei a tarde com ele, e Zaidmann veio à noite. A pressão de Sartre subira de 14 a 20. Era preciso ajudá-lo quando tinha que dar os quatro passos que separavam seu quarto do banheiro. Dormi no quarto ao lado, com as portas abertas.

Ficou de cama segunda e terça. Na terça à noite, o professor Lapresle veio com Zaidmann. Sartre estava com 21,5 de pressão. Eles conferenciaram por muito tempo. Além dos remédios habituais prescreveram um hipotensor forte e Valium, para ajudá-lo a fumar menos. Aconselharam-no a levantar-se da cama e sentar-se numa poltrona, mas fazer a sesta durante a tarde.

E a vida se organizou. Sartre fazia as refeições na sua casa. Aos domingos, Sylvie trazia o almoço; quinta-feira, Liliane; segunda e sexta, Michèle e, nos outros dias, Arlette. Quanto ao jantar, nos dias em que ficava na sua casa, eu comprava coisas leves.

Zaidmann voltou na manhã de quarta-feira, 15. A pressão baixara para 16. Diminuiu a dosagem dos remédios e disse a Sartre que saísse um pouco, coisa que ele fez. Parecia tão bem quanto antes da crise. Mas, em consequência dos remédios que lhe administravam, acontecia-lhe novamente ter incontinência urinária e, até mesmo, sujar seu pijama à noite. Aceitava esses incidentes com uma indiferença que eu tinha dificuldade de suportar.

Apesar de tudo, dizia com obstinação que voltaria a fumar. Protestei energicamente: se ficasse gagá, não percebia que eu sofreria com isso? Tê-lo-ei convencido? Ou ficou impressionado por um artigo que Michèle lhe leu, dizendo que, ocorrendo arterite, o fumo podia provocar a amputação da perna? Praticamente, parou. Fumava apenas quatro cigarros por dia, e, às vezes, esquecia-se de fumar o quarto cigarro.

Por vezes, parecia sofrer com sua situação. Um domingo à noite, falávamos que não era desejável ser centenário. "De toda maneira", disse-me ele, "eu apenas represento." Como lhe repetisse essa frase, no dia seguinte, ele explicou; estava irritado, porque Cave lhe extorquira uma entrevista sobre a Espanha para o *Libération*.

Essa entrevista foi publicada a 28 de outubro de 1975 enquanto Franco agonizava. Sartre referia-se a sua "figura abominável de latino asqueroso". A expressão indignou muitos leitores. Sartre a comentou: "Foi um erro — opiniões emitidas no entusiasmo de uma conversa assumem outro sentido quando transcritas ao pé da letra —, mas é um erro que assumo plenamente. Franco tinha o aspecto que merecia, era realmente um asqueroso, e ninguém negará que fosse latino."

Na verdade, sua saúde não se restabelecia e ele percebia isso. "Fisicamente, não estou muito bem" — disse uma manhã a Liliane, enquanto tomavam o desjejum num café próximo, o Liberté. Queixava-se de sentir, pela manhã, a boca e, sobretudo, a garganta semiparalisadas, o que explicava sua grande dificuldade de engolir: levava pelo menos uma hora para conseguir terminar uma xícara de chá ou um suco de laranja. Sua taxa de glicemia estava normal. Mas ele caminhava cada vez pior. Na quinta-feira, 19 de novembro, teve a maior dificuldade para chegar até o Liberté, a cem metros de sua casa, e para ir, por volta de duas horas, ao restaurante brasileiro, onde almoçávamos frequentemente, junto à torre Montparnasse. Zaidmann o viu no dia seguinte e mostrou-se preocupado com esta regressão. O professor Lapresle, que se apresentou no final da tarde, achou Sartre melhor do que por ocasião de sua última visita e até bem de um modo geral. Mas em relação a suas atividades motoras (marcha, deglutição) disse-me que "Sartre descera um degrau que jamais tornaria a subir novamente". Lembrava-me dele, dois meses antes, escalando a Acrópole, e perguntava a mim mesma se chegaria um dia em que já não poderia mover-se de todo. E depois, como controlasse mal seus reflexos, teve mais um acidente intestinal. É terrível, esse corpo que nos deserta, quando a cabeça está ainda sólida.

Porque, intelectualmente, Sartre se recuperara por completo. "O importante é trabalhar", dizia. "Felizmente, a cabeça está bem." Disse-me, também: "Estou mais inteligente do que há muito tempo." Era verdade. Trabalhava assiduamente com Victor em seu projeto de um livro: *Pouvoir et liberté*; interessava-se pelas obras que eu lia para ele e por tudo o que ocorria no mundo: particularmente pelo caso Goldman, do qual conhecia os menores detalhes. A meados de novembro, achávamos que o recurso de Goldman para obter anulação ia ser rejeitado, e Sartre redigiu — auxiliado por Victor — um texto a esse respeito que queria que aparecesse no *Le Monde*. Não o publicou, porque o julgamento que condenava Goldman foi anulado, para grande alegria de todos os seus amigos.

Graças às suas atividades, Sartre sentia novamente alegria de viver. Liliane perguntou-lhe uma manhã: "Não o incomoda muito depender das pessoas?" Ele sorriu: "Não. Isso tem até um pequeno lado agradável." "Ser mimado?" "Sim." "Por que você sente que o amam?" "Oh, já o sabia antes. Mas é agradável." A 10 de novembro, a edição europeia de *Newsweek* publicou uma entrevista de Sartre concedida a Jane Fridman. Ela lhe perguntava: "Qual é a coisa mais importante em sua vida hoje?" Ele respondeu: "Não sei. Tudo. Viver. Fumar." Ele sentia a beleza deste outono azul e dourado e regozijava-se com isso.

Frequentemente, solicitavam-lhe que assinasse manifestos, apelos, e, em geral, ele aceitava. Junto com Malraux, Mendès France, Aragon e François Jacob, assinou um apelo para que fosse impedida a execução, na Espanha, de 11 condenados à morte.[47] Como estes tivessem sido executados, assinou um protesto e um apelo por uma marcha sobre a Espanha. Protestou, com Mitterrand, Mendes France e Malraux, contra a resolução da ONU equiparando o sionismo ao racismo (*Le Nouvel Observateur* de 17 de novembro). Assinou um apelo em favor de soldados presos que foi lido na Mutualité a 15 de dezembro.

Tinha uma nova distração. Arlette lhe alugara um aparelho de televisão, e quando havia um bom *western*, ou qualquer outro filme interessante, o assistíamos. Sentando-se bem perto da tela, Sartre mais ou menos distinguia as imagens. Uma manhã de segunda-feira fomos ver juntos um excelente filme grego: *A viagem dos comediantes*. O diretor da sala o colocara a nossa disposição; somente alguns amigos estavam presentes, de maneira que eu podia ler as legendas para Sartre sem incomodar ninguém.

A 1º de dezembro, Sartre recebeu uma carta de ameaças assinada G.I.N. Gisèle Halimi afirmou que era preciso levá-la a sério, já que o G.I.N. era um grupo de extrema direita que se vangloriava de haver

---

[47] Esse apelo, publicado no *Le Nouvel Observateur* de 29 de setembro, foi levado diretamente a Madri por Foucault, Régis Debray, Claude Mauriac, Yves Montand...

explodido Photo-Libération. Ela preveniu a delegacia mais próxima e eu mandei colocar uma porta blindada. Estava realmente preocupada, mas Sartre não levou o caso a sério. Sua serenidade não se alterava. "Passei um excelente trimestre", disse-me no final de dezembro, com ar radioso. E, como lhe perguntassem no início do ano o que gostaria que lhe desejassem, "que eu viva durante muito tempo", respondeu com entusiasmo.

Fizemos com Sylvie uma pequena viagem a Genebra que, apesar do frio e da neve, agradou muito a Sartre. Passeamos a pé pela cidade velha; vimos Coppet, visitamos Lausanne. Ao regressar, Sartre recomeçou a trabalhar com Victor. Recomeçou até a escrever; eram umas garatujas ilegíveis, mas que Victor, mais ou menos, conseguia decifrar. Escrevia sobre os limites de sua adesão a seus próprios valores: "Não *creio* no que escrevo", dizia-me. Mas percebeu que se criticava a partir de *O ser e o nada* e da *Crítica*, provando assim que acreditava naquilo.

1976

No início de março, ditou-me um artigo sobre Pasolini. Encontrara-se com ele em Roma, apreciava alguns de seus filmes — sobretudo a primeira parte de *Medeia*, na qual via uma extraordinária evocação do *sagrado*. Em seu artigo, refletia sobre as condições da morte dele. Inicialmente, redigiu-o, com sua escrita ilegível, depois recitou-o de cor para mim. Era um bom artigo, que foi publicado no *Corriere della Sera*. Estava satisfeito por haver conseguido terminá-lo em menos de três horas.

Victor achava, como eu, que fazia muito que Sartre não se encontrava em tão boa forma intelectual. É verdade que às vezes parecia *desligado*: mas isso ocorria em presença de muita gente ou de pessoas que o aborreciam. Acontecia-lhe estar inteiramente alerta e presente: por exemplo, durante a noite que passamos com Alice Schwarzer. É também verdade que, se podia escutar, responder, discutir, não era mais inventivo. Havia uma espécie de vazio nele e, por isso, beber, comer assumiam para ele maior importância do que no passado. Adaptava-se com dificuldade a novidades. Era-lhe custoso suportar que o contradissessem, coisa que eu quase nunca fazia, embora ele se equivocasse enormemente com respeito a acontecimentos passados.

A 20 de março, partimos com Sylvie para Veneza, de onde nenhum de nós três se cansava. Andando bem devagarinho, Sartre fez comigo passeios bastante longos: "Não a aborrece ter um companheiro que caminha tão lentamente?", perguntou-me uma vez. Respondi que não, com sinceridade. Já me sentia bastante feliz pelo fato de que pudesse caminhar. Acontecia-lhe, ainda, dizer com melancolia: "Jamais recuperarei meus olhos!" E deprimia-se quando, na chegada do *vaporetto*, um passageiro segurava seu braço para ajudá-lo a descer: "Pareço realmente um inválido?", perguntava-me. "Você parece enxergar mal, não há vergonha nisso!", dizia-lhe. Mas essas nuvens se dissipavam rápido. Como eu sofria de uma espécie de nevrite no braço direito, disse-lhe: "Que se pode fazer! É a velhice. Tem-se sempre algum problema." "Eu não", disse-me com convicção. "Eu não tenho nada." Ri e, caindo em si, ele riu também. Mas, espontaneamente, sentia-se indene. Estava muito mais adaptado a sua situação do que no ano anterior.

De regresso a Paris, continuou seu trabalho com Victor. Era uma bela primavera: sol, verdor, flores em seu jardim, onde pássaros cantavam. Leituras, músicas, filmes preenchiam nossas tardes e nossas noites. No início do ano, fora publicado *Situações X* que reunia quatro estudos políticos, uma entrevista sobre *O idiota da família*, a entrevista comigo sobre o feminismo e a longa entrevista que concedera a Contat: "Autoportrait à soixante-dix ans." Gallimard reeditou *O ser e o nada* na coleção Tel e *Situações I* na coleção Idées. *Crítica da razão dialética* foi traduzido em Londres (já o fora na Alemanha em 1967). Entrevistas que Sartre dera na rádio australiana — sobre o marxismo, sobre Laing, sobre o papel do intelectual — foram reunidas num volume publicado em Nova York. A 1º de maio, ele concedeu uma entrevista para o *press-book* do filme *Sartre por ele mesmo*; nela se referia a seus desentendimentos com a televisão francesa. Em julho, publicou em *Libération* uma carta a respeito do Larzac: lamentava não ter podido assistir aos encontros realizados sobre o Larzac em Pentecostes. No mesmo mês, publicou em *Le Nouvel Observateur* um texto curto sobre a segurança do trabalho nas empresas.

A cerimônia do adeus

Assinou, também, um manifesto de solidariedade para com o grupo Marge, que, a 20 de janeiro, ocupara uma dependência da embaixada da U.R.S.S. Em *Libération*, a 28 de janeiro, assinou um apelo ao presidente da República em favor de Jean Papinski: professor primário exercendo o cargo de P.E.G.C.[48] num colégio de ensino geral, fora inspecionado em 1966, quando dava um curso de inglês, por um inspetor que ignorava esta língua, e que, no entanto, dera uma opinião desfavorável sobre ele e o fizera retornar ao primário; Papinski solicitara reparação e não a obtivera; em 1974, publicou um panfleto, *Boui-Boui*, onde atacava a inspeção, os júris, as injustiças; foi afastado em definitivo e encetou uma greve de fome (que duraria noventa dias).

Em *Libération* de 17 de fevereiro e *Le Monde* de 18, Sartre assinou, junto com cinquenta prêmios Nobel e comigo, um apelo pela libertação do doutor Mikhail Stern. Fizemos juntos uma campanha em seu favor e obtivemos ganho de causa. A 12 de maio, Sartre assinou, com outros intelectuais, um comunicado no qual manifestava seu horror ante o fim de Ulrike Meinhof numa prisão alemã.

Naquele verão, após um mês de separação, tendo Sartre passado esse período em Junas com Arlette, depois em Veneza com Wanda, enquanto eu viajava novamente pela Espanha com Sylvie, fomos a Capri, Sartre, Sylvie e eu. Lá passamos cerca de três semanas felizes no hotel Quisisana: Capri era um lugar que Sartre amava especialmente. Todos os dias, no início da tarde, íamos tomar um drinque no Salotto. Sartre fez até dois longos passeios nessa parte da ilha onde é proibida a entrada de carros: descansava num banco de quando em quando; mas suas pernas não o incomodavam. Gostava de sentar-se ao sol para almoçar num restaurante ao ar livre. De sua janela, sentia a beleza da paisagem que descia suavemente até o azul do mar.

Retornamos a Roma no carro que havíamos deixado numa garagem napolitana e ficamos em nosso apartamento-terraço habitual. Sylvie nos deixou no dia seguinte e passei duas semanas sozinha com Sartre. Foi a mesma rotina agradável dos outros anos. Uma parte da praça do Panteão e das ruas vizinhas transformara-se em rua de pedestres e frequentemente passeávamos por lá. Almoçamos na praça Navona com Basso e sua mulher; Josée Dayan e Malka Ribowska — que havíamos

---

[48] Professor d'Enseignement Général et Collège. (N.T.)

encontrado por acaso em Veneza e que eu depois revira — foram discutir comigo a adaptação para a televisão de *A mulher desiludida*. Sartre simpatizava com elas e jantamos juntos. No final de nossa permanência recebemos a visita dos Bost; eles nos acompanharam ao aeroporto de onde voamos para a Grécia.

Sartre prometera a Melina ir vê-la em Atenas; lá ficamos uma semana. Ele passava os dias comigo, à noite ia ter com ela. Não conseguimos acomodações no hotel de que gostávamos; o lugar em que nos instalamos, bem próximo, era lúgubre. Tínhamos que manter a luz acesa, da manhã à noite, embora brilhasse um sol deslumbrante. Felizmente eu tinha trabalho para fazer: retoquei a adaptação e escrevi os diálogos de *A mulher desiludida*.

De regresso a Paris, em meados de setembro, a vida recomeçou mais ou menos como no ano anterior, com pequenas diferenças de horário. Até o meio de outubro fez um tempo magnífico, o que nos inclinava ao otimismo. Aliás, Sartre estava ótimo e as coisas lhe corriam bem. Desistira de assistir às reuniões de *Les Temps Modernes*, mas trabalhava com muito entusiasmo com Victor e de todas as partes continuavam a solicitá-lo. Em outubro, associou-se a uma reunião em favor dos presos políticos soviéticos e pediu a libertação de Kuznetsov. Junto com Le Bris e Le Dantec, assinou um pequeno prefácio para o livro de Bommi Bauman[49] intitulado *Tupamaros Berlin-Ouest*, publicado em La France Sauvage. Esta autobiografia de um ex-terrorista alemão fora confiscada em novembro de 1975 pela polícia de seu país. Sartre unira-se a Heinrich Böll para exigir que fosse republicada. E, agora, estava editada em francês. "As teses de Bommi Bauman não são necessariamente as nossas", escreveu Sartre, "mas elas interpelam diretamente a França selvagem".

No mês de setembro foi novamente apresentada, no Teatro des Mathurins, *As mãos sujas*. Houve cinquenta representações seguidas de uma *tournée* pelo interior. A crítica — com exceção da de Marcabru — foi excelente. O filme *Sartre por ele mesmo* estreou no fim de outubro; aí também a crítica elogiou Sartre entusiasticamente e o público afluiu. *Le Magazine Littéraire* publicou uma longa e interessante entrevista de

---

[49] Já mencionei que ele servira de chofer para Sartre por ocasião da visita deste a Baader.

A cerimônia do adeus

Sartre com Michel Sicard,[50] a respeito de *O idiota da família*. Dois números de *Politique-Hebdo* lhe foram dedicados, incluindo artigos de Châtelet, de Horst, de Victor.

"Que belo *come-back*!", disse-lhe. "Um *come-back* funerário", respondeu, mas rindo. Na verdade, estava todo contente com isso. Sartre era muito orgulhoso para ter jamais sucumbido à vaidade. Como todo escritor, preocupava-se com o sucesso de seus trabalhos e com a influência destes. Mas, para ele, o passado era imediatamente ultrapassado; era o futuro — seu próximo livro, sua próxima peça — que ele mirava. Agora, não esperava muito do futuro. Evidentemente, não se voltava ansiosamente para seu passado. Repetiu muitas vezes: tinha feito o que tinha a fazer e estava satisfeito com isso. No entanto, não teria gostado de sentir-se — ainda que por um tempo — relegado, esquecido. Já não sendo capaz de engajar-se com o ímpeto de antes em projetos novos, ele coincidia no momento com aquilo que já realizara. Considerava sua obra como terminada; era através dela que podia ser reconhecido como desejava.

No domingo, 7 de novembro, recebeu na Embaixada de Israel o diploma de doutor *honoris causa* da Universidade de Jerusalém. Em sua alocução — cuidadosamente preparada e decorada — declarou que aceitava esse diploma para facilitar o diálogo palestino-israelense: "De há muito que sou amigo de Israel. Se me ocupo aqui de Israel, ocupo-me, também, do povo palestino que muito sofreu." O texto foi publicado em *Les Cahiers Bernard Lazare*. Pouco depois, Sartre concedeu uma entrevista a Édith Sorel,[51] que foi publicada em *La Tribune Juive*, no final de novembro. Dizia que, naquele momento, já não escreveria da mesma maneira *A questão judaica*. Evocava sua viagem de 1967 ao Egito e a Israel e declarava que aceitaria um diploma da Universidade do Cairo se este lhe fosse oferecido.

Em novembro, a *New Left Review* iniciou a publicação de um longo fragmento do volume II de *Crítica da razão dialética*. Sartre refletia sobre a sociedade soviética, sobre "o socialismo num só país". Estas páginas eram mais filosóficas do que históricas e assim prolongavam o volume I, enquanto o segundo volume se propunha abordar o terreno da história concreta.

---

[50] Um jovem professor de filosofia que conhecia muito bem a obra de Sartre.
[51] Ex-mulher de René Depestre, que havíamos conhecido em Cuba.

A 12 de novembro, ele publicou em *Libération* uma carta de apoio aos cinco presos corsos de Lyon. A 13 de dezembro, denunciou, numa entrevista concedida a *Politique-Hebdo*, o perigo que constituía a hegemonia germano-americana na Europa. Participava então das atividades do "Comité d'action contre l'Europe germano-américaine", estimulado, entre outras pessoas, por J.-P. Vigler.

Melina veio passar uma semana em Paris e ele a viu muito. Não se entendeu tão bem com ela como em Atenas, achava-a "vazia"; mas conservava sua afeição por ela.

O comitê de *Les Temps Modernes* encontrava-se muito reduzido. Bost, que ouvia mal, já não comparecia; Lanzmann tinha seu tempo todo tomado pelo filme que estava realizando sobre o holocausto. Achamos que era necessário admitir novos membros. Escolhemos Pierre Victor, graças a quem Sartre recomeçou a assistir às reuniões, François George, que colaborara muitas vezes para a revista, Rigoulot, um jovem professor de filosofia, que fora publicado em *Les Temps Modernes* e era o autor de uma carta que muito nos tocara, e Pierre Goldman, por quem sentíamos a maior estima. Ele foi à casa de Sartre uma noite, em companhia de Lanzmann, e senti muita simpatia por ele; Sartre também, mas, como lhe acontecia frequentemente diante de estranhos, não disse uma palavra. Ao ficar a sós comigo, preocupou-se com isso. Eu o tranquilizei o máximo que pude. Na noite em que Horst e sua mulher foram tomar um drinque conosco, porque eram pessoas conhecidas, mostrou-se, ao contrário, muito presente.

1977

De um modo geral, ele ia extremamente bem. Mais nenhum acidente de saúde. Tinha dificuldade de caminhar, e fumava excessivamente, para que se pudesse esperar uma melhora nesse terreno; também tinha dificuldade de engolir. Mas estava de excelente humor. "Neste momento sinto-me muito contente", dizia-me. Embora os considerasse seu *come-back* funerário, os artigos que se publicavam sobre ele davam-lhe grande prazer. Sua inteligência estava intata: se pudesse ler, reler-se, estou certa de que teria desenvolvido ideias novas. No momento, trabalhava com Victor num diálogo sobre o sentido e as razões de sua colaboração, diálogo que foi publicado em *Libération* a 6 de janeiro de 1977.

Especificava que a forma nova de seu futuro livro, *Pouvoir et liberté*, não se devia somente a suas enfermidades, mas que desejava profundamente que ali se manifestasse um *nós*. Esse livro era para ele "a moral e a política que eu gostaria de haver concluído no fim de minha vida". Hesitava ante a perspectiva de que se trataria ali de um pensamento comum, quando ainda acreditava que só se podia pensar *sozinho*. Mas esperava poder chegar a um pensamento do *nós*: "Seria necessário um pensamento que fosse verdadeiramente formado por você e eu ao mesmo tempo, na ação do pensamento, com as modificações que provoca em cada um de nós o pensamento do outro, e seria preciso chegar a um pensamento que fosse nosso, isto é, no qual você se reconhece mas ao mesmo tempo você me reconhece e eu me reconheço, reconhecendo você…

"Minha situação, apesar de tudo, é curiosa: de um modo geral, encerrei minha carreira literária. O livro que fazemos atualmente é um livro para além das coisas escritas. Não é exatamente um ser vivo, um ser vivo mais velho, que falaria com você; estou um pouco separado de minhas obras… Quero com você… fazer uma obra que está para além de minha obra própria.

"…Em verdade, não estou morto: como e bebo; mas estou morto no sentido de que minha obra está terminada… Meus vínculos com tudo o que escrevi até aqui já não são os mesmos: trabalho com você, você tem ideias que não são as minhas e que me farão tomar determinadas direções que eu não tomava; faço, portanto, algo de novo; faço-o como uma última obra e, ao mesmo tempo, como uma obra à parte, que não pertence ao conjunto, embora tendo, naturalmente, traços comuns: a captação da liberdade, por exemplo."

Visivelmente, a ambiguidade da situação incomodava Sartre, mas ele tentava adaptar-se a ela; ou seja, conseguia persuadir-se de que ela tinha lados positivos para ele.

No entanto, tornara-se quase incapaz de caminhar. Sentia dores na perna esquerda: panturrilha, coxa, tornozelo. E cambaleava. O professor

Lapresle nos garantiu que não havia nenhum agravamento dos distúrbios vasculares, mas apenas uma ciática. Sartre ficou recolhido durante 15 dias e, ao final desse período, não melhorara. A perna doía-lhe à noite e, durante, o dia, sentia dores no pé. Para ir até o restaurante brasileiro, bem próximo, ao qual ia sem dificuldade até dezembro, teve que parar três vezes em janeiro: ao chegar, estava exausto e sentia dor.

Quando passávamos a noite com Sartre, tanto Arlette como eu dormíamos na sua casa. Mas, aos sábados, ficava com Wanda até às 23 horas e era complicado, para nós duas, ir ter com ele tão tarde. Michèle se oferecera para vir passar a noite no quarto contíguo ao dele, após a saída de Wanda. Esses arranjos eram convenientes para todo mundo e foram mantidos durante muito tempo.

No entanto, um domingo, almoçando com Sylvie e comigo no La Pallette, Sartre nos pareceu estranho: inteiramente entorpecido. À noite, por volta das nove horas, sentia-se tão mal que chamei um médico: 25 de pressão. Depois de uma injeção, ela baixou para 14. Sartre sentia-se cansado em consequência dessa queda brutal. O doutor Cournot foi vê-lo e perguntou, em particular, a Liliane que estava lá: "Ele não bebeu?" Ela respondeu afirmativamente: não ousara prevenir-me, mas Sartre lhe confessara que, nos sábados à noite, com Michèle, bebia meia garrafa de uísque. Confessou-o a mim também. Telefonei a Michèle, explicando-lhe por que ela não viria mais para a casa de Sartre aos sábados. Alguns dias depois ela lhe disse: "Queria ajudá-lo a morrer alegre. Pensava que era o que você desejava!" Mas ele não desejava de modo algum morrer. Dali em diante, ao deixá-lo nos sábados à noite, eu lhe servia uma dose de uísque e escondia a garrafa. Depois que Wanda ia embora, ele bebia e fumava um pouco e ia deitar-se tranquilamente.

No início de janeiro, tivemos em casa de Sylvie um alegre almoço. O texto integral do filme *Sartre por ele mesmo* foi publicado pela Gallimard com muito sucesso. Ele concedeu a Catherine Chaine uma entrevista sobre suas relações com as mulheres que foi publicada por *Le Nouvel Observateur* a 31 de janeiro. Assistia às reuniões de *Les Temps Modernes*, que agora se realizavam em sua casa nas manhãs de duas quartas-feiras por mês, e participava das discussões. Levado por seu hábito de dizer sempre "sim", aceitou assinar um artigo publicado em *Le Monde* a 10 de fevereiro de 1977, que, na realidade, fora escrito por Vigier, após uma discussão com ele. Constatando que a "social-democracia alemã é, desde sua reconstituição em 1945, um dos instrumentos privilegiados do imperialismo americano na Europa", ele pedia aos militantes socialistas que "combatessem a hegemonia germano-americana" opondo-se a uma determinada construção da Europa. O estilo não se parecia em nada ao de Sartre e, de sua parte, um apelo aos socialistas espantava. Lanzmann, Pouillon, Victor e outros mais não esconderam sua desaprovação.

Ele prometera a Melina fazer uma conferência na Universidade de Atenas — onde ela trabalhava — em meados de fevereiro. Tomou o avião, na quarta-feira, 16 de fevereiro, em companhia de Pierre Victor. Lá permaneceu durante uma semana, almoçando com Victor, jantando com Melina, preparando em sua cabeça a conferência. Realizou-a na terça-feira 22, sobre o tema: "O que é a filosofia?" Havia 1.500 pessoas numa sala com capacidade, em princípio, para oitocentas. Falou durante mais ou menos uma hora e foi aplaudido estrepitosamente. Victor achou a conferência um pouco "fácil", mas como a maioria dos estudantes compreendia muito mal o francês, admitia que teria sido inútil introduzir dificuldade. Fui buscá-los no dia seguinte no Aeroporto de Orly. Vi desfilarem os passageiros, e um deles me tranquilizou: "Já estão vindo." E, de fato, eles foram os últimos a aparecer, Sartre um pouco cansado pela longa caminhada desde o avião, mas encantado com sua viagem.

A 9 de março, Melina veio a Paris. Na manhã do dia seguinte, antes das nove horas, telefonou-me em pânico. Sartre a levara para jantar no restaurante brasileiro: na volta, suas pernas mal o sustentavam e, por duas vezes, quase caíra; vizinhos o haviam praticamente carregado até o elevador, ele estava lívido, empapado de suor, sem fôlego. Chamei Zaidmann[52] e fui correndo para a casa de Sartre. Estava com 22 de pressão. Melina me afirmou que ele não havia bebido muito, e eu sabia que, em relação a isso, ela sempre o vigiava intensamente. Aliás, sua cabeça estava muito lúcida. Passei a tarde com ele. O doutor Cournot veio à noite e falou de espasmo numa perna. No dia seguinte, Arlette me disse por telefone que Sartre caíra várias vezes, sobretudo ao ir deitar-se.

---

[52] O doutor Zaidmann já não figurará neste relato: morreu subitamente, na rua Delambre, vítima de uma crise cardíaca.

Simone de Beauvoir

O doutor Cournot veio novamente. Embora a pressão de Sartre tivesse baixado muito, pediu-lhe que fosse ao hospital Broussais para fazer um *check-up*. Dormi em sua casa, como todas as terças-feiras, e, pela manhã, às oito e meia, Liliane veio buscar-nos; ajudamos Sartre a atravessar o jardim e a descer de elevador até o carro: mal caminhava. No Broussais, um enfermeiro levou-o numa cadeira de rodas. Os médicos decidiram que ele ficaria lá até a tarde do dia seguinte. Fiquei em seu quarto, ocupei-me das formalidades de entrada no hospital, enquanto ele era submetido a múltiplos exames. Serviram-lhe um almoço que pouco comeu. Sua pressão estava boa à direita, não tão boa à esquerda: uma assimetria muito pronunciada. Fiquei até as três e meia, lendo ao lado de Sartre, que dormia. Depois chegou Arlette.

Retornei ao hospital no dia seguinte pela manhã. Sartre havia jantado, assistido um pouco de televisão e dormido bem. Estavam a fazer-lhe uma longa radiografia: tórax, pernas, mãos etc. Tornaram a acomodá-lo em sua cama e o professor Housset se apresentou. Falou energicamente. Sartre só salvaria suas pernas se deixasse o fumo. Era possível melhorar muito suas condições, garantir-lhe uma velhice tranquila e uma morte normal, se não fumasse mais. Do contrário, haveria que amputar-lhe os artelhos, depois os pés, depois as pernas. Sartre pareceu impressionado. Conduzi-o à sua casa, com Liliane, sem muita dificuldade. Quanto ao fumo, disse que queria refletir. Esteve com Melina, Arlette e, no dia seguinte, com Pierre e Michèle. Quando cheguei, no final da tarde, ele caminhava um pouco melhor. Mas no dia seguinte, no final do dia, disse-me que todas as noites sua perna lhe doía durante cerca de uma hora.

No domingo, Sylvie, ele e eu fomos visitar nossa amiga Tomiko em sua bonita casa de Versailles. Comemos um pato recheado e bebemos um excelente vinho. Na volta, no carro, Sylvie, que bebera um pouco além da conta, fez declarações calorosas a Sartre, o que o encantou. (Ela nem sempre era amável com ele. Recusando-se a admitir que estava doente, ela se irritava com alguns de seus comportamentos e ele então a censurava pelo que chamava de seu "mau humor". Mas isso em nada alterava suas relações.)

Passamos a noite lendo e conversando. Ele decidira parar de fumar no dia seguinte, segunda-feira. Perguntei-lhe: "Não se sente triste ao pensar que está fumando seu último cigarro?" "Não. A bem dizer, esses

A cerimônia do adeus

cigarros agora me repugnam um pouco." Certamente os associava à ideia de ser cortado pouco a pouco. No dia seguinte, entregou-me seus cigarros e seus isqueiros para que os desse a Sylvie. E à noite disse-me estar surpreendentemente de bom humor *porque* havia parado de fumar. Foi uma parada definitiva e que nunca pareceu pesar-lhe. Mesmo se amigos fumavam diante dele, isso não parecia afetá-lo e até os encorajava a fazê-lo.

Na quinta-feira seguinte, Liliane e eu o levamos a uma consulta particular com o professor Housset que examinou um enorme dossiê a seu respeito. Felicitou-o por haver aberto mão do fumo e receitou-lhe uma série de injeções endovenosas. À menor cãibra, Sartre deveria parar de caminhar, do contrário corria o risco de um acidente cardíaco ou de um ataque cerebral. Desaconselhou formalmente a pequena viagem a Junas que projetava fazer. Entregou-me um envelope grosso que eu deveria dar ao doutor Cournot. Levamos Sartre para sua casa e, uma vez na minha casa, Liliane e eu abrimos, no vapor, a carta de Housset. Era um relatório minucioso do qual não compreendemos grande coisa. Liliane ficou com ele, para mostrá-lo a uma amiga sua que era médica.

Telefonou-me no dia seguinte. A amiga achava o relatório muito pouco tranquilizador: apenas 30% de circulação nas pernas. "Com precauções, pode viver ainda alguns anos", concluíra. *Alguns* anos: a palavra assumiu um sentido trágico para mim. Sabia bem que Sartre já não viveria por muito tempo. Mas o prazo que me separava de seu fim era tão impreciso que este me parecia distante. De repente tornava-se próximo: cinco anos? sete anos? De toda maneira, um tempo finito, definido. Inevitável, a morte já estava presente, Sartre lhe pertencia. Minha angústia difusa transformou-se em desespero radical.

Tentei encarar a situação. Levei para a casa de Sartre a carta, novamente fechada, que aliás o doutor Cournot deixou aberta sobre a mesa. Recomendou a Sartre que caminhasse muito pouco durante os 15 dias seguintes. Íamos partir para Veneza e convenci Sartre a que pedisse uma cadeira de rodas no aeroporto.

Em Veneza, ocupamos os mesmos quartos que nos outros anos e Sartre estava muito feliz por encontrar-se lá. Mas pouco saiu do hotel. Ir aos restaurantes de que ele gostava era sempre uma expedição penosa. Mesmo ir à praça São Marcos lhe era difícil. Como o tempo estivesse úmido e um pouco chuvoso, também não podia sentar-se nos terraços dos cafés. Mas quando o tempo estava bom, almoçávamos no do hotel que dava para o Grande Canal; ou então, cruzávamos a rua para sentar-nos numa mesa do Harry's Bar. Jantávamos um sanduíche no bar do hotel. Ele passava a maior parte do tempo em seu quarto: eu lia para ele. Quando dormia, à tarde, ou ouvia música em seu transistor, eu saía com Sylvie. Apesar de tudo, disse-me, ao regressar, que estava muito satisfeito com essa estada.

Na volta, durante alguns dias, Sartre esteve muito com Melina. Ela agradava-o novamente: "Com ela, sinto-me como se tivesse 35 anos", disse-me. Liliane, que os vira juntos várias vezes, contou-me que, de fato, na companhia dela Sartre rejuvenescia. Antes isso: restavam tão poucas coisas alegres em sua vida! Sofria, outra vez, de muitas dores nas pernas. Uma manhã, ao levantar-se, seu pé direito doía tanto, que ele me disse: "Entendo que se amputem os pés." A aspirina acalmava um pouco suas dores. Novas injeções suprimiram-nas inteiramente. Mas continuava com grande dificuldade de caminhar. Sozinho comigo, mostrava-se aberto, vivaz. Mas frequentemente, em presença de pessoas, ausentava-se, fechava-se. Até uma noite com Bost, não abriu a boca. Bost me disse, aterrorizado: "Como é possível admitir que *isso* está acontecendo com ele?"

Era justamente com ele — pensava eu — que *isso* tinha que acontecer. Ele sempre praticara, em relação a si mesmo, a política do pleno uso; nada de períodos mortos: contra o cansaço, as hesitações, as sonolências, ele se enchia de *corydrane*.[53] Um estreitamento constitucional das artérias predispunha-o à doença que o atingia: mas o mínimo que se pode dizer é que ele não fez nada para eliminá-la. Esgotou seu "capital-saúde". Sabia disso, já que disse em resumo: "Prefiro morrer um pouco antes e ter escrito a *Crítica da razão dialética*." Cheguei mesmo a perguntar-me, influenciada pelos livros de Groddeck, se ele não havia, mais ou menos, escolhido seu estado. Ele não *queria* realmente escrever o último volume do Flaubert; mas, não tendo na ocasião nenhum outro projeto, também não se permitia desistir dele. Que fazer? Eu sou capaz de entrar em férias, sem que a vida perca todo seu sentido; Sartre, não. Ele gostava de viver e até ardentemente, mas com a condição de poder trabalhar: como se viu ao longo deste relato, o trabalho era para

---

[53] Tipo de excitante. (N.T.)

ele uma obsessão. Diante de sua incapacidade de levar a bom termo o que iniciara, literalmente se apoiou nos excitantes, multiplicou de tal maneira suas atividades e ultrapassou suas forças, que tornou inevitável uma crise. Uma das consequências que não previa, e que o horrorizou, foi sua quase cegueira. Mas ele havia desejado conceder-se um repouso e a doença era a única saída para ele.

Atualmente, já não acredito inteiramente nesta hipótese — em certo sentido, muito otimista, já que fazia de Sartre o dono de seu destino. O que é certo é que o drama de seus últimos anos é a consequência de toda a sua vida. É a ele que se podem aplicar as palavras de Rilke: "Cada um carrega sua morte em si, como a fruta seu caroço." Sartre teve o declínio e a morte que sua vida preparava. E talvez por isso os tenha aceitado tão tranquilamente.

Eu já não alimentava ilusões: essa serenidade tinha eclipses. Ele sentia cada vez com mais frequência a necessidade de uma dose de álcool. Às vésperas das férias, perguntei a Victor como o encontrava: "Ele se deteriora", respondeu-me. Ao final de cada entrevista, Sartre exigia, com irritação, que lhe deixassem tomar um uísque.

No entanto, mostrava-se sorridente, nesse 21 de junho de 1977, dia de seu 72º aniversário, no qual, com numerosos intelectuais, recebia, no teatro Récamier, os dissidentes do Leste: no mesmo momento, Giscard recebia Brejnev no Eliseu. Ele se sentou ao lado do doutor Mikhail Stern, a quem nós dois havíamos contribuído para libertar, e que lhe agradeceu calorosamente. Manteve conversas breves com outros participantes.

Nesse ano, como os outros, assinou muitos textos, todos publicados em *Le Monde*: a 9 de janeiro, um apelo em favor de *Politique-Hebdo*, que estava em dificuldades; a 23 de janeiro, um apelo contra a repressão no Marrocos; a 22 de março, uma carta ao presidente do tribunal de Laval, para apoiar Yvan Pineau, incriminado por ter se retirado do serviço militar; a 26 de março, um protesto contra a prisão de um cantor na Nigéria; a 27 de março, um apelo pelas liberdades na Argentina; a 29 de junho, uma petição dirigida à conferência de Belgrado, contra a repressão na Itália; a 1º de julho, um protesto contra o agravamento da situação política no Brasil.

Por outro lado, a 28 de julho, foi publicada uma entrevista de Sartre com o musicólogo Lucien Malson. Falava de suas preferências musicais e deplorava a nova orientação da France-Musique. O diretor desta cadeia respondeu a suas críticas no número de 7–8 de agosto.

No início de julho, Sartre partiu de automóvel para Junas, com Arlette, Puig e uma amiga de Puig com quem simpatizava muito. Através das mediações habituais,[54] foi para Veneza com Wanda, onde passou 15 dias. Eu lhe telefonava com frequência e ele parecia estar passando bem. Mas eu continuava transtornada pelo veredito dado pela amiga de Liliane: *alguns anos de vida*. Viajando pela Áustria com Sylvie, sua presença, o interesse que me despertavam as paisagens, as cidades, os museus, ajudavam-me a superar minha angústia. À noite, no entanto, embora tentando mostrar-me bem, eu desmoronava. Tinha pegado um vidro de Valium em casa de Sartre; engolia dois comprimidos na vã esperança de tranquilizar-me e bebia uísque exageradamente. O resultado é que minhas pernas vacilavam, eu cambaleava, uma vez, quase caí num lago; uma outra noite, chegando ao *hall* do hotel, arriei-me numa poltrona e a dona me olhou com ar esquisito. Felizmente, pela manhã, aprumava-me e passávamos dias agradáveis.

Chegamos a Veneza e Sylvie ficou esperando no carro, na praça Roma, enquanto uma lancha me transportava ao hotel de Sartre. Como de hábito, foi um choque encontrá-lo no *hall*: seus óculos escuros, seu andar dificultoso. Partimos com Sylvie sob um céu suntuoso. Paramos em Florença e nos instalamos no Excelsior, onde eu reservara quartos com terraços dos quais se descortinava toda a cidade. Sartre mostrava-se radiante — como tantas vezes no passado — enquanto bebíamos coquetéis no bar.

No dia seguinte, por volta das duas horas, chegamos a uma Roma deserta. Infelizmente, já não dispúnhamos de nosso apartamento-terraço, que fora alugado por um ano para um americano. Mas gostei muito de nossas novas acomodações: dois quartos separados por uma sala minúscula na qual ronronava uma geladeira. Era no quinto andar e tínhamos uma vista magnífica de São Pedro, com pores do sol fabulosos.

Achei Sartre inteiramente bem (exceto com relação às suas pernas, mal podia caminhar) durante os 35 dias que passamos juntos, primeiro com

---

[54] Desde que Sartre já não enxergava, Liliane ia buscá-lo à chegada do avião de Nîmes; no dia seguinte, Bost o apanhava na casa dela e levava-o, com Wanda, ao aeroporto de onde ele partia para a Itália.

A cerimônia do adeus

Sylvie, depois sozinhos. Ele discutia com muita pertinência livros que eu lhe lia (sobretudo obras de dissidentes soviéticos). Quando Bost foi visitar-nos com Olga, embora em relação a Sartre tendesse ao pessimismo, ficou surpreso com sua vitalidade. No dia seguinte ao da partida de Sylvie, abriu-se um pequeno café, a dez metros de nosso hotel, no lugar de uma antiga garagem. Todos os dias almoçávamos em seu terraço, um sanduíche ou uma omelete. À noite, ao regressar de um restaurante aonde um táxi nos levara, às vezes tomávamos lá um uísque antes de subir para nossos quartos. E era lá que marcávamos a maioria de nossos encontros.

Naquele verão, os espíritos estavam em efervescência em Roma: um estudante fora morto em Bolonha, cujo prefeito era comunista. Uma imensa manifestação esquerdista estava prevista lá de 23 a 25. Como já disse, Sartre assinara um manifesto contra a repressão na Itália: ao fazê-lo, desencadeara uma tempestade na imprensa italiana, sobretudo na imprensa comunista. O *Lotta Continua*, jornal de extrema esquerda, com o qual *Les Temps Modernes* tinha excelentes relações, pediu a Sartre uma entrevista sobre a questão. M.-A. Macciocchi insistia para que ele desse seu apoio aos encontros de Bolonha. Rossana Rossanda pedia-lhe que não os apoiasse: ela previa catástrofes. A 19 de setembro, Sartre teve um encontro, no pequeno café que acabo de mencionar, com vários dirigentes do *Lotta Continua*; eles publicaram a entrevista, em quatro páginas, em seu número de 15 de setembro, com título: "Libertà e potere non vanno in coppia." Sartre expunha suas ideias sobre o P.C. italiano, sobre o compromisso histórico, sobre o grupo Baader-Meinhof, sobre os dissidentes do Leste, sobre o papel dos intelectuais com relação ao Estado e aos partidos, sobre os novos filósofos, sobre o marxismo. Declarou: "Todas as vezes que a polícia do Estado atira num jovem militante, estou do lado do jovem militante." Afirmou sua solidariedade para com os jovens, mas desejou que não houvesse violência em Bolonha. Suas palavras satisfizeram todo mundo, inclusive Rossana Rossanda.

Realmente, Sartre falara muito bem. E em nossas conversas eu reencontrava-o inteiramente. Falávamos de nossa vida, de nossa idade, de tudo e de nada. Ele envelhecera, é verdade, mas era verdadeiramente ele mesmo.

Seu coração tinha caprichos. Já não queria que Melina fosse vê-lo em Roma, nem que fôssemos a Atenas como fora cogitado. Dizia que lhe daria dinheiro para viver em Paris esse ano, já que lho havia prometido, mas que não mais a veria: "É muito interesseira; não é interessante. Não é mais nada para mim."

Ela chegou a Paris pouco depois de nosso regresso. "Continuo tendo muita afeição por você", disse-lhe Sartre, "mas já não a amo." Ela chorou um pouco, ele a reviu de tempos em tempos.

Havia muitas mulheres em seu *entourage*: suas antigas amigas, pessoas novas. Ele me dizia em tom alegre: "Nunca estive tão cercado de mulheres!" Absolutamente não parecia infeliz. "Sim", disse-me, como o interrogasse, "há atualmente uma dimensão de infelicidade no mundo, mas não me sinto infeliz." Lamentava enxergar tão mal, sobretudo não poder ver os rostos; mas sentia-se bem vivo. As leituras feitas com Victor interessavam-no, a televisão o distraía; durante as reuniões de *Les Temps Modernes*, participava muito mais das discussões do que nos anos anteriores.

Estava também muito atento aos acontecimentos políticos; especialmente em relação ao caso de Klaus Croissant, o advogado de Baader. A 1º de julho, assinara um apelo contra sua extradição; assinou a 11 de outubro, com o "Comitê contra a Europa germano-americana", um novo protesto; a 18 de novembro, houve um comunicado deste mesmo comitê, a propósito do caso Schleyer. A 28 de outubro, assinou com P. Halbwachs, Daniel Guérin, comigo, uma advertência contra o recurso à força com respeito à Frente Polisario. A 30 de outubro, enviou um telegrama de apoio a intelectuais iranianos em oposição ao regime. E a 10 de dezembro, assinou um apelo contra a expulsão do pintor Antonio Saura.

No final de novembro, ditou-me, em uma hora, um pequeno prefácio, muito oportuno, para a edição americana de seu teatro.

O T.E.P. esperava reapresentar *Nekrassov*, que nunca mais fora reapresentado em Paris, desde sua criação em 1955. No mês de outubro, Sartre teve uma conversa sobre a peça com Georges Werler, André Aquart e Maurice Delarue, e, em dezembro, deu uma declaração sobre o assunto. Enfatizava que seu verdadeiro objetivo tinha sido denunciar os procedimentos da imprensa sensacionalista. "Sem dúvida, hoje escolheria um outro pretexto", disse ele, "mas, como ontem, atacaria de bom grado um certo jornalismo que abusa, sem escrúpulos, da confiança de seus leitores, montando, inteiramente, falsos escândalos." Como

A cerimônia do adeus

alguns o censurassem por haver concordado com esta reprise, respondeu que todas as suas peças entre outras, *As mãos sujas*, pertenciam agora ao repertório e que já não via razão para impedir sua produção.

A propósito disto, faço questão de salientar o enorme contrassenso[55] que atribuiu a Sartre a palavra de ordem: "Não desesperar Billancourt." No espírito de seus adversários, isso significava que, por fidelidade ao P.C.F. — ao qual não pertencia —, teria optado por calar determinadas verdades constrangedoras: jamais o fez. Foi o primeiro, com Merleau-Ponty, a denunciar, em *Les Temps Modernes*, a existência de campos de prisioneiros soviéticos. E, depois, essa honestidade não foi desmentida. Que se releia a peça. Valéra, um escroque que se fazia passar por Nekrassov, ministro soviético que "escolhera a liberdade", é pago pela imprensa de direita para fazer revelações sobre a U.R.S.S., da qual nada sabe. Véronique, jovem militante de esquerda, explica-lhe que, pensando lograr os ricos, na verdade ele faz o jogo destes e vai "desesperar os pobres", em particular Billancourt. Apolítico, sem escrúpulos e ávido por dinheiro, Valéra exclama com escárnio: "Desesperemos Billancourt!" Nenhum dos dois é o porta-voz de Sartre.

A primeira representação realizou-se em fevereiro de 1978. Maurice Delarue, que fora aluno de Dullin e um bom companheiro de Olga, foi buscar Sartre em casa, onde estávamos Olga, Bost e eu. Levou-nos ao teatro. Sartre gostou da *mise-en-scène* e da representação dos atores. Quando a cortina desceu, fomos ao *foyer*, onde ele felicitou calorosamente Werler e seus intérpretes.

Desde suas viagens ao Egito e a Israel — em 1967 —, Sartre interessava-se particularmente pelos problemas do Oriente Médio. Ficou muito mobilizado com a visita de Sadat a Israel. Escreveu um texto, curto e incisivo, que foi publicado em *Le Monde* de 4–5 de dezembro, para encorajar as negociações entre o Egito e Israel.

Terminamos o ano alegremente, Sylvie, ele e eu, comendo peru no Dominique. Sartre estava satisfeito com seu trabalho e com sua vida: "Em resumo, passamos um tempo bom desde que retornamos das férias", disse-me.

---

[55] Cuidadosamente alimentado por Jean Dutourd e inúmeros outros jornalistas.

Simone de Beauvoir

1978

Continuava em contato com muitas mulheres jovens: Melina, várias outras. Como se queixasse um dia de trabalhar pouco com Victor, eu lhe disse, rindo: "Excesso de pessoas jovens!" "Mas isso me é útil", respondeu-me. E acho que, realmente, era muito a elas que devia o prazer de viver. Declarou-me com uma satisfação ingênua: "Nunca agradei tanto às mulheres."

Outras circunstâncias alimentavam seu otimismo. Liliane Siegel reuniu num álbum, publicado pela Gallimard, inúmeras fotografias dele, para as quais escrevi comentários breves. Michel Sicard estava preparando um número da revista *Obliques* sobre ele, e discutiam sobre isso com frequência. Jeannette Colombel e vários jovens conversavam com ele sobre trabalhos que dedicavam ao seu pensamento. Gallimard ia publicar em *La Pléiade* o conjunto de sua obra romanesca que seria apresentado por Michel Contat. O *come-back* prolongava-se e o sensibilizava.

No entanto, tinha uma preocupação séria: o dinheiro. De uma prodigalidade que, desde que eu o conhecia, jamais se modificara, dera a uns e outros, no decurso de sua vida, tudo o que ganhava. No momento, entregava regularmente, todos os meses, grandes quantias a diversas pessoas: o que recebia dos Gallimard era imediatamente dissipado. Não lhe sobrava quase nada para prover às suas próprias necessidades. Se eu lhe pedia que comprasse para si próprio um par de sapatos, respondia: "Não tenho com quê." Quase não permitia que lho desse. E tinha uma dívida para com seu editor que considerava substancial. Essa situação gerava-lhe uma verdadeira ansiedade, não por ele mesmo, mas por todos aqueles que dependiam dele.

Curioso por ver de perto as consequências da visita de Sadat, foi a Jerusalém, em fevereiro, com Victor e Arlette que se haviam tornado amigos. Eu temia que esta viagem, embora curta, o fatigasse: mas não. Em Orly, uma cadeira de rodas transportou-o até o avião. Na chegada, Eli Ben Gal foi buscá-lo de carro. Os quatro ficaram instalados na confortável casa de hóspedes situada em frente à velha Jerusalém, e passaram uma noite num bonito hotel à margem do mar Morto. Durante cinco dias, Sartre e Victor conversaram com israelenses e palestinos. A temperatura era de 25 graus sob um magnífico céu azul. Sartre estava encantado. Sentia prazer em agir, em informar-se e, na medida em que seus olhos lhe permitiam, em ver o país. Se a velhice é, como dizem alguns, a perda da curiosidade, então ele absolutamente não estava velho.

Por iniciativa própria, Sartre jamais teria escrito uma reportagem após uma observação tão rápida. Victor tinha menos escrúpulos: "Vocês, os maoistas, vão sempre rápido demais" — dissera-lhe Sartre durante uma de suas primeiras entrevistas. No entanto, deixou-se forçar e enviaram a *Le Nouvel Observateur* um texto assinado por ambos. Bost me telefonou desolado: "É terrivelmente ruim. Convença Sartre a retirar esse texto!" Transmiti seu pedido a Sartre, após haver lido o texto que era realmente muito fraco: "De acordo" — disse-me Sartre, despreocupadamente. Mas quando falei com Victor, este se zangou: jamais lhe haviam feito semelhante afronta. Censurou-me por não havê-lo colocado a par. Eu pensara que Sartre se encarregaria disso: não o fizera, certamente por indiferença. Justifiquei-me com Victor, e durante algum tempo mantivemos, pelo menos aparentemente, boas relações. Mas logo depois, durante uma reunião de *Les Temps Modernes* realizada em casa de Sartre, houve uma violenta altercação entre Victor, Pouillon e Horst a respeito do artigo que estes consideravam detestável; Victor os insultou, declarou a seguir que nós estávamos todos mortos, e não tornou a pôr os pés nas reuniões.

Fiquei estupefata com sua reação. Sartre e eu, em nossa juventude, havíamos suportado muitas recusas e nunca as havíamos tomado como afrontas. Ex-dirigente da Esquerda Proletária, Victor conservara uma mentalidade de "chefete": tudo tinha que curvar-se diante dele. Passava facilmente de uma convicção a outra, mas sempre com a mesma teimosia. Na intensidade malcontrolada de seus entusiasmos, estabelecia certezas que não admitia que fossem questionadas. Isso conferia a seus discursos uma força que alguns consideravam arrebatadora; mas o escrever exige uma atitude crítica que ele desconhecia; sentia-se ofendido, se diante de um texto seu, alguém a adotava. Depois disso, não mais nos dirigimos a palavra: em casa de Sartre, evitava encontrá-lo. Era uma situação desagradável. Até então, os verdadeiros amigos de Sartre sempre tinham sido também amigos meus. Victor foi a única exceção. Não punha em dúvida sua amizade por Sartre, nem a deste por ele.

Sartre se pronunciou a respeito disso na entrevista com Contat: "Tudo o que desejo é que meu trabalho seja continuado por outros. Desejo, por exemplo, que Pierre Victor faça esse trabalho, ao mesmo tempo de intelectual e de militante, que deseja realizar… De todas as pessoas que conheci, é o único que, sob esse aspecto, me satisfaz plenamente." Apreciava nele o radicalismo de suas ambições, o fato de que, como o próprio Sartre, desejasse tudo. "Naturalmente, não se chega a tudo, mas é preciso querer tudo." Talvez Sartre se equivocasse, mas pouco importa: era assim que ele via Victor. De tempos em tempos ia jantar no que Victor denominava sua "comunidade", isto é, uma casa de subúrbio que Victor e sua mulher dividiam com um casal amigo. Sartre gostava dessas noites. Eu não gostaria de participar delas, mas lamentava que uma parte da vida de Sartre não fosse partilhada por mim daí em diante.

Estávamos um pouco cansados de Veneza. Para viajar durante a Páscoa, escolhi uma cidadezinha encantadora, Sirmione, situada no lago de Garda, e cercada de muralhas; era proibida a entrada de carros, a não ser que se morasse lá, o que era o nosso caso. Ficamos num hotel à beira do lago. Como de hábito, lia para Sartre, em seu quarto, e, como ele passeava de bom grado pelas estreitas ruas desertas — exceto aos domingos —, frequentemente íamos sentar-nos no terraço de um café, numa praça próxima. Fazíamos nossas refeições em pequenos restaurantes vizinhos. Sylvie nos proporcionou alguns longos passeios de carro; percorremos as margens do lago; revisitamos Verona e, num outro dia, Brescia. Regressando a Paris, paramos em Talloires, no albergue do Père Bise. Sartre que, normalmente, se alimentava de maneira muito frugal e monótona, apreciava vez por outra uma boa refeição.

Durante os meses que nos separavam do período longo de férias, foram poucas suas intervenções políticas. No início do ano, fora publicado, na Sicília, um falso testamento político de Sartre. Nele, o autor defendia velhas teses anarquistas, atribuindo-as a ele. Sartre publicou um desmentido. Em junho, publicou um texto em *Le Monde*, no qual reivindicava, dez anos depois dos acontecimentos de 1968, a suspensão do banimento de Cohn-Bendit. No mesmo mês, assinou um texto referente ao caso Heide Kempe Boltcher, uma jovem alemã gravemente queimada, a 21 de maio, em Paris, durante um interrogatório policial.

Mas a atividade que verdadeiramente o interessava era a continuação do livro *Pouvoir et liberté* que estava escrevendo com Victor; seus diálogos eram gravados. Explicou a Michel Sicard — num texto publicado em *Obliques* — como concebia este trabalho: "Se o livro for até o fim, será uma forma nova... uma verdadeira discussão entre duas pessoas existentes, com as ideias que desenvolvem em seu escrito; e quando estivermos um contra o outro, isso não será uma ficção, será uma verdade... haverá neste livro momentos de oposição e momentos de concórdia e os dois são importantes... Este livro por dois autores é essencial para mim, porque a contradição, a vida, *estará* no livro. As pessoas, ao lerem, assumirão pontos de vista diferentes. É isso que me apaixona."

Depois, o verão chegou. Como nos outros anos, encontrei-me com Sartre em Roma, após uma viagem pela Suécia com Sylvie, e lá passamos seis semanas muito felizes.

Na volta, sua saúde parecia estabilizada. Trocava ideias com Victor, eu lia para ele. Continuava a desfrutar suas inúmeras amizades femininas. Melina partira para Atenas, mas tinha suas substitutas. Depois de "Lettre d'amour à Jean-Paul Sartre", que ela publicara na imprensa, ele almoçava de quando em quando com Françoise Sagan: gostava muito dela. Participou do filme que Josée Dayan e Malka Ribowska fizeram sobre mim. O número de *Obliques*, dedicado a ele, foi publicado.

A 28 de outubro, recebeu uma delegação de camponeses do Larzac. Vários artigos de *Les Temps Modernes* haviam sido dedicados a suas lutas. Sartre interessava-se por isso por várias razões: a maneira pela qual afrontavam o Estado; sua luta contra o desenvolvimento das forças armadas; a invenção de novas técnicas de resistência; sua não violência ativa, que confundia a ordem estabelecida. Teria gostado de discutir esses temas com eles, por ocasião da reunião de Pentecostes em 1976, mas sua saúde não lhe permitira participar desta.

Em outubro de 1978, muitos deles fizeram uma greve de fome em Saint-Séverin. Alguns foram pedir a Sartre que participasse da entrevista coletiva à imprensa que dariam no dia seguinte. Sartre estava muito cansado para aceitar. Mas redigiu uma declaração que foi lida, durante a entrevista, perante os jornalistas: "Vocês acreditam na necessidade de uma defesa da França, mas não acham bom que o exército se instale no meio do país e longe das fronteiras, para criar, em milhares de hectares, uma zona de exterminação através das novas armas; também não acham bom que o governo alugue esta área habitada a exércitos de outros países para que estes venham exercitar-se aí. Têm razão: somente a estupidez e o cinismo de nossos dirigentes poderiam fazer do Larzac, em plena paz, o estranho lugar de uma guerra mundial preventiva."

Mais ou menos na mesma ocasião, debateu com um ator lionês, Guillaumaut, um projeto que este lhe submetera: apresentar ao público uma montagem intitulada *Mise en Théâtre*, realizada por Jeannette Colombel, a partir de textos de Sartre de conteúdo histórico e político. O espetáculo teve muito sucesso, inicialmente nos dois principais teatros de Lyon, depois, durante dois anos, por toda a França.

1979

Sartre deu muita importância ao colóquio palestino-israelense que se realizou sob a égide de *Les Temps Modernes* em março de 1979. Victor alimentava essa ideia desde sua viagem com Eli Ben Gal: eles se telefonavam com frequência. Um de nossos velhos amigos israelenses, Flapan, propusera a *Les Temps Modernes* o relatório de um colóquio palestino-israelense que ele presidira. Para cedê-lo a nós pedia uma quantia bastante elevada, e o texto não continha nada de novo. Victor considerou que seria preferível organizar, em Paris, um encontro análogo, cujos resultados seriam publicados em *Les Temps Modernes*. Os custos seriam certamente elevados, mas Gallimard comprometeu-se a assumi-los. Eli e Victor organizaram, por telefone, uma lista dos participantes desejados e enviaram-lhes convites: a maioria deles morava em Israel.

Havia vários problemas técnicos: em primeiro lugar, o local dos encontros, o escritório de *Les Temps Modernes*, era mínimo. Michel Foucault, amavelmente colocou à disposição seu apartamento, muito claro, grande, sóbria e elegantemente mobiliado. Victor reservou, por alguns dias, quartos num hotel da *rive gauche* e um salão particular num restaurante próximo. A sala de estar de Foucault foi equipada com mesas, cadeiras, um gravador. Apesar das dificuldades técnicas, a primeira reunião pôde ser realizada a 14 de março. Sartre abriu a sessão com um discurso breve que combinara com Victor. Afora ele, Claire Etcherelli e eu — que não voltei no dia seguinte — nenhum membro da equipe de *Les Temps Modernes* estava presente: todos — eu, inclusive — sentiam desconfiança em relação à iniciativa de Victor.

Os participantes se deram a conhecer. Um palestino, que vivia em Jerusalém, Ibrahim Dahkak, declarou que esse diálogo não tinha sentido. Ignorava Sartre que, em Israel, os palestinos e os israelenses se falavam e estavam em contato diariamente? Já que não haviam sido convocados nem egípcios nem magrebinos, teria sido mais simples e menos oneroso realizar esse colóquio em Jerusalém. Eli Ben Cal e Victor objetaram que alguns dos palestinos presentes não teriam podido entrar em Israel. Dahkak respondeu que determinados palestinos de Israel não tinham podido vir a Paris. E retirou-se do debate. Os outros delegados vinham realmente de Israel, exceto o palestino Edward Said, professor nos Estados Unidos, na Colúmbia, e Shalim Sharaf, palestino, professor na Áustria. Quase todos falavam inglês, um ou dois, alemão: havia tradutoras voluntárias. Se um israelense desejava falar em hebraico, Eli Ben Cal traduzia. As conversações eram gravadas e Arlette as transcrevia. Durante as sessões, Claire Etcherelli e Catherine von Bülow serviam, sem entusiasmo, café e sucos de frutas. Afora as reuniões oficiais, palestinos e israelenses almoçavam juntos no restaurante escolhido por Victor; conversavam então muito à vontade. Espantava-os um pouco a modéstia de seu hotel; espantavam-nos, sobretudo, o semissilêncio de Sartre e a importância assumida por Victor, sobre quem nada sabiam. Um pequeno rabino louro fazia questão de comer *kasher*: um amigo de *Les Temps Modernes*, Samuel Trigano, acompanhou-o ao restaurante judeu na rua Médicis.

As intervenções foram mais ou menos interessantes, mais ou menos emocionantes, mas de um modo geral era sempre o mesmo estribilho: os palestinos exigiam um território, os israelenses — todos escolhidos da esquerda concordavam, mas exigiam garantias de segurança. De toda maneira, tratava-se de intelectuais que não tinham poder algum. Nem por isso, Victor deixava de rejubilar-se: "Vai ser um furo internacional", disse a Sartre. Decepcionou-se. Por várias razões, o número intitulado "La paix maintenant" — nome de um movimento israelense pacifista que não representou grande papel político — só foi publicado em outubro e não teve ressonância. No verão de 1980, Edward Said — que na opinião de Victor era o membro de maior prestígio da reunião — disse a amigos comuns que não compreendia por que o haviam feito vir da

América: o debate lhe parecera desde logo lamentável e, mais ainda, quando lera seu relatório. No entanto, em março de 1979, Sartre partilhava o otimismo de Victor e eu não lhe transmiti as minhas dúvidas.

No início das férias de Páscoa, partimos de automóvel para o Midi com Sylvie. Dormimos em Vienne, onde o restaurante Point nos decepcionou. Em compensação, a chegada a Aix foi um encantamento. O hotel, a um quilômetro da cidade, tinha um grande jardim que recendia a pinheiro e a sol: vislumbrava-se, ao longe, a aresta branca do Santa Vitória, desenhando-se no céu de um azul puro. Ainda estava fresco em demasia para que pudéssemos sentar-nos ao ar livre: líamos no quarto de Sartre, mas frequentemente os três passeávamos de carro e almoçávamos em algum lugar agradável das redondezas.

Pouco depois de nosso regresso a Paris, Sartre foi ligeiramente ferido por um semilouco, Gérard de Clèves. Era belga, poeta, protegido de nossos amigos Lallemant e Verstraeten. Nos intervalos entre suas internações no manicômio, de quando em quando vinha a Paris, onde diariamente pedia dinheiro a Sartre. Durante esta última licença, Sartre lhe deu várias vezes pequenas quantias e acabou comunicando-lhe que não mais o receberia. No entanto, Clèves retornou. Sartre, que estava em casa com Arlette, recusou-se a abrir-lhe a porta, mas entreabriu-a, deixando presa a corrente de segurança. Após rápida argumentação, Clèves tirou uma faca do bolso e atingiu Sartre na mão. Depois, pôs-se a dar pancadas tão violentas na porta já fechada, que esta, apesar de ser blindada, começou a ceder. Arlette telefonou à polícia e, após uma longa perseguição pelos corredores do prédio, Clèves foi preso. Sartre sangrava abundantemente: o polegar estava ferido, mas, felizmente, o tendão não fora atingido. Durante as semanas seguintes teve que usar um curativo.

A 20 de junho, participou de uma entrevista coletiva à imprensa, no comitê "Un bateau pour le Vietnam". Este comitê já conseguira o início da operação: um navio, o *Ile-de-Lumière*, estava ancorado ao largo de Poulo-Bidong, recebendo grande quantidade de refugiados. O que se desejava agora era realizar uma ponte aérea entre os campos da Malásia e da Tailândia e os campos de trânsito nos países ocidentais. Para isso, era preciso alertar a imprensa. A entrevista se realizou nos salões do hotel Lutetia. Glucksmann acompanhou Sartre que, pela primeira vez depois de muito tempo, apertou a mão de Raymond Aron. Foucault falou, depois o doutor Kouchner que trabalhava no *Ile-de-Lumière*, depois Sartre, que se retirou pouco antes da intervenção de Aron. A 26 de junho, foram juntos ao Eliseu, para pedir a Giscard que intensificasse o socorro aos *boat people*. Receberam promessas que não passavam de palavras vãs. Sartre não deu nenhuma importância a esse encontro com Aron que os jornalistas comentaram amplamente.[56]

As férias de verão nesse ano também foram um período privilegiado. Aix nos agradara tanto na primavera, que retornamos em agosto. Desta vez, ocupávamos, no primeiro andar, quartos cujas varandas se comunicavam e davam para o jardim. Era lá que ficávamos habitualmente para ler e conversar. Às vezes ia — de táxi, porque Sartre praticamente já não caminhava — almoçar com ele na alameda Mirabeau, que ele sempre apreciara muito. Ou almoçávamos no jardim do hotel. Ou Sylvie nos levava a um de nossos lugares favoritos. De quando em quando, via-se fumaça ao longe: um incêndio de floresta. Sartre estava feliz com essa temporada. E estava feliz também quando Sylvie, que regressava a Paris, nos levou ao aeroporto de Martigues, de onde voamos para Roma. Voltamos aos nossos quartos, em frente à brancura resplandecente ou fantasmática de São Pedro, e retomamos nossos hábitos agradáveis. De quando em quando, Sartre se encontrava com uma jovem americana a quem conhecera recentemente e que residia em Roma. Junto com ele, encontrei-me com Alice Schwarzer e Claude Courchay que passavam uma temporada na cidade em companhia de uma amiga, Catherine Rihoit. Courchay ficou estupefato com o bom humor de Sartre, com sua alegria: conhecia-o pouco, mas imaginava-o mais ou menos arrasado por sua doença, por sua cegueira; e tinha diante de si um homem cheio de alegria de viver. Quando participava de manifestações públicas, Sartre geralmente causava péssima impressão: "Pensei estar vendo um morto!", escreveu sumariamente Aron a Claude Mauriac,[57] depois de seu encontro com Sartre no hotel Lutetia. Mas, na intimidade, seus interlocutores ficavam impressionados com sua vitalidade indomável.

---

[56] Pretendiam ver nisso uma reconciliação política, implicando que Sartre se aproximava agora das posições de direita. Era absolutamente falso.
[57] *Le temps immobile*, de Claude Mauriac, t.VI.

Simone de Beauvoir

Concordou em conceder uma entrevista a M.-A. Macciocchi, que ela publicou em *L'Europeo* e que não o agradou.

Pouco antes de nosso regresso, recebemos um telefonema de Paris: Liliane Siegel nos comunicava o assassinato de Goldman. Fiquei muito abalada. Goldman frequentava assiduamente as reuniões de *Les Temps Modernes*, e minha simpatia por ele se transformara em profunda afeição. Gostava de sua ironia inteligente, de sua alegria, de seu calor. Era vivo, imprevisível, muitas vezes engraçado, fiel a suas inimizades e a suas amizades. O fato de ter sido abatido a sangue-frio aumentava o horror de sua morte. Sartre também se emocionou; mas agora recebia todos os acontecimentos com uma espécie de indiferença.

De qualquer maneira, logo que regressamos, Sartre quis assistir ao enterro de Goldmann. Claire Etcherelli nos conduziu em seu pequeno carro ao necrotério, onde não entramos, e de lá acompanhamos o carro fúnebre até a porta do cemitério. Havia lá tal multidão, que tivemos muita dificuldade em atravessá-la, embora as pessoas, reconhecendo Sartre, se afastassem gentilmente. A partir de um determinado ponto, era proibida a entrada de automóveis; Etcherelli ficou no volante; Sartre e eu, com muita dificuldade, abrimos caminho através da multidão. Ele logo se sentiu cansado. Quis que se sentasse numa sepultura, mas alguém trouxe uma cadeira. Sartre se sentou e ficamos lá um momento, cercados de desconhecidos que nos devoravam com os olhos. Felizmente, Renée Saurel nos viu; seu carro estava parado exatamente ao nosso lado. Entramos nele, depois de mandar avisar Claire Etcherelli que íamos embora.

Ele retomou seu trabalho com Victor. Estava um pouco preocupada com isso. Quando lhe perguntei durante três dias seguidos: "Trabalhou bem?" — ele me respondeu no primeiro dia: "Não. Discutimos a manhã inteira a propósito de... (este ou aquele assunto)." No dia seguinte, respondeu: "Não. Não estamos de acordo." No terceiro dia, disse-me: "Conseguimos entender-nos." Eu temia que ele fizesse muitas concessões. Teria gostado bastante de estar a par dessas entrevistas; mas eram gravadas, e Arlette, encarregada de transcrevê-las e datilografá-las, trabalhava lentamente. Nada estava ainda pronto, dizia-me Sartre.

Em novembro, concedeu uma entrevista a Catherine Clément para *Le Matin* e almoçou com a equipe do jornal. Em dezembro, expôs a Bernard Dort suas ideias sobre o teatro; a entrevista foi publicada na revista *Travail Théâtral*; falava aí dos autores dramáticos que apreciava: Pirandello, Brecht, Beckett, e contava a história de suas próprias peças. Em janeiro de 1980, protestou contra a prisão domiciliar de André Sakharov e apoiou o boicote aos Jogos Olímpicos de Moscou. A 28 de fevereiro, foi entrevistado por *Le Gai Pied*, uma publicação mensal homossexual. E teve uma conversa com Catherine Clément e Bernard Pingaud para um próximo número de *L'Arc*.

1980

De acordo com um novo *check-up* realizado no Broussais, ele não estava nem melhor nem pior. Suas atividades o interessavam, suas relações com jovens mulheres o distraíam. Apesar de tudo, viver era uma alegria para ele. Lembro-me da manhã em que um brilhante sol de inverno invadiu seu escritório e banhou seu rosto: "Oh! O sol", exclamou extasiado. Tínhamos feito o projeto de ir passar as férias de Páscoa, Sylvie, ele e eu, em Belle-Ile, e ele falava disso frequentemente, com ar feliz. Estava suficientemente preocupado com sua saúde para continuar a não fumar. E, que eu soubesse, só tomava álcool em pouca quantidade. Tomava tão lentamente a meia garrafa de Chablis que pedia quando almoçávamos juntos, que a deixava pela metade.

E, no entanto, um domingo pela manhã, Arlette o encontrou deitado no tapete de seu quarto com uma terrível ressaca. Ficamos sabendo que fazia com que suas diversas amigas, ignorantes do perigo, lhe trouxessem garrafas de uísque e de vodca. Escondia-as num cofre ou por trás dos livros. Sábado à noite — a única noite que passava sozinho depois que Wanda se ia —, embriagara-se. Arlette e eu esvaziamos os esconderijos, telefonei às amigas, pedindo-lhes que não mais trouxessem álcool, e censurei Sartre enfaticamente. Na verdade, já que não tivera consequências imediatas, esse excesso não alterara visivelmente sua saúde. Mas sentia-me um pouco intranquila quanto ao futuro. E sobretudo não entendia o retorno dessa paixão pelo álcool: isso não se encaixava com seu aparente equilíbrio mental. Ele eludiu minhas perguntas, rindo: "Mas você também gosta de beber", dizia-me. Talvez não estivesse suportando a situação tão bem quanto antes: não é verdade que "com o tempo nos habituamos"[58]: o tempo, longe de curar as feridas, pode, ao contrário, exacerbá-las. Mais tarde, achei que, sem que o reconhecesse inteiramente, não devia estar muito satisfeito com a entrevista com Victor que seria publicada em breve em *Le Nouvel Observateur*.

Pude finalmente tomar conhecimento desta entrevista, assinada por Sartre e Benni Lévi — o verdadeiro nome de Victor —, mais ou menos oito dias antes da data prevista para sua publicação. Fiquei consternada; não se tratava, em absoluto, do "pensamento plural" que Sartre mencionava em *Obliques*. Victor não exprimia diretamente nenhuma de suas opiniões: fazia com que Sartre as endossasse, representando, em nome de não se sabe que verdade revelada, o papel de procurador. Seu tom, a superioridade arrogante que assumia em relação a Sartre, revoltaram todos os amigos que tomaram conhecimento do texto antes de sua publicação. Ficaram, como eu, aterrados com o conteúdo das declarações extorquidas a Sartre. Na verdade, Victor mudara muito desde que Sartre o conhecera. Como muitos antigos maoístas, voltara-se para Deus: o Deus de Israel, já que era judeu; sua visão do mundo tornara-se espiritualista e até religiosa. Diante dessa nova orientação, Sartre torcia o nariz. Lembro-me de uma noite em que, falando comigo e com Sylvie, manifestara seu descontentamento: "Victor quer absolutamente que toda a origem da moral esteja na Torá! Mas eu não penso isso de modo algum!" — dizia-nos. E já mencionei que, durante dias, lutava contra Victor, e depois de longa resistência, cedia. Victor, em vez de ajudá-lo a enriquecer seu próprio pensamento, pressionava-o para que o renegasse. Como ousar pretender que a angústia fora, para Sartre, apenas uma moda, quando este jamais se preocupou com modas? Como enfraquecer assim a noção de fraternidade, tão forte e tão dura em *Crítica da razão dialética*? Não ocultei a Sartre a extensão de minha decepção. Ele ficou surpreso com isso: esperava algumas críticas, não essa oposição radical. Disse-lhe que toda a equipe de *Les Temps Modernes* me apoiava. Mas ele apenas se obstinou mais ainda em fazer publicar imediatamente a entrevista.

---

[58] *Huis Clos* [no Brasil, *Entre quatro paredes*]: "Je suppose qu'à la longe on s'habitua" (Garcin).

A cerimônia do adeus

Como explicar este "desvio de velho", segundo as palavras de Oliver Todd (ele que não recuou ante o desvio de um morto)?

Sartre sempre optara por pensar contra si mesmo, mas nunca para perder-se na facilidade; esta filosofia vaga e frouxa que Victor lhe atribuía absolutamente não estava de acordo com ele.[59] Por que aderira a isso? Ele que jamais se submetera a nenhuma influência sofria a de Victor: ele indicou por quê. Mas é um ponto que é preciso aprofundar. Sartre sempre vivera para o futuro: não podia viver de outra maneira. Reduzido ao presente, considerava-se como morto.[60] Idoso, ameaçado em seu corpo, semicego, o futuro estava fechado para ele. Recorreu a um *ersatz*: militante e filósofo, Victor realizaria o "novo intelectual" com que Sartre sonhava e que contribuíra para fazer existir. Duvidar de Victor era renunciar a esse prolongamento vivo de si mesmo, mais importante para ele do que os sufrágios de posteridade. Assim, apesar de todas as suas resistências, optara por acreditar nele. Tinha ideias, pensava, mas lentamente. E Victor era volúvel, atordoava-o com palavras, sem deixar-lhe o tempo que seria necessário para situar-se. Finalmente, o que foi, creio eu, muito importante, Sartre já não podia ler, reler-se. Eu sou incapaz de avaliar um texto que não tenha lido com meus próprios olhos. Sartre era como eu. Só controlou o texto em questão com os ouvidos. Disse-o em sua entrevista com Contat:[61] "O problema é que nunca esse elemento de crítica reflexiva, que está presente constantemente quando se lê um texto com os olhos, é suficientemente claro durante uma leitura em voz alta." Por outro lado, Victor era apoiado por Arlette, que nada conhecia das obras filosóficas de Sartre e que simpatizava com as novas tendências de Victor: aprendiam hebraico juntos. Diante dessa concordância, faltava a Sartre a distância que apenas uma leitura reflexiva e solitária lhe teria proporcionado: então, cedia. Uma vez publicada a entrevista, ficou surpreso e triste ao saber que todos os sartrianos, e mesmo, de um modo geral, todos os seus amigos, compartilhavam de minha consternação.

---

[59] Foi o que disse muito bem Raymond Aron, num debate com Victor, na televisão, após a morte de Sartre.
[60] Foi visto que nos momentos de depressão ele se dizia "um morto vivo".
[61] "Autoportrait à soixante-dix ans."

Simone de Beauvoir

Na quarta-feira, 19 de março, passamos uma noite agradável com Bost, sem voltar ao assunto. Quando ia deitar-se, Sartre me perguntou: "Mencionaram a entrevista, esta manhã, em *Les Temps Modernes*?" E respondi que não, o que era verdade. Pareceu decepcionado: teria gostado tanto de encontrar aliados! No dia seguinte de manhã, fui acordá-lo às nove horas; habitualmente, quando entrava em seu quarto, ele ainda cochilava; nesse dia, estava sentado na cama, ofegante, quase incapaz de falar. Já uma vez, em presença de Arlette, tivera o que chamava de "uma crise de aerofagia", mas fora muito rápida. Esta se prolongava desde cinco horas da manhã, sem que ele tivesse forças para arrastar-se até minha porta e bater. Assustei-me, quis telefonar, mas o telefone estava cortado, porque Puig não pagara a conta. Vesti-me às pressas e fui telefonar na casa da porteira a um médico que morava ao lado e que veio imediatamente. Logo que viu Sartre, chamou, da casa de um colocatário, o S.A.M.U., que chegou em cinco minutos. Fizeram uma sangria em Sartre, deram-lhe injeções e o atenderam durante quase uma hora. Depois, deitaram-no numa espécie de maca com rodas que percorreu um longo corredor; respirava oxigênio que um médico mantinha por sobre sua cabeça. Enfiaram-no num elevador e o levaram até uma ambulância que aguardava em frente a uma das entradas. Ainda não se sabia para que hospital levá-lo, era preciso telefonar da portaria; tornei a subir para a casa de Sartre para fazer minha toalete. Agora que estava em boas mãos, achava que a crise seria rapidamente debelada. Não desmarquei com Den e Jean Pouillon, com quem iria almoçar. Ao fechar a porta para ir encontrar-me com eles, não imaginava que nunca mais ela se abriria para mim.

Apesar de tudo, quando, após a refeição, fui de táxi para o hospital Broussais — onde sabia agora que Sartre se encontrava — pedi a Pouillon que me acompanhasse e que me esperasse. "Estou com um pouco de medo", disse-lhe. Vi Sartre que estava então na sala de recuperação; respirava normalmente; disse-me que se sentia bem; não fiquei muito tempo: ele dormitava e eu não queria fazer Pouillon esperar.

Os médicos me informaram, no dia seguinte à tarde, que ele estava com um edema pulmonar, que lhe provocava febre, mas que logo desapareceria. Estava instalado num quarto grande e claro e se julgava no subúrbio. A febre o fazia delirar. Pela manhã dissera a Arlette: "Você também está morta, pequena. Que achou de ser cremada?

A cerimônia do adeus

Finalmente, eis-nos ambos mortos agora."[62] A mim, contou que acabava de ir almoçar nos arredores de Paris em casa de seu secretário (qual?). Nunca chamava assim nem a Victor, nem a Puig: dizia seus nomes. Como eu parecesse surpresa, explicou-me que o médico, muito gentilmente, pusera um carro à sua disposição para levá-lo e trazê-lo de volta. Atravessara subúrbios muito curiosos e agradáveis. Não teria sonhado?, perguntei. Disse-me que não, em tom zangado, e não insisti.

Nos dias seguintes a febre baixou, ele parou de delirar. A crise fora provocada, disseram-me os médicos, por uma falta de irrigação dos pulmões já que as artérias funcionavam mal. Mas agora a circulação pulmonar estava restabelecida. Pensávamos partir logo para Belle-Ile e Sartre alegrava-se com isso: "Sim, vai ser bom estar lá: não se pensará mais em tudo isso." (Tudo isso era a entrevista e o rebuliço que suscitara.) Como ele só pudesse receber uma pessoa de cada vez, Arlette ia ao hospital pela manhã, eu à tarde. Telefonava por volta de dez horas, para saber como passara a noite, e sempre me respondiam: "Muito bem." Seu sono era excelente. Também dormia um pouco depois do almoço: falávamos de coisas sem importância. Sentava-se numa poltrona para fazer suas refeições e quando eu ia vê-lo. Afora isso, permanecia muito tempo deitado. Emagrecera, parecia fraco, mas seu moral estava muito bom. Desejava ir-se, mas estava suficientemente fatigado para suportar a situação com boa vontade. Arlette retornava, por volta das seis horas, para assistir a seu jantar e, às vezes, cedia seu lugar a Victor.

Logo perguntei ao professor Housset quando poderia sair. Ele me respondeu com hesitação: "Não posso dizer... Ele está frágil, muito frágil." E, dois ou três dias depois, disse-me que Sartre tinha que descer novamente para o serviço de recuperação: somente lá podemos vigiá-lo 24 horas por dia, de modo a afastar qualquer risco de acidente. Sartre não gostava de lá. Quando Sylvie foi vê-lo, Sartre lhe disse — como se se tratasse de um hotel onde passasse uma temporada: "Aqui

---

[62] Arlette era judia e Lanzmann nos falava com frequência de seu filme sobre a exterminação de judeus e, portanto, dos fornos crematórios. Falava-se também das teses de Faurisson, que negava sua existência. Por outro lado, Sartre desejava ser cremado.

não está bom. Felizmente vamos partir em breve. Agrada-me a ideia de ir para uma ilhazinha."

Na verdade, já não se cogitava ir para Belle-Ile: suspendi a reserva de quartos que fizera. O doutor queria ter Sartre ao alcance da mão, para o caso de nova crise. Mas levaram-no para um quarto maior e mais claro do que o primeiro: "É bom", disse-me ele, "porque agora estou bem perto de minha casa." Ainda acreditava vagamente ter sido hospitalizado, de início, nos arredores de Paris. Parecia cada vez mais cansado; começava a apresentar escaras e sua bexiga funcionava mal: foi preciso colocar-lhe uma sonda e, quando se levantava — o que agora era muito raro — arrastava atrás de si um saquinho plástico cheio de urina. De quando em quando, eu saía do quarto para deixar entrar uma visita: Bost ou Lanzmann. Ia então sentar-me numa sala de espera. Foi lá que ouvi o professor Housset e um outro médico, falando entre eles, pronunciarem a palavra "uremia". Compreendi que Sartre estava desenganado e sabia que a uremia acarreta frequentemente sofrimentos atrozes; comecei a soluçar e me atirei nos braços de Housset: "Prometa que ele não se verá morrer, que não sentirá angústia, que não sofrerá!" "Eu lhe prometo, senhora", disse-me com gravidade. Um pouco mais tarde, como eu tivesse voltado para o quarto de Sartre, ele me chamou. Disse-me no corredor: "Quero que saiba que não lhe fiz uma promessa vã: eu a cumprirei."

Os médicos me explicaram, depois, que seus rins já não eram irrigados e, portanto, não mais funcionavam. Sartre ainda urinava, mas sem eliminar a ureia. Para salvar um rim, teria sido preciso uma operação que ele era incapaz de suportar; e então seria no cérebro que o sangue já não circularia adequadamente, o que acarretaria a demência. Não havia outra solução a não ser deixá-lo morrer em paz.

Durante os poucos dias seguintes, ele não sofreu: "Há apenas um momento um pouco desagradável, pela manhã, quando fazem o curativo de minhas escaras", disse-me, "mas é só isso". Tais escaras eram terríveis de ver (mas, felizmente, ele não as via): grandes placas violáceas e avermelhadas. Na realidade, por falta de circulação sanguínea, a gangrena atacara sua carne.

Dormia muito, mais ainda falava comigo com lucidez. Por momentos, podia-se acreditar que esperava sarar. Como Pouillon tivesse ido vê-lo num dos últimos dias de sua doença, ele lhe pediu um copo d'água

A cerimônia do adeus

e lhe disse alegremente: "Da próxima vez que bebermos juntos, será em minha casa e com uísque."[63] Mas, no dia seguinte, perguntou-me: "Mas como faremos com os gastos do enterro?" Logicamente, protestei e tergiversei quanto aos gastos de hospitalização, garantindo-lhe que o seguro social se encarregaria deles. Mas compreendi que se sabia desenganado e que isso não o transtornava. Voltava, apenas, à preocupação que o atormentara nos últimos anos: a falta de dinheiro. Não insistiu, não me fez perguntas sobre sua saúde. No dia seguinte, de olhos fechados, tomou minha mão e disse: "Amo muito você, minha querida Castor." A 14 de abril, quando cheguei, ele dormia; acordou e me disse algumas palavras, sem abrir os olhos; depois estendeu-me a boca. Beijei sua boca, seu rosto. Ele voltou a dormir. Essas palavras, esses gestos, insólitos nele, inscreviam-se, evidentemente, na perspectiva de sua morte.

Alguns meses depois, o professor Housset, que eu quis ver, disse-me que Sartre, às vezes, lhe fazia perguntas: "Em que vai dar tudo isto? O que vai acontecer?" Mas não era a morte que o preocupava: era seu cérebro. Certamente pressentiu a morte, mas sem angústia. Estava "resignado", disse-me Housset, ou antes, corrigiu, "confiante". Certamente, os antidepressivos que lhe deram contribuíram para esta tranquilidade. Mas sobretudo exceto no início de sua semicegueira — ele sempre suportara com humildade o que lhe acontecia. Não queria aborrecer os outros com seus problemas. E a revolta contra um destino inevitável lhe parecia inútil. Dissera a Contat:[64] "É assim e nada posso fazer, então não tenho motivo para desolar-me." Ainda amava a vida ardentemente, mas a ideia da morte, ainda que afastasse seu desfecho até os oitenta anos, lhe era familiar. Aceitou sua chegada sem problemas, sensível às amizades, às afeições que o rodeavam, e satisfeito com seu passado: "Fez-se o que se podia fazer."

Housset afirmou-me, também, que as contrariedades que sofrera em nada podiam haver influenciado seu estado; uma crise emocional violenta poderia ter tido efeitos funestos imediatos, mas diluídos no tempo, as preocupações, os desgostos em nada alteravam o que estava em jogo: o sistema vascular. Acrescentou que este fatalmente degeneraria

---

[63] Georges Michel, cujo relato de um modo geral é exato, equivocou-se quando pensou que essas eram as últimas palavras de Sartre.
[64] "Autoportrait à soixante-dix ans."

num futuro próximo: em dois anos, no máximo, o cérebro teria sido atingido, e Sartre teria deixado de ser ele mesmo.

Na terça-feira, 15 de abril, quando perguntei, como de hábito, se Sartre dormira bem, a enfermeira me respondeu: "Sim. Mas…" Fui para lá imediatamente. Ele dormia, respirando pesadamente: visivelmente já estava em coma; assim estava desde a véspera à noite. Durante horas fiquei a olhá-lo. Por volta das seis horas, cedi lugar a Arlette, pedindo-lhe que me telefonasse se acontecesse algo. Às nove horas, o telefone tocou. Ela me disse: "Terminou." Fui para lá com Sylvie. Ele estava igual a ele mesmo, mas já não respirava.

Sylvie avisou Lanzmann, Bost, Pouillon, Horst, que vieram logo. Permitiram que ficássemos no quarto até cinco horas da manhã. Pedi a Sylvie que fosse buscar uísque e bebemos, falando sobre os últimos dias de Sartre, de dias passados e das providências a tomar. Sartre me dissera muitas vezes que não queria ser enterrado no Père-Lachaise com sua mãe e seu padrasto; desejava ser cremado. Decidiu-se inumá-lo, provisoriamente, no cemitério de Montparnasse, de onde seria levado para o Père-Lachaise para a cremação; as cinzas seriam depositadas numa tumba definitiva no cemitério de Montparnasse. Enquanto o velávamos, os jornalistas cercavam o pavilhão. Bost e Lanzmann solicitaram-lhes que se fossem. Eles se esconderam. Mas não conseguiram entrar. Por ocasião da hospitalização, também tinham tentado tirar fotografias, dois deles, disfarçados de enfermeiros, haviam procurado infiltrar-se no quarto, mas foram expulsos. Os enfermeiros tinham a preocupação de baixar as persianas e de colocar cortinas nas portas para proteger-nos. Ainda assim, foi publicada em *Match* uma fotografia, certamente tirada de um telhado das vizinhanças, mostrando Sartre a dormir.

Em determinado momento, pedi que me deixasse sozinha com Sartre e quis deitar-me a seu lado sob o lençol. Uma enfermeira me impediu: "Não. Cuidado… a gangrena." Foi então que entendi a verdadeira natureza das escaras. Deitei-me por cima do lençol e dormi um pouco. Às cinco horas chegaram enfermeiros. Colocaram um lençol e uma espécie de coberta sobre o corpo de Sartre e o levaram.

Acabei a noite em casa de Lanzmann, onde passei, também, a de quarta-feira. Nos dias seguintes fiquei em casa de Sylvie, onde estava mais protegida do que na minha quanto aos telefonemas e aos jornalistas. Olhava os jornais e também os telegramas que imediatamente afluíram. Lanzmann, Bost, Sylvie ocupavam-se de todas as formalidades. O enterro foi marcado inicialmente para sexta-feira, depois para o sábado para que mais pessoas pudessem comparecer. Giscard d'Estaing declarou que sabia que Sartre não teria desejado funerais oficiais, mas que ele desejaria pagar as exéquias: nós recusamos. Ele fez questão de recolher-se diante dos despojos de Sartre.

Na sexta-feira, almocei com Bost e quis rever Sartre antes do enterro. Estivemos no anfiteatro do hospital. Sartre foi colocado em seu caixão, com as roupas que Sylvie lhe havia comprado para ir à ópera: eram as únicas que estavam em minha casa; ela não quisera ir à casa dele para buscar outras. Ele estava calmo, como todos os mortos, e, como a maioria deles, inexpressivo.

Na manhã de sábado, reunimo-nos no anfiteatro, onde Sartre estava exposto, o rosto descoberto, rígido e gelado em suas bonitas roupas. A pedido meu, Pingaud tirou algumas fotografias dele. Depois de um tempo bastante longo, alguns homens cobriram o rosto de Sartre com o lençol e fecharam o caixão, levando-o.

Subi no carro fúnebre com Sylvie, minha irmã, Arlette. À nossa frente havia um carro de buquês suntuosos e de coroas mortuárias. Uma espécie de micro-ônibus transportava amigos idosos ou incapazes de uma longa caminhada. Uma imensa multidão acompanhava: 50.000 pessoas mais ou menos, jovens sobretudo. Pessoas batiam nos vidros do carro fúnebre: em sua maioria, fotógrafos que assentavam suas objetivas para tirar instantâneos de mim. Amigos de *Les Temps Modernes* fizeram uma barreira atrás do carro, e, em volta, desconhecidos espontaneamente fizeram uma corrente dando-se as mãos. De um modo geral, durante todo o trajeto, a multidão se mostrou disciplinada e calorosa: "É a última manifestação de 1968" — disse Lanzmann. Eu não via nada. Estava mais ou menos anestesiada por Valium e rígida em meu desejo de não desmoronar. Dizia a mim mesma que era exatamente o enterro que Sartre desejava e que ele não o saberia. Quando desci do carro fúnebre, o caixão estava já no fundo do túmulo. Eu pedira uma cadeira e permaneci sentada ao lado da sepultura, a cabeça oca. Vislumbrei pessoas debruçadas nos muros, nas sepulturas, uma agitação confusa. Levantei-me para retornar ao carro: este estava apenas a dez metros de distância, mas a multidão era tal que pensei que seria sufocada. Encontrei-me em casa de Lanzmann com amigos vindos em desordem do cemitério.

Simone de Beauvoir

Descansei um pouco e, como não quiséssemos separar-nos, jantamos juntos em Zeyer, num reservado: não me lembro de nada. Parece que bebi muito, que quase foi preciso carregar-me para descer as escadas. Georges Michel acompanhou-me a casa.

Passei os três dias seguintes em casa de Sylvie. Na quarta-feira pela manhã realizou-se a cremação no Père-Lachaise e eu estava muito esgotada para comparecer. Dormi — e não sei como — caí da cama e fiquei sentada no tapete. Quando Sylvie e Lanzmann regressaram da cremação, encontraram-me a delirar. Hospitalizaram-me. Estava com uma congestão pulmonar da qual me curei em duas semanas.

As cinzas de Sartre foram levadas ao cemitério de Montparnasse. Todos os dias, mãos desconhecidas depositam em seu túmulo buquês de flores frescas.

Há uma pergunta que em verdade não me fiz; talvez o leitor a coloque: não deveria eu ter avisado Sartre da iminência de sua morte? Quando ele se encontrava no hospital, enfraquecido, sem esperanças, só pensei em dissimular-lhe a gravidade de seu estado. E antes? Ele sempre me dissera que em caso de câncer ou de outra doença incurável queria *saber*. Mas seu caso era ambíguo. Ele estava "em perigo", mas resistiria ainda dez anos como desejava, ou tudo terminaria em um ou dois anos? Todos o ignoram. Ele não tinha nenhuma disposição a tomar, não poderia ter se tratado melhor do que foi. E amava a vida. Já tinha tido muita dificuldade em assumir sua cegueira, suas enfermidades. Se tivesse sabido com mais exatidão a ameaça que pesava sobre ele, isso apenas entristeceria inutilmente seus últimos anos. De toda maneira, eu oscilava como ele entre o temor e a esperança. Meu silêncio não nos separou.

Sua morte nos separa. Minha morte não nos reunirá. Assim é: já é belo que nossas vidas tenham podido harmonizar-se por tanto tempo.

Entrevistas com Jean-Paul Sartre, agosto--setembro de 1974

Prefácio às entrevistas

Estas entrevistas realizaram-se durante o verão de 1974, em Roma, depois no início do outono, em Paris. Às vezes Sartre estava fatigado e me respondia mal; ou era eu que estava sem inspiração e fazia perguntas ociosas: suprimi as conversas que me pareceram sem interesse. Agrupei as outras por temas, sem deixar de seguir, mais ou menos, a ordem cronológica. Tentei dar-lhes uma forma legível; sabemos que há uma grande diferença entre palavras registradas por um gravador e um texto corretamente redigido. Mas não tentei escrevê-las no sentido literário da palavra: quis conservar sua espontaneidade. Encontrar-se-ão aqui passagens descosidas, estagnações, repetições e até contradições: é que eu temia deformar as palavras de Sartre ou sacrificar suas nuanças. Elas não trazem nenhuma revelação inesperada a respeito dele; mas permitem acompanhar os meandros de seu pensamento e ouvir sua voz viva.

Simone de Beauvoir — Você falou bastante sobre política, não só com Gérassi como com outros. Vamos falar do aspecto literário e filosófico de sua obra.

Jean-Paul Sartre — Como quiser.

S. de B. — Mas acha que tem coisas a dizer a esse respeito, isso lhe interessa?

J.-P.S. — Sim. Isso não me interessa exatamente; atualmente, nada me interessa. Mas isso me interessou suficientemente durante muitos anos, para que eu queira falar a respeito.

S. de B. — Por que é que nada lhe interessa atualmente?

J.-P.S. — Não sei. Essa história passou. Tento encontrar coisas para dizer sobre ela. E já não as encontro; mas encontrarei.

S. de B. — Há uma pergunta que gostaria de fazer-lhe, que muitas pessoas se fazem, porque você não a respondeu: explicou muito bem em *As palavras* o que significou para você ler, escrever, e como, quando tinha 11 anos, possuía o que já se podia chamar de uma vocação de escritor. Estava destinado à literatura. Isso explica por que quis escrever, mas absolutamente não explica por que escreveu o que escreveu. É sobre isso que gostaria que me falasse um pouco: o que ocorreu entre os 11 e os vinte anos, no momento em que já estava formado? Como vê a relação entre suas obras literárias e sua obra filosófica? Quando o conheci, disse-me que queria ser, ao mesmo tempo, Spinoza e Stendhal. Era um programa bastante interessante. Comecemos pelas coisas que escrevia quando o conheci. Por que era isso o que escrevia, como ocorreu?

J.-P.S. — Uma das obras heroicas que escrevera aos 11 anos, aos 12 anos, chamava-se "Götz von Berlichingen" e, consequentemente, prenuncia *O diabo e o bom deus*. Götz era um herói notável, agredia as pessoas, fazia com que imperasse o terror, mas, ao mesmo tempo, desejava o bem. E depois, eu encontrava um fim em *Lectures pour tous*. Tratava-se de um homem da Idade Média, não sei se era Götz. De todo modo, queriam executá-lo, faziam-no subir ao relógio do campanário e faziam um orifício no lugar do meio-dia, no relógio, um orifício que se comunicava com o exterior. Introduziam sua cabeça nesse orifício e os ponteiros, passando de onze e meia a uma e meia, cortavam-lhe a cabeça...

S. de B. — Era um pouco no estilo de Edgar Poe.

J.-P.S. — Era uma decapitação de retardamento. Na verdade, isso me impressionou muito. Como vê, fazia ainda o que fiz durante muito tempo: copiava.

S. de B. — Durante quanto tempo copiou e quando começou a fazer da literatura uma maneira de expressar-se?

J.-P.S. — Muito tarde. Copiei e, se não copiei, manipulei velhas histórias de jornaizinhos e de aventuras, até 14, 15 anos. Foi a mudança para Paris que me fez mudar de posição. Creio que devo ter escrito um último romance, que era aliás esse Götz, em La Rochelle, no quarto ano; nos dois anos seguintes não escrevi muito. E no primeiro ano, quando cheguei a Paris, comecei a escrever coisas mais sérias.

S. de B. — Quanto a essas histórias que mais ou menos copiava havia uma escolha que as presidia. Não copiava qualquer história. Apreciava sempre, como Pardaillan, as histórias de aventuras, as histórias heroicas, até os 14 anos...

J.-P.S. — É isso. O heroísmo de um homem mais forte que os outros, quase que maior, um pouco o oposto do que eu era, e que com um golpe de espada matava os maus, libertava reinos ou salvava moças.

S. de B. — Pode-se dizer que, até os 14 anos, foi esse o processo que você descreve em *As palavras*: brincar de escrever, sem realmente escrever. E por que a chegada a Paris modificou sua relação com o escrever?

J.-P.S. — Bem, isso está ligado à literatura dos outros. Em La Rochelle, eu ainda lia romances capa e espada, romances célebres como Rocambole e Fantomas, romances de aventura, e ainda toda uma literatura que era a da pequena burguesia. Por exemplo, Claude Farrière; escritores que escreviam histórias de viagens, de navios, e havia sentimentos, havia amores nelas, havia violências, pequenas violências que eles, aliás, censuravam; e mostravam, ainda, a deliquescência das colônias.

S. de B. — Quando chegou a Paris, mudou de leituras?

J.-P.S. — Sim.

S. de B. — Por quê? Sob quais influências?

J.-P.S. — Sob a influência de rapazes que se encontravam lá, de alguns rapazes: Nizan, o irmão do pintor Gruber, que estava na minha classe. Nunca soube o que se fez dele, era um rapaz inteligente e que lia muito boa literatura.

S. de B. — O que começaram a ler nessa ocasião?

J.-P.S. — Nessa ocasião, começamos a ler coisas sérias; Gruber, por exemplo, lia Proust, e conheci Proust, nesse ano do colégio, extasiado.

S. de B. — Ah! Você se ligou imediatamente.

J.-P.S. — Sim, imediatamente. Houve uma modificação, porque ao mesmo tempo eu me interessava pela literatura clássica, que nos era ensinada por nosso professor, o sr. Georgin, homem muito interessante, muito agradável, muito inteligente. Dizia-nos: quanto a esse problema, quanto a essa questão, é assunto de vocês; então líamos. Eu ia à biblioteca Sainte-Geneviève e lia tudo o que podia sobre o tema. Sentia-me orgulhoso disso. Nesse momento, pensei em introduzir-me no campo da literatura, não como escritor, como homem de cultura.

S. de B. — Penetrou na cultura por intermédio dos companheiros e por intermédio dos professores. Além de Proust, quais foram os escritores que despertaram seu interesse nessa época?

J.-P.S. — Bem, Conrad, por exemplo, no primeiro ano e em filosofia,[65] mas sobretudo em filosofia.

S. de B. — E você lia Gide?

J.-P.S. — Um pouco, mas sem grande interesse. Líamos *Os frutos da terra*; achava aquilo um pouco tedioso.

S. de B. — Liam Giraudoux?

J.-P.S. — Sim, muito. Nizan o admirava muito. Chegou mesmo a escrever uma novela bem no estilo de Giraudoux, e eu mesmo fiz uma novela inspirada nele.

S. de B. — Ela foi publicada na *Revue sans Titre*?

J.-P.S. — Essa não. A que foi publicada na *Revue sans Titre* foi *Jésus la chouette*.

S. de B. — Sim, e havia também *L'ange du morbide*. Mas você escreveu isso mais tarde.

J.-P.S. — Sim, escrevi-o quando em *hypo-khâgne*,[66] isto é, aos 17 anos.

S. de B. — E no primeiro ano e em filosofia, o que escrevia?

---

[65] Classe em que se preparam alunos para o *baccalauréat* de filosofia. (N.T.)

[66] Classe precedente à *khâgne*, que é a classe dos liceus que prepara para a Escola Normal Superior (Letras) na França. (N.T.)

A cerimônia do adeus

J.-P.S. — Não escrevi nada de muito específico que tenha conservado; lembro-me, por exemplo, de uma história estranha: um homem que morava no quinto andar; meus avós não moravam no quinto, moravam no terceiro, mas o quinto me fascinava, por ser o último do prédio. Eles moravam no terceiro, mas tinham morado no quinto. Em resumo, tratava-se de uma lembrança do tempo em que eu morava na rua Le Goff, com uma vizinhazinha de quem gostava muito.

S. de B. — E é com relação a isso que você diz, em *As palavras*, que sempre gostou de uma situação "elevada"... O que acontecia então com esse homem?

J.-P.S. — Bem, ele se considerava um faraó. Por quê? Não saberia dizê-lo.

S. de B. — Era uma reencarnação?

J.-P.S. — Era um faraó. Estava ali, falava com uma jovem mulher e dizia-lhe coisas referentes à filosofia: ideias minhas. Isso foi no primeiro ano ou no início da filosofia.

S. de B. — Havia já um tipo de conteúdo filosófico no que você procurava fazer?

J.-P.S. — Sim, não sei por quê. Enfim, falaremos disso mais tarde. Sabe, ali, era um pouco como no final do século XIX; coloca-se filosofia, mesmo em Bourget, há filosofia num relato que quer provar uma coisa ou outra. Era um pouco assim.

S. de B. — Era literatura de tese.

J.-P.S. — A tese era inventada na hora.

S. de B. — Mas, finalmente, o que tentava exprimir, eram mais suas ideias do que sua experiência do mundo, do que sua sensação do mundo?

J.-P.S. — Eram minhas ideias, que aliás deviam compreender uma experiência do mundo, mas não a minha, uma experiência artificial, fictícia. Escrevi, um pouco mais tarde, a história de um jovem herói e de sua irmã, que subiam até os deuses, com uma experiência de pequenos-burgueses, em suma. Tratava-se de uma experiência que valia por minha experiência, mas que, em realidade, nada tinha a ver com ela, já que eram crianças gregas.

S. de B. — Havia uma jovem em *Er l'arménien*?

J.-P.S. — Sim, mas quase não era mencionada. Dava a deixa ao jovem herói.

S. de B. — Qual era a história exatamente? Não era uma história de avaliadores de almas? Não era justamente o armênio que era um avaliador de almas?

J.-P.S. — Não, o armênio era avaliado. E havia uma grande batalha com os gigantes, a grande batalha de Oeta com os gigantes, com os Titãs.

S. de B. — Mas isso era posterior a *Jésus la chouette* e a *L'ange du morbide*.

J.-P.S. — Ah, sim. *Jésus la chouette* é anterior a *L'ange du morbide*; isso deve ter sido escrito no primeiro ano e em filosofia.

S. de B. — Pode dizer-me por que o escreveu? O que representava para você? *Jésus la chouette* era a vida de um pequeno professor da província, é isso mesmo?

J.-P.S. — Sim. Mas visto por um aluno; o herói era um professor verdadeiro do liceu de La Rochelle; imaginava seu enterro. Ele realmente morrera durante o ano. Os alunos não haviam acompanhado o enterro, mas em minha história acompanhavam-no e eu imaginava o enterro, porque talvez o tenha acompanhado; mas não aconteceu nada de extraordinário. Em minha história, os alunos faziam baderna durante o enterro.

S. de B. — Mas o que o levou a escrever essa história? É porque via nesse professor, embora não o respeitasse, a antecipação de seu próprio destino? Ou, simplesmente, por qualquer razão, ele o interessara?

J.-P.S. — O que é preciso pesquisar, em primeiro lugar, é como passei do romance capa e espada para um romance realista: o herói era deplorável. De qualquer forma mantive minha velha tradição de um herói positivo, encarnando-o no garoto, que nada fazia de extraordinário, mas que era apresentado como uma testemunha crítica, muito inteligente e ativo na história.

S. de B. — Eis aí um aspecto interessante. Como passou do plágio de histórias heroicas a uma invenção de histórias realistas?

J.-P.S. — Não era invenção, porque no fundo a história aconteceu dessa maneira. Eu inventei os detalhes.

S. de B. — Mas não a copiou num livro. Como fez a passagem?

J.-P.S. — Creio que apesar de tudo o que investia na literatura de aventuras sabia que se tratava apenas de um primeiro estágio, que havia uma outra literatura. Sabia-o, já que lia outros livros em casa de meu avô; em *Os miseráveis* havia um lado heroico, mas de toda maneira não era isso; eu lera os romances de France, lera *Madame Bovary*. Sabia, pois, que a literatura não comportava sempre esse lado de aventura, e que era preciso chegar ao realismo. Passar do romance capa e espada ao realismo era falar das pessoas tal qual as via. Mas de qualquer forma, era preciso que houvesse algo de palpitante nisso. Eu não teria podido conceber certos livros da época nos quais nada acontecia. Era preciso que houvesse um acontecimento da importância de um acontecimento heroico e, nesse relato, foi essa morte que me mobilizou. Finalmente, isso aconteceu assim. Ele morreu no meio do ano, e foi designado outro professor, que era inteiramente diferente. Era uma pessoa jovem, que retornava da guerra, que tinha qualidades. Depois do quarto ano...

S. de B. — Você conheceu *Jésus la chouette* no quarto ano. Mas escreveu o romance muito depois. Já tinha lido Proust, quando escreveu o romance?

J.-P.S. — Tinha começado.

S. de B. — Quero dizer: Proust motivou-o a escrever histórias cotidianas?

J.-P.S. — Não; creio que isso se deveu ao fato de que tivesse um excelente professor, e, além disso, havia todos aqueles romances que falavam do quotidiano, e isso me parecia normal. Sabia que isso existia.

S. de B. — É isso. Você leu uma literatura muito mais realista e válida que não conhecia antes, e isso o motivou a escrever, você também...

J.-P.S. — Ela pertencia às coisas que eu conhecia. Por exemplo, conhecia *Madame Bovary*, que, em minha opinião, só podia ser considerado realista. Tinha lido *Madame Bovary* em minha juventude, percebera bem que não se tratava de um romance capa e espada, sabia, pois, que se escreviam outros livros que não aqueles que eu sonhava escrever e que chegaria a isso. Então, no primeiro ano comecei a escrever *Jésus la chouette*, onde achava que havia realismo, já que, no fundo, alterando os detalhes, contava a história de um dos meus professores.

S. de B. — E, além disso, talvez estivesse um pouco decepcionado com o capa e espada. Era uma coisa um pouco infantil.

J.-P.S. — Ah, sempre gostei muito disso.

S. de B. — E então, *L'ange du morbide* foi depois?

J.-P.S. — *L'ange du morbide* foi depois. Sim, porque nessa ocasião, Nizan e eu conhecemos um tipo interessante chamado Fraval. Era um *hypo-khâgne*, que pensava tornar-se escritor, mas que se preocupava sobretudo com o aspecto material disso. Queria, em particular, ter uma revista.

S. de B. — Foi ele quem fez a *Revue sans titre*?

J.-P.S. — Sim. Naquela ocasião éramos publicados em *Revue sans titre*.

S. de B. — Publicaram-lhe *Jésus la chouette* em *Revue sans titre*.

J.-P.S. — Sim, mas não somente *Jésus la chouette*. Também *L'ange du morbide*.

S. de B. — O que ele representava para você?

J.-P.S. — O realismo; passava-se num lugar que eu conhecia, a Alsácia. Havia lá um sanatório, não muito longe, na montanha, que eu vira de passagem. Havia uma encosta com pinheiros e, em frente, ao longe, viam-se casas. Era lá o sanatório. Eu situava um personagem nesse sanatório, creio que um jovem professor que adoecia, e sua descrição era inteiramente absurda, era inventada, eu colocava nela uma certa ironia e também coisas minhas, sem que me desse conta disso.

S. de B. — O que, por exemplo? A história conta que ele beijava uma tuberculosa, não é? Para contagiar-se da doença, não?

J.-P.S. — Creio que se deitava com ela. Não. Ele estava doente. Mas ela sofria uma crise, estava muito pior do que ele. Isso ocorria no sanatório, e ela retornava a seu quarto, após haver passado uma noite bastante desagradável com ele. Não haviam tido relações sexuais, porque ela tossira muito. Não vejo muito bem a conclusão...

S. de B. — Por que essa ideia mórbida? Não sei se ele sorvia seus escarros, mas isso era bastante marcante. Ele queria ficar doente.

J.-P.S. — Ele estava doente.

S. de B. — Sim. Mas por que o mórbido? O que o levava, naquela época, a contar histórias mórbidas?

J.-P.S. — Era mórbido porque se tratava de dois tuberculosos que tinham relações sexuais. Eu era totalmente são. Assim, esse lado tuberculoso me escapava, bem como o lado sexual. Era realmente brincar com conceitos. Creio que, de bom grado, teria escrito histórias apavorantes. Aquela não era uma história apavorante, mas o personagem estava apavorado, já não sei bem por quê: tinha sonhos durante a noite?

S. de B. — Seria preciso reler o texto.

J.-P.S. — Veja bem que, de certa maneira, era o meu meio que eu descrevia. Não se tratava de ambientes barrocos.

A cerimônia do adeus

S. de B. — E as outras histórias publicadas em *Revue sans titre* eram também realismo?

J.-P.S. — Sim. E meu primeiro romance, que não foi publicado, *Une défaite*, também era realismo. Mas era um realismo curioso; era a história de Nietzsche e de Wagner, representando eu o papel de Nietzsche e um personagem bastante apagado representando Wagner. E Cosima Wagner.

S. de B. — Não se pode dizer que se trate de realismo!

J.-P.S. — Não; e é. Porque Wagner era professor, escritor genial, em Paris. Quanto a mim, estava na Escola Normal. Portanto, era realismo.

S. de B. — Sim, você tomava um esquema romântico, que tratava de maneira realista. Mas você escreveu Frederic antes ou depois de *Er l'arménien*?

J.-P.S. — Antes. Aliás, não o escrevi até o fim. Nizan levara o texto à Gallimard, que o recusou.

S. de B. — Foi quando você conheceu Camille? Cosima Wagner era muito inspirada em Camille?

J.-P.S. — Sim, conheci Camille no ano em que entrei na Escola Normal. Ou seja, a filha de minha tia morreu naquele ano. Estive então no enterro e foi lá que conheci Camille.

S. de B. — Havia então você, depois um escritor inspirado em Wagner, e Cosima, que era inspirada por suas leituras sobre Cosima Wagner e por seu próprio conhecimento de Camille.

J.-P.S. — Sim, naquela ocasião eu lia Andler, sobre Nietzsche.

S. de B. — Então, era um esforço para conciliar o realismo com uma história de aventuras…

J.-P.S. — Sim, uma história de aventuras. O herói apaixonava-se por Cosima, estando Cosima apaixonada por Wagner e ele ligado a Wagner… Era o que sobrava de um romance capa e espada transformado num romance realista.

S. de B. — Depois, houve *Er l'arménien* e até *La légende de la verité* seguia um pouco essa direção. Houve uma transição para a mitologia grega, com um estilo bastante afetado. Como se realizou essa transição? Será que a influência de seus estudos gregos e latinos o marcou muito?

J.-P.S. — Certamente. Isso me marcou. Creio que considerava a Antiguidade como uma reserva de mitos.

S. de B. — Você ficou *muito* apaixonado pelos gregos, os latinos?

J.-P.S. — Sim, desde o sexto ano. O Egito, a Grécia e Roma. Naquela época estudava-se história antiga no sexto e no quinto ano, creio. Então, eu lia livros; lia especialmente a história romana de Duruy, cheia de fatos anedóticos.

S. de B. — Isso tinha um aspecto heroico... Aproximava-se um pouco do romance capa e espada. Mas como se explica então que Nizan já tivesse um estilo, mesmo na *Revue sans titre*, um estilo moderno, influenciado por Giraudoux, enquanto você, ao contrário — isso durou até *A náusea* —, tinha um estilo muito clássico, até afetado. Você diz que apreciou Proust, Giraudoux, mas absolutamente não os sentimos no que você escrevia nessa época.

J.-P.S. — Não, mas é porque eu vinha da província onde conhecera toda a literatura do século XIX burguês, como, por exemplo, Claude Farrère: eram autores afetados, clássicos, tolos. E Nizan estava em Paris. Um liceu de Paris era muito mais avançado do que o liceu de La Rochelle. Nós não vivíamos no mesmo ambiente. Eu vivia no século XIX e Nizan, sem situar-se bem, vivia no século XX.

S. de B. — Mas quando você foi para Paris, leu os mesmos livros que Nizan, tornou-se amigo de Nizan; isso permaneceu superficial, não o influenciou?

J.-P.S. — Sim, isso provocou uma crise, ao contrário. Uma crise interna. Oh! Não muito grave, mas enfim...

S. de B. — De toda maneira isso pesou.

J.-P.S. — Sim. Para um sujeito que lia Claude Farrère, era complicado ler Proust, por exemplo. Era preciso que modificasse minhas perspectivas, que modificasse minhas relações com as pessoas.

S. de B. — Com as pessoas ou com as palavras?

J.-P.S. — Com as palavras e com as pessoas; era preciso que eu visse que se têm relações mais ou menos distanciadas com as pessoas, que de tempos em tempos era-se ativo em relação a elas, outras vezes passivo. Isso foi muito importante; tentei perceber o que era um verdadeiro meio, com as verdadeiras relações que as pessoas mantêm entre si, ou seja, reagindo ou submetendo-se: isso eu não conhecia.

S. de B. — Explique-se um pouco melhor: relações verdadeiras com as pessoas, submetendo-se, agindo...

J.-P.S. — É assim que são as pessoas, elas agem e se submetem. Mas há as que se submetem e há as que agem.

A cerimônia do adeus

S. de B. — Mas como foi que descobriu isso em Paris?

J.-P.S. — Porque nessa ocasião eu vivia em regime de pensionato, isso pesou muito. Nizan também estava em regime de pensionato. Então, tínhamos relações com as pessoas, tínhamos relações com os alunos, relações de internos. As relações de internos eram terrivelmente difíceis.

S. de B. — Por que exatamente?

J.-P.S. — Porque há o dormitório que é todo um mundo. Lembra-se de quando Flaubert estava no dormitório e só pensava em ler literatura romântica? Ele a lia lá. É um mundo, o dormitório.

S. de B. — O que não percebo bem é que, quando estava em La Rochelle, você, de qualquer maneira, sabia que as pessoas agem, submetem-se, não? E em suas relações com seus companheiros? Explique um pouco melhor a mudança que acarretou a ida de La Rochelle para Paris.

J.-P.S. — Bem, o fato de ser interno era algo que eu desconhecia. E me haviam falado muito mal do internato. Até meu avô e meus pais: não, você não vai ser interno, porque ficará longe da família, pode ser perseguido por professor, pelo diretor; mas eu não podia ir dormir todas as noites em casa de meu avô; dormia lá uma vez por semana, aos domingos, e o resto do tempo era preciso colocar-me em algum lugar, eu ficava interno, era natural. Era interno do Henri IV, meu avô conseguira que eu fosse aceito lá. E ali, minhas relações com as pessoas mudaram. Imagine que, aos domingos, ia cantar na missa.

S. de B. — É mesmo? Isso eu nunca soube. Por que ia cantar na missa?

J.-P.S. — Porque me agradava cantar, e haviam solicitado gente para formar um coro de cantores na missa. Tocava-se órgão na capela do Henri IV.

S. de B. — É muito interessante. Mas em que o fato de cantar na missa e de participar de um dormitório explica a mudança que houve em sua literatura?

J.-P.S. — Não que isso o explicasse. Disse que era um outro ambiente que me rodeava; durante seis dias dormia no liceu, ficava sem sair do liceu, com as noites e essas relações singulares que se tem quando se é interno; e depois, aos domingos, ia para a casa de meus avós, era um mundo totalmente diferente do de meus pais, já que meu avô era professor. E eu tinha sua biblioteca. Vivia num outro mundo. Um mundo de universitários, aliás, já que me preparava para a Escola Normal e para a agregação.[67]

S. de B. — Quais foram os colegas que tiveram importância para você nessa época? Em primeiro lugar, Nizan, é claro, e esse Gruber de quem me falava...

J.-P.S. — Gruber não foi importante, tínhamos somente relações cordiais. Houve Chadel, amigo de Nizan, e que também se tornou meu amigo. Nós o desprezávamos, mas ele se referia a nossas relações a três, aos três mosqueteiros, eram mitos que lhe transmitíamos, que não utilizávamos. Houve também um sujeito que se tornou parteiro depois, um sujeito ótimo, muito simpático.

S. de B. — Você estudava muito nessa época?

J.-P.S. — Recebi o prêmio de excelência no último ano de colégio e talvez em filosofia, já nao me lembro.

S. de B. — E por que foi a filosofia que escolheu finalmente? Já que também gostava muito de letras.

J.-P.S. — Porque quando fiz o curso de filosofia de Cucuphilo, que era meu professor — chamava-se Chabrier, mas seu apelido era Cucuphilo —, ela me pareceu o conhecimento do mundo. Havia todas as ciências que pertenciam à filosofia; em metodologia, aprendia-se como se constitui uma ciência. E para mim, do momento em que se sabia como se faz matemática, ou as ciências naturais, isso significava que se conheciam todas as ciências naturais e matemáticas; portanto, eu pensava que se me especializasse em filosofia, apreenderia o mundo inteiro, sobre o qual deveria falar em literatura. Isso me dava, digamos, a matéria.

S. de B. — Como via a literatura nessa época? Você diz esse mundo inteiro, sobre o qual deveria falar: achava que o escritor deve explicar o mundo?

J.-P.S. — Creio que eram as conversas com os rapazes que me davam essa ideia. Talvez tenha ocorrido a Nizan em primeiro lugar, não sei. De toda maneira, eu achava que o romance devia retratar o mundo, tal como era, tanto o mundo literário e crítico como o mundo das pessoas vivas. Não gostava muito de Alphonse Daudet, mas ele me surpreendia,

---

[67] Admissão ao grau de agregado nas universidades, ou seja, substituto do catedrático. (N.T.)

porque escrevera um romance sobre os acadêmicos, assumira uma profissão, se é que se pode denominar isso uma profissão, e dela fizera todo um romance; dava os nomes dos acadêmicos.

S. de B. — Mas você não achava que a literatura deveria consistir em falar de você?

J.-P.S. — Ah! De modo algum. Porque, como lhe digo, comecei pelos romances capa e espada. Já não pensava nisso, mas algo permanecia. Há ainda um pouco de romance capa e espada em *Os caminhos da liberdade*.

S. de B. — Sim. Mas nada em *A náusea*.

J.-P.S. — Nada em *A náusea*.

S. de B. — Nem em *O muro*. Bem. Então você estudou filosofia, porque era a disciplina que lhe permitia saber tudo, acreditar que se soubesse tudo, que se haviam dominado todas as ciências.

J.-P.S. — Sim; um escritor tinha que ser um filósofo. A partir do momento em que soube o que era a filosofia, parecia-me normal exigir isso de um escritor.

S. de B. — Sim, mas por que era absolutamente necessário escrever?

J.-P.S. — Pertenço a um período em que a literatura pessoal era pouco valorizada, pelo menos entre os leitores burgueses e pequeno-burgueses, aos quais pertenciam meu avô e as pessoas que me cercavam. Nesse então não se escreviam coisas pessoais.

S. de B. — Mas quando você começou a gostar de Proust, o que ele conta é exatamente o tipo de coisas pessoais: como dorme, como não dorme. É claro que há também o mundo dentro disso, mas enfim...

J.-P.S. — Sim, foi sobretudo o mundo que apreciei em Proust, de início. Isso veio pouco a pouco. Também achei, depois, que a literatura se destinava a coisas pessoais. Mas é preciso não esquecer que, a partir do momento em que estudei filosofia, e que escrevi, pensava que o resultado da literatura consistia em escrever um livro que revelasse, para o leitor, coisas em que este jamais pensara. Durante muito tempo, foi essa a minha ideia: que eu chegaria a dar ao mundo, não o que qualquer um pudesse ver, mas coisas que eu veria — que não conhecia ainda — e que desvendariam o mundo.

S. de B. — E por que se sentia capaz de desvendar o mundo para as pessoas? Como se sentia internamente? Sentia-se muito inteligente, muito dotado, predestinado?

J.-P.S. — Muito inteligente, certamente sim. Embora tenha tido dificuldades; por exemplo, resultados bastante insatisfatórios em matemática e, acho que também, em ciências naturais. Mas considerava-me muito inteligente. Não pensava que tivesse qualidades particulares. Pensava que o estilo, e o que se tem a dizer, fosse dado a qualquer pessoa inteligente que observa o mundo. Em outras palavras, havia toda uma teoria em mim — aspecto sobre o qual voltaremos a falar — segundo a qual eu era um gênio, completamente contraditado por minha maneira de escrever e de pensar o que escrevia. Pensava que, de certa maneira, era um homem qualquer que fazia livros e se os fizesse da melhor maneira possível obteria alguma coisa. Seria um bom escritor e, sobretudo, descobriria a verdade do mundo.

S. de B. — É interessante, essa ideia de descobrir a verdade do mundo. Mas isso se originava do fato de possuir você o que chamamos ideias, teorias. Mesmo quando era jovem, tinha visões próprias sobre as coisas.

J.-P.S. — Sim, tinha visões próprias que valiam o que valiam. Mas as tinha desde os 16 anos. O primeiro ano e a filosofia foram anos em que inventei uma quantidade de ideias.

S. de B. — Sim, e essas ideias deviam ser transmitidas sob uma forma literária; era preciso criar um belo objeto, um livro, mas que revelasse, ao mesmo tempo, essas ideias que estavam em você: em resumo, a verdade do mundo.

J.-P.S. — Essa verdade, eu ainda não a conhecia inteiramente, longe disso. Absolutamente, não a conhecia. Mas a aprenderia aos poucos. Aprendia menos observando o mundo do que combinando as palavras. Combinando as palavras, obtinha coisas reais.

S. de B. — Como assim? Isso é importante.

J.-P.S. — Bem, eu não sabia como. Mas sabia que a combinação das palavras dava resultados. Combinávamo-las e depois havia grupos de palavras que proporcionavam uma verdade.

S. de B. — Isso, não compreendo muito bem.

J.-P.S. — Literatura consiste em agrupar palavras umas com as outras: eu ainda não me preocupava com gramática e com tudo o mais. Combinava-se através da imaginação, é a imaginação que cria palavras como... *à rebrousse-soleil*.[68] Entre esses grupos de palavras, alguns eram verdadeiros.

---

[68] "A contrassol." (N.T.)

A cerimônia do adeus

S. de B. — Parece quase surrealismo. Agrupam-se as palavras e depois, subitamente, essas palavras, não se sabe por que magia, desvendam o mundo?

J.-P.S. — É, era assim. Na verdade, não se sabe por que magia, porque eu não sabia qual era. Uma confiança na linguagem.

S. de B. — Mas afinal você não escrevia ao acaso, jogando as palavras de qualquer maneira?

J.-P.S. — Certamente que não.

S. de B. — Era, ao contrário, muito construído, muito trabalhado. Então seria preciso ver a relação entre essa literatura e a filosofia.

J.-P.S. — Sobretudo quando essa literatura tinha algo de filosófica. Por exemplo, descobri os surrealistas no primeiro ano, ou em *hypo-khâgne* ou em filosofia.

S. de B. — Isso o interessava?

J.-P.S. — Sim, um pouco. Era bizarro, eu saía de uma formação muito clássica e me deparava com isso. Então queria interessar-me, porque Nizan se interessava, e, pouco a pouco, interessei-me cada vez mais. Na Escola Normal era essa a tendência dominante. Mas as pessoas que a promoviam não eram muito mais velhas do que eu. Eu tinha 18 anos quando entrei para a Escola Normal. E os surrealistas, 25. Não havia grande diferença de idade. Lia-se *L'Immaculée Conception*, Eluard, Breton; isso foi muito importante para mim; lembro-me, porque fiz exercícios de estilo surrealistas. Aliás, tentei imitar os poemas de *L'Immaculée Conception*. E também tinha começado a pensar nos loucos naquela época. Como sendo surrealistas, poder-se-ia dizer.

S. de B. — De toda maneira, queria compreender melhor a ligação filosofia-literatura. Em *Er l'arménien* havia um conteúdo filosófico. Havia uma determinada mensagem que você queria transmitir.

J.-P.S. — Sim, mas não a imaginava como uma mensagem. Desvendava para os leitores a verdade sobre o mundo. Uma das coisas que absolutamente não me interessavam era a beleza, como qualidade interior de uma obra. Não me preocupava com isso. Era necessário sobretudo que ela proporcionasse o máximo de conhecimentos novos.

S. de B. — De onde lhe vinha essa certeza de ser o detentor de verdades comunicáveis aos outros?

J.-P.S. — Eu não era o detentor delas, tinha que encontrá-las no mundo, mas estava certo de que as encontraria.

S. de B. — E de onde lhe veio a primeira de suas ideias importantes — que sempre permaneceu, sob uma forma ou outra — a ideia da contingência?

J.-P.S. — Bem, encontro a primeira alusão a essa ideia na caderneta dos Supositórios Midy.

S. de B. — Conte o que era essa caderneta.

J.-P.S. — Encontrei a caderneta no metrô. Era no período de *khâgne*, era minha primeira caderneta filosófica e eu a pegara para anotar todas as coisas que pensava.

S. de B. — Era uma caderneta que encontrou sem nada escrito?

J.-P.S — Sim, estava no metrô. E então me aproximei de um objeto que estava sobre um banco, e era uma caderneta sem nada escrito. Era uma caderneta distribuída pelos laboratórios Midy e dada a um médico, era por ordem alfabética. Assim, se eu tinha um pensamento que começava por A, anotava-o. Mas o que há de curioso é o início do pensamento sobre a contingência. Pensei sobre a contingência a partir de um filme. Via filmes nos quais não havia contingência, e quando saía encontrava a contingência. Era, portanto, a necessidade dos filmes que me fazia sentir, na saída, que não havia necessidade na rua. As pessoas se deslocavam, eram qualquer um...

S. de B. — Mas de que maneira essa comparação assumiu a importância que assumiu para você? Por que esse fato da contingência o mobilizou tanto, que você quis realmente fazer isso... lembro-me que, quando nos conhecemos, você me disse que queria fazer disso algo que seria como o *fatum* para os gregos. Queria que fosse uma das dimensões essenciais do mundo.

J.-P.S. — Sim, porque achava que a negligenciavam. Aliás, continuo achando isso. Se se chega ao fundo dos pensamentos marxistas, por exemplo, há um mundo necessário, não há contingência, só há determinismos, dialéticas; não há fatos contingentes.

S. de B. — A contingência o tocava, afetivamente?

J.-P.S. — Sim. Penso que se a descobri com os filmes e a saída às ruas é porque estava feito para descobri-la.

S. de B. — Aliás, em *As palavras* há uma experiência da existência que talvez tenha sido um pouco reconstruída por você, atualmente, mas que se traduziu, enfim, por um conceito filosófico.

J.-P.S. — Certamente.

A cerimônia do adeus

S. de B. — E o que escrevia, nos Supositórios Midy, sobre a contingência?

J.-P.S. — Que a contingência existia como se podia ver pelo contraste entre o cinema, onde não há contingência, e a saída à rua onde, ao contrário, só há isso.

S. de B. — Você escreveu um Canto da contingência.

J.-P.S. — Escrevi um Canto da contingência.

S. de B. — Com que idade?

J.-P.S. — No terceiro ano da Escola Normal. "J'apporte l'oubli e j'apporte l'ennui."[69] Era assim que começava...

S. de B. — Sim. Era o lado insípido, aborrecido da existência, como você o disse, mais tarde, em *A náusea*. Será que você falava, por exemplo, com Nizan ou com seus outros colegas sobre sua teoria da contingência?

J.-P.S. — Eles não queriam saber disso.

S. de B. — Não queriam saber disso por quê?

J.-P.S. — Isso não lhes interessava.

S. de B. — Porque você ainda não dera a isso uma forma suficientemente marcante.

J.-P.S. — Talvez. Não sei. Você sabe, desprezamos um pouco as opiniões dos outros, quando estamos na Escola Normal; buscamos as nossas, procuramos esclarecer-nos. Nizan passou dos fascistas para os comunistas muito rapidamente. Naquela época, ele não tinha tempo para pensar na contingência.

S. de B. — Sim, é claro. E quando foi que você conheceu Guille?[70] Isso é para ver as influências intelectuais.

J.-P.S. — No primeiro ano da Escola. Mas nós nos conhecíamos antes: ele estava em *khâgne* comigo no Louis-le-Grand.

S. de B. — E que diferença de amizade havia entre você e Guille e você e Nizan? Guille teve influência sobre você na época? Por que se tornou amigo dele?

J.-P.S. — Por que formamos um grupo, eu, Guille e Maheu? Que era aliás muito diferente do grupo Nizan e eu? Não saberia dizer-lhe.

---

[69] "Trago o esquecimento e trago o aborrecimento." (N.T.)

[70] Em minhas *Memórias* dei a Guille o nome de Pagniez e falei longamente sobre ele.

S. de B. — Quanto a Maheu, compreende-se melhor, porque também ele era filósofo. Mas Guille? Ele não era filósofo; naquela época você preferia a literatura à filosofia?

J.-P.S. — Ele falava muito de literatura.

S. de B. — Vocês falavam de Proust?

J.-P.S. — Falava-se de Proust, certamente, mas falava-se também das coisas da vida. O que acontecera pela manhã, o que seu pai lhe dissera. De suas histórias de mulheres, tudo isso; e muito sobre comida.

S. de B. — Já?

J.-P.S. — Não esqueça que frequentávamos o Pierre.

S. de B. — Você ia ao Pierre quando estava na Escola Normal? Tinha dinheiro suficiente para isso?

J.-P.S. — No quarto ano, eu tinha minha pequena herança.

S. de B. — Ah, sim! É verdade. Você mostrava a Guille algumas das coisas que escrevia?

J.-P.S. — Sim. Sobretudo a partir do momento em que conheci a sra. Morel,[71] mostrava-lhe coisas. Lembro-me de haver provocado um ataque de riso nele e nessa senhora a propósito de... à *rebrousse-soleil*.

S. de B. — Isso foi mais tarde, posto que você já me conhecia. Havia também um poema que você escrevera: *Adouci par le sacrifice d'une violette / Le grand miroir d'acier laisse un arrière-goût mauve aux yeux*.[72] Isso era para dizer que o céu era cor de malva e eles caçoaram muito de você. Mas também não foram muito calorosos em relação a *A náusea*, então...

J.-P.S. — Oh! Eram críticos severos: estava decidido que tudo o que eu fazia devia ser medíocre. Queriam muito que eu escrevesse mais tarde...

S. de B. — De toda maneira, parece-me que *Une défaite* fez com que essa senhora chorasse de tanto rir?

J.-P.S. — Ah, sim! Chorava de tanto rir.

S. de B. — Falava sempre do lamentável Frédéric. Bem. Voltemos à contingência. Houve a contingência. Havia um conteúdo filosófico

---

[71] Que em minhas *Memórias* chamo de sra. Lemaire.

[72] Em tradução literal: "Amenizado pelo sacrifício de uma violeta. O grande espelho de aço deixa um ressalto malva nos olhos." (N.T.)

em *Er l'arménien*; e que escreveu depois? Foi imediatamente *La légende de la vérité*?

J.-P.S. — *La légende de la vérité* foi escrito depois que eu a conheci.

S. de B. — Explique-me melhor essa relação entre filosofia e literatura. Eu sei que isso me surpreendera. Você tinha dito: quero ser Spinoza e Stendhal. Mas como via essa ligação? Como duas séries de obras, umas das quais seriam filosóficas e as outras...

J.-P.S. — Não, na época não queria escrever livros de filosofia. Não queria escrever o equivalente de *Crítica da razão dialética*, ou de *O ser e o nada*. Não, queria que a filosofia, na qual acreditava, as verdades que eu atingiria, se exprimissem em meu romance.

S. de B. — Ou seja, no fundo queria escrever *A náusea*.

J.-P.S. — No fundo, queria escrever *A náusea*.

S. de B. — Conseguiu o que desejava. Mas isso não surgiu de imediato e, de início, ainda começou a tomar a forma de mito; havia *La légende de la vérité*, havia o mito do homem só.

J.-P.S. — Sim, o mito do homem só durou muito tempo. Ainda existe em *A náusea*.

S. de B. — Sim, mas não sob uma forma mítica. *La légende de la vérité* é escrito numa linguagem muito afetada; muito solene, muito pouco moderna.

J.-P.S. — Era um estilo de professor. Um professor de letras ou de filosofia escreve assim. E saí disso libertando-me das obras de professores.

S. de B. — Você tinha ideias sobre uma quantidade de coisas, ideias que eram precisas e bem-expressas: por exemplo, em que ano respondeu à pesquisa sobre a juventude?

J.-P.S. — Estava ainda na Escola Normal. Era no último ano, ou antes, no penúltimo. Porque eu estudava demais. Aliás, basta ver a data.

S. de B. — Você já tinha toda uma concepção da vida. Em sua correspondência com Camille há uma carta sua, aos 19 anos, que é absolutamente surpreendente, porque já se encontra nela o embrião de uma grande teoria que você expressou depois sobre a felicidade, sobre o escrever, sobre a recusa de determinada felicidade e afirmação de seu valor como escritor, embora ele absolutamente não fosse comprovado na ocasião. Como sentia exatamente esse valor?

J.-P.S. — Era absoluto. Acreditava nele como um cristão acredita na Virgem, mas não tinha nenhuma prova. E, no entanto, tinha a impressão de que o que escrevia, isto é, aqueles textozinhos de merda, os romances de capa e espada, as primeiras novelas realistas eram a prova de que eu tinha gênio. E não podia prová-lo por seu conteúdo, percebia bem que ainda não era isso; mas o simples fato de escrever provara que eu tinha gênio. Provava-o porque o ato de escrever, se perfeito, exige um autor que tenha gênio. O fato de escrever coisas perfeitas era a prova de que se tinha gênio. E, finalmente, escrever era escrever coisas perfeitas. Só se pode desejar escrever para escrever coisas perfeitas. E que, ao mesmo tempo, aliás, não são inteiramente perfeitas, ultrapassam um pouco os limites do perfeito, para ir mais longe. Mas a ideia de "escrever é escrever coisas perfeitas" é a ideia clássica. Na época, eu não tinha prova alguma, mas dizia a mim mesmo que, já que queria escrever, portanto coisas perfeitas, era preciso supor que o faria; assim, eu era o homem que escreveria coisas perfeitas. Era um gênio. Tudo isso é bastante compreensível.

S. de B. — Mas por que pensava que era muito inteligente?

J.-P.S. — Porque me haviam dito.

S. de B. — Nem sempre era o primeiro da classe; quando estava em La Rochelle, você não se mostrava tão preocupado com os estudos.

J.-P.S. — Era uma reputação que eu tinha, não sei bem por quê: e certamente não por causa de meu padrasto.

S. de B. — Será que era uma reação contra seu padrasto?

J.-P.S. — Provavelmente. Pensava que minhas ideias eram verdadeiras. E as suas, simplesmente limitadas à ciência.

S. de B. — Disso você absolutamente não falou. E é uma das coisas importantes: que influência tiveram suas relações com seu padrasto, digamos que dos 11 aos 19 anos? Você tinha esse padrasto voltado para as ciências, de quem você não gostava, naturalmente por uma série de razões afetivas, porque ele lhe roubava sua mãe. Não é isso que o coloca contra as ciências: de qualquer forma, sua infância fora mais voltada para a literatura. Mas pode explicar um pouco?

J.-P.S. — Seria preciso muito tempo para explicar o que eram minhas relações com meu padrasto.

S. de B. — E uma relação de infância e de adolescência.

J.-P.S. — Sim. Não vamos falar disso agora. Sobretudo, porque ele não teve importância alguma no que se refere ao escrever. Até os 14 anos mostrei meus escritos a minha mãe, que dizia: "É bonito, tem inventiva." Ela não os mostrava a meu padrasto, que não se interessava por eles. Sabia que eu escrevia, mas isso lhe era indiferente. Aliás, aqueles textos só mereciam descaso. Mas eu sabia que meu padrasto não lhes dava atenção. De modo que foi esse, constantemente, o tipo contra o qual escrevia. Durante toda a minha vida; e o fato de escrever era contra ele. Ele não me censurava, porque eu era muito jovem, melhor fazer isso do que jogar bola, mas, na verdade, ele estava contra mim.

S. de B. — Mas, por quê, em última análise? Ele considerava a literatura uma coisa fútil?

J.-P.S. — Ele achava que, aos 14 anos, não se decide fazer literatura. Para ele, isso não fazia sentido. Para ele, um escritor era um homem que aos trinta ou quarenta anos produziu um determinado número de livros. Mas aos 14 anos não há que ocupar-se disso.

S. de B. — Volto à pergunta: por que se considerava inteligente? Em La Rochelle, era antes perseguido. Portanto, não eram seus colegas que lhe davam um certificado de inteligência. Por outro lado, você me disse que seus estudos, em La Rochelle, não eram assim tão brilhantes.

J.-P.S. — Eu não me considerava inteligente.

S. de B. — Sim, você acaba de dizer que estava certo de ser inteligente.

J.-P.S. — Sobretudo depois, a partir do primeiro ano.

S. de B. — Ah! Bem. E em La Rochelle?

J.-P.S. — Em La Rochelle, não. Em La Rochelle, fiz o quarto, o terceiro e o segundo anos. Não me considerava inteligente porque a palavra não existia para mim; existia, mas eu não a utilizava. Não é que me considerasse burro. Achava-me antes profundo, se é que uma criança pode empregar essa expressão; pensava, digamos, que podia revolver coisas que meus colegas não revolviam neles.

S. de B. — É por isso que, com relação ao seu padrasto, você achava, por volta dos 14 anos, que compreendia mais coisas do que ele?

J.-P.S. — Que ele era mais inteligente que eu.

S. de B. — Ah, achava que ele era mais inteligente?

J.-P.S. — Sim, porque ele sabia matemática. Isso me parecia inteligente. Compreender a matemática.

S. de B. — Mas você se achava possuidor de algo que ele não tinha?

J.-P.S. — Sim. O fato de escrever. O fato de escrever me colocava acima dele.

S. de B. — E também o fato de pensar. Quando ambos discutiam — você tinha 14, 15 anos — achava que ele dizia tolices?

J.-P.S. — Não. Era muito difícil julgar o que ele dizia. Tinha ideias que não eram as minhas, que não me tocavam, mas eu não via o momento em que tomavam a direção errada. Ele partia da matemática, da física, do conhecimento técnico, daquilo que ocorria numa fábrica; tinha um mundo inteiramente constituído e, além disso, havia lido. Havia lido livros que não tinham grande interesse, mas que, de toda maneira, eram conhecidos na época.

S. de B. — Ele não era um engenheiro completamente fechado?

J.-P.S. — Não, não. Ele lera livros que eu lia e apreciava. Veja bem que é o que fazem muitos engenheiros atualmente. Mas, com relação a mim, isso me perturbava.

S. de B. — Voltando a esse período de que falou tão pouco, dos 11 aos 19 anos, você tinha então posições políticas? Não digo já ideias, teorias; mas aos 14, 15 anos, estava já orientado de uma maneira qualquer?

J.-P.S. — Em 1917, eu e meus companheiros ficamos um pouco interessados pela Revolução russa...

S. de B. — Mas que idade tinha? Era muito pequeno, tinha 12 anos?

J.-P.S. — Sim, tinha 12 anos e aquilo não nos apaixonou. Perguntávamo-nos, especialmente, se seria possível vencer a Alemanha, apesar da paz separada da Rússia, e isso era tudo.

S. de B. — Como sentia o mundo?

J.-P.S. — Era democrata. Como sabe, meu avô, que era republicano, me formara no republicanismo — mencionei isso em *As palavras*.

S. de B. — Isso acarretava conflitos com seu padrasto? O fato de ser democrata e republicano influenciava alguma coisa?

J.-P.S. — Não, meu padrasto também era republicano. Para ser exato, não tínhamos o mesmo republicanismo, mas isso só se descobriu pouco a pouco. Porque meu republicanismo era de palavras, para começar. Era um entusiasmo por uma sociedade onde todo mundo teria os mesmos direitos.

S. de B. — Sim. Então, naquela época não havia nenhum conflito especial entre ele e você quanto a esses problemas?

J.-P.S. — Não; isso foi depois, quando eu já estava no liceu de Paris.

S. de B. — No fundo, foi em Paris que tudo se definiu, desabrochou, afirmou, tudo o que estivera incubado e existira em La Rochelle, sob uma outra forma. Foi em Paris que você realmente pensou que era inteligente e que teve a ideia do talento.

J.-P.S. — Não, já a tinha antes.

S. de B. — Já a tinha antes?

J.-P.S. — Sim, sim. O talento não era inteligência. O talento era a possibilidade de fazer uma obra literária perfeita. E depois, esqueci um detalhe que, em parte, fez com que fosse mandado para Paris; é que, quando estava no terceiro ano, roubei dinheiro de meu padrasto, que o dava a minha mãe.

S. de B. — Conte novamente essa história; já a contou no filme, mas nunca se sabe se o filme vai sair ou não. Ela é interessante.

J.-P.S. — Bem, eu tinha necessidades.

S. de B. — Sim, sei; era o desejo de sentir-se igual aos seus colegas, de poder levá-los ao teatro, pagar-lhes bobagens...

J.-P.S. — Pagar-lhes doces. Lembro-me de que íamos à grande *pâtisserie* de La Rochelle, comíamos pudins com o dinheiro de minha mãe.

S. de B. — Então você tinha necessidades.

J.-P.S. — Tinha necessidades. A bolsa de minha mãe estava num armário. Continha sempre todo o dinheiro do mês para ela e para as coisas que tinha que comprar, como, por exemplo, comida. Havia uma quantidade de notas e eu ia pegando; de início, pegava francos, que valiam muito mais do que um franco de hoje, e depois notas, com certa prudência, cinco francos aqui, dois ali, e um dia de maio me vi com setenta francos. Em 1918, setenta francos era muito dinheiro. E, um dia, estava cansado e subi para deitar-me muito cedo. Minha mãe acordou-me no dia seguinte, querendo saber se eu estava melhor, e eu colocara minha jaqueta, que continha todo o meu tesouro, notas e moedas, sobre minhas pernas, para esquentar-me. Ela então a pegou, sacudiu-a, mas não intencionalmente; ouviu: ding, ding, ding, uma quantidade de moedas entrechocando-se lá dentro. Enfiou a mão, encontrou notas, francos; retirou-os imediatamente e disse: mas que dinheiro é este?

S. de B. — É estranho que ela nunca tenha percebido antes que você roubava! Com minha mãe, isso teria sido impossível. A sua não controlava, não sabia quanto tinha em sua bolsa?

J.-P.S. — Não.

S. de B. — Continue. Ela encontrou as notas, os francos...

J.-P.S. — Eu disse: "É dinheiro que roubei para rir de Cardino, foi sua mãe quem lho deu, pretendo devolver-lhe hoje." "Bem", disse minha mãe, "mas será entregue por mim, você o trará aqui esta noite, para que lhe pergunte de que se trata." Isso não ia dar certo, porque o Cardino em questão — não sei por que o escolhi — era meu maior inimigo. De manhã, fui ao liceu, e foi o diabo para falar com Cardino, que queria agredir-me, mas, finalmente, outros intervieram e ficou combinado que ele viria, que receberia o dinheiro e me daria três quintos deste e ficaria com dois quintos. Ele veio; minha mãe lhe fez todo um discurso que o divertiu muito: as pessoas não se deixavam roubar assim, era preciso ter cuidado, em sua idade etc. Ele pegou o dinheiro e foi embora. Comprou imediatamente uma grande lâmpada elétrica. E sua mãe, a sra. Cardino, descobriu tudo em dois dias. Entretanto, ele dera a quantia que me devia, isto é, os três quintos do dinheiro, a colegas que não me devolveram logo. Houve uma cena com minha mãe e meu padrasto, fui recriminado etc.

S. de B. — Sim, mas a sra. Cardino foi perguntar que dinheiro era aquele.

J.-P.S. — Sim. Então minha mãe entendeu tudo. Deram-me uma descompostura. Fui mantido a distância durante algum tempo e lembro-me — era no terceiro ano — que meu avô veio de Paris com minha avó; soube de tudo isso, ficou muito contrariado e, um dia, acompanhei-o à farmácia, ele entrou, deixou cair uma moeda de dez cêntimos no chão. Ela fez *ding*. Precipitei-me para recolhê-la. Ele me impediu e abaixou-se pessoalmente, com seus pobres joelhos que estalavam, porque eu já não era digno de recolher as moedas que caíam no chão.

S. de B. — Isso deve tê-lo impressionado um pouco. É o tipo de coisa que impressiona uma criança.

J.-P.S. — Sim, isso me impressionou um pouco. E, além disso, minhas relações com meus colegas não eram boas.

S. de B. — Em que medida isso o marcou quanto à literatura? Algumas vezes, você diz que isso lhe ensinou a violência.

J.-P.S. — Sim, isso me ensinou a violência. Normalmente, só deveria conhecer da violência um soco dado ou recebido no nariz; no liceu de Paris era assim; mas no liceu de La Rochelle levavam a sério a guerra; o inimigo era sempre um *boche*: eram violentos.

A cerimônia do adeus

S. de B. — Ah, sim! Era durante a guerra: isso é importante.

J.-P.S. — Era durante a guerra, sim. E aí conheci a violência. Em primeiro lugar, tinham-na em relação a mim, porque eu era um pouco a vítima; e depois entre eles. Falava-se da guerra, de ser morto ou não etc. Tinham parentes, os próprios pais, na guerra. Então, sim, aprendi ali a violência. É uma coisa importante.

S. de B. — Retomemos a conversa de ontem. Havia dois assuntos sobre os quais você disse que falaríamos hoje, aliás eram três. Havia a violência: como a sentiu e em que influenciou sua obra. Havia o problema da mudança da província para Paris: pareceu-me que você disse ontem que isso fora muito importante; e depois há também sua ideia do talento, e a distinção que você fazia entre o talento e a inteligência. Por onde quer que comecemos?

J.-P.S. — Em primeiro lugar, a violência, que era uma realidade quotidiana; havia a violência da guerra e depois também a pequena violência daqueles meninos sem pai. De longe e de perto, eu me deparava com a violência. Sobretudo, porque era objeto dela com muita frequência. Objeto como se é nos liceus, quando se é agredido. Não nos agridem como a um inimigo, agridem-nos como a um companheiro, para impedir que se cometa um erro, para reconciliar-nos com alguém, para pregar-nos uma peça, não importa: é com amizade que nos agridem. O importante, aliás, é que tínhamos algo em comum: pertencíamos ao liceu, que tinha dois grandes inimigos: por um lado, a escola dos bons padres, uma escola religiosa; e por outro, os moleques, como dizíamos, os moleques que não pertenciam necessariamente às escolas: podiam ser aprendizes, eram garotos como nós, entre 12 e 16 anos, e os encontrávamos e lutávamos com eles, sem que os conhecêssemos, simplesmente porque estavam vestidos de maneira menos fina do que nós; eles nos olhavam provocativamente e trocávamos socos. Lembro-me especialmente de que, numa rua que fica no centro de La Rochelle e que dá para uma porta sobre a qual há um grande relógio, num dia em que acompanhava minha mãe às compras, ao sair do liceu, deparei-me com um desses moleques; rolamos por terra, na rua, aos socos e pontapés, até que minha mãe, espantada, saísse da loja e me encontrasse no chão, inseparavelmente preso a meu adversário. Senti a mão de minha mãe que me arrancava deste enlaçamento; lutávamos bem.

S. de B. — Quando brigava com os moleques ou com os garotos que estavam nos padres, então estava em harmonia com seus colegas que, normalmente, o perseguiam?

J.-P.S. — Sim, se tivessem passado por ali, ter-se-iam juntado a mim para bater no moleque. Isso era uma aliança entre os alunos do liceu. Quanto a mim, não pertencia inteiramente ao liceu, porque era parisiense, porque tinha uma linguagem, uma maneira de ser que não era a de meus colegas. Ainda assim, tinha amigos, mas contava-lhes mentiras nas quais não acreditavam. Por exemplo, ao chegar ao liceu de La Rochelle, contei que tinha uma namorada em Paris e que aos sábados e domingos íamos fazer amor num hotel. Considerando que tinha 12 anos, e que era de uma estatura um pouco abaixo da média, isso parecia um pouco cômico. Eu era minha própria vítima, pois acreditava que os deixava surpresos e tomados de admiração.

S. de B. — Como reagia? Essa hostilidade o marcava muito profundamente, ou ficava um pouco no plano da brincadeira? O que lhe ensinou isso sobre a vida?

J.-P.S. — Isso só parecia ficar no nível da brincadeira para eles. Para mim, não. Eu me sentia vítima de uma espécie de má sorte, sentia-me muito infeliz. Era, com muita frequência, objeto de brincadeiras e de pancadas. Então, sentia-me inferior. Coisa que absolutamente não ocorria no liceu parisiense, no Henri IV. Havia dificuldades, isso é decorrência da idade. Tinha amigos, mas tinha dificuldades com outros. Mas havia um grupo com o qual era inteiramente solidário, no Henri IV. Enquanto que, em La Rochelle, tinha amigos, mas era sobretudo eu quem lhes dava afeto. Mas, repito-lhe, não queriam prejudicar-me ou desprezar-me. Éramos amigos, uns batendo nos outros. E isso eu aceitava muito mal. Como, além do mais, havia as relações com meu padrasto, que não eram perfeitas, creio que passei lá os anos mais infelizes de minha vida.

S. de B. — E isso teve influência sobre seu desenvolvimento futuro?

J.-P.S. — Penso que sim. Em primeiro lugar, penso que nunca mais esqueci a violência que ali aprendi. Foi assim que vi as relações das pessoas entre si. A partir de então, nunca tive relações ternas com meus amigos. Havia sempre ideias de violência entre eles, ou deles em relação a mim, ou de mim para eles; não era uma falta de amizade, era a prova de que a violência se impunha nas relações dos homens entre si.

A cerimônia do adeus

S. de B. — No entanto, em suas relações com Maheu, Guille, Nizan, quando estava no Henri IV, ou na Escola Normal, isso não ocorria?

J.-P.S. — Com Nizan, certamente que não. Quanto a Guille e Maheu, não pensava em partir-lhes a cara, jamais. Mas sentia uma espécie de distância, de possibilidade de violência entre nós.

S. de B. — E isso teve influência sobre seu próprio papel, quando estava na Escola Normal, com todo um bando que jogava...

J.-P.S. — Sim, era a continuação. Eu considerava que tudo era muito natural. Lançar bombas de água sobre rapazes que regressavam à noite, de *smoking*, parecia-me normal. Em La Rochelle era diferente. Quando brigávamos com os moleques, essa luta nos fazia burgueses. Eu não pensava muito nisso, mas percebia bem que, ao meu redor, era assim que o sentiam. Bater em moleques era tornar-se burguês.

S. de B. — Mas depois, você nunca foi um homem violento?

J.-P.S. — Partiam-me a cara, de tempos em tempos, na Escola Normal.

S. de B. — Você tinha acessos de raiva. Quando o conheci, era bastante irritadiço, sobretudo pela manhã. Mas, de toda maneira, isso nunca se transformava em violência.

J.-P.S. — Não.

S. de B. — Será que isso teve relação com certa violência expressa no seu vocabulário, quando o conheci? Você designava as coisas de um modo brutal; não era exclusividade sua, aliás, também Nizan, Maheu faziam o mesmo. Há uma relação?

J.-P.S. — Era uma forma esmaecida, abstrata de violência, e todos nós sonhávamos com uma filosofia simples e violenta que seria a filosofia do século XX. Nizan imaginara todo um mundo de violência na época em que lia Descartes.

S. de B. — Esse gênero de violência que fazia com que brigasse com os moleques tinha um aspecto direitista, quase fascista.

J.-P.S. — Fascista, não, certamente. Mas direitista, sim. Como lhe disse, éramos burgueses.

S. de B. — E como saiu disso?

J.-P.S. — Não me sentia assim na verdade. E depois, fui para Paris...

S. de B. — Foi muito importante para você mudar-se da província para Paris?

J.-P.S. — Não o senti imediatamente; vi-me sobretudo exilado de um pequeno mundo ao qual estava habituado. Era no segundo ano, já não se cogitava de brigar, nem eu nem os outros; tinha relações normais, embora um pouco insípidas, com meus colegas. Mas, enfim, gostava muito desse meio; estava adaptado a La Rochelle. Estava em Paris porque meu avô, professor de alemão, tinha colegas, reitores que o conheciam e que me conseguiriam vaga num bom liceu; e para afastar-me da falta atroz que cometera no ano anterior, com Cardino, ao roubar.

S. de B. — Mas você acaba de dizer que esses anos tinham sido muito infelizes, e agora diz que estava adaptado a La Rochelle?

J.-P.S. — Sim; os anos de infelicidade foram durante a quarta e a terceira série. E depois na segunda, então, já estava adaptado.

S. de B. — E como sentiu sua chegada a Paris? Disse-me ontem que havia uma coisa que tinha sido muito importante, o fato de ser interno, quando antes morava com a família. Ser interno e ter novos amigos, como sentiu isso?

J.-P.S. — Já não me lembro inteiramente. Sei que encontrei dois meninos que conhecera no sexto e no quinto ano: Nizan, que também era interno, e Bercot, um menino encantador, muito bom aluno, que era externo.

S. de B. — Você menciona isso em *As palavras*, parece-me.

J.-P.S. — Foram meus primeiros encontros, e depois conheci muitos outros.

S. de B. — Adaptou-se facilmente à vida do internato?

J.-P.S. — Sentia medo, porque lera inúmeros romances do século XIX onde se viam meninos que se tornavam infelizes porque eram internos. Isso me parecia clássico: somos internos, portanto somos infelizes.

S. de B. — E na realidade?

J.-P.S. — Na realidade, não fui infeliz. Revi Nizan, reatei os contatos com ele, mais profundos, aliás, do que os de antes. Começamos a ligar-nos intimamente. A dupla Sartre e Nizan, isso já estava bem-marcado na classe de filosofia, no Henri IV: frequentávamos os estudos do primeiro ano superior, conhecíamos os alunos, pedíamo-lhes livros emprestados. Foi aí que conheci Conrad e outros.

S. de B. — Naquela época também Nizan queria escrever?

J.-P.S. — Nizan queria escrever desde que o conheci; mesmo no sexto ano já tinha vontade de escrever. O que foi muito marcante para mim, no primeiro ano, foi encontrar alguém que estava no mesmo nível que eu, que queria escrever, que sempre o quisera, que era Nizan. Bercot era um pouco diferente; queria escrever também, mas falava menos nisso. Era mais discreto. O essencial é que queríamos escrever, Nizan e eu; isso nos unia, e os outros alunos sabiam que queríamos escrever e nos estimavam por causa disso. Eu estava no primeiro ano A, é claro, o que significa que estudava grego e latim com Georgin, que já mencionei; estudava muito, já que acabei recebendo o prêmio de excelência, o que estava muito longe do que podia esperar em La Rochelle.

S. de B. — E Nizan, também estudava muito?

J.-P.S. — Nizan estudava bastante. Um pouco mais "inconstante" do que eu, interessava-se mais por suas saídas, pelo meio que frequentava, pelas pessoas que via, por amigos de sua família, por reuniões, por moças, tudo isso. No entanto, estava muito ligado ao trabalho intelectual, ao trabalho de escritor.

S. de B. — Também ele pensava que seria um grande escritor e, digamos, um gênio, de certa maneira?

J.-P.S. — Não falávamos disso entre nós. Mas...

S. de B. — Vocês diziam que eram super-homens. Divertiam-se dizendo que eram super-homens.

J.-P.S. — Sim, dissemos um pouco isso. E nos dávamos nomes bretões, Ra e Bako.

S. de B. — Por que bretões?

J.-P.S. — Nizan era bretão.

S. de B. — Ah, sim. O que era exatamente essa ideia de talento, inerente, segundo você, ao próprio fato de querer escrever?

J.-P.S. — O que é inerente, na verdade, é que se escreve para fazer algo de bom: para tirar de si mesmo alguma coisa que tenha um valor e que nos represente. Pode-se encontrar o homem em seu livro. A simpatia ou antipatia que sentimos por Proust, que só conheço através de seu livro, como você também, nos vem de seu livro. Portanto, há o homem presente em seu livro, e o valor do homem lhe vem do livro.

S. de B. — Em suma, é um pouco a ideia kantiana: você deve, portanto você pode. Você deve fazer um bom livro, é o seu engajamento, é a sua escolha: você deve fazer uma grande obra e, consequentemente, há em você com que fazê-la. Você deve, portanto você pode.

J.-P.S. — Isso é muito evidente. Você deve, portanto você pode. Eu escolhia fazer uma obra; eu escolhia aquilo para o qual estava feito para fazer. É efetivamente bastante kantiano. Mas a moral kantiana formal, universal, negligencia os dados contingentes. É preciso agir em situação, levando em conta as características contingentes das pessoas que estão presentes e não somente sua existência abstrata.

S. de B. — Você estava no plano abstrato, precisamente, e tinha uma visão do futuro ainda inteiramente abstrata. Mas isso se traduzia em você por uma espécie de orgulho, de satisfação, de desprezo pelos outros, de exaltação? Como vivia isso?

J.-P.S. — Havia certamente momentos da exaltação. Só sentia meu talento em rápidas intuições; no resto do tempo, ele era apenas uma forma sem conteúdo. Por uma curiosa contradição, nunca considerei minhas obras como geniais. Embora fossem feitas dentro das regras que considerava como supondo a existência de talento.

S. de B. — Em resumo, era sempre futuro o talento?

J.-P.S. — Sim, era sempre futuro.

S. de B. — Você sabia muito bem que suas obras, na época — as de que falamos ontem, *Jésus la chouette*, *L'ange du morbide*, *Er l'arménien* —, você sabia muito bem que não eram muito boas.

J.-P.S. — Não era muito bom. Eu não o dizia, mas o sabia.

S. de B. — E *Une défaite*?

J.-P.S. — Em *Une défaite* começava a ver um romance que exprimiria minha sensibilidade e minha concepção do mundo. Isso não estava pronto, consequentemente não podia ser comparado a nada. Também não pensava que tinha talento ao escrevê-lo, mas esse romance era, en fim, mais importante para mim.

S. de B. — Sim. E *La légende de la vérité*?

J.-P.S. — Eu achava que *La légende de la vérité* seria ainda mais importante porque aí expunha ideias filosóficas pessoais. Pensava que, expressas numa bela linguagem, essas ideias impressionariam as pessoas e retratariam o que são os homens. Havia, você se lembra, pessoas que pensavam o universal, que eram os sábios; e homens que tinham ideias gerais, ou seja, os filósofos e os burgueses. E havia também os pensamentos do homem só, isto é, tal como eu queria ser, um homem que só pensa por si mesmo e que ilumina a *cidade*, graças ao que pensa, ao que sente. Como vê, tinha grandes aspirações.

S. de B. — Um trecho de *La légende de la vérité* foi publicado em *Bifur*. Foi a primeira vez que você foi publicado?

A cerimônia do adeus

J.-P.S. — Sim.

S. de B. — Você teve alguns leitores entusiastas; conhecia um húngaro da Biblioteca Nacional que achou que esse texto era uma revelação.

J.-P.S. — No entanto, o gênero era tedioso. Falava-se de filosofia na linguagem dos ensaios, florida. Era bem ridículo. Faltava-lhe a linguagem técnica necessária.

S. de B. — E depois fez a síntese: chegou a *A náusea*.

J.-P.S. — Sim.

S. de B. — Ou seja, aí você fez verdadeiramente literatura e, ao mesmo tempo, dava sua visão filosófica do mundo, da contingência etc. Isso você conseguiu. Mas para voltar ao problema de talento, como foi que mudou no decorrer de sua existência? Tente lembrar o que pensou, até hoje, e o que ainda pensa a esse respeito.

J.-P.S. — Penso agora que o estilo não consiste em escrever belas frases para si mesmo, mas frases para os outros, e isso coloca todo um problema quando um menino de 16 anos tenta pensar o que é escrever e ainda não tem noção do outro.

S. de B. — E como saber, exatamente, quais são as palavras cuja associação agirá sobre o leitor? É preciso confiar no vazio? Atirarmo-nos?

J.-P.S. — Sim, arriscarmos. Quando se escreve *rebrousse-soleil* que fez Guille rir tanto, erra-se. Mas há frases de Chateaubriand, por exemplo. Ele fez bem em ousar.

S. de B. — Sim.

J.-P.S. — Arrisca-se. De toda maneira, há motivos para arriscar.

S. de B. — Você pensava que seu talento seria reconhecido; mas disse-me muitas vezes que tinha também o sonho de que "quem perde ganha": era preciso ser inteiramente não reconhecido, para ser verdadeiramente um gênio. Como combinava isso em sua cabeça?

J.-P.S. — Falei disso em *As palavras*.

S. de B. — Você tinha a ideia de uma certa salvação: a obra teria uma realidade que ultrapassa o momento, seria algo de absoluto. Isso não significa que pensasse diretamente na posteridade, mas, de toda maneira, uma espécie de imortalidade. O que queria dizer com salvação?

J.-P.S. — Originalmente, quando escrevia *Les membres d'une noble famille à la recherche d'un papillon*, escrevia algo de absoluto; criava algo de absoluto, que era, em resumo, eu. Transportara-me para uma vida eterna. Um objeto de arte sobrevive ao século; se crio um objeto de arte, ele sobrevive ao século, portanto eu, seu autor encarnado nele, eu sobrevivo ao século; por trás, havia a ideia de imortalidade cristã: passava da vida mortal para uma sobrevivência imortal.

S. de B. — Pensou isso até quando, até a guerra?

J.-P.S. — Sim; pensava-o com um pouco de ironia, mas pensava-o na época em que escrevia *A náusea*.

S. de B. — Na época da literatura engajada, foi exatamente isso que cessou?

J.-P.S. — Isso cessou por completo.

S. de B. — Já não havia mais ideia de salvação? Nunca mais houve? A própria noção de salvação se apagou, suponho? O que não impede que tenha conservado uma olhada, um pouco de viés, para a posteridade.

J.-P.S. — A transformação que se fez em minha ideia de talento foi que, até depois de *A náusea*, eu sonhara com o talento; mas depois da guerra, em 1945, eu fizera minhas provas: havia *Entre quatro paredes*, *A náusea*; em 1944, quando os aliados deixaram Paris, eu tinha talento e fui para a América como um escritor de talento que vai fazer um *tour* em outro país; naquele momento eu era imortal, estava seguro de minha imortalidade. O que me permitia não pensar mais nisso.

S. de B. — Sim, porque essencialmente você não era desses homens que dizem: faço uma obra imortal, sou imortal; nada disso em você.

J.-P.S. — E aliás, isso é momento em que se é imortal, complicado, porque do que se fez a obra imortal, tudo já está feito; no entanto, é preciso ter a impressão de criar algo que não existia; portanto, é preciso situar-se no tempo quotidiano. Então, mais vale não pensar, exceto de rabo de olho, na imortalidade, e apostar na vida; vivo, eu escrevo para vivos, pensando que se é um êxito, continuarão a ler-me quando estiver morto; pessoas a quem minha mensagem não visa, a quem esta mensagem não era dirigida, a aprovação.

S. de B. — Com que você conta mais para perpetuar-se — na medida em que pensa em perpetuar-se: com a literatura ou com a filosofia? Como sente sua relação com literatura e com a filosofia? Prefere que as pessoas gostem de sua filosofia ou de sua literatura, ou quer que gostem de ambas?

J.-P.S. — Certamente responderei: que gostem das duas. Mas há uma hierarquia, e a hierarquia é a filosofia em segundo lugar e a literatura em primeiro. Desejo obter a imortalidade pela literatura, a filosofia

A cerimônia do adeus

é um meio de alcançar isso. Mas, aos meus olhos, ela não tem em si um valor absoluto, porque as circunstâncias mudarão e trarão mudanças filosóficas. Uma filosofia não é válida para o momento, não é algo que se escreve para seus contemporâneos; ela especula sobre realidades intemporais; será forçosamente ultrapassada por outras, porque fala da eternidade; fala de coisas que ultrapassam de longe nosso ponto de vista individual de hoje; a literatura, ao contrário, faz o inventário do mundo presente, o mundo que se descobre através de leituras, de conversas, de paixões, de viagens; a filosofia vai mais longe; considera que as paixões de hoje, por exemplo, são paixões novas que não existiam na Antiguidade; o amor...

S. de B. — Está querendo dizer que, para você, a literatura tem um caráter mais absoluto, e que a filosofia depende muito mais do curso da história; está muito mais sujeita a revisões?

J.-P.S. — Ela pede, necessariamente, revisões, por que ultrapassa sempre o período atual.

S. de B. — Concordo; mas não há um absoluto no fato de ser Descartes ou de ser Kant, mesmo se eles têm que ser ultrapassados de certa maneira? Eles são ultrapassados, mas a partir daquilo que me proporcionaram; há uma referência a eles que é um absoluto.

J.-P.S. — Não o nego. Mas isso não existe em literatura. As pessoas que gostam profundamente de Rabelais o leem como se ele tivesse escrito ontem.

S. de B. — E de uma maneira absolutamente direta.

J.-P.S. — Cervantes, Shakespeare. São lidos como se estivessem presentes; *Romeu e Julieta* ou *Hamlet* são obras que parecem ter sido escritas ontem.

S. de B. — Então, em sua obra, você dá primazia à literatura? No entanto, no conjunto de suas leituras e de sua formação, a filosofia representou um enorme papel.

J.-P.S. — Sim, porque a considerei como o melhor meio de escrever; era ela que me dava as dimensões necessárias para criar uma história.

S. de B. — De toda maneira, não se pode dizer que a filosofia era apenas um meio para você.

J.-P.S. — No início ela foi isso.

S. de B. — No início, sim; mas depois, quando se vê o tempo que você passou a escrever *O ser e o nada*, a escrever *Crítica da razão dialética*, não se pode dizer que se tratava simplesmente de um meio para fazer obras literárias; era também porque, em si, isso o apaixonava.

J.-P.S. — Sim, isso me interessava, é certo. Queria dar minha visão do mundo, ao mesmo tempo que a fazia viver por personagens em minhas obras literárias ou em ensaios. Descrevia essa visão aos meus contemporâneos.

S. de B. — Em suma, a alguém que lhe dissesse: "Sua filosofia é formidável, mas como escritor você pode desistir", você preferiria quem que lhe dissesse: "Você é um grande escritor, mas, como filósofo, não me convence"?

J.-P.S. — Sim, prefiro a segunda hipótese.

S. de B. — Talvez você pense que sua filosofia não lhe pertence com exclusividade, qualquer outro poderia inventar a ideia de prático-inerte, a ideia da recorrência, assim como os sábios, mesmo se são muito originais, descobrem em primeiro lugar o que outros teriam descoberto mais tarde de toda maneira. Não se poderia dizer também que a literatura é algo absoluto, mas fechado, concluído, enquanto que a filosofia se ultrapassa, mas, ao mesmo tempo, é retomada. Descartes sobrevive em você, por exemplo, e não é absolutamente o gênero da sobrevivência que pode ter para você Shakespeare ou Tácito, qualquer outro que você leia com grande prazer, que pode influenciá-lo de certa maneira, mas por espécies de ressonâncias ou por reflexão, enquanto que Descartes se integra em seu pensamento. Por que prefere o absoluto, independente de tudo, mas fechado?

J.-P.S. — Quando era pequeno era esse que eu vivia; queria escrever um romance que seria como *O corcunda de Notre-Dame*. ou *Os miseráveis*, uma obra que seria reconhecida em outras épocas, um absoluto que nada poderia modificar. E você sabe que a filosofia entrou em minha vida de certa forma por um artifício.

S. de B. — Por que, como criador, a filosofia entrou em sua vida?

J.-P.S. — Era criador de romances, em minha cabeça; quando comecei a filosofia, não sabia o que era isso. Tinha um primo que estava em "matemática elementar"; e não queria falar disso diante de mim. Sabia que aprendia coisas que eu não conhecia e isso me intrigava. Mas já havia em mim ideias de romances, de ensaios, de ensaios não filosóficos; elas tinham muita força para que a filosofia, ao surgir, as perturbasse.

S. de B. — Por que se tornou criador em filosofia?

A cerimônia do adeus

J.-P.S. — Isso foi uma história curiosa, porque em filosofia eu não queria ser criador, não queria ser filósofo, considerava que era perder tempo. Gostava muito de aprender filosofia, mas quanto a fazer filosofia, achava isso absurdo. Isso é dificilmente compreensível, aliás, porque inventava também quando escrevia; teria também podido entreter-me pensando que se podem escrever obras filosóficas, mas a filosofia tinha uma relação com a verdade, com as ciências que me aborrecia; além disso, era demasiado cedo. Em *khâgne*, tive como primeira dissertação: o que é a duração? Então encontrei Bergson.

S. de B. — Depois, durante os anos de licenciatura, de agregação, isso lhe interessou?

J.-P.S. — Sim, eu escrevia obras que se beneficiavam, ou antes que se "maleficiavam" de meus conhecimentos filosóficos, por exemplo, *Er l'arménien*: sua concepção era literária; havia personagens, uma maneira de narrar à antiga, muito movimento; havia os Titãs; exprimia, no entanto, ideias filosóficas. Lembro-me até de que em *Er l'arménien* era descrita a caverna de Platão, eu achara que devia reconstituí-la e descrevê-la.

S. de B. — Mas, ao mesmo tempo, você estava muito interessado pela filosofia, já que, para a conclusão do curso, fez um trabalho muito difícil, muito sério, sobre o imaginário. Havia uma coisa que o predestinava à filosofia e é que você tinha ideias sobre tudo, tinha teorias, como dizia. Anotava-as num caderninho; depois, houve circunstâncias externas, já que, a partir de seu trabalho para obtenção do diploma, encomendaram-lhe um livro sobre o imaginário.

J.-P.S. — Foi Delacroix quem me disse: faça então um livro sobre o imaginário para minha coleção.

S. de B. — Por que aceitou, uma vez que estava tão mobilizado por *A náusea* e por projetos literários?

J.-P.S. — A proibição de fazer filosofia não era absoluta; aquilo podia me ser útil. O imaginário estava ligado à literatura, posto que as obras de arte têm uma relação com o imaginário; e, também, eu tivera anteriormente ideias sobre as imagens, era preciso clarificá-las.

S. de B. — Você também tinha ideias sobre a contingência que eram ideias filosóficas. Disse-me quando nos conhecemos: quero ser Spinoza e Stendhal. Portanto, tinha também uma vocação de filósofo?

J.-P.S. — Sim, mas, veja bem, eu escolhera homens sensíveis, acessíveis a uma mentalidade do século XX. Spinoza era, para mim, mais um homem do que um filósofo. Gostava de sua filosofia, gostava sobretudo do homem; agora é a obra que me interessa, é essa a diferença.

S. de B. — Então, *L'imaginaire* era um livro encomendado; houve dois livros: *L'imagination* e *L'imaginaire*. Qual deles era encomendado?

J.-P.S. — *L'imagination*.

S. de B. — Então, por que escreveu *L'imaginaire*?

J.-P.S. — Porque era uma consequência de *L'imagination*.

S. de B. — Havia uma espécie de dialética da obra?

J.-P.S. — Lembro-me de haver concebido *L'imaginaire* enquanto escrevia *L'imagination*; não eram dois volumes, era pois a obra completa; primeira parte, *L'imagination*, segunda parte, *L'imaginaire*; como tinha que dar alguma coisa para a coleção de Delacroix, dei-lhe *L'imagination*.

S. de B. — Você separou *L'imagination*? E então, mais tarde, por que *O ser e o nada*?

J.-P.S. — Era época de guerra; concebi-o durante a *drôle de guerre*[73] e no campo de prisioneiros, escrevi-o durante esse período: ou não se escrevia ou escreviam-se coisas essenciais.

S. de B. — Em *L'imaginaire* já havia essa ideia do nada; você não podia deixar de aprofundá-la.

J.-P.S. — Exprimia aí minha ideia essencial, optava pelo realismo desde meu ano de filosofia. O idealismo me desagradara profundamente quando mo ensinaram. Tive dois anos importantes de filosofia: o primeiro, e o ano de primeiro superior, a *khâgne*. Em *hypo-khâgne*, ao contrário, tinha um professor a quem não compreendia. Fiz dois bons anos de filosofia antes de entrar para a Escola Normal e aí só tinha uma ideia: de que toda teoria que não dizia que a consciência vê os objetos exteriores como eles são estava fadada ao fracasso; foi isso finalmente que me fez ir para a Alemanha, quando me disseram que Husserl e Heidegger tinham uma maneira de captar o real tal como este era.

S. de B. — Então, a filosofia o interessava extremamente, posto que passou um ano na Alemanha para aprofundar a filosofia de Husserl e conhecer a de Heidegger.

J.-P.S. — Passei meu tempo na Alemanha da seguinte maneira: pela manhã e até as duas horas da tarde, filosofia. Depois ia comer,

---

[73] Nome dado à guerra de 1939–1945, em sua primeira fase, por causa da calma que reinava em todo o *front*. (N.T.)

retornava por volta das cinco horas e escrevia *A náusea*, ou seja, uma obra literária.

S. de B. — Mas ainda assim a filosofia era muito importante. Lembro-me de que, ao ler o livro de Levinas sobre Husserl, houve um momento em que você se sentiu completamente perdido porque disse a si mesmo: "Ah, mas ele já descobriu todas as minhas ideias." Então, suas ideias tinham muita importância.

J.-P.S. — Sim, mas estava enganado quando dizia que ele já descobrira as minhas ideias.

S. de B. — Você tinha uma certa intuição e não queria que alguém a tivesse antes de você. Portanto, você também investia na criação filosófica. Já em Paris, tendo amadurecido um pouco, quando falava disso com Nizan, ou quando pensava nisso sozinho, como via suas possibilidades de sucesso?

J.-P.S. — Em meu romance inspirado nas relações de Nietzsche com Wagner, via-me como um homem que teria uma vida movimentada e que, a cada drama, escrevia um livro que seria publicado; imaginava uma vida romanesca, um homem de talento que morreria desconhecido, mas que depois seria glorificado. Essas são velhas lembranças. Eu colocava o personagem diante de mim, e sonhava com tudo o que lhe aconteceria. Mas, no fundo, já encarava o escrever sob uma forma muito mais razoável; escrevia meus livros, estes eram bons, e publicavam-nos; era assim que via as coisas. A prova é que, quando Nizan teve publicados um ou dois livros, dei-lhe trechos de *La légende de la vérité*. *Bifur* publicou um fragmento disto.

S. de B. — Quando pensava, de uma maneira razoável, em ser publicado e lido, que via como gênero de sucesso? Pensava na glória, na celebridade? Refiro-me ao tempo em que tinha 18, vinte anos.

J.-P.S. — Pensava que o público que poderia compreender-me era uma elite muito restrita...

S. de B. — É a tradição de Stendhal que você muito apreciava: os *happy few*.

J.-P.S. — Esses leitores deveriam reconhecer-me e apreciar-me; seria lido por 15 mil pessoas e a glória consistia em atingir outras 15 mil e depois outras 15 mil.

S. de B. — E depois o que queria era permanecer. Ser Spinoza e Stendhal era ser alguém que teria marcado seu século e que seria lido nos séculos futuros. Era isso que pensava aos vinte anos?

J.-P.S. — Sim, o que pensava aos vinte anos, quando a conheci.

S. de B. — De certa maneira, você era muito arrogante. Adotava as palavras do pequeno Hippias: "Jamais conheci algum homem que me equivalesse."

J.-P.S. — Tinha escrito isso num caderno.

S. de B. — Como evoluiu sua relação com a glória, a celebridade? Como sentiu, inteiramente, sua carreira?

J.-P.S. — No fundo, era algo muito simples: escrevíamos e nos tornávamos célebres. Mas era complicado por certas ideias da época.

S. de B. — E, depois, você também sofreu golpes duros, porque, com *A náusea*, no início, pensou que seria recusado. Isso o abalou!

J.-P.S. — Isso aliás comprovava a importância que atribuía às editoras. Um verdadeiro gênio, tal como o imaginava, teria rido, dizendo: vejam só, não sou publicado, ora essa!...

S. de B. — Sim, mas ao mesmo tempo que arrogante, você também era — a palavra modesto não combina com você — mas enfim, muito sensato e muito paciente; não considerava suas obras geniais e, ainda que tivesse colocado muita coisa em *A náusea*, não tinha a impressão de haver escrito uma obra-prima. Parece-me que não era assim que isso se apresentava para você. É isso que gostaria que explicasse um pouco melhor.

J.-P.S. — Isso variava; no início a obra estava em latência, era irreal, eu me sentava à mesa e escrevia, mas a obra não estava presente, já que ainda não estava escrita. Portanto, minha relação com a obra era uma relação abstrata; no entanto, escrevia e isso era um ato real.

S. de B. — Uma vez escrita a obra, *A náusea*, por exemplo, você a considerava verdadeiramente como uma obra. *La légende de la vérité*, também; e aceitava muito bem que a criticassem, sentia seus defeitos. Quanto a *A náusea*, aliás, você era apoiado por mim, que gostava muito desse livro, e você realmente investia muito nele. Ficou muito decepcionado quando o recusaram.

J.-P.S. — Isso fazia parte da vida quotidiana, mas ainda assim considerava-me — mas com a maior modéstia, se ouso dizê-lo — um gênio. Falava com meus colegas como um gênio fala com seus colegas. Com a maior simplicidade, mas, interiormente, era um gênio que falava.

S. de B. — Volto ao primeiro fracasso de *A náusea*: você pensava que era um gênio que ainda não encontrara a maneira de ser reconhecido?

A cerimônia do adeus

J.-P.S. — Pensava que *A náusea* era um bom livro e fora recusado como bons livros são recusados na história da literatura. Você escreveu um livro, apresentou-o, ele será mais tarde uma obra-prima...

S. de B. — Como ocorreu, aliás, com Proust.

J.-P.S. — Era assim que via as coisas. Não deixava de pensar que fosse um gênio, mas isso seria descoberto no futuro. Seria um gênio, já o era, mas, sobretudo, o seria. Tinha investido muito em *A náusea*.

S. de B. — Você esteve comigo em Chamonix, logo depois da recusa, e estava extremamente triste, creio até que chorou, coisa que só lhe aconteceu em raríssimas ocasiões. Aquilo realmente foi um golpe.

J.-P.S. — Sim, mas eu pensava que a obra fora recusada porque era boa.

S. de B. — Eu lhe dava todo o apoio. Achava o livro muito bom.

J.-P.S. — Era o que eu pensava. Mas nos momentos de solidão havia momentos de tristeza em que eu me dizia: é uma obra fracassada, e terei que refazê-la. Mas a ideia do talento não se desmanchara.

S. de B. — E quando foi aceita, e logo depois você escreveu novelas que foram imediatamente publicadas, como sentiu sua satisfação?

J.-P.S. — Aí então, tinha dado a partida!

S. de B. — Sei bem, porque você me escreveu, então, cartas muito alegres. Contava-me como fora aceita, como lhe haviam pedido algumas pequenas modificações que você consentira em fazer porque as achava justificadas. Brice Parain pedira-lhe que suprimisse um pouco o lado populista; você absolutamente não se comportou como o gênio que não aceita conselho algum.

J.-P.S. — Não.

S. de B. — Estava pronto a aceitar conselhos; era quase a relação do caráter transcendental com o caráter empírico.

J.-P.S. — É isso.

S. de B. — Transcendentalmente, você era um gênio, mas tratava-se de que isso se manifestasse na vida empírica. Você absolutamente não estava seguro de conseguir manifestar-se imediatamente.

J.-P.S. — Sim, porque se me reportava a meus guias, que eram os homens célebres de épocas passadas, via que não se tornavam alguém antes da idade de trinta anos. As vidas de Victor Hugo, de Zola, de Chateaubriand, ainda que eu não fosse tão entusiasta de Chateaubriand, contavam muito. Essas vidas se sintetizavam para produzir uma vida que deveria ser a minha. Eu me conduzia realmente de acordo com esses modelos e pensava que faria um pouco de política aos cinquenta anos.

S. de B. — Porque todos os grandes homens haviam feito política.

J.-P.S. — Não pensava que a política é a vida, mas em minha biografia futura tinha que haver um momento político.

S. de B. — Gostaria que me falasse um pouco sobre esse tema.

J.-P.S. — Sobre o tema do gênio?

S. de B. — Sobre a maneira pela qual o sentia e pela qual o pensava. Achava que *A náusea* era uma obra-prima?

J.-P.S. — Não. Pensava: disse o que tinha a dizer e está bom. Corrigi erros que a sra. Morel e Guille me haviam indicado. Fizera o melhor que podia fazer e isso tinha valor. Mas não ia muito mais longe. Não pensava: é a obra-prima engendrada por meu talento. No entanto, também havia um pouco disso. Não: é uma obra-prima; mas: foi um gênio que a produziu; estava ali, em algum lugar, não sei bem onde. Eu não brincava com minhas obras. Elas representavam algo de importante; e, no entanto, enquanto gênio, tinha o direito de rir delas, podia gracejar a respeito; ao mesmo tempo isso era capital, e ao mesmo tempo o gênio não se deixa abater se não o reconhecem.

S. de B. — Mas, por outro lado, ele não se sacia se uma obra tem sucesso?

J.-P.S. — Não. Ele continua, tem outra coisa a dizer.

S. de B. — E depois, como foi que isso evoluiu?

J.-P.S. — Bem, o que houve de embaraçoso quanto a essa ideia de talento é que eu acredito numa espécie de igualdade entre as diferentes inteligências; consequentemente, pode-se definir uma obra como boa por adequar-se ao autor que a escreveu, por ter ele adquirido uma certa técnica, mas não porque possui uma qualidade que outros homens não possuem.

S. de B. — Você me disse que era preciso fazer a distinção entre talento e inteligência, que você não se achava especialmente inteligente, mas que o que lhe parecia distingui-lo de seus colegas, pelo menos em La Rochelle, era uma certa profundidade e também a ideia de uma missão: você deveria revelar verdades às pessoas. Então, de toda maneira, você tinha um destino singular.

J.-P.S. — Sim, mas isso não tinha sentido, era preciso abandonar essa ideia de missão. Sim, de fato eu pensara: tenho uma missão.

A cerimônia do adeus

S. de B. — Sim, você já mencionou isso a propósito de Miguel Strogoff, em *As palavras* também. Mas, ainda assim, você se sentiu, até a guerra, muito mais inteligente do que as pessoas que o rodeavam?

J.-P.S. — Sim, certamente.

S. de B. — Você me disse uma vez, e achei isso muito justo: "No fundo, a inteligência é uma exigência"; não é tanto a rapidez da mente, ou, como dizemos, relacionar quantidades de coisas, mas é uma exigência, no sentido de não parar e ir mais longe, sempre mais longe. Penso que você tinha essa exigência; sentia-a mais forte em você do que nos outros?

J.-P.S. — Sim, mas não o diria assim agora. Não diria que, pelo fato de ter escrito livros, sou um sujeito superior a um sujeito que constrói casas ou faz viagens.

S. de B. — Quando estava com Nizan, achavam graça em dizer que eram super-homens, e, no final de *As palavras*, você diz que é qualquer um; é uma frase muito ambígua: ao mesmo tempo você a pensa e não a pensa. Em primeiro lugar, como passou da ideia de super-homem à ideia de um homem qualquer? E que significa para você, sem trapacear, essa ideia de ser qualquer um?

J.-P.S. — Penso que posso ter um pouco mais de talento do que outros, uma inteligência um pouco mais desenvolvida; mas esses são apenas fenômenos, cuja origem continua a ser uma inteligência igual à do próximo, ou uma sensibilidade igual à do próximo. Não creio que tenha qualquer superioridade. Minha superioridade são meus livros, na medida em que são bons; mas o outro também tem sua superioridade; esta pode ser o cartucho de castanhas quentes que vende, no inverno, à porta de um café; cada um tem sua superioridade, eu escolhi aquela.

S. de B. — Você não pensa inteiramente assim, já que acha que há pessoas que são ineptas ou desprezíveis...

J.-P.S. — Sim, certamente, mas não penso que fossem assim originalmente: embruteceram-nas.

S. de B. — Não pensa que a inteligência seja um dom hereditário, imediato, fisiológico.

J.-P.S. — Escrevi em meus caderninhos a respeito do que é a estupidez e como foi inculcada em determinadas pessoas. O essencial vem de fora; é uma opressão do exterior imposta à inteligência. A estupidez é uma forma de opressão.

S. de B. — Seu sentimento de genialidade mudou entre o período que antecedeu a guerra e o após-guerra?

J.-P.S. — Sim, penso que a guerra foi útil para todas as minhas ideias.

S. de B. — Como prisioneiro, em certo sentido, você se sentiu satisfeito, porque, partindo do anonimato, se fez reconhecer como alguém. Em outras palavras, você justamente poderia ter sido qualquer um. O que lhe dava satisfação é que não ficou perdido entre todas aquelas pessoas e isolado por sua cultura, seus livros ou sua inteligência, mas, ao contrário, ficou no mesmo nível que eles. Foi o ficar no mesmo nível, ser qualquer um, que lhe fez dar um valor a esse qualquer um.

J.-P.S. — Talvez você tenha razão.

S. de B. — É uma coisa que lhe dava muita satisfação: você chegou lá, as mãos vazias, desconhecido, sem nome, sem superioridade reconhecível pelas pessoas com quem tinha contato, porque elas não sentiam muito a superioridade intelectual, e você estabeleceu boas relações com elas. Houve *Bariona* que qualquer um não poderia ter escrito, e você estava ligado aos intelectuais, aos padres; criou uma posição lá dentro e arranjou-se como um simples soldado.

Quando teve essa glória que inundou você depois da guerra, disse que isso tinha sido uma experiência curiosa, porque a glória era, ao mesmo tempo, o ódio. Essa celebridade internacional, que absolutamente não esperava, que efeito teve sobre você? Foi a realização de um desejo e o reconhecimento de seu talento ou era ainda apenas um acontecimento empírico que não tinha tanta influência sobre a verdade transcendental à qual, de toda maneira, você estava aferrado?

J.-P.S. — Diria antes isso. Evidentemente, mobilizava-me um pouco o fato de ter um certo renome, de haver pessoas que vinham de longe e me diziam: o senhor é o sr. Sartre, e escreveu isso e aquilo; mas não levava tudo isso tão a sério. Quando via essas pessoas que me diziam: ah, o senhor escreveu isto, escreveu aquiloutro, isso me deixava bastante frio. E, além de tudo, pensava que a hora de glória não tinha chegado. A hora de glória chega no fim da vida; temos a glória no fim de nossa vida, quando terminamos nossa obra; enfim, eu via mal as coisas, é mais complicado do que isso. No fim de nossa vida, temos um período de transição que continua após a morte por alguns anos ainda, e a glória é depois; mas é certo que considerava tudo isso como uma pequena representação, como uma espécie de fantasma de glória para indicar o que é a glória, mas isso não era ela. Eu absolutamente não simpatizava com todas as pessoas que, em 1945, se comprimiam em minha conferência; esmagavam-se, mulheres desmaiaram, eu achava tudo isso ridículo.

S. de B. — Sabia que havia um lado de esnobismo, um lado de mal-entendido, um lado que se originava da situação política, porque a cultura francesa, naquele momento, não tendo outra opção, era exportada.

J.-P.S. — Não me prestei muito a esse movimento. Acreditaram que sim, porque os jornais diziam: ele faz isto, faz aquilo, para que se fale dele.

S. de B. — Sim, acusavam-no de fazer publicidade quando, ao contrário, estava...

J.-P.S. — Não me ocupava disso. Escrevia; é claro que precisava de um público quando escrevia uma peça teatral, mas não fazia o necessário para que este acorresse. Escrevia a peça, fazia com que fosse representada, e nada mais.

S. de B. — E depois da guerra, como evoluiu sua relação com os livros? Será que, de quando em quando, você se perguntou: afinal, o que vale tudo isso que escrevi? Em que nível me situo? Será que permanecerei no século?

J.-P.S. — Sim, mas ocasionalmente.

S. de B. — Sim, o essencial era fazer aqueles livros, estar pessoalmente satisfeito com isso, ser aprovado por alguns. Trabalhar para satisfazer a si mesmo e satisfazer alguns leitores é o que há de melhor durante a vida; pode-se obter a glória enquanto vivo, mas ela não impedia que Chateaubriand tivesse horríveis crises de amargura. É certo que estavam ligadas a histórias políticas.

J.-P.S. — Mas a glória nunca é pura. Ela está ligada à arte, mas também à política e a uma quantidade de coisas. O renome que tive após a guerra impediu-me de desejar qualquer outra coisa, mas nunca o confundi com a glória que teria ou não, que vem depois.

S. de B. — Em outras palavras, o que você chama a glória é o veredito da posteridade?

J.-P.S. — Se o mundo não se transforma, conceder-me-ão um papel no século XX; citar-me-ão nos manuais de literatura, como um autor que teve sucesso, quer sendo este atribuído a um erro do público, quer, ao contrário, dizendo que fui importante etc. A glória, aliás, acompanha-se de uma certa superioridade, uma superioridade sobre os outros escritores; é preciso reconhecer que isso não é agradável, porque penso duas coisas contraditórias; penso que os bons escritores são superiores aos outros e que um escritor muito bom é superior a todos; isto é, a todos exceto a outros escritores muito bons que são muito raros; essa é a categoria na qual me situaria. Mas penso também que os que exercem a profissão de escritor, os que fazem literatura, só são distinguidos pelos leitores circunstancialmente. Este será considerado melhor do que aquele, talvez não em definitivo, mas durante um período, e efetivamente prestará mais serviços, mesmo morto, com seus livros, porque seus livros se encontrarão, por uma razão ou por outra, adaptados à época. Penso que um escritor que fez um livro valioso terá uma vida diferente após sua morte, de acordo com os momentos, de acordo com os séculos: ele pode cair no esquecimento. E penso também que um escritor que realiza a essência da literatura através de suas obras não é nem mais forte nem menos forte do que seu próximo; o outro também realizou a essência da literatura. Você pode gostar mais daquele ou menos deste, segundo se aproxime mais, ou menos, de suas ideias, de sua sensibilidade, mas em última instância eles são iguais.

S. de B. — Você quer dizer que, em seu enfoque, a superioridade do escritor é vista ao mesmo tempo como um absurdo e como relativa à história.

J.-P.S. — É isso. Ou então você pensa ser escritor e escrever determinadas coisas e, se estas são boas, aí está, você é um bom escritor; mas penso também: ser escritor é atingir a essência da arte de escrever. Quando você atingiu a essência da arte de escrever, não a atingiu menos, nem mais, do que seu próximo. Você pode, evidentemente, situar-se nas bordas, mas não me refiro a isso, falo daqueles que são verdadeiros escritores: Chateaubriand, por exemplo, ou Proust. Por que diria eu que Chateaubriand captou menos do que Proust o que é a literatura?

S. de B. — Concordo, não há hierarquias, como se se fizessem concursos; é cada um, em cada época, que prefere este ou aquele escritor. Mas você pensa atualmente na posteridade? Ela existe para você? Ou é como os caranguejos de *Os sequestrados de Altona*, sem nenhuma relação com você?

J. P.S. — Não sei. Às vezes tive a impressão de que se vivia numa época que seria sucedida por grandes alterações que modificariam completamente a noção de literatura, haveria outros princípios, e nossas obras já não teriam significação para as pessoas que viriam. Pensei isso, ainda o penso, às vezes, mas não sempre. Os russos retomaram toda a sua literatura passada, mas os chineses não o fizeram. Então nos perguntamos se o futuro conservará os escritores passados ou somente alguns.

S. de B. — Na medida em que pensa isso, pensa que é a sua obra propriamente literária ou a sua obra filosófica que tem mais possibilidade de sobreviver, ou as duas?

J.-P.S. — Penso que serão *Situações*, artigos que se relacionam com minha filosofia, mas que são escritos em estilo muito simples e que falam de coisas que todo mundo conhece.

S. de B. — Em suma, uma espécie de reflexão crítica sobre todos os aspectos da época? Sobre os aspectos políticos, os aspectos literários e artísticos?

J.-P.S. — É isso que gostaria de ver reunido num volume editado pela Gallimard.

S. de B. — Qual é sua relação subjetiva com sua obra?

J.-P.S. — Não estou muito satisfeito com ela. O romance fracassou.

S. de B. — Não; ele não foi terminado, mas não fracassou.

J.-P.S. — De um modo geral, foi menos apreciado, e creio que as pessoas têm razão. Quanto às obras filosóficas...

S. de B. — São incrivelmente boas!

J.-P.S. — Sim, mas a que chegaram?

S. de B. — Creio que *Crítica da razão dialética* contribuiu para um enorme avanço do pensamento.

J.-P.S. — Isso não será ainda um pouco idealista?

S. de B. — Não o creio de maneira alguma, e creio que pode servir enormemente, bem como, de uma outra maneira, o "Flaubert": para fazer com que se compreenda o mundo, as pessoas...

J.-P.S. — Não terminei o "Flaubert" e não o terminarei.

S. de B. — Não o terminou; mas o estilo de *Madame Bovary* não era algo que o interessava tanto.

J.-P.S. — No entanto, havia coisas a dizer.

S. de B. — Sim, mas você já disse tanto sobre Flaubert, é uma tal soma, sobre a maneira pela qual se pode pensar um homem, sobre os métodos para pensá-lo! Um aspecto que não deve ser negligenciado é o aspecto propriamente literário do livro; é apaixonante ler "Flaubert", como se lê *As palavras*.

J.-P.S. — Nunca planejei escrever Flaubert.

S. de B. — Mas há momentos em que é incrivelmente bem-escrito; e há momentos em que é realmente literatura, como *As palavras*.

J.-P.S. — *As palavras* foi algo que quis escrever bem.

S. de B. — Mas, de toda maneira, não se sente insatisfeito, sem modéstia, se compara sua obra com o que desejava fazer; sei bem que os sonhos indefinidos da juventude não coincidem com a realização que é sempre finita, mas, ainda assim, era o que desejava fazer?

J.-P.S. — Não estou muito satisfeito, não estou insatisfeito. E, também, há um grande ponto de interrogação. O que acontecerá com isso?

S. de B. — É o que dizíamos ainda há pouco. O que fará com isso a posteridade?

J.-P.S. — Sim, se tivermos uma posteridade do gênero chinês, não se fará muita coisa disso.

S. de B. — As circunstâncias não são, de modo algum, as mesmas.

J.-P.S. — A época é realmente de mudança; não se sabe em que direção, mas o mundo em que vivemos não vai durar.

S. de B. — No entanto, não estamos no século XVIII e ainda lemos livros do século XVIII, não estamos no século XVI e lemos livros do século XVI.

J.-P.S. — Mas no século XVIII não houve uma revolução desse tipo; a revolução de 1789 não tem nada a ver.

S. de B. — Lemos os gregos e os romanos enquanto o mundo mudou.

J.-P.S. — Lemo-los como sendo de outra época; isso também é diferente.

S. de B. — A literatura conservou sempre o mesmo valor para você ou, do momento em que começou a fazer política, isso depreciou um pouco a literatura?

J.-P.S. — Não, isso não a depreciou.

S. de B. — Como sente as relações entre ambas?

J.-P.S. — Pensei que a ação política deveria constituir um mundo no qual a literatura seria livre para exprimir-se: o oposto do que pensam os soviéticos. Mas jamais abordei politicamente o problema da literatura, sempre considerei que era uma das formas da liberdade.

S. de B. — Não houve momentos em que, diante dos problemas políticos, a literatura parecia senão mais fútil, pelo menos devendo ser relegada a um segundo plano?

J.-P.S. — Não, jamais pensei isso. Não direi que a literatura deva estar no primeiro plano, mas estou fadado a fazer literatura; política, como todo mundo, mas, em especial, literatura.

S. de B. — Sim, é aliás, por isso, que, em suas entrevistas recentes com Victor e Gavi, você protestou quando queriam impedi-lo de escrever seu "Flaubert".

Houve um momento em que deixou um pouco de escrever, por volta de 1952, para ler intensamente, e isso coincidia com sua aproximação do partido comunista e com uma vontade de "espremer os miolos", como o disse. Mas naquele momento, a literatura conservava...

J.-P.S. — Não me questionava, mas se o tivesse feito, dir-lhe-ia que estava destinado à literatura.

S. de B. — O essencial de seu trabalho, naquele momento, já não era escrever.

J.-P.S. — Era ler.

S. de B. — E refletir.

J.-P.S. — Era na época de *Communistes et la paix*.

S. de B. — Eram textos muito mais de ordem política do que literária.

J.-P.S. — Sim. A ruptura com Camus também era política, no fundo.

S. de B. — Qual foi o papel da aprovação da parte de seu *entourage* ou de pessoas como Paulhan ou de críticos propriamente ditos? Você desprezava radicalmente os críticos ou os levava em consideração? Como viveu sua relação com os críticos e com os leitores?

J.-P.S. — Os leitores sempre foram mais inteligentes — que eu saiba — do que os críticos. E não aprendi praticamente nada sobre o que escrevia através dos críticos, a não ser através daqueles que fizeram um livro sobre um aspecto ou outro; estes, às vezes, me ensinaram alguma coisa; mas a maioria dos críticos não me proporcionou nada.

S. de B. — E, no entanto, como todo mundo, você é bastante ávido quando um livro é publicado...

J.-P.S. — Quero saber o que se pensa, isso é óbvio. Sim, quando um livro é publicado, leio todas as críticas. Não todas, não se consegue; quando vejo uma relação de críticas durante o ano, fico estupefato, não tomei conhecimento de metade delas. No entanto, procuro lê-las. Mas o crítico diz: é bom, ou não é bom, ou não é tão bom; é só o que me diz. O resto...

S. de B. — Será que nunca houve apreciações de leitores que lhe sugerissem algo para sua obra futura, ou, ao contrário, lhe paralisassem um pouco? Será que isso teve influência no desenvolvimento de seus escritos?

J.-P.S. — Não creio. Não. Havia um leitor privilegiado, que era você; quando você me dizia: "Concordo, está bom", era isso; publicava o livro, pouco se me davam os críticos. Você me prestou um grande auxílio; deu-me confiança em mim, coisa que não teria tido sozinho.

S. de B. — Em certo sentido, é o leitor que faz a verdade do texto.

J.-P.S. — Mas eu não conhecia o leitor, ou então eram os críticos que não me satisfaziam. Só havia você. Era sempre assim: quando você gostava de alguma coisa, para mim estava bom. Os críticos não gostavam: eram ineptos.

S. de B. — De toda maneira, você era sensível à aprovação de sujeitos inteligentes ou mesmo ao sucesso propriamente dito.

J.-P.S. — Hoje em dia os críticos são um pouco diferentes. Há um que aprecio muito, é Doubrovsky; é inteligente, fino, vê coisas; há alguns que são assim, porque a crítica tem atualmente um sentido. Antes não o tinha.

S. de B. — É verdade que a aceitação muito entusiasta que recebeu *As palavras* não o decidiu a escrever uma continuação desse livro?

J.-P.S. — Não. Por que me teria decidido a tal? Eles diziam: vai haver uma continuação; pois bem, não houve.

S. de B. — Mesmo assim, escrever é responder um pouco a um apelo; aliás, muito frequentemente você escreveu obras circunstanciais; aliás, de um modo geral, com muito êxito. Todo o *Situações* é...

J.-P.S. — Todo o *Situações* é uma obra circunstancial.

S. de B. — Portanto, há uma relação bastante direta com o público.

J.-P.S. — Há uma relação. Produz-se um acontecimento; determinado público se pergunta o que pensa Sartre desse acontecimento porque gosta de mim. Então, às vezes, escrevo para ele.

S. de B. — Quando o conheci, muito jovem, você vivia para a posteridade; mas não houve uma época em que dizia que isso não tinha sentido algum para você? Pode explicar-me que ligação fazia entre o fato de escrever de maneira engajada, para seus contemporâneos, e o sufrágio dos séculos futuros?

J.-P.S. — Quando fazemos literatura engajada, não nos preocupamos com problemas que já não terão sentido em vinte anos e que dizem respeito à sociedade atual. Se temos alguma influência e colocamos bem o problema, conseguimos o que queríamos quando decidimos as pessoas a agirem, ou a considerarem as coisas a partir de sua própria perspectiva. Isso de posteridade só existirá quando o problema tiver sido resolvido, bem ou mal, e certamente não pelo próprio escritor. Já que o problema ficou resolvido há uma maneira de considerar a obra, vinte ou trinta anos depois, de uma perspectiva estritamente estética, ou seja, conhecemos a história, sabemos que o escritor escreveu isso num determinado momento, que Beaumarchais, por exemplo, escreveu determinados panfletos muito importantes. Mas já não podemos utilizá-los para um problema de hoje. Consideramos o objeto literário como válido para todos, mas sem levar em conta seu conteúdo anedótico. Os detalhes se tornam símbolo. Tal fato particular vale para uma série de fatos que caracterizavam tal sociedade ou vários tipos de sociedade. O objeto que era limitado passa ao universal. De maneira que, quando escrevemos um texto engajado, preocupamo-nos inicialmente com o assunto de que vamos tratar, com os argumentos que temos que dar, com o estilo que tornará as coisas mais acessíveis, mais percucientes para os contemporâneos, e não nos preocupamos em pensar o que valerá o livro quando não fizer mais ninguém agir. Mas, de toda maneira, há uma vaga reticência que faz com que consideremos que a obra, se obteve o que desejava, terá um destaque no futuro, sob uma forma universal; já não será eficiente, será considerada como um objeto gratuito, de certa maneira; tudo ocorrerá como se o escritor a houvesse escrito gratuitamente e não por seu valor preciso de ação sobre um fato social preciso. É assim que admiramos as obras de Voltaire por seu valor universal, ao passo que, na época de Voltaire, suas histórias extraíam seu valor de uma determinada perspectiva social; portanto, há dois pontos de vista, e o autor conhece ambos quando escreve. Sabe que escreve algo de especial, que participa de uma ação, que não parece utilizar a linguagem pelo prazer de escrever; e, no entanto, no fundo ele pensa que criou uma obra que tem um valor universal que é sua verdadeira significação, embora tenha sido publicada para realizar uma ação singular.

S. de B. — Há ainda duas ou três coisas que seria preciso ver. Em primeiro lugar, todas as suas obras não foram igualmente engajadas; algumas são mais nitidamente estéticas, como *Entre quatro paredes*, como *As palavras*. Não foi para exercer uma ação que as escreveu, são obras que chamamos de arte, obras realmente literárias. Por outro lado, nos escritos em que você dirige um apelo, em que quer convencer as pessoas, você sempre teve uma grande preocupação com o estilo, com a composição, ao mesmo tempo para atingir seus contemporâneos e também com a ideia de uma espécie de cunho de universidade que tornaria a obra válida mais tarde.

J.-P.S. — Pode ser.

S. de B. — Portanto, você nunca desprezou a posteridade.

J.-P.S. — Não, não me preocupava com isso; mas, por trás de meu sonho que era sempre escrever para o leitor de agora havia a ideia de uma posteridade; uma posteridade que só pode existir com uma transformação completa da obra que cessa de agir, mas que se torna uma obra de arte como quase todas as coisas do passado.

S. de B. — Que são captadas no momento em que são dadas a distância. Evidentemente, você pensava na posteridade, já que me disse muitas vezes, até mesmo o escreveu, creio, em *As palavras*, que a literatura lhe dissimulava completamente a ideia da morte. Morrer lhe era indiferente do momento em que sobreviveria, portanto pensava que o livro tinha uma sobrevivência.

J.-P.S. — Acreditei na posteridade de uma maneira muito forte sobretudo quando era pequeno; na época em que terminam *As palavras*, depois, nos anos seguintes, e quando tinha vinte anos. Foi pouco a pouco que compreendi que escrevia essencialmente para meus leitores de hoje. Então, a posteridade transformou-se em algo que me espicaçava por trás, como uma espécie de vaga fluorescência acompanhando o que escrevia essencialmente para meus leitores de hoje.

S. de B. — Você não era, de maneira alguma, um desses escritores que se instalam no futuro, com um tranquilo desprezo por seus contemporâneos, como Stendhal, a quem, no entanto, você muito apreciava, e que pensava: "Mas eu serei compreendido dentro de cem anos, pouco me importa o presente."

J.-P.S. — De maneira alguma.

S. de B. — Não havia em você nenhum desprezo por seus contemporâneos e nenhuma ideia de que haveria uma revanche que lhe seria proporcionada por seus livros. Talvez pensasse, ao contrário, que, na medida em que tivesse conseguido atingir seus contemporâneos, é que seria representativo de seu século e que passaria à posteridade, e não na medida em que se separasse daqueles.

J.-P.S. — Pensava que esse reconhecimento da parte de meus contemporâneos era um ato que ocorria em minha vida, e a etapa pela qual era preciso passar, para alcançar a glória ou a morte.

S. de B. — Era a objetivação de sua obra que lhe dava sua realidade. Havia uma noção importante, sobre a qual, aliás, você falou igualmente em *As palavras*, que era a ideia de que a literatura proporcionava uma certa salvação.

J.-P.S. — Certamente porque, como o disse em *As palavras*, meu sentido da sobrevivência literária era, evidentemente, uma espécie de decalque da religião cristã.

S. de B. — Mesmo quando você fazia filosofia na Alemanha, isso não o impedia de escrever *A náusea*. Você se dividia entre as duas coisas.

J.-P.S. — A coisa mais importante era *A náusea*.

S. de B. — Mas, de toda maneira, fazer filosofia era suficientemente importante, para que você fosse morar na Alemanha. Perguntei-lhe como tinha chegado a *O ser e o nada*; você respondeu: era a guerra.

J.-P.S. — Sim.

S. de B. — Mas essa não é explicação suficiente.

J.-P.S. — Bem, escrevi muita coisa de *O ser e o nada* em minhas cadernetas. As ideias de *O ser e o nada* formaram-se a partir da caderneta que foi escrita durante a *drôle de guerre* e vinham diretamente de meus anos em Berlim, não tendo, naquele momento, os textos, reinventando tudo por mim mesmo. Não sei por que, no campo de prisioneiros os alemães me presentearam com Heidegger; isso permanece um mistério para mim.

S. de B. — Como fez?

J.-P.S. — Durante meu cativeiro, respondi a um oficial alemão que me perguntava o que faltava: *Heidegger*.

S. de B. — Talvez porque Heidegger fosse bem-visto pelo regime.

J.-P.S. — Talvez. De toda maneira, deram-mo. Um grande volume que custa caro. É estranho, porque, como você sabe, não éramos tratados com flores.

S. de B. — Sim, sei disso. Fica um pouco misterioso. A verdade é que então você leu Heidegger.

J.-P.S. — Li Heidegger enquanto estava no campo de prisioneiros. Compreendi-o, aliás, muito mais através de Husserl do que nele mesmo. Contudo, já o lera um pouco em 1936...

S. de B. — Ah, sim, lembro-me de que você me fazia traduzir grandes trechos dele. Discutimo-lo quando estava ainda em Rouen, creio. Bom; mas, ao mesmo tempo, *O ser e o nada* se inscrevia na descoberta que você fizera em *L'imaginaire*.

J.-P.S. — Sim. É isso. Descoberta da consciência como o nada.

S. de B. — A seguir você dizia que já não teria a ideia, a intuição que tivera em relação a *O ser e o nada*.

J.-P.S. — Sim... Mas apesar disso fiz livros que têm conexão com a filosofia, como, por exemplo, o *Saint Genet*.

S. de B. — Sim.

J.-P.S. — Pode-se dizer que é uma obra filosófica... E depois, com *Crítica da razão dialética*, vieram-me algumas coisas ao espírito.

S. de B. — Então, isso nasceu igualmente de uma maneira episódica, por um concurso de circunstâncias, já que os poloneses lhe...

J.-P.S. — Os poloneses me perguntaram onde me situava filosoficamente.

S. de B. — Isso gerou *Questions de méthode*.

J.-P.S. — Isso gerou *Questions de méthode*. Os poloneses o publicaram. E eu quis oferecê-lo — você também me aconselhou a oferecê-lo — aos leitores de *Les Temps Modernes*.

S. de B. — Sim.

J.-P.S. — O texto original não era muito bom; pus-me a reescrevê-lo e publiquei-o em *Les Temps Modernes*.

S. de B. — Sim, mas não houve uma outra motivação? A partir de 1952, você começara a ler muito sobre o marxismo, e a filosofia se tornava algo — aliás, não foi por acaso que fossem os poloneses que lho solicitassem — de político.

J.-P.S. — Sim. Para Marx, a filosofia deve ser suprimida. Quanto a mim, não via as coisas assim. Via a filosofia como permanecendo na *cidade futura*. Mas é certo que me referia à filosofia marxista.

S. de B. — Mas seria importante que se explicasse melhor; sugeriram-lhe que escrevesse *Questions de méthode*. Mas por que aceitou fazê-lo?

J.-P.S. — Porque queria saber onde me situava filosoficamente.

A cerimônia do adeus

S. de B. — Em suas relações com o marxismo...

J.-P.S. — Superficialmente, sim; mas sobretudo com a dialética, porque, se olhássemos meus cadernos — e infelizmente já não os temos — veríamos como a dialética se insinuava no que eu escrevia.

S. de B. — No entanto, em *O ser e o nada* absolutamente não há dialética.

J.-P.S. — Exatamente. Passei de *O ser e o nada* para uma ideia dialética.

S. de B. — Sim; quando escrevera *Les communistes et la paix*, começava a elaborar uma filosofia da história. Foi um pouco isso que originou *Questions de méthode*.

J.-P.S. — Sim.

S. de B. — Mas como passou de *Questions de méthode* para *Crítica da razão dialética*?

J.-P.S. — *Questions de méthode* era unicamente metodologia; mas havia, por trás, a filosofia, a dialética filosófica que eu começava a precisar. E tão logo terminei *Questions de méthode*, três ou seis meses depois, comecei *Crítica da razão dialética*.

S. de B. — E como descobriu que tinha ideias novas, já que me dissera durante anos: "Não sei se jamais escreverei outro livro filosófico; já não tenho ideias."

J.-P.S. — Bem, penso que quando dizia: "já não tenho ideias", já não as tinha conscientemente, mas de toda maneira havia alguma coisa...

S. de B. — Alguma coisa era elaborada.

J.-P.S. — Sim. E quando escrevi *Questions de méthode*, muito rapidamente minhas ideias se organizaram; são as que tinha anotado durante três, quatro anos, nos cadernos... você sabe, aqueles cadernos...

S. de B. — Sim, sim, vejo bem aqueles cadernos grossos... Mas não parece, ainda assim, que naqueles cadernos se encontrassem as ideias tão importantes da recorrência e de prático-inerte.

J.-P.S. — Não. Mas eu avançara bastante no plano da dialética para pressenti-las.

S. de B. — A partir de 1952, você lera intensamente livros de história.

J.-P.S. — Sim, na segunda parte, que nunca será escrita, de *Crítica da razão dialética*...

S. de B. — Ainda assim, há uma grande parte que já está escrita...

J.-P.S. — Eu deveria falar da história.

S. de B. — Mas praticamente, durante o trabalho, que diferença faz quando trabalha em literatura ou em filosofia?

J.-P.S. — Quando escrevo filosofia não faço rascunho. Ao passo que, comumente, escrevo sete ou oito rascunhos, sete ou oito pedaços de página para um mesmo texto. Faço três linhas, depois risco e a quarta linha é numa outra folha. Em filosofia, de modo algum: pego uma folha, começo a escrever as ideias que tenho na cabeça, que são talvez recentes, e levo-as até o fim; talvez não até o fim da página, mas bem longamente; depois, lá pelo fim da página, interrompo por um erro de escrita e retomo na página seguinte, após corrigir, e assim sucessivamente até o fim. Ou seja, a filosofia é uma palavra que dirijo a alguém. Não é como o romance que também se dirige a alguém, mas de outra maneira.

S. de B. — Sim.

J.-P.S. — ...Escrevo o romance para que alguém o leia. Em filosofia, explico a alguém — com meu estilo, mas poderia ser com minha língua, minha boca — explico a alguém minhas ideias, tal como estas me vêm atualmente.

S. de B. — Em suma, você não poderia escrever literatura através do gravador, mas poderia talvez fazer filosofia.

J.-P.S. — É isso.

S. de B. — Vi-o trabalhar em *Crítica da razão dialética*; era bastante impressionante. Você mal se relia.

J. P.S. — Relia-me no dia seguinte de manhã; escrevia, em média, dez páginas.

S. de B. — Sim.

J.-P.S. — Era tudo o que podia escrever em um dia.

S. de B. — Vê-lo escrever *Crítica da razão dialética* dava a sensação de vigor. E você escrevia sob a ação de *corydrane*.

J.-P.S. — Sempre.

S. de B. — ...Ao passo que, no que se refere à literatura, jamais escreveu sob a ação de *corydrane*.

J.-P.S. — Jamais. A literatura não se coadunaria com *corydrane*, porque ele conduzia à facilidade. Lembro-me de haver tentado trabalhar com *corydrane*, depois da guerra. Era uma passagem do romance, na qual Mathieu passeia pelas ruas de Paris antes de regressar à sua casa. Era péssimo. Ele passeava pelas ruas, e todas as ruas se prestavam a comparações.

A cerimônia do adeus

S. de B. — Lembro-me; era horrível. Queria fazer-lhe uma pergunta ainda. Mesmo se não é narcisista, tem-se uma determinada imagem de si mesmo. Falou-se da sua quando era bem jovem, quando era um pouco menos jovem; e atualmente? Atualmente você tem 69 anos; mas o que sente ao ser o objeto de tantas teses, de bibliografia, de biografias, de entrevistas, de considerações sobre você, e ao ser procurado por tanta gente; que significado tem isso para você? Sente-se classificado como monumento histórico ou...

J.-P.S. — Um pouco de monumento histórico; sim, mas não inteiramente. É como se encontrasse aquele personagem que colocava diante de mim no início. Existe um personagem que não sou eu; e que, no entanto, sou eu, já que é a ele que se dirigem; as pessoas criam um determinado personagem que sou eu. Existe um eu-ele e um eu-eu. O eu-ele é o eu criado pelas pessoas e que, de certa maneira, é relacionado por eles comigo.

S. de B. — Essa coincidência entre esse personagem de agora e aquele personagem com o qual sonhava quando era jovem tem um sentido ou não?

J.-P.S. — Não o tem. Jamais me digo: "Bom! É mais ou menos o que desejei quando era pequeno etc.", isso não tem sentido. Nunca pensei muito em mim e cessei inteiramente de fazê-lo há alguns anos.

S. de B. — Desde quando? Desde que se tornou politicamente engajado?

J.-P.S. — É um pouco isso, sim. O eu reaparece quando faço coisas individuais ou pessoais, quando vou ver alguém, quando faço algo por alguém; então, o eu reaparece. Mas em literatura, quando escrevo, o eu não existe mais. Por volta dos cinquenta ou 55 anos — antes de *As palavras* — de quando em quando imaginava escrever uma novela que se passaria na Itália, onde se veria um sujeito de minha idade em suas relações com a vida. Teria sido subjetivista.

S. de B. — Lembro-me um pouco. Veja, há uma coisa sobre a qual temos de tornar a falar: todos os livros que você não escreveu.

J.-P.S. — Sim.

S. de B. — Por que os projetou, por que os abandonou...

J.-P.S. — Escrevi grandes trechos de *Rainha Albemarle ou O último turista* e também inúmeros cadernos.

S. de B. — Uma última pergunta; você diz que não se interessa por sua imagem, por você mesmo. E no entanto tem prazer em fazer essas entrevistas?

J.-P.S. — Sim. Não esqueça que, se me prejudicam, reajo; se me insultassem, ficaria aborrecido.

S. de B. — É claro.

J.-P.S. — E como não tenho muito o que fazer atualmente, é preciso que me ocupe um pouco de mim… sem o que não teria nada…

S. de B. — Sobretudo porque falou muito pouco sobre você mesmo.

J.-P.S. — Bem, sim…

S. de B. — Falou a seu respeito em *As palavras*, um pouco a propósito de Merleau-Ponty, um pouco a propósito de Nizan, mas a partir da idade de 11 anos nunca fez uma síntese sobre você. Jamais manteve um diário. Escrevia ideias que lhe vinham à cabeça, mas jamais manteve um diário quotidiano, jamais teve a ideia de fazê-lo.

J.-P.S. — A não ser durante a guerra. Durante a guerra, escrevia diariamente o que me passava pela cabeça. Mas considerava que isso era um trabalho inferior. A literatura começa com a escolha, a recusa de determinadas características e a aceitação de outras. É um trabalho que não é compatível com o diário cuja escolha é quase espontânea e não se explica muito bem.

S. de B. — No entanto, nesse gênero de literatura que poderíamos chamar de bruta havia um ramo no qual você era bastante notável. Tinha a reputação merecida de ser um grande missivista sobretudo quando jovem. Quando estávamos separados, escrevia-me cartas imensas — e não somente a mim — às vezes escreveu cartas de 12 páginas a Olga, contando-lhe nossas viagens. E a mim, quando você estava no serviço militar, ou quando eu fazia viagens a pé, escrevia cartas muito, muito longas, às vezes todos os dias, durante 15 dias. O que representavam para você essas cartas?

J.-P.S. — Eram a transcrição da vida imediata. Por exemplo, um dia em Nápoles, era essa a maneira de fazê-lo existir para a pessoa que recebia a carta. Era um trabalho espontâneo. Pensava comigo mesmo que poderiam ter publicado essas cartas, mas na verdade eram cartas destinadas à pessoa a quem escrevia. Tinha um rápido pensamento dissimulado de que as publicariam depois de minha morte. Mas já não escrevo semelhantes cartas, exatamente porque sei que, em se tratando de um escritor, imprimem suas cartas e não creio que isso valha a pena.

S. de B. — Por quê?

A cerimônia do adeus

J.-P.S. — Não são suficientemente trabalhadas. Salvo em determinados casos: as cartas de Diderot a Sophie Volland, por exemplo. Quanto a mim, escrevia de um fôlego, sem rasuras, sem me preocupar com outro leitor que não aquele a quem enviava a carta; portanto isso não me parece um trabalho literário válido.

S. de B. — Sim, mas de toda maneira você gostava muito de escrever cartas.

J.-P.S. — Gostava muito.

S. de B. — Certamente serão publicadas mais tarde, porque eram muito vivas e interessantes.

J.-P.S. — No fundo, minhas cartas faziam um pouco o papel de um diário.

S. de B. — Você dizia, em outro dia, que a vida dos escritores célebres o influenciara muito. O fato de que a correspondência de Voltaire, de Rousseau, de outros ainda tenha tido grande importância e tenha sido publicada, haverá levado você a escrever cartas?

J.-P.S. — Eu não tinha objetivos literários ao escrever cartas...

S. de B. — No entanto, você diz que pensava sorrateiramente que talvez as publicassem.

J.-P.S. — Ah! Do momento em que as escrevia, colocava, talvez, um pouco mais de alegria ou de lirismo do que colocaria numa carta escrita a um leitor qualquer, se não fosse escritor. De fato, tentei construir minhas cartas agradavelmente, mas não em excesso, do contrário teria sido um pedante. E teria pretendido fazer literatura espontânea. Atualmente, já não acredito na literatura espontânea, mas naquela época acreditava. Minhas cartas foram, em suma, o equivalente de um testemunho sobre minha vida.

S. de B. — Sim, mas para dar esse testemunho tinha necessidade de um interlocutor.

J.-P.S. — Sim.

S. de B. — Voltemos aos livros que você não publicou, que você não terminou. Gostaria que falasse disso.

J.-P.S. — Creio que é o que ocorre com todos os escritores.

S. de B. — Ah! Não creio. Lembra-se, mais ou menos, da lista dos livros que não publicou?

J.-P.S. — *La légende de la vérité.*

S. de B. — *La légende de la vérité* é outra coisa, foi recusado. Só se publicou um fragmento dele... Mas houve uma obra bastante importante, *La psyché*: o que era exatamente?

J.-P.S. — *La psyché* foi escrito quando regressei da Alemanha, onde passara um ano lendo Heidegger e sobretudo Husserl.

S. de B. — Você escreveu, então, *A transcendência do ego*, que foi publicado.

J.-P.S. — Que foi publicado, que depois caiu no esquecimento, desapareceu e foi republicado pela srta. Le Bon.

S. de B. — Havia uma relação entre *A transcendência do ego* e *La psyché*.

J.-P.S. — Sim. Foi a partir dali que concebi *La psyché*. *La psyché* é a descrição do que denominamos o psíquico. Como, filosoficamente, chega-se a viver a subjetividade? Isso era explicado em *La psyché*, que fala também das emoções, dos sentimentos...

S. de B. — Você fazia deles objetos psíquicos situados fora da consciência. Era isso sua grande ideia.

J.-P.S. — Sim. É isso.

S. de B. — Assim como o eu é transcendente, também...

J.-P.S. — Os sentimentos.

S. de B. — ...Os sentimentos, as emoções. Era um ensaio bem grande que englobava todo o terreno psíquico.

J.-P.S. — Deveria ser um livro da importância de *O ser e o nada*.

S. de B. — E *La théorie des émotions* não fazia parte de *Psyché*?

J.-P.S. — Sim, fazia parte.

S. de B. — Por que manteve *La théorie des émotions* — que fez bem em manter, é muito bom — e não manteve o resto de *La psyché*?

J.-P.S. — Porque o resto de *La psyché* repetia ideias de Husserl que eu assimilara, que exprimia em outro estilo, mas que de toda maneira era puro Husserl, não era original. Ao passo que *Émotions* conservei por sua originalidade. Era um bom estudo de determinadas *Erlebnisse* que podemos denominar emoções; eu mostrava que elas não eram dadas isoladamente, mas que tinham uma relação com a consciência.

S. de B. — Que eram movidas por uma intencionalidade.

J.-P.S. — Sim. É uma ideia que ainda conservo, uma ideia que não se origina de mim, mas que me é necessária.

A cerimônia do adeus

S. de B. — A originalidade consistia em aplicar a intencionalidade à emoção e à expressão das emoções e à maneira de vivê-las etc.

J.-P.S. — Husserl certamente teria considerado a emoção como tendo uma intencionalidade.

S. de B. — Certamente, mas não se ocupou disso.

J.-P.S. — Pelo menos, não que eu saiba.

S. de B. — *La psyché* é então um dos primeiros livros que você abandonou.

J.-P.S. — Sim, conservando apenas uma parte dele– E depois, na mesma época, escrevi uma novela que contava o traslado de uma orquestra feminina de Casablanca a Marselha.

S. de B. — A orquestra feminina que encontramos em *Le sursis*.

J.-P.S. — Era uma orquestra feminina que eu ouvira em Rouen e que não tinha qualquer relação com Casablanca.

S. de B. — Havia essa orquestra e também um zuavo ou um soldado que pensava que era belo.

J.-P.S. — Havia um soldado que pensava: sou belo, lembro-me.

S. de B. — E que aconteceu com essa novela?

J.-P.S. — Sabe Deus. É como a novela do sol da meia-noite, que perdi durante uma viagem a pé com você.

S. de B. — Ah, sim, nos Causses. Era posterior à *A náusea* e você pensava incluí-la numa compilação de novelas...

J.-P.S. — Que foi publicada.

S. de B. — Que foi publicada mais tarde. Que tal contar-nos *Le soleil de minuit*?

J.-P.S. — Era uma menina que via o sol da meia-noite de uma maneira infantil, mas já não me lembro bem como.

S. de B. — Ela construíra em sua cabeça a imagem de um sol extraordinário que estaria no céu em plena noite. E depois ela vê o verdadeiro sol da meia-noite que não é mais do que um crepúsculo muito prolongado e nada tem de extraordinário. Você não se interessava muito por essa novela.

J.-P.S. — Não. Nunca a refiz. Em última instância, ela consistia na descrição de uma viagem que eu fizera e essas impressões da menina eram um pouco as minhas.

S. de B. — Houve uma outra novela que se misturava com a longa carta sobre Nápoles que você escrevera a Olga.

J.-P.S. — Sim. Há trechos dela que foram publicados.

S. de B. — Com o título *Os frutos*.

J.-P.S. — Isso foi ilustrado por Wols. Ele me havia pedido que lhe desse um texto para ilustrar e dei-lhe esse.

S. de B. — Foi editado pelas Edições Skira.

J.-P.S. — Creio que sim.

S. de B. — Pode contar essa novela?

J.-P.S. — Espere. Estava em Nápoles com você e tínhamos estado em Amalfi.

S. de B. — Deixei-o em Nápoles porque Amalfi não lhe interessava muito, e eu estive lá. Então você passou uma noite sozinho em Nápoles.

J.-P.S. — Sim. E encontrei dois napolitanos que se ofereceram para mostrar-me a cidade. Sabe-se o que significa isso. Tratava-se de visitar a Nápoles escondida, isto é, mais ou menos os bordéis. Eles realmente me levaram a um bordel um tanto especial. Entramos numa peça que continha um divã ao longo da parede — a peça era redonda — e no meio, um outro divã todo redondo em torno de uma coluna. Os jovens foram mandados embora pela *sous-maîtresse*[74] e depois chegaram uma jovem mulher e uma mulher menos jovem, ambas nuas. Elas se fizeram coisas, ou, por outra, fingiram fazê-las; a mulher mais velha, muito morena, era o homem, e a outra, que tinha uns 28 anos, e era bastante bonita, fazia de mulher.

S. de B. — Você me disse que elas representavam as diferentes posições que há na célebre *villa* dos Mistérios em Pompeia.

J.-P.S. — Exatamente isso. Anunciavam-nas. E depois, muito discretamente, imitavam essas diferentes posições. Saí de lá um pouco chocado. Encontrei embaixo meus dois espertalhões que me esperavam. Dei-lhes algum dinheiro, eles foram comprar uma garrafa de vinho tinto do Vesúvio e bebemo-lo na rua. Comemos e depois eles se despediram. Foram-se com um pouco de dinheiro e eu me fui com aquelas imagens que pouco me haviam interessado.

S. de B. — Mas de toda maneira, você se divertiu muito; contou-me, muito divertido, esse caso, quando regressei no dia seguinte. Na novela você narrava essa noite?

---

[74] Mulher que administra uma casa de tolerância. (N.T.)

A cerimônia do adeus

J.-P.S. — Sim. Queria narrar a passagem do rapaz pelo bordel e depois sua visão de Nápoles.

S. de B. — E afinal por que não publicou essa novela? Ela se chamava *Dépaysement*.

J.-P.S. — Não tenho ideia, creio que você me desaconselhou a fazê-lo.

S. de B. — Por quê? Ela não era boa?

J.-P.S. — Não devia ser boa.

S. de B. — Talvez tivéssemos achado que não estava suficientemente estruturada, que não se equiparava às outras novelas.

J.-P.S. — Provavelmente.

S. de B. — Em seguida, depois de *O ser e o nada*, você começou a escrever uma moral.

J.-P.S. — Sim, queria escrevê-la; mas deixei-a para mais tarde.

S. de B. — Foi aí que você escreveu um grande, longo e muito bonito estudo sobre Nietzsche.

J.-P.S. — Efetivamente fazia parte disso um estudo sobre Nietzsche. Além disso, escrevi também sobre Mallarmé, mais ou menos duzentas páginas.

S. de B. — Oh, sim! Havia explicações muito detalhadas de todos os poemas de Mallarmé. Por que isso não foi publicado?

J.-P.S. — Porque não foi terminado. Interrompia-o, retomava-o.

S. de B. — Mas por que o conjunto, que você não chamava Moral, mas que era um estudo fenomenológico das atitudes humanas, uma crítica de determinadas atitudes, ligada a seu estudo sobre Nietzsche, foi abandonado por você?

J.-P.S. — Não o abandonei. Essas notas foram feitas para serem desenvolvidas.

S. de B. — Parece-me que o aspecto fenomenológico sempre lhe pareceu muito idealista.

J.-P.S. — Sim, exatamente.

S. de B. — Parecia-lhe muito idealista fazer uma análise...

J.-P.S. — Não uma análise, uma descrição.

S. de B. — Uma descrição fenomenológica das diferentes atitudes humanas. Há outras coisas que você não terminou. Escreveu um longo estudo sobre Tintoretto do qual só publicou um fragmento, em *Les Temps Modernes*. Por que o interrompeu?

Simone de Beauvoir

J.-P.S. — Acabou por me entediar.

S. de B. — Creio, aliás, que no que escreveu encontra-se o essencial.

J.-P.S. — Tinha sido solicitado por Skira.

S. de B. — Sim.

J.-P.S. — Ele não escolhera Tintoretto, fui eu quem lhe disse: farei o Tintoretto. Abandonei-o porque me entediava.

S. de B. — Há também um outro livro, no qual trabalhou durante bastante tempo e o abandonou. Era *Rainha Albemarle ou O último turista*. Quando foi isso?

J.-P.S. — Foi entre 1950 e 1959. Escrevi umas cem páginas dele. Creio que escrevi vinte páginas sobre o marulho provocado pelas gôndolas.

S. de B. — Sim, você escreveu muito sobre Veneza. Aliás, isso, você publicou sobre Veneza. Você publicou algo disso.

J.-P.S. — Sim, em *Verve*.

S. de B. — A ideia era aprisionar a Itália na armadilha das palavras; mas era um relato de viagem que se destruía a si mesmo.

J.-P.S. — Que se destruía enquanto relato de turista.

S. de B. — É isso.

J.-P.S. — E ficava por explorar uma Itália mais importante que não era turística.

S. de B. — Era muito ambicioso porque você queria que fosse ao mesmo tempo histórico — explicar, por exemplo, o monumento de Victor-Emmanuel, evocado através de toda a história da Itália — e também subjetivo.

J.-P.S. — Sim.

S. de B. — Tinha que ser subjetivo-objetivo.

J.-P.S. — Era muito ambicioso e abandonei-o por que não consegui encontrar uma perspectiva exata.

S. de B. — No entanto, tinha prazer em escrevê-lo.

J.-P.S. — Sim, dava-me muito prazer.

S. de B. — Houve outros textos literários ou filosóficos nos quais pensou e não realizou?

J.-P.S. — Houve uma obra de moral que preparei para essa universidade americana que me convidara. Tinha começado a escrever quatro ou cinco conferências que deveria fazer lá, e depois continuei para mim

— 213 —

mesmo. Tenho numerosas anotações, não sei que fim levaram, aliás; devem estar em minha casa. Numerosas anotações para uma moral.

S. de B. — Não era, essencialmente, sobre a relação entre a moral e a política?

J.-P.S. — Sim.

S. de B. — Então era inteiramente diferente do que você escrevera por volta dos anos 1948, 1949?

J.-P.S. — Inteiramente diferente. Tenho anotações sobre isso. Na verdade, o livro inteiro teria sido muito importante.

S. de B. — E esse, por que o abandonou?

J.-P.S. — Porque estava cansado de fazer filosofia. Sabe, com a filosofia ocorre sempre assim, pelo menos no meu caso. Fiz *O ser e o nada* e depois me cansei; ali também havia uma continuação possível, não a fiz. Escrevi *Saint Genet*, que pode ser considerado como intermediário entre a filosofia e a literatura. E depois fiz *Crítica da razão dialética* e aí também parei.

S. de B. — Porque teria sido necessário fazer enormes estudos históricos?

J.-P.S. — Exato. Teria sido necessário estudar uns cinquenta anos e tentar ver todos os métodos necessários para tomar conhecimento desses cinquenta anos, não somente em seu conjunto, mas também em seus detalhes particulares.

S. de B. — De toda maneira, você pensou em estudar um acontecimento menos longo, como a Revolução Francesa. Você trabalhou enormemente sobre a Revolução Francesa.

J.-P.S. — Sim, mas precisava também de outros exemplos. Desejava realmente aprofundar o que é a História.

S. de B. — Você falou do stalinismo.

J.-P.S. — Sim, comecei a falar do stalinismo.

S. de B. — Há um outro aspecto de sua obra do qual absolutamente não falamos e que, no entanto, é muito importante: é o teatro... Como explica que se tenha voltado para o teatro, que importância teve isso para você?

J.-P.S. — Sempre pensei que faria teatro, já que quando era garoto, aos oito anos, instalava-me no Luxembourg com fantoches que se enfiam nas mãos e se faz com que representem.

S. de B. — Mas na adolescência você tinha retomado a ideia de escrever peças?

J.-P.S. — Ah, sim. Escrevi paródias, operetas; descobri a opereta em La Rochelle, onde frequentava o teatro municipal com meus colegas e, influenciado por essas operetas, comecei uma, *Horatius coclès*.

S. de B. — Ah, sim! Essa mesmo.

J.-P.S. — Lembro-me de dois versos dela: "Je suis Mucius, Mucius Scaevola/ je suis Mucius, Mucius et voilà."[75] E depois, mais tarde, na Escola Normal, escrevi uma peça de um ato que se chamava: *J'aurai un bel enterrement*. É uma peça cômica sobre um sujeito que descrevia sua agonia.

S. de B. — E foi representada?

J.-P.S. — Não, imagine! Fiz também um ato de uma revista da Escola Normal. Todos os anos fazia-se uma revista na qual eram representados o diretor, seus subordinados, os alunos, os pais. Eu escrevi um ato desta. Era de uma obscenidade repugnante.

S. de B. — E você, aliás, representava nessa peça.

J.-P.S. — Fazia Lanson, o diretor.

S. de B. — Tudo isso eram pequenos passatempos sem importância. Você continuou depois?

J.-P.S. — Escrevi uma peça que se chamava *Épiméthée*, creio. Os deuses entravam numa cidade grega que queriam castigar e nesta cidade havia poetas, romancistas, artistas; finalmente, era o nascimento da tragédia e Prometeu expulsava os deuses e depois nada de bom lhe acontecia. Mas eu considerava o teatro um gênero um pouco inferior. Era essa minha concepção no início.

S. de B. — E depois? Creio que é preciso falar de *Bariona*.

J.-P.S. — Durante meu cativeiro fazia parte do grupo de artistas que representavam peças todos os domingos num grande hangar; nós mesmos fazíamos os cenários, e, como eu era o intelectual que escrevia, me haviam pedido que fizesse uma peça no Natal. Fiz *Bariona*, que era bastante ruim, mas nela havia uma ideia teatral. De toda maneira, foi isso que me fez tomar gosto pelo teatro.

---

[75] Em tradução literal: "Sou Múcio, Múcio Cévola/ Sou Múcio, Múcio e aí está." (N.T.)

A cerimônia do adeus

S. de B. — Você me escreveu cartas a esse respeito, dizendo-me que dali em diante faria teatro. *Bariona* era teatro engajado: sob o pretexto da Palestina ocupada pelos romanos, você fazia alusão à França.

J.-P.S. — Certo, os alemães não haviam compreendido, viam ali simplesmente uma peça de Natal; mas todos os franceses prisioneiros haviam compreendido e minha peça os havia interessado.

S. de B. — Foi isso que lhe deu muita força, o representar para um público que não era um público exterior como nos teatros burgueses.

J.-P.S. — Sim, representava-se *Bariona* perante um público que estava implicado, havia ali homens que teriam interrompido a peça se tivessem compreendido. E todos os prisioneiros compreendiam a situação. Era realmente teatro nesse sentido.

S. de B. — Depois, houve *As moscas*. Fale um pouco sobre as circunstâncias em que escreveu a peça.

J.-P.S. — Era, como você, amigo de Olga Kosakievitch. Ela aprendia com Dullin a profissão de atriz e precisava de uma oportunidade para representar numa peça. Propus a Dullin fazer uma peça.

S. de B. — O que representava para você *As moscas*?

J.-P.S. — *As moscas* era como meus velhos temas! Uma lenda a desenvolver e à qual era preciso dar um sentido atual. Eu conservava a história de Agamenon e de sua mulher, o assassinato de sua mãe por Orestes e também as Erínias, mas dei-lhe outro sentido. E, na verdade, dei-lhe um sentido que dizia respeito à ocupação alemã.

S. de B. — Explique-se um pouco melhor.

J.-P.S. — Em *As moscas* eu queria falar da liberdade, de minha liberdade absoluta, minha liberdade de homem e sobretudo da liberdade dos franceses sob a ocupação perante os alemães.

S. de B. — Você dizia aos franceses: sejam livres, recuperem sua liberdade; e afastem os remorsos que querem impor-lhes. E que sentiu ao ver sua peça representada? Havia um público e havia sua obra; que diferença havia entre isso e a publicação de um livro?

J.-P.S. — Eu não gostava muito. Era amigo de Dullin, tinha discutido a *mise-en-scène*. Não entendia muito disso, mas discuti a coisa com ele. No entanto, o trabalho do *metteur-en-scène* é tão importante que não me senti realmente presente no palco. Era algo que se fazia a partir do que eu havia escrito, mas que não era o que havia escrito. Depois já não tive essa impressão em relação a outras peças, creio que, precisamente, porque meti a mão na massa.

S. de B. — Como ocorreu das outras vezes, com as outras peças? Em primeiro lugar com *Entre quatro paredes*?

J.-P.S. — Rouleau fizera um trabalho muito bom, uma *mise-en-scène* muito boa que serviu de modelo às que se lhe seguiram. O que ele realizara era o que eu imaginava quando escrevia a peça.

S. de B. — E a peça seguinte?

J.-P.S. — Era *Mortos sem sepultura*. Eu queria mostrar como o público francês estava indiferente, após a guerra, aos resistentes, como pouco a pouco os esquecia. Naquele momento, havia um renascimento da burguesia, uma burguesia mais ou menos cúmplice dos alemães; e ela se irritou com uma peça sobre a Resistência.

S. de B. — Sim, foi um escândalo, sobretudo as cenas de tortura. Por que exatamente escreveu essa peça?

J.-P.S. — Para lembrar o que tinham sido os resistentes, que tinham sido torturados, que tinham sido corajosos, e que era bastante ignóbil a maneira pela qual se falava deles naquele momento.

S. de B. — Não vamos passar em revista todas as suas peças. O que gostaria que me dissesse é qual a diferença que faz entre o trabalho teatral e o trabalho propriamente literário?

J.-P.S. — Em primeiro lugar, o tema é muito difícil de encontrar. Fico, em geral, 15 dias, um mês, um mês e meio, diante de minha mesa, às vezes tenho uma frase na cabeça.

S. de B. — Ah, sim, você me disse: "Os quatro cavaleiros do Apocalipse."

J.-P.S. — De quando em quando, surge um vago assunto.

S. de B. — O que é preciso dizer é que, muito frequentemente, suas peças foram obras circunstanciais. Você queria, por exemplo, dar uma peça a Wanda para que ela a representasse.

J.-P.S. — Sim.

S. de B. — Você queria que ela representasse. Havia muito tempo que não representava, estava desejosa de representar, você queria fazê-la representar. Então você se dizia: "Vou fazer uma peça."

J.-P.S. — Exatamente. Houve um assunto no qual sempre pensei e do qual nunca tratei. É um sujeito cuja mãe está grávida e furiosa por isso.

A cerimônia do adeus

S. de B. — Ah, sim.

J.-P.S. — Ela vê sua vida e o espectador vê no palco *mansions*[76] que se iluminam umas após as outras. Veem-se todos os episódios de sua vida, inclusive no fim seu suplício e sua morte. E ela dá à luz, a criança nasce, cresce e passa por todas as cenas previstas, mas é finalmente um grande homem, um herói.

S. de B. — Sim, você pensou muito nessa peça. Mas isso nunca tomou realmente forma.

J.-P.S. — Nunca.

S. de B. — Retornemos a sua maneira de trabalhar para o teatro.

J.-P.S. — Primeiro trabalho sobre um assunto, depois o abandono. Encontro frases, réplicas, anoto-as. Isso toma uma forma mais ou menos complicada que a seguir simplifico. Fiz isso com *O diabo e o bom deus*. Lembro-me de tudo o que imaginei, e que abandonei, para chegar finalmente à...

S. de B. — À versão definitiva.

J.-P.S. — Sim, nesse momento não tenho grandes dificuldades para escrever. Trata-se de uma conversa entre pessoas que se jogam na cara coisas que têm a dizer.

S. de B. — Eu, que o vi trabalhar, penso que para o teatro há um grande trabalho preliminar que se faz em sua cabeça, enquanto que para as novelas e os romances o trabalho se faz no papel.

J.-P.S. — Sim.

S. de B. — O sucesso de um livro lhe dá mais prazer do que o de uma peça?

J.-P.S. — Ah! a peça, sente-se prazer quando se tem sucesso, é claro. Sabe-se muito rapidamente se a peça é um fiasco ou um sucesso. Mas é curioso o destino das peças: podem não agradar ou, ao contrário, reabilitar-se, se as coisas não correram bem na pré-estreia. O sucesso é sempre duvidoso. Não é assim com um livro. No que se refere a um livro, se ele tem sucesso, isso leva tempo, leva três meses, mas então tem-se o sentimento de confiança em si. Ao passo que a peça de teatro é um sucesso que pode transformar-se em fiasco ou um fiasco que pode transformar-se em sucesso. É muito curioso. E depois os grandes sucessos terminam de maneira melhor ou pior; por exemplo, Brasseur

---

[76] Cada parte do cenário simultâneo, num palco de teatro, na Idade Média. (N.T.)

me causou transtornos por duas vezes: a peça ficava em cartaz durante determinado número de representações, e depois ele tirava férias ou se operava e a peça tinha que ser suspensa.

S. de B. — Outra coisa: raramente você relê seus livros. Ao passo que já lhe aconteceu, muitas vezes, rever uma de suas peças, porque era representada com uma nova *mise-en-scène* ou no estrangeiro. Quando revê uma de suas peças a vê com novos olhos? Tem a impressão de que se trata de uma peça escrita por outra pessoa?

J.-P.S. — Não. É a *mise-en-scène* que se percebe enquanto a peça se desenvolve.

S. de B. — Quais foram seus maiores prazeres teatrais? Refiro-me a ver a peça representada achando-a boa ou muito bem-montada, ou sentir-se satisfeito porque ela obteve sucesso; enfim, quais foram os momentos que lhe proporcionaram mais prazer em sua carreira dramática?

J.-P.S. — Bem, há uma coisa curiosa e é que um livro está morto, é um objeto morto. Está ali, está sobre uma mesa, não temos solidariedade para com ele. Uma peça de teatro, durante algum tempo, é diferente. Vivemos, trabalhamos, mas todas as noites há um lugar onde uma peça nossa continua a ser representada. É uma coisa estranha morar no bulevar Saint-Germain e saber que no teatro Antoine, lá nele…

S. de B. — … a peça é representada. Foi desagradável para você com *Mortos sem sepultura*. E em outras vezes, ao contrário, sentiu prazer?

J.-P.S. — Sim. *O diabo e o bom deus* me dava prazer. Foi um grande sucesso.

S. de B. — E depois, quando tornaram a representá-la no Wilson…

J.-P.S. — Ah sim, isso também me deu prazer.

S. de B. — Creio também que deve ter sentido prazer quando viu *As moscas* em Praga.

J.-P.S. — Sim, isso me deu prazer. Sim, tive grandes alegrias teatrais quando a peça continuava. Não é na estreia que se tem uma alegria formidável; não na estreia, não se sabe o que vai ocorrer.

S. de B. — Sente-se até um pouco de angústia; eu, por solidariedade com você, nunca estive numa pré-estreia sua sem me sentir terrivelmente angustiada.

J.-P.S. — E mesmo quando sai bem, isso é apenas uma indicação… Mas quando continua e funciona bem, então nos sentimos realmente contentes, há algo que se mantém; temos uma verdadeira relação com o

A cerimônia do adeus

público; todas as noites, se o desejamos, podemos entrar no teatro, ficar num canto e ver como reage o público.

S. de B. — Você nunca o fez.

J.-P.S. — Nunca o fiz, ou quase nunca.

S. de B. — E qual de suas peças prefere?

J.-P.S. — *O diabo e o bom deus*.

S. de B. — Eu também gosto muito dela, mas também gosto muito de *Os sequestrados de Altona*.

J.-P.S. — Não a aprecio tanto, mas de toda maneira estou satisfeito com ela.

S. de B. — Mas você a escreveu em circunstâncias que lhe...

J.-P.S. — Escrevi-a por ocasião de minha crise em 1958.

S. de B. — Talvez isso o tenha deprimido.

J.-P.S. — Lembre-se de que ao tomarmos conhecimento do golpe de estado de De Gaulle, saímos de férias, fomos para a Itália e escrevi, em Roma, as últimas cenas de *Os sequestrados de Altona*.

S. de B. — Com o conselho de família...

J.-P.S. — Sim.

S. de B. — ...Era uma cena muito ruim.

J.-P.S. — Muito ruim. Os dois primeiros atos, aliás, estavam apenas esboçados. Retomei-os depois, durante todo o ano... Lembra-se?

S. de B. — Muito bem. Estávamos na praça Santo Eustáquio, perto do hotel onde estávamos instalados.

J.-P.S. — Sim.

S. de B. — Li o último ato e fiquei consternada. Você concordou, entendeu que não era necessário um conselho de família, mas unicamente um diálogo do pai com o filho.

J.-P.S. — Sim.

S. de B. — E agora, como se situa em relação ao teatro?

J.-P.S. — Já não escrevo peças. Isso terminou.

S. de B. — Por quê?

J.-P.S. — Por quê? Há uma idade em que nos desligamos do teatro. As boas peças não são escritas por velhos. Há algo de urgente numa peça. Há personagens que chegam, que dizem: "Bom dia, como vai?" e sabemos que, daí a duas ou três cenas, estarão enredados num caso urgente do qual, provavelmente, se sairão muito mal. Isso é algo que é raro na vida. Não estamos na urgência; podemos estar sofrendo uma grave ameaça, mas não estamos na urgência. Ao passo que não se pode escrever uma peça sem que haja urgência. E essa urgência, encontramo-la em nós mesmos, porque será esta a dos espectadores. Eles viverão, no imaginário, um momento de urgência. Perguntar-se-ão se Götz vai morrer, se vai desposar Hilda. De maneira que o teatro que escrevemos nos coloca, quando é representado, numa espécie de estado de urgência todos os dias.

S. de B. — Mas por que, sendo idoso, você não pode ressuscitar essa urgência? Você deveria, ao contrário, pensar: "Afinal, não vou viver por muito tempo. É preciso que diga rapidamente as últimas coisas que tenho a dizer."

J.-P.S. — Sim, mas no momento não tenho nada a dizer no teatro.

S. de B. — Você está influenciado pelo fato de já não ser o teatro, nesse momento, na França, um teatro de autor?

J.-P.S. — Certamente. Por exemplo, o *89*, de Mnouchkine, foi feito por atores, atores compuseram o texto.

S. de B. — Trata-se de algo que o influencia verdadeiramente ou não?

J.-P.S. — Sim; meu teatro se torna uma coisa passada. Se fizesse uma peça agora — coisa que não farei — dar-lhe-ia uma outra forma, para que ela se harmonizasse com o que se tenta atualmente.

S. de B. — E há também uma coisa desagradável no teatro: é esse público que é quase sempre burguês. Houve um momento em que você dizia: "Mas afinal, nada tenho a dizer a esses burgueses que irão ver minha peça."

J.-P.S. — Tive uma experiência com um público operário. Foi com *Nekrassov*. Na época estava bem com *L'humanité*, com o partido comunista; para *Nekrassov*, eles mandaram pessoas das grandes fábricas, dos subúrbios parisienses.

S. de B. — Que gostaram da peça?

J.-P.S. — Não sei. Sei que foram. Houve também companhias populares que representaram, nas fábricas, *A prostituta respeitosa*, com êxito.

S. de B. — Há uma pergunta que gostaria de fazer-lhe, que é a seguinte: em *As palavras* você falou muito da leitura e a seguir do escrever. Explicou muito bem o que era ler para você, os dois graus de leitura, as leituras de que não compreendia nada e ainda assim o fascinavam e as leituras que compreendia. Disse também, de uma maneira

A cerimônia do adeus

um pouco rápida, o que tinha sido para você o descobrir outros livros, quando mais velho. Mas creio que seria necessário fazer uma revisão do que foi a leitura para você, a partir, digamos, da idade de 18 anos. O que era em La Rochelle? O que foi quando você chegou a Paris? O que foi mais tarde? O que era durante seu serviço militar? Durante seus anos de professorado? E até esses últimos anos?

J.-P.S. — Seria preciso distinguir duas leituras: uma que surgiu depois de certo tempo, que era a leitura de documentos ou de livros que deveriam ser-me úteis para minhas obras literárias ou para minhas obras filosóficas; e outra, uma leitura livre, uma leitura do livro que é publicado ou que me indicam, ou do livro do século XVIII que eu não conhecia. Esta é engajada, enquanto ligada a toda a minha personalidade, a toda a minha vida. Mas não tem um papel preciso na obra que escrevo nesse mesmo momento. Na leitura desinteressada, que é a leitura de todo homem cultivado, passei por períodos que me levaram de início, como você sabe, por volta dos dez anos, aos romances de aventuras, aos Nick Carter, aos Buffalo Bill, que de certa maneira me proporcionavam o mundo. Buffalo Bill e Nick Carter se passavam na América e era já uma descoberta da América ver Nick Carter nas imagens que havia em cada um desses fascículos. Víamo-lo exatamente como vemos os americanos, quando os vemos no cinema: grande, forte, sem bigode nem barba, acompanhado por seus ajudantes e por seu irmão que era igualmente grande e forte. E no romance descrevia-se um pouco a vida nova-iorquina; enfim, foi ali que conheci Nova York.

S. de B. — Você contou isso em *As palavras*. Mas gostaria que passasse para o período do qual não falou em *As palavras*. Em La Rochelle, o que significou ler, para você?

J.-P.S. — Em La Rochelle, eu pertencia a um gabinete de leitura, ou seja, retomava o papel de minha avó. Conhecera o gabinete de leitura, como disse em *As palavras*, através de minha avó que lá alugava romances. E comecei a frequentar gabinetes de leitura em La Rochelle. Ia também à biblioteca da prefeitura que igualmente emprestava livros.

S. de B. — Mas o que lia e por quê? Isso é que é importante.

J.-P.S. — Era uma mistura de livros que perpetuavam, tornando-os sempre mais nobres, mais especializados, os romances de aventuras. Por exemplo, foi lá que li os livros de Gustavo Aymard.

S. de B. — Fenimore Cooper também?

J.-P.S. — Fenimore Cooper um pouco, mas era um pouco tedioso para mim. Também outros, cujos nomes esqueci, mas que apareciam em volumes, em vez de serem publicações.

S. de B. — Bem, além desses livros de aventuras, o que havia?

J.-P.S. — Ao lado desses livros de aventuras, voltava um pouco à atitude que tinha no tempo de meu avô, quando lia em sua biblioteca livros mais nobres que também me interessavam menos. Quando descobri os romances de aventuras era pequeno, ao passo que, no que se refere aos romances de meu avô, isso foi um pouco mais tarde.

S. de B. — Sim, mas em La Rochelle já não eram os livros de seu avô. O que era então?

J.-P.S. — Em La Rochelle eram um pouco os livros de minha mãe e de meu padrasto, que eles me recomendavam; e depois orientei-me melhor. Minha mãe lia pouco, mas de toda maneira, de quando em quando lia um livro, um daqueles que se liam na época.

S. de B. — E seu padrasto lia?

J.-P.S. — Meu padrasto havia lido, sobretudo. Já não lia. Mas havia lido.

S. de B. — Dava-lhe conselhos quanto a leituras? Orientava-o um pouco?

J.-P.S. — Não, não.

S. de B. — De maneira alguma?

J.-P.S. — De maneira alguma. Nem minha mãe. Eu não teria querido.

S. de B. — No entanto, você diz que lia os livros que eles liam.

J.-P.S. — Sim, porque chegava a eles por minha conta. Via seus livros em seu quarto ou na sala, e buscava-os, sobretudo depois da guerra, porque eram livros que diziam respeito à guerra. Queria instruir-me.

S. de B. — Não havia proibições? Você podia ler o que quisesse?

J.-P.S. — Não havia proibição. Aliás, eu não pegava livros especialmente não permitidos. Pegava livros normais. Alguns desses livros eram uma ligação entre a cultura dos professores e a cultura burguesa. Havia alguns que eram apresentados assim.

S. de B. — Os professores lhe indicavam livros?

J.-P.S. — Isso não se fazia na época. Indicavam estritamente livros de aula. Claro que havia uma biblioteca, mas nela encontrávamos principalmente os Júlio Verne.

A cerimônia do adeus

S. de B. — E com seus colegas, não tinha intercâmbio intelectual? Em La Rochelle?

J.-P.S. — Eles liam pouco. Só eu lia. Eles faziam principalmente esporte.

S. de B. — Então, isso era muito contingente.

J.-P.S. — Não era exatamente ditado pelo acaso. Havia uma certa busca. Por exemplo, Claude Farrère: li-o, porque havia um de seus livros na biblioteca de meu padrasto. Era esse gênero de livros que me atraía. Atraía-me porque se encontravam nos gabinetes de leitura: eram eles que víamos.

S. de B. — Durante esse período houve livros que o tocassem particularmente? Houve livros que, ainda assim, você apreciou, apesar dessas restrições burguesas?

J.-P.S. — Oh, naquela época eram sobretudo os romances policiais ou de aventuras que me agradavam. Lia os Claude Farrère, interessavam-me certamente, e lia outros da mesma categoria, mas isso me interessava menos.

S. de B. — Sim. Nada o mobilizou.

J.-P.S. — Nada.

S. de B. — No que se refere à leitura, como foi que isso mudou, quando você foi para Paris?

J.-P.S. — Foi uma mudança total porque meu colega Nizan e os três ou quatro melhores da classe, Bercot e também o irmão do pintor Gruber, liam; e Guille também lia quando o conheci no Henri IV, no primeiro ano. Liam essencialmente Proust. Foi a grande descoberta. Foi ele que fez uma passagem do romance de aventuras para o romance de cultura, para o livro cultural.

S. de B. — Quem você apreciava nessa época? Proust? Giraudoux?

J.-P.S. — Giraudoux, que Nizan me fizera ler. Paul Morand, também recomendado por Nizan. Fui introduzido nessa vida literária por Nizan, que não lia romances de aventura, lia muito mais livros modernos.

S. de B. — Leu Gide também? Enfim descobriu a literatura moderna.

J.-P.S. — Descobri a literatura moderna. Li *Os frutos da terra*.

S. de B. — Sim.

J.-P.S. — Mas nada mais. Em suma, está muito longe aquela época. Havia uma quantidade de autores modernos, sobre os quais Nizan me dizia: "Leu aquele? Leu aquele?" E eu os lia. Isso transformara o mundo a partir dali, a partir do primeiro ano de filosofia. Não era tanto filosofia, mas livros de surrealistas, Proust, Morand etc.

S. de B. — Você lia em parte para harmonizar-se com Nizan, para não ser ultrapassado por ele, para saber tanto quanto ele, para estar a par.

J.-P.S. — Sim. Sobretudo por ele, mas também por alguns colegas que igualmente liam.

S. de B. — Você diz que "isso transformou o mundo". Poderia desenvolver um pouco isso? Pode descrever um pouco essa transformação do mundo?

J.-P.S. — Por exemplo, no plano das aventuras, via bem que certos romances se passavam na América, que era um mundo que eu não conhecia. Mas não me interessava tanto pela geografia. Não sabia bem como era feita a América. Ao passo que, a partir do primeiro ano e da filosofia, digamos os livros de Morand, por exemplo, me abriram o mundo. Ou seja, as coisas não se passaram simplesmente fora do mundo em que eu vivia; passaram-se em tal lugar, em tal outro, na China, em Nova York, no Mediterrâneo... todas elas coisas que me surpreendiam. Descobria um mundo e...

S. de B. — No nível planetário, geográfico?

J.-P.S. — Sim, isso teve uma importância capital. Embora fosse ruim em geografia, nas aulas, começava, no entanto, a conhecer a geografia.

S. de B. — Creio que há aí um fenômeno muito geral. Os autores, na época, descobriram o exotismo: Morand, Valéry Larbaud, muitos outros saíam da França e descobriam o mundo. Mas você também teve outras aberturas para o mundo: Giraudoux e Proust representam outra direção.

J.-P.S. — Giraudoux é muito crispado. Não gostava muito dele.

S. de B. — Aliás, mais tarde você se desforrou.

J.-P.S. — E isso vem do primeiro ano. Sem dúvida, Proust me proporcionou essencialmente a psicologia subjetiva dos personagens. Mas trouxe-me também a ideia de "meio". Uma coisa que Proust me ensinou é que há meios sociais como há espécies animais. Somos alguém como pequeno-burguês, ou como nobre ou como grande-burguês ou como professor etc. Tudo isso se reconhece e se vê no mundo proustiano. E essa é uma coisa na qual pensei muito. Pensei quase que imediatamente, ou pouco depois, que o escritor deveria conhecer tudo do mundo, isto é, devia pertencer a vários meios. E encontrei isso em pessoas que não aprecio muito: nos Goncourt que queriam frequentar todos os meios e apreender tipos que colocariam em romances. Fizeram um romance sobre as criadas porque tinham uma criada de quem gostavam e que morreu e tinha uma vida sexual muito interessante.

S. de B. — Mas isso não foi também uma revelação de outra espécie? Quero dizer, você saía de um meio muito provinciano e burguês; isso não lhe abriu possibilidades de vida: de sentimento, de moral, de psicologia? Não foi isso também?

J.-P.S. — Sim, certamente. Isso me abria a vida contemporânea porque meus pais viviam cinquenta anos atrasados no que se refere à cultura e à vida. E em Paris, ao contrário, todos aqueles garotos viviam no dia a dia a vida cultural do momento. Especialmente os surrealistas. Isso era para nós, como já disse, uma dádiva, uma fonte de influência. Depois descobri *La Nouvelle Révue Française*; a revista e os livros. Era uma verdadeira descoberta. Naquela época, os livros de *La Nouvelle Révue Française* tinham um odor, um determinado odor de papel; os livros publicados naquela época conservaram um pouco esse odor. Lembro-me, era o odor da cultura, por assim dizer. E a *N.R.F.* representava verdadeiramente alguma coisa; era a cultura que estava ali.

S. de B. — A cultura moderna.

J.-P.S. — A cultura moderna. Foi lá que li Conrad. Conrad, para mim, era a *N.R.F.*, já que todos os seus livros se encontravam na *N.R.F.*

S. de B. — Por que gostava tanto de Conrad? É a segunda vez que o cita.

J.-P.S. — Não gostava tanto assim de Conrad. Mas estava no Henri IV, na classe de filosofia, interno, e estava ligado aos *khâgneux* que se preparavam para a Escola Normal com professores célebres como Alain. Eles conversavam conosco, o que era uma grande honra para nós, já que era uma classe muito superior; eram pessoas muito particulares, que conhecíamos mal, que tentávamos conhecer. De quando em quando, deixavam-nos ler livros de sua biblioteca e especialmente um livro de Conrad.

S. de B. — Através desses alunos, ou de uma maneira qualquer, houve uma certa influência de Alain sobre você? Você lia Alain quando estava na classe de filosofia?

J.-P.S.. — Não quando estava em *khâgne*, mais tarde, sim. Na Escola Normal.

S. de B. — E os grandes clássicos como Zola, Balzac, Stendhal etc., quando os leu?

J.-P.S. — Zola e Balzac não me interessavam muito. Cheguei a Zola depois, mas quanto a Balzac nunca me atraiu. Ia constituindo uma biblioteca de clássicos, de acordo com as ocasiões. Stendhal, desde logo. Comecei a lê-lo quando em filosofia, depois li-o até a Escola Normal. Foi um de meus autores preferidos. Foi por isso que me surpreendia quando via que isso não se devia ler entre 17 e 18 anos porque tirava o frescor dos jovens, dava-lhes ideias sombrias, desgostava-os da vida — eis o que se dizia ao meu redor. Ainda não compreendo, aliás...

S. de B. — Não, porque é antes, ao contrário, muito alegre.

J.-P.S. — Muito alegre, sim. Contém amores, heroísmo, aventuras. Absolutamente não compreendo a espécie de resistência que Stendhal suscitou.

S. de B. — Bem, então, depois?

J.-P.S. — Então, li um autor como Stendhal com as pessoas de minha idade e contra os que eram mais velhos, até os professores.

S. de B. — A leitura era, em suma, uma maneira de apropriar-se do mundo cultural, ao mesmo tempo que um prazer, naturalmente...

J.-P.S. — É isso, um prazer. Mas também eu me apropriava do mundo. O mundo significando essencialmente o planeta. E como tinha ambições (queria viver numa quantidade de meios, com uma quantidade de pessoas, numa quantidade de países), ela me proporcionava um antegozo. Li muito até o terceiro ano da Escola Normal. Deixei de ler quando preparava a agregação, embora tenha sido reprovado na primeira vez.

S. de B. — Você tinha estudado muito. Mas surpreendeu-me, quando o conheci, porque havia lido autores que geralmente não são lidos. Havia lido Baour-Lormian, Napomucène Lemercier. Você tinha uma cultura exaustiva.

J.-P.S. — Sim, eles me eram aconselhados pela história e pela literatura. Pronunciavam seus nomes na aula do professor de história ou de francês. E eu ia lê-los.

S. de B. — E quando estava em Paris, como obtinha livros?

J.-P.S. — Nizan me emprestava alguns e eu comprava outros. E também, de quando em quando, como já mencionei, os *khâgneux* do Henri IV nos emprestavam livros.

A cerimônia do adeus

S. de B. — E que passou a representar a leitura para você a partir do momento em que se tornou agregado? Sei que, durante o serviço militar, ela representava sobretudo uma distração.

J.-P.S. — Sim.

S. de B. — Sim, porque você se entediava muito.

J.-P.S. — Sim.

S. de B. — Mas havia outra coisa também?

J.-P.S. — Isso foi sempre o contato com o mundo. Um romance, um livro de história ou de geografia informava-me sobre o mundo. Tal coisa se passava em tal lugar, ou se passara havia um século ou se passaria se eu fosse a tal país. Eram informações que eu adquiria do mundo e que me apaixonavam.

S. de B. — Sei que, a partir da agregação, você leu muitos livros estrangeiros. Muitos livros americanos: Dos Passos, por exemplo.

J.-P.S. — Sim. A literatura americana me apaixonou.

S. de B. — A literatura russa também.

J.-P.S. — Os velhos livros russos: Dostoievski, Tolstoi etc., lia-os há muito tempo. Eles me haviam sido indicados no liceu. Aliás, não gostava de Tolstoi, no que depois mudei. Obviamente, gostei de Dostoievski.

S. de B. — E quando professor no Havre lia muito?

J.-P.S. — Sim, lia…

S. de B. — A partir do dia em que começou muito seriamente a escrever, ainda assim restava-lhe tempo para ler? E que representava isso para você?

J.-P.S. — Lia muito no trem. O Havre-Paris, o Havre-Rouen. Nessa época descobri algo de novo: o romance policial.

S. de B. — Ah, sim.

J.-P.S. — Antes, eram os romances de aventura. No trem não havia nada para fazer. Olhavam-se as pessoas que passavam e lia-se. Lia-se o quê? Qualquer coisa de não cultural, diria eu. Na verdade, não percebia que os romances policiais me cultivavam.

S. de B. — Andávamos muito de trem.

J.-P.S. — Bastante. Então, lia romances policiais.

S. de B. — E por que gostava dos romances policiais?

J.-P.S. — Certamente fui atraído pela importância que tiveram. Nessa época todo mundo se interessava por eles.

S. de B. — Sim, mas você os poderia ter recusado.

J.-P.S. — Poderia, mas de toda maneira havia aquele antigo fundo de aventura que me divertia.

S. de B. — Não havia também o fato de que a construção lhe interessava?

J.-P.S. — Sim, a construção me interessava. Era uma construção que muitas vezes pensei que poderia servir para romances que tratassem de assuntos mais...

S. de B. — Mais sérios.

J.-P.S. — Mais sérios, mais literários. Ou seja, achava que a construção do enigma, que, no fim, dá sua chave, fazendo algo um pouco escondido — não um crime, mas um acontecimento qualquer de uma vida, relações entre homens ou entre homens e mulheres — poderia dar um tema de romance; aquele fato, pouco a pouco, se desvendaria, seria objeto de hipóteses. Pensava que havia ali uma possibilidade de romance. Depois, abandonei esse procedimento. Embora haja, no primeiro volume de *Os caminhos da liberdade*, elementos muito no estilo de romance policial, como a relação de Boris com Lola.

S. de B. — Mesmo em *A náusea* há uma espécie de suspense porque o herói se pergunta: "O que é, o que há?..."

J.-P.S. — Sim.

S. de B. — Creio que o gênero de necessidade que há num romance policial bem-feito, bem-apresentado, era algo que lhe agradava.

J.-P.S. — Era uma necessidade particular. Uma necessidade que se exprimia, na maioria das vezes, através de diálogos, porque quando um detetive descobre algo no romance policial, há...

S. de B. — Interrogatórios.

J.-P.S. — É sobretudo o diálogo, no qual o fato aparece e reaparece e provoca perturbações ou atitudes emotivas nas pessoas. Portanto, isso implicava que o diálogo podia ser muito...

S. de B. — Podia ter um valor de ação, de certo modo.

J.-P.S. — Sim; informar as pessoas e fazê-las agir. A aventura estava no diálogo e era o diálogo, enquanto aventura, que me parecia importante.

S. de B. — E depois? Afora os romances policiais? Quando estava em Laon, quando retornou a Paris: enfim, durante seus anos de professor no período anterior à guerra?

A cerimônia do adeus

J.-P.S. — Lia sobretudo a literatura americana. Foi sobretudo então que a conheci. Faulkner? Lembro-me ainda de que você o leu primeiro e mostrou-me as novelas dizendo que deveria lê-las.

S. de B. — Ah!

J.-P.S. — Estava em seu quarto, uma tarde, e você estava com esse livro. Perguntei-lhe o que era e você mo disse. Eu já conhecia Dos Passos.

S. de B. — Mais tarde, juntos descobrimos Kafka.

J.-P.S. — Na Bretanha, se não me engano.

S. de B. — Sim. Na *N.R.F.* alguém falava dos grandes autores, Proust, Kafka e Joyce. E Joyce, nós o conhecíamos? Já não me lembro.

J.-P.S. — Conhecemo-lo muito rapidamente, sim. Primeiro, por ouvir falar e logo a seguir o lemos. Todo o meio, tudo o que era propriamente o monólogo interior do sr. Bloom me interessava muito. E fiz até uma conferência sobre Joyce no Havre: havia uma sala onde os professores faziam conferências pagas. Isso era coordenado pela municipalidade e pela biblioteca. E fiz conferências sobre os escritores modernos para os burgueses do Havre que não os conheciam.

S. de B. — Quem, por exemplo?

J.-P.S. — Faulkner.

S. de B. — Você fez uma conferência sobre Faulkner?

J.-P.S. — Não, mas mencionei-o numa conferência, e perguntaram-me quem era.

S. de B. — E sobre quem você fez conferências? Creio que fez uma sobre Gide, não?

J.-P.S. — Sim, e fiz uma sobre Joyce.

S. de B. — Essas conferências precederam seus primeiros artigos críticos.

J.-P.S. — Sim. Eram menos desenvolvidas que meus artigos, mas na mesma linha.

S. de B. — Já tinha a ideia de que uma técnica é uma metafísica?

J.-P.S. — Sim, essa ideia me veio muito cedo.

S. de B. — Bom; então você lia, em suma, ao mesmo tempo para comprazer-se, para manter-se a par, para saber o que surgia no mundo?

J.-P.S. — Lia muito. Era muito interessado. A leitura era minha diversão mais importante; e era até maníaco por ela.

S. de B. — E entre todas essas leituras houve algumas que o influenciaram em seu próprio trabalho?

J.-P.S. — Oh! evidentemente. Dos Passos me influenciou enormemente.

S. de B. — Não teria havido *Sursis* sem Dos Passos.

J.-P.S. — Kafka também me influenciou. Não saberia dizer como, exatamente, mas me influenciou bastante.

S. de B. — Tinha lido Kafka quando escreveu *A náusea*?

J.-P.S. — Não, quando escrevia *A náusea* ainda não conhecia Kafka.

S. de B. — A seguir foi à guerra e creio que durante esse período você leu muito.

J.-P.S. — Sim, você me enviou uma quantidade de livros. Recebia-os na escola onde ficávamos nós, os meteorologistas, para não fazer nada a não ser supostamente corrigir ou estudar as sondagens que haviam sido feitas pela manhã ou nos dias anteriores; isso não era útil para ninguém, já que ninguém se interessava pelas sondagens.

S. de B. — Certamente não se lembra do que leu? Devia ser à medida que os livros surgiam?

J.-P.S. — Sim.

S. de B. — Não lia romances? Não, naturalmente lia filosofia.

J.-P.S. — Ou história.

S. de B. — Muita história, já?

J.-P.S. — Sim, mas história como se fazia na época. História anedótica e biográfica. Li, por exemplo, diferentes obras sobre o caso Dreyfus. Lia muito história; aliás, isso se harmonizava com a concepção filosófica segundo a qual era preciso interessar-se pela história, que ela fazia parte da filosofia.

S. de B. — Você lia muito biografias.

J.-P.S. — Sim.

S. de B. — Tínhamos gostos comuns nessa área; havia muitos livros que líamos juntos: em última instância a lista de livros que dou como tendo lido em *A força da idade*.

J.-P.S. — Muitas vezes, um volume era utilizado por nós dois e falávamos muito sobre ele.

S. de B. — Sim, muito.

J.-P.S. — Alguns personagens romanescos ou verdadeiros nos serviam de referência.

S. de B. — Sim, tudo o que líamos estava muito integrado à nossa vida.

A cerimônia do adeus

J.-P.S. — Sim, é preciso mencioná-lo, porque isso acrescenta um caráter à leitura, o fato de que um livro fosse de nós dois.

S. de B. — Creio que no campo de prisioneiros, onde esteve, era difícil obter livros.

J.-P.S. — Tive alguns. Livros que um prisioneiro trouxera em sua mochila. Um ou dois que me vieram através dos alemães. Pouca coisa, praticamente. Mas obtive *Ser e tempo*, que solicitei, que obtive.

S. de B. — Isso não era leitura, era trabalho. Seria preciso distinguir os livros que eram, para você, livros de trabalho: Heidegger, Husserl, por exemplo.

J.-P.S. — Você sabe, é muito difícil distinguir o trabalho da leitura. Será que Husserl e Heidegger foram trabalho ou uma leitura um pouco mais sistemática do que as outras? É bastante difícil dizer.

S. de B. — As leituras feitas por prazer não se incluiriam numa espécie de amplo trabalho que consistia em assimilar o mundo?

J.-P.S. — Mais tarde, sim, quando tive necessidade delas para escrever meus livros. Mas quando escrevi *A náusea* não tinha tido necessidade de quase nenhum livro. Nem no que se refere às novelas.

S. de B. — E quando retornou a Paris, durante a guerra e imediatamente depois, o que significava ler? Já antes da guerra você havia começado a fazer algumas críticas.

J.-P.S. — Sim.

S. de B. — Criticou quem, antes da guerra? Mauriac?

J.-P.S. — Sobretudo Dos Passos.

S. de B. — E Brice Parain? Você escreveu sobre Brice Parain, não?

J.-P.S. — Sim, durante a guerra. Que se lia durante a ocupação?

S. de B. — Sei que se leu *Moby Dick* naquele momento. Mas, em princípio, já não tínhamos livros americanos.

J.-P.S. — Nada de livros americanos, nem ingleses, nem russos.

S. de B. — Então, o que líamos?

J.-P.S. — Líamos francês.

S. de B. — Não era publicada muita coisa.

J.-P.S. — Líamos as coisas que não havíamos lido ou relíamos outras.

S. de B. — Já não líamos novidades, é isso.

J.-P.S. — De toda maneira, líamos bastante.

S. de B. — Quanto a mim, creio que foi nessa época que li — não sei se você também o leu — *As mil e uma noites*, o livro inteiro, na edição do doutor Mardrus.

J.-P.S. — Sim. Líamos o intemporal, líamos o século XIX, Zola; reli-o nessa ocasião.

S. de B. — E depois da guerra?

J.-P.S. — Houve um livro importante para mim durante a guerra, que foi *Histoire de la révolution*, de Jaurès.

S. de B. — Depois da guerra houve um afluxo de literatura americana, inglesa. Descobrimos então uma outra forma de romances de aventuras. E quantidades de livros que nos revelaram o que havia sido a guerra do outro lado de nossa cortina de trevas.

J.-P.S. — Para você isso era mais interessante do que para mim.

S. de B. — Por quê?

J.-P.S. — Porque eu... não sei. Eu os lia, é claro, mas não tinha experiência que pudesse servir-me de ponto de partida para uma leitura desse gênero.

S. de B. — Você não lia um pouco menos, a partir de 1945, pelo fato de haver escrito muito, por estar mais ou menos engajado em manifestações políticas?

J.-P.S. — Sim, mas não tinha outra coisa para fazer. Antes, tinha o liceu. Foi por essa época que formei uma biblioteca para mim; ali pegava livros e os lia e relia.

S. de B. — Você a instalara no apartamento de sua mãe, onde morava. Houve um tempo em que não tinha livro algum. Quando estávamos no hotel de La Louisiane, alguém foi visitá-lo e ficou perplexo, dizendo: "Mas o senhor não tem livros?" Você disse: "Não, leio, mas não possuo livros." E, ao contrário, a partir do momento em que foi morar na rua Bonaparte, você constituiu uma biblioteca.

J.-P.S. — Sim. Era por amor aos livros, pelo desejo de tocá-los, de olhá-los. E comprava livros na rua Bonaparte; e também na rua Mazarine. Há uma quantidade de livrarias em todo esse bairro. Comprava edições completas...

S. de B. — Você tinha a edição completa de Colette.

J.-P.S. — Sim.

S. de B. — E também as obras completas de Proust...

A cerimônia do adeus

J.-P.S. — Sim. A partir do momento em que me instalei na casa de minha mãe consenti em possuir certas coisas, como, por exemplo, uma biblioteca; o fato de não ter livros antes correspondia a uma vontade bem determinada. Não queria possuir nada. E continuei assim até os quarenta anos...

S. de B. — É preciso dizer que as condições materiais colaboravam para isso, já que estávamos sempre no hotel...

J.-P.S. — Sim, mas eu teria podido, se tivesse desejado. Não, não queria possuir. Não possuía nada. Nem no Havre, nem em Laon... E depois, em 1945, transformei minha vida em determinados aspectos.

S. de B. — Sim, você contratou um secretário, ficou mais bem-instalado do que antes. Um pouco por força das circunstâncias.

J.-P.S. — Era porque minha mãe, depois da morte de meu padrasto, queria que eu morasse com ela.

S. de B. — Sim, eu sei. Bom, então, para retornar à leitura, depois de 1945 você leu tanto quanto antes? E leu as mesmas coisas? Talvez me equivoque, mas parece-me que fez menos leituras gratuitas, que leu menos romances.

J.-P.S. — Menos romances. Há romances que foram publicados e que eram bons e que não li. Sobretudo li obras históricas.

S. de B. — Quando começou a ler intensamente obras sobre a Revolução Francesa e também a comprar volumes de Memórias sobre a Revolução Francesa? Parece-me que foi por volta de 1952.

J.-P.S. — Sim, por volta de 1950, 1952.

S. de B. — E isso era já na perspectiva de *Crítica da razão dialética*?

J.-P.S. — Sim e não; nessa época ainda desejava fazer filosofia, mas era algo que permanecia vago. Um desejo forte, mas leituras vagas. E depois anotações em meu caderno.

S. de B. — Mas você lia de uma maneira muito sistemática e obras às vezes bastante ingratas: você lia obras sobre a semeadura de terras, sobre a reforma agrária na Inglaterra. Sobretudo coisas sobre a história da França: muito, muito.

J.-P.S. — Essencialmente sobre a história da Revolução e o século XIX.

S. de B. — Muito de história econômica.

J.-P.S. — Muito de história econômica.

S. de B. — Eram leituras documentárias com objetivo não muito preciso ainda, mas que de toda maneira já estava indicado.

J.-P.S. — Escrevia em meus cadernos de notas e de lembranças as ideias que tirava desses livros ou os conhecimentos que eles me proporcionavam.

S. de B. — Você leu o livro de Braudel sobre o Mediterrâneo; e um livro que você considerava muito importante e que era *Les sans-culottes* de Soboul. Como leituras de distração, você continuava a ler romances policiais, romances de espionagem.

J.-P.S. — Sobretudo romances de espionagem. Houve um tempo em que apareceram os romances de espionagem, e eu os li. E também os da Série Noire.

S. de B. — A Série Noire acabava de nascer e era boa no início, a Série Noire de Duhamel; depois, não.

J.-P.S. — Isso está um pouco esgotado.

S. de B. — Gostaria de perguntar-lhe novamente o que representou para você a literatura ao longo de sua vida. Você explicou, em *As palavras*, o que representava para você durante seus primeiros anos; mas em que se transformou, o que representa atualmente para você?

J.-P.S. — De início, a literatura significou, para mim, o contar. Contar belas histórias. Por que eram belas? Porque eram bem-desenvolvidas, havia um começo e um fim, continham personagens que eu fazia existir através de palavras. Nessa ideia simples havia a ideia de que contar não era o mesmo que contar a um colega o que eu fizera no dia anterior. Contar tinha outro significado. Era criar com palavras. A palavra era o modo de contar uma história, que, além disso, eu via como independente das palavras. Mas era o modo de contá-la. A literatura era um relato feito com palavras. Era completo quando continha o início da aventura e a acompanhávamos até o fim. Isso se manteve até que meus estudos de liceu me fizeram constatar uma outra literatura, já que havia quantidades de livros em que não havia o contar.

S. de B. — Então você escrevia, em La Rochelle, por exemplo, coisas que eram mais ou menos relatos; isso era muito diferente de contar por escrito ou de contar a um colega. Você diz: era muito diferente porque havia as palavras. Mas quando relatava fatos a um colega também havia as palavras.

A cerimônia do adeus

J.-P.S. — Sim, mas não eram vividas por si mesmas. Trata-se de colocar o colega a par do que ocorreu na véspera; damos aos objetos que estavam presentes nomes que os designam, mas não concedemos privilégio algum a essas palavras. Estão presentes porque são as palavras que significam. Enquanto que, numa história, a palavra em si mesma tem algum valor.

S. de B. — Não é assim, também, porque, nesse momento, introduzimo-nos no imaginário?

J.-P.S. — Sim, mas não sei se aos dez anos eu fazia uma distinção bem nítida entre o que era verdadeiro e o que era imaginário.

S. de B. — De toda maneira, você deveria perceber que as histórias que escrevia não tinham ocorrido.

J.-P.S. — Oh! Sabia perfeitamente que essas histórias eram inventadas, mas como, por outro lado, eram um pouco semelhantes, e até inteiramente semelhantes a relatos que eu lera em jornais interessantes, tinha a impressão de que possuíam pelo menos essa realidade de pertencer ao mundo dos relatos que existiam fora de mim. Não tinha a ideia do imaginário puro, que tive logo depois. Ou seja, não havia o problema do imaginário. Aquilo não existia, era inventado, mas não era o imaginário. Não era imaginário no sentido de que não era uma história que tem uma consistência e no entanto não existe.

S. de B. — Mas não havia, ao menos, um sentimento do que se poderia chamar a beleza e a necessidade da história?

J.-P.S. — Não se contava uma coisa qualquer. Contava-se algo que tinha um começo e um fim que dependia estritamente do começo. De modo que se fazia um objeto cujo começo era causa do fim e cujo fim se ligava ao início.

S. de B. — Um objeto fechado em si mesmo?

J.-P.S. — Sim, toda a história era feita de coisas que tinham correspondência. O começo criava uma situação que se resolvia no fim com os elementos do começo. Assim, o fim repetia o começo e o começo já permitia que se imaginasse o fim. Isso era muito importante para mim. Em outras palavras, havia o relato, que colocava em jogo uma invenção, o que é um dos elementos; e o outro elemento é que o que eu inventava era a história, que se bastava a si mesma e cujo fim correspondia ao início e vice-versa.

S. de B. — Você quer significar, sem mencioná-la, a necessidade.

J.-P.S. — Era a necessidade que só se revelava no relatar. Era isso o fundo, por assim dizer. Ao relatar, revelava-se uma necessidade que era o encadeamento das palavras umas com as outras, que eram escolhidas para encadear-se... E havia também, mas muito vagamente, a ideia de que há boas palavras, palavras que soam bonito e se encadeiam umas com as outras e que depois formam uma bela frase. Mas isso era muito vago. Eu sentia perfeitamente que as palavras podiam ser belas, mas não me ocupava muito disso. Preocupava-me em dizer o que havia por dizer. Isso durou até os 12 anos, quando começamos a ler, no liceu, obras de grandes escritores do século XVII e do século XVIII, que eu via que não eram todos relatos romanescos, que havia discussões, ensaios. Então, chegávamos a uma obra na qual o tempo já não se manifestava da mesma maneira. E, no entanto, o tempo me parecia capital em literatura. Era o tempo do leitor que era criado. Ou seja, o leitor tinha primeiro um tempo dele e depois era situado numa duração que era criada para ele e que se fazia nele. Enquanto lia, ele se tornava o objeto que fazia.

S. de B. — Portanto, você teve então uma concepção da literatura que investia sempre no tempo do leitor, mas que não era necessariamente um relato. O que ocorreu com isso na época?

J.-P.S. — Havia um antes e um depois. O leitor começava o ensaio com ideias que não eram as que o autor expunha. Lentamente, tomava consciência das ideias do autor — era preciso tempo, começar às duas da tarde, continuar até às seis e recomeçar no dia seguinte. Assim, era com o tempo que ele apreendia as ideias do autor. No primeiro capítulo, havia um esboço e depois isso se construía e acabava-se por ter uma ideia temporal. Era temporal, porque levava tempo para ser construída. Era assim que eu via as coisas.

S. de B. — Mas escreveu ensaios propriamente ditos, quando era bem jovem, em *khâgne* ou no primeiro ano?

J.-P.S. — De qualquer forma, não antes de *khâgne*, e será que escrevi? Naquela época, Nizan e eu trabalhávamos cada um por si, mas mostrávamos nossos escritos um ao outro, e os romances eram, também, ensaios. Ou seja, queríamos colocar ali ideias, então a duração do tempo do romance tornava-se, ao mesmo tempo, a duração do tempo da ideia que se exprimia. E as novelas de Nizan, na *Revue sans Titre*, de certa maneira eram ensaios. Quanto a mim, escrevi como primeiro ensaio *La légende de la vérité*.

A cerimônia do adeus

S. de B. — E *Er l'arménien*, como o considera?

J.-P.S. — Mais como um ensaio. Como um ensaio, mas com personagens aos quais acontecem coisas que têm um sentido. Eles as desenvolvem, explicam-nas em seu discurso. E então, isso se torna um símbolo.

S. de B. — Mas em outro dia você dizia que uma das coisas que desejava era revelar verdades. Revelar aos outros a verdade do mundo.

J.-P.S. — Sim, isso veio lentamente. Não se apresentou no início. No entanto, estava presente. Era preciso um tema! Para mim, era o mundo. O que tinha a dizer, era o mundo. Creio, aliás, que como todos os escritores. Um escritor só tem um tema, que é o mundo.

S. de B. — Sim, mas há os que chegam ao mundo passando por eles mesmos, que fazem intimismo, que falam de suas experiências.

J.-P.S. — Cada um tem seu modo de ver as coisas. Quanto a mim, não sei por que, não escrevia sobre mim. Pelo menos sobre mim como personagem subjetivo, como tendo uma subjetividade, ideias. Jamais me ocorreu escrever sobre mim, escrever uma história que me tivesse acontecido. E, no entanto, naturalmente, de toda maneira, tratava-se inteiramente de mim. Mas o objetivo não era representar-me nas novelas que fazia.

S. de B. — Ou seja, que é o mundo que é captado através de você.

J.-P.S. — É fora de dúvida que o tema de *A náusea* é primordialmente o mundo.

S. de B. — É uma dimensão metafísica do mundo que deve ser revelada.

J.-P.S. — É isso. Então, essa é uma ideia diferente da de literatura. A literatura revela a verdade sobre o mundo, mas diferentemente da filosofia; na filosofia há um início e um fim, portanto há uma duração mas ela recusa a duração. É preciso tomar o livro, só o compreendemos quando terminou e então não há duração. Não se pode introduzir no livro o tempo que se levou para compreendê-lo e decifrá-lo. E o pensamento que se obtém é um pensamento ideal e o conservamos na cabeça, como um conjunto bem-organizado. Podemos falar da duração, podemos fazer um, dois capítulos sobre a duração, mas nesse momento trata-se de um conceito, não de uma dimensão do objeto. Mudei a esse respeito, porque agora considero, ao contrário, que as obras filosóficas que escrevi compreendem a noção de temporalidade, não somente como a necessidade que cada um pode ter de ler a obra começando pelo início ou pelo fim, o que é uma perda de tempo, mas no sentido de que o tempo dedicado a expô-la e discuti-la faz parte da filosofia em si. Ela a determina.

S. de B. —Você não mo disse, mas talvez o diga mais adiante, já que, por agora, estamos na literatura. Por ocasião de *A náusea*, tinha uma ideia da necessidade?

J.-P.S. — Sim.

S. de B. — A ideia de beleza estava ligada, para você, à ideia de fazer um livro?

J.-P.S. — Na verdade, não. Pensava que isso era fácil, se cuidávamos das frases, do estilo, da maneira de contar a história. Mas essas qualidades formais com as quais pouco me preocupava. Para mim, tratava-se de encontrar o mundo no âmago do relato.

S. de B. — De toda maneira, você me disse há pouco que ainda muito jovem já dava importância às palavras.

J.-P.S. — Sim, era uma espécie de elemento de beleza, mas também de exatidão, de verdade. Uma frase com palavras bem-escolhidas é uma frase exata, verdadeira.

S. de B. — Mas, no fim de *A náusea*, quando o herói ouve "Some of these days", ele diz que gostaria de criar algo que se assemelhasse a isso. Ora, isso o toca pelo que podemos chamar de sua beleza.

J.-P.S. — Sim, mas se "Some of these days" comove Roquetin, é porque é um objeto criado pelo homem, um homem muito distante, que através de seus versos o atinge. Não que ele seja humanista; é uma criação do homem que o mobiliza, que ele ama.

S. de B. — Em outras palavras, era mais uma questão de comunicação do que uma questão de beleza?

J.-P.S. — Esses objetos, que uma vez produzidos sobreviviam, encontravam-se nas bibliotecas, como realidades materiais; mas estavam também numa espécie de céu inteligível, que não era um céu imaginário. Era uma realidade que permanecia. E lembro-me de que *A náusea* estava um pouco aquém de minhas próprias ideias. Ou seja, eu já não estava por criar objetos fora do mundo, belos ou verdadeiros, como acreditava antes de conhecer você, mas havia ultrapassado isso. Não sabia exatamente o que queria, mas sabia que não era um belo objeto, um objeto literário, um objeto livresco que se criava, era outra coisa. Sob esse aspecto, Roquetin marcava antes o fim de um período do que o começo de outro.

S. de B. — Não entendo bem o que quer dizer. Flaubert acreditava que um livro era um objeto que se mantinha por si só, que, por assim dizer, independia do leitor, que ele considerava perfeitamente inútil. Era assim que você pensava antes de *A náusea*?

J.-P.S. — De certa maneira; não que achasse, entretanto, não haver necessidade do leitor.

S. de B. — E então, quando terminou *A náusea*, e mesmo enquanto escrevia *A náusea*, como via o livro?

J.-P.S. — Via-o como uma essência metafísica; eu criara um objeto metafísico; por assim dizer, era como uma ideia platônica. Mas uma ideia que seria particularizada e que o leitor encontrava ao ler o livro. Eu começara *A náusea* acreditando nisso e no fim já não acreditava.

S. de B. — Em que acreditava na época?

J.-P.S. — Não sabia bem.

S. de B. — E quando escreveu as novelas? O que pensava fazer ao escrever uma novela?

J.-P.S. — As novelas eram uma necessidade mais imediata, já que uma novela tem trinta, cinquenta páginas; então, não só a concebia, mas, de certa maneira, ao lê-la via a necessidade. Com as novelas tinha uma visão mais evidente do objeto literário do que ao escrever *A náusea*, que é longo.

S. de B. — Sim; mas o que representava, exatamente, para você, escrever novelas? Quanto a *A náusea* é muito claro; havia uma revelação do mundo, essencialmente com essa dimensão de contingência, tão importante para você; mas as novelas?

J.-P.S. — Quanto às novelas, é curioso. Elas mudaram de significação. Quis escrever novelas para transmitir, através das palavras, determinadas impressões espontâneas. *Le soleil de minuit*, que perdi, era isso. Quis fazer um volume de novelas...

S. de B. — De atmosfera, de certa forma.

J.-P.S. — ... de atmosfera; por exemplo; Nápoles; queria que a novela concorresse para que se visse Nápoles.

S. de B. — E depois? Isso se modificou?

J.-P.S. — Sim. Modificou-se, não sei bem por quê. *Erostrate* era um sonho de Bost.

S. de B. — Sim, mas por que escolheu esse sonho?

J.-P.S. — Meu projeto tomou um caráter mais amplo; aquilo podia ser a visão de um momento bastante forte para mim; podia ser também algo mais importante, como guerra da Espanha. Houve uma novela sobre a loucura. Tratava-se, portanto, de situações bastante graves e completamente diferentes do que eu desejava no início. No início, teria escrito antes uma novela sobre uma noite nos bulevares de Paris, sobre um jardim, uma novela sobre Nápoles, ou uma travessia do mar.

S. de B. — Foram exatamente essas novelas de atmosfera as que você eliminou. Houve uma que se perdeu, e você não tentou refazê-la. Você eliminou a travessia de navio com a orquestra feminina, com a possibilidade de retomá-la mais tarde. Bem, mas o que você chamou, dias atrás, a própria "essência" da literatura, através de tudo isso? Ali ainda era relatar.

J.-P.S. — Certamente, relatar. Mesmo um ensaio relata.

S. de B. — De toda maneira, não é a mesma coisa fazer um ensaio sobre Giacometti ou narrar *O muro*.

J.-P.S. — Não é a mesma coisa. Mas ainda assim é preciso um tempo para entrar nos quadros de Giacometti. E o tempo da leitura não é inteiramente o tempo da criação, mas os dois se conjugam. E quando o leitor ler o ensaio, ele criará enquanto leitor, fará aparecer o objeto tal como lhe foi indicado pelo autor.

S. de B. — Vamos então aos ensaios. Você começou a escrever crítica desde antes da guerra, não foi?

J. P.S. — Sim.

S. de B. — E continuou durante a guerra…

J.-P.S. — Continuei durante a guerra, numa revista marselhesa.

S. de B. — É isso.

J.-P.S. — Chamava-se *Confluences*.

S. de B. — E continuou depois da guerra. Em seus ensaios há uma quantidade de coisas diferentes: crítica literária, crítica artística e ainda comentários políticos. E, às vezes, vidas. Retratos de Merleau-Ponty, de Nizan. Então, como encara a crítica? E por que isso o interessou? Lembro-me de que, de início, como tinha a ideia de que você estava talhado para escrever romances, parecia-me que aquilo era um pouco uma perda de tempo. Estava redondamente enganada porque se trata de uma das partes mais interessantes de sua obra. Mas o que o incitou a fazer crítica?

A cerimônia do adeus

J.-P.S. — Ainda o mundo. A crítica era uma descoberta, uma determinada maneira de ver o mundo; uma maneira de descobrir como via o mundo o sujeito cuja obra eu lia e criticava. Como Faulkner via o mundo, por exemplo. A maneira pela qual os acontecimentos eram narrados em seus livros, como os personagens eram apresentados. Era uma maneira de transmitir a forma pela qual ele reagia às pessoas em torno dele, às paisagens, à vida que levava etc. Tudo isso via-se no livro, mas não imediatamente. Via-se através de uma quantidade de notações que era preciso estudar.

S. de B. — Há algo que lhe interessava muito nos romances de que falava: era a técnica.

J.-P.S. — Esse aspecto da técnica creio que me veio de Nizan. Ele se preocupava muito com isso. Em relação aos seus próprios romances, e aos dos outros.

S. de B. — Mas você se interessou muito diretamente pela técnica de Dos Passos.

J.-P.S. — Sim, é claro. Mas a ideia de estudar uma técnica num livro, de procurar saber se ela valia algo, isso vinha de Nizan.

S. de B. — Sei que Nizan, quando nos falou de Dos Passos, na verdade falou-nos sobretudo da técnica de Dos Passos.

J.-P.S. — Exato.

S. de B. — Mas houve uma ideia que era bem sua e que era muito importante, segundo a qual a técnica revela, ao mesmo tempo, uma metafísica.

J.-P.S. — Foi o que lhe disse há pouco. No fundo, minha crítica buscava a metafísica que havia numa obra, através da técnica. E quando encontrava essa metafísica, então me sentia satisfeito. Possuía realmente a totalidade da obra.

S. de B. — Sim.

J.-P.S. — Para mim, a ideia crítica era isso. Isto é, ver como cada um dos homens que escrevem vê o mundo. Eles descrevem o mundo, mas o veem diferentemente. Alguns, abundantemente, outros, de perfil, de uma maneira limitada.

S. de B. — Alguns, numa dimensão de liberdade, outros, numa dimensão de necessidade, de opressão... Sim.

J.-P.S. — É tudo isso que é preciso captar...

S. de B. — Mas você tinha igualmente a ideia de que um ensaio é também um objeto, um objeto necessário e que deve ter sua qualidade literária própria. De início, você achava muito difícil fazer um ensaio que não fosse como uma dissertação, mas que tivesse, digamos, sua elegância, sua beleza.

J.-P.S. — O risco da elegância é separar de sua verdade o objeto. Se é muito elegante já, não diz o que gostaria de dizer. Uma crítica sobre Dos Passos, se comporta coisas muito elegantes, se nos conformamos com a beleza, já não diz exatamente o que se desejaria que dissesse.

S. de B. — Ou seja, o problema é encontrar o equilíbrio entre o objeto por captar e a maneira pessoal de referi-lo.

J.-P.S. — É isso. Seria necessário dizer o que se tinha a dizer, mas dizê-lo de maneira que fosse necessária, bem-feita...

S. de B. — E o que consideraria como constituindo a elegância de um ensaio?

J.-P.S. — Oh! Eram ideias muito cartesianas: leveza, clareza, necessidade.

S. de B. — Sim.

J.-P.S. — A qualidade do ensaio era uma consequência natural já que aí eu introduzia a metafísica. Portanto, havia sempre uma crítica, ou seja, um estudo das palavras do autor considerado, num determinado nível: por que escolher tal adjetivo, tal verbo, quais são suas artimanhas etc., e também, por trás disso, estava em causa a metafísica. A crítica tem dois sentidos para mim: deve ser a exposição dos métodos, das regras, das técnicas do autor, na medida em que tais técnicas me revelam uma metafísica.

S. de B. — Sim, mas ao mesmo tempo tratava-se de dizer tudo isso de uma maneira que fosse, digamos, artística. Existe a ideia de arte, já que sua crítica de Mauriac é: "Deus não é um artista, o sr. Mauriac também não." Portanto, você estava convencido de que havia uma arte literária, uma arte de escrever. Aliás, ainda outro dia, você me falava da essência da arte de escrever.

J.-P.S. — Sim.

S. de B. — Pensava então que havia uma arte de escrever um ensaio específico?

J.-P.S. — Sim... E que eu tinha dificuldade de encontrar. Não era fácil no início. Embora, finalmente, eu tenha deixado de escrever ensaios.

A cerimônia do adeus

S. de B. — Como assim?

J.-P.S. — Depois de interrompido o romance, houve peças de teatro, mas afora as peças de teatro, que não são da mesma espécie literária, que fazia eu? Artigos, livros...

S. de B. — Ah! depois livros de filosofia. Não chamo de ensaios esses livros de filosofia, exatamente porque a preocupação com a arte literária não estava presente em seus livros de filosofia.

J.-P.S. — Não.

S. de B. — Há passagens muito literárias sobretudo em *O ser e o nada*, porque *Crítica da razão dialética* é realmente severo como estilo, como tom.

J.-P.S. — Num romance, ainda não se sabe muito bem o que se fará com os personagens, o que se dirão eles. Pode-se alterar o diálogo e anulá-lo, escrevendo-o diferentemente, porque se tem uma intuição de que seria melhor assim. Como fiz em relação a Götz, por exemplo.

S. de B. — Sim, quando você inverteu a cena. Ao passo que num ensaio você é permanentemente dirigido pelo que tem a dizer.

J.-P.S. — O que tenho a dizer. Então, naturalmente, de quando em quando, podemos ter condescendências, mas não muitas. Quando deixamos que se alonguem muito, já não é um bom ensaio.

S. de B. — Pode dizer quais os ensaios que escreveu mais ao correr da pena e aqueles que mais trabalhou?

J.-P.S. — Jamais escrevi meus ensaios ao correr da pena. Sempre trabalhei literariamente.

S. de B. — Até o ensaio sobre Lumumba?

J.-P.S. — Pensava exatamente em Lumumba; pensava nesse momento que você poderia fazer-me essa objeção. Mas não; tentei trabalhar sobre Lumumba. Por exemplo, discuto sobre os livros que ele leu. Poderia não havê-lo feito ou mencioná-lo diferentemente. Há, portanto, toda uma parte de invenção. Quero dizer que não se tem um plano definido no início de um artigo e, se se escolhem os livros que alguém leu e o que esse alguém disse a respeito, é porque isso era importante. Não obstante, cabe-nos defini-lo como algo importante.

S. de B. — De toda maneira, parece-me que você escrevia os ensaios políticos com um mínimo de preocupação com arte.

J.-P.S. — Talvez com um pouco menos.

S. de B. — Como *Les communistes et la paix*, por exemplo.

J.-P.S. — Ah! Ainda assim fazia questão que fosse bem-escrito.

S. de B. — Sim, é claro. Bem-escrito, mas muito prolífico; mas, de toda maneira, isso se prestava menos a determinadas preocupações de estilo.

J.-P.S. — Em suma, para resumir o que dissemos, a obra literária é, para mim, um objeto. Um objeto que tem uma duração própria, um começo e um fim. Essa duração própria manifesta-se no livro pelo fato de que tudo o que se lê liga-se sempre com o que havia antes e também com o que virá. É essa a necessidade da obra. Trata-se de dar forma a palavras que têm uma determinada tensão própria e que, através desta tensão, criarão a tensão do livro que é uma duração na qual nos engajamos. Quando começamos um livro, penetramos nessa duração, isto é, faz-se com que se determine sua própria duração, de tal maneira que ela tem então um determinado começo, que é o começo do livro, e terá um fim. Portanto, há uma certa relação do leitor com uma duração que é a sua e que, ao mesmo tempo, não é a sua, a partir do momento em que ele começa o livro e até o fim. E isso supõe uma relação complexa entre o autor e o leitor porque ele não deve simplesmente narrar, deve fazer sua narração de maneira que o leitor conceba realmente a duração do romance e reconstitua pessoalmente as causas e efeitos, de acordo com o que está escrito.

S. de B. — Creio que você poderia estender-se sobre isso, porque, em suma, essa é sua concepção da literatura, é a concepção de sua relação com seu leitor.

J.-P.S. — O leitor é um sujeito que está diante de mim e sobre cuja duração atuo. Eis a definição que daria. E nessa duração faço com que surjam sentimentos que estão ligados a meu livro, que se corrigem, que se discutem entre si, que se combinam e que saem fortalecidos ou desaparecem da obra terminada.

S. de B. — Você falava, outro dia, de uma tentativa de sedução do leitor.

J.-P.S. — Sim, é isso, uma tentativa de sedução. Mas não sedução ilícita, como se seduz alguém através de argumentos que não são verdadeiros e que são capciosos, não, sedução através da verdade. Para seduzir, é preciso que o romance seja uma expectativa, ou seja, uma duração que se desenvolve.

S. de B. — De certa maneira, há sempre um suspense.

A cerimônia do adeus

J.-P.S. — Sempre; ele se clarifica no final.

S. de B. — Sempre nos perguntamos o que vai ocorrer. E mesmo num ensaio o leitor sempre se pergunta: mas o que vai ele dizer agora, o que vai provar?

J.-P.S. — E o que está querendo dizer agora e como responde a essas objeções? Portanto, o tempo também intervém. E através desse tempo, essa construção do objeto, eu lia o mundo, isto é, o ser metafísico. A obra literária é alguém que reconstitui o mundo tal como o vê, através de um relato que não visa diretamente ao mundo, mas que se refere a obras ou personagens inventados. E foi mais ou menos isso que eu quis fazer.

S. de B. — Seria preciso explicar novamente, embora você o haja explicado tão bem, mas tenham entendido tão mal, sua passagem para a literatura engajada.

J.-P.S. — Fiz um livro inteiro sobre isso.

S. de B. — Sim, é claro. Mas, afinal, que relação ou que diferença há entre as obras que fez, antes de ter a teoria das obras engajadas, e as que fez depois? Quero saber se, em última análise, encontramos as mesmas coisas nas obras engajadas ou não?

J.-P.S. — É a mesma coisa. Não se trata de uma modificação da técnica, é antes uma modificação da ideia do que se quer criar através das palavras num livro engajado. Mas isso não traz nenhuma mudança, já que a obra engajada estará ligada a uma determinada preocupação política ou metafísica que se quer exprimir, que está presente na obra. Ainda que ela não se diga "engajada".

S. de B. — Trata-se mais da escolha dos assuntos.

J.-P.S. — É isso. Eu não teria escrito sobre Lumumba em 1929 se ele existisse então.

S. de B. — Mas quando você quer comunicar o sentimento da contingência, como o faz em *A náusea*, ou quando quer comunicar o sentimento da injustiça, da crueldade exercida contra Lumumba, no fundo são as mesmas técnicas, a mesma relação com o leitor.

J.-P.S. — Exatamente. Apenas tem-se um desejo de engajá-lo numa causa que lhe revelará determinados aspectos do mundo.

S. de B. — Aliás, você disse com frequência que era o conjunto de uma obra que deveria ser engajado. E cada livro específico...

J.-P.S. — Cada livro pode não sê-lo.

S. de B. — Por exemplo, você escreveu *As palavras*.

J.-P.S. — Exatamente. Sim, o engajamento é a obra em sua totalidade.

S. de B. — Não falamos muito de *As palavras*, poderíamos discuti-lo um pouco. É um livro que você levou dez anos para escrever. Como lhe ocorreu a primeira ideia de *As palavras* e por que foi depois abandonada?

J.-P.S. — Aos 18, vinte anos, sempre tive a ideia de escrever sobre minha vida, quando a tivesse vivido, isto é, aos cinquenta anos.

S. de B. — Sempre pensou em escrever sobre você.

J.-P.S. — Sim.

S. de B. — E então por volta de 1952?

J.-P.S. — Bem, disse a mim mesmo: aí está, vou escrever.

S. de B. — Mas por que pensou isso exatamente em 1952?

J.-P.S. — Houve uma grande modificação em 1952…

S. de B. — Sim, eu sei. Mas foi exatamente uma modificação que o politizou. Então como se explica que isso o tenha levado a escrever sobre sua infância?

J.-P.S. — Foi porque queria escrever toda a minha vida sob um ponto de vista político, ou seja, minha infância, minha juventude e minha idade madura, dando-lhe esse sentido político de chegada ao comunismo. E quando escrevi *As palavras*, em sua primeira versão, não escrevi de modo algum a infância que desejava, comecei um livro que teria continuado; depois ver-se-ia meu padrasto desposando minha mãe etc. Em seguida, interrompi nesse momento porque tinha outras preocupações.

S. de B. — Fale-me dessa primeira versão; ninguém a conhece.

J.-P.S. — Foi sobre ela que trabalhei… a segunda. Ela era mais mordaz, sobre mim e sobre meu meio, do que a segunda. Desejava mostrar-me permanentemente ansioso por mudar, insatisfeito comigo mesmo e com os outros, e depois modificando-me e tornando-me, finalmente, o comunista que deveria ser o início. Mas, claro está, isso não é verdade.

S. de B. — Você o chamara *Jean-sans-terre*, não é? O que significava esse título?

J.-P.S. — Sem terra significava sem herança, sem posses. Significava o que eu era.

S. de B. — E escreveu-o até que época de sua vida?

J.-P.S. — Como *As palavras*.

S. de B. — Em suma, era realmente uma primeira versão de *As palavras*.

J.-P.S. — Uma primeira versão de *As palavras*, mas uma versão que deveria prosseguir.

S. de B. — E quanto tempo depois a retomou?

J.-P.S. — Foi... em 1961, não?

S. de B. — Creio que sim.

J.-P.S. — Retomei-o porque já não tinha dinheiro e pedira um empréstimo à Gallimard, como adiantamento.

S. de B. — Um inglês queria um texto seu inédito e você finalmente o deu à Gallimard. Retomou-o e o modificou muito.

J.-P.S. — Quis que fosse mais literário do que os outros, porque considerava que, de certa maneira, era uma forma de dizer adeus a uma determinada literatura e, ao mesmo tempo, era preciso realizá-la, explicá-la, despedir-me dela. Quis ser literário para mostrar o erro de ser literário.

S. de B. — Não entendo muito bem. Que tipo de literatura pensava enterrar com *As palavras*?

J.-P.S. — A literatura que almejara em minha juventude e depois em meus romances, em minhas novelas. Queria mostrar que estava acabado; e queria consigná-la escrevendo um livro muito literário sobre minha juventude.

S. de B. — O que queria fazer depois? Já que não mais queria fazer literatura como anteriormente.

J.-P.S. — Literatura engajada e política.

S. de B. — Antes você já fizera literatura engajada.

J.-P.S. — Sim, mas política, mais particularmente política.

S. de B. — É estranho, porque, afinal, você fez depois o Flaubert e não, especialmente, literatura política.

J.-P.S. — Um pouco, de qualquer maneira.

S. de B. — Não muito. Enfim, voltemos ao tema: o que você chama de obra mais literária do que outra? Como existem graus em literatura?

J.-P.S. — Por exemplo, o estilo: pode-se trabalhá-lo mais; *As palavras* é muito trabalhado, contém as frases mais trabalhadas que escrevi.

S. de B. — Sim.

J.-P.S. — E levava tempo para fazê-lo. Desejava que houvesse subentendidos em cada frase, um, dois subentendidos, consequentemente, que as pessoas fossem tocadas num nível ou outro. E também queria apresentar as coisas, as pessoas, cada um de determinada maneira. *As palavras* é muito trabalhado.

S. de B. — Sim, sei disso, e foi muito bem-sucedido. Mas gostaria que precisasse o que entende por "literário".

J.-P.S. — Era cheio de recursos, de astúcias, da arte de escrever, quase que de jogos de palavras.

S. de B. — Quer dizer que a preocupação com a sedução do leitor pelas palavras, com o torneado das frases, é maior do que em qualquer outra de suas obras?

J.-P.S. — Sim, é isso.

S. de B. — É isso o que chama "literário". Mas, de acordo com tudo o que disse, não se pode conceber uma obra sem preocupação de sedução.

J.-P.S. — Sim, sempre tive essa preocupação; quando tenho a impressão de ter tido êxito nesse sentido, então isso se torna uma coisa que me desperta ternura ou uma estima particular.

S. de B. — Você tem estima e afeição por *As palavras*?

J.-P.S. — Sim.

S. de B. — E, atualmente, como vê a literatura?

J.-P.S. — Atualmente, terminei; estou do outro lado da porta.

S. de B. — Sim, mas o que pensa a respeito?

J.-P.S. — Penso que fiz o que fiz, eis tudo.

S. de B. — Às vezes, há muito tempo, você se sentia até mesmo enfarado da literatura; você dizia: a literatura é merda. O que queria significar exatamente? E, mais recentemente, você me disse, às vezes: afinal de contas, é idiota trabalhar para exprimir-se; parecia querer dizer que basta escrever de qualquer maneira, por assim dizer. Aliás, você me disse algumas vezes que escrevera o Flaubert assim, o que não é bem verdade.

J. P.S. — Não é verdade.

S. de B. — Você fez rascunhos, retoques; e também tem expressões felizes, mesmo quando não as busca. Há muito achados no Flaubert.

J.-P.S. — Escrevo mais rápido. Mas isso veio do trabalho.

S. de B. — Em suma, que queria significar quando dizia "é merda" ou quando dizia "mas não há necessidade de perder tempo escrevendo bem"? Em que medida pensava realmente isso? Acha isso?

J.-P.S. — O estilo é uma coisa estranha. Seria preciso discutir para saber se vale a pena escrever uma obra com estilo e seria preciso perguntar-se se a única maneira de ter estilo é fazendo como eu fiz, corrigir o que se escreve de maneira que o verbo corresponda ao sujeito e que o adjetivo esteja bem-colocado etc. Se não existe, com êxito, uma maneira de deixar correr as coisas. Por exemplo, escrevo mais rapidamente porque agora tenho o hábito: e não haveria uma maneira de escrever rapidamente desde o início? Veja bem, muitos escritores de esquerda acreditam que o estilo, a maneira de preocupar-se muito com as palavras, tudo isso é maçante, que é preciso ir direto ao objetivo, não se preocupar com todo o resto.

S. de B. — Mas o resultado é muitas vezes desastroso.

J.-P.S. — Não estou de acordo com eles. Não quero dizer que não haja necessidade de estilo; pergunto-me, simplesmente, se o grande trabalho com as palavras é necessário para criar um estilo.

S. de B. — Isso não depende um pouco das pessoas, das épocas, do tema, do temperamento, das oportunidades?

J.-P.S. — Sim, mas no fundo creio que as coisas melhor escritas sempre foram escritas sem muito apuro.

S. de B. — Por que você agora lê muito menos literatura?

J.-P.S. — Desde minha juventude, e durante muito tempo, até 1950, considerei um livro como algo que proporciona uma verdade: o estilo, a maneira de escrever, as palavras, tudo isso era uma verdade, trazia-me algo. Não sabia o quê e não o dizia a mim mesmo, mas pensava que isso me trazia algo. Os livros não eram apenas objetos, não só uma relação com o mundo, mas uma relação com a verdade, e uma relação dificilmente dizível, mas que eu sentia. Então, quanto aos livros literários, era isso que esperava deles, essa relação com a verdade.

S. de B. — A verdade de uma determinada visão do mundo que não era a sua.

J.-P.S. — Não poderia dizer exatamente que verdade. A crítica para mim servia um pouco para isso. Tentar extrair o sentido da verdade do autor e o que ele me podia proporcionar. E isso foi muito importante.

S. de B. — E terá você perdido essa ideia, e por quê?

J.-P.S. — Perdi-a, porque creio que um livro é muito mais banal do que isso. De quando em quando, recupero um pouco essa impressão em relação aos grandes escritores.

S. de B. — Mas quando perdeu tal impressão?

J.-P.S. — Por volta de 1950, 1952, quando entrei um pouco na política. Quando me interessei mais pela política, quando tinha contatos com os comunistas. Isso desapareceu; creio que era uma ideia que datava de um século.

S. de B. — Você está querendo dizer uma ideia um pouco mágica da literatura?

J.-P.S. — Sim, um pouco mágica. Aquela verdade não me era proposta por métodos científicos ou lógicos. Ela me era proporcionada pela beleza do livro em si, por seu valor. Acreditei muito nisso. Acreditei que escrever era uma atividade que produzia o real, não exatamente o livro, mas para além do livro. O livro era o imaginário, mas para além do livro havia a verdade.

S. de B. — E você deixou de crê-lo quando fez muita história e mergulhou na literatura engajada.

J.-P.S. — Sim, na medida em que um homem faz, pouco a pouco, sua experiência, ele perde ideias que tinha. Foi por volta do ano de 1952.

S. de B. — Parece-me que o último livro que você leu com muito prazer foi *Moby Dick*. Depois, creio que os livros de Genet. Não foi por acaso que escreveu sobre ele. Você ficou muito seduzido pelo que ele escrevia. A partir do ano de 1952, não me lembro de que tenha tido grandes entusiasmos literários.

J.-P.S. — Não.

S. de B. — Naquela época, a leitura era estudo, ou pura distração.

J.-P.S. — Ou então livros de história.

S. de B. — Sei que você não leu os livros de que gostei nestes últimos anos. Falei-lhe um pouco deles, mas não os comentamos juntos, mesmo quando lhe dizia que, em minha opinião, um autor era muito bom, como Albert Cohen ou como John Cowper Powys. Absolutamente não lhe interessava lê-los.

J.-P.S. — Não. Não sei por que, mas isso não me interessou.

S. de B. — Em outras palavras, há uma espécie de desencanto quanto à literatura propriamente dita.

J.-P.S. — Talvez. De um modo geral, aliás, já não sei muito bem por que se escrevem romances. Gostaria de falar sobre o que pensei que era a literatura e também do que abandonei.

S. de B. — Fale; isso é muito interessante.

J.-P.S. — No início, pensava que a literatura era o romance. Isso foi dito.

A cerimônia do adeus

S. de B. — Sim, um relato, e, ao mesmo tempo, via-se o mundo através dele. Isso proporciona algo que nenhum ensaio sociológico, nenhuma estatística, nada pode proporcionar.

J.-P.S. — Isso proporciona o individual, o pessoal, o particular. Um romance proporcionará esta peça, por exemplo, a cor do mar, destas cortinas, da janela, e só ele pode proporcioná-lo. E foi isso que apreciei nele, que os objetos fossem nomeados e muito próximos em seu caráter individual. Sabia que todos os lugares descritos existiam ou tinham existido, que, consequentemente, tratava-se realmente da verdade.

S. de B. — Embora você não apreciasse tanto as descrições literárias. Em seus romances, de quando em quando, há descrições, mas sempre muito ligadas à ação, à maneira pela qual as pessoas as veem.

J.-P.S. — E breves.

S. de B. — Sim. Uma pequena metáfora, três palavrinhas para indicar qualquer coisa, não uma descrição na verdade.

J.-P.S. — Porque uma descrição não é tempo.

S. de B. — Sim. Ela fixa.

J.-P.S. — Ela fixa, não dá o objeto como ele aparece no momento, mas sim o objeto tal como é há cinquenta anos. É idiota!

S. de B. — Ao passo que indicar o objetivo no movimento do relato está certo!

J.-P.S. — Sim, está certo!

S. de B. — Mas não haveria outra razão? Não seria porque, de um modo geral, você havia lido quase todos os grandes livros da literatura, e o que surge no dia a dia, é preciso reconhecer, raramente é de uma qualidade surpreendente?

J.-P.S. — Era assim antes da guerra.

S. de B. — Não, antes da guerra você ainda não havia lido Kafka, nem Joyce, nem *Moby Dick*.

J.-P.S. — Não; li Cervantes, mas mal. Aliás, muitas vezes digo a mim mesmo que deveria reler *D. Quixote*. Tentei duas ou três vezes. Não interrompi porque não gostasse; ao contrário, agradava-me muito; mas houve circunstâncias que me desviaram dele. Há uma quantidade de coisas para reler ou ler. Poderia dedicar-me a isso.

S. de B. — Mas você talvez pense que isso não lhe proporcionará muito, não o enriquecerá, não lhe dará visões novas do mundo. Observe que ainda aí você se aproxima, como aconteceu ao longo de sua vida, e da minha, você se aproxima dos populares: de um modo geral, as pessoas leem menos romances, gostam menos de romances do que gostávamos em certa época. É preciso mencionar que houve a tentativa do novo romance, que era tão aborrecido que preferimos ler biografias, autobiografias, estudos sociológicos, estudos históricos; temos muito mais a impressão do verdadeiro do que quando lemos um romance.

J.-P.S. — São coisas que, de fato, leio.

S. de B. — Sim, no momento é isso que lhe interessa. Mas há outras coisas que o apaixonaram, na vida, além da literatura, quero dizer como consumidor de cultura. São a música e a pintura. Também a escultura. O que constato, e que me intriga um pouco, é que você gostou muito de música, você tocou piano; pertencia a uma família de músicos e continua a ouvir música atualmente: ou discos, ou rádio; mas, por assim dizer, nunca escreveu sobre a música, exceto uma introdução para um livro de Leibowitz sobre a música engajada.

J.-P.S. — Exato.

S. de B. — E quanto à pintura, ao contrário... Quando o conheci, você não a apreciava tanto; depois pouco a pouco, você se formou, apreciou muito e compreendeu bem a pintura, e escreveu bastante a esse respeito. Pode explicar-me um pouco que papel isso representou em sua vida? E por que esse contraste?

J.-P.S. — Vou começar pela música porque a conheci muito cedo. Quanto à pintura, vi reproduções; não ia ao museu quando tinha cinco, seis, sete anos, e via reproduções de quadros, particularmente no célebre dicionário Larousse. Como muitas crianças, tive uma cultura pictórica antes de ter visto um quadro. Mas nasci no meio da música. Houve um fato curioso, meu avô se interessava muito por música.

S. de B. — Seu avô Schweitzer?

J.-P.S. — Sim, interessava-se por isso; escreveu uma tese sobre um cantor, um músico: Hans Sachs.

S. de B. — E também houve uma obra de Albert Schweitzer sobre Bach.

J.-P.S. — Meu avô apreciava muito esse livro e o relia com prazer. E, às vezes, meu avô compunha. Lembro-me de havê-lo visto compor, quando tinha 15 anos, em casa de seu irmão Louis, o pastor. Compôs coisas que faziam lembrar Mendelssohn.

S. de B. — Ele tinha algum parentesco com Albert Schweitzer?

A cerimônia do adeus

J.-P.S. — Ele era seu tio. Era irmão de seu pai.

S. de B. — E seu avô estimava Albert Schweitzer?

J.-P.S. — Sim, mas não o compreendia muito bem. Não tinha os mesmos problemas que ele, e zombava um pouco dele.

S. de B. — Em suma, o grande músico da família era Albert Schweitzer.

J.-P.S. — Sim. Quando criança assisti a um recital de órgão que ele deu em Paris e ao qual minha mãe me levou com minha avó.

S. de B. — E sua mãe também era musicista.

J.-P.S. — Boa musicista, sim. Tocava bem. Tomara lições sérias de canto, cantava muito bem. Tocava Chopin, tocava Schumann, tocava trechos difíceis; certamente era menos versada em música do que meu tio Georges, mas gostava muito de música, e à tarde — aliás já narrei isso em *As palavras* — sentava-se ao piano e tocava para si mesma.

S. de B. — Você tomou aulas de piano?

J.-P.S. — Muito cedo; tomei aulas de piano por volta dos dez anos, creio. Dez ou nove anos.

S. de B. — E continuou até que idade?

J.-P.S. — Muito pouco tempo. Quando deixei Paris para ir para La Rochelle, abandonei.

S. de B. — Então como se explica que fosse realmente bom em piano?

J.-P.S. — Aprendi sozinho. A partir do quarto ano havia o piano de minha mãe que ficava no salão em casa de meu padrasto; nas horas em que não tinha nada para fazer, enfiava-me no salão e tentava tocar árias de que me lembrava; e depois comprara ou alugara operetas nos gabinetes de música de La Rochelle. De início, aprendia lentamente e com dificuldade. Mas era sensível ao ritmo da música. Depois, quando minha mãe tornou a casar-se, passou a tocar muito menos porque meu padrasto não gostava realmente de música. Mas, ainda assim, tocava nas horas em que eu já tinha regressado do liceu; meu padrasto ainda não tinha chegado, e eu ficava ao lado dela, ouvia e também tocava depois que ela se ia. Tocava primeiro com um dedo, depois com cinco e depois com dez, até conseguir finalmente melhorar um pouco os dedos. Não tocava depressa, mas tocava todos os trechos.

S. de B. — Tocava a quatro mãos com sua mãe?

J.-P.S. — Sim, quartetos, a sinfonia de Franck.

S. de B. — Tudo isso em arranjo para piano?

J.-P.S. — Sim. E constitui uma cultura musical que não era diferente da de minha mãe.

S. de B. — Até quando tocou piano?

J.-P.S. — Até dois anos atrás.

S. de B. — Em casa de Arlette?

J.-P.S. — Sim, em casa de Arlette.

S. de B. — Houve uma época em que tocava muito: quando estava na rua Bonaparte em casa de sua mãe. Ainda vejo o banquinho de treliça dourada. Você se sentava ali e tocava, às vezes, durante uma hora, antes de começar a trabalhar.

J.-P.S. — Isso me acontecia.

S. de B. — Muito frequentemente tocava, digamos, das três às cinco, depois começava a trabalhar às cinco horas. No início, quando ainda sabia tocar um pouco de piano — sempre toquei muito, muito mal, mas houve uma época em que ainda sabia tocar um pouco — nós tocávamos juntos a quatro mãos.

J.-P.S. — Sim, um pouco.

S. de B. — Mas não muito, porque você tocava infinitamente melhor do que eu. Você tocava Chopin. E depois, quando deixou de morar com sua mãe, já não tinha piano.

J.-P.S. — É preciso distinguir períodos. Toquei então em casa de minha mãe, em casa de meu padrasto, em Saint-Etienne, até 13, 14 anos. Quando fui para Paris, onde era interno, tocava em casa de meus avós. Havia um piano que não prestava. Minha avó tocava um pouco; às vezes, se sentava ao piano, apesar de tudo, tocava algumas notas. Meu avô não tocava. Então, quando regressava do liceu, sábado e domingo, o piano era uma grande alegria. Eu tocava. Adaptei sozinho as mãos, isto é, toco mal, cometo erros de tempo e não tenho mãos ágeis quando se trata de uma passagem rápida; mas saio-me bem com Chopin, Franck, Bach.

S. de B. — Você absolutamente não tocava mal, claro que não era um virtuose, mas não tocava mal.

J.-P.S. — Isso veio pouco a pouco, na medida em que tocava. Minha mãe me fez estudar um pouco, minha avó também. Tocava em casa de minha avó: lembro-me ainda de uma versão para piano a duas mãos das sonatas para piano e violino de Beethoven. E Schubert, um pouco de Chopin. Precisei de um pouco de tempo para tocá-los. Mas a música realmente me agradava.

S. de B. — Você ia a concertos? Tinha discos?

J.-P.S. — Não tinha discos. Naquela época eram bastante ruins, e, além disso, escutar discos não fazia o gênero de minha família. Mas ia a concertos, aos domingos, às vezes com minha avó, às vezes com meu avô. Havia os famosos *concerts rouges* que se realizavam creio que na rua Seine. Fui lá com meu avô, era um lugar onde se ofereciam cerejas com *eau-de-vie* no intervalo.

S. de B. — Era música clássica?

J.-P.S. — Sim, música clássica. E os músicos eram bons. Tocavam bem. Naquela época, eu só conhecia música clássica.

S. de B. — Também música de opereta, segundo disse.

J.-P.S. — Sim, mas quero dizer que conhecia mal a música mais recente; absolutamente não a conhecia; um pouco, Débussy.

S. de B. — Depois que nos conhecemos, assistíamos com muita frequência, quase todos os anos, à série de quartetos de Beethoven na sala Gaveau.

J.-P.S. — Sim, lá estivemos pelo menos duas vezes.

S. de B. — Estávamos muito preocupados em saber se não havia algum grande músico que desconhecíamos. De fato, havia alguns que ignorávamos totalmente: particularmente, a escola vienense.

J.-P.S. — E Béla Bartók.

S. de B. — Creio que você descobriu Béla Bartók na América.

J.-P.S. — Sim.

S. de B. — E um pouco mais tarde, ou na mesma época, Leibowitz nos iniciou um pouco na música atonal.

J.-P.S. — Sim, depois da guerra.

S. de B. — Depois da guerra, descobrimos Bartók, Prokofiev.

J.-P.S. — Sim; nunca gostei muito de Prokofiev.

S. de B. — Nem eu; mas, enfim, é um dos primeiros modernos que ouvimos.

J.-P.S. — Foi principalmente Bartók e depois a escola atonal que descobrimos.

S. de B. — Quando morava na rua Bucherie, comprei uma vitrola.

J.-P.S. — Uma vitrola grande.

S. de B. — Foi Vian que me ajudou a escolher. Ali escutavam-se ainda discos de 78 rotações, discos que duravam cinco minutos. Escutamos muitas coisas. Entre outros, Monteverdi; depois, surgiram os *long-plays* e comprei outra vitrola.

J.-P.S. — E você tinha uma bela coleção de discos.

S. de B. — Então, começamos a ouvir seriamente Berg, Webern etc. Depois, outros ainda mais modernos. Digo nós porque, em geral, ouvíamos juntos. Começamos então a ouvir Stockhausen e depois Xenakis, e depois todos os grandes modernos. A música é muito importante para você. Então, como se explica que nunca tenha tentado (e, no entanto, você me explicou muito bem a música atonal e em especial o dodecafonismo), como se explica que, apreciando, compreendendo, vivendo na música, você nunca tenha tentado realmente escrever sobre a música?

J.-P.S. — Creio que não me compete falar sobre música. Posso falar sobre coisas da literatura bastante distantes de mim, mas de toda maneira escrevo, essa é a minha profissão, minha arte, tenho portanto o direito de interrogar-me publicamente sobre uma obra literária. Mas, quanto à música, creio que quem deve fazê-lo são os músicos ou os musicólogos.

S. de B. — Aliás, deve ser muito difícil falar sobre música: quase todo mundo fala muito mal sobre ela. Não há nada mais aborrecido do que a crítica musical em geral. Leibowitz, em *Les Temps Modernes*, não falava mal. Os Massin escreveram um livro muito bom sobre Mozart.

J.-P.S. — Muito bom, sim.

S. de B. — Mas, em geral, é aproximativo, como se a linguagem da música não pudesse ser transcrita.

J.-P.S. — A música é uma linguagem por si mesma.

S. de B. — Você sabia rudimentos de teoria?

J.-P.S. — Aprendi.

S. de B. — Solfejo, harmonia?

J.-P.S. — Sim, quando tinha oito, nove anos aprendi isso.

S. de B. — Então era muito rudimentar.

J.-P.S. — Sim. Mas depois li obras de teóricos sobre o contraponto.

S. de B. — Mas, então, como explica que tenha compreendido tão bem o atonalismo, o dodecafonismo? Tinha o ouvido habituado a escutá-lo? Porque, quanto a mim, não compreendia nada.

J.-P.S. — Será que compreendi isso tão bem assim?

A cerimônia do adeus

S. de B. — Bem, de toda maneira, explicou-me uma quantidade de coisas.

J.-P.S. — Compreendi os rudimentos, mas quanto ao sentido precisei de muito tempo.

S. de B. — Volto à minha pergunta: por que escreveu o artigo sobre a música engajada?

J.-P.S. — Queria opinar, já que ouvia música; queria escrever algo sobre a música, sim. Quando Leibowitz me pediu que fizesse o prefácio, achei muito natural fazê-lo.

S. de B. — Você me diz: "Creio que não me competia falar sobre música, isso cabia aos músicos." Mas por que pensou, em determinado momento, que lhe competia falar sobre pintura?

J.-P.S. — Isso veio muito mais tarde. Tomei conhecimento de determinados quadros na primeira vez que entrei no Louvre; tinha 16 anos, estava em Paris, meu avô me levou ao Louvre, mostrou-me os quadros, comentando-os com discursos um tanto intermináveis e aborrecidos. Mas, de toda maneira, isso me interessou; retornei sozinho quando no primeiro ano, em filosofia. Levei lá até uma mocinha, uma prima de Nizan; uma garota loura para quem eu já sabia falar de quadros. Creio que de uma maneira cômica, mas sabia falar a respeito. Mas não tinha por trás de mim uma família com valores seguros em pintura, como os tinha em música. Em minha família não se preocupavam com pintura.

S. de B. — E seus colegas? Nizan, sobretudo, mas também Gruber, que era irmão de um pintor?

J.-P.S. — Gruber jamais falava sobre isso.

S. de B. — Nizan não entendia muito de pintura.

J.-P.S. — De qualquer forma, Nizan estudava a pintura mais ou menos como eu. Isto é, não a conhecia aos 15 anos, aos 16 esteve no Louvre, viu os quadros e tentou compreendê-los. Mas não íamos lá juntos, a não ser muito raramente. Eu ia sozinho.

S. de B. — E, de qualquer forma, você só via pintura clássica, nunca ia a exposições de pintura moderna.

J.-P.S. — Nunca. Sabia que existia uma pintura moderna, mas...

S. de B. — Você chegava até onde? Chegava, naturalmente, até o impressionismo. Cézanne, Van Gogh.

J.-P.S. — Cézanne, Van Gogh, sim. Meu avô deve ter me falado de Cézanne.

S. de B. — Pouco a pouco você se formou, viajou, viu quantidades de coisas; a esse respeito fizemos muito nossa educação juntos.

J.-P.S. — Foi você quem me descobriu a pintura moderna.

S. de B. — Não a conhecia muito, mas enfim, sob a influência de Jacques, conhecia um pouco Picasso, um pouco Braque...

J.-P.S. — Quanto a mim, absolutamente não os conhecia, portanto aprendi-os através de você...

S. de B. — A Itália, a Espanha, ajudaram-nos a fazer nossa educação. Fernand Gérassi começava a pintar; em Madri não estava inteiramente de acordo conosco; achava que gostávamos demais de Bosch e não suficientemente de Goya. E continuo gostando da mesma maneira de Bosch, aliás, mas de fato gosto muito mais de Goya do que gostava. Gérassi achava que havia algo que não tínhamos captado em Goya. Tinha razão. Então, pouco a pouco, você atribuiu muita importância à pintura. Estivemos em inúmeras exposições, Picasso, Klee etc. Mas, como teve a audácia, não sendo pintor, de falar, em minha opinião muito bem, sobre pintura? De quem falou, aliás? Recapitulemos um pouco. De Wols, de Giacometti.

J.-P.S. — De Calder também. De Klee, não num artigo especial, mas em artigos sobre Giacometti e sobre Wols. De Tintoretto.

S. de B. — Volto a minha pergunta: por que lhe pareceu inteiramente normal e fácil escrever sobre a pintura, enquanto a música era um tabu?

J.-P.S. — Pensava que no que se referia à música era preciso ter uma cultura de musicólogo. Conhecer o contraponto, conhecer tudo o que há por trás das obras, antes de falar delas. Era possível desfrutá-la, tirar proveito dela, como eu fazia, mas para saber o que significava era preciso ter uma cultura maior do que a minha.

S. de B. — E como teve vontade de falar sobre a pintura?

J.-P.S. — Tive uma experiência de pintura sem relação com a história da pintura; vi um quadro que me pareceu que devia ser explicado. Foi em Colmar, quando tinha...

S. de B. — Ah sim? Foi um dos quadros de que você mais gostou, de Grünewald.

J.-P.S. — Sim.

S. de B. — Ah sim! Havia um outro quadro de que você gostava muito, era a *Pietà* de Avignon.

A cerimônia do adeus

J.-P.S. — Também o conheci antes de saber algo sobre pintura, porque estava no Louvre numa sala por onde passava; via esse quadro e gostava muito dele. Isso foi antes mesmo de conhecê-la.

S. de B. — Foi você quem me mostrou Grünewald.

J.-P.S. — E vi o que se podia dizer a respeito lendo um livro de Huysmans.

S. de B. — Huysmans falava sobre Grünewald?

J.-P.S. — Sim, longamente, em *A rebours*.

S. de B. — É interessante; porque você jamais achou um escrito literário que lhe desse vontade de falar da música.

J.-P.S. — Jamais.

S. de B. — Há uma única pessoa que fala bastante bem de determinada obra musical: é Proust; mas é muito subjetivo. Ao passo que, efetivamente, escreveram-se livros muito melhores, em minha opinião, sobre a pintura do que sobre a música. Ah, bem! Você tinha então lido o livro de Huysmans. E pensou que um literato podia escrever sobre pintura.

J.-P.S. — Sim, ele falava muito bem, pelo menos para a época. Colocava problemas, descrevia os quadros. Mesmo antes de conhecer o quadro de Grünewald, conheci o Huysmans sobre Grünewald, li pois sobre Grünewald sem conhecê-lo. Era durante a guerra, e não se podia ir à Alsácia; foi depois da guerra que conheci esse quadro. Entrementes, lera páginas e páginas de Huysmans sobre Grünewald.

S. de B. — E qual é o primeiro artigo, o primeiro ensaio que escreveu sobre a pintura? Citamo-los ainda há pouco, mas fora de ordem. Qual é o primeiro?

J.-P.S. — Deve ser Calder.

S. de B. — Sim. Seu artigo sobre Calder deve ser de 1946, 1947. Você o fez para uma exposição de Calder em Paris. Calder não é inteiramente pintura, mas pouco importa. Depois, qual foi o primeiro: Giacometti ou Wols?

J.-P.S. — Giacometti. Muito antes de Wols.

S. de B. — Você escreveu primeiro sobre suas esculturas ou sobre suas pinturas?

J.-P.S. — Primeiro sobre suas esculturas. Durante muito tempo, Giacometti só foi, para mim, um escultor, e foi depois que apreciei sua pintura.

S. de B. — Aliás, de qualquer maneira, o que ele fez de mais belo são algumas de suas esculturas.

J.-P.S. — Certamente, mas há quadros seus de que gosto muito.

S. de B. —Você e Giacometti eram amigos, você falava muito nele, e havia, em sua maneira de compreender a escultura, algo que combinava com suas próprias teorias sobre a percepção e sobre o imaginário.

J.-P.S. — Sim, nós nos compreendíamos. E ele me explicava a escultura, explicando-me sua escultura. Então escrevi sobre ele.

S. de B: — De certo modo, você se inspirava nele, Mas era, no entanto, inteiramente pessoal. Mas e Tintoretto? Você me disse que isso foi ocasional. Mas, ainda assim, a ideia de escrever um grande livro sobre um pintor…?

J.-P.S. — Isso me tentava. E Tintoretto parecia-me interessante, porque sua evolução se fizera através de Veneza, independentemente de Florença, que era tão importante, e de Roma. Havia uma pintura veneziana que eu apreciava muito mais do que a florentina. E explicando o que era Tintoretto, podia-se também explicar o que era a pintura veneziana. E, também, parecia-me que Tintoretto havia estudado as três dimensões num quadro. O que, para mim, era novo, porque um quadro, apesar de tudo, é plano, e as dimensões são imaginárias. Mas o que me orientou para um estudo sobre Tintoretto foi o fato de se haver ele ocupado do espaço, do espaço com três dimensões, com tal tenacidade e força.

S. de B. — O que você está dizendo me sugere uma ideia. Será que você preferiu escrever antes sobre a pintura do que sobre a música, porque a música, na verdade, é o reflexo de seu tempo, da sociedade de seu tempo, mas de uma maneira tão distante, tão indireta, tão difícil de captar, que parece quase que independente dele; ao passo que a pintura é realmente uma imagem, quase uma emanação da sociedade? Não será essa uma das razões?

J.-P.S. — Sim. O Tintoretto é Veneza, embora ele não pinte Veneza.

S. de B. — Talvez seja um pouco por isso que você escreveu sobre a pintura.

J.-P.S. — Certamente. A música é muito mais difícil de situar.

S. de B. — Bem, o que é que você ainda acha que tem a dizer sobre o assunto?

J.-P.S. — A pintura e a música sempre existiram para mim, e ainda existem. A pintura, atualmente, me está vedada, já não a posso ver.

A cerimônia do adeus

S. de B. — Sim, há um ano.

J.-P.S. — Quanto à música, já não posso tocá-la, pelas mesmas razões. Mas posso ouvi-la. O rádio, discos.

S. de B. — Há algo que faz parte da cultura — falamos um pouco sobre a música, a pintura, a escultura — e são as viagens. Você fez muitas. Sonhou muito com elas em sua juventude, fez várias comigo, sem mim. Pequenas, fáceis, a pé, de bicicleta, de avião etc. Gostaria que me falasse delas.

J.-P.S. — Minha vida devia ser uma série de aventuras, ou antes, uma aventura. Era assim que a via. A aventura se passava um pouco em todo lugar, mas raramente em Paris, porque em Paris é raro que se veja surgir um pele-vermelha com penas na cabeça e um arco nas mãos. Assim, a necessidade de aventuras obrigava-me a situá-las na América, na África, na Ásia. Esses eram continentes feitos para a aventura. O continente europeu proporcionava poucas oportunidades. Então, comecei a imaginar que iria para a América, que lutaria com os marginais, teria êxito, venceria alguns deles. E sonhei muito com isso. Igualmente, quando lia romances de aventuras, com jovens heróis de avião, ou dirigível, que iam para países que eu mal podia imaginar, sonhava em ir para lá também. Sonhava em atirar nos negros que comiam seu próximo, ou nos amarelos, que eram culpados por serem amarelos.

S. de B. — Então, nessa época, você era racista?

J.-P.S. — Não exatamente, mas eles eram amarelos e me diziam que haviam realizado os piores massacres, horrores, torturas; assim, eu me via o valente defensor, contra os amarelos, de uma jovem europeia que se encontrava na China contra a sua vontade. O que os romances de aventuras me trouxeram, e sou-lhes muito grato por isso, foi um gosto por toda a Terra. Pensava muito pouco que era francês; pensava nisso por momentos, mas pensava também que era um homem para quem toda a Terra, não direi que lhe pertencia, mas era o lugar de sua vida, era um lugar familiar. E pensava que, mais tarde, me encontraria na África ou na Ásia, apropriando-me daqueles lugares por minhas ações. Portanto, a ideia da Terra toda, que é muito importante, ligava-se um pouco à ideia de que a literatura era feita para falar do mundo; o mundo era mais vasto do que a Terra, mas de certa maneira era a mesma coisa. E a viagem me asseguraria tais posses. Chamo a isso "posses" porque penso na criança que eu era, mas não o chamaria assim atualmente. E creio, aliás, que não eram exatamente posses, era uma determinada relação do homem com o lugar aonde está nesse momento, que não é uma relação de posse — obter rendimentos, ganhar dinheiro, achar um tesouro —, mas uma determinada maneira de extrair do solo, da natureza, coisas que nunca vi e que vou ver como estando lá, para mim, e sendo eu modificado por elas.

S. de B. — Em suma, um enriquecimento da experiência.

J.-P.S. — Sim. Aquilo foi então o início da ideia de viagens e, desde então, fui um viajante em potencial. Quando você me conheceu...

S. de B. — Você queria ir aos *bas-fonds* de Constantinopla.

J.-P.S. — Sim.

S. de B. — Mas você viajara um pouco antes de conhecer-me?

J.-P.S. — Ao estrangeiro jamais, a não ser à Suíça. Íamos lá porque meus avós e minha mãe iam a estações termais, como Montreux, por exemplo.

S. de B. — Mas isso não lhe dava uma impressão de viagem.

J.-P.S. — Não.

S. de B. — Dava-lhe uma impressão de vilegiatura. Será que o fato de haver solicitado um lugar no Japão ligava-se a isso?

J.-P.S. — Mas é claro! Esse cargo no Japão estava livre, ofereciam-no. Não é que tenha pedido para ir. O diretor da Escola recebera a missão de escolher um aluno que quisesse ir para o Japão e que assumiria, em Kyoto, o cargo de professor de francês numa escola japonesa. Candidatei-me. Isso me parecia absolutamente normal. Quando você me conheceu...

S. de B. — Cogitava-se de que nos separássemos para que você passasse dois anos no Japão. E você ficou muito triste por não ter ido...

J.-P.S. — Foi Péron quem foi para lá, porque se preferiu um professor de línguas para ensinar francês, o que de certa maneira é compreensível. Então, a primeira viagem que fiz foi a que fizemos juntos à Espanha. E era uma grande festa para mim, era o começo das viagens.

S. de B. — Foi graças a Gérassi. Porque nós pensávamos, modestamente, em ir à Bretanha, influenciados por Nizan, que nos aconselhara a fazê-lo. E Gérassi disse: "Mas ouçam, vocês ficam hospedados em minha casa em Madri, é fácil, venham, não é tão caro, podemos dar um jeito." O que sentiu ao cruzar a fronteira?

J.-P.S. — Isso me transformou em grande viajante. Do momento em que atravessava uma fronteira, podia atravessar todas e consequentemente tornava-me um grande viajante. Como se chama a fronteira?

A cerimônia do adeus

S. de B. — Creio que a cruzamos em Figueras. Não é bem a fronteira, mas foi lá que descemos do trem.

J.-P.S. — Foi lá que vimos os primeiros carabineiros e ficamos encantados. Estávamos muito satisfeitos por estar em Figueras.

S. de B. — Ah! Evoco isso como uma noite maravilhosa, embora Figueras seja horrível, os arredores nada bonitos — voltei a passar por lá este ano —, instalamo-nos numa pequena pousada e estávamos muito felizes. Apesar de tudo, não era absolutamente a viagem com a qual você sonhara. Porque era uma viagem comigo...

J.-P.S. — Ah! Isso era muito bom!

S. de B. — Mas não tinha de modo algum o lado aventuroso que você esperara. Era uma viagem muito sensata, uma viagem de jovens universitários de poucos recursos.

J.-P.S. — Esse lado aventuroso existia em meus sonhos, eliminei-o progressivamente. A partir da segunda viagem, já não existia. E quando estive no Marrocos, onde meus pequenos heróis haviam realizado tantos combates brilhantes, perdera completamente a ideia de que algo me sucederia. E, efetivamente, nada nos aconteceu.

S. de B. — Então...?

J.-P.S. — A viagem é a descoberta de cidades e de paisagens, em primeiro lugar. As pessoas vieram depois. Pessoas que não conhecia. Eu saía da França, que também não conhecia, aliás, ou conhecia muito pouco. Na época, não conhecia a Bretanha.

S. de B. — Você não conhecia quase nada da França, e eu tampouco.

J.-P.S. — A Côte d'Azur.

S. de B. — Você conhecia a Alsácia.

J.-P.S. — Sim, um pouco. Conhecia Saint-Raphael.

S. de B. — Durante esses primeiros anos estivemos na Espanha, em seguida na Itália, depois fizemos uma viagem pela França, a seguir estivemos no Marrocos espanhol no fim da segunda viagem à Espanha e depois no Marrocos; são nossas viagens de antes da guerra. Também pela Grécia. O que lhe proporcionava isso?

J.-P.S. — Em primeiro lugar, era cultural. Por exemplo, quando ia a Atenas, ou quando ia a Roma, bem, Roma era a cidade de Nero e de Augusto, Atenas era Sócrates, era Alcebíades. Decidíamos a viagem em função da cultura. Na Espanha havia Gérassi que era amigo nosso, que nos convidou; isso tinha outra importância. Mas, de qualquer maneira, o essencial é que se tratava de Sevilha, de Granada, de Alhambra, de uma corrida de touros etc.; uma quantidade de coisas assim. E eu queria compreender e encontrar tudo o que me haviam dito, não no liceu, mas o que me haviam dito os autores que amava. Não gostava especialmente de Barrès, mas de toda maneira ele falara de Toledo, de El Greco. Era preciso que visse o que me dera a leitura de Barrès com relação a El Greco, por exemplo.

S. de B. — Você está misturando um pouco. As corridas de touros não são o mesmo que um templo grego ou a pintura. Aquilo era uma maneira de mergulhar no país, na multidão do país, e isso também era importante.

J.-P.S. — A corrida de touros tinha uma enorme importância.

S. de B. — Você achava que era preciso ser "moderno" na maneira de viajar.

J.-P.S. — Sim.

S. de B. — Quero dizer, por exemplo, quando Guille ficava em Alhambra, em Granada, você achava, com razão, que era preciso também ir à cidade lá embaixo.

J.-P.S. — E ver os espanhóis.

S. de B. — Ver a vida no presente. Lembro-me de discussões com Guille em Ronda; você se irritava porque só se viam coisas passadas, mortas, palácios de aristocratas, a cidade não tinha, para você, vida no presente. Em compensação, sentiu-se muito feliz em Barcelona porque lá estávamos mergulhados num burburinho vivo.

J.-P.S. — Vimos grevistas espanhóis fazendo a greve. Sim. Lembro-me do golpe de Estado do general San Giorgio em Sevilha.

S. de B. — Não durou muito tempo. Foi preso já no dia seguinte.

J.-P.S. — Sim, mas vimos o general num carro aberto. Era conduzido pelo prefeito...

S. de B. — Isso então se encaixava um pouco com seus sonhos de aventuras.

J.-P.S. — Ah, sim. Tinha algo de aventuroso.

S. de B. — No entanto, nós não corríamos nenhum risco.

J.-P.S. — Não corríamos nenhum risco, mas na hora fomos envolvidos pelo acontecimento. De toda maneira, tivemos contatos com as pessoas.

A cerimônia do adeus

S. de B. — Corremos com a multidão. Havia aquela senhora que estendia os braços dizendo: "É muito estúpido, é muito estúpido." O fato de estar numa terra estranha significava algo para você?

J.-P.S. — As corridas de touros e coisas tais não eram uma coisa simplesmente cultural. Era algo muito mais misterioso e muito mais forte do que um simples encontro na rua ou um acidente a que eu tivesse assistido na rua. Aquilo sintetizava uma quantidade de aspectos do país. Era preciso pesquisar, pensar sobre a corrida de touros e tentar encontrar seu sentido.

S. de B. — Havia também o gênero de desambientação que pode proporcionar sabores diferentes: o que comíamos, o que bebíamos.

J.-P.S. — Certamente. Lembro-me, na Itália, dos doces italianos. Falamos muito sobre eles.

S. de B. — Sim.

J.-P.S. — Até escrevi a respeito.

S. de B. — Sim, lembro-me de que você associava, por exemplo, os palácios de Gênova e o gosto dos doces italianos, sua cor. Lembro-me de que em Londres, também, você tentara fazer uma síntese do que era Londres. Evidentemente, muito precipitado… Mas você tentava captar o conjunto. Havia grandes diferenças entre nós. Eu queria sempre ver, ver tudo. E você achava que também era bom impregnar-se, sem fazer nada, ficar, por exemplo, fumando seu cachimbo numa praça. E que no fundo você captaria a Espanha, dessa maneira, tão bem quanto se fosse ver mais duas igrejas.

J.-P.S. — Incontestavelmente. Aliás, mantenho meu ponto de vista.

S. de B. — Atualmente é mais ou menos o meu.

J.-P.S. — Sim, de fato, fumar o cachimbo na praça Zocodover era uma atividade que me agradava.

S. de B. — E em Florença, por exemplo, eu estava realmente louca naquele momento, era eu quem viajava mal. Em Florença, depois que havíamos almoçado, por volta das duas da tarde, você não queria sair antes das cinco horas. Estudava alemão, porque queria ir para Berlim no ano seguinte. E eu saía, ia ver das três às cinco mais igrejas, mais quadros, mais coisas, não parava. Em suma, você gostou muito de fazer viagens a que chama viagens de ordem cultural. Há uma dimensão da qual não falamos: apesar de tudo havia uma dimensão política em todas essas viagens.

J.-P.S. — Ah! era vaga, então.

S. de B. — Muito vaga; mas ainda assim éramos sensíveis à atmosfera.

J.-P.S. — Sim.

S. de B. — Quando da viagem à Espanha: a República, o advento da República; na viagem à Itália, ao contrário, o fascismo. Na Alemanha, onde você foi passar uma temporada, onde viajamos juntos, o nazismo. E na Grécia era Metaxas; não o sentíamos muito, mas, de toda maneira, aquilo existia para nós.

J.-P.S. — Sim, aquilo existia; encontrávamos nas esquinas um cidadão que absolutamente não compartilhava nossas ideias e às vezes até a divergência podia ir longe. Senti isso sobretudo na Itália. A presença do fascismo era realmente muito forte. Lembro-me de uma noite, na praça Navona, em que estávamos sentados devaneando; e dois fascistas vestidos de preto, com seu barrete, apareceram e nos perguntaram o que fazíamos ali, e solicitaram peremptoriamente que regressássemos ao hotel. Encontrávamos fascistas por toda a parte nas esquinas.

S. de B. — E lembro-me de que, também em Veneza, encontramos camisas marrons alemãs. Isso nos era muito desagradável. Mais desagradável ainda porque você pensava ir no ano seguinte exatamente para a Alemanha.

J.-P.S. — Sim, revejo bem essas camisas marrons. Também sentimos Metaxas, mas como não sabíamos exatamente o que queria, já estávamos pouco informados, ele não nos incomodava muito.

S. de B. — De qualquer maneira, lembro-me que vimos uma prisão em Náuplia. Vimos um grego que nos disse: "Todos os comunistas gregos estão reunidos ali dentro." Com muito orgulho. E era uma prisão cercada de cactos. Quais são suas lembranças mais marcantes daquela época? Estivemos duas vezes na Itália.

J.-P.S. — Sim, duas vezes. Na Espanha também.

S. de B. — A Espanha nos pareceu mais viva.

J.-P.S. — Por causa dos fascistas, a Itália estava contrafeita, rígida, com os valores do passado desaparecidos ou provisoriamente abandonados; e, além disso, os italianos pareciam maus. Como estavam reunidos em torno do fascismo, não se sentia simpatia por eles, e eles não davam ocasião para tal. Não se tinha muito contato com as pessoas do campo ou da cidade. Havia sempre essa opressão fascista.

S. de B. — O que mais lhe sugerem essas primeiras viagens?

A cerimônia do adeus

J.-P.S. — Sem dúvida alguma, deixavam-me louco de alegria. Acrescentavam uma dimensão. Tinha-se a impressão de ter mais uma dimensão, uma dimensão exterior, uma dimensão no mundo. A França tornava-se um invólucro que nos comprimia.

S. de B. — Sim, já não era o centro absoluto. Creio que a viagem ao Marrocos também o mobilizou muito.

J.-P.S. — Aquilo então era completamente um outro mundo, outras concepções culturais, outros valores. Havia os herdeiros de Lyautey e também o sultão... E nós franceses, de um modo geral, tínhamos contato com franceses. Não morávamos na cidade árabe.

S. de B. — Estávamos muito separados. Mas em Fez, por exemplo, só saíamos da cidade árabe para dormir.

J.-P.S. — Não foi em Fez que fiquei doente?

S. de B. — Sim.

J.-P.S. — O que tinha já então?

S. de B. — Bem, nós tínhamos comido pratos locais, excelentes, e saímos, dizendo: "É extraordinário que tenhamos comido quatro ou seis pratos que devem ser pesados, que podiam ter-nos esgotado, e que não nos fizeram mal." Até discutimos: "Foi porque não bebemos vinho, não comemos pão"; e aí você foi deitar-se e teve uma crise de fígado que o obrigou a ficar de cama mais ou menos durante três dias.

J.-P.S. — Lembro-me.

S. de B. — Tem outras lembranças que lhe deem prazer?

J.-P.S. — Viajamos pela Grécia com Bost, foi uma viagem muito agradável. Muitas vezes dormíamos ao ar livre, como em Delos, por exemplo; e também numa ilha onde vimos o teatro grego de fantoches.

S. de B. — Creio que se refere a Siras?

J.-P.S. — A Siras. E também ao campo grego. Dormíamos ao ar livre com prazer.

S. de B. — Oh! dia sim, dia não, creio.

J.-P.S. — Dia sim, dia não, sim.

S. de B. — Sem barraca, sem nada. E especialmente naquela cidade muito bonita, cujo nome esqueci, uma cidade muito bonita perto de Esparta onde há igrejas bizantinas com afrescos. Dormimos numa igreja; quando acordamos, pela manhã, havia uma quantidade de camponeses em torno de nós. Mas sou eu que estou falando, quando deveria ser você.

J.-P.S. — Não, falamos juntos, é um período que vivemos juntos. Em resumo, eram viagens sem fatos curiosos. Fazíamos o que havia a fazer, tranquilamente; víamos as pessoas do exterior. Eram viagens que da perspectiva de Paris pareciam burguesas, mas que não eram tanto assim quando se estava no país. Por exemplo, dormíamos ao ar livre.

S. de B. — Sim, porque não tínhamos dinheiro.

J.-P.S. — Então aquelas pessoas percebiam isso, o que nos colocava imediatamente numa categoria mais popular.

S. de B. — Só que estávamos muito isolados pela ignorância da língua. Foi apenas na Espanha, exatamente, que tivemos alguém do país que nos levava a passear, contava-nos histórias, mostrava-nos os cafés, mostrava-nos Valle-Inclán. Nossa primeira viagem à Espanha foi assim.

J.-P.S. — Graças a Gérassi. Na Itália, as coisas mais ou menos funcionavam, eu tinha começado a aprender italiano.

S. de B. — Sim, dávamos um jeito. Mas não tínhamos realmente conversas. Não nos encontrávamos nem com intelectuais, nem com políticos; certamente estávamos isolados dos fascistas. E mais tarde, a América? Isso era outra coisa.

J.-P.S. — Sim; digamos que há uma terceira categoria de viagens. A primeira — que nunca fiz — é uma viagem de aventuras; as viagens que nos cabiam por nossa condição eram as viagens culturais, e fizemos muitas; e depois, em consequência dos acontecimentos históricos que ocorreram a partir de 1945, começamos a fazer viagens: nunca viagens políticas propriamente ditas — mas viagens, em parte, políticas. Ou seja, num terreno qualquer, tentando compreender o país no plano político.

S. de B. — Viagens nas quais já não éramos simplesmente turistas isolados, mas nas quais tínhamos contatos com as pessoas do país. Isso foi uma coisa muito importante. Falemos então da viagem à América.

J.-P.S. — Havia pensado muito na América, porque... em primeiro lugar, quando criança, os Nick Carter e os Buffalo Bill me remetiam a uma determinada América, que depois conheci melhor através dos filmes; li os romances do grande período moderno, isto é, tanto Dos Passos quanto Hemingway.

S. de B. — Houve também o *jazz*. Veja, não tocamos nisso quando falamos do seu amor pela música. O *jazz* foi muito importante para você.

J.-P.S. — Muito.

A cerimônia do adeus

S. de B. — Era a primeira viagem que você fazia em grupo, não num grupo de turistas como vemos nos ônibus, mas com uma equipe de jornalistas; e era também a primeira viagem que você fazia com um objetivo preciso, ou seja, escrever artigos. Você tinha que fazer artigos para o *Figaro*; de certa maneira, realizava a viagem na qualidade de repórter.

J.-P.S. — Sim, ia com jornalistas experientes, acostumados a fazer reportagens. André Viollis estava entre nós.

S. de B. — E também não era a primeira vez que você viajava de avião?

J.-P.S. — Sim, era a primeira vez; tomei um avião militar, pilotado por um militar.

S. de B. — E que sentiu? Teve medo ou não?

J.-P.S. — Nem na decolagem, nem na aterrissagem.

S. de B. — E enquanto estava no ar?

J.-P.S. — Sentia-me mais intranquilo no ar, mas, de qualquer maneira, não muito. Não fiquei muito impressionado. Foi o mesmo com o avião que os americanos colocaram a nossa disposição e que nos levou por toda a América: também não me deu medo.

S. de B. — Mas, então, que dimensões diferentes o fato de fazê-la assim deu à sua viagem?

J.-P.S. — Era uma viagem totalmente diferente para mim. Fazia-se uma viagem por trem; passava-se de um país a outro. Essa espécie de jaula de vidro na qual sobrevoei os oceanos fazia uma enorme diferença; tinha um caráter completamente diferente do cruzamento da fronteira comum; e a ferocidade dos funcionários da alfândega na fronteira americana não tinha nada em comum com a condescendência da maioria das fronteiras europeias.

S. de B. — Os funcionários da alfândega eram ferozes?

J.-P.S. — Muito ferozes. Refiro-me sobretudo à polícia.

S. de B. — Mas o fato de estar num grupo de convidados não facilitou as coisas?

J.-P.S. — Não. Eles examinaram nossas malas e fizeram todas as perguntas de rotina.

S. de B. — O que havia de diferente nessa viagem?

J.-P.S. — Era organizada. Não só no sentido de que éramos uma pequena organização de sete membros, mas também porque dependia do serviço de guerra.

S. de B. — Tratava-se de mostrar-lhes o esforço de guerra da América.

J.-P.S. — Pouco me importava o esforço de guerra da América. O que eu queria era ver a América.

S. de B. — Certamente.

J.-P.S. — E fiquei muito grato a eles, porque nos mostraram toda a América, e o esforço de guerra estava em segundo plano.

S. de B. — O que lhe mostraram em termos de esforço de guerra?

J.-P.S. — Por exemplo, uma fábrica de armamentos.

S. de B. — Portanto, era uma viagem em que você via, em princípio, um país em vida, um país em movimento.

J.-P.S. — Em princípio, porque quando vi a T.V.A.[77] de Roosevelt, não era tão importante conhecê-la do ponto de vista da guerra.

S. de B. — Sim, mas era um conhecimento sobre economia, já não se tratava, como antes, de quadros, de monumentos, de paisagens.

J.-P.S. — E depois, em Nova York, levaram-nos a uma sala de projeção, e durante vários dias passaram para nós os grandes filmes americanos feitos desde a guerra e que nós não tínhamos visto. Isso era mais cultural.

S. de B. — Aliás devia ser fantástico.

J.-P.S. — Era entusiasmante.

S. de B. — Onde estava hospedado em Nova York?

J.-P.S. — No Plaza.

S. de B. — Eram bem-tratados?

J.-P.S. — Chegamos a Nova York à noite, às dez horas, não estávamos sendo esperados para aquela hora. Tínhamos passado pela alfândega, não havia ninguém lá para dizer aos funcionários que não nos incomodassem muito. Deram-nos nossa bagagem e nos instalaram num canto de uma grande sala de espera. Naquela época não era ainda Idlewild.

S. de B. — Sim sei, era... La Guardia.

J.-P.S. — Éramos sete lá, às dez da noite, sentados ao lado de nossa bagagem que, aliás, era pouco numerosa, cada um tendo apenas uma mala, e aguardávamos. Finalmente, o responsável pelo grupo, que procurava eximir-se de tal o mais possível, disse: "Vou telefonar." Ele tinha um número de telefone que lhe haviam dado em Paris. Telefonou,

---

[77] Sigla de *Taxe à la valeur ajoutée*. (N.T.)

A cerimônia do adeus

atenderam-lhe com muita surpresa, visto que não esperavam o avião para aquela noite, dado o périplo que havíamos feito.

S. de B. — Sim, era muito irregular.

J.-P.S. — Era irregular. Enfim, chegamos naquela noite, poderíamos igualmente ter chegado um outro dia. Por isso, não havia ninguém a esperar-nos. Imediatamente enviaram automóveis ao aeroporto e depois nos conduziram a Nova York. Era meu primeiro contato, não só com a América, mas com Nova York. Nosso carro nos conduziu a Nova York. Saindo do aeroporto, no caminho do hotel, passamos por grandes ruas muito movimentadas; às dez e meia da noite, estavam cheias de gente. Tudo brilhava e estava repleto de lojas iluminadas. A iluminação, à noite, não era tanta, mas permanecia. Lembro-me de minha estupefação, no carro em que estávamos, vendo lojas abertas, iluminadas, com gente trabalhando — cabeleireiros, às 11 da noite. Isso parecia absolutamente natural e vi sete ou oito lojas dessas durante o trajeto. Era possível pentear-se, barbear-se, lavar o cabelo, às 11 da noite. E essa cidade me parecia surpreendente, porque via sobretudo sombras. Via as lojas embaixo, e depois via as sombras acima, grandes sombras que eram os arranha-céus que veria no dia seguinte. Chegamos num sábado.

S. de B. — O hotel lhe pareceu extremamente luxuoso?

J.-P.S. — O hotel... A primeira coisa que vimos foi uma porta de vaivém, de onde saíam em massa senhoras de cabelos brancos, decotadas, com vestidos de noite; senhores de *smoking*. Tinha havido uma festa qualquer.

S. de B. — Há permanentemente. Não são festas...

J.-P.S. — As pessoas se reúnem, por um motivo ou por outro, e se vestem a rigor. Era exatamente como se eu me deparasse com a paz. Eles não se davam conta de que havia a guerra.

S. de B. — Como ficávamos, em geral, em hotéis modestos, você não achou o Plaza de uma suntuosidade espantosa?

J.-P.S. — Não. Mas na manhã do dia seguinte o *breakfast* foi maravilhoso; eu me lembrava de nossos *breakfasts* em Londres, modestos, certamente, mas ainda assim muito bons.

S. de B. — Sim, mas em contraste com a França, que estava ainda numa grande miséria, aquilo não era surpreendente?

J.-P.S. — Interpretava isso como sendo simplesmente porque a América estava longe da guerra, não tinha sido invadida.

S. de B. — É verdade. Em grande parte era por isso. Ao passo que a França estava num estado de pobreza terrível. Quando estive na mesma época na Espanha e em Portugal, tive uma impressão incrível de riqueza. O que seria então Nova York!

J.-P.S. — Sim! Mas, enfim, isso não me tocou particularmente.

S. de B. — Você me contou uma história sobre suas roupas.

J.-P.S. — Sim; já no dia seguinte, os funcionários do serviço que nos convidava levaram-nos a fazer compras nas lojas, em particular, calças e paletós. Comprei uma calça listrada.

S. de B. — Também comprou um *tailleur* para mim.

J.-P.S. — Sim. E em três dias foi um terno, viajei com ele. Eu tinha uma *canadienne*.[78]

S. de B. — Sim, miserável. Com a qual Cartier Bresson o fotografou. Mas, então, como tomou contato com Nova York no dia seguinte?

J.-P.S. — Deixaram-nos livres para ir inicialmente à Quinta Avenida. Lembro-me de que era um domingo. Passeei por ela com meus companheiros de grupo.

S. de B. — Vocês sete não ficavam sempre juntos?

J.-P.S. — Não, mas no primeiro dia os homens foram conhecer juntos a Quinta Avenida. De manhã, vimos pessoas entrando numa igreja, estávamos muito emocionados com essa avenida. No entanto, a seguir ela me agradava menos do que outras: a Sexta, a Sétima; e depois a Bowery, a Terceira Avenida. Comecei a me desembaraçar nessas avenidas, era tão simples! Estava encantado. Estávamos entre a rua 60 e a 50, ou seja, no centro.

S. de B. — No Plaza, você estava perto do Central Park. E onde comia?

J.-P.S. — Recebíamos muitos convites para almoçar ou jantar.

S. de B. — Creio que a grande diferença com relação a nossas outras viagens é que desta vez você via pessoas.

J.-P.S. — Sim. Não exatamente as pessoas do país: pessoas que pertenciam todas a esse serviço de guerra, para fazer intervenções pelo rádio, por exemplo. Para a França, para a Inglaterra.

S. de B. — Havia franceses?

J.-P.S. — Havia franceses, sim. Ingleses.

---

[78] Casaco comprido, forrado de pele de carneiro. (N.T.)

A cerimônia do adeus

S. de B. — Mas de toda maneira você devia estar com americanos?

J.-P.S. — Sim, é claro.

S. de B. — Foi aí que conheceu o grupo que se ocupava do esforço de guerra no rádio.

J.-P.S. — Foi assim que conheci uma quantidade de pessoas. Os americanos, conheci-os mais na rua. Isto é, aonde me levavam havia americanos que falavam comigo. Revejo-me numa fábrica construída numa pequena cidade de casas pré-fabricadas no meio de cascalhos, sujeira. Era bastante curioso ver essas casas pré-fabricadas formando uma cidade no meio desses cascalhos e desse solo revolvido.

S. de B. — De um modo geral, o que viu? Quanto tempo ficou? Três meses, quatro meses?

J.-P.S. — Sim, três ou quatro meses.

S. de B. — Ficou sobretudo em Nova York?

J.-P.S. — Ah, não. A viagem propriamente dita nos obrigou a ficar oito dias em Nova York de início, e depois, cinco, seis dias na volta. Fiquei 14 dias em Nova York. Voltei de Washington, aliás. Voltei depois dos outros. Todos voltamos em datas diferentes de acordo com o dinheiro de que dispúnhamos; fiquei pelo menos um mês e meio depois de finalizada a viagem.

S. de B. — Em Nova York?

J.-P.S. — Sim, em Nova York.

S. de B. — Esteve em Hollywood?

J.-P.S. — Sim, logo de início; fizemos Washington, o T.V.A.[79] depois Nova Orleans. Miami, não. Conheci Miami muito depois. De Nova Orleans atravessamos a América, sempre de avião, fizemos as gargantas do Colorado e voltamos.

S. de B. — Viu Chicago também?

J.-P.S. — Sim, é claro. Estivemos em Hollywood, de Hollywood fomos para Chicago. De Chicago creio que fomos para Detroit.

S. de B. — Sim, devem ter-lhes mostrado cidades enfadonhas por conta do esforço de guerra.

J.-P.S. — Sim, vi Detroit e depois retornamos de Detroit para Nova York.

S. de B. — E lá encontrou muitos franceses. Esteve com Breton.

---

[79] Tennessee Valley Authority. (N.T.)

J.-P.S. — Sim, conheci franceses, naturalmente. E devo ter estado uma vez com Lazareff, pelo menos, uma vez com sua mulher.

S. de B. — Muitos franceses tinham ido para a América, quer porque fossem judeus, quer porque não quisessem permanecer sob a ocupação. André Breton tinha ido.

J.-P.S. — Sim, tinha ido. Portanto, estive com Breton. Estive também com Léger. Fui visitá-lo. Ele era muito amável. Vi-o várias vezes e ele não permitiu que me fosse sem presentear-me, isto é, fez-me escolher quadros seus que conservei por muito tempo. Escolhi-os na América mais tarde, ele os trouxe para mim.

S. de B. — Léger, Breton. Estava lá também Rirette Nizan.

J.-P.S. — E Lévi-Strauss. Sim, revi Rirette Nizan. Quem mais? Havia pessoas em torno de Breton, havia Jacqueline Breton e seu futuro marido, David Hare. Ela ia divorciar-se.

S. de B. — Ele era americano.

J.-P.S. — Era um jovem escultor americano que, ao que parece, não fez grande carreira.

S. de B. — E também Duchamp.

J.-P.S. — Sim, mas Duchamp não estava entre os refugiados.

S. de B. — Já vivia lá há muito tempo.

J.-P.S. — Almocei com ele.

S. de B. — Entre americanos propriamente ditos, quem conheceu?

J.-P.S. — A mulher de Saint-Exupéry. E depois conheci Calder.

S. de B. — Não esteve com escritores?

J.-P.S. — Estive com escritores em Paris. Conheci Dos Passos em Paris.

S. de B. — Foi lá que conheceu Richard Wright?

J. P.S. — Sim, ele e a mulher. E também críticos americanos. Não falamos de Hemingway. Conhecia-o também da França.

S. de B. — Ah, sim. Estivemos com ele na Libertação. O fato de não saber inglês não o incomodava muito?

J.-P.S. — Não, porque só estava com americanos que falavam francês; os outros me ignoravam como alguém que não conhecia a língua, é natural. Eu era um pouco conhecido lá, nos meios de estrangeiros refugiados na América, por haver escrito um artigo na revista de Aron sobre a França sob a ocupação.

S. de B. — Havíamos dito que falaríamos sobre a lua.

A cerimônia do adeus

J.-P.S. — Sim, porque a lua acompanha todo o mundo do nascimento até a morte. Ela marcou muito, de cinquenta, sessenta anos, para cá, mais ou menos, a evolução do meio e, consequentemente, nossa revolução interna e externa. Quando a conheci, ou seja, muito cedo, ela surgia como um sol de noite. Era um círculo no espaço, muito distante, uma fonte luminosa, fraca mas existente; via-se dentro dela, ou bem um homem com um cesto às costas, ou bem o esboço de uma cabeça, o que se quisesse, em suma. Ela era mais familiar e diziam-na mais próxima do que o sol, mais ligada à Terra, e consideravam-na como uma propriedade; era um objeto no céu quase ligado a nós.

S. de B. — Coisa que realmente é, já que é um satélite.

J.-P.S. — Exatamente, mas sabíamos primeiro por experiência que ela estava sempre ali, que havia uma lua cheia e isso como que representava um signo terrestre no céu. Foi assim que a conheci de início. Eu a via à noite e ela era algo de importante para mim, não saberia dizer exatamente o quê. Era a luz da noite, o que surgia de tranquilizador na noite. Quando criança sentia um pouco de medo da noite e a lua me tranquilizava; quando ia lá fora, para o jardim, e a lua estava sobre a minha cabeça, ficava feliz. Não me podia acontecer nada demais. Como fazem as crianças, muitas vezes imaginava que ela me falava, que ela me contava coisas, e imaginava também que me via. Ela realmente representava algo para mim, no céu, e lembro-me, ainda que a desenhava e colocava dentro dela coisas que pensava ver lá, que não eram nem o homem com o feixe de lenha, nem a cabeça: eram rostos ou paisagens dentro da lua que eu inventava, que não via, aliás, que pretendia ver.

S. de B. — E, quando você ficou mais velho, ela conservou um papel para você?

J.-P.S. — Sim, durante muito tempo. Eu não amava necessariamente o sol, não permanentemente, ele me ofuscava. O céu era uma extensão habitada pelo sol e pela lua.

S. de B. — Você fala da lua em seus livros? Pelo menos, fala no prólogo de *Nekrassov*; há um homem e uma mulher no cais, ele diz: "Olhe, olhe a lua"; e a mulher diz: "A lua não é bonita, vemo-la todos os dias", e ele responde: "É bonita porque é redonda." Já não me lembro se há luares em seus romances.

J.-P.S. — Creio que a lua aparece um pouco em *O muro*. Pensava na lua como em algo de pessoal; no fundo, a lua representava para mim tudo o que é secreto, em contraste com o que é público e exposto, que era o sol. Tinha a ideia de que ela era uma cópia noturna do sol.

S. de B. — Por que quis falar sobre isso em especial?

J.-P.S. — Porque havia dito a mim mesmo que um dia escreveria sobre a lua. Então, depois, fiquei sabendo o que era a lua, *grosso modo*, que ela representava um satélite; isso me ensinaram, e tomei-o para mim, não era um satélite da terra, era meu satélite. Era assim que o sentia. Parecia-me que tinha pensamentos que me vinham do fato de ser olhado pela lua. Amava-a muito, ela era poética, era poesia pura. Ao mesmo tempo, estava completamente separada de mim, estava presente, fora; e havia uma ligação entre nós, um mesmo destino. Ela estava presente como um olho e como um ouvido, fazia-me discursos; escrevi discursos sobre a lua.

S. de B. — Por que fala no passado?

J.-P.S. — Por que ela me dá menos agora que se pode ir lá. A lua foi tudo isso até o momento em que se começou a ir lá. A decisão e fato de o haverem feito interessaram-me intensamente. Mantive-me informado sobre as viagens. Lembro-me até que em Nápoles aluguei um aparelho de televisão para ver a viagem de Armstrong.

S. de B. — Para ver os primeiros homens na lua.

J.-P.S. — Para ver sua postura, o que faziam, como era a lua, como se via a Terra a partir da lua, tudo isso me apaixonava; mas, ao mesmo tempo, transformava a lua num objeto científico e ela perdia o caráter mítico que até então tivera.

S. de B. — Você tinha imaginado que se iria à lua?

J.-P.S. — Não. Lera os romances de Júlio Verne sobre a lua e depois *Os primeiros homens na lua*, de Wells. Conhecia tudo isso muito bem, mas parecia-me lenda, coisa impossível. As formas de lá ir de Wells não eram verdadeiramente científicas.

S. de B. — As de Júlio Verne um pouco mais… Havia, também, *Le voyage dans la lune*, de Cyrano de Bergerac.

J.-P.S. — Sim, mas isso…

S. de B. — Não era muito interessante; mas enfim, existiu frequentemente o sonho de ir à lua.

J.-P.S. — Quanto a mim, não o tive.

S. de B. — Falamos outro dia um pouco sobre essa ideia que você exprime no final de *As palavras*: que qualquer um vale tanto como

A cerimônia do adeus

qualquer outro e que você é como um outro qualquer. Gostaria de saber o que significa exatamente para você essa afirmação. Mas, para começar, como se forjou em você, como se forjaram as ideias de igualdade entre os homens, ou as ideias de superioridade, de hierarquia? Por um lado, você diz que, quando jovem se sentia um gênio, por outro, diz que, de certa maneira, sempre considerou os homens iguais. Pode-nos destrinçar um pouco isso a partir de sua infância e de sua juventude, em primeiro lugar?

J.-P.S. — Quando pequeno, na idade em que escrevia meus primeiros romances, aos oito anos, meu avô me tratava de príncipe e me considerava um pouco como o pequeno príncipe. Naquela época eu era, pois, paramentado por ele de uma qualidade interior, qualidade interna, subjetiva, do pequeno príncipe, que aliás era apenas sua própria bondade, sua generosidade, que ele encontrava em mim. Quando um ser tem essa realidade subjetiva de príncipe, isso não conduz à igualdade, por que um príncipe é superior às pessoas que o cercam. E, no entanto, havia uma espécie de igualdade no fundo de tudo isso, porque eu pensava que era um ser humano e que, por conseguinte, todos os seres humanos eram príncipes. Era mais ou menos assim que via as coisas. A massa, esta era feita de meios seres humanos, de seres humanos não inteiramente realizados, tudo isso estava em torno de mim. Mas havia outros seres humanos realizados que eu descobria, que passavam ao meu lado e que certamente eram príncipes. Portanto, havia uma espécie de mundo de iguais, que eram os príncipes, e depois a turba. É claro que isso não é uma igualdade, mas, no entanto, na ideia desses príncipes que se viam e que eram iguais entre eles, que não eram mais príncipes do que era eu, e reciprocamente, havia já nesta ideia a ideia de uma igualdade, igualdade que sempre desejei e sonhei estabelecer entre mim e as pessoas. Porque finalmente, toda vez que tive relações profundas com alguém, homem ou mulher, apercebi-me de que a pessoa era inteiramente minha igual, e que se eu podia talvez desembaraçar-me melhor com as palavras, de toda maneira, as intuições primeiras que ela tinha eram exatamente as mesmas que as minhas, e ela captava as coisas do mesmo ponto de vista que eu.

S. de B. — Mas retornemos à sua infância. Quando você estava no liceu, não havia, no entanto, determinadas hierarquias que se estabeleciam entre os bons, os maus alunos?

J.-P.S. — De fato, estabelecia-se uma hierarquia. Mas como eu não era muito favorecido pela hierarquia, não era muito bom aluno, estava entre os médios, ou um pouquinho acima da média, às vezes abaixo, não considerava que essa hierarquia me beneficiasse. E considerava-a como algo que não me dizia respeito. E não pensava que o fato de ser o primeiro, estar na frente do pequeno Brun ou do pequeno Malaquin, ou atrás, desse uma verdadeira perspectiva de meu ser. Meu ser era esta realidade subjetiva, profunda, para além de tudo o que se pudesse dizer a respeito, e que não era classificável. Na verdade, foi então que comecei a dizer que não se pode classificar. Uma subjetividade é algo que não se pode ver como primeira ou segunda, é uma realidade total e profunda, infinita de certo modo, que está presente, em si, diante de si, é o ser, é o ser da pessoa. Isso não se pode classificar com relação a outro ser, que é talvez menos visível, menos afirmado, mas que é igualmente verdadeiro em profundidade. Não se trata de classificar esses indivíduos, trata-se de deixá-los como totalidades que representam o homem.

S. de B. — De certa maneira, é o lado absoluto da consciência que você afirmava primordialmente em relação a todos os outros.

J.-P.S. — É isso. O lado absoluto, eu afirmava primeiro em mim, comecei a afirmá-lo como pequeno príncipe, mas na verdade isso significava consciência, consciência do que ia, do que lia, do que sentia. E depois, consciência profunda, ligada aos objetos em torno de mim, e tendo, ao mesmo tempo, uma profundidade dificilmente transmissível e que era eu. E isso não podia ser inferior, nem superior a quem quer que fosse. Os outros eram assim e isso eu o sentia sendo jovem, sendo criança.

S. de B. — No entanto, quando você estava com Nizan, no primeiro ano, e nos anos seguintes, vocês diziam que se consideravam super--homens, e, ao mesmo tempo, você me disse que tinha a intuição de ser um gênio. Essa ideia de ser gênio e de super-homem não é então contraditória com a ideia de igualdade?

J.-P.S. — Não, porque justamente para mim, o gênio e o super--homem eram simplesmente seres que se davam em toda a sua realidade de homem; e a massa que era classificada segundo números e segundo hierarquias era uma matéria na qual era possível encontrar super-homens que surgiriam, que se liberariam, mas que realmente não era constituída por super-homens, que consistia em sub-homens e que, efetivamente, correspondia a hierarquias, hierarquias que raramente visavam ao homem em si mesmo, mas qualidades do homem, que visavam ao inspetor da estrada de ferro, ao inspetor de funcionários, de professores. Em suma, a profissão, as atividades, os objetos de que se cercavam, tudo isso estava sujeito à hierarquia. Mas se se chegava à profundidade não havia hierarquia possível. E foi isso que pouco a pouco esclareci para mim mesmo.

S. de B. — E quando estava na Escola Normal havia igualmente competições, lugares, graduações.

J.-P.S. — Não, não havia competição, nem lugares, de modo algum.

S. de B. — Mas havia isso, por exemplo, para entrar para a Escola.

J.-P.S. — Havia para entrar para a Escola um exame de escola, havia um lugar e depois a saída da escola, a agregação.

S. de B. — Sim.

J.-P.S. — Então, havia também um concurso onde se tinha um lugar, mas entre ambos não havia nada. Até aqui mostrei-lhe a ideia da subjetividade como gênio e a ideia de hierarquia como classificação ligada a qualidades específicas. Na Escola Normal havia duas classificações: uma classificação que vinha a dar numa ausência de classificação; a ausência de classificação era a subjetividade pura, concebida como infinita e caracterizada pelo gênio. Eu me considerava um gênio. É uma ideia que me veio quando muito jovem; nascia da ideia de meus irmãos os escritores, quando eu mesmo era escritor. Pensava que um Balzac, um Bossuet deviam ser igualados por mim e consequentemente eu seria aquilo que se denomina um gênio. Havia então, na Escola Normal, minha subjetividade que era genial e, por outro lado, as classes, que eram classes de idade. Por exemplo, quando ia para a Escola Normal, e estava no primeiro ano, ocupava um *turne*[80] com cinco ou seis de meus colegas que conhecia e apreciava muito; ao lado, havia outros *turnes* do mesmo tipo; e, no andar de cima, os *carrés*,[81] alunos de segundo ano que estavam também reunidos em *turnes* e eram menos numerosos em cada *turne*; depois, o terceiro ano com *cubes*[82] e, em seguida, era-se *archicube*.[83]

---

[80] Gíria escolar: *turne*, quarto. (N.T.)

[81] Gíria escolar: *carrés*, quadrados. (N.T.)

[82] Gíria escolar: *cubes*, aluna que cursa a mesma disciplina pela terceira vez. (N.T.)

[83] Gíria escolar: *archicube*, veterano da Escola Normal Superior. (N.T.)

Tudo isso era uma distinção segundo os anos. E, de fato, correspondia a algo, já que adquiríamos conhecimentos que terminavam por dar-nos um valor como professor em determinada matéria. Por exemplo, eu aprenderia em quatro anos o essencial do que era necessário conhecer para fazer filosofia, um outro aprenderia francês. Em resumo, havia esta classificação em anos de Escola que para nós não correspondiam a nada. Não achávamos que eles fossem superiores a nós, simplesmente estavam classificados.

S. de B. — Sim, era uma hierarquia na igualdade, já que cada um tinha que ter acesso a ela, de uma maneira quase matemática.

J.-P.S. — Evidentemente, as igualdades não eram exatamente as mesmas, já que, de cada vez, havia conhecimentos mais amplos e exames mais numerosos. Mas, enfim, de toda maneira eram igualdades: a igualdade das pessoas do primeiro ano que não tinham exames por trás deles, mas que eram os mesmos na medida em que partiam para os quatro anos de escola; depois, a igualdade dos outros anos, quando havia por trás um exame, por exemplo, uma licenciatura obtida durante o ano e, consequentemente, conhecimentos, qualificações a mais. Mas finalmente era a mesma igualdade.

S. de B. — No entanto, você fazia distinções entre seus colegas; absolutamente não achava que, afinal de contas, todo mundo é válido; essa atitude muito aberta, muito acolhedora, que era a de um Merleau-Ponty, você não a tinha de modo algum.

J. P.S. — De modo algum. Ao contrário, distinguia, violentamente, entre os bons e os maus. E, muito depressa, Nizan e eu, também Guille um pouco, juntamo-nos aos alunos de Alain, que eram violentos e brutais naqueles anos e que queriam fazer com que reinasse um certo terror na Escola. Reconheço que isso não se coaduna muito com a hierarquia e a subjetividade genial. Ainda assim, creio que se ligava à subjetividade genial. Penso que, quando nos escondíamos no alto das escadas, para jogar bombas de água nos rapazes que regressavam por volta de meia-noite, de *smoking*, vindos de reuniões sociais, demonstrávamos assim, que essas reuniões, o *smoking*, o lado refinado e os cabelos bem-penteados daqueles rapazes eram coisas absolutamente exteriores, de não valor, de nenhum valor, que eles não deveriam ter, que não deveriam buscar, porque o que era preciso buscar era o esplendor interior do gênio, mas certamente não a possibilidade de brilhar num jantar mundano.

A cerimônia do adeus

S. de B. — Não se poderia dizer que você vivia em dois planos ao mesmo tempo, como aliás todo mundo, que havia um determinado plano metafísico, onde se afirmava o absoluto de toda consciência, mas que havia um plano moral, prático e até social, no qual este absoluto de consciência não lhe interessava, se a pessoa dotada dessa consciência tinha comportamentos, uma maneira de viver, de pensar, contra a qual você lutava? Na Sorbonne, você, Nizan e Maheu gozavam de uma reputação de terem uma atitude extremamente desdenhosa em relação à totalidade do mundo, especialmente em relação aos *sorbonnards*.[84]

J.-P.S. — Porque os *sorbonnards* representavam seres que não eram inteiramente homens.

S. de B. — É muito grave admitir que determinados homens não são inteiramente homens. Isso vai totalmente contra a ideia da igualdade.

J.-P.S. — É muito grave, e a seguir desvencilhei-me dela; mas é certo que estava presente no início; o início para mim era isso, aquelas pessoas não valiam grande coisa e alguns talvez se tornariam homens, mas a maioria deles não seriam homens jamais. E isso correspondia ao fato de que eu não sentia amizade por eles, não tinha ligação, relações com eles. Nós nos víamos...

S. de B. — Você tinha relações hierárquicas com eles, segundo diz.

J.-P.S. — Tinha relações quanto aos trabalhos que faziam ou que eu fazia. Naquele momento, éramos classificados e eu tinha então uma base objetiva. Éramos 25, eu era classificado como o quinto, o décimo, o primeiro, e assim podíamos comparar-nos. Mas isso nunca atingia o ser que era eu e que também fazia escritos que eram os produtos do gênio, pensava eu, e que de modo algum podiam ser comparados em planos de hierarquia.

S. de B. — Por conseguinte, você tinha amizades muito seletivas, e durante toda a sua vida suas amizades foram muito seletivas; ora, não sentir amizade por alguém, rejeitá-lo, é estabelecer uma desigualdade em relação àqueles que você respeitava e, pelos quais, ao contrário, sentia amizade.

J.-P.S. — Sim. Creio que, de fato, cada um tem em si, em seu corpo, em sua pessoa, em sua consciência, algo para ser, se não um gênio, pelo

---

[84] Estudante, professor da Sorbonne. (N.T.)

menos um homem real, um homem com qualidades de homem; mas a maioria das pessoas não deseja isso, ela para, para num nível qualquer, e finalmente é quase sempre responsável pelo nível no qual ficou. Considero, portanto, que, em teoria, todo homem é o igual de todo homem e relações de amizade poderiam existir. Mas, na verdade, esta igualdade é desfeita pelas pessoas em função de impressões estúpidas, de buscas estúpidas, de ambições, de veleidades estúpidas; então, lidamos com homens que seriam iguais se quisessem mudar um pouco sua atitude, mas que, na verdade, tais como são, são contra-homens, são pessoas que se fizeram homens em situações quase inumanas.

S. de B. — Especialmente os que você chama de patifes.

J.-P.S. — Os patifes são precisamente pessoas que se ocupam em fazer-se reconhecer como bons pelos outros, quando em realidade são maus em função de sua própria atividade. Amo verdadeiramente, realmente, um homem que me parece ter o conjunto das qualidades de homem; a consciência, a faculdade de julgar por si mesmo, a faculdade de dizer sim ou de dizer não, a vontade, aprecio tudo isso num homem; e isso tem a ver com a liberdade. Nesse momento, posso sentir amizade por ele, e sinto frequentemente em relação a pessoas que conheço muito pouco. E havia também a maioria, as pessoas que estavam ao meu lado, num trem, num metrô, num liceu, às quais, autenticamente, nada tinha a dizer; só podíamos discutir, colocando-nos no plano das hierarquias, o quinto lugar ou o décimo lugar atribuído a um aluno ou a um professor.

S. de B. — E quando você estava no liceu, as relações de idade criaram entre você e seus alunos relações de desigualdade, ou, ao contrário, foram possíveis relações de igualdade?

J.-P.S. — Ah, sim! As relações de igualdade eram muito possíveis. Pode-se dizer que no liceu, sobretudo na Escola Normal, a relação de idade permitia uma hierarquia fácil, mas que absolutamente não correspondia, para cada um de nós, a uma qualidade de ordem subjetiva, de ordem essencial. Era apenas uma maneira de situar as pessoas numa certa ordem, de maneira a poder controlá-las, mas isso não correspondia a uma realidade. Em outras palavras, havia a realidade verdadeira, que era a de cada um, para cada um, mas que não se dava, que permanecia o que era, e depois uma grande classificação universal que permitia outras classificações concebidas da mesma maneira, e que dava um lugar

A cerimônia do adeus

à pessoa num plano de fenômeno, num plano no qual a realidade da pessoa era completamente suprimida. Havia uma sociedade onde a realidade do homem era suprimida, onde havia sobretudo pessoas capazes de fazer um determinado tipo de ação que, desde o início, era dada àquelas pessoas como caracterizando-as; mas não havia subjetividade captando-se a si mesma, realidade essencial possível de atingir, quer por outro, quer por aquele que tinha esta subjetividade, esta realidade; não havia nada disso. Tudo isso era deixado de fora.

S. de B. — Foi por causa desse sentimento de igualdade entre os homens que você sempre recusou tudo o que pudesse distingui-lo? O que quero dizer é que seus amigos muitas vezes notaram sua recusa, até seu desagrado, pelo que, de um modo geral, chamamos honrarias. Isso está mais ou menos ligado àquele sentimento? E em que circunstâncias exatamente você manifestou tal desagrado?

J.-P.S. — Certamente isso está ligado; mas liga-se, também, à ideia de que minha realidade profunda está acima das honrarias. Porque essas honrarias são dadas por homens a outros homens; e os homens que dão a honraria, quer se trate da Legião de Honra ou do prêmio Nobel, não têm qualidade para concedê-la. Não vejo ninguém que tenha o direito de dar a Kant, a Descartes ou a Goethe um prêmio significativo: você agora pertence a uma classificação; transformamos a literatura numa realidade classificada, e você pertence a tal lugar nesta literatura. Nego a possibilidade de que se faça isso e, consequentemente, nego qualquer honraria.

S. de B. — Isso explica sua recusa do prêmio Nobel. Mas depois da guerra houve uma primeira recusa de sua parte, a recusa da Legião de Honra.

J.-P.S. — Sim. A Legião de Honra me parece uma recompensa que tem a ver com a série, com os medíocres; dirão que tal engenhador merece a Legião de Honra e tal outro, mais ou menos igual, não a merece. E, na verdade, eles não são considerados pelo que valem, são considerados por um trabalho que fizeram, ou pela recomendação de seu chefe, ou por circunstâncias desse tipo. Ou seja, nada que corresponda à sua realidade. Esta realidade não é quantificável.

S. de B. — Você acaba de pronunciar a palavra "medíocre", portanto, de qualquer maneira, de quando em quando, com sua teoria da igualdade, você recai em epítetos, expressões bastante aristocráticas.

J.-P.S. — Ah, não, absolutamente, porque já lhe disse, a liberdade, a igualdade está no início, e igualdade deveria estar no fim, num processo humano, isto é, no desenvolvimento de um homem. Mas o homem é também um ser hierarquizado, e é enquanto hierarquizado que se pode tornar idiota ou pode preferir a hierarquia à sua realidade profunda. Nesse nível, no plano da hierarquia, ele pode merecer epítetos desabonadores. Entende?

S. de B. — Sim.

J.-P.S. — Considero que a maioria das pessoas que nos cercam ainda são muito sensíveis a uma Legião de Honra, a um prêmio Nobel, a coisas que tais, quando, em realidade, tudo isso não corresponde a nada. Isso só corresponde a uma distinção dada na hierarquia a um ser que não é real, que é abstrato e que corresponde ao ser que somos, mas que corresponde sem compreender bem por quê.

S. de B. — Há, no entanto, reconhecimentos que você aceita. Você não aceita o reconhecimento por certos homens, do valor, digamos, de sua obra filosófica, de maneira que lhe deem um prêmio Nobel, mas aceita o reconhecimento, e até o deseja, da parte dos leitores, da parte do público.

J.-P.S. — Sim, é minha função. Escrevo, portanto desejo que o público para quem escrevo considere boas as coisas que escrevo. Não que pense que sejam sempre boas, longe disso, mas quando por acaso elas podem ser boas, desejo que sejam imediatamente estimadas como tais por meu leitor.

S. de B. — Porque, em suma, sua obra é você mesmo, e quando se reconhece sua obra, reconhece-se você em sua realidade.

J.-P.S. — Exatamente.

S. de B. — Ao passo que a qualidade exterior que lhe faria ter a Legião de Honra não é você mesmo.

J.-P.S. — Não, é algo abstrato.

S. de B. — Você se lembra como foi com a Legião de Honra?

J.-P.S. — Bem, era em 1945, e as pessoas de Londres que se vieram instalar em Paris...

S. de B. — As pessoas de Londres; você quer dizer De Gaulle.

J.-P.S. — Sim, De Gaulle. Nomeavam ministros, subsecretários de Estado, e havia um Ministério da Cultura, cujo ministro era Malraux, e do qual Raymond Aron, meu companheiro, era subsecretário de

A cerimônia do adeus

Estado. E começaram a distribuir Legiões de Honra. Isso fez com que meu companheiro Zuorro,[85] de quem falei alhures, tivesse a ideia de que eu recebesse a Legião de Honra, ainda que a contragosto.

S. de B. — Porque é preciso lembrar que Zuorro gostava de pregar-lhe peças.

J.-P.S. — Gostava de pregar-me peças. Foi visitar minha mãe, passou um bom tempo com ela e conseguiu sua permissão; ela não entendia nada de tudo isso, seu pai tinha a Legião de Honra, seu marido tinha a Legião de Honra...

S. de B. — Ela achava isso importante.

J.-P.S. — Parecia-lhe que seu filho devia tê-la também. Ele disse a ela que aceitasse por mim a Legião de Honra, e que me fariam a surpresa de conceder-ma. Ela aceitou com prazer.

S. de B. — O que significa que assinou um papel.

J.-P.S. — Assinou um papel. Apesar de tudo, era uma procuração, já que era eu quem deveria assinar o documento. Mas eu só o soube depois. E um belo dia telefonou-me um amigo que tinha um parente no ministério, dizendo: "Você solicitou a Legião de Honra?" Tive uma exclamação de surpresa e depois ele me disse: "Pois bem! Vai recebê-la." Então corri ao telefone e falei com Raymond Aron. E disse-lhe: "Meu companheiro, querem dar-me a Legião de Honra, você tem que impedir isso." Aron me achou muito desagradável, mas, ainda assim, fez com que escapasse a esta Legião de Honra.

S. de B. — De um modo geral, o governo nos era simpático, reagrupava os resistentes da França. Participavam dele pessoas que eram realmente amigas nossas, e foi, em suma — como, aliás, também a propuseram a Camus —, na qualidade de intelectual resistente que lhe propuseram tal distinção.

J.-P.S. — Certamente.

S. de B. — As condições eram quase que as melhores para poder aceitá-la. Mas, no entanto...

J.-P.S. — Ainda que as condições fossem as melhores havia um abismo; de qualquer maneira, aceitar uma condecoração era algo de inimaginável para mim.

---

[85] A quem chamo de Marco em minhas *Memórias*.

S. de B. — Porque, ao mesmo tempo, a Legião de Honra se inscrevia numa hierarquia burguesa. E era então como se você se integrasse nesta sociedade.

J.-P.S. — Não era a sociedade burguesa, era a hierarquia. Há hierarquias análogas na U.R.S.S. ou nos países socialistas.

S. de B. — No entanto, você aceitou determinados prêmios. E seria interessante saber por quê. Estou pensando em determinado prêmio italiano...

J.-P.S. — Aceitei outros. Primeiro, aceitei um prêmio populista, em 1940, uma pequena quantia que me era dada e que me permitiria viver um pouco melhor. Tinha sido convocado, dava-lhe parte deste dinheiro e conservava um pouco para mim no front, e vivi um pouco melhor com isso. Creio que, neste caso, fui absolutamente cínico, considerando que a guerra suprimia todo valor ao prêmio ou não prêmio, que se nos concediam um enquanto combatíamos, isso era uma brincadeira que eu podia aceitar. A bem da verdade, eu não tinha nada a ver com um prêmio populista, já que não tinha absolutamente nada em comum com os escritores populistas. Portanto, aceitei.

S. de B. — Sim, você recebeu o dinheiro cinicamente.

J.-P.S. — Recebi o dinheiro cinicamente.

S. de B. — Mas aceitou outros, sem lucro.

J.-P.S. — Recebi o prêmio italiano porque estava em boas relações com os comunistas italianos, porque alguns deles me agradavam muito; na mesma ocasião não estava com os comunistas franceses. Gostava dos comunistas italianos e, na época, eles haviam organizado essa festinha; tratava-se de conceder anualmente um prêmio a quem, durante a ocupação, tivesse dado prova de coragem ou de inteligência, e eles me concederam. Evidentemente, isso absolutamente não se conciliava com a minha teoria.

S. de B. — Mas era um prêmio relacionado com a ocupação?

J.-P.S. — Era um prêmio ligado à Resistência. Eu o recebi; no entanto, sabe Deus que a resistência que fiz... era resistente, tinha contato com resistentes, mas ela não me exigiu demais. No entanto, eles me deram. Creio que eu não considerava esse prêmio como o fim de um período, de uma hierarquia; estava muito consciente de que minha atitude durante a ocupação, em comparação com a daqueles que haviam sido torturados, que haviam sido presos pelos alemães, que haviam morrido na prisão, não tinha absolutamente nada em comum. Sendo escritores, éramos resistentes, o que significava, sobretudo, que escrevíamos em revistas clandestinas, que realizávamos pequenas ações desse tipo. Via no prêmio antes um reconhecimento, por parte dos italianos, de um certo tipo de resistência intelectual durante a ocupação. Era isso que me interessava. Ou seja, eles colocavam em evidência esse tipo de recusa, sob a ocupação, que nós escritores, pelo menos os que eu conhecia, havíamos colocado em primeiro plano. Assim, eu me considerava, não tanto como digno eu próprio desta distinção, mas digno na medida em que os outros escritores teriam podido, como eu, ser agraciados. Alguém recebia este prêmio, era eu; isso representava uma espécie de resistência intelectual francesa.

S. de B. — Em suma, era uma relação de amizade com os comunistas italianos, que lhe propunham um determinado reconhecimento por sua ação e a de seus companheiros durante a guerra, e que você aceitava igualmente em bases de amizade. Aquilo não passava por hierarquias, por honrarias, por distinções.

J.-P.S. — De modo algum.

S. de B. — Era verdadeiramente uma relação de reciprocidade entre você e aqueles que...

J.-P.S. — Eles me deram dinheiro.

S. de B. — Que você deu para apoiar não sei mais que movimento social. Além disso, foi-lhe proposta uma outra honraria e até mesmo algumas pessoas muito ligadas a você insistiram para que a aceitasse: ser professor no Collège de France.

J.-P.S. — Sim. Eu não via então por que ser professor no Collège de France. Tinha escrito livros de filosofia, mas é a partir do século XVIII que se considera a filosofia como uma matéria a ser ensinada. Pode ser uma matéria a ensinar, se se trata de sistemas de filosofia passados; mas se tentamos pensar filosoficamente o presente, não creio que isso se deve ao que se ensina aos alunos. Eles podem tomar conhecimento disso, mas não há razão para que um professor ensine uma coisa que não se desenvolveu inteiramente, cujo valor ele não conhece exatamente. Em resumo, eu não via por que, enquanto filósofo, iria para o Collège de France. Isso me parecia absolutamente alheio ao que eu fazia.

S. de B. — Você acreditava que mais valia escrever livros, e que as pessoas os lessem a seu bel-prazer, tendo tempo para refletir, em vez de proporcionar-lhes um curso *ex-cathedra* sobre a matéria.

J.-P.S. — Exato. E devo dizer que estava muito ocupado também; escrevia livros que me tomavam todo o tempo e teria que reduzir meu tempo de trabalho, já que deveria reservar determinado número de horas por semana para preparar cursos sobre coisas que tinha a impressão de saber; consequentemente, dar um curso no Collège de France não me teria feito evoluir. Merleau-Ponty o fazia porque considerava a filosofia um pouco inserida no sistema professoral; aliás, não sei por quê. Seus livros não eram particularmente livros universitários, mas, no entanto, creio que havia entre nós a diferença de que ele aceitava a universidade desde a origem como um meio de fazer filosofia, e eu não a aceitava.

S. de B. — Sim, aliás, Merleau-Ponty tinha feito uma tese.

J.-P.S. — Tinha feito uma tese.

S. de B. — Tinha feito uma carreira como universitário. É preciso lembrar também que há considerações práticas; você, como escritor bem-sucedido, ganhava bastante dinheiro na época, e quanto a Merleau-Ponty, era evidente que vivia de sua carreira universitária. Isso era então importante, e dava-lhe, ao contrário, tempo para estar no Collège de France, porque tinha menos o que fazer do que se fosse simplesmente professor na Sorbonne. Creio que é uma consideração que motiva muitas pessoas que pertencem ao Collège de France. Mas quanto a você, evidentemente, como não tinha uma razão prática ou econômica, teria sido unicamente por uma questão de honrarias.

J.-P.S. — Não considero uma honra ser professor no Collège de France.

S. de B. — Você nunca considerou nada como uma honra.

J.-P.S. — De fato. Considerava-me superior às honrarias que me poderiam oferecer, porque elas eram abstratas, nunca se dirigiam a mim.

S. de B. — Dirigiam-se ao outro em você. E para voltar ao prêmio Nobel, que foi a mais escandalosa de suas recusas, a mais conhecida, a mais comentada?

J.-P.S. — Estou em total contradição com o prêmio Nobel porque ele consiste em classificar os escritores. Se tivesse existido no século XVI, no século XV, saberíamos que Clément Marot recebeu o prêmio Nobel, que Kant não o conseguiu, que deveria tê-lo recebido, mas que não lhe concederam porque houve uma confusão, ou uma atuação de determinados membros do júri; que Victor Hugo evidentemente o recebeu etc. Assim, a literatura seria, então, completamente hierarquizada; haveria os membros do Collège de France, e outros que teriam o prêmio Goncourt, e depois outros que teriam recebido outras honrarias. O prêmio Nobel consiste em conferir um prêmio a cada ano. A que corresponde esse prêmio? Que significa um escritor que recebeu o prêmio em 1974, o que quer dizer isso em relação aos homens que o receberam antes ou em relação àqueles que não o receberam, mas que escrevem como ele, e que talvez sejam melhores? Que significa esse prêmio? Pode-se dizer, realmente, que no ano em que mo concederam eu era superior aos meus colegas, os outros escritores, e que no ano seguinte um outro o era? É assim que se deve considerar verdadeiramente a literatura? Como pessoas que são superiores um ano, ou então que o são há muito tempo, mas que serão reconhecidas nesse determinado ano como superiores? É absurdo. É evidente que um escritor não é alguém que num momento dado é superior aos outros. No mínimo, é igual aos melhores. Os "melhores": isso ainda é uma má fórmula. Ele é igual àqueles que fizeram livros realmente bons, e, além disso, é assim para sempre. Ele fez esta obra, talvez cinco anos antes, talvez dez anos antes. É preciso que haja uma certa renovação para que nos concedam o prêmio Nobel. Eu tinha publicado *As palavras*; consideraram-no válido e me concederam o prêmio um ano depois. Para eles, isso acrescentava um valor a minha obra. Mas deve-se concluir que, no ano anterior, quando não tinha publicado essa obra, eu valia muito menos? É uma noção absurda; essa ideia de colocar a literatura em hierarquia é uma ideia completamente contrária à ideia literária, e, ao contrário, perfeitamente conveniente para uma sociedade burguesa que deseja integrar tudo. Se os escritores são integrados por uma sociedade burguesa, sê-lo-ão por uma hierarquia, porque é efetivamente assim que se apresentam todas as formas sociais. A hierarquia é aquilo que destrói o valor pessoal das pessoas. Estar acima ou abaixo é absurdo. E é por isso que recusei o prêmio Nobel, porque não queria de modo algum ser considerado igual a Hemingway, por exemplo. Gostava muito de Hemingway, conhecia-o pessoalmente, fui vê-lo em Cuba, mas a ideia de ser igualado a ele, ou de ser situado num lugar qualquer com relação a ele, estava muito longe de meu pensamento. Existe em tudo isso uma ideia que considero ingênua e até idiota.

S. de B. — Queria retornar ao seu orgulho. Que você seja orgulhoso é algo que ressalta, evidentemente, de todas as nossas conversas; mas como definiria seu orgulho?

J.-P.S. — Creio que não se trata de um orgulho ligado à minha pessoa, Jean-Paul Sartre, indivíduo privado, mas que se liga, antes, às características comuns a todos os homens. Sinto-me orgulhoso por realizar atos que têm um começo e um fim, por modificar uma determinada parte do mundo, na medida em que atuo, por escrever, por fazer livros — nem todo mundo os faz, mas todo mundo faz alguma coisa — em suma, por minha atividade humana: é disso que me orgulho. Não que a considere uma atividade superior a qualquer outra, mas é uma atividade. É o orgulho da consciência a desenvolver-se como um ato; sem dúvida, isso também reflete sobre a consciência como subjetividade; mas é na medida em que esta subjetividade produz ideias, sentimentos.

É o fato de ser um homem, um ser nascido e condenado a morrer, mas, entre essas duas coisas, agindo e distinguindo-se do resto do mundo por sua ação e por seu pensamento, que é também uma ação, e por seus sentimentos, que são uma abertura para o mundo da ação; é por tudo isso, quaisquer que sejam seus sentimentos, quaisquer que sejam seus pensamentos, que creio que um homem deve definir-se; para encerrar, não compreendo que os outros homens não sejam tão orgulhosos quanto eu, de vez que isso me parece uma característica natural, estrutural da vida consciente, da vida em sociedade...

S. de B. — O fato é que, de um modo geral, não o são; como se explica que você tenha podido sê-lo?

J.-P.S. — Suponho que, na imensa maioria dos casos, são a pobreza e a opressão que impedem o orgulho.

S. de B. — Haveria, em todos os homens, uma tendência a ter um certo orgulho?

J.-P.S. — É o que penso. Esse orgulho está ligado ao próprio fato de pensar, de agir. Através dele revela-se a realidade humana e isso é acompanhado de uma consciência do ato que realizamos e com o qual estamos satisfeitos e orgulhosos. Creio que é esse o orgulho que deveria existir em todo mundo.

S. de B. — E por que existe uma quantidade de pessoas que absolutamente não são orgulhosas?

A cerimônia do adeus

J.-P.S. — Pense num rapaz que vive numa família mais ou menos desunida, numa atmosfera de pobreza, que não tem instrução, que não se encontra no nível em que a sociedade lhe solicita provas e qualidades propriamente humanas; que chega, nessas condições, a uma situação, aos 18 ou 19 anos, que comporta um trabalho duro, secundário e malpago. Esse rapaz talvez tenha orgulho de seus músculos, mas isso não passa de vaidade; ele não tem orgulho propriamente dito, porque está permanentemente alienado, permanentemente empurrado para fora do domínio onde deveria poder agir com os outros, afirmando: "Fiz isto, faço isto, tenho o direito de falar."

S. de B. — O orgulho seria um privilégio de classe?

J.-P.S. — Não! Não estou dizendo isso; digo que as possibilidades de se ter orgulho são atualmente mais proporcionadas numa classe, a classe opressora, a classe burguesa, do que em outra, a classe dos oprimidos, a classe proletária; mas, parece-me que, na verdade, todo homem pode ser dotado deste orgulho. As circunstâncias sociais fazem com que isso seja mais fácil para alguns burgueses do que para os proletários, que são humilhados e ofendidos; eles têm, então, não o orgulho, mas a exigência de um orgulho; sentem o lugar vazio deste orgulho que deveriam ter, e na revolução reivindicam ter o orgulho de ser homens. Existem proletários, camponeses que nos mostram, através de seus atos e de suas palavras, que conservaram orgulho. Esses serão revolucionários. Se se submetem, se se deixam acapachar, como se diz, é a contragosto.

S. de B. — Não acha que a família, a educação, representam um papel muito importante nisso? Pessoas de classes desfavorecidas, se tiveram uma oportunidade familiar conservarão o orgulho, mesmo na opressão e na exploração; ao contrário de burgueses ricos, que são completamente arrasados por uma infância superprotegida. Nesse sentido, como explica que tenha podido ser orgulhoso?

J.-P.S. — Tive uma infância na qual se falou muito, e exageradamente, de minha inteligência, por ser eu o neto de meu avô, que se julgava um grande homem, coisa que não era; fui levado a imaginar-me como um pequeno príncipe. Era já um privilegiado nessa esfera pequeno-burguesa em que vivia, e, como neto de meu avô, consideravam-me dotado de uma qualidade excepcional. Isso não corresponde ao que digo do orgulho, porque não penso possuir uma qualidade excepcional, penso apenas que tenho possibilidades humanas; sinto-me orgulhoso do ser humano em mim; mas isso me veio de meu primeiro orgulho, que era um orgulho de criança.

S. de B. — Você foi estimulado a ter orgulho de ser um homem.

J.-P.S. — Sim. Creio que meu avô também o tinha, mas de outra maneira... mais fundado em qualidades pessoais, mais ligado à universidade: diminuído; mas certamente tinha orgulho.

S. de B. — Você aprovou, quando escreveu sobre Genet, uma frase dele: "O orgulho vem depois." Isso é válido para você?

J.-P.S. — O orgulho se chamou orgulho, foi sentido como orgulho depois; depois significa depois de meus 12 anos, depois de uma primeira vida, vida na qual existia, mas em que não era nomeado.

S. de B. — Parece-me que, na Escola Normal, havia algo de que você gostava muito: o grupo.

J.-P.S. — Sim, víamo-nos com muita frequência. Formavam-se grupos; íamos juntos ao cinema, almoçávamos juntos. A maioria das vezes almoçávamos e jantávamos na própria escola. Havia conversas de mesa a mesa entre os científicos e os literários.

S. de B. — Você disse, muitas vezes, que os anos da Escola Normal eram dos mais felizes de sua vida.

J.-P.S. — Sim, fui inteiramente feliz.

S. de B. — Então, você sentia muito prazer em viver entre homens? Era realmente entre homens, porque você era interno; como você diz, comiam juntos etc., portanto, a companhia de homens lhe era agradável.

J.-P.S. — Sim, apesar disso tinha contatos com mulheres.

S. de B. — Sim, sei, Camille, a noiva.

J.-P.S. — Muita gente.

S. de B. — De uma outra maneira, através de Guille, a sra. Morel, é claro.

J.-P.S. — Mas, de um modo geral, os dias se passavam em companhia de homens.

S. de B. — E isso lhe agradava.

J.-P.S. — Não esqueça que Guille, Maheu, Nizan e eu formávamos um grupo que era objeto de gracejos.

S. de B. — Sim, porque vocês eram muito distantes em relação às pessoas que não lhes agradavam. Por exemplo, com Merleau-Ponty você não tinha boas relações?

A cerimônia do adeus

J.-P.S. — Não; mas mesmo assim protegi-o, uma vez, contra rapazes que queriam quebrar-lhe a cara.

S. de B. — Vocês estavam cantando canções obscenas e ele tinha querido interferir porque era *tala*?

J.-P.S. — Ele saiu, correram atrás dele, eram dois, iam quebrar-lhe a cara porque estavam furiosos. Então, saí também; sentia uma vaga amizade por Merleau-Ponty; havia alguém comigo; chegamos e dissemos: não lhe quebrem a cara, deixem-no em paz, deixem-no ir-se. Então, eles não fizeram nada e foram embora.

S. de B. — Houve uma outra ocasião em sua vida, na qual você se sentiu muito satisfeito, na qual você vivia numa comunidade de homens; foi o campo de prisioneiros.

J.-P.S. — Sim, sentia-me menos feliz.

S. de B. — Naturalmente, em decorrência das circunstâncias; mas o que quero dizer é que o fato de viver entre homens, em comunidade, não lhe foi desagradável naquela ocasião. Absolutamente não foi isso que tornou um pouco penosa sua situação de prisioneiro, é que ela era tal objetivamente; mas o fato de estar entre homens, de se fazer reconhecer e de trabalhar com eles agradou-lhe?

J.-P.S. — Agradou-me.

S. de B. — Isso é interessante, porque se retomamos agora a sequência cronológica, vemos que suas amizades com homens foram bastante raras, pelo menos muito escolhidas, e que, de um modo geral, você não gostou tanto assim de viver entre homens; estou querendo dizer: tomemos o serviço militar...

J.-P.S. — No serviço militar houve uma primeira etapa que foi o momento em que fazíamos cursos em Saint-Cyr, o momento dos cursos de meteorologia, eu tinha pouco contato com os outros soldados, a não ser com Guille, que escolhera a mesma especialidade, e com Aron, que era instrutor. Havia um ou dois outros com quem falava, mas só. Mas os meus melhores amigos eram realmente o instrutor e o companheiro de instrução. Depois, na *villa* Polovnia, convivi com dois sujeitos, um de Toulouse, e um padreco, um seminarista, cujos pés cheiravam horrivelmente mal, que fazia mal seu trabalho e que tinha comigo as relações que podia ter, já que eu não acreditava em Deus e não lhe escondia isso.

S. de B. — Lá o clima era de hostilidade?

J.-P.S. — Desde o momento em que algo ia mal, transformava-se em hostilidade; também não gostava nada do de Toulouse, era ladrão e matreiro, mas tinha pouco contato com ele; para contatos de cozinha ou para passear um dia em Tours era suportável.

S. de B. — E na época em que foi professor estava forçosamente em contato com todo o grupo de professores.

J.-P.S. — Não, não estava ligado.

S. de B. — O que quero dizer é que você estava ali, e havia outros professores em torno de você; você os mantinha completamente a distância. De toda maneira, fez amizades! No Havre, foi Bonnafé?

J.-P.S. — Sim, Bonnafé e, depois, o professor de inglês, mas que Bonnafé e eu considerávamos um palhaço; almoçávamos juntos no restaurante que descrevi em *A náusea*.

S. de B. — Por que sentiu amizade por Bonnafé?

J.-P.S. — Porque era um belo rapaz e boxeador, essencialmente por isso.

S. de B. — Na época em que foi professor no Havre, vocês eram bastante amigos, a ponto de fazermos alguns dias de viagem a pé, você e eu, com ele e a namorada.

J.-P.S. — Sim, naquela época gostava bastante dele.

S. de B. — Depois, em seus diferentes postos, em Laon, em Paris, nunca teve relações de amizade com colegas?

J.-P.S. — Encontrava-os quando ia à sessão em que eram distribuídos os quadros de honra, quando comparecia — porque fui muitas vezes censurado por não comparecer. Mas não posso dizer que me relacionasse com eles. Sim, travei conhecimento com Magnane e com Mede: estive durante dois anos no Liceu Pasteur e lá via a ambos.

S. de B. — Mas não tinha amizade por Magnane? Via-o, mas isso não era importante?

J.-P.S. — No entanto, convivia mais com ele do que com Mede, mas porque Mede tinha sua vida e não dispunha de muito tempo, ao passo que Magnane dispunha de mais tempo.

S. de B. — Com quem mais travou conhecimentos? No Havre, conviveu com Bost e Palle. Era com eles que você praticava boxe. Seria interessante falar de suas relações com seus alunos.

J.-P.S. — Em princípio, gostava bastante deles, e quando Bonnafé inventou dar aulas de boxe, eu mesmo os levei para a sala de ginástica.

A cerimônia do adeus

Éramos dez ou 12; os outros não participaram com medo do ridículo ou de um soco violento. Éramos uma dezena e boxeávamos sem nos machucar.

S. de B. — Havia outros alunos dos quais você gostava muito: Morzadec, por exemplo; de um modo geral, gostava bem mais dele do que de seus colegas?

J.-P.S. — Não via meus colegas, dava-lhes bom-dia, perguntava por sua saúde, por sua família, sua mulher, mas parava aí. Não era desagradável com eles, mas não nos víamos, e eles também não procuravam ver-me. Tinham suas vidas; havia um ou dois que sentiam uma vaga simpatia por mim.

S. de B. — A priori, você simpatizava com os alunos, por quê?

J.-P.S. — A priori.

S. de B. — De toda maneira trata-se de relações de amizade com homens; mas havia uma diferença, eram jovens, você mesmo não era velho, mas enfim...

J.-P.S. — Havia uma diferença pequena quando cheguei no Havre...

S. de B. — Você fizera a agregação aos 23 anos, fizera seu serviço militar, tinha 26, 27 anos...

J.-P.S. — E eles tinham 18, 19. Gostava bastante deles; não gostava tanto dos primeiros da classe, os primeiros mesmo, mas interessava-me pelos que tinham ideias; frequentemente eram diferentes dos primeiros, tinham uma reflexão que se iniciava.

S. de B. — Por que gostava deles? Por que ainda não estavam esclerosados, por que ainda não tinham o sentimento de seus direitos, por que ainda não eram patifes?

J.-P.S. — Estava muito próximo deles, como pensamento, como maneira de viver; era um pouco mais livre, já que não vivia com a família, mas, enfim, era um pouco a mesma coisa. Havia realmente uma ligação que fazia com que estivesse com Bost e com Palle como com amigos, um pouco como era com Guille e Maheu.

S. de B. — Há alguém de quem não falamos e é Zuorro, com quem você tinha uma relação estranha!

J.-P.S. — Sentia uma certa simpatia por ele, simpatia que vinha de seu físico; ele era bastante bonito.

S. de B. — Era até muito bonito.

J.-P.S. — Era bastante engraçado, irônico, bastante inteligente.

S. de B. — Muito mitômano.

J.-P.S. — Era pederasta, tinha casos na Cité Universitaire, onde eu estava também naquela época. Não se pode dizer que ele e eu nos entendêssemos. Ele se entendia melhor com Guille, por exemplo.

S. de B. — Sim, mas, enfim, vocês se viam com bastante frequência.

J.-P.S. — Sim, nós nos víamos com bastante frequência.

S. de B. — Voltemos aos jovens, por que gostava dos jovens?

J.-P.S. — Creio que é porque me encontrava mais nos jovens do que nos mais velhos, ou nas pessoas de minha idade. Na medida em que eles se interessavam pela filosofia tinham uma maneira de escrutar ideias, sem método, que correspondia à maneira pela qual eu escrutava minhas ideias, minhas verdades; eu dizia muitas vezes: descobri três teorias, esta semana. Pois bem, eles tinham algo disso; sua maneira de pensar era uma espécie de invenção, eles não eram feitos, eles se faziam; eu também não era feito e sentia bem isso. Sentia que mudava e eles antecediam até a mudança que sentia em mim e depois, finalmente, forçando-os um pouco, através do boxe, e depois, sem forçá-lo, através das relações quotidianas, convivia muito com eles.

S. de B. — Havia também um professor de ginástica que você via de quando em quando.

J.-P.S. — Rasquin. Convidou-me para almoçar em sua casa, com sua mulher, que preparara cuidadosamente a comida para mim, comida de que não gostei porque havia ostras.

S. de B. — Por que ele e não outros?

J.-P.S. — Era um sujeito bastante bonito, forte, que contava histórias; eu gostava muito de ouvi-lo contar as vidas de homens, com histórias de sexo, de brigas.

S. de B. — Em suma, Bonnafé e Rasquin lhe agradavam porque não eram pedantes, não buscavam contato intelectual com você, mas eram vivazes, bonitos e contavam histórias.

J.-P.S. — Ambos faziam ginástica; isto é, Bonnafé fazia boxe.

S. de B. — Embora Bonnafé fosse professor de latim?

J.-P.S. — Sim, de latim, francês e grego; mas é preciso entender que o Havre não era, para mim, o centro de minhas relações; eu estava no Havre, mas, na realidade, tinha relações mais profundas com Guille, Maheu, com aquela senhora, menos intensas com Nizan na época.

A cerimônia do adeus

S. de B. — Elas esfriaram muito depois de seu regresso de Aden, depois ele se casou, vocês ainda se viam, mas já não era uma intimidade. Ao passo que Guille era muito íntimo seu; ele era bastante desconfiado em matéria de amizade: de início, quando você me levava sempre com vocês, ele se irritou e, uma ou duas vezes, pediu para vê-lo a sós e para ficar sozinho com você no Havre.

J.-P.S. — De fato.

S. de B. — Guille sempre teve um lado um pouco desconfiado e ciumento.

J.-P.S. — É verdade; já não era o caso de Maheu, que, aliás, se dava às amizades com muito maior distância. Maheu era muito arrivista.

S. de B. — Ele chegou onde queria!

J.-P.S. — Chegou. Mas era exatamente o que desejava.

S. de B. — E depois?

J.-P.S. — Comecei a trabalhar em *A náusea*; depois fui para Berlim.

S. de B. — Lá também você viveu num grupo masculino.

J.-P.S. — Sim, mas havia também uma mulher.

S. de B. — A quem você chamava de mulher lunar, mas sua vida foi sobretudo uma vida entre homens.

J.-P.S. — Era uma vida de passeios solitários em Berlim e depois de trabalho.

S. de B. — Na verdade, você não teve muito contato com esses companheiros de Berlim?

J.-P.S. — Não; víamo-nos durante as refeições da noite; a refeição do almoço era livre, tínhamos dinheiro suficiente para pagá-la; mas, à noite, jantávamos todos juntos. Éramos seis ou sete.

S. de B. — Você estava sobretudo com Susini e Brunschwig?

J.-P.S. — Sim, mas havia outros. Alguns vinham para estudar determinado poeta alemão sobre o qual, depois, escreviam teses.

S. de B. — Você tinha antipatias?

J.-P.S. — Havia um professor cujo nome já não recordo. Um rapaz grande, de óculos, com bigodes negros, devo tê-lo mostrado a você.

S. de B. — Não gostava dele?

J.-P.S. — Não gostava nada dele. E um outro também, igualmente jovem.

S. de B. — Mas como você se relacionava com os sujeitos de quem não gostava? De forma agressiva ou polida?

J.-P.S. — Em geral, de forma polida, mas um pouco agressiva, apesar de tudo; tive atritos com esse professor de bigodes pretos; havia atritos bastante violentos, à noite, durante o jantar. Em suma, tinha relações bastante honestas com aquelas pessoas. Nós nos víamos, íamos juntos ao cinema.

S. de B. — Você gostava bastante de um deles, creio que se chamava Erhard?

J.-P.S. — Que era um rapaz engraçado.

S. de B. — Foi ele quem nos levou às boates quando fui visitá-lo. Você saía com ele.

J.-P.S. — Não; não saía com ninguém. Ia almoçar sozinho no Kurfürstendamm, que era um bairro bastante elegante na época. Ia lá, almoçar numa *brasserie*, ou então para os lados da estação... As relações com os outros pensionistas não me interessavam.

S. de B. — Você estava muito mais interessado em sua história com a mulher lunar. A mulher teve muito mais importância do que os rapazes?

J.-P.S. — Sim, é evidente.

S. de B. — Depois, você começou a publicar seus livros. Conheceu muita gente nesse momento?

J.-P.S. — Antes da guerra? Ah sim, certo número de pessoas.

S. de B. — Conheceu Paulhan, Brice Parain, Gaston Gallimard, Claude Gallimard, esses, os editores.

J.-P.S. — E conheci também escritores; lembro-me de uma reunião sinistra em casa de Gallimard, numa tarde; era um coquetel, um ano antes da declaração de guerra, no mês de junho de 1938, e em julho-agosto de 1939, era o fim, e todo mundo sentia que algo ia acontecer, e a atmosfera não era alegre naquele dia. Só se falava nisso. Sim, na ocasião eu conheci algumas pessoas, escritores da Gallimard.

S. de B. — Foi nesse dia que você conheceu Jouhandeau? Não foi ele que lhe perguntou: "Você esteve no inferno?"

J.-P.S. — Sim, foi ele.

S. de B. — Enfim, aquilo não ia longe. Nunca foram amizades, foram encontros.

J.-P.S. — Sim. Com as pessoas que faziam literatura tive apenas encontros.

S. de B. — Você conheceu Gide?

A cerimônia do adeus

J.-P.S. — Sim, estive com ele. Adrienne Monnier deu um jantar para o qual me convidou com Gide, já não me lembro bem desse jantar. Mas Gide e eu não desgostamos um do outro.

S. de B. — Você tinha prazer de encontrar-se com escritores?

J.-P.S. — Sim; houve uma reunião muito divertida, quando Adrienne Monnier fez fotografar escritores, conheci assim vários escritores. Valéry, por exemplo; revi Valéry depois, após a guerra, no bar de Pont-Royal; marcamos um encontro. Já não sei o que tínhamos a dizer-nos, nada de importante.

S. de B. — Enfim, tudo isso não ia além de uma curiosidade divertida ou interessada, você não fez nenhuma amizade?

J.-P.S. — Nenhuma amizade.

S. de B. — Não esteve com os surrealistas: nem com Aragon nem com nenhum outro.

J.-P.S. — Não, conheci Aragon depois da guerra.

S. de B. — Bem, retornemos à guerra. Lá ainda você estava numa comunidade de homens. De que forma você se relacionava com seus colegas meteorologistas?

J.-P.S. — Tinha boas relações com Pieter, que era judeu; lembro-me como estava angustiado em junho de 1940.

S. de B. — Vocês todos foram prisioneiros. Ele foi preso?

J.-P.S. — Sim.

S. de B. — Não se soube que era judeu?

J.-P.S. — Não.

S. de B. — Como foi que ele se safou?

J.-P.S. — Por que o saberiam? Ele não tinha documentos.

S. de B. — Seu nome...

J.-P.S. — Ele conservou seu nome, mas não disse que era judeu.

S. de B. — Parece-me que o revimos após a guerra.

J.-P.S. — Eu o vi durante a guerra. Ele saiu, creio, conseguiu fugir.

S. de B. — Então, você se entendia bastante bem com ele?

J.-P.S. — Sim; muito mal com o cabo e bastante bem com um operário parisiense: Müller.

S. de B. — Mas você também mantinha contato com outros soldados?

J.-P.S. — Sim, via os secretários do Q.G. do general, nós nos falávamos.

S. de B. — De um modo geral, eram simpáticos com você?

J.-P.S. — Pieter sim, o cabo Pierre de modo algum. Ambos éramos professores. Pierre sentia vagamente que isso deveria ligar-nos; eu, não. Esse vínculo, para mim, não existia, então isso o desagradava.

S. de B. — Você já falou de sua experiência de prisioneiro, mas teria ainda alguns detalhes a mencionar?

J.-P.S. — Conheci Bénard no campo de prisioneiros; ele morava no Havre, casara-se com a filha do proprietário do jornal *Le Petit Haurais*; era redator desse jornal, antes da guerra, amava muito sua esposa, que fora minha aluna no Havre.

S. de B. — Mas por que você se ligou a ele?

J.-P.S. — Ele era interessante! Falava bem e, sobretudo, no campo, tínhamos relações originais, que eram relações de trabalho e ao mesmo tempo de resistência aos oficiais e aos soldados colaboracionistas do campo. Ele me ajudava e ocupava-se da alimentação muito bem. Estava ligado a ele e sobretudo a um padre, o abade Leroy; mantive contato permanente com os padres, que possuíam uma barraca só deles.

S. de B. — Por que essa escolha dos padres?

J.-P.S. — Porque eram intelectuais, e foi por isso também que me haviam recrutado e haviam recrutado outros. Então, se, em circunstâncias como aquelas, um intelectual podia entender-se com os padres, os padres o adotavam. Entretive também boas relações com o abade Perrin.

S. de B. — E com os outros, os que não eram intelectuais: ainda assim você se relacionava com eles?

J.-P.S. — Sim, era com eles que tinha contatos mais frequentes, porque estávamos na mesma barraca.

S. de B. — Mas que sentimento nutria por eles?

J.-P.S. — Minha barraca era a barraca dos artistas; havia os que tocavam trombeta, havia os que, como Chomisse, se ocupavam do teatro aos domingos; outros eram cantores ou atores mais ou menos improvisados.

S. de B. — Em suma, o fato de estar entre homens não lhe desagradava?

J.-P.S. — Não me desagradava.

S. de B. — Você não vivia no desprezo, no desgosto, na solidão, no retraimento?

A cerimônia do adeus

J.-P.S. — Havia retraimento na medida em que pensava coisas que eles não pensavam; mas, por exemplo, à noite, estava inteiramente com eles; contava histórias, sentava-me a uma mesa, no meio da barraca, e falava, eles morriam de rir. Contava-lhes qualquer coisa, comportando-me de maneira absurda.

S. de B. — Ou seja, procurava relacionar-se com eles e o conseguia.

J.-P.S. — Sim, muito bem.

S. de B. — Havia, suponho, alguns sujeitos que o desagradavam individualmente.

J.-P.S. — Sim, individualmente, alguns não me agradavam muito.

S. de B. — Mas o que fazia com que gostasse ou não gostasse de alguém?

J.-P.S. — De um modo geral, não gostava do sujeito que não jogava o jogo; há sempre um jogo nas relações entre homens; por exemplo, no campo de prisioneiros havia uma maneira de estar com os outros, confiávamo-nos uns aos outros, pedíamo-nos conselhos etc. Bem, aqueles que se aproveitavam disso para conseguir vantagens eram os que, em primeiro lugar, me desagradavam, e que podiam tornar-se verdadeiros inimigos. Chomisse, por exemplo, era o tipo de rapaz que não se sabia de onde vinha; sustentavam que abria as portas dos táxis em frente ao cinema Gaumont-Palace. Isso não é impossível.

S. de B. — Mas não era isso que o tornava antipático aos seus olhos?

J.-P.S. — Não gostava que não quisesse dizê-lo, que contasse gabolices sobre a vida que tivera.

S. de B. — Você não gostava dos hipócritas.

J.-P.S. — Eu não gostava dos hipócritas. É isso, essencialmente.

S. de B. — Os mitômanos a rigor…

J.-P.S. — Os mitômanos não me incomodam.

S. de B. — Sei que você gostava muito, por exemplo, de Leroy, porque era muito leal e muito corajoso, não quis mudar de campo, beneficiar-se de suas vantagens de padre, quis permanecer. Você gostava daqueles que tinham caráter, daqueles que resistiam.

Houve muitas amizades importantes que se formaram durante a guerra, quando você voltou a Paris. Você esteve em contato com a resistência intelectual. A quem conheceu nessa época?

J.-P.S. — Sujeitos cujos nomes esqueci!

S. de B. — Claude Morgan.

J.-P.S. — Sim, Claude Morgan; Claude Roy pouco depois.

S. de B. — Que trabalho fazia você?

J.-P.S. — Nós éramos redatores de pequenos jornais, em particular do *Les Lettres Françaises*.

S. de B. — Você sentia solidariedade em relação a essas pessoas, como para com os prisioneiros do campo?

J.-P.S. — Sim, muita.

S. de B. — Você conheceu Camus, creio que após o artigo que escreveu sobre ele. Quais foram as suas amizades durante esse período?

J.-P.S. — Conheci Giacometti, mas ele foi logo para a Suíça e retornou depois da guerra.

S. de B. — Conhecemo-lo durante os primeiros anos.

J.-P.S. — E, depois, ele partiu para a Suíça, em 1942.

S. de B. — Suas relações de amizade com ele ainda não existiam verdadeiramente durante a guerra?

J.-P.S. — Não, eram menos íntimas do que depois.

S. de B. — Então, a quem conheceu durante a guerra?

J.-P.S. — Leiris e sua mulher.

S. de B. — Como os conheceu? Através do *Les Lettres Françaises*, talvez?

J.-P.S. — Através da resistência. Li todos os seus livros naquele momento; senti por ele uma amizade muito simples, muito grande, muito forte. Muitas vezes, sua mulher e ele nos convidavam para jantar; o tipo de conhecimentos que ele tinha, por exemplo, seus conhecimentos de sociólogo, não coincidia com os meus, e suas pesquisas, seus interesses eram diferentes dos meus. Mas isso não impedia que esse casal nos agradasse muito.

S. de B. — Há alguém de quem nunca falamos e que também tem seu lugar em sua vida de antes da guerra e durante a guerra: Dullin.

J.-P.S. — Gostava muito de Dullin.

S. de B. — E também Queneau.

J.-P.S. — Conhecemos Queneau e sua mulher em casa de Leiris.

S. de B. — Por volta de 1943 houve aquelas *fiestas*...

J.-P.S. — Nas quais conhecemos Bataille, Leibowitz, Jacques Lemarchand, todo um mundo literário. Esse mundo literário, naquela época, não se manifestava nos jornais, não produzia livros, permanecia fechado em si mesmo, mas ainda se reunia; por exemplo, no Flore, encontrávamos

A cerimônia do adeus

Picasso; havia restaurantes onde víamos pessoas do *entourage* de Picasso e de Leiris, o restaurante que se chamava Les Catalans.

S. de B. — Sim, mas nós não os frequentávamos, eram muito caros para nós.

J.-P.S. — Mas fomos convidados duas ou três vezes.

S. de B. — Talvez; e depois representamos *Le désir attrapé par la queue*, de Picasso.

J.-P.S. — Que nos fez conhecer um pouco mais de perto os amigos de Picasso.

S. de B. — Que espécie de relações manteve com Picasso?

J.-P.S. — Muito limitadas, mas, no entanto, muito amáveis até a Libertação; depois, ele foi absorvido pelo Partido Comunista, e também morava no Midi, só o revi muito raramente. Minhas relações com Picasso eram muito superficiais, mas sempre cordiais.

S. de B. — Falemos das pessoas de quem foi mais amigo. Camus...

J.-P.S. — Conheci Camus em 1943, e com ele estive na pré-estreia de *As moscas*, quando ele veio ter comigo: sou Camus.

S. de B. — Sim, você escrevera um artigo crítico, mas muito caloroso, sobre *O estrangeiro*.

J.-P.S. — Isso pressupunha, evidentemente, que atribuía importância a esse livro.

S. de B. — Pode falar de suas relações com Camus? Seu início, sua continuação.

J.-P.S. — Seu início, mas sua continuação, após a guerra, isso seria muito complicado... Tínhamos relações originais que, creio, não se encaixavam inteiramente com o gênero de relacionamento que ele desejava manter com as pessoas, da mesma maneira que nós não tínhamos com ele as relações que gostávamos de ter com as pessoas.

S. de B. — Não no início; eu gostava muito do relacionamento que mantínhamos com Camus.

J.-P.S. — Não no início; durante um ano ou dois tudo transcorreu bastante bem. Ele era engraçado, extremamente grosseiro, mas muitas vezes muito engraçado; estava muito engajado na resistência e depois dirigiu *Combat*. O que nos atraía nele era seu caráter argelino; tinha uma pronúncia que se assemelhava à pronúncia do Midi, tinha amizades espanholas que eram amizades cuja origem eram suas relações com os argelinos e os espanhóis...

S. de B. — Sobretudo, nossas relações não eram afetadas, sérias, intelectuais: comíamos, bebíamos...

J.-P.S. — De certa maneira, careciam de intimidade; ela estava presente na conversa, mas não era profunda; sentia-se que havia coisas que nos fariam entrar em choque, se as abordássemos, e não as abordávamos. Tínhamos muita simpatia por Camus, mas sabíamos que não se devia avançar muito.

S. de B. — Era com ele que mais nos divertíamos, a convivência com ele era agradável, víamo-nos com muita frequência, contávamo-nos quantidades de histórias.

J.-P.S. — Sim, havia uma amizade verdadeira, mas uma amizade superficial. As pessoas pensavam agradar-nos chamando-nos, aos três, de existencialistas, e isso deixava Camus furioso. De fato, ele não tinha nada em comum com o existencialismo.

S. de B. — Então, como evoluíram suas relações com ele? Ele tinha pensado em encenar *Entre quatro paredes* e representar o papel de Garcin, portanto, vocês estavam muito próximos em 1943.

J.-P.S. — Em 1944, também; entrei para o seu grupo de resistência pouco antes da Libertação; encontrei pessoas que não conhecia, que se reuniam com Camus para considerar o que poderia fazer a resistência nesse último período da guerra; muitos deles foram presos na semana seguinte, notadamente uma moça, Jacqueline Bernard.

S. de B. — Depois, Camus lhe pediu que fizesse uma reportagem sobre a libertação de Paris, e, também, foi em grande parte por *Combat* que você esteve na América.

J.-P.S. — Foi Camus quem me inscreveu como repórter na América para *Combat*.

S. de B. — E quando foi que tudo isso começou a se deteriorar? Lembro-me da grande cena que ele fez com Merleau-Ponty.

J.-P.S. — Sim, isso nos indispôs um pouco. Ele foi à casa de Boris Vian uma noite, em 1946. Acabava de passar alguns dias com uma mulher encantadora que depois morreu, e, em consequência dessa história amorosa, dessa separação, estava muito fechado, lúgubre; cumprimentou todo mundo e de repente atacou Merleau-Ponty, que estava presente, a propósito de seu artigo sobre Koestler e o bolchevismo.

S. de B. — Porque, naquele momento, Merleau-Ponty se inclinava bastante para o comunismo.

A cerimônia do adeus

J.-P.S. — O artigo incriminado tinha sido publicado em minha revista *Les Temps Modernes*, portanto eu estava contra Camus. Na ocasião, Camus não tinha, certamente, nada contra mim, mas não suportava Merleau-Ponty. Também não concordava com a tese de Koestler, mas estava enfurecido; tinha razões pessoais para ser favorável a Koestler.

S. de B. — Aliás, ele tinha relações estranhas com você; dizia frequentemente que, quando o via, só sentia simpatia por você, mas que, de longe, havia em você uma porção de coisas que censurava; tinha feito uma viagem pela América, na qual se referira a você de uma maneira bastante desagradável.

J.-P.S. — Sim, tinha uma atitude ambivalente.

S. de B. — Não aceitou colaborar conosco na revista e creio que ficava muito irritado porque, sendo você mais conhecido e ele muito jovem, tomavam-no mais ou menos como discípulo seu; ele era muito desconfiado, não gostava muito disso. E como foi que as coisas pioraram até haver a ruptura?

J.-P.S. — Houve um episódio pessoal, que absolutamente não me indispôs com ele, mas que o incomodou muito.

S. de B. — A história de uma mulher com a qual você tinha tido um caso?

J.-P.S. — Isso foi um pouco constrangedor e, como essa mulher rompeu com ele por razões pessoais, ele também ficou com um pouco de raiva de mim; enfim, é uma história complicada. Ele próprio tivera um caso com Casares, e brigara com ela. Rompera com ela e nos fizera confidências sobre essa ruptura; lembro-me de uma noite com ele num bar, na época íamos muito a bares, estava sozinho com ele e ele acabava de reconciliar-se com Casares, e tinha cartas de Casares na mão, velhas cartas que me mostrava dizendo: "Ah, isto! Quando as encontrei, quando pude relê-la..." Mas a política nos separava.

S. de B. — O que supunha uma certa intimidade no plano privado.

J.-P.S. — Sim, ela sempre existiu, enquanto convivíamos mais de perto; até mesmo nossas diferenças políticas não nos incomodavam muito na conversa; por exemplo, ele estava com Casares e foi vê-la ensaiar *O diabo e o bom deus*, você se lembra?

S. de B. — Sim, de fato. Quais eram essas diferenças políticas e como foi que isso acabou explodindo? Foi quando houve o R.D.R?

J.-P.S. — Não.

Simone de Beauvoir

S. de B. — E, então, a briga definitiva?

J.-P.S. — A briga definitiva foi quando ele publicou seu livro *L'homme révolté*. Procurei alguém que quisesse encarregar-se de fazer uma crítica em *Les Temps Modernes*, sem atacá-lo, e isso foi difícil. Jeanson não estava lá, na ocasião, e entre os outros membros de *Les Temps Modernes* ninguém queria ocupar-se de falar a respeito, porque eu queria que houvesse uma certa discrição e todos detestavam o livro. De maneira que durante dois ou três meses *Les Temps Modernes* não falou de *L'homme révolté*. Depois Jeanson voltou de viagem e me disse: "Eu quero fazê-lo." Aliás, a atitude de Jeanson era bastante complicada: ele procurava contatos com pessoas como Camus, para ver se poderia fundar, com eles, uma revista que seria a contrapartida de *Les Temps Modernes*, mas mais de esquerda, já que *Les Temps Modernes* era uma revista reformista enquanto que a outra revista seria revolucionária.

S. de B. — Era estranho querer fazer isso com Camus, que nada tinha de revolucionário.

J.-P.S. — Ele pedira isso a algumas pessoas; pedira a Camus, mas, evidentemente, isso não podia chegar a nada. Então, provavelmente para vingar-se de que Camus não tivesse querido trabalhar com ele, escreveu o artigo na linha que eu não desejava, isto é, violento, percuciente, e mostrando as falhas do livro, o que não era difícil.

S. de B. — Ele mostrou sobretudo a pobreza filosófica do livro. Isso também não era difícil.

J.-P.S. — Eu não estava presente, estava viajando, pela Itália, creio.

S. de B. — De toda maneira, você não teria censurado um artigo de um colaborador.

J.-P.S. — Não; mas Merleau-Ponty estava muito perturbado com esse artigo e achava — ele era o único responsável que estava em Paris — que não gostaria que fosse publicado; queria que Jeanson mudasse de ideia, tiveram uma discussão violenta, e depois ele nada mais pôde fazer, a não ser deixar que o artigo fosse publicado, e o artigo foi publicado, mas em condições especiais: Jeanson concordara em mostrar seu artigo a Camus — foi a única restrição que aceitou — antes que fosse publicado, perguntando-lhe se estava de acordo. Camus ficou furioso e redigiu um artigo onde me chamava: Senhor Diretor — o que era cômico, porque não nos tuteávamos, mas nos falávamos bastante livremente, não havia Senhor entre nós. Então, fiz um artigo para responder

A cerimônia do adeus

às suas insinuações; Camus falava pouco de Jeanson em seu artigo, atribuía-me todas as ideias de Jeanson, como se tivesse sido eu que houvesse escrito seu artigo; respondi-lhe duramente e aí cessaram nossas relações; conservei simpatia por ele, embora sua política nada tivesse a ver comigo, entre outras coisas, sua atitude durante a guerra da Argélia.

S. de B. — Isso foi depois. Ao mesmo tempo ele representava um papel, tornava-se importante, tornava-se muito diferente do jovem escritor muito alegre, muito agradável, a quem a glória subia um pouco à cabeça, mas de maneira ingênua. Bem, e então, Merleau-Ponty, Koestler, quais foram suas relações com eles?

J.-P.S. — Não houve relações profundas nem com um nem com outro. Quanto a Merleau-Ponty, é simples, tinha muita estima por ele, e fui inteiramente sincero em meu artigo, por ocasião de sua morte, mas ele não era muito fácil de conviver.

S. de B. — De toda maneira, não era alguém que você gostasse de frequentar; creio que nunca jantamos com ele, ou tomamos um drinque com ele. Nunca compareceu às nossas *fiestas*, nunca penetrou em nossa vida privada.

J.-P.S. — Aliás, ele enfatizava isso.

S. de B. — A não ser inteiramente por acaso, quando o encontramos em Saint-Tropez; mas, enfim, eram necessárias circunstâncias excepcionais.

J.-P.S. — Não nos entendíamos muito bem nas conversas.

S. de B. — Koestler, então? Era muito mais agradável.

J.-P.S. — Conhecemo-lo no Port-Royal, ele se apresentou. Levantou-se e disse: "Sou Koestler."

S. de B. — Você gostava muito de *Le testament espagnol*.

J.-P.S. — Sim. Cumprimentamo-lo muito simpaticamente. Ficamos um momento com ele e depois, a partir daí, tivemos contatos mais frequentes e ele, quase que imediatamente, nos aborreceu com seu anticomunismo. Não que fôssemos incondicionalmente amigos dos comunistas, mas o anticomunismo de Koestler nos parecia desprovido de valor. Ele tinha sido comunista e rompera; nunca dizia exatamente por quê, dava razões teóricas e essas razões teóricas ligavam-se não a acontecimentos teóricos, mas práticos: quais? Pelo menos você e eu ignorávamos. Falava muito de seu anticomunismo; tinha ido à Itália, para fazer uma reportagem, e voltara apavorado com o movimento comunista italiano; seus argumentos contra o comunismo eram os argumentos de toda a imprensa.

S. de B. — Havia algo que nos irritava nele, era seu cientismo.

J.-P.S. — Seu cientismo nos irritava muito porque ele tinha poucos conhecimentos e utilizava-se de noções muito vulgarizadas para fazer livros de divulgação.

S. de B. — Havia também sua repulsa em relação aos jovens. Lembro-me de uma vez em que a noite não correu bem porque havíamos levado Bost. Isso o desagradou muito. Bem, então tudo isso não passava de relações pouco importantes, mas a duas pessoas você se ligou muito calorosamente: Giacometti e Genet; creio que são as únicas pessoas com as quais, depois da guerra, você se ligou mais calorosamente. Por quê?

J.-P.S. — Bem, de toda maneira há uma coisa comum aos dois; eram excelentes, um na escultura e na pintura, o outro em literatura; certamente, sob esse aspecto, estavam entre as pessoas mais importantes que conheci. Com Giacometti jantávamos, em geral, uma vez por semana mais ou menos. Jantávamos em restaurantes, em 1945, 1946, um pouco em qualquer lugar. E falávamos um pouco de tudo. Ele falava de sua escultura, eu não compreendia muito bem o que queria dizer, nem você, aliás.

S. de B. — Você acabou por compreender, já que escreveu artigos sobre ele.

J.-P.S. — Sim, muitos anos depois. Ele tentava explicar o que era uma percepção de escultor, falava de suas estátuas, descrevia os progressos que fizera, desde sua primeira estátua, que era muito espessa, muito pesada, até as estátuas graciosas e alongadas que fez a seguir e que fazia ainda; nem sempre eu compreendia, mas parecia-me muito importante e interessante. E depois, falávamos, também, de qualquer coisa, de suas relações, de seus amores.

S. de B. — Ele falava muito de sua vida, contava uma quantidade de histórias, contava-as de uma maneira muito interessante.

J.-P.S. — Gostávamos muito de sua mulher, Annette, que sempre o acompanhou.

S. de B. — Mas você, por assim dizer, nunca teve encontros a sós com Giacometti.

J.-P.S. — Bem, para ser exato, nunca. Havia sempre Annette, e você, ou de toda maneira você, quando Annette não estava presente. Uma vez estive com Giacometti e Annette, sem você, porque você estava viajando.

S. de B. — Mas isso é uma coisa interessante, sobre a qual ainda não falamos: todas essas amizades que você teve com homens, depois da guerra, você as compartilhava comigo. Você quase nunca mais viu Camus, nem Leiris, nem Giacometti a sós?

J.-P.S. — Camus, sim; lembro-me de ter visto Camus a sós, porque saía de casa de minha mãe e ia ao Deux Magots. Encontrava-me com ele no Deux Magots, pela manhã, com muita frequência, durante o primeiro ano; você morava no hotel Louisiane, eu a via mais tarde.

S. de B. — Sim, mas enfim, você nunca marcava nada com nenhum de seus amigos dizendo-lhes: vamos jantar os dois — e isso não era simplesmente para não excluir-me, mas porque você não fazia tanta questão de ter uma amizade a dois, como tinha com Nizan ou com Guille.

J.-P.S. — Não, isso não vinha ao caso.

S. de B. — E com Genet?

J.-P.S. — As relações eram mais imprevisíveis. Lembro-me de tê-lo encontrado aqui, por exemplo.

S. de B. — Aqui em Roma?

J.-P.S. — Aqui, em Roma, com um jovem pederasta.

S. de B. — E como começaram suas relações com Genet?

J.-P.S. — Na época, conhecia Cocteau e ele gostava muito de Genet. Com Cocteau, nossos contatos não terminaram muito bem, nunca soube exatamente por quê, mas terminaram no ano de sua morte; enfim, almoçamos juntos três semanas, ou um mês, antes de sua morte. De toda maneira, Genet contribuiu certamente para que esses contatos com Cocteau não fossem inteiramente estáveis.

S. de B. — Mas você tinha muito mais afinidades com Genet; nunca as teve com Cocteau.

J.-P.S. — Muito mais; não tinha verdadeiramente afinidades com Cocteau. Visitava-o, ou jantava com ele, ele era inteligente.

S. de B. — Era inteligente, era brilhante, era muito amável; era um dos raros que não competia com você: apoiou muito *Entre quatro paredes*. Bem, mas voltando a Genet, então?

J.-P.S. — Cocteau não tinha mesquinharia alguma, tinha o senso da amizade; quando gostava de alguém — parece que durante algum tempo gostou de mim — era caloroso; tinha atenções encantadoras; mas suas relações com Genet eram contraditórias com as que eu tinha com Genet, porque ele só via em Genet um personagem notável, que era preciso ajudar, e eu achava que ele se ajudava muito bem sozinho e que não precisava de um Cocteau, que as relações de Genet com Cocteau eram uma pequena artimanha. Seria melhor se ele superasse suas dificuldades sozinho. E, assim, nossas relações com Genet eram muito diferentes; eu o estimulava a ser sozinho, como eu era, sozinho; não quero dizer abandonado por todos, mas sem procurar um padrinho para entrar na literatura, ao passo que Cocteau gostaria de apadrinhá-lo. Genet me conhecia um pouco, através de meus livros, quando me encontrou no Flore. No Flore, vi chegar um rapazinho que parecia um boxeador.

S. de B. — Eu estava com você, aliás.

J.-P.S. — Um boxeador "peso leve", e até peso muito leve, e naquela ocasião ele pensava sobretudo em seus livros e em torná-los conhecidos.

S. de B. — Já tínhamos lido *Nossa Senhora das Flores* e gostávamos muito dele.

J.-P.S. — Gostávamos muito dele; a conversa foi muito agradável, embora fosse uma conversa muito original: ou seja, era preciso escutar um longo discurso sobre um assunto qualquer, discurso que era muitas vezes interessante, algumas vezes um pouco cansativo, porque se tratava de literatura, e ele tinha seus pontos de vista...

S. de B. — Naquela época, ele era um pouco pedante, coisa que depois desapareceu inteiramente; mas não era o tipo de contato quotidiano em que se falava de tudo, como com Giacometti.

J.-P.S. — Não, mas eram bons contatos, íamos jantar juntos, ele até jantou em sua casa, você preparara uma daquelas refeições que costumava fazer na época.

S. de B. — Então foi no fim da guerra...

J.-P.S. — Conheci Genet no fim da guerra.

S. de B. — Por volta de 1943.

J.-P.S. — Por volta de 1943. Ou em 1944, talvez, nos últimos meses da Ocupação. De toda maneira, ele contava fatos anedóticos sobre sua vida, apresentava-me a seus amiguinhos que, muitas vezes, eram belos rapazes, que pareciam compensar sua pederastia através de uma rudeza um pouco artificial. Ele gostava de falar conosco sobre a pederastia, porque sabia que ignorávamos tudo a esse respeito e éramos bastante abertos para compreender o que nos explicava.

S. de B. — Como lhe ocorreu a ideia de escrever um livro sobre Genet?

J.-P.S. — Ele foi publicado pela Gallimard. Na época, dávamo-nos muito bem e ele me pediu que lhe fizesse um prefácio.

S. de B. — Ah, foi isso! Ele lhe pediu um prefácio, e do prefácio você fez um livro. E como recebeu ele esse livro?

J.-P.S. — De uma maneira curiosa; primeiro não deu muita atenção, falou-me um pouco a respeito, contou-me algumas coisas; quando terminei, dei-lhe o manuscrito, ele o leu, e, uma noite, foi até a lareira e pensou em queimá-lo. Creio até que chegou a jogar algumas folhas e depois, as recuperou. Aquilo o desagradava porque ele se sentia tal como eu o descrevera e não estava desgostoso com ele mesmo, mas...

S. de B. — Mas incomodava-o que se escrevesse um livro sobre ele; era como um monumento funerário.

J.-P.S. — Ele não discutia as ideias; acreditava que o conjunto das coisas que eu dizia era verdadeiro, às vezes até se surpreendia com sua verdade; mas, ao mesmo tempo, aborrecia-o que eu tivesse feito esse livro, examinando e passando seus livros pelo crivo; sobretudo porque ele se considerava um poeta. Considerava-se o poeta e me considerava o filósofo, e utilizou muito essa distinção, que não era dita, mas que era sentida por nós; dizia coisas sobre o poeta, dizia coisas sobre o filósofo, para que tudo isso fosse reunido e organizado, para que isso originasse um livro, mas, ao mesmo tempo, encarava o livro com muita desconfiança. Quanto a mim, não creio que seja um dos meus piores livros.

S. de B. — Não, é até um livro muito bom. E como ficaram as relações entre ambos depois do livro? Isso interferiu nelas?

J.-P.S. — O fato é que elas se enfraqueceram. Depois disso, nos encontrávamos casualmente na Gallimard, onde ele ia entregar um manuscrito ou pedir dinheiro; passávamos um momento juntos e marcávamos um encontro para o dia seguinte ou para dois dias depois; mas é preciso dizer que duas coisas ocorreram nessa ocasião: ele era muito ligado a Abdallah, que mais ou menos se matou por causa dele, e decidira então não escrever mais. E, de fato, não escreveu muita coisa depois dessa morte. E, também, já não morava em Paris; quando me encontrava com ele era depois de uma ausência de seis meses ou um ano.

S. de B. — Uma última coisa: como terminaram todas as amizades sobre as quais falamos? Falamos de amizades de antes da guerra, Guille, Maheu, Nizan etc.

J.-P.S. — Com Guille acabou, porque sua vida o marcou um pouco. Ele perdeu a mulher, que significava muito para ele, com quem nos entendíamos bem, casou-se com outra, à qual não nos apresentou. Pouco a pouco, saiu de nossa vida.

S. de B. — Já, a partir de 1950, ele não estava bem com você: era muito conservador, muito burguês, muito passadista, e isso não combinava muito conosco sob esse aspecto, então deixamos de ver-nos. Bem, Maheu?

J.-P.S. — Com Maheu, desentendi-me a propósito de um caso ocorrido com um tcheco que era amigo nosso, que nós protegíamos... é complicado.

S. de B. — É preciso dizer sobretudo que houve altos e baixos, que houve eclipses; houve anos durante os quais não nos vimos e depois nos revimos um pouco. Zuorro?

J.-P.S. — Morreu num desastre de automóvel, na Argélia.

S. de B. — Em condições um pouco suspeitas.

J.-P.S. — Não se sabe, não se tem certeza disso.

S. de B. — Com Aron, você rompeu imediatamente depois da guerra, por razões políticas.

J.-P.S. — Não imediatamente, mas logo depois; por razões políticas, por razões mais essenciais: é que nossa maneira de ver o mundo, não somente de homens, mas de filósofos, era inteiramente diferente.

S. de B. — Bem, quanto a Leiris continuamos a gostar muito dele, já não o vemos; com Queneau houve uma briga estranha, cujo sentido não compreendemos.

J.-P.S. — Mas que foi definitiva.

S. de B. — Enfim, de todos esses amigos que você teve, não houve nenhum a quem você se tivesse ligado tanto como na época em que era jovem, como Nizan, ou Guille.

J.-P.S. — Certamente que não.

S. de B. — Talvez o mais próximo fosse Giacometti; com ele, nunca houve desentendimentos.

J.-P.S. — Nunca houve desentendimentos, mas houve arrefecimentos.

A cerimônia do adeus

S. de B. — Por causa de uma história que você contou em *As palavras* e que não era exatamente o que ele pensava ser verdade.

J.-P.S. — Com Giacometti tudo correu bem quase até o fim; mas nos últimos meses, por causa dessa história, ele ficou mais ou menos brigado comigo.

S. de B. — Muitas de suas amizades acabaram em desentendimentos; com Camus foi de fato uma ruptura, com Queneau também, com Aron, e também com Guille.

J.-P.S. — Com Maheu também foi uma ruptura.

S. de B. — Exatamente nos últimos tempos. Por que foi assim?

J.-P.S. — Para mim, uma ruptura não significa nada. Algo morreu, eis tudo.

S. de B. — Você pode explicar-me por que isso não significa nada para você?

J.-P.S. — Creio que não sentia uma amizade muito profunda por alguns homens que foram meus amigos mais próximos. Em relação a Guille, não pertencíamos ao mesmo mundo; ele tinha uma maneira de viver muito mais burguesa do que a minha. Ele não era filósofo, e isso tinha alguma importância. Expunha-lhe minhas teorias, e ele respondia, mas isso não o interessava.

S. de B. — Mas não foi isso, de maneira alguma, que prejudicou sua amizade.

J.-P.S. — Tanto faz! Foram coisas que se repetiram até o fim. Se, por exemplo, ele se casou sem comunicar-nos, foi porque tinha uma certa imagem de mim.

S. de B. — Tinha uma imagem daquela que você tinha dele. Era disso que ele não gostava. Aliás, ela era falsa. Mas o que você quer significar quando diz: não tinha uma amizade profunda? Por quem teve uma amizade profunda?

J.-P.S. — Pelas mulheres. Por Nizan, sim. Até seu casamento, e até um pouco depois. Quando conheci você, ainda tinha uma amizade bastante profunda por Nizan, embora tivesse havido toda a permanência em Aden que nos separara.

S. de B. — E quando o conheci, você tinha uma grande amizade por Guille; creio que, naquela época, se alguma coisa tivesse provocado um desentendimento com Guille você lamentaria.

J.-P.S. — Certamente. Mas, de um modo geral, não havia elementos profundos e sensíveis entre mim e eles.

S. de B. — Você quer dizer que havia antes uma certa harmonia intelectual e que se essa harmonia deixava de existir, fosse por razões políticas como com Aron, fosse por outras razões, então tudo desmoronava?

J.-P.S. — Sim, é isso.

S. de B. — Não permanecia o vínculo afetivo que faz com que não levemos em consideração determinadas diferenças...

J.-P.S. — Exatamente.

S. de B. — Ainda assim, houve casos em que você teve conflitos bastante violentos que foram logo superados, por exemplo, com Bost. Houve um conflito porque ele apoiava Cau.

J.-P.S. — Houve um conflito. Naquela noite, eu o expulsei de sua casa, e depois saí com ele e fomos tomar um trago num café ao lado. Esse desentendimento não tem significação. Mas tive algumas disputas violentas com outros. As brigas vieram mais de uma fragilidade das relações.

S. de B. — Bost teria feito tudo para não ficar brigado com você; e também houve alguém que fez o que pôde para não ficar brigado com você em casos de conflito: foi Lanzmann. Ao passo que houve muita gente que não moveu uma palha, talvez porque sentissem sua indiferença.

J.-P.S. — Porque eles próprios eram indiferentes.

S. de B. — Eram isso porque você o era.

J.-P.S. — Briguei muitas vezes, mas não creio que fosse sem razão; diante de mim sempre havia alguém que me levava ao desentendimento; uma separação pelo menos, a um distanciamento, sempre!

S. de B. — É certo que, por exemplo, Aron e Camus levaram você a afastar-se.

J.-P.S. — Camus redigiu uma carta de ruptura.

S. de B. — Quando o chamou de Senhor Diretor, evidentemente.

J.-P.S. — Quanto a Aron, foi o problema do gaullismo e de um diálogo pelo rádio: todas as semanas dispúnhamos de uma hora, no rádio, para discutir a situação política e atacamos violentamente De Gaulle. Alguns gaullistas quiseram responder-me frente a frente, em particular Bénouville, e um outro cujo nome esqueci. Então, fui à estação de rádio; não deveríamos encontrar-nos antes que começasse o diálogo; Aron compareceu, creio que o havia escolhido para ser o árbitro entre nós, convencido, aliás, de que ele ficaria a meu favor; Aron fez que não me via; juntou-se aos outros; eu concebia que tomasse conhecimento dos outros, mas não que me ignorasse. Foi a partir de então que compreendi que Aron era contra mim no campo político. Considerei como uma ruptura sua solidariedade para com os gaullistas, contra mim. Houve sempre uma razão forte que provocou meus desentendimentos, mas, de toda maneira, fui sempre eu que tomei a decisão de brigar. Em relação a Aron, por exemplo, estive com ele depois de seu regresso de Londres, mas, pouco a pouco, fomos sentindo que não estava absolutamente de nosso lado. A última tentativa foi esse caso do rádio, mas já há algum tempo não concordávamos com ele em nossas conversas. Era necessária uma separação. Essa separação se fez através de uma briga. Por exemplo, ele não pertencia a *Les Temps Modernes*, não trabalhava conosco em *Les Temps Modernes*.

S. de B. — Começara trabalhando lá. Mas isso nos leva a algo de que absolutamente não falamos; entre suas relações com os homens incluem-se as que teve com a equipe de *Les Temps Modernes*.

J.-P.S. — Essa equipe representa atualmente meus melhores amigos.

S. de B. — A equipe de hoje. Mas quando começou isso?

J.-P.S. — No início, havia pessoas que eu conhecia pouco, que se encontravam lá em consequência de uma certa notoriedade de que eu gozava.

S. de B. — E em consequência de vínculos criados durante a resistência.

J.-P.S. — Havia Aron, havia um gaullista...

S. de B. — Havia Ollivier, Leiris, você e eu...

J.-P.S. — Camus se recusara a fazer parte, coisa que entendo muito bem. Ele não era obrigado a fazer parte de uma equipe.

S. de B. — Enfim, era muito heteróclito e, afinal, rompeu-se bem depressa. Mas, mais tarde, houve momentos em que éramos muito numerosos, reuníamo-nos em seu quarto.

J.-P.S. — Ah! Mais tarde já não reuníamos apenas os diretores, mas toda a equipe de pessoas que escreviam em cada número ou que escolhiam os textos para cada número.

S. de B. — E então, como sentia essas reuniões?

J.-P.S. — Como algo muito livre, em que pessoas simpáticas vinham expor seu ponto de vista sobre tal ou qual coisa, sobre tal seção da revista.

S. de B. — Parece-me que esse trabalho de equipe lhe agradava?

J.-P.S. — Sim, agradava-me.

S. de B. — Quer falar um pouco sobre suas relações com a equipe atual de *Les Temps Modernes*?

J.-P.S. — A equipe atual de *Les Temps Modernes* é constituída por pessoas que, em sua maioria, pertenciam à revista desde o início. Bost e Pouillon estavam desde o início. Lanzmann veio mais tarde, por ocasião das reuniões de domingo, em minha casa.

S. de B. — Veio em 1952. E Horst?

J.-P.S. — Horst, desde o início.

S. de B. — E também lá houve, não uma briga mas, enfim, uma separação com relação a Pingaud e Pontalis. Por que se foram?

J.-P.S. — Estávamos em desacordo quanto à psicanálise. Esse foi sempre um assunto muito inflamado.

S. de B. — Aceitamos muitas coisas da psicanálise, atualmente, mas não gostamos da maneira pela qual os psicanalistas atuam hoje em dia e a espécie de opressão a que sujeitam o psicanalisado. Essa foi uma das razões; mas havia outra coisa por trás, havia uma atitude muito mais radical de sua parte do que da deles.

J.-P.S. — Certamente por parte de Pontalis e de Pingaud; estivemos em desacordo por ocasião da publicação do texto *L'homme au magnétophone*.

S. de B. — Mas houve também os editoriais de Horst sobre a Universidade que eles não queriam endossar, que consideravam muito radicais.

J.-P.S. — Sim; de toda maneira, Pontalis não estava adaptado à revista. Era muito mais burguês, defendia uma teoria muito mais burguesa em política, considerava que o que tinha de radical manifestava-se na psicanálise e no estudo que fazia a respeito. E depois Pingaud era politicamente hostil.

S. de B. — Ele fora de direita anteriormente. Escrevera com Boutang um livro contra você. Depois passara para a esquerda, mas, enfim, conservava algo de seu passado. Mas, para voltar à equipe, você disse: são meus melhores amigos; pode precisar?

A cerimônia do adeus

J.-P.S. — Bem, há Bost que conheço há um tempo infinito; mais de trinta anos; quase quarenta. São velhos amigos que estão lá.

S. de B. — São velhos amigos, mas que são todos pelo menos dez anos mais jovens que você. Agora, isso se iguala um pouco, mas fazia uma grande diferença no início. Bost foi seu aluno; Horst não, mas de certa maneira foi seu discípulo, já que pensou muito sobre o que você fez; Lanzmann também não era um antigo aluno.

J.-P.S. — Mas poderia ter sido, em termos de idade.

S. de B. — Tem algo a dizer sobre suas relações com todos eles?

J.-P.S. — A política pesou...

S. de B. — De um modo geral, há uma grande identidade de pontos de vistas políticos entre todos nós.

J.-P.S. — Só que agora estou muito mais ligado aos maoistas e não se pode dizer que Pouillon ou Bost sejam maoistas.

S. de B. — Mas, para voltar a este grupo, o que o ligou a eles? Há uma longa história?

J.-P.S. — Há uma longa história, há uma verdadeira amizade que não se traduz por emoções violentas, mas que faz com que conte com eles, como eles podem contar comigo. Temos sentimentos verdadeiros uns pelos outros; depois que Pontalis e Pingaud se foram, creio que o grupo ficou muito homogêneo.

S. de B. — Sim, muito homogêneo; é claro que há discussões sobre isto ou aquilo, mas no conjunto quando é preciso tomar uma decisão, talvez haja uma pequena hesitação: Votaremos? Abster-nos-emos? Mas são dissensões como as que podem ocorrer entre mim e você, absolutamente não são fundamentais. Portanto, há um passado, um fundo político bem próximo.

J.-P.S. — O fato é que gosto muito deles.

S. de B. — Há uma identidade de cultura...

J.-P.S. — Também nos divertimos entre nós...

S. de B. — E há, também, afinidades filosóficas; Horst e Pouillon conhecem muito bem seu pensamento; há realmente uma identidade de pontos de vista, não somente política, mas cultural, filosófica. Enfim, você sente prazer em participar das reuniões de *Les Temps Modernes* às quartas-feiras?

J.-P.S. — Sim, sinto prazer em encontrar-me com eles, é muito agradável. Aliás, nem sempre compareço.

S. de B. — De um modo geral, isso representa um contato mais caloroso do que os que você já teve com homens em toda a sua vida. O que não significava que, politicamente, você não esteja mais próximo de outros. Mas, com os maoistas, há um problema de idade que faz uma grande diferença.

J.-P.S. — Sim, mas continuo preferindo os jovens aos velhos. Nesse caso não se trata de gostar mais, mas quando falo com o líder maoista que ainda não tem trinta anos sinto-me mais à vontade do que com um sujeito de cinquenta ou sessenta anos. Enfim, quanto aos maoistas, sabemos como os conheci e voltaremos a falar sobre isso.

S. de B. — Referia-me ao plano da amizade, ao plano da relação afetiva com os homens.

J.-P.S. — A maioria dos maoistas não tem amizade por mim, nem eu por eles, trabalhamos juntos, vemo-nos para fazer coisas, decidimos juntos; há um deles por quem sinto uma amizade real, que é Victor, que me vê uma ou duas vezes por semana; discutimos a situação política do momento, tomamos decisões sobre o que há a fazer; eu escuto sobretudo o que ele me conta sobre o que faz. Ele era chefe da G.P.; mas a posição maoista, na França, praticamente desapareceu, e Victor agora está sozinho. Discute comigo — você viu o livrinho que fizemos com Gavi.

S. de B. — Mas você também o vê a sós.

J.-P.S. — Vejo-o uma ou duas vezes por semana; ele me agrada, gosto muito dele; sei que não agrada a todo mundo; acho-o inteligente, tenho relações culturais com ele, bem como políticas, porque ele tem uma cultura real, e que se liga à minha; e, também, concordo com ele sobre várias posições políticas sobre as quais falarei mais adiante, e é bastante agradável ter contato com um homem de 29 anos.

S. de B. — Então, é esta a pergunta que quero fazer-lhe: por que privilegia os jovens? Há pessoas que detestam os jovens: por exemplo, Koestler era um desses, Merleau-Ponty também não gostava muito deles. Por que você, ao contrário, tem, por assim dizer, uma disposição favorável em relação aos jovens? Por que se sente bem com os jovens?

J.-P.S. — Porque sob vários aspectos eles não têm seu pensamento, sua vida completamente formados; então, discutimos como duas pessoas que têm cada uma opinião bastante vaga tentando aproximar os dois pontos de vista; ao passo que, com os velhos, é inteiramente diferente. Eles têm uma opinião categórica, eu tenho outra, discutimos excluindo o que nos separa, sem esperar conciliação.

S. de B. — Horst é muito inteligente, politicamente está muito próximo de você: muito bem, você prefere um *tête-à-tête* com Victor do que com Horst. Por quê?

J.-P.S. — Horst tem um tipo de pensamento que se forma sozinho, que é muito inteligente, e depois disso ele conversa comigo. Quanto a mim, gosto muito que não se tenha um pensamento acabado. Quando falo com pessoas que são menos formadas do que eu sobre determinado ponto, menos cultivados, ou que refletiram menos, posso ajudá-los; por outro lado, há aspectos sobre os quais eles sabem mais; quanto a Victor, é claro, há uma coisa que ele conhece melhor do que eu: a luta num partido, a direção de um partido: tudo isso me escapa bastante; mas há outros pontos sobre os quais posso dar-lhe meu julgamento; e depois ele o aceita, quando o analisou, quando refletiu, e o integra a sua concepção do partido; por exemplo, nos diálogos com Victor e Gavi, dei algumas ideias, especialmente a do militante livre, a ideia do que significa discutir entre homens livres. Ou seja, algo diferente do militante comunista, por exemplo, para quem esse gênero de liberdade não existe.

S. de B. — Em outras palavras, você tem a impressão de ser mais eficaz, mais útil, quando fala com jovens que ainda estão inteiramente abertos do que quando fala com adultos que estão formados, ainda que as ideias destes se aproximem das suas? Por que isso lhe dá uma impressão de rejuvenescimento, quando você está com jovens?

J.-P.S. — Não; não me sinto velho, não me sinto diferente daquilo que era aos 35 anos.

S. de B. — Seu sentimento de idade é interessante, é algo sobre o que é preciso voltar a falar.

J.-P.S. — Jamais me senti velho. E como meu físico não é o de um velho clássico — não tenho uma barba branca, não tenho um bigode branco, não tenho nem barba, nem bigode — então ainda me vejo como aos 35 anos.

S. de B. — Então, falar com os jovens não o faz rejuvenescer; é diferente de mim, porque eu tenho o sentimento de minha idade, e rejuvenesce-me falar com mulheres jovens. Você me disse, outro dia, que achava que não tinha ido muito longe em sua análise de suas relações com os homens: o que teria a acrescentar a esse respeito?

J.-P.S. — Diria, primeiro, que muitos deles — não os que são atualmente meus melhores amigos — fizeram-me confidências. O que significa que era visto por eles como alguém a quem confiar o que há de mais ou menos secreto em cada um de nós, e que isso me incomodava. Submetia-me; era preciso porque, assim, podia ter uma influência sobre eles, eu era aquele que conhecia seu segredo, mas não gostava disso.

S. de B. — Mas onde, quem? Precise um pouco. Na Escola Normal, faziam-lhe confidências?

J.-P.S. — Sim, mas ali era diferente, colocavam-se as cartas na mesa e eu também as colocava. Mas penso num companheiro que tive durante a guerra, na Alsácia, um soldado que me fazia confidências; as relações dele para comigo eram assim: confidências.

S. de B. — Sobre o quê? Sobre sua mulher, sobre sua vida?

J.-P.S. — É isso. Não tinha esposa, mas tinha uma mulher. Falava dela. O vínculo afetivo que isso criava, o fato de ser para ele a pessoa que conhecia sua vida e com quem ele falava de coisas que depois eu devia lembrar, era algo que me parecia insuportável.

S. de B. — Por quê? A mim fizeram-me muitas confidências durante minha vida, isso até me agradava.

J.-P.S. — Porque isso distorce as relações, já não são as mesmas relações. Envolvemo-nos, temos conselhos a dar, reportam-se a nós, referem-se a nós, têm uma espécie de respeito pela pessoa que recebe as confidências, e eu me tornava, finalmente, essa coisa que não desejo ser, o mestre com discípulos, e não gostava que me fizessem confidências. Não as provocava; não as recusava quando me eram feitas, mas não as provocava.

S. de B. — De fato, aconteceu com muita frequência, que antigos alunos lhe fizessem confidências, lhe pedissem conselhos.

J.-P.S. — E outros também; recebi muitas confidências.

S. de B. — Em outras palavras, o gênero "mestre" a quem se pede conselhos, a quem se faz confidências, era algo que o incomodava?

J.-P.S. — Incomodava-me e não me parecia legítimo.

S. de B. — Por quê? Porque você se sentia mais velho nessas circunstâncias? E não queria sê-lo? Ou porque isso não o colocava em pé de igualdade com eles?

J.-P.S. — Não me colocava em pé de igualdade e, finalmente, ninguém pode dar conselhos a ninguém. Bem; quando se trata de você

A cerimônia do adeus

em relação a mim, ou de mim em relação a você, é claro, podemos dar conselhos; posso dar conselhos a Bost, a Victor. Em função da intimidade que existe entre nós; mas, em princípio, não podemos, porque faltam-nos elementos que, aliás, faltam também à pessoa. Ela diz coisas e seria preciso adivinhar, através das coisas que diz, qual é sua verdadeira posição e o conselho deveria harmonizar-se com tal posição.

S. de B. — Isso é muito verdadeiro; ou seja, a pessoa, em geral, procura receber determinado conselho; nem sempre, mas em geral. Bem, essa é uma das coisas que atrapalhavam suas relações com os homens?

J.-P.S. — Certamente.

S. de B. — Ao passo que, se as mulheres lhe faziam confidências, isso não o incomodava?

J.-P.S. — Não me incomodava nada. Aí, ao contrário, eu as solicitava.

S. de B. — Isso é por machismo: a mulher é naturalmente um ser mais frágil e deve confiar-se a um homem?

J.-P.S. — Não sei se é machismo, porque achava, ao contrário, que a maioria dos homens não ouve o que as mulheres dizem.

S. de B. — Quanto a mim, creio que recusar as confidências dos homens com tal aversão e aceitar as das mulheres é uma certa forma de machismo.

J.-P.S. — Eu não recusava as dos homens, elas não me agradavam. E, depois, as relações eram diferentes, disso voltaremos a falar.

S. de B. — Bem, as confidências dos homens lhe desagradavam, não apenas as confidências, mas creio que todas as relações muito pessoais, embora quando Giacometti contava histórias muito pessoais... não se tratava de confidências.

J.-P.S. — Não eram confidências; não vejo mal algum em que me contem histórias pessoais, ao contrário. Quando Giacometti contava a maneira pela qual ia ao bordel, procurando uma mulher um pouco desenxabida, um pouco feia, por razões diversas, isso era muito divertido.

S. de B. — Continue a falar-me de suas relações com os homens. Existe isso: recusa de confidências.

J.-P.S. — Por outro lado, ao mesmo tempo que pensava e dizia que as relações deviam ser relações de igualdade havia uma espécie de maneira de dirigir-se a mim como àquele que sabia que eu propiciava, o que evidentemente não é exato.

S. de B. — Como assim?

J.-P.S. — Houve um momento em que as pessoas diziam: devo fazer isso, devo fazer aquilo? E eu dava conselhos.

S. de B. — Você diz duas coisas contraditórias. Diz que tinha horror a dar conselhos e que gostava muito que lhos pedissem?

J.-P.S. — Não, mas gostava de dar o empurrãozinho final que fazia com que me tornasse conselheiro. Isso não é contraditório. Era assim, a relação com o outro era uma mistura estranha. No fundo, sempre tive relação com o outro, mas abstrata; vivo sob uma consciência do outro que me olha. E esta consciência, tanto pode ser Deus, quanto Bost; é um outro que não eu, constituído como eu e que me vê. Penso isso assim.

S. de B. — E que ligação tem isso com suas relações com os homens?

J.-P.S. — Elas são todas aparências dessa consciência.

S. de B. — Você quer dizer testemunhas, juízes?

J.-P.S. — Um pouco juízes! Mas juízes muito benevolentes.

S. de B. — Você diz juízes benevolentes, mas, no entanto, teve inimigos, adversários.

J.-P.S. — Mas isso não conta. Quando as pessoas estão bem comigo, vejo refletir-se através delas essa espécie de consciência mais geral que me olha.

S. de B. — E ter essas testemunhas incomoda-o ou lhe agrada?

J.-P.S. — É antes agradável! Porque se me incomodasse eu gostaria de ficar só, e esse gênero de solidão é absurdo.

S. de B. — Isso também seria preciso desenvolver mais: porque você diz que em suas relações com os homens, sempre foi um pouco distante, um pouco indiferente; no entanto, nunca foi um bicho do mato, um solitário, sempre viveu muito em sociedade; você foi muito sociável, exceto nos momentos em que escrevia. Aliás, seria preciso especificar que tipo de sociabilidade; você não gostou nunca da sociabilidade mundana.

J.-P.S. — Não.

S. de B. — Logo depois da guerra, ia aos coquetéis da Gallimard, era divertido, mas, enfim, você nunca foi mundano.

J.-P.S. — Fui a jantares sociais três vezes em minha vida. Comi em restaurantes e vivi em cafés, e jantei em casa de pessoas um pouco conhecidas que me convidavam: três vezes.

S. de B. — Falamos das relações com os jovens; conviveu com pessoas mais velhas? O que representavam para você?

A cerimônia do adeus

J.-P.S. — Nada, absolutamente. Sim, travei conhecimento com pessoas mais velhas, muito poucas, aliás: Paulhan, Gide, Jouhandeau, que vi muito pouco, ele certamente nem se lembra mais de mim.

S. de B. — Você mal o conheceu.

J.-P.S. — Sim, mas é para mencioná-lo. Existiram esses contatos com pessoas mais velhas do que eu. Eu adotava uma atitude um pouco retraída, ouvia-os; falavam-me como queriam, mas eram relações de estrita polidez e sem grande significado, eu não considerava que fossem mais sábios que eu por serem mais velhos; eram exatamente como eu e contavam-me o que tinham a contar e eu fazia o mesmo. Lembro-me, por exemplo, de Gide falando-me de um holandês, em 1946, que foi pedir um endereço… Era um homem casado, que descobrira ter tendências homossexuais, e fora pedir um endereço, então, lembro-me! Gide estava ali, falava-me disso, dir-se-ia que me tomava por um pederasta, apesar do erro que eu cometera falando de conselhos, quando se tratava de outra coisa.

S. de B. — Você lhe disse: "Ele veio pedir-lhe conselhos?" Gide respondeu: "Não! Endereços." Não se poderia dizer também que, de certa maneira, um adulto de sexo masculino é um pouco "seu mau cheiro", como diria Genet?

J.-P.S. — Sim, pode ser, não gosto disso. Não gosto nada disso, e não gosto que me classifiquem como tal. Já não sou sequer adulto, estou na terceira idade, e se ainda sou másculo, é bem pouco.

S. de B. — Sim, precise isso, porque é interessante.

J.-P.S. — O adulto de sexo masculino me desagrada profundamente; gosto muito do homem jovem, na medida em que o homem jovem não é inteiramente diferente da mulher jovem; não que seja pederasta, mas o fato é que, sobretudo atualmente, o homem jovem e a mulher jovem não são tão diferentes em sua maneira de vestir, em sua maneira de falar, em sua maneira de comportar-se; para mim, nunca foram muito diferentes.

S. de B. — Quando você tem relações realmente pessoais, amizades, o adulto macho não aparece como tal: é Genet, é Giacometti etc. Mas o homem em geral, se o encontra assim…

J.-P.S. — É o adulto macho.

S. de B. — E é o que você não quer ser.

J.-P.S. — É o que não quero ser. Sim. Isso é certo.

S. de B. — Por quê? Até mesmo essa expressão que usei provocou-lhe um sorriso de desagrado.

J.-P.S. — Porque isso distingue os sexos de uma maneira odiosa e cômica. O adulto masculino é o sujeito que tem uma coisinha entre as coxas, é assim que o vejo; haveria então a adulta feminina que seria preciso contrapor-lhe; e a fêmea e o macho, uma sexualidade um pouco primitiva; há coisas que se sobrepõem a isso, em geral. Isso já é uma coisa bastante importante.

S. de B. — Creio que há também a palavra adulto.

J.-P.S. — Há a palavra adulto, o que supõe que estudamos, que atingimos o gênero de profissão que convém a um adulto, temos nossos pensamentos, formamos pensamentos que conservaremos por toda a vida, o fato de conservá-los faz parte da honra.

S. de B. — Sim, realmente, fabricar, fechar, limitar etc. Há outra coisa que se liga a isso, aliás. Você tem, em relação aos homens e às mulheres, ao gênero humano em geral, uma atitude dupla que é o oposto da minha, aliás, e talvez por isso a considere tão curiosa. Ou seja, você é muito aberto quando alguém vem falar-lhe; no Coupole, por exemplo, quando alguém vem pedir-lhe qualquer coisa; eu sou desagradável, sempre tenho vontade de despachar as pessoas; você é muito acolhedor, facilmente marca um encontro, facilmente dispõe de seu tempo, é generoso, é aberto, e, no entanto, quando tem que pedir uma informação na rua, é tremendo; se eu lhe digo: vou pedir uma informação, estamos perdidos em Nápoles, vou perguntar aonde fica tal rua; isso, você não quer, você se retesa. Por que essa atitude de receptividade e, ao mesmo tempo, essa atitude de recusa quase raivosa?

J.-P.S. — No primeiro caso, são pessoas que vêm pedir-me algo, que vêm expor-me um ponto de vista, que me solicitam meu tempo. A informação são eles que me dão; ouço, é completamente oposto ao primeiro caso. Eu pergunto a outra pessoa onde fica a rua...

S. de B. — Afinal, perguntar o nome de uma rua a alguém ou pedir um pequeno favor a alguém é colocar-se num plano de reciprocidade; é, em suma, reconhecer esse alguém como seu igual, como qualquer um, como você, não é, pois, mendigar como um mendigo. Por que essa sua atitude de reserva, de recusa, quando se trata de pedir até uma informação?

J.-P.S. — É evidentemente dirigir-se à subjetividade de um outro, e sua resposta é determinante para mim: se ele me diz que é preciso tomar a esquerda, tomarei a esquerda, se me diz que é preciso tomar a direita, tomarei a direita, e é o contato com a subjetividade do outro que gosto de reduzir ao mínimo.

S. de B. — O que ele irá responder-lhe é muito pouco subjetivo. Ele lhe responderá quase que como um mapa.

J.-P.S. — Mesmo assim! Ele se dirá, ora vejam, um sujeito que me pergunta isso, dirá que não se lembra exatamente onde é, mas enfim... Descobre-se a psicologia subjetiva de um sujeito fazendo-lhe uma pergunta. Tem-se um contato subjetivo com ele.

S. de B. — Você quer dizer que se coloca em situação de dependência?

J.-P.S. — Por um lado, sim, e sobretudo a subjetividade de outrem não me agrada nada. Exceto a de algumas pessoas, bem determinadas, de quem gosto muito, aí então isso tem um sentido.

S. de B. — Mas, de toda maneira, quando você diz que é qualquer um, que vale o mesmo que qualquer um etc., isso supõe que vive suas relações com os homens numa espécie de translucidez, de transparência, de modo que, se lhe pedem um favor, você o faz, se tem que pedi-lo, pede-o; aliás, há pessoas que vivem as coisas assim.

J.-P.S. — Inteiramente, e estão certos! É assim que deve ser. Antigamente, comigo, era a timidez, e depois isso se tornou um hábito: agora já não sou mais assim.

S. de B. — Ainda assim há uma espécie de rigidez ante a ideia de que lhe poderiam prestar o menor favor, de que, por exemplo, um rapaz se deslocasse duas vezes, quando esse é seu trabalho, para trazer-lhe qualquer coisa; há uma espécie de rigidez que parece um resto de seu velho ódio da humanidade.

J.-P.S. — De fato — não sou, no entanto, nem prático nem muito habilidoso — prefiro sempre arranjar-me sozinho a ter que pedir algo a alguém. Não gosto que me ajudem. A ideia de ajuda me é totalmente insuportável.

S. de B. — Que tipo de ajuda?

J.-P.S. — Qualquer uma. Quero dizer, da parte de pessoas que conheço pouco ou mal. Não pedi muita ajuda em minha vida.

S. de B. — Não; mas, por exemplo, quando perdi meu dinheiro,[86] sem tempo para trocar outra quantia, com muita naturalidade falei com

---

[86] Em Roma, tinham roubado minha bolsa.

o gerente do hotel, e ele me emprestou duzentas mil liras; estou certa de que se lhe tivesse dito: vou pedir emprestadas ao gerente do hotel duzentas mil liras — quando sabem que somos clientes antigos e não se importam de fazê-lo, pois sabem que lhes devolveremos o dinheiro dentro de dois dias — você me teria dito: "Ah, não, isso me incomoda."

J.-P.S. — Não, a esse ponto. Talvez lhe tivesse dito isso há dez ou 15 anos; atualmente, não lho teria dito, até a teria aconselhado a fazê-lo.

S. de B. — Ainda assim, gostaria que você explicasse um pouco essa rigidez que você tem em relação às pessoas em geral. Entendo muito bem que não se sinta à vontade de pedir ajuda o tempo todo, de pendurar-se nas pessoas, mas por que tanta repugnância? Será que isso se liga à infância?

J.-P.S. — Sim; solicitava-se muito aos outros, dizia-se: eles podem servir-nos etc. E eu tinha mais a impressão de que os incomodávamos pedindo qualquer coisa; certamente existe em mim a ideia de que incomodo o outro pedindo-lhe uma informação. Lembro-me de uma personagem que você dizia que se parecia a mim...

S. de B. — O sr. Plume, de Michaux.

J.-P.S. — O sr. Plume está permanentemente irritado, incomodado pelos outros. Certamente há algo disso em mim.

S. de B. — Sim. É exatamente por isso que você me lembrava o sr. Plume: uma forma de sufocar, quando ninguém lhe impede de abrir uma janela. O sr. Plume, de Michaux, era exatamente isso.

J.-P.S. — Sim. Eu considerava as pessoas hostis.

S. de B. — Hostis em relação a quem?

J.-P.S. — A mim, se solicitava algo a elas.

S. de B. — Portanto, hostis às pessoas de um modo geral?

J.-P.S. — Em relação aos outros, não sei, porque tinham sua maneira própria de solicitar.

S. de B. — Por que em relação a você, na medida em que você era um anônimo?

J.-P.S. — Porque isso se ligou a uma representação de mim mesmo; eu achava que, fisicamente, não era agradável às pessoas. Foi talvez aí que se refugiou o sentimento de ser feio, com o qual não me preocupei muito, embora existisse.

S. de B. — Você não era de uma feiura que afugentasse uma mulher grávida se lhe perguntasse onde era a rua Rome...

A cerimônia do adeus

J.-P.S. — Não, nunca pensei isso. Mas pode-se pensar que perguntar onde é a rua Rome, quando se é feio, é infligir uma presença desagradável à pessoa a quem nos dirigimos.

S. de B. — Isso deve ter sido uma história de infância; porque é preciso não exagerar; você não é mais feio que a maioria dos homens.

J.-P.S. — Sim, porque sou vesgo.

S. de B. — Eles não são assim tão bonitos.

J.-P.S. — Não, os homens não são bonitos.

S. de B. — Mas, realmente, uma coisa tão simples como essa…

J.-P.S. — Mas deve pesar. Deve ter havido uma ligação do outro comigo quando eu era jovem, na qual o outro era o elemento essencial e eu o elemento secundário.

S. de B. — É sempre assim quando se é jovem. A não ser que se lide com as coisas ao contrário, com total agressividade.

J.-P.S. — O que não era o meu caso. Sim, eu não gostava de entrar para uma classe como novato; não gostava disso, não gostava dos garotos que lá estavam. Mais adiante nos conhecíamos, entendíamo-nos, mas primeiro eram para mim pessoas hostis.

S. de B. — Quer dizer que você tinha a impressão, quando se aproximava de um grupo, que havia uma hostilidade a priori? Foi também isso que sentiu quando se apresentou ao serviço militar? Refiro-me a Saint-Cyr, porque depois vocês eram mais numerosos.

J.-P.S. — Sim, certamente.

S. de B. — Não quando você chegou à Escola Normal, porque ali você já conhecia…

J.-P.S. — Não; conhecia alguns, mas no conjunto havia uma certa hostilidade. Normalmente, a pessoa que me olha e que cruza comigo na rua é hostil.

S. de B. — Essas são coisas muito importantes para explicar uma atitude generalizada. Lembro-me de que quando sofri meu acidente de bicicleta fiquei realmente horrível, e, ao entrar numa loja, e falar com o comerciante, disse a mim mesma: "Bom Deus! Como devemos ser prejudicados se nos sentimos feios!" É tão agradável sentir-se uma jovem atraente. Eu não me achava particularmente bonita, tinha em torno de trinta anos, a relação era, a priori, uma relação quase que de sedução; ia comprar um pedaço de pão, pensava que minha presença era agradável às pessoas. Dizia-me: ficar desfigurada para o resto da vida é algo que deve modificar as relações de uma maneira muito sutil e muito difícil de descrever.

J.-P.S. — Sim. Só que você, reconheço, estava mais feia naquele momento do que eu sou normalmente.

S. de B. — Naturalmente; mas não é isso que eu queria dizer; aliás, não sinto certamente os contatos com as pessoas, agora que sou velha, da mesma maneira que quando tinha trinta anos.

J.-P.S. — É certo. Quanto a mim, nunca me senti agradável de aparência.

S. de B. — Referia-me a uma maneira de se sentir bem à vontade em relação aos outros.

J.-P.S. — Coisa que exatamente não senti.

S. de B. — Não sentiu certamente por muitas outras razões, que não a falta de beleza, já que você não era feio...

J.-P.S. — Sim, era feio; mas isso não deveria ter me incomodado muito.

S. de B. — São certamente complexos de infância, de adolescência; "bobo feio": quando uma menina lhe disse isso você deve ter ficado muito marcado.

J.-P.S. — Sim, e também isso se liga ao novo casamento de minha mãe e à minha vida em La Rochelle.

S. de B. — Repito que é curioso esse contraste entre sua rigidez e, ao mesmo tempo, uma abertura, uma gentileza, um calor quando...

J.-P.S. — Quando se dirigem a mim para pedir-me algo, isso desaparece.

S. de B. — Sim, porque nesse momento você é reconhecido. Falamos no presente hoje; mas não é este presente que é interessante: esse contraste era marcante quando você tinha quarenta, cinquenta anos. Você ainda conserva algo disso, mas algo foi ultrapassado. São atitudes que é preciso descrever, porque elas me impressionaram quando você era muito mais jovem.

S. de B. — Falemos de suas relações com as mulheres: o que diria a respeito?

J.-P.S. — Desde a infância, elas foram objeto de grandes demonstrações, de representação, de sedução de minha parte, seja em sonho, seja na realidade; desde a idade de seis ou sete anos tinha já noivas, como se

A cerimônia do adeus

dizia. Em Vichy, tinha quatro ou cinco; em Arachon, amei muito uma menina que morreu no ano seguinte e que era tuberculosa; tinha seis anos, foi na época em que me haviam fotografado com um remo, num barquinho pintado; eu agradava essa menina, que era muito encantadora, mas que morreu. Sentava-me ao lado de sua cadeira de rodas; ela ficava deitada, era tísica.

S. de B. — Você sofreu quando ela morreu? Ficou impressionado?

J.-P.S. — Não me lembro. Lembro-me de que lhe havia escrito versos e, na época, enviei-os ao meu avô, em cartas; eram versos absolutamente impossíveis.

S. de B. — Versos de criança.

J.-P.S. — De uma criança de seis anos, sem ritmo; enfim, escrevia-os. E, ao lado disso, conheci meninas um pouco em todos os lugares, com as quais tinha pouco contato, mas, no entanto, uma ideia de relações amorosas.

S. de B. — E o que lhe deu essa ideia? Era decorrente de suas leituras?

J.-P.S. — Certamente. No entanto, tenho uma recordação de quando tinha cinco anos, mas é certamente uma lembrança que muitos meninos têm: meus pais e meus avós me haviam deixado na Suíça, às margens do lago, com uma menina. E fiquei no quarto com ela, olhávamos o lago pela janela, e brincamos de médico; eu era o médico, ela a paciente, eu lhe aplicava uma lavagem, ela baixava sua calcinha e tudo ocorria, eu tinha até um aparelho, creio que era uma cânula utilizada para lavagem em mim mesmo quando era pequeno e apliquei-lhe uma. É uma recordação sexual que data dos meus cinco anos...

S. de B. — A menina sentia prazer com isso, isso a agradava?

J.-P.S. — Pelo menos submeteu-se. E creio que sentia prazer. Até os nove anos, mais ou menos, tive contatos em que eu fazia o fanfarrão, o sedutor; não sabia como se seduzia, mas lera nos livros que era possível ser um bom sedutor; pensava que era falando de estrelas, enlaçando a cintura ou os ombros de uma menina, exprimindo-lhe a beleza do mundo através de palavras encantadas. E depois, em Paris, eu tinha um teatro de fantoches, constituído por uma quantidade de pequenos personagens, os quais manipulava; levava-os ao Luxembourg, manipulava esses personagens, ficava atrás de uma cadeira e imaginava uma cena na qual fazia representar meus personagens. Meus espectadores eram espectadoras, meninas dos arredores que iam lá à tarde. Naturalmente eu escolhia a esta ou aquela. Tudo isso não durou nem até os nove anos, creio que até os sete ou oito anos. Depois, será que foi porque fiquei nitidamente feio e já não interessava? De toda maneira, por volta dos oito anos e durante alguns anos não tive mais contato algum com meninas das ruas ou dos jardins. Aliás, por essa época, por volta dos dez anos, 12 anos, isso se torna mais ambíguo para os pais, provoca cenas, complicações; talvez fosse essa a razão. Por outro lado, em torno de minha mãe e de minha avó havia mulheres jovens, da idade de minha mãe, que eram muitas vezes alunas de meu avô ou amigas de meu avô, e com as quais eu tinha um certo contato.

S. de B. — Você quer dizer que as mulheres da idade de sua mãe lhe pareciam atraentes? Algumas delas?

J.-P.S. — Sim; só que eu não podia imaginar ter relações de namorado com mulheres vinte anos mais velhas do que eu. Elas me acariciavam. Foi sobretudo com as mulheres que minhas primeiras sensualidades se desenvolveram.

S. de B. — Mais com as mulheres mais velhas do que com as meninas?

J.-P.S. — Sim. Gostava muito das meninas, eram minhas verdadeiras companheiras escolhidas no momento, mas não havia sensualidade entre nós; elas não tinham formas, ao passo que as formas das mulheres me interessaram desde muito cedo, os seios e as nádegas. Elas me tocavam e eu gostava disso. Lembro me de uma moça que me deixou duas lembranças contraditórias: era uma bela moça de 18 anos, consequentemente, muito mais velha do que eu para minhas pequenas brincadeiras de marido e mulher; no entanto, havia entre nós uma relação de marido e mulher. Talvez ela se tivesse prestado por delicadeza, por amabilidade a essa brincadeira; eu a achava bonita e estava muito apaixonado por ela, tinha sete anos na época e ela tinha 18. Foi na Alsácia.

S. de B. — E quando você era um pouco mais velho, quando tinha dez, 12 anos?

J.-P.S. — Não houve nada. Até os 11 anos eu estava no liceu Henri IV. Só via as amigas de minha mãe e muito poucas meninas. Depois, aos 11 anos, fui para La Rochelle; as relações de meu padrasto e sua atitude ante a vida tornavam impossíveis meus contatos com meninas. Ele achava que, na minha idade, eu tinha que ter contato com

A cerimônia do adeus

meninos. Meus companheiros tinham que ser os colegas do liceu e meus pais só conheciam o prefeito, engenheiros, pessoas assim, e essas pessoas não tinham filhas meninas; consequentemente, em La Rochelle, eu me sentia completamente perdido e só tive vagos sentimentos por duas ou três amigas de minha mãe, coisa sem muita importância. Sem dúvida, nutria um sentimento bastante sexual em relação a minha mãe. Aos 13 ou 14 anos, tive uma mastoidite, fui operado, fiquei três semanas numa clínica e minha mãe fez com que instalassem uma cama ao meu lado, uma cama que era perpendicular à minha; à noite, quando eu dormia, ela se despia e, provavelmente, ficava praticamente nua; eu ficava acordado, semicerrando os olhos, para ver através de meus cílios, para vê-la despida; aliás, meus colegas deviam achá-la atraente, porque de quando em quando citavam objetos femininos ou pessoas que consideravam atraentes e colocavam minha mãe na lista. Em La Rochelle tive uma experiência com Lisette Joirisse; era a bonita neta de um vendedor de apetrechos para barcos; ela passeava pelo cais de La Rochelle, eu a achava muito bonita; ela sabia que era bonita, já que muitos meninos a perseguiam; comentei com meus colegas que queria encontrar-me com ela, eles me responderam que era fácil e um dia me disseram que era só abordá-la na alameda; ela realmente se encontrava lá, rodeada de meninos que conversavam com ela; eu e meus colegas ficamos do outro lado da alameda. Eu não sabia o que fazer e, além do mais, ela fora avisada pelos outros; percebeu que não aconteceria nada de interessante se ficasse ali com eles; saiu de bicicleta pelas aleias e eu a segui. Nada ocorreu; mas quando fui em sua direção, no dia seguinte, ela se voltou para mim e disse, diante de meus colegas: "Bobalhão, com seus óculos e seu chapelão." Essas palavras me encheram de raiva e desespero; depois, revi-a duas ou três vezes; um dia, um colega que gostaria que eu não fosse o primeiro em grego disse-me que ela me esperava às 11 horas. A composição de tema grego era das oito horas ao meio-dia. Portanto, tinha que entregar o trabalho às 15 para as 11, coisa que fiz, e tirei um lugar deplorável. Claro está que ninguém me aguardava no local marcado. E depois, outra vez, vi-a no molhe, saltando do molhe para a areia. Tolamente, postei-me ao seu lado, mas não consegui falar-lhe, não disse nada. Ela percebeu que eu estava ali, mas continuou brincando, perguntando-se se eu iria ou não dizer uma bobagem.

S. de B. — Você nunca fez um passeio, teve uma conversa, uma brincadeira com essa menina?

J.-P.S. — Nada, nunca.

S. de B. — Nunca teve nenhum contato com ela?

J.-P.S. — Nenhum.

S. de B. — Havia outras meninas em La Rochelle a quem você cortejava?

J.-P.S. — Junto com dois colegas eu cortejava a filha da encarregada do cinema; travamos conhecimento com essa menina, mas ela se interessava muito mais por Pelletier e Boutiller, que eram bastante bonitos, do que por mim; mas, enfim, encontrava-se com nós três; a coisa não ia muito longe, conversávamos e a acompanhávamos até a sua casa e isso era tudo. Eu falava como os outros dois; íamos ao cinema e, como sua mãe trabalhava lá, ela vinha sentar-se perto de nós e conversava conosco. Ao que me lembro, era muito bonita; mas a coisa não passou disso. Provavelmente, eu não era muito brilhante como sedutor. Creio que foram os únicos acontecimentos femininos que existiram para mim até os 15 anos, isto é, até que saí de La Rochelle para ir para Paris, para o liceu Henri IV. Meu avô insistira para que eu preparasse meu *bachot*[87] em Paris; poderia também tê-lo feito em La Rochelle, mas ele achava que essa mudança poderia ser boa para mim. Efetivamente, em Paris, fiquei interno durante o primeiro ano, o que me modificava imensamente, e recebi o prêmio de excelência,[88] coisa que não teria conseguido em La Rochelle.

S. de B. — Voltemos às mulheres; como foi em Paris?

J.-P.S. — Em Paris, surgiu-me uma vaga tendência homossexual: nos dormitórios atrevia-me a tirar as calças dos meninos.

S. de B. — Era uma tendência muito superficial.

J.-P.S. — Mas existia. Foi nesse ano que levei ao Louvre uma vaga prima de Nizan. Não era bonita e creio que não me achava muito atraente.

---

[87] O mesmo que *baccalauréat*: exames finais dos estudos secundários, após os quais é conferido o grau universitário. (N.T.)

[88] Prêmio conferido no final do ano escolar ao aluno de cada turma de liceus e colégios que mais se distinguiu no conjunto das matérias. (N.T.)

A cerimônia do adeus

S. de B. — Mas você tinha um esquema na cabeça: um rapaz deve ter casos amorosos com mulheres: era uma coisa bem-estabelecida.

J.-P.S. — Isso, sim; como escritor, depois tinha que ter relações amorosas com várias mulheres, com paixões etc. Isso vinha dos livros consagrados aos grandes escritores.

S. de B. — Seus companheiros, Nizan, por exemplo, tinham o mesmo esquema e o seguiam?

J.-P.S. — Exatamente. Seguiam-no mais ou menos, já que eram muito jovens.

S. de B. — E não muito ricos, mas, enfim, tinham essa ideia.

J.-P.S. — Estavam apaixonados pela sra. Chadel, por exemplo, a mãe de um colega a quem ridicularizávamos bastante. No primeiro ano, acho que não tive grandes casos.

S. de B. — E depois?

J.-P.S. — Em filosofia, também não.

S. de B. — E quando se deitou com uma mulher pela primeira vez?

J.-P.S — No ano seguinte. Estava no Liceu Louis-le-Grand; fizera o segundo *bachot* no Henri IV; havia lá uma belíssima *khâgne*, com Alain como professor de filosofia, e não sei por que me tiraram do Henri IV; puseram-me no Louis-le-Grand, que tinha uma *khâgne* sisuda, tediosa, lá fiquei, e depois entrei para a Escola Normal. É complicado: houve primeiro uma mulher, que vinha de Thiviers, a mulher de um médico; um dia, não sei por que, ela veio procurar-me no liceu, eu lhe disse que era interno e ela disse que isso era uma pena; mas eu não saía às quintas e domingos? Confirmei, e ela marcou um encontro comigo, em casa de uma amiga sua, para a quinta-feira seguinte às duas da tarde. Aceitei, não entendi bem; compreendi que ela desejava ter relações físicas comigo, mas não entendi bem por que, não tinha a impressão de agradar-lhe.

S. de B. — Mas quando você a conhecera anteriormente, em Thiviers, ocorrera algo entre vocês?

J.-P.S. — Nada.

S. de B. — Você tivera muito contato com ela?

J.-P.S. — Não. Fiquei extremamente surpreso ao vê-la chegar ao liceu, não consigo explicar-lhe o que se passou em minha cabeça. Fui ao encontro, e ela me fez entender que podíamos ir para a cama.

S. de B. — Que idade tinha ela?

J.-P.S. — Trinta anos. E eu, 18. Dormi com ela sem grande entusiasmo, porque ela não era bonita; enfim, também não era feia, e me saí mais ou menos, ela pareceu satisfeita.

S. de B. — Ela voltou?

J.-P.S. — Não.

S. de B. — Então, talvez não tenha ficado tão satisfeita assim. Não marcou outro encontro com você?

J.-P.S. — Não, ia embora no dia seguinte. Ou por outra, veio ao liceu para que eu a beijasse. E depois regressou à sua casa.

S. de B. — Nunca mais soube dela?

J.-P.S. — Ela talvez não soubesse meu paradeiro. Nunca entendi essa história, conto-a como ocorreu. Naquele ano e no ano seguinte, nas minhas saídas das quintas-feiras, eu me encontrava no Luxembourg com colegas do Henri IV, eles se davam com mulheres, mulheres do bairro Saint-Michel e, em particular, a filha da porteira do liceu Henri IV. Encontrávamo-nos com elas, saíamos com elas — eu era interno — tocávamos um pouco nelas e depois quase todas marcavam encontros em seus quartos, dormíamos com elas; quanto a mim, dormi com uma mulher que em minha lembrança me parece bonita, devia ter uns 18 anos; ela não tinha problemas em ter relações sexuais.

S. de B. — Você teve uma ligação com ela ou também neste caso foi só uma vez?

J.-P.S. — Uma vez, mas ocorria o mesmo com os outros. Ela continuou tão agradável comigo depois quanto antes, portanto não se decepcionou, não estava em busca de algo que eu não lhe tivesse dado. Parecia satisfeita.

S. de B. — Por que com seus colegas, com você, as coisas não se prolongaram mais?

J.-P.S. — Porque sentíamos, ao mesmo tempo, uma espécie de desprezo por essas mulheres.

S. de B. — Por quê?

J.-P.S. — Achávamos que uma moça não devia dar-se dessa maneira.

S. de B. — Ah, bem! Porque vocês tinham uma moral sexual! É interessante!

J.-P.S. — Comparávamos essas moças com as filhas das amigas de nossas mães, filhas de burguesas, e obviamente virgens. Se tínhamos

A cerimônia do adeus

vagos *flirts* com elas, isso não ia muito além de um beijo na boca, se é que ia até aí! Ao passo que podíamos dormir com as outras.

S. de B. — Como bons pequeno-burgueses que eram, vocês censuravam isso?

J.-P.S. — Sim; não censurávamos exatamente, mas...

S. de B. — Sentiam-se satisfeitos por aproveitar-se delas, mas ao mesmo tempo tinham a ideia: "Amante não se desposa." Embora o casamento estivesse muito distante de vocês; mas, enfim, segundo vocês, uma moça não deveria fazer isso. Você e seus colegas se retraíam; não queriam ligações com essas mulheres?

J.-P.S. — Sim, também havia isso.

S. de B. — Quando perdeu essa ideia estúpida de que as moças que se deitam facilmente, livremente, são mais ou menos putas?

J.-P.S. — Oh, muito depressa. A partir do momento em que tive um pouco mais de contato sexual com mulheres, já não passei a julgar as coisas assim; foi só naquela época, quando ainda estava no liceu.

S. de B. — Ainda muito marcado pela educação burguesa.

J.-P.S. — Inteiramente. Quando entrei para a Escola Normal, isso já tinha terminado.

S. de B. — Tudo aquilo eram coisas puramente sexuais; houve outras antes do primeiro grande caso?

J.-P.S. — Não.

S. de B. — Conheço bem as relações que você manteve com Camille, com sua noiva e com algumas estudantes da Sorbonne, e há a nossa história, que é um pouco diferente.

J.-P.S. — Sim.

S. de B. — Mas é preciso não esquecer que essa história existe, para compreender suas relações com outras mulheres. Falaremos disso uma outra vez. O que lhe quero perguntar — considerando que você me disse, de saída, quando nos conhecemos, que era polígamo, que não tinha intenção de limitar-se a uma única mulher, a um único caso, e isso ficou assentado, você, de fato, teve casos — o que gostaria de saber é: ao longo desses casos, o que é que o atraía particularmente nas mulheres?

J.-P.S. — Qualquer coisa.

S. de B. — Como assim?

J.-P.S. — As qualidades que eu poderia querer nas mulheres, as qualidades mais sérias, em minha opinião você as tinha. Consequentemente, isso liberava as outras mulheres, que podiam simplesmente ser bonitas, por exemplo. E, como você representou muito mais do que o que eu queria dar às mulheres, as outras tiveram muito menos e ao mesmo tempo se deram menos. De um modo geral, porque houve algumas que se deram bastante. Mas nem sempre foi assim.

S. de B. — De qualquer forma, sua resposta "qualquer coisa" é estranha. Dir-se-ia que tão logo uma mulher cruzava o seu caminho, você estava pronto para ter um caso com ela.

J.-P.S. — Deus meu...

S. de B. — Isso não é verdade, porque algumas vezes mulheres se atiraram em você e você as afastou. Foram muitas as mulheres com quem conviveu e não teve casos.

J.-P.S. — Tive certos sonhos, sonhos de amor, que me traçaram uma espécie de modelo: era uma loura e algumas vezes em minha vida encontrei algumas que se lhe assemelhavam. Mas nunca nos casos importantes. Mesmo assim essa figura ainda permanece em mim: uma loura bonita, vestida com roupas de menina; eu era um pouco mais velho e brincávamos de arco, junto ao lago do Luxembourg.

S. de B. — É uma história verdadeira ou sonhada por você?

J.-P.S. — Não... era o que eu sonhava.

S. de B. — Ah, bem! Em suma, você sonhava com amores infantis.

J.-P.S. — Não, esses amores infantis representavam o amor; só que eu usava calças curtas e ela, uma roupa de menina. Mas aquilo representava acontecimentos de minha idade de então, de meus vinte anos. Compreende? Sonhava, aos vinte anos, sob uma forma simbólica, com um jogo de arco com uma menina.

S. de B. — Uma menina, e você também era um garotinho.

J.-P.S. — Na verdade, nós dois éramos mais velhos, e a parte do arco representava relações sexuais, provavelmente porque o arco e a vara me pareciam um símbolo sexual típico. Aliás, ao sonhar com eles sentia-os assim. É um sonho que tive em torno dos vinte anos. E, neste sonho, não havia prioridade, o homem nada tinha de superior à mulher, não havia machismo. Tenho pensado, nesses dias, em que os homens são machistas, muito profundamente, sem dúvida, mas isso não significa que queiram ser os detentores do poder; eles se imaginam superiores às mulheres, mas misturam isso com a ideia de igualdade entre o homem e a mulher, é muito curioso.

A cerimônia do adeus

S. de B. — Depende de quem.

J.-P.S. — Enfim, muitos. A maioria dos homens que conhecemos. Isso não significa que a conclusão não seja machista, mas nas conversas e na vida quotidiana eles pronunciam fórmulas que são igualitárias. Podem dizer coisas machistas sem se aperceberem disso, e há sempre um pouco de empenho em sua definição igualitária das relações entre os sexos. Mas isso não impede que os homens se prevaleçam do machismo, pelo menos aqueles com quem nos damos. Evidentemente, seria necessário observar outros ambientes.

S. de B. — Mas, para retornar a você, o que foi que mais o atraiu nas mulheres e em que medida você teve relações de igualdade com elas? Em que medida você representava um certo papel, digamos, imperialista, ou protetor em relação às mulheres?

J.-P.S. — Creio que fui muito protetor, e, consequentemente, imperialista. Aliás, muitas vezes, você me censurou por isso, não em relação a você, mas em relação às mulheres que eu via, afora você. Nem sempre, no entanto, porque com a mais notável delas eu tinha relações de igualdade e ela não teria suportado outro tipo de relacionamento. Mas voltemos ao que eu queria das mulheres. Creio que, antes de mais nada, uma atmosfera sentimental. Não sexualidade propriamente dita, mas sentimental, com um plano de sexualidade ao fundo.

S. de B. — Por exemplo, você teve um caso em Berlim. Com uma mulher a quem você chamava "a mulher lunar". O que lhe agradava nela?

J.-P.S. — Não sei.

S. de B. — Ela não era nem muito bonita, nem muito inteligente.

J.-P.S. — Não.

S. de B. — Não era um lado um pouco perdido?

J.-P.S. — Havia o lado perdido, e o lado... o linguajar de uma cidade, que me aproximava dela. Não era bem o linguajar de Montparnasse, que era o nosso, mas o dos bairros próximos do Quartier Latin. Isso me dava a impressão de um pensamento que, menos desenvolvido do que o nosso, no fundo, era, no entanto, da mesma ordem. O que era inteiramente falso, mas tratava-se de uma ideia que eu tinha na cabeça. Era um caso um pouco especial. Sim, creio que de uma maneira geral eu devia ser machista, porque tinha sido formado numa família de machistas. Meu avô era machista.

S. de B. — A civilização era machista.

– 338 –

J.-P.S. — Mas nas relações com as mulheres não era o machismo que predominava. Evidentemente, cada um tinha um papel, e meu papel era mais um papel ativo e um papel racional; o papel da mulher era o papel da afetividade. É uma coisa muito clássica; mas não considerava essa afetividade como inferior à prática e ao uso da razão. Eram disposições distintas. Isso não significava que a mulher não fosse capaz de usar a razão tão bem quanto um homem, que uma mulher não pudesse ser engenheira ou filósofa. Significava, simplesmente, que a maior parte do tempo ela tinha valores afetivos, sexuais às vezes; era esse conjunto que eu atraía para mim, porque considerava que ter relações com uma mulher dessa maneira, era em parte apoderar-se de sua afetividade. Tentar fazê-la sentir afeto por mim era ter aquela afetividade, e eu me dava essa afetividade.

S. de B. — Em outras palavras, você pedia às mulheres que o amassem.

J.-P.S. — Sim. Era preciso que me amassem, para que essa sensibilidade se transformasse em algo que me pertencia. Quando elas se davam a mim, eu via essa sensibilidade em seu rosto, na expressão de seu rosto; encontrar no rosto das mulheres essa sensibilidade era como se dela eu me apoderasse. Praticamente, eu mesmo declarei, algumas vezes, em minhas anotações ou em meus livros — e ainda penso assim — que a sensibilidade e a inteligência não estão separadas, que a sensibilidade produz a inteligência, ou antes, que ela é também a inteligência, e que, finalmente, um homem racional, ocupado com problemas teóricos, é um abstrato. Achava que tínhamos uma sensibilidade e que o trabalho da infância, da adolescência, consistia em tornar essa sensibilidade abstrata e compreensiva, e indagadora, de maneira a fazer dela, pouco a pouco, uma razão do homem, uma inteligência trabalhando sobre problemas de ordem experimental.

S. de B. — Você quer dizer que, nas mulheres, essa sensibilidade não estava desviada em benefício da razão.

J.-P.S. — Sim, ela o estava às vezes, quando elas eram professoras ou engenheiras etc. Elas eram absolutamente capazes de fazer as mesmas coisas que os homens, mas uma certa tendência, a educação que recebiam, e também o que sentiam de dentro, dava-lhes em primeiro lugar a afetividade. E com elas não subiam muito, por motivos materiais ou sociais, pelo tipo de mulher criado pela sociedade e mantido

A cerimônia do adeus

por ela, conservavam, então, sua sensibilidade intata. Esta sensibilidade compreendia a inteligência do outro. E minhas relações, então, com as mulheres, do ponto de vista intelectual? Dizia-lhes coisas em que pensava; muitas vezes era malcompreendido, mas, ao mesmo tempo, era compreendido por uma sensibilidade que enriquecia minha ideia.

S. de B. — Sim. Você poderia dar exemplos? Que tipo de enriquecimento isso lhe trouxe?

J.-P.S. — Um enriquecimento em casos precisos, casos concretos; interpretações afetivas sobre o que eu dizia num plano intelectual.

S. de B. — De um modo geral, apesar de tudo, você se considerava mais inteligente do que todas as mulheres com quem tinha relações.

J.-P.S. — Mais inteligente, sim. Mas considerava a inteligência com um certo desenvolvimento da sensibilidade e pensava que elas não tinham alcançado o nível em que me encontrava porque as circunstâncias sociais não lhe haviam permitido. Considerava que, no fundo, a relação original era a mesma entre sua sensibilidade e a minha.

S. de B. — Você dizia que, de toda maneira, tinha sido mais ou menos dominador com as mulheres.

J.-P.S. — Sim, porque meu ponto de vista não era simples. O domínio vinha da infância. Meu avô dominava minha avó. Meu padrasto dominava minha mãe.

S. de B. — Sim.

J.-P.S. — E conservei isso como uma espécie de estrutura abstrata...

S. de B. — E, também, em todos os livros e em todas as histórias de homens célebres, em que você se inspirava muito, o homem era sempre o herói.

J.-P.S. — Evidentemente. É por isso que o caso de Tolstoi me interessava. Era um dos casos em que havia escândalo. Ali o homem abusava de seu poder. De toda maneira, o que queria dizer é que havia lá um tipo, um esquema. Mas, finalmente, eu já pensava que isso era decorrente da educação. Mais tarde, por volta dos 35 ou quarenta anos, comecei a pensar que a inteligência e a afetividade representavam um momento do desenvolvimento de um indivíduo. Não se é inteligente e sensível com a idade de seis ou cinco anos; se é afetivamente sensível e intelectualmente sensível. Mas isso não vai longe. E, pouco a pouco, a sensibilidade pode permanecer bastante forte e a inteligência desenvolver-se, ou a sensibilidade ultrapassar a inteligência, ou a inteligência desenvolver-se com exclusividade, e a sensibilidade ficar apagada. Foi ela que engendrou a inteligência, mas permaneceu apagada por baixo dela. De maneira que este domínio que era um esquema, um símbolo social, não era absolutamente justificado por mim, que procurava estabelecê-lo. Não considerava que, porque fosse mais inteligente, devia levar vantagem e dominar o casal. Mas isso era mais na prática, porque tendia para tal, porque era eu quem procurava as mulheres que tiveram relações comigo. E, consequentemente, cabia a mim dirigi-las. No fundo, o que me interessava era revigorar minha inteligência numa sensibilidade.

S. de B. — Você se apropriava das características específicas das mulheres...

J.-P.S. — Apropriava-me das características específicas das mulheres tal como as representávamos naquela época.

S. de B. — E tais como, aliás, elas eram muitas vezes. Você nunca se sentiu atraído por uma mulher feia?

J.-P.S. — Realmente feia e completamente feia, não, nunca.

S. de B. — Poder-se-ia até dizer que todas as mulheres a quem você se ligou eram francamente bonitas ou pelo menos muito atraentes e charmosas.

J.-P.S. — Sim; eu fazia questão que uma mulher com quem me relacionasse fosse bonita porque era uma maneira de desenvolver minha sensibilidade. Eram os valores irracionais, a beleza, o charme etc. Ou mesmo racionais, já que podem ter uma interpretação, uma explicação racional. Mas quando se ama o charme de uma pessoa, ama-se algo de irracional, mesmo que o charme, num grau mais profundo, possa ser explicado através de conceitos e ideias.

S. de B. — Não houve casos em que as mulheres o atraíram por outras razões que não as qualidades femininas: a força de caráter, alguma coisa de intelectual e moral, mais do que algo puramente encantador e feminino? Estou pensando em duas pessoas, uma com quem você não teve um caso, mas de quem gostamos muito, você gostou muito, que era Christina. E a outra é aquela que você mencionou ainda há pouco.

J.-P.S. — Sim; apreciava a força de caráter de Christina. Não teria compreendido Christina, se ela não tivesse o caráter que tinha. Ao mesmo tempo, isso me confundia um pouco. Mas era uma qualidade secundária. A qualidade primeira era ela, seu corpo, não seu corpo como objeto sexual, mas seu corpo e seu rosto como resumindo essa

A cerimônia do adeus

afetividade não conhecível, não analisável, que era a base de minhas relações com a mulher.

S. de B. — Havia também em suas relações com as mulheres um lado um pouco Pigmaleão?

J.-P.S. — Isso depende do que você entende por um lado Pigmaleão.

S. de B. — Moldar um pouco uma mulher, mostrar-lhe coisas, fazê-la progredir, e ensinar-lhe coisas.

J.-P.S. — Certamente havia isso. O que, por conseguinte, supunha uma superioridade provisória. Era um estágio, depois ela se desenvolvia sozinha ou com outros. Eu a fazia passar por um determinado estágio. E, naquele momento, as relações propriamente sexuais eram um reconhecimento dessa passagem e de sua superação. Certamente era muito isso.

S. de B. — Em que lhe interessava esse papel de Pigmaleão?

J.-P.S. — Deveria ser o papel de todo mundo em relação aos que podemos ajudar a desenvolver-se.

S. de B. — Sim, isso é bem verdade. Mas ainda assim, isso o atraía de uma maneira que não era assim tão moral e dialética como você parece dizer. Era algo mais sensível para você. Era um verdadeiro prazer.

J.-P.S. — Sim, se uma semana depois eu me deparava com coisas que tinha compreendido e se ela tinha avançado mais, isso me agradava.

S. de B. — Não foi assim com todas as mulheres.

J.-P.S. — Não.

S. de B. — Houve algumas que eram completamente rebeldes a qualquer tipo de formação.

J.-P.S. — Inteiramente... As relações sexuais com as mulheres eram obrigatórias porque as relações clássicas implicavam aquelas num dado momento. Mas eu não atribuía grande importância a isso. E, para ser exato, isso não me interessava tanto como as carícias. Em outras palavras, eu era mais um masturbador de mulheres do que um copulador. E isso tem relação comigo e, também, com a maneira pela qual via as mulheres. Ou seja, creio que muitos homens são mais avançados do que eu na maneira pela qual concebem as mulheres. De certa maneira, estão aquém, e de outra, mais adiante, porque partem do sexual e o sexual é "deitar-se com".

S. de B. — E você chama isso estar mais além ou mais aquém?

J.-P.S. — Mais além. Mais além pelas consequências disso. Em outras palavras, para mim, a relação essencial e afetiva implicava que eu beijasse, que eu acariciasse, que meus lábios percorressem um corpo. Mas o ato sexual — ele também existia e eu o realizava, até o realizava com frequência — era com uma certa indiferença.

S. de B. — Essa indiferença sexual, falamos dela em relação às mulheres, mas tem uma certa relação com seu corpo... Gostaria de tentar compreender por que você teve sempre essa espécie de frieza sexual, ao mesmo tempo que gostava imensamente das mulheres. O desejo puro nunca o mobilizou...

J.-P.S. — Nunca.

S. de B. — Era mais o "romanesco". A mulher sempre foi, para você, o "romanesco" na acepção de Stendhal.

J.-P.S. — Sim. Romanesco indispensável. Quase se poderia dizer que, na medida em que o homem perdeu uma parte de sua sensibilidade e desenvolveu ulteriormente sua inteligência, ele foi levado a solicitar a sensibilidade do outro, a mulher, isto é, a possuir mulheres que eram sensíveis, para que sua sensibilidade se tornasse uma sensibilidade de mulher.

S. de B. — Em outras palavras, você sentia algo de incompleto em você.

J.-P.S. — Sim. Achava que uma vida normal supunha uma relação constante com a mulher. Um homem se definia, ao mesmo tempo, pelo que fazia, pelo que era, e pelo que era pela mulher que estava com ele.

S. de B. — Você podia ter com mulheres intercâmbios que não tinha com homens, porque essas conversas intelectuais tinham uma base afetiva.

J.-P.S. — Sentimental.

S. de B. — Algo de romanesco. Observei — isso, aliás, é muito clássico, faz até parte dos mitos, mas ao mesmo tempo é uma realidade — que quase em toda a viagem que fizemos, ou que você fez, houve uma mulher que significou para você a encarnação do país.

J.-P.S. — Sim.

S. de B. — Enfim, houve M. na América, Christina no Brasil, outras ainda.

J.-P.S. — Isso se deve em parte ao fato de que nos colocam uma mulher, não nos braços, mas ao nosso lado, para fazer-nos conhecer a beleza do país.

A cerimônia do adeus

S. de B. — Isso não bastaria. Na Rússia lhe haviam destinado um homem, e é bem evidente que isso não lhe fez criar vínculos de amizade para com ele.

J.-P.S. — Comecei logo por recusá-lo... Mas de fato as viagens e as mulheres nas viagens foram importantes para mim.

S. de B. — Não é simplesmente uma coisa sexual; na verdade, frequentemente são as mulheres que personificam melhor o país que visitamos. Quando são de qualidade superior, são mais interessantes que os homens.

J.-P.S. — Porque têm a sensibilidade.

S. de B. — Têm a sensibilidade, são também um pouco marginais em relação à sociedade e, no entanto, a conhecem bem; se são inteligentes, têm uma visão muito mais interessante do que os homens que nela estão inseridos. Há também, objetivamente, o fato de que você se ligou a mulheres que eram realmente mulheres interessantes. Eram-no realmente, fui testemunha disso, já que também estava ligada a elas, num outro plano.

J.-P.S. — Sim, então quando uma mulher representa todo um país, há muito o que amar. Elas são sempre mais ricas quando vivem um pouco à margem do país. Christina representava o triângulo da fome. E revoltar-se contra um país não significa absolutamente que não se possa representá-lo. Representamo-lo e também nos revoltamos.

S. de B. — Divague um pouco sobre tudo isso.

J.-P.S. — Quando tento recordar atualmente todas as mulheres que tive, recordo-as sempre vestidas, nunca nuas; embora tenha sentido quase sempre um grande prazer em vê-las nuas. Não, vejo-as vestidas, como se a nudez fosse uma relação particular, muito íntima, mas... é preciso ter ultrapassado estágios para chegar lá.

S. de B. — Como se a pessoa fosse mais real...

J.-P.S. — Quando está vestida, sim, não mais real, mas mais social, mais abordável; como se só se chegasse à nudez através de numerosos desnudamentos, tanto físicos como morais. Nisso eu era como muitos amadores de mulheres. De toda maneira, eu vivia com ela numa situação, num mundo; o que me impedia de viver *no* mundo era você.

S. de B. — Como?

J.-P.S. — O mundo, eu o vivia com você.

S. de B. — Sim, entendo. Você vivia em mundos dentro deste mundo.

J.-P.S. — Mundos dentro deste mundo. Era disso que decorria a inferioridade dessas relações, além de, obviamente, o caráter das pessoas e tudo o que há de objetivo. Estavam obstruídas a priori.

S. de B. — Porque havia a nossa relação. Outra pergunta: você sentiu ciúmes, em que circunstâncias, e como? O que era o ciúme para você?

J.-P.S. — No fundo, era indiferente se houvesse um outro num caso com uma mulher qualquer. O essencial era que eu fosse o primeiro; mas imaginar um trio, no qual haveria eu e também um outro mais estabelecido do que eu, era uma situação que eu não suportava.

S. de B. — Ocorreu tal situação?

J.-P.S. — Como sabê-lo?

S. de B. — Mas você a sentiu? Com Olga houve um caso de ciúme muito claro, quando ela começou a se interessar por Zuorro. No entanto, as relações que você tinha com Olga não eram possessivas — nem sexuais, nem possessivas; mas, de toda maneira, foi isso que precipitou as coisas e que provocou finalmente a ruptura; você queria ser o primeiro no coração dela.

J.-P.S. — Sim.

S. de B. — Se a "mulher lunar" tinha um marido, isso efetivamente pouco lhe importava.

J.-P.S. — Em absoluto. Porque ela era realmente inferior pelo menos na consciência dela. Creio que meu machismo residia mais numa certa maneira de considerar o universo da mulher como algo de inferior, mas não o universo das mulheres que eu conhecia.

S. de B. — Seu lado Pigmaleão mostra bem que você nunca quis reduzir uma mulher, fechá-la, mantê-la num estado que, num plano qualquer, lhe parecesse inferior.

J.-P.S. — Não.

S. de B. — Você sempre quis, ao contrário, fazer com que as mulheres progredissem, fazer com que lessem, fazer com que discutissem.

J.-P.S. — Partindo da ideia de que deveriam atingir o mesmo grau que um homem inteligente; não havia nenhuma diferença intelectual ou moral entre as mulheres e os homens.

S. de B. — De toda maneira, se se encontravam num estágio inferior isso não lhes dava, a elas em particular, nenhuma inferioridade. Isso eu sei, você nunca considerou nenhuma mulher como inferior.

J.-P.S. — Nunca.

A cerimônia do adeus

S. de B. — Como acabavam seus casos em geral? Era você quem rompia, ou rompiam elas, ou as circunstâncias?

J.-P.S. — Às vezes um, às vezes o outro, às vezes as circunstâncias.

S. de B. — Alguma vez teve contrariedades por causa de algumas dessas mulheres?

J.-P.S. — Contrariedades, sim. Quando Évelyne[89] deixou de escrever durante um bom tempo, porque tinha uma quantidade de casos complicados.

S. de B. — Ou quando M. queria vir instalar-se em Paris, e se tornava exigente. Há a contrariedade provocada por mulheres que pedem mais do que se pode dar, essa experiência você teve com muita frequência, e quase sempre terminou com rompimentos. E há aquelas que não dão bastante.

J.-P.S. — Sim.

S. de B. — Geralmente, é no início do relacionamento que isso lhe acontece. Você ficou contrariado com Olga.

J.-P.S. — Com Olga, sim.

S. de B. — Ficou contrariado com Évelyne no início.

J.-P.S. — Sim.

S. de B. — As vezes em que o vi mais contrariado foram por Olga e por Évelyne, no sentido a que me estou referindo. E em outro sentido, porque lhe pediam muito, foi evidentemente com relação a M.

J.-P.S. — Sim, fiquei muito contrariado com M.

S. de B. — Talvez tenha sido um dos únicos casos em que você rompeu bruscamente.

J.-P.S. — Sim. Num dia.

S. de B. — Você lhe disse, bem, terminou, isso não pode prosseguir, seria uma escalada.

J.-P.S. — Sim. É curioso, porque eu estava muito ligado a ela, e o caso se interrompeu assim.

S. de B. — Você se ligou imensamente a ela, foi a única que me assustou, aliás. Assustou-me porque era hostil. Você também se ligou imensamente a Évelyne. Mas Évelyne e eu tínhamos relações de amizade; eu realmente gostava muito dela, absolutamente não era a mesma

---

[89] Évelyne, irmã de Lanzmann, chamava-se Évelyne Rey no teatro. Trabalhou em várias peças de Sartre.

coisa. Ela desejaria coisas que você não lhe deu, desejaria vê-lo menos clandestinamente. Mas de modo algum era contra mim.

J.-P.S. — Ah, não, de modo algum. Quando repenso em minha vida, penso que as mulheres me proporcionaram muito. Não teria atingido o ponto que atingi sem as mulheres, você em primeiro lugar.

S. de B. — Não falemos de mim.

J.-P.S. — Bem. Outras que me revelaram países. M., apesar de tudo, me deu a América. Deu-me muito. Os caminhos que percorri na América cruzam-se em torno dela.

S. de B. — Em geral, as mulheres que você escolhia eram inteligentes, algumas até, como L., Christina e Évelyne, muito inteligentes.

J.-P.S. — Sim. Sim, em geral elas eram inteligentes. Não que as quisesse inteligentes, mas em sua sensibilidade logo aparecia algo mais que a sensibilidade, que era a inteligência. E então eu podia falar durante horas com mulheres.

S. de B. — Sim.

J.-P.S. — Com homens, uma vez já ditas as coisas sobre a política ou algo desse tipo, eu me interrompia de bom grado. Parece-me que duas horas da presença de um dia, e sem revê-lo no dia seguinte, é amplamente suficiente. Ao passo que, com uma mulher, isso pode durar o dia inteiro, e depois recomeçar no dia seguinte.

S. de B. — Sim, porque é baseado nessa intimidade, nessa quase posse de seu ser através do sentimento que ela lhe dá. Algumas vezes você foi rejeitado por mulheres? Houve mulheres com quem teria gostado de ter tido determinadas relações, e não as teve?

J.-P.S. — Sim, como todo mundo.

S. de B. — Houve Olga.

J.-P.S. — Ah, sim.

S. de B. — Mas era uma situação tão complicada!

J.-P.S. — Sim.

S. de B. — Houve outras mulheres que lhe agradavam, que você mais ou menos cortejou e com as quais não houve relações, não digo nem sequer sexuais, mas relações sentimentais significativas?

J.-P.S. — Não muitas.

S. de B. — Você também teve em sua vida relações não sentimentais, enfim, não romanescas, relações de boa amizade. Pelo menos com a sra. Morel.

A cerimônia do adeus

J.-P.S. — Sim, a sra. Morel.

S. de B. — Havia certamente algo no fato de se tratar de uma mulher que dava uma qualidade às suas relações, o que não tinha sua amizade por Guille.

J.-P.S. — Certamente.

S. de B. — A pergunta pode ser um pouco tola: você gostava mais de Guille ou da sra. Morel?

J.-P.S. — Era diferente. De início a sra. Morel era, apesar de tudo, a mãe de um *tapir*,[90] confiara-me seu filho para que lhe ensinasse coisas, e tinha comigo relações de mãe de *tapir*. Ainda que tais relações se tenham tornado depois cada vez mais íntimas, ela teve, de início, relações de mãe de *tapir* comigo. Ela mantinha as mesmas relações com Guille, mas era diferente. Porque o *tapir*, uma vez sob minha responsabilidade, saíra do universo de Guille, que fora quem se ocupara dele nos anos anteriores.

S. de B. — Ele tinha relações sentimentais com a sra. Morel, muito mais marcantes do que as suas. Mas, enfim, você preferia a companhia de Guille ou da sra. Morel? Uma vez que se tornaram amigos, ela deixou de ser a mãe de um *tapir*?

J.-P.S. — Nunca me fiz tal pergunta.

S. de B. — De toda maneira, creio que você se entendia melhor com Guille. Porque a sra. Morel era encantadora, você gostava muito dela, mas havia um distanciamento muito grande sob vários aspectos, em minha opinião.

J.-P.S. — Creio que sim. Exatamente; se alguma vez houve momentos em que mais preferiria ver a sra. Morel do que Guille, nunca me perguntei isso dessa forma. Eu não via bem o tipo de relações que podia ter com a sra. Morel. O lado sentimental estava fora de questão, já que havia Guille e ela era demasiado velha em minha opinião. O aspecto amizade com uma mulher não me atraía. Aliás, praticamente, não existiu para mim.

S. de B. — Você quase nunca passou duas horas a sós com a sra. Morel?

J.-P.S. — Oh! Isso ocorreu, mas não com frequência.

---

[90] Gíria de Escola Normal: aluno que recebe aulas particulares. (N.T.)

S. de B. — De um modo geral, vocês tinham mais contatos a três ou a quatro, quando eu estava presente.

J.-P.S. — De toda maneira, creio que foi a única amiga mulher que tive.

S. de B. — Creio que sim.

S. de B. — Da última vez, falamos de suas relações com as mulheres, e isso nos levou à sexualidade, e a sexualidade nos levou a falar de uma maneira mais geral sobre sua relação com seu corpo… O que tem a dizer sobre sua relação com o corpo? Em primeiro lugar, o fato de ser miúdo, o fato de que lhe tenham dito muitas vezes que era feio, isso pesou em sua relação com seu corpo?

J.-P.S. — Isso pesou, certamente, e muito, mas pesou como verdades abstratas, verdades ditas pelos outros, e que, consequentemente, conservavam o caráter abstrato das verdades que o professor, por exemplo, ensina sobre a matemática. Mas não foi uma revelação para mim. A noção de "pequeno", por exemplo: claro que sabia que era pequeno; diziam-me isso, chamavam-me de "meu pequeno" e eu via bem, desde o começo, uma diferença entre o tamanho de minha mãe, ou de meu avô, e o meu. Mas, na verdade, isso não me dava uma intuição concreta de fato de ser pequeno. Via — porque tinha olhos como todo mundo — a diferença de perspectiva que fazia com que eu, menor do que um adulto, visse as coisas de forma diferente. Sabia que os adultos eram grandes, que meus colegas eram mais ou menos grandes em relação a mim. Via tudo isso, mas via-o como algo de prático, sem palavras, sem definição em palavras em mim. A verdade é que me via tão grande como qualquer um. É difícil de explicar. Mas as diferenças que percebia — olhava para cima para ver um rosto, falava mais alto para responder a alguém mais alto do que eu, a diferença de força era notável — só pertenciam a um sistema de movimento, de agrupamento, de direção, isso não fazia parte de uma qualificação de mim mesmo e de meu interlocutor. Na verdade, eu me via tão grande quanto ela. Em seus braços, eu podia ser pequeno. Mas aí era uma relação de ternura. Quando tinha seis anos e meu avô me tomava em seus braços, isso não era uma relação que provasse que eu era menor do que ele. De certa maneira, era uma noção que eu não tinha. Ou que era abstrata, mas que eu não captava na vida perceptiva do quotidiano, e isso continuou assim. Diante de meninos de minha idade, o que contava para mim, para defini-los em relação a mim, era minha idade. Eram da mesma idade que eu, portanto não eram grandes, grandes no sentido de "um adulto". O adulto se qualificava mal pelas dimensões físicas, qualificava-se mais por um aspecto, roupas, um odor, uma responsabilidade, uma maneira de falar, era mais psíquico do que físico. E consequentemente permaneci assim, de certa maneira suprimindo minhas dimensões. Se me perguntavam se eu era grande ou pequeno, respondia que era pequeno, mas isso não configurava um sentido preciso de minha vida. É uma coisa que descobri mais tarde, lentamente e mal.

S. de B. — Mas, por exemplo, em suas relações com as mulheres, quando você formava um par com uma mulher, se ela era muito mais alta do que você, isso não o incomodava?

J.-P.S. — Isso raramente aconteceu. Em geral, incomodava-me um pouco, sim. Pensava que os outros me viam de forma cômica, pelo fato de ser amante de uma moça tão alta, ou de uma moça mais alta. Mas, sensualmente, gostava bastante.

S. de B. — E quanto à feiura?

J.-P.S. — As mulheres me fizeram descobrir a minha feiura; diziam-me que era feio desde a idade de dez anos, mas eu não apreendia minha feiura num espelho. Tinha duas maneiras de ver-me num espelho. Uma maneira que diria universal, como um conjunto de signos: se queria saber se tinha que cortar os cabelos, lavar-me, trocar de gravata etc. Esses eram conjuntos de signos. Via se meus cabelos estavam muito compridos, se meu rosto estava manchado ou sujo, mas não captava minha individualidade nesse rosto. Uma coisa que sempre permanecia era o olho que envesga. Isso permanecia e era o que eu via de imediato. E isso me levava à outra maneira de representar-me no espelho, de me ver no espelho, como um pântano. Via meu rosto de outra maneira, se passava dois signos abstratos ao concreto; o concreto era uma espécie de pântano. Via traços que não tinham muito sentido, que não se combinavam num rosto humano nítido, em parte por causa de meu olho que envesgava, em parte por causa das rugas que tive muito cedo. Em suma, eu tinha ali uma espécie de paisagem vista de um avião. Com terras que não têm muito sentido a não ser o de serem campos; depois, de quando em quando, os campos desaparecem, sobe-se, não há mais vegetais, há colinas ou montanhas. Em suma, era uma espécie de terra revolvida que era o substrato do que é um rosto de homem, um rosto que eu via a olho nu, em meus próximos, e que não via no espelho se nele me olhava. Creio que, em parte, porque o captava como feito por mim, e via os músculos que se contraíam para formá-lo, as expressões fisionômicas. Ao passo que as expressões fisionômicas dos outros eram vistas por mim simplesmente como traços, rugas, superfícies que se modificavam um pouco e, de modo algum, como músculos que se contraíam. Duas fisionomias sem continuidade, sem ligação: o universal, que me dava um rosto, mas um rosto como os que se veem nos jornais, com quatro traços para representá-los; e o particular que estava aquém do rosto, que era uma grande "carne agrícola", que precisaria de um trabalho da percepção para organizá-la em rosto. Eram essas minhas duas maneiras de ver-me. Quando via a "carne agrícola" ficava desolado por não poder ver o rosto que os outros viam. E, naturalmente, quando via traços gerais, isso não representava meu rosto. Faltava-me — como creio que, de certa maneira, falta a todo mundo — a passagem de um ao outro, a junção que seria precisamente o rosto.

S. de B. — Você tinha começado a dizer-me que foi através das mulheres que ficou sabendo que era feio.

J.-P.S. — Não pelas mulheres, por alguém que mo disse. Aos dez anos, quando mo diziam, era algo sem consequência, caçoada dos colegas. Mas, evidentemente, quando as mulheres o disseram, quando uma delas mo disse de maneira definitiva...

S. de B. — Aquela que você mencionou outro dia, que disse: "esse bobalhão".

J.-P.S. — Sim, "bobalhão".

S. de B. — Mas, afora isso, muitas mulheres lhe disseram que era feio?

J.-P.S. — Camille me dizia claramente e frequentemente.

S. de B. — Mas utilizando isso quase que como um instrumento de sedução, já que dizia que você a impressionara ambivalentemente, quando o encontrou no enterro: pareceu-lhe uma feiura potente.

J.-P.S. — Sim, o aspecto feiura deve ter representado um papel no início.

S. de B. — De toda maneira, essa feiura não o impediu de ter sucesso com as mulheres.

J.-P.S. — Porque aprendi mais tarde que isso tem pouca relação.

A cerimônia do adeus

S. de B. — Aliás, é um lugar-comum que um homem pode muito bem ser feio e ter muita sedução, e citam-se grandes sedutores que eram feios, e isso você devia saber. O duque de Richelieu, ou outros.

J.-P.S. — Sim, sim, é claro.

S. de B. — Consequentemente, isso não lhe causou nenhuma espécie de timidez?

J.-P.S. — Não.

S. de B. — Você me dizia que fazia muita questão de só sair com mulheres que tivessem um mínimo de charme e até mesmo, se possível, que fossem bonitas.

J.-P.S. — Sim, porque com um homem feio e uma mulher feia, o resultado é realmente um pouco... um pouco chamativo demais. Então, eu desejava uma espécie de equilíbrio, eu, representando a feiura, e a mulher representando, quando não a beleza, pelo menos o charme ou a graça.

S. de B. — De um modo geral, ao longo de sua vida, você se sentiu bem em relação ao seu corpo, à vontade, ou não? E de que maneira ou em que medida?

J.-P.S. — De preferência, mal. Você fala, em suma, da apreensão subjetiva do corpo.

S. de B. — Sim, é isso.

J.-P.S. — Vejo uma quantidade de companheiros que falaram da satisfação de sentir-se fisicamente bem. Fisicamente, praticando esqui, ou nadando etc. Tudo isso nunca existiu muito para mim. Quando praticava esqui, sentia sobretudo medo de cair. Era esse o sentimento do corpo que eu tinha. O equilíbrio representava uma ameaça constante. No que se refere a nadar, temia o cansaço.

S. de B. — Pensava que você gostasse muito de nadar.

J.-P.S. — Gostava de nadar. Mas gostar não significa ter um sentimento agradável do corpo. Não é muito agradável nadar. Gostava de várias coisas que não eram o meu corpo; o sol sobre as ondas, as próprias ondas, a temperatura, a umidade, tudo isso, gostava de tudo isso. Gostava da água, mas o corpo em si estava sujeito a certas sensações que, de uma maneira geral, podemos chamar de menos agradáveis ou desagradáveis. E, de um modo geral, nas caminhadas que fazia, por exemplo, com você, o que sentia era cansaço. Em primeiro lugar, o pré--cansaço, uma impressão desagradável de algo que vai abater-se sobre nós e, em seguida, o cansaço.

S. de B. — Sim, falamos disso. Para mim, o cansaço era um estado, em suma, agradável, na medida em que não se prolongasse muito, em que eu sempre pudesse parar, pousar minha mochila, sentar-me. Enquanto que, para você, o cansaço era desagradável.

J.-P.S. — Sim.

S. de B. — Aliás, ele se manifestava muitas vezes, ora através de bolhas, ou de pequenas esfoladuras, ou então você tinha espinhas, furúnculos; havia coisas que não funcionavam muito bem em seu corpo e que provinham, certamente, do fato de você não se sentir bem em relação a ele. E, no entanto, você gozava de muito boa saúde.

J.-P.S. — Gozava de muito boa saúde e creio que deveria, segundo as normas, ter uma boa impressão corporal. Mesmo agora, não posso dizer que o sentimento inferior, "cenestésico", como se dizia antigamente, seja agradável. Não é muito desagradável, mas não é agradável. Não me sinto bem.

S. de B. — É essa uma das razões pelas quais sempre detestou o que chamava o "abandono"? Quero dizer, abandonar seu corpo, digamos, na relva, na areia. Lembro-me, com Bost em Martigues, você se sentava em pedras com arestas cortantes, de uma maneira muito desagradável; você sempre esteve muito mal-instalado em seu corpo.

J.-P.S. — Sim, isso é mais complicado, e isso nos levará a Pardaillan.

S. de B. — Para retornar à pergunta da cenestesia pouco agradável, a que atribui isso? Você vê as razões em sua infância? É como que uma recusa moral de abandonar-se a seu corpo? É uma espécie de crispação — foi por isso que falei de abandono — que estaria ligada ao fato de que o abandono, tal como o viu em sua mãe, ou em outras pessoas, sempre o desagradou muito?

J.-P.S. — Creio que sim. Creio que havia uma ideia daquilo que se devia ser e esta ideia não comportava o abandono. De um modo geral, creio que, para mim, meu corpo estava essencialmente em ação. E tudo o que era para dentro, a cenestesia, tudo isso não devia contar, devia ficar fora da minha consciência. O que contava era o ato que eu fazia, o ato de caminhar, ou de pegar um objeto. Creio que, muito cedo, quando criança, concebi meu corpo como um centro de ação, negligenciando o lado sensação e passividade. Naturalmente, essa passividade existia, eu apenas a reprimia um pouco. Mas, então, enfatizava o que era objetivo de minha parte, real, uma ação exercida: colocar areia

A cerimônia do adeus

nos baldes e com isso fazer um castelo, uma casa. Mas, de toda maneira, o que contava era a ação. E o modo pelo qual eu sentia determinados elementos de meu corpo, minhas mãos, por exemplo: era sempre um ato que eu sentia nas mãos. Evidentemente é quase sempre assim, uma mão é algo que vive, mas pode-se também senti-la como algo que experimenta alguma coisa. Que experimenta a aspereza de um tecido, ou a dureza de um objeto. E comigo isso ficava inteiramente em segundo plano, eu queria sobretudo agir.

S. de B. — Você falou de Pardaillan. O que estava querendo dizer?

J.-P.S. — Queria dizer, precisamente, que há corpos imaginários, que envolvem o corpo na percepção que dele se tem. Meu corpo imaginário era o corpo de um forte chefe militar, de um Pardaillan exatamente, ou seja, um herói de capa e espada. É algo que sei quando adquiri, ou, pelo menos, quando desenvolvi. Foi quando era pequeno e brincava de ser Pardaillan, enquanto minha mãe tocava piano. Contei isso em *As palavras*.

S. de B. — Sim.

J.-P.S. — Eu me sentia um guerreiro potente, já que se tratava de eliminar as colunas de inimigos que me atacavam. E isso, coisa que sempre conservei, era de certa maneira uma compensação de minha baixa estatura. Mas, como disse, só sentia minha baixa estatura abstratamente. De maneira que essa compensação era também originalmente abstrata; depois ela se tornou esse personagem que era Miguel Strogoff, ou Pardaillan, e todos esses homens que afinal eram eu. No imaginário, mas também no real, no sentido de que eu atribuía mais valor ao que sentia de ativo em minhas mãos; em meu corpo, mais força, mais potência; se eu jogava uma pedra, meu ato era mais violento e a pedra, mais pesada, no imaginário, do que o era na realidade.

S. de B. — No entanto, essa consciência desse corpo potente contradiz um pouco o que você acaba de dizer: que logo temia o cansaço, quando caminhava, quando nadava, quando andava de bicicleta. Se se sentisse uma espécie de gigante e de colosso deveria ter abordado os exercícios físicos com uma imensa confiança.

J.-P.S. — Tinha uma certa confiança. Mas isso eram realidades: o cansaço, todo o elemento terrestre, a ligação com a terra, com o solo, com as dificuldades que fazem com que se sinta o próprio corpo, nesse momento, num plano secundário; sente-se o próprio corpo esgotado, cansado etc. — a tudo isso eu dava uma importância evidentemente muito maior; era a inclemência do real. O mundo era muito mais duro para mim do que era para você. Entende o que quero dizer?

S. de B. — Não, não percebo muito bem a ligação entre esse corpo imaginário, que é inteiramente robusto, capaz de inúmeras proezas, e sua timidez física; já que diz que até com a natação tinha medo de cansar-se.

J.-P.S. — Não tinha medo de cansar-me, cansava-me. Dedicava-me à natação para que houvesse uma ação que eu sentisse e que me desse prazer. E começava então o pré-cansaço, que era o cansaço do corpo que se cansa porque age. E, de certa maneira, eu negava o cansaço ou o reprimia. E quando ele se tornava mais forte, eu rejeitava a negação.

S. de B. — Então, que ligações você vê entre tudo o que me acaba de dizer e as relações que havíamos esboçado outro dia sobre sua sexualidade?

J.-P.S. — É preciso começar dizendo que uma sexualidade plena supõe uma dupla relação. Cada um, num ato sexual — falo de uma maneira muito ampla, não falo do ato propriamente sexual, mas de tudo o que há em torno disso —, cada um possui e é possuído; cada um, no mesmo momento, abraça alguém que ao mesmo tempo o abraça.

S. de B. — Sim.

J.-P.S. — E, consequentemente, há ao mesmo tempo em cada um a impressão de possuir, a impressão do que chamava ainda agora de ação, a ação do bom gigante, e a impressão de ser possuído. No movimento que você faz para acariciar um corpo, por exemplo, um ombro, um ombro nu, você realiza um ato. Para mim, o que contava e sempre contou era o lado ativo, ou seja, a posição de minha mão, e certamente a sensação da carne, mas na medida em que eu a fazia nascer. Que eu a fazia nascer, passando a mão pela axila, pelo braço, pela coxa. Era minha ação que contava, com aquilo que ela captava, ou seja, o lado exterior, objetivo, do corpo a minha frente. É preciso dizer que o que dominava era a ternura ativa da mão que acaricia; mas a reciprocidade era a coisa que eu menos sentia; o fato de que a outra pessoa também pudesse experimentar prazer sentindo meu corpo. Por exemplo, quando estava nos braços de uma pessoa, corpo contra corpo, ventre contra ventre, peito contra peito, sentia a mim captando a carne livremente, mas não a outra pessoa captando meu corpo.

A cerimônia do adeus

S. de B. — Você nunca se sentia como passividade.

J.-P.S. — Nunca; e nunca como objeto de carícias; forçosamente, as relações entre as duas pessoas eram por isso mesmo modificadas. Havia uma brecha entre o que a pessoa podia receber e dar frente a mim, porque essa brecha existia em mim. Então, como era adequadamente sexuado tinha ereção rapidamente, facilmente; copulava com frequência, mas sem um prazer muito marcante. Só um pequeno prazer no fim, mas bem medíocre. Preferia estar ligado ao corpo inteiro, acariciar o corpo, em suma, estar ativo com as mãos, com as pernas, tocar a pessoa: mais do que a cópula propriamente dita. Ela me parecia obrigatória, e, por isso, em minhas relações com uma mulher era preciso que estas terminassem assim... Mas isso provinha da representação de outrem, do que lemos nos livros, do que me diziam. Eu me sentiria perfeitamente bem numa cama, nu com uma mulher nua, acariciando-a, beijando-a, mas sem chegar ao ato sexual.

S. de B. — E a que atribui essa espécie de frigidez? Creio, aliás, que é um caso muito mais frequente do que os homens confessam, porque sobre esse assunto eles são muito discretos, não gostam de falar a respeito, isso os constrangeria. Feita essa ressalva, creio que cada caso particular tem suas razões. Será que se liga também à ausência de abandono, a uma espécie de crispação do corpo? Porque há homens que, quando muito jovens, chegam quase ao desfalecimento no orgasmo, ficam realmente arrebatados e perdidos.

J.-P.S. — Não, quanto a mim nunca me vi ameaçado de perder a consciência no orgasmo, nem em nenhuma outra prática amorosa.

S. de B. — A que atribui isso?

J.-P.S. — Precisamente ao fato de que a parte subjetiva e passiva do orgasmo, no ato de amor, desaparecia diante da parte objetiva e ativa, que constitui o ato de copular.

S. de B, — Portanto, a pergunta deve ser mais geral. A que pode atribuir (talvez remontando à infância, não sei) essa espécie de recusa de toda a passividade do corpo, de todo o fruir de seu próprio corpo, chegando ao ponto de recusar o prazer sexual propriamente dito?

J.-P.S. — Não sei se se pode chamar a isso de recusa.

S. de B. — Não digo que isso ocorra no nível mental, é somático, é no próprio corpo, mas por quê? Você me dirá que isso talvez se ligue a coisas que desconhece.

J.-P.S. — Sim, creio que desconheço.

S. de B. — Talvez pudesse estar ligado a problemas de desmame, a problemas realmente infantis.

J.-P.S. — É possível.

S. de B. — Mas, em sua vida consciente de criança, você não vê nada que explique isso?

J.-P.S. — Nada.

S. de B. — No entanto, você me disse algumas vezes que a recusa do abandono estava ligada a…

J.-P.S. — Ah, sim! Mesmo quando muito pequeno o abandono me era insuportável. Havia desde a origem algo de imediato. O abandono de minha mãe me era muito desagradável. Embora fosse bastante raro nela coitada!

S. de B. — Você ampliou essa tendência na sra. Darbida em *La chambre*.

J.-P.S. — Sim, é verdade.

S. de B. — Você não gostava nada disso.

J.-P.S. — Não, de modo algum.

S. de B. — Isso estava ligado a um sentimento da contingência do corpo?

J.-P.S. — Sim, era a contingência.

S. de B. — Contingência da qual só nos podemos libertar através da atividade.

J.-P.S. — E finalmente a atividade era para mim o fato de ser humano. O homem, ou a mulher, é um ser ativo. E, consequentemente, ele se projeta sempre para o futuro, ao passo que o abandono é presente ou se projeta para o passado. E esta contradição fazia com que eu preferisse a atividade, isto é, o futuro ao passado.

S. de B. — Isso não estaria ligado a seu horror ao pegajoso, ou ao viscoso, e, ao contrário, a noções muito fortes em você de desarraigamento?

J.-P.S. — Certamente. O viscoso e o pegajoso são a contingência, tudo isso que é o subjetivo do instante. E o desarraigamento tende para o futuro. É preciso lembrar-se daquele bote. Em Utrecht, nos Países Baixos, vi um psicólogo…

S. de B. — Lembro-me. Ele lhe mostrou várias imagens — uma lancha que andava muito depressa, um homem que caminhava normalmente,

A cerimônia do adeus

um trem que corria — e perguntou-lhe qual era, em sua opinião, a imagem que melhor simbolizava a velocidade. Você escolheu a lancha porque ela decolava da água.

J.-P.S. — A água representava o contingente. A lancha era dura, construída, sólida.

S. de B. — E havia a ideia da decolagem. Creio que, em você, isso se liga à sua recusa de todos os valores que podemos chamar de valores vitais, que lhe interessam muito pouco. Os valores da natureza, da fecundidade, tudo isso. Isso lhe interessa muito pouco.

J.-P.S. — Muito pouco.

S. de B. — Você jamais gostou dos animais.

J.-P.S. — Sim, um pouco, dos cachorros e dos gatos.

S. de B. — Não muito.

J.-P.S. — Os animais, para mim, são um problema filosófico. Essencialmente.

S. de B. — E quando você lutava boxe com seus alunos?

J.-P.S. — Isso era atividade, o boxe me era perfeitamente agradável, acessível, porque eu tinha visto lutas de boxe e via o boxeador como uma atividade total.

S. de B. — E houve uma época em que você fazia ginástica. Enfim, cultura física.

J.-P.S. — Fazia-o para emagrecer, não gostava muito. Fazia durante vinte minutos, meia hora cada manhã. Mas não achava agradável.

S. de B. — Ainda assim, você se preocupava um pouco com sua silhueta.

J.-P.S. — Sim. Durante toda a minha vida, quase sempre, tentei emagrecer para dar a impressão de ser um magrinho e não um gordinho. Aliás, a gordura era algo que eu via como abandono, como contingência.

S. de B. — Mas você chegava ao ponto de fazer regime para emagrecer?

J.-P.S. — Não.

S. de B. — Não?

J.-P.S. — Vez por outra, quando me diziam: "não deve comer isso", eu passava um tempo sem comê-lo, depois voltava a comer, porque tenho gostos muito particulares, e que contrariam tudo o que acabo de dizer.

S. de B. — Por exemplo?

J.-P.S. — Os salsichões, as *cervelas*,[91] as salsichas.

S. de B. — Todas as charcuterias.

J.-P.S. — Todas as charcuterias; comi muito isso, durante toda a minha vida.

S. de B. — E isso é proveniente de sua origem alsaciana?

J.-P.S. — Pelo menos é daí que isso se origina, evidentemente; mas isso se explica assim? É outra coisa.

S. de B. — Mas comer era uma atividade que lhe agradava?

J.-P.S. — Ah, sim. Muito! Aliás, de um modo geral, comi muito. Coisas pesadas, em geral... em oposição a meu corpo imaginário de Pardaillan, já que eram coisas pesadas que me engordavam. Isso estava muito longe e até mesmo contra o herói Pardaillan, que só deve comer o mínimo.

S. de B. — E beber? Você também gostava de beber.

J.-P.S. — Gostei muito de beber, mas isso é muito complicado; isso não tem relação com o corpo.

S. de B. — Com o corpo?

J.-P.S. — Enfim, se tem relação, não é muita. Não o interpreto assim. Evidentemente, não é por causa das ideias que bebo, pela beleza das ideias que daí resultarão, mas de toda maneira é por um certo tipo de imaginação.

S. de B. — O que está querendo dizer?

J.-P.S. — A subjetividade se torna, de certa maneira, inventiva. Inventa tolices, mas, no momento em que as inventa, essas tolices são agradáveis.

S. de B. — É preciso deixar claro que você nunca foi um bebedor solitário.

J.-P.S. — Nunca.

S. de B. — Você gostava de beber na companhia de amigos, com outras pessoas...

J.-P.S. — Com você.

S. de B. — Sim, mas, às vezes, você gostava de beber mais do que eu tolerava. Porque eu achava que isso o deteriorava. Até certo ponto, você ficava engraçado, muito poético, muito engraçado, e era divertido,

---

[91] Salsicha grossa e curta, muito condimentada. (N.T.)

especialmente nas *fiestas*, ou logo depois da guerra, quando isso representava, ao mesmo tempo, uma descarga.

J.-P.S. — Sim, era uma descarga. Era desagradável durante a Ocupação.

S. de B. — Beber entre amigos, com Camus, por exemplo, era muito divertido. Você também dizia que havia um prazer no álcool porque este continha uma espécie de risco.

J.-P.S. — Sim.

S. de B. — Era ligeiramente destrutivo.

J.-P.S. — Mas de pouca duração. Do momento em que se exagerava um pouco, começava-se a ser destruído e o risco era uma realidade.

S. de B. — Sim.

J.-P.S. — Gostava-se muito da destruição enquanto tal, gostava-se muito de ter ideias confusas que eram vagamente interrogativas e que depois se desagregavam.

S. de B. — Você nunca se drogou; nunca provou haxixe, nem ópio, nada. Fez apenas uma experiência com mescalina, mas com a finalidade de estudos psicológicos. Mas houve tempo em que, quando tinha que fazer um trabalho, que lhe exigia muito, você abusava dos excitantes.

J.-P.S. — Abusei muito, durante vinte anos.

S. de B. — Sobretudo no período de *A razão dialética*. Utilizou *orthédrine* e outras coisas; e *corydrane*.

J.-P.S. — Sim.

S. de B. — E o que significava essa sua ligação com esses medicamentos muito virulentos?

J.-P.S. — Curioso que eu recusasse essa vinculação quando se tratava de escrever literatura. Isso estava reservado para a filosofia. É por isso que *Crítica da razão dialética* não é uma obra-prima como planificação, composição, limpidez.

S. de B. — Por que essa diferença entre as duas áreas?

J.-P.S. — Creio que a maneira pela qual eram escolhidos os termos, pela qual eram colocados lado a lado, a maneira pela qual era construída uma frase, em suma, o estilo e também a maneira pela qual são analisados os sentimentos num romance, isso supunha que se estivesse absolutamente normal. Mas por que considerava eu que era preciso o inverso em filosofia?

S. de B. — Não seria por que aí você pensava mais rápido do que escrevia?

J.-P.S. — Suponho que sim.

S. de B. — E, também, não havia uma escolha de termos. Lembro-me de que você escrevia a galope. Mas seria isso necessário, ou havia uma espécie de prazer perverso em sentir-se ir além de suas forças? Coisa que aliás terminou, em 1958, numa crise bastante grave.

J.-P.S. — Havia um pouco um prazer perverso. Isso implicava também que tudo podia estourar, mas não se sabia quando. Eu ia longe, tomava não um comprimido de *corydrane* por dia, mas dez de cada vez.

S. de B. — Sei que ficou com a língua completamente ferida, que houve um momento em que ficou meio surdo.

J.-P.S. — Consumia um tubo de *orthédrine* por dia.

S. de B. — Sim, é terrível. Você tinha uma ideia: a ideia do pleno uso; era preciso que todos os minutos fossem utilizados, que o corpo fosse até o extremo de suas forças, inclusive essa parte do corpo que é o cérebro.

J.-P.S. — Pensava que tinha em minha cabeça — mas não separadas, não analisadas, numa forma que se deveria tornar racional — todas as ideias que colocava no papel. Tratava-se, simplesmente, de separá-las e de colocá-las no papel, na medida em que comportavam inúmeros compartimentos. Ao passo que, na cabeça, constituíam um todo sem análise. Então, escrever, em filosofia, consistia, em suma, em analisar minhas ideias, e um tubo de *corydrane* significava: tais ideias serão analisadas nos dois próximos dias.

S. de B. — Você teve algumas doenças durante sua vida?

J.-P.S. — Sim, meu olho, na infância. Uma mastoidite, muito mais tarde. Em 1945, tive caxumba.

S. de B. — Algumas vezes teve gripes muito fortes; uma ocasião, uma gripe com distúrbios intestinais manteve-o de cama durante um mês. Tinha dores de dentes muito, muito intensas. Gostaria que falasse de sua relação com a doença, com a fadiga e com a dor. Você era bastante singular em relação a tudo isso. Há pessoas que se amimam, outras que não se amimam; há pessoas atentas ao menor sinal, outras que, ao contrário, não se preocupam. Há também as que, queixando-se, suportam a doença.

J.-P.S. — Não sei. Só você pode dizer como eu era nesse terreno...

A cerimônia do adeus

S. de B. — A primeira coisa que me espantou foi sua quase negação da dor. Quando você teve cólicas renais em Rouen, ainda jovem, aos 25, 26 anos, deixou os médicos perplexos ao dizer-lhes que não tinha realmente sofrido dores. E, na verdade, sofrera a ponto de vomitar. Mas você achava que o sofrimento é sempre a ausência de sofrimento, que há sempre uma espécie de âmago, e que isso nunca se realiza plenamente.

J.-P.S. — Sim.

S. de B. — Então você aceitava o sofrimento com uma espécie de estoicismo. E até com certa surpresa por não ser ele algo de mais forte.

J.-P.S. — Sim, mas sempre tive apenas dores medianas.

S. de B. — Você teve dores de dentes terríveis. Lembro-me de uma vez em que Cau, então seu secretário, telefonou-me, dizendo: "Ele vai gritar, ele vai gritar." Porque você estava sentado diante de sua mesa e sofria de uma maneira abominável.

J.-P.S. — Sim.

S. de B. — Lembro-me, também, que você teve uma dor de dentes terrível, na Itália, dor que você tentava controlar através da ioga. Você dizia: basta isolá-la; a dor está presente, mas só existe a dor e isso não se espalha pelo resto do corpo.

J.-P.S. — De fato, eu pensava que era possível quase suprimir a dor, assimilando-a à subjetividade. No fundo, a relação subjetiva de mim para comigo mesmo não devia ser muito agradável, já que eu considerava que se podia suprimir da dor seu caráter de dor, assimilando-a à subjetividade pura.

S. de B. — O que você está querendo dizer é que a sua presença corporal não lhe deve ser agradável, de vez que exatamente você a assimilava à dor. E quando doente você era resignado, ou impaciente ou se sentia satisfeito, no fundo, por relaxar um pouco, já que estava cansado e ficava de cama? Ou, ao contrário, sentia-se irritado por ser obrigado a ficar de cama?

J.-P.S. — Havia de tudo. Isso dependia do período da doença.

S. de B. — Experimentou alguma vez uma espécie de prazer por estar doente?

J.-P.S. — Sim, certamente. Depois de trabalhar muito isso representava um repouso. Já não trabalhava quando estava doente e não podia sentir-me pura atividade, sentia-me, ao contrário... pura contingência.

S. de B. — Então, a doença lhe dava um álibi, uma justificação.

J.-P.S. — Sim. Uma justificação. Dava-me uma razão para já não ser eu mesmo. Aquilo me viera de fora e me transformara numa viscosidade contingente que me agradava. E só conservava atividade na medida em que, com muita frequência, até o momento realmente agudo da doença, tentava escrever um pouco, ou pensar coisas que retinha para escrever depois. Que, aliás, eram sempre muito ruins.

S. de B. — Lembro-me, quando teve caxumba, que tentou manter um vago diário. E mesmo assim havia momentos em que o abandonava inteiramente.

J.-P.S. — Sim.

S. de B. — Em suma, a doença era o único caso em que você consentia numa espécie de abandono... Você nunca teve atitudes de confronto em sua existência. Por exemplo, você nunca lia na cama. É uma coisa que eu adoro fazer, à noite, ao deitar-me, ou pela manhã. Ou, pelo menos, ainda que não me deite na cama, estendo-me de bom grado num divã, para ler.

J.-P.S. — Nunca; sento-me à minha mesa.

S. de B. — Nem sequer se senta numa poltrona quando lê.

J.-P.S. — Em geral, não.

S. de B. — Agora você está sentado numa poltrona para falar comigo. Mas, quando lê, fica numa cadeira dura, de espaldar bem reto.

J.-P.S. — Sim. Considerava um pouco como uma espécie de negligência ficar sentado numa poltrona. No Bulevar Raspail 222, nunca ficava numa poltrona. Havia cadeiras e poltronas que eu não utilizava, que eram para as visitas.

S. de B. — Você faz disso quase que uma atitude moral. Gostaria que explicasse um pouco melhor como se formou a imagem de seu corpo e em que medida ela se superpôs à percepção que você tinha dele.

J.-P.S. — A origem da imagem? Há um fato preciso: é que, por volta de sete, oito anos, eu bufoneava enquanto minha mãe tocava piano e, nessa época, eu imitava um cavaleiro imaginário lutando contra sonhos imaginários; este personagem imaginário era, ao mesmo tempo, eu, isto é, eu representava um papel, mas este papel me era reservado. Este personagem deve ser a origem de minha representação de mim mesmo, de meu corpo imaginário; e se retrocedo um pouco mais, exatamente no tempo em que começava a ler: devaneava em minha cama e, antes

A cerimônia do adeus

de dormir, imaginava um personagem que salvava meninas de casas em chamas; era um adulto; sempre tive um corpo imaginário de adulto, muito forte, já que ele entrava em casas em chamas e salvava mocinhas, carregando-as em suas costas. Portanto, desde o início, mesmo antes de saber ler, mas através de histórias que me contavam, eu assumia o papel do herói forte, cujo objetivo é salvar uma jovem, ou uma criança, um personagem superior aos outros, voltado para os pequenos, para os fracos. De onde me veio isso? Não sei, creio que muitas pessoas têm esse tipo de devaneio quando jovens. Mas que isso tenha durado toda a minha vida é o que é mais...

S. de B. — Por que isso durou toda a sua vida? Desde que se tornou adolescente, você perdeu esse tipo de devaneio romanesco! O que restou do corpo imaginário? E, depois, quando já adulto?

J.-P.S. — Bem, em primeiro lugar, conservei uma certa paixão pelos exercícios físicos; a partir do momento em que fui para a Escola, percorremos as salas de ginástica para praticar boxe. Lembro-me ainda de uma sala de ginástica paga, com aulas de boxe; fomos vê-la muitas vezes, perguntávamos os preços, mas era sempre muito caro para nós.

S. de B. — Mas em que sentido o desejo de praticar boxe se liga a um corpo imaginário?

J.-P.S. — Pensava que recuperaria assim uma força imaginária que eu não tinha, que perdera; desenvolveria esta força tornando-me um boxeador amador, seria um retorno ao meu verdadeiro corpo, que era o meu corpo imaginário: finalmente realizei isso um pouco mais tarde, quando era professor do Havre e lutava boxe com alunos; era evidentemente um pouco imaginário, eu não era um verdadeiro boxeador; durante a luta havia um trabalho real onde o imaginário já não representava um papel; mas antes, quando pulava corda, e depois, quando Bonnafé me fazia observação sobre nossa forma de lutar, eu me tornava novamente o personagem imaginário.

S. de B. — E na verdade, você ganhava muitas vezes ou não?

J.-P.S. — Nunca havia realmente vencedor nem vencido, fazíamos dois *rounds* de boxe e depois parávamos, eram sobretudo embates sem resultados. Lutávamos sem muita preocupação com pesos ou alturas; lembro-me de haver lutado contra Bost que tinha 1,75m, e eu 1,60m. Ele era peso "médio" ou talvez "leve", eu era peso "pluma".

S. de B. — E em sua vida, fora do boxe, você se sentia mais forte que os outros: quero dizer aos trinta, quarenta anos?

J.-P.S. — Sensatamente, considerava-me o que de fato era; mas a imagem de alguém que podia lutar contra qualquer um e ganhar, é uma imagem que me rondava com frequência.

S. de B. — E até quando a conservou?

J.-P.S. — Não sei, mas lembro-me de haver recorrido a ela duas vezes. Uma primeira vez foi no liceu de Laon por volta de 1937–1938: estava na sala dos professores; um professor mais ou menos de minha idade achou-se com direito de fazer-me observações porque eu não ia às reuniões do quadro de honra e não sei como me vi batendo nele. Nós nos atracamos durante bem uns 15 minutos, girando em torno da sala, até que chegou um terceiro professor: aí paramos.

S. de B. — Esse foi o primeiro caso, qual foi o outro?

J.-P.S. — Foi quando eu estava preso; havia boxeadores, treinadores profissionais, e eles organizavam lutas de boxe aos domingos como distração. Organizaram uma luta mais privada entre um jovem tipógrafo, muito amável, e eu. Houve dois *rounds*: no primeiro, dominei claramente, no segundo, fiquei tomado de cansaço, porque havia anos que não praticava boxe, e fui dominado. O resultado foi empate, o que era decepcionante para mim, já que Pardaillan não empata.

S. de B. — Isso foi por volta de 1941. Quanto tempo durou essa imagem de Pardaillan?

J.-P.S. — Ela se transferiu, pouco a pouco, para a literatura; meus heróis sempre foram de estatura alta: Mathieu e, em primeiro lugar, Roquetin. Roquetin luta contra um corso no fim e o domina; naturalmente, não eram Pardaillans, eram pessoas fisicamente normais, mas de toda maneira eram altos enquanto eu sou baixo; eles me representavam; eles eram eu próprio e entrementes eu era alto e forte. Saber se isso se harmonizava psicologicamente era algo que não me preocupava.

S. de B. — Isso era literatura; mas, em sua vida, quando desapareceu a imagem? Teria podido durar até os oitenta anos? Atualmente, você já não se sente de estatura alta?

J.-P.S. — Não, mas também não me sinto baixo. Poder-se-ia dizer que o que ficou foi uma igualdade de tamanho. Não sou um homenzinho baixo entre médios ou altos, sou o equivalente dos outros. Por exemplo, nas reuniões de *Les Temps Modernes* não tenho a impressão de estar entre pessoas de tamanho médio ou alto, sendo eu baixo. Tenho a impressão de que somos todos iguais. Pouillon não é maior que eu. Vejo-o como igual, de tamanho.

S. de B. — E sua idade entra em sua imagem? Entrou anteriormente e entra agora?

J.-P.S. — Sim, quando eu era jovem; sabia que era jovem, lembro-me de que, no serviço militar, estava no posto de sentinela e tomava conta de uma guarita, e, uma noite, não sei por que, tive a impressão muito forte de ser jovem, de ter 23 anos (fazia meu serviço militar muito tarde, porque houvera prorrogações). Sei que tive uma sensação de alegria, de prazer, sentindo minha juventude. Hoje, evidentemente, é diferente, mas não me sinto velho, não me sinto mais velho do que com aquela idade. Há uma coisa que sempre pensei, sobre a qual escrevi um pouco em *A náusea*, que é a ideia de que não temos experiência, que não envelhecemos: um dos mitos do fim do século XIX e do empirismo é o da lenta adição de acontecimentos, de experiências que pouco a pouco criam um caráter. Não creio que isso exista; não há atrás de mim uma vida, uma experiência, que eu poderia transformar em sentenças, em fórmulas, em maneiras de ser. Portanto, como não creio ter experiência, na medida em que meu corpo vai bem, sou, quase aos setenta, o mesmo que era aos trinta anos.

S. de B. — Mas, de toda maneira, seu corpo não vai tão bem quanto aos trinta anos?

J.-P.S. — Não vai tão bem.

S. de B. — Por exemplo, você tem um pouco de dificuldade para caminhar.

J.-P.S. — Sim, e um pouco de dificuldade de enxergar.

S. de B. — Você é obrigado a tomar remédios.

J.-P.S. — Sim, mas adaptei-me rapidamente. Por exemplo, já quase não enxergo e isso não me inibe, consigo desembaraçar-me; já não vejo bem seu rosto e até mesmo já não o vejo por completo agora: isso não me deprime; eu o vejo de outra maneira, em outras circunstâncias; mais ou menos sei orientar-me; *grosso modo*, vejo o que representam os objetos, a que distância estão de mim, isso basta para que me oriente. Não me sinto mal como estou agora e não me dói tanto saber que meu estado é anormal.

Simone de Beauvoir

S. de B. — Observe que isso poderia acontecer com qualquer pessoa jovem. Penso que é um traço de caráter de algumas pessoas que são corajosas e otimistas, que recebem a vida como esta lhes é dada; assim como não se sente baixo em relação a Pouillon, também não se sente velho?

J.-P.S. — Palavra que não; sinto-me exatamente no mesmo nível que eles: sabem algumas coisas que não sei, mas eu sei outras que eles não sabem. Claro que considero que já não tenho trinta anos, e, mais ou menos, estou estabelecido nos cinquenta anos. Em outras palavras, aquele que desce as escadas de sua casa, que caminha pela rua, que vê e cumprimenta as pessoas, é um homem de cinquenta anos. Na verdade, rejuvenesço-me vinte anos.

S. de B. — Outro dia, quando o médico lhe disse que era jovem, você me disse que isso lhe deu prazer.

J.-P.S. — Sim, sempre sinto prazer quando me dizem isso; aliás, não mo dizem com frequência, mas no caso ele ficou claramente surpreso com meu comportamento. Foi sobretudo sua surpresa que me agradou, mas ainda do que a frase que depois ele disse. Há também uma coisa que me dá prazer: o fato de não ter os cabelos brancos. Não que eu tenha uma cor de cabelos muito definida...

S. de B. — Suas costeletas são brancas e, quando se barbeia mal, o pelo da barba é branco. Mas, já que é sensível a isso, deveria ser mais cuidadoso, escanhoar melhor o rosto, suprimir assim o que lhe envelhece; seus cabelos, de fato, são grisalhos, não são brancos.

J.-P.S. — É curioso; de acordo com o que acabo de dizer, realmente deveria cuidar mais de meu corpo, por exemplo, barbear-me mais adequadamente, e não o faço. O personagem imaginário tem necessidade de um suporte real, e este deveria ser o mais jovem possível. Há aí uma contradição.

S. de B. — Sim, o personagem imaginário é, sem dúvida, esguio e ágil, ao passo que o personagem real tem um pouco de barriga. Ora, você não se esforça muito para emagrecer.

J.-P.S. — Não. Tento de quando em quando, durante quatro, cinco meses...

S. de B. — Concordo, você se esforça um mínimo. Você não é muito gordo, mas, de toda maneira, se tivesse a vaidade que corresponde a sua imaginação, evidentemente estaria mais magro.

A cerimônia do adeus

J.-P.S. — Certamente.

S. de B. — O imaginário ainda lhe basta e desvia seu interesse do corpo real?

J.-P.S. — Sim; creio que mesmo agora, de quando em quando, ainda há imaginário; já não é Pardaillan, mas algo que permanece no imaginário: uma personalidade física atraente. É preciso partir da ideia de que não vemos nosso corpo, vemos muito pouco dele: as mãos, os pés, não o rosto; aliás, meu personagem imaginário também não tinha três dimensões; tinha mãos e olhos, mais nada. Obviamente, as pernas eram muito maiores que as minhas, as mãos eram muito mais fortes, mas eram de fato suas mãos que eu via e que, de alguma maneira, eu transfigurava. Atualmente, tudo isso já não existe. Não penso nem que sou forte, nem que sou alto.

S. de B. — Outro dia, você disse que sua relação com seu corpo real tinha sido ruim. Em que medida a relação com o corpo imaginário amenizava essa dificuldade? Ou em que medida isso ficou completamente afastado?

J.-P.S. — Permanecia afastado. Permanecia o lado físico que fazia com que sensações cenestésicas fossem desagradáveis para mim, mas é preciso entender: era a matéria de meu corpo, mas ultrapassada por algo que correspondia a minha imagem; não era minha imagem, mas correspondia a esta. Sentia-me sobretudo ativo, coisa que explica, em especial, minhas relações sexuais com as mulheres; eu era ativo e era esta atividade que me levava até o ato sexual propriamente dito; ele só me inspirava um desejo moderado, mas era a atividade que deve existir num casal; creio que esta foi uma das razões que obliterou um pouco meu sentido de igualdade para com a mulher. Quando, na verdade, penso que homens e mulheres somos iguais. Mas a posição física da cópula e a atividade que nela eu desenvolvia, que certamente não é necessária, que correspondia à minha própria sensibilidade, uma sensibilidade um pouco desviada, era a atividade masculina.

S. de B. — Por que desviada?

J.-P.S. — Porque não creio que a perfeita sensação física no momento do ato amoroso deva ser a da atividade. Deve ser algo mais complexo; é atividade e também sensibilidade; deve haver passividade e atividade em cada um dos dois. Devo ser passivo no momento em que a outra pessoa me acaricia, devo ser ativo na medida em que a acaricio.

Simone de Beauvoir

S. de B. — Sim, inteiramente de acordo; ao passo que, em você, só se desenvolvia o lado ativo. Coisa que o levava ao controle de si mesmo, mas também a uma certa frieza.

J.-P.S. — Quase que a uma pontinha de sadismo. Porque, afinal, a pessoa recebia e eu não. Eu não? Recebia, mas o que era dado não era nada para mim, naquele momento, já que eu era atividade.

S. de B. — Você quer dizer que na medida em que é atividade pura e a outra pessoa pura passividade isso tem algo de quase sádico?

J.-P.S. — Sim. Porque é também a atividade oposta à passividade que representa o sadismo.

S. de B. — Porque a outra pessoa fica reduzida ao estado de objeto, quando a normalidade seria uma verdadeira reciprocidade.

J.-P.S. — Exatamente.

S. de B. — Pode explicar o porquê dessa recusa da passividade? Essa recusa vivida em seu corpo?

J.-P.S. — Na medida em que penso, que trabalho com minha caneta, que escrevo, não recusei realmente a passividade. Fui influenciado por pessoas, pensei que eles compreendiam o que eu não compreendia: há um elemento de passividade em meu trabalho.

S. de B. — Sim, mas falo em relação ao corpo. Será que você foi muito mimado, afagado, beijado, pela mãe, pelo avô, e se enrijeceu contra isso?

J.-P.S. — É possível, já apontei isso em *As palavras*. Sim, houve algo assim. Eu não me sentia a criança querida e graciosa: esta absolutamente não correspondia ao que eu desejava ser. Os adultos não eram graciosos. Afora meu avô que era um homem atraente. O sr. Simoneau, por exemplo, ou algum outro, era realmente muito desagradável. Imaginava que no futuro seria um pouco como eles. Então, havia um homem muito desagradável que era eu e também uma adorável criança que era igualmente eu, mas um eu do qual me orgulhava menos, gostava menos.

S. de B. — A atividade não foi uma reação contra uma desvantagem: a feiura?

J.-P.S. — Não creio, porque só percebi verdadeiramente minha feiura aos 12 anos, com o episódio da menina que me disse: "bobalhão com seu chapelão". Isso me deu conhecimento de minha feiura. Antes, não.

S. de B. — Mas antes você já tinha essa atitude puramente ativa? Será que você não se abandonava mais?

A cerimônia do adeus

J.-P.S. — Como todas as crianças, abandonava-me às carícias de minha mãe, mas já era ativo: lembro-me de que eu brincava com fantoches para atrair as meninas; era uma atividade imaginária, mas ainda assim atividade.

S. de B. — Sim, mas todas as crianças são mais ou menos ativas; podemos ser ativos sem rejeitar completamente nossa passividade.

J.-P.S. — Sobre isso sou incapaz de responder-lhe: é algo distante, velho.

S. de B. — Os anos em La Rochelle, a aprendizagem da violência, o novo casamento de sua mãe, tudo isso não teria levado você a uma atividade extrema? Será que em determinado momento você não foi privado de carícias? Há várias hipóteses: as carícias o desagradavam porque eram excessivas e o reduziam a ser um objeto adorável? Ou terá havido, por volta dos 12 anos, uma espécie de supressão brutal? As efusões devem ter diminuído muito.

J.-P.S. — Havia efusões, mas havia também uma vontade de bater-me, porque eu não estudava satisfatoriamente.

S. de B. — Isso lhe deu uma grande resistência em relação à dor, já que a dor parecia-lhe quase que a cenestesia normal, e uma recusa do abandono, que surpreende todas as pessoas que o veem: você trabalha sentado em cadeiras muito duras etc. Sempre foi assim?

J.-P.S. — Sim. Sempre considerei que a atividade supunha a ausência de abandono. E a ausência de abandono é a ausência da cenestesia, mas também, em certa medida, a ausência do imaginário; de certa forma, o herói imaginário justifica o abandono, porque o recusa totalmente no imaginário; então, é possível abandonar-se na realidade; mas, ao mesmo tempo, como eu inventara este herói, pensava que era preciso recusar-lhe que cedesse ao abandono e eu fazia como ele.

S. do B. — Você tem uma característica que chamou a atenção de muita gente a começar por mim: em sua atitude, em seus gestos, sempre houve algo de muito vivo, muito rápido, muito empreendedor; até em sua maneira de caminhar, por exemplo, e de mover um pouco os ombros e os braços ao caminhar. Por volta dos cinquenta, 55 anos, isso até se tornou nervosismo: por exemplo, uma vez Sylvie nos reconheceu quando estávamos num restaurante em Roma; ela estava num hotel em frente, à janela; não nos via, mas via uns pés que se agitavam de tal maneira, que disse a si mesma: aquele é Sartre. Seus pés eram muito nervosos. Assim como havia tal agitação em seus cotovelos que você gastava os braços de minhas poltronas, porque seus cotovelos se mexiam o tempo todo. Isso quando tinha cinquenta, 55 anos.

J.-P.S. — Efetivamente, estive um pouco nervoso durante uns dez anos; isso passou.

S. de B. — Creio que se devia a um excesso de *corydrane*.

J.-P.S. — Creio que sim.

S. de B. — Passou agora, porque já não toma café nem *corydrane*; você abusava de excitantes... o que aliás provocou uma crise.

J.-P.S. — Observe que a confiança no *corydrane* era um pouco a busca do imaginário; o estado em que ficava, tendo tomado dez *corydranes* pela manhã, enquanto trabalhava, era o abandono completo de meu corpo; eu me captava através dos movimentos de minha caneta, minhas imaginações e minhas ideias que me formavam; era esse ser ativo que era Pardaillan, negligenciando...

S. de B. — O corpo real que assim se deteriorava e contra o qual você sempre teve uma atitude quase agressiva. Você não pensava realmente que se estava destruindo, mas, na verdade, várias vezes se danificou bastante; como tem uma estrutura excelente, recuperou-se extraordinariamente, mas várias vezes se danificou. Para um observador externo houve época em que seu corpo era perfeitamente equilibrado, rápido e eficaz; você era desajeitado, isso é outra coisa, mas, enfim, era um prazer vê-lo caminhar pela rua, por exemplo: era rápido, afirmativo, alegre. Enquanto que internamente você não se sentia bem dentro dele, seu corpo dava uma impressão de alegria.

J.-P.S. — Porque ele era ativo.

S. de B. — Porque você sempre foi muito alegre. Sempre teve um humor muito alegre. Isso se via em seus gestos, em sua atitude. Você era vivo, era alegre. Houve tempo em que você não estava bem, extremamente nervoso, a ponto, por exemplo, de gastar o tapete de meu estúdio: tive que colocar um remendo no tapete, de tão gasto que estava pelo atrito de seus pés, e forrar as poltronas por causa das cotoveladas que você dava nelas.

J.-P.S. — Sim, meus movimentos eram extremamente nervosos. Mas não esqueça que o *corydrane* me dava a impressão de uma total adesão de mim a mim mesmo. A cenestesia quase desaparecia e havia as ideias que formava em minha cabeça e no próprio momento em que escrevia e havia o escrever, tudo isso ao mesmo tempo.

A cerimônia do adeus

S. de B. — Sim, mas não me refiro unicamente ao *corydrane*, falo do quadro total; mesmo nos dias em que você não tomava *corydrane*, já estava criado um estado que não era mais o equilíbrio de seus quarenta, cinquenta anos. Esse estado de grande nervosismo ocorreu entre os 55, 65 anos, depois mudou, já que lhe deram remédios para baixar sua pressão, sedativos; você agora tem um corpo muito mais calmo. Há algo de que não falamos, é o sono. Qual é a sua relação com o sono?

J.-P.S. — É perfeita. Até os trinta anos dormia sem necessidade de remédio algum e, ao encostar a cabeça no travesseiro, dormia até a manhã do dia seguinte.

S. de B. — No entanto, quando o conheci tinha manias?

J.-P.S. — Sim, colocava vendas nos olhos e protetores nos ouvidos. Mas era um sono muito bom; no período após a guerra tomei comprimidos para dormir; aliás, esses comprimidos eram necessários para contrabalançar os excitantes que ingeria, para escrever, a partir das oito, nove horas da manhã. Durante muito tempo usei Belladenal, quatro ou cinco comprimidos à noite, quando tive uma pressão muito alta.

S. de B. — Em 1958, teve uma alta de pressão que o levou à beira de um ataque; mas não o teve.

J.-P.S. — Exatamente. Nessa ocasião deram-me comprimidos para dormir; claro está que já não tomava *corydrane*, mas tomava comprimidos para dormir. Foram vários, mas retornava com frequência ao Belladenal. Ainda tomo soníferos, mas muito menos do que antes. Do produto que uso agora, o Mogadon, só tomo um comprimido, ao passo que antes tomava quatro ou cinco comprimidos.

S. de B. — E até nem sei se atualmente isso não passa de um simples hábito.

J.-P.S. — Mas se não tomo nada, não me sinto tão bem.

S. de B. — Porque imagina que não dormiria bem. Isso é psíquico. Creio que você dormiria igualmente bem; enfim, pouco importa. Portanto, você tem um sono muito bom, sem complicações.

J.-P.S. — A partir do momento em que tomo um comprimido, durmo à meia-noite e meia e acordo às oito ou nove horas da manhã. Em suma, não tenho nenhuma dificuldade com o sono.

S. de B. — E sonha às vezes.

J.-P.S. — Não. Antigamente, sim; mesmo agora, há todo um burburinho em minha cabeça, quando acordo, mas que não tem nem forma nem nome. Desde a idade de trinta anos, mais ou menos, perdi completamente a lembrança de meus sonhos.

S. de B. — Creio, de fato, que em toda a nossa vida, você nunca me contou um sonho. Você sonhava, como todo mundo, mas penso que perde seus sonhos ao despertar e tem a impressão de não haver sonhado.

J.-P.S. — Ainda me lembro dos sonhos, dos pesadelos que tive alguns dias depois que meus pais levaram para um hospital psiquiátrico uma empregada deles que se imaginava caindo em buracos; na rua, ela via buracos à sua frente, bruscamente, e caía dentro deles, chorava, tinha crises, e meus pais a haviam levado a um médico que dera autorização para que a mandassem para um hospital psiquiátrico. Eu fui internamente contra essa solução, mas tratava-se de meus pais e eu nada podia fazer, a não ser dar-lhes minha opinião; mas conservei uma espécie de perturbação no fundo de mim mesmo e lembro-me que à noite sonhava; ainda vejo mais ou menos os sonhos que tinha.

S. de B. — Foi em que época?

J.-P.S. — Em Paris, antes da guerra, quando morava com meus pais.

S. de B. — Então, é uma lembrança muito antiga. Ainda se lembra de alguns outros sonhos?

J.-P.S. — Não, mas sei que sonhava bastante.

S. de B. — Não lhe interessou evocá-los?

J.-P.S. — Eu o fiz. Escrevi sobre os sonhos, na época em que os tinha, em *L'imaginaire*. Enfim, de toda a maneira, o sonho é algo que não existe. Ou que existe como algo sem histórias. Sei, quando a deixo à noite e subo a escada para ir deitar-me, que não estou indo para um campo de batalha, estou indo para um aniquilamento total... Minhas funções digestivas são também muito boas.

S. de B. — Sim, você nunca sentiu enjoo.

J.-P.S. — Nunca, e viajei muito de navio.

S. de B. — Você nunca ficou indisposto, mesmo quando embriagado; isso atacava mais a cabeça ou o aparelho motor, mas nunca o fígado ou o aparelho digestivo.

J.-P.S. — Uma vez, vomitei; na véspera de uma distribuição de prêmios. Tinha ido jantar na praia com alguns alunos e depois terminara a noite num bordel, onde aliás nada se consumou.

S. de B. — Uma outra vez vomitou também, foi no Japão, quando você comeu peixe cru; na hora, você suportou muito bem a coisa, mas quando chegou a seu quarto, sentiu-se mal. Não era uma perturbação de estômago, era uma coisa psíquica.

J.-P.S. — Não compreendi o que me estava acontecendo.

S. de B. — Será preciso tornar a falar do lado psicossomático de sua pessoa. Porque, de um modo geral, você é muito senhor de si mesmo, muito organizado, muito cerebral, muito consciente; mas há casos em que seu corpo reage quase sem que você o saiba, como, por exemplo, no que acabamos de mencionar. Você foi muito cortês durante todo o jantar, comeu com um sorriso pratos que me repugnavam, recolhemo-nos, você pensou que estava com febre, foi vomitar, e então compreendeu que se tratava simplesmente de uma náusea, mas uma náusea que era uma reação psicossomática ao esforço que fizera sobre si mesmo durante todo o banquete.

S. de B. — Vamos falar de um tema sobre o qual falamos muito pouco e que é sua relação com a comida. Tem algo a dizer a respeito?

J.-P.S. — Essencialmente que só gosto de comer bem poucas coisas. Faço restrições a certos alimentos, como, por exemplo, o tomate. Praticamente não o comi em toda a minha vida. Não que ache o tomate tão ruim assim e que seu gosto me repugne tanto. Mas não me agrada muito, então tomei a decisão de não comê-lo e de um modo geral ela foi respeitada pelas pessoas que me rodearam.

S. de B. — Sabe a origem de tal desagrado?

J.-P.S. — Deveria sabê-lo porque penso que todo alimento é um símbolo. Por um lado é um alimento, e, nesse sentido, não é simbólico; alimenta, é comestível. Mas seu gosto e seu aspecto exterior provocam imagens e simbolizam um objeto. Um objeto variável segundo o alimento, mas que é simbolizado pelo próprio alimento. Em *O ser e o nada* tentei analisar alguns gostos, pelo menos alguns aspectos simbólicos das coisas.

S. de B. — Afora o tomate, quais são as suas maiores repugnâncias?

J.-P.S. — Os crustáceos, as ostras, os frutos do mar.

S. de B. — O que o repugna tanto nos frutos do mar e nos crustáceos?

J.-P.S. — Creio — pelo menos no que se refere aos crustáceos — que sua semelhança e sua relação com os insetos, os que vivem no ar e não na água, mas que têm esse grau de vida e essa consciência problemática que me incomodam e que têm sobretudo uma aparência em nossa vida quotidiana de serem completamente ausentes de nosso universo — quase completamente ausentes —, que os coloca à parte. Ao comer um crustáceo, como coisas de um outro mundo. Essa "carne" branca não é feita para nós, roubamo-la a um outro universo.

S. de B. — Quando você come vegetais também os rouba a um outro universo...

J.-P.S. — Não gosto muito de vegetais.

S. de B. — Há uma grande diferença: nos vegetais não há consciência. Parece que o que há de desagradável no inseto é que ele pertence a um outro universo e ao mesmo tempo tem uma consciência.

J.-P.S. — Segundo toda plausibilidade o vegetal não a tem. O cozimento de um vegetal é a transformação de um determinado objeto sem consciência em outro objeto igualmente sem consciência. E é uma tomada de coisa pelo mundo humano. Um vegetal deixa de ser um vegetal para tornar-se um purê ou uma salada cozida se é cozido. O cru afasta-o de nós.

S. de B. — Mas os frutos do mar não têm esse lado inseto que têm os crustáceos. Então, por que não lhe agradam?

J.-P.S. — É alimento escondido num objeto e que tem que ser extirpado. É sobretudo essa noção de extirpar que me incomoda. O fato de que a "carne" do animal esteja de tal modo calafetada pela concha, que é preciso utilizar instrumentos para retirá-la em vez de separá-las inteiramente. É portanto algo que se liga ao mineral. É realmente um dom do mineral, sendo a concha o mineral e o dom essa pouca "carne" que há dentro dela.

S. de B. — Não há, na própria qualidade dessa "carne" algo que lhe desagrada? Isso não estará ligado a tudo o que pensa sobre o pegajoso, o viscoso e essa forma elementar de vida que faz com que sinta repugnância?

J.-P.S. — Certamente. A origem da qualidade material desagradável do fruto do mar é certamente essa. É uma forma quase vegetativa de existência. É o orgânico em vias de nascer, ou que só tem de orgânico esse lado um pouco repugnante de "carne" linfática, cor estranha, de buraco aberto na "carne". Tudo isso nos é dado no fruto do mar.

S. de B. — Tem outras repugnâncias?

J.-P.S. — Há uma que não entendo, já a mencionei, pelo tomate. Aliás, trata-se mais de uma proibição de comê-lo que me fiz, do que de uma verdadeira aversão. Cada vez que o como, por acaso ou por educação, não sinto tanta aversão. Não gosto dessa pequena acidez que ele dá à comida.

S. de B. — Entre as coisas que não lhe inspiram repugnância há algumas que praticamente não come nunca?

J.-P.S. — Frutas. Porque se sinto desejo de comer algo doce, prefiro comer qualquer coisa que seja feita pelo homem, um doce, uma torta. Aqui, o aspecto, o conjunto, o próprio gosto foi desejado e repensado pelo homem. Ao passo que a fruta tem um gosto casual; está numa árvore, está no solo em meio à relva. Não é para mim, não vem de mim. Fui eu que decidi fazer dela um alimento. Um doce, ao contrário, tem uma forma regular, como por exemplo um *éclair* de chocolate ou de café; é feito por pasteleiros, em fornos etc. É, portanto, um objeto inteiramente humano.

S. de B. — Em outras palavras, as frutas são excessivamente naturais.

J.-P.S. — Sim, é preciso que o alimento seja produto de um trabalho feito pelo homem. O pão é assim. Sempre achei que o pão era uma relação com os homens.

S. de B. — Gosta de carne?

J.-P.S. — Não. Comi-a durante muito tempo, como menos agora, não a aprecio muito. Houve um tempo em que gostava de um bom pedaço de assado, um *chateaubriand*, o *gigot*, depois deixei um pouco isso, porque me dava muito a impressão de estar comendo o animal.

S. de B. — Então, de que gosta?

J.-P.S. — De algumas coisas entre as carnes e os legumes, dos ovos. Gostei muito da charcutaria, mas agora já não me agrada tanto. Parecia-me que o homem utilizava a carne para fazer coisas totalmente novas, por exemplo, uma *andouillette*,[92] ou uma *andouille*,[93] um salsichão. Tudo isso só existia por causa do homem. O sangue tinha sido retirado de uma certa maneira, tinha sido depois disposto de uma certa forma, o cozimento era feito de uma maneira bem definida, inventada pelos homens. Haviam dado a esse salsichão uma forma que, para mim, era tentadora, terminada com pedaços de barbante.

---

[92] Chouriço ou linguiça pequenos. (N.T.)

[93] Chouriço ou linguiça feitos com carne de porco ou vitela. (N.T.)

S. de B. — Em outras palavras, você gostava de charcutaria, porque nela a carne está menos presente de uma maneira imediata do que na carne de boi[94] e similares?

J.-P.S. — Para mim, aquilo já não era carne. A carne de boi, mesmo cozida, ainda é carne. Tem a mesma consistência, há o sangue que escorre, tem a mesma quantidade muito grande em relação ao que dela se pode comer. Um salsichão, uma *andouille*, não são assim. O salsichão, com seus pontinhos brancos e sua carne rosada, redondo, é outra coisa.

S. de B. — Em suma, você se situa deliberadamente a favor do cozido contra o cru?

J.-P.S. — Totalmente. É claro que posso comer amêndoas ou nozes, embora me machuquem um pouco a língua. Abacaxi, porque o abacaxi se assemelha a algo cozido. Conhecia o abacaxi em conserva, e quando o comi cru pela primeira vez, isto é, na América do Sul, tive a impressão de estar vendo um grande objeto cozido.

S. de B. — Tem alguma coisa a acrescentar a respeito de alimentos?

J.-P.S. — Não, nada de importante.

S. de B. — O que tem a dizer-me sobre sua relação com o dinheiro?

J.-P.S. — Creio que o fato essencial — mencionei-o em *As palavras*, mas é preciso voltar ao assunto — é que vivi em casas dos outros até muito tarde em minha juventude; sempre vivi com dinheiro que me davam, mas que não me pertencia. O dinheiro que meu avô nos dava, o dinheiro com que nos sustentava a mim e a minha mãe; minha mãe me explicava que esse dinheiro não era meu. Depois, ela voltou a casar-se e o dinheiro de meu padrasto me pertencia menos ainda do que o do meu avô. Ela me dava dinheiro, mas me fazia sentir que aquilo não era meu, que me era dado por meu padrasto. E isso durou até que entrei para a Escola Normal. O dinheiro que me era dado por minha mãe ou meu padrasto escasseou porque eu ganhava na Escola Normal e tinha também os *tapirs*; foi então aí que ganhei meu primeiro dinheiro, mas até os 19 anos, o dinheiro me vinha de fora, e como não gostava muito de meu padrasto, senti a coisa mais fortemente do que se me viesse de outra pessoa. Observe que vivíamos muito bem; meu padrasto era diretor dos Estaleiros Navais em La Rochelle, ganhava

---

[94] No texto, *viande rouge*, que é como se designa em francês a carne de boi, cavalo, carneiro, distinguindo-se da *viande blanche*, de aves, porco. (N.T.)

quantias elevadas e consequentemente vivíamos muito bem. Aliás, eu não precisava de muito, estava no liceu, davam-me um pouco de dinheiro diariamente; mas, enfim, o que é certo é que me sentia sem dinheiro, sentia-me mantido com o dinheiro dado pelos outros, e, por isso mesmo, o dinheiro, ao mesmo tempo em que não o tinha, assumia um valor mais ideal para mim: dava dinheiro, trocava dinheiro por um doce, um lugar no cinema, mas era uma troca que não dependia de mim. O dinheiro era como uma espécie de permissão para obter objeto, dada por meu padrasto, não ia muito além disso. É como se ele me dissesse: com estes níqueis você pode comprar uma *madeleine* ou um pão de chocolate, o que significava, eu lhe dou este pão de chocolate. O valor do dinheiro propriamente me escapava. Aliás, eu era bastante hostil a este dinheiro: não que o desejasse menos, mas teria gostado de prescindir daquela permissão. Ter o meu dinheiro. Foi assim que, por volta dos 12 anos, comecei a tirar dinheiro da bolsa de minha mãe em La Rochelle.

S. de B. — Você tirou dinheiro porque o fato de o darem a você o irritava.

J.-P.S. — Isso mesmo.

S. de B. — Que sentiu quando ganhou seu primeiro dinheiro?

J.-P.S. — Foi na Escola Normal; aí também não compreendi muito bem o que significava ganhar dinheiro. Era dinheiro que nos davam na escola, uma pequena quantia mensal que nós gastávamos tomando cafés nos bares próximos à Escola; aliás isso não era suficiente, porque detestávamos o *menu* da Escola, que era horrível, e gastávamos muito desse dinheiro em refeições. De maneira que havia outro hábito na Escola: era dar aulas a alunos do primeiro ano ou de filosofia, às vezes do segundo e terceiro, que em geral não estavam sendo capazes de acompanhar o curso e a quem tínhamos de preparar.

S. de B. — No caso, já não era dinheiro recebido como no caso da Escola. Você estabeleceu então uma relação entre um determinado trabalho e um determinado ganho?

J.-P.S. — Sim, sabia perfeitamente que esse dinheiro me era dado por meu trabalho com meus alunos, mas não via muito bem a relação entre esse dinheiro e esse trabalho. Era muito consciencioso; em geral era professor de filosofia, mas, às vezes, realizava tarefas mais particulares; fui até professor de música. O que sentia é que realizava um pequeno trabalho fácil, e isso me permitia receber, no fim do mês, uma quantia que me possibilitava viver um mês sem almoçar nem jantar na Escola.

S. de B. — Teve problemas por falta de dinheiro nessa época?

J.-P.S. — Sim, é claro, mas não consideráveis. Não ganhava mal com os *tapirs*. As aulas eram pagas de acordo com uma tabela dada pela Escola; esta tinha sido determinada pelos alunos, junto com o *caíman*, isto é, com o supervisor-geral da Escola, e eram quantias fixas.

S. de B. — Parece-me que houve ocasiões em que você precisou de dinheiro: quando queria viajar para Toulouse para ver Camille.

J.-P.S. — Sim, tinha muito pouco dinheiro, como todos os alunos da Escola Normal. Lembro-me de que uma vez pedi emprestado a todos os meus colegas, quase que centavo por centavo, o dinheiro necessário para uma passagem de ida e volta a Toulouse e para alguns gastos. Parti com os bolsos carregados de moedas. Sim, vivíamos pobremente; havia meses em que não tínhamos dinheiro, não tínhamos *tapirs*; pedíamos emprestado e depois devolvíamos.

S. de B. — Você tinha ambições quanto ao dinheiro? Ou algo como uma planificação do dinheiro que viria a ter mais tarde?

J.-P.S. — Não, de modo algum. Não pensava no dinheiro que teria mais tarde. Nunca. Quando pensava em ser escritor, pensava em fazer obras notáveis, mas absolutamente não pensava que elas me trariam uma quantia ou outra. De certa maneira, o dinheiro não existia para mim. Recebia-o e o gastava. Gastava-o amplamente enquanto o tinha, porque era quase como se fossem notas de papel que me davam e que eu entregava a uma caixa comum. Ajudava meus companheiros da Escola Normal, dava dinheiro com frequência.

S. de B. — Eu sei; quando o conheci na Escola Normal você tinha fama de ser extremamente generoso... E especialmente quando saía com uma mulher, tinha fama de fazê-lo suntuosamente; ou mesmo quando saía com seus colegas, tinha fama de ir a bons restaurantes, de gastar tudo o que tinha.

J.-P.S. — De fato, era o que eu fazia, mas não via isso como um ato de generosidade; utilizávamo-nos desses estranhos objetos que nos davam e recebiamos alguma coisa em seu lugar. Estendíamos, é claro, o poder aquisitivo desses objetos aos colegas próximos. Dava de bom grado meu dinheiro, porque não tinha a impressão de ganhá-lo, e ele nada mais representava para mim do que signos. Evidentemente, era

A cerimônia do adeus

preciso possuir muitos desses signos para possuir muitos objetos, mas podíamos arranjar-nos.

S. de B. — Você tirava dinheiro dos outros?

J.-P.S. — Não, mas simplesmente porque não havia.

S. de B. — Quer dizer que não teria censurado aqueles que o fizessem?

J.-P.S. — Não. Porque o dinheiro me parecia algo fora da vida. Pensava que a vida não era feita pelo dinheiro; no entanto, tudo o que fazia era graças ao dinheiro; era sempre com dinheiro que podia ir a um teatro, ao cinema, ou sair de férias. Juntava-o, considerava que havia coisas de que gostava e que fazia, mas não percebia que podia fazê-los graças apenas a certa quantia que adquirira dando aulas a meus alunos.

S. de B. — Mas por trás dessa indiferença não havia, apesar de tudo, a certeza de que você era um funcionário e que seu futuro estava garantido, modestamente, sem dúvida, mas de uma maneira muito segura? Nunca se sentiu preocupado com seu futuro material?

J.-P.S. — Não, nunca. Isso nem me ocorria. O que pode ser uma maneira de sentir-se ainda mais seguro. Para mim, havia o dinheiro que os alunos me davam diariamente e que eu gastava em objetos que me agradavam; depois, teria o dinheiro que o Estado me daria por meus cursos e gastá-lo-ia da mesma maneira. Não via a vida como sendo mantida por uma determinada quantia que se reproduzia todos os meses e devia ser gasta em determinadas condições: roupa, moradia etc. Não via isso assim. Via que era preciso ter dinheiro e que uma profissão era algo que proporcionava dinheiro; minha vida seria a dos professores que eu conhecera e depois haveria, evidentemente, os livros que me valeriam, sem dúvida, mais dinheiro.

S. de B. — Mas, em certo sentido, ninguém deseja o dinheiro em si; desejamo-lo sempre pelo que podemos comprar com ele. Nunca houve uma discrepância entre seus sonhos de futuro, suas ambições de viagens, já que você sonhava muito em viajar, e o conhecimento de que não teria dinheiro suficiente para fazer essas viagens, para ter essa vida de aventuras com que sonhava?

J.-P.S. — A vida de aventuras era algo mais abstrato. Mas as viagens, sim. Sei que a Holanda me parecia muito cara antes da guerra. Pensava que levaria muito tempo para poder fazer uma viagem à Holanda.

S. de B. — Falo da Escola Normal, quando você era muito jovem.

J.-P.S. — Não, isso não se manifestava assim. Não tinha grandes necessidades: um copo de cerveja ou de vinho num café, dois ou três cinemas por semana.

S. de B. — E você não se dizia, por exemplo: ora vejam, jamais terei dinheiro suficiente para ir à América?

J.-P.S. — Pensava que dificilmente iria à América; mas isso estava distante, não era meu desejo na época.

S. de B. — E quanto ao dinheiro dos outros? Quero dizer, quando via pessoas muito ricas, quando via pessoas muito pobres, reagia a isso? De alguma maneira isso existia para você?

J.-P.S. — Via bastante as pessoas muito ricas. Os pais dos alunos, alguns eram ricos. Mas sabia que havia pessoas muito pobres, considerava isso uma indignidade social, e que seria necessário um trabalho político para que o pauperismo fosse suprimido; como vê, tinha ideias bastante vagas, mas enfim...

S. de B. — Mas você não tinha consciência de que o dinheiro podia representar algo de fundamental para um varredor, para uma faxineira?

J.-P.S. — Sim, a prova é que o dava a essas pessoas. Mas era uma contradição: esse dinheiro, que para mim não representava nada, era muito para eles. Eu não tentava compreender, via que era assim. Em outras palavras, tinha uma consciência muito abstrata do dinheiro: tratava-se de uma moeda ou de uma nota que me permitia adquirir objetos que me agradavam; mas eu não vivia disso. E é preciso tentar compreender isto: morava na Escola Normal, tinha minha cama, que não pagava. Podia almoçar e jantar sem pagar um centavo. De maneira que minha vida no sentido mais simples do termo, no sentido mais material, me era fornecida não por meus pais, nem por pessoas que me conhecessem, mas por algo que era o Estado. Todo o resto, tudo o que para mim era minha vida, isto é, os cafés, os restaurantes, os cinemas etc., tudo isso eu dava a mim mesmo como resultado de uma espécie de pseudotrabalho, já que considerava uma brincadeira as horas que passava com meus *tapirs*. Ficava diante de um garoto, geralmente apagado, que escutava vagamente durante uma hora o que eu dizia e depois ia-me embora; eu não tinha sequer a impressão de que aquilo fosse ensino; tinha a impressão de que se tratava um palavrório que me proporcionava, por exemplo, vinte francos.

S. de B. — E mais tarde, quando professor?

A cerimônia do adeus

J.-P.S. — Bem, entrementes, ocorreu algo. Minha avó morreu e herdei uma quantia considerável para o rapazinho que eu era...

S. de B. — Creio que eram 80 mil francos da época, o que representaria hoje quase um milhão.[95]

J.-P.S. — Então, gastava esse dinheiro assim, por exemplo, com você; fizemos viagens.

S. de B. — Sim, as viagens foram financiadas em grande parte por isso.

J.-P.S. — E veja você: também naquela época o dinheiro não era uma realidade. Uma realidade que, numa família pobre, a criança capta tão bem. Ela sabe o que é uma moeda de dois francos. Quanto a mim, não posso dizer que o soubesse. Vinha-me às mãos o dinheiro que me proporcionava objetos. Às vezes, já não tinha dinheiro e já não tinha objetos ou então pedia emprestado — sem saber como o devolveria —, mas sabia que o devolveria, porque teria alunos no ano seguinte.

S. de B. — Sim, quando nos conhecemos, às vezes você vivia um pouco acima de seus meios; então, pedia emprestado à sra. Morel.

J.-P.S. — Sim.

S. de B. — Você tinha essa segurança: a sra. Morel era rica; era a única, entre seus amigos, realmente rica. Você não lhe pedia emprestado com frequência, mas, enfim, isso ocorria. Também isso era uma segurança.

J.-P.S. — Sim.

S. de B. — Lembro-me dos fins de mês um pouco difíceis, porque não tínhamos orçamentos equilibrados; eu empenhava um determinado broche que herdara não sei de quem; ou então pedia dinheiro emprestado a Collette Audry, que colocava no prego sua máquina de escrever; frequentemente, nos últimos dias do mês faltava-nos dinheiro. Mas isso não nos incomodava.

J.-P.S. — Apesar de tudo, tínhamos nossos salários. Nós os juntávamos e isso representava um pouco mais de dinheiro do que dispõe um professor não casado ou casado com uma mulher que não trabalha. Recebíamos muito pouco, já que pertencíamos à primeira categoria.

S. de B. — Mas tínhamos com que viver, sobretudo da maneira pela qual vivíamos.

J.-P.S. — No Havre, meu primeiro posto, eu gastava muito pouco dinheiro.

---

[95] Antigo.

S. de B. — E tinha a impressão de ganhar o seu próprio dinheiro, mais nitidamente do que na época em que dava aulas aos *tapirs*?

J.-P.S. — No fundo, nunca tive a impressão de ganhar meu dinheiro. Trabalhava, era isso a vida, e então, todos os meses, davam-me dinheiro.

S. de B. — De qualquer forma havia algumas imposições. Por exemplo, você era obrigado a morar no Havre; depois, obrigaram-no a morar em Laon; você não podia morar em Paris como teria desejado.

J.-P.S. — Sim, mas meu posto fora escolhido em função de sua proximidade de Paris; era apenas um pequeno cerceamento, ou seja, eu pegava o trem para Paris. Gostava de tomar o trem. O trem do Havre para Paris. Lia os primeiros romances policiais que faziam na época muito sucesso na França e o jornal *Marianne*; era um trajeto agradável, e me encontrava com você em Rouen.

S. de B. — E alguma vez você sentiu com desagrado a falta de dinheiro no momento preciso? Sei, por exemplo, que ficava muito mais constrangido do que eu por pedir dinheiro emprestado. Tivemos uma grande altercação: foi num hotel onde ficávamos frequentemente, em Paris: você tinha que convidar Aron para almoçar no dia seguinte e estava sem dinheiro. Sozinho, você não ligaria, teria dito: não almoço. Mas tinha que convidar Aron, e eu dizia: "Há uma solução muito simples: peça ao hoteleiro que lhe empreste dinheiro pelo prazo de 24 horas." E realmente discutimos, porque eu dizia: "Que importância tem isso? É um sujeito asqueroso, e para nós tanto faz; pelo menos, que seja útil." E você dizia: "Não, não quero que ele tenha consciência de me haver feito um favor."

J.-P.S. — É exato, não queria que ele me fizesse um favor.

S. de B. — Sei que discuti com você e lhe disse: "É uma sorte que você seja um funcionário, não poderia ser outra coisa, porque tem relações muito tímidas com dinheiro." Você era muito generoso, não é esse o problema, mas a partir do momento em que pensava que ia ficar em falta, que havia um risco de não ter dinheiro, aí então você se tornava muito timorato.

J.-P.S. — É verdade. Muitas vezes me preocupei com dinheiro: como poderia consegui-lo para fazer determinada coisa dentro de três meses? Pensava na maneira de obtê-lo, mas havia uma espécie de brecha entre o dinheiro que obtinha e as coisas que com ele comprava. Não via que esse dinheiro era feito para comprar e também que era obtido por um trabalho. É claro que esse tipo de coisa era algo que eu não ignorava, mas falo agora de um sentimento. Não tinha o sentimento de viver na condição comum: ganhando dinheiro, gastando na compra de produtos úteis.

S. de B. — E mais tarde?

J.-P.S. — Não, nunca o concebi. Isso se liga ao fato de ser a minha profissão muito flutuante; às vezes, é bastante bem-paga, mas muito pouco produtiva, a não ser de uma maneira diferente, cultural. Então, eu considerava a coisa cultural que ensinava ou que criava, o livro, como um produto de mim mesmo, sem relação com o dinheiro. Se tinha compradores para meus livros, tanto melhor. Mas poderia perfeitamente imaginar que meus livros não se vendessem, pelo menos durante um longo período. Sei que em minha primeira ideia de escrever não cogitava de ser traduzido durante minha vida. Durante todo um período, antes que compreendesse o que era a literatura, pensava ser um autor com poucos leitores. Um autor para pequenas bibliotecas, alguém no gênero de Mallarmé, e, consequentemente, não extrairia muito dinheiro de meus escritos.

S. de B. — Há uma coisa que você observou numa entrevista e que deve perturbar sua relação de escritor com o dinheiro: é que, de certa maneira, o ganho estava em relação inversa ao trabalho efetuado. *Crítica da razão dialética* lhe deu um enorme trabalho e lhe rendeu muito pouco, ao passo que, algumas vezes, com uma peça que você escreveu muito rapidamente, como *Kean*, por exemplo, ocorreu que, de repente, foi muito representada, rendeu-lhe muito dinheiro.

J.-P.S. — Sim, é verdade.

S. de B. — É uma coisa que você acentuou com frequência: é quase uma relação inversa.

J.-P.S. — Não, inteiramente, mas, enfim, sim, é assim. E certamente isso não me ensinou o que é o dinheiro.

S. de B. — Há algo que depende também das circunstâncias exteriores, porque, por exemplo, de repente lhe comunicam que uma de suas peças vai ser representada em tal país, e vai ser representada durante muito tempo, isso lhe renderá um bom dinheiro, às vezes trata-se de um argumento que vai ser extraído de uma de suas obras.

J.-P.S. — Em suma, durante muito tempo, durante quase toda a minha vida, não soube o que era o dinheiro; aliás, havia contradições estranhas em minha atitude. Gastava dinheiro sem preocupação quando o tinha. Mas, por outro lado, queria sempre ter uma quantidade muito superior à que teria podido gastar. Quando saía de férias, por exemplo, levava muito mais do que o necessário para ir, digamos, a Cagnes, onde tínhamos dois quartos, num hotel onde éramos conhecidos; e na hora de pagar tirava de meu bolso um monte de notas. Sei que isso fazia com que a dona risse, mas também a indignava.

S. de B. — Sim, eu diria que você tinha uma relação camponesa com o dinheiro. Isto é, não tinha jamais talão de cheque, tudo estava sempre com você, em dinheiro vivo, em notas que você guardava nos bolsos; e, de fato, para pagar mil francos, você puxava um maço de cem mil francos, ou quase isso. Você gastava sem preocupação, mas sempre teve, e talvez nestes últimos tempos ainda mais do que antes, o medo de não poder gastar sem preocupação. Não de que lhe faltasse dinheiro realmente, mas de ser obrigado a contar.

J.-P.S. — Por exemplo, atualmente penso que tenho dinheiro para viver durante cinco anos, e depois acabou. E é realmente assim. Tenho mais ou menos cinco milhões, enfim, milhões antigos, o que dá hoje cinquenta mil francos. Será preciso que encontre uma maneira de viver.

S. de B. — Mas você fica particularmente preocupado com essa não segurança, porque o incomoda a ideia de que poderia ser obrigado a contar.

J.-P.S. — Sim, porque ganhei muito dinheiro.

S. de B. — Você deu uma enormidade de dinheiro.

J.-P.S. — Dei bastante. Aliás, sustento pessoas. Neste momento, sustento umas seis ou sete pessoas.

S. de B. — Sim.

J.-P.S. — Completamente. Então, evidentemente, isso me ata. Não posso perder dinheiro porque já não poderia dar essas quantias…É sob esse aspecto que me preocupo.

S. de B. — Sempre, mesmo quando mais jovem, e mais livre com relação a outrem, havia esse medo em você de não ter o suficiente para não precisar contar. Isso era quase uma contradição: seu grande desinteresse com relação ao dinheiro, sua grande generosidade, e também uma espécie, não diria de aspereza, porque você nunca descontava nos outros, mas uma espécie de medo. E isso se mantém até hoje; se lhe digo: está precisando comprar sapatos, você me responde: não tenho

A cerimônia do adeus

com que comprar sapatos. Quase se poderia falar de avareza em relação a você mesmo. Extremamente generoso com os outros, no que toca a você mesmo tem sempre a reação: ah! não, já não tenho muito dinheiro. Outra pergunta sobre o dinheiro, que se liga às perguntas que lhe fazia sobre suas relações com outrem: por que dá gorjetas tão grandes? Sim, não se trata simplesmente de gorjetas generosas, às vezes, são gorjetas quase ridículas de tão exageradas.

J.-P.S. — Não sei. Sempre dei gorjetas elevadas, é por isso que não sei. Poderia dar-lhe explicações atualmente, mas sei que aos vinte anos já dava grandes gorjetas. Naturalmente, não tão grandes como agora, porque tinha menos dinheiro, mas elas faziam com que meus colegas rissem de mim. Portanto, é um velho hábito.

S. de B. — É também para estabelecer uma certa distância entre você e as pessoas?

J.-P.S. — Há várias razões. Seria ao mesmo tempo para tomar uma distância dos garçons e também para ajudá-los a viver. É uma maneira de dar; não creio que todo mundo fizesse como eu, mas teria desejado que o fizesse e que os garçons dos cafés, por exemplo, tivessem o suficiente para viver. Naquela época, minhas relações com os garçons dos cafés eram muito ruins...

S. de B. — É por essa razão que eu considerava isso como uma generosidade, talvez, mas também como uma distância.

J.-P.S. — Talvez.

S. de B. — Isso tem de certa forma um duplo aspecto. Apesar de tudo, essas pessoas lhe prestaram serviços, ainda que apenas colocando um copo em sua mesa. Outro dia, você disse que detestava que lhe prestassem serviços, mesmo pagos, portanto é preciso pagar acima do preço, para que você não tenha a impressão de que afinal é você que...

J.-P.S. — Que lhes devo. Certamente havia isso. Sei que fiquei estupefato e constrangido, na Espanha, pela proibição de dar gorjetas. Sabia que era justo, estava de acordo. Mas, por outro lado, sentia que o garçom me prestava um serviço, que eu era seu devedor; quando lhe dava dinheiro, isso criava uma certa relação com ele, que eu já não tinha. Tinha sido tirada de mim. Era um homem livre, que me prestava um serviço, pago não por uma gorjeta dada, mas pelo preço da consumação.

S. de B. — Sim, o serviço estava incluído.

J.-P.S. — Chegava-se a algo mais verdadeiro. Eu o sentia, mas incomodava-me o fato de não poder dar alguma coisa como suplemento. Essa generosidade, na verdade, não cria distância num café que amiúde frequente! Pensam: é esse louco que dá muita gorjeta, mas gostam de servir-me.

S. de B. — Sim, é claro. Mas na medida em que você declarou que desejava ser, que era qualquer um, dar gorjetas muito elevadas é uma maneira de se distinguir de qualquer um. Isso não o incomoda?

J.-P.S. — Não, porque tenho a impressão de que é assim que deve ser a vida. Sou absurdo, já que, de fato, a vida absolutamente não deve ser assim.

S. de B. — Quando você dava uma gorjeta muito grande a um chofer de táxi sabia perfeitamente que nunca o voltaria a ver.

J.-P.S. — Ainda assim, as relações são verdadeiras. Quero dizer, é assim que as vejo entre mim e esse chofer de táxi nesse momento. Ele está encantado porque recebeu uma boa gorjeta e tem um instante de simpatia por mim, que lhe demonstrei simpatia dando-lhe dinheiro. Certamente, há uma vontade de fazer reinar uma espécie de lei econômica onde a igualdade será realizada pelo fato de que o mais rico dá mais, assim, no correr do dia.

S. de B. — Você diz que sustenta muitas pessoas. Mas de um modo geral são sobretudo mulheres ou, às vezes, jovens. Você não acha isso constrangedor para as pessoas a quem sustenta? Você teria aceitado ser sustentado quando tinha vinte anos?

J.-P.S. — Não. Digo que não e penso assim; mas o dinheiro para mim era uma coisa tão diferente daquilo que se ganha, daquilo que se dá, era tão mais abstrato, que não me escandalizo com a ideia de que poderia ter aceito ser sustentado durante alguns anos.

S. de B. — Ser sustentado durante alguns anos, isso depende. Se realmente se tem necessidade disso para fazer uma obra… Ninguém jamais censurou Van Gogh por haver sido mais ou menos sustentado por seu irmão. Porque ele pintava, porque realmente tinha razões para aceitar, e se é para fazer algo de positivo, se é, por exemplo, um estudante a quem pagam seus estudos, estou inteiramente de acordo. Mas as pessoas que se instalam nessa forma de vida… A rigor, poderia imaginar que você, como eu, teríamos aceitado alguém que nos tivesse dito: bem, pago-lhes cinco anos de estudos, vocês os fazem, e pronto.

A cerimônia do adeus

Não se deve estragar todo um futuro por uma questão de respeito humano, de amor-próprio. Mas você não acha que isso deturpa suas relações com as pessoas? O fato de dar-lhes dinheiro pela vida afora, sem reciprocidade?

J.-P.S. — Digo-me com frequência que não. Não, porque eles são assim. Eles têm necessidade de dinheiro. E então seria uma falsa delicadeza vê-los e ter amizade por eles, sem dar-lhes um tostão, quando eles não têm os meios para obter dinheiro, talvez por sua própria culpa, mas pouco importa. Eles morreriam de fome, se eu não lhes desse. Creio que na realidade uma amizade supõe mais coisas do que mencionamos. Há uma coisa que não referi e é que, afinal, a concepção muito modesta do dinheiro que eu tinha aos 25 anos, aos vinte, aos trinta, até a guerra, foi completamente desmentida pela continuação de minha vida após a guerra. Tive muito dinheiro; o que examinamos ocorreu sobretudo antes da guerra; depois tive muito dinheiro.

S. de B. — E o que significou para você ter muito dinheiro?

J.-P.S. — É curioso. Aí também isso não me dizia respeito. A obra me dizia respeito, mas o preço que pagavam por ela não me dizia respeito. Escrevi alguma coisa sobre isso em *Situações*: como há pouca relação entre um livro, o tempo que se trabalha para obter um livro e o dinheiro. Quero significar não simplesmente o trabalho do ponto de vista das horas, mas a atmosfera em que nos colocamos: tanto quando terminamos de escrever e vamos ver os companheiros como enquanto escrevemos; pensamos o tempo todo no livro. É uma coisa que se basta a si mesma, e quando está terminado, publicamo-lo, é evidente. Mas eu não publicava para ter dinheiro, publicava para saber o que pensavam de meus esforços e de meu trabalho. E então, algumas vezes, no fim do ano, recebia bastante dinheiro. E aí isso me espantava, não me parecia ter relação. Igualmente, quando recebo dinheiro do estrangeiro, já não é o livro que o produz. O livro é escrito por um francês em francês. Posso compreender que, se é lido por cinco mil pessoas, por cem mil pessoas, renda quantias diferentes; mas que, dois anos depois, de Roma, de Londres, ou de Tóquio me chegue dinheiro por uma tradução, que nem sequer tenho certeza de que seja boa, é algo que realmente não compreendo. O fato de receber dinheiro nesse momento é estranho; em certo sentido, já não sou considerado como um escritor, mas como um pedaço de sabão.

S. de B. — Sim, como uma mercadoria. Mas o que eu queria dizer era isto: quando teve realmente muito dinheiro, depois da guerra, isso não deixou você com a consciência pesada? Quanto a mim, sei que isso, em certa época, me deixou com a consciência pesada; quando comprei um primeiro vestido um pouco caro, disse: é minha primeira concessão...

J.-P.S. — Ah! lembro-me.

S. de B. — Achava que deveríamos encarar de frente essa questão de dinheiro, e administrar esse dinheiro de maneira filantrópica: enfim, planificar alguma coisa. E, ao mesmo tempo, percebo muito bem que nenhum de nós dois, sobretudo você, foi feito para esse gênero de planificação.

J.-P.S. — Certamente que não. Aliás, a planificação tornava-se difícil, porque não recebíamos as mesmas quantias todos os anos. No ano em que publicávamos um livro, podíamos receber bastante. No ano seguinte, se publicávamos alguns artigos, não recebíamos grande coisa. Mas tínhamos ganho no ano anterior o suficiente para viver durante dois anos.

S. de B. — Mas, de tempos em tempos, você tinha pequenos sonhos. Dizia, por exemplo: sim, deveríamos separar tal quantia todos os anos para estudantes que estão necessitados...

J.-P.S. — Sim.

S. de B. — Deveríamos dedicar tal quantia a isto ou aquilo. Na verdade, você ajudou muito, mas ajudou um pouco ao acaso.

J.-P.S. — Sim, quando se apresentava a ocasião.

S. de B. — Segundo a ocasião, segundo o que lhe pediam.

J.-P.S. — Por exemplo, penso que se tivéssemos constituído um fundo para os estudantes, por um lado teríamos tido esse fundo para manter, mas por outro, as mesmas solicitações e as mesmas obrigações com relação às pessoas que encontrávamos e que nos pediam dinheiro... Portanto, isso não teria feito muita diferença, exceto tornar a situação insustentável para nós.

S. de B. — Continue.

J.-P.S. — Portanto, efetivamente, nesta segunda parte de minha vida, a partir de 1945 e até este ano, tive muito dinheiro. Não foi pouco o que dei. Mas não gastei tanto, comigo mesmo. Foi essencialmente para os outros que ele foi utilizado, concorda?

S. de B. — Sim, inteiramente. O único luxo que nos dávamos...

A cerimônia do adeus

J.-P.S. — Eram as viagens.

S. de B. — Eram as viagens. E ainda assim, não foi muito. Muitas e muitas viagens nos foram oferecidas: Cuba, Bahia…

J.-P.S. — Egito…

S. de B. — Japão. São viagens em que não gastamos dinheiro. Gastamos mais com as férias em Roma, por exemplo.

J.-P.S. — Sim.

S. de B. — E também não vivemos de uma maneira extravagante. Vivemos muito agradavelmente, vamos para um bom hotel, a bons restaurantes, mas, enfim, não vivemos com grande luxo. Em Paris, não gastamos muito dinheiro para viver. Há uma coisa que você nunca fez com seu dinheiro: você nunca especulou.

J.-P.S. — Nunca. E nem é preciso dizer especular. Nem mesmo coloquei alguma vez dinheiro a juros.

S. de B. — Nunca.

J.-P.S. — O que tenho, gasto-o em dois, três meses ou no próximo mês.

S. de B. — Algumas vezes você teve quantias bastante altas que mofaram na Gallimard durante um ou dois anos.

J.-P.S. — Porque não tinha possibilidade de gastá-las.

S. de B. — É isso, porque você não o gastava imediatamente. Mas você nunca se utilizou do dinheiro para ter rendas.

J.-P.S. — Não.

S. de B. — Para comprar ações, para fazer transações.

J.-P.S. — Nunca.

S. de B. — Para você o dinheiro não foi jamais um meio de ganhar dinheiro.

J.-P.S. — Isso me teria parecido infecto. E, no entanto, é uma maneira pela qual as pessoas vivem, aquelas que podem.

S. de B. — Aqui, efetivamente, seria preciso aprofundar por que isso lhe pareceu infecto, como a mim aliás — sigo a mesma linha de vida. Dessa maneira escapamos do sentimento de ser capitalistas, quando, apesar de tudo, tiramos proveito dos outros, já que são as pessoas que leem, que vão ao teatro, que nos compram, que nos fazem viver.

J.-P.S. — Inteiramente. Leem o último livro que é publicado, consequentemente, o nosso, quando é publicado. É porque não temos o público exato que desejaríamos.

S. de B. — Sim, certamente.

J.-P.S. — Desejaria um público maior, nitidamente menos burguês, menos rico, um público de proletários e de bem pequeno-burgueses; e o público que tenho é um público burguês, no sentido próprio do termo. Há aí uma dificuldade que com frequência me aborrece profundamente.

S. de B. — Todas as pessoas que conhecem um pouco sua filosofia sabem o papel que a noção de liberdade representa em sua obra; mas gostaria que me dissesse, de uma maneira mais pessoal, como elaborou em você essa noção de liberdade e lhe deu essa importância.

J.-P.S. — Sempre me senti livre desde a infância. A ideia da liberdade se desenvolveu em mim, perdeu os aspectos vagos e contraditórios que tem em cada um quando é captada assim no início, e complicou-se. Ela se tornou precisa; e morrerei como vivi, com um sentimento de profunda liberdade. Quando criança era livre no sentido em que se pode dizer que todas as pessoas que falam de seu eu — eu quero isto, eu sou assim — são livres ou se sentem livres. Isso não significa que o sejam realmente, mas acreditam em sua liberdade. O eu se torna um objeto real — sou eu, é você —, e, ao mesmo tempo, uma fonte de liberdade. É esta contradição que sentimos desde o início e que representa uma verdade. O eu é ao mesmo tempo este modo da vida consciente onde cada momento desabrocha com suas forças próprias. Mas também nos deparamos com o retorno constante das mesmas disposições em circunstâncias próximas, e podemos descrever nosso eu. Tentei explicar tudo isso mais tarde em minha filosofia fazendo do eu um quase objeto que acompanha nossas representações em determinadas circunstâncias.

S. de B. — Foi o que você exprimiu em *A transcendência do ego*?

J.-P.S. — Sim; esta própria contradição é para mim a primeira fonte de liberdade. O que mais me interessava não era tanto meu eu quase objeto sobre o qual não pensava muito, era mais a atmosfera de criação por si de si mesmo que encontramos no nível do que chamamos o vivido. Há a cada instante, por um lado, a consciência de objetos que são os do quarto ou da cidade onde se está, e depois a maneira pela qual esses objetos são vistos, são apreciados, que não é dada com o objeto, que vem de si, mas sem ser predeterminada; é dada no instante; tem um caráter frágil, aparece e pode desaparecer. É nesse nível que se afirma

A cerimônia do adeus

a liberdade, que é, em suma, o próprio estado dessa consciência, a maneira pela qual ela se capta, não sendo dada por nada; ela não é determinada pelo instante precedente; liga-se a ele sem dúvida, mas bastante livremente. É esta consciência que, desde o início, se apresentou para mim como liberdade. Vivia ao lado de meu avô, que eu pensava que era evidentemente livre, já que eu o era; mas cuja liberdade eu captava com dificuldade, já que ela se manifestava sobretudo através de sentenças, trocadilhos, poemas — o que não me parecia traduzir corretamente a liberdade.

S. de B. — Você quer dizer que desde a infância teve esse sentimento de liberdade?

J.-P.S. — Sim. Sempre me senti livre, pela própria natureza do que é um estado de consciência.

S. de B. — A maneira pela qual foi educado contribuiu para dar-lhe essa impressão de liberdade?

J.-P.S. — Sim; penso que essa noção de liberdade existe em todo mundo, mas que lhe atribuímos uma importância diferente segundo a maneira pela qual fomos educados. No que me diz respeito — e falei disso em *As palavras* — tratavam-me como um jovem príncipe que a família Schweitzer engendrara, e que era uma riqueza ainda maldefinida, mas que ultrapassava todas as suas manifestações. Sentia-me livre enquanto jovem príncipe, livre em comparação com todas as pessoas a quem eu via na época. Tinha um sentimento de superioridade devido à minha liberdade, sentimento que depois perdi, já que considero que todos os homens são livres. Mas naquela época isso era impreciso. *Eu era* minha liberdade, e tinha a impressão de que os outros não sentiam isso como eu.

S. de B. — Mas você não tinha também um sentimento muito forte de independência? Escolhiam suas ocupações, os lugares aonde passaria as férias etc. Tudo finalmente era escolhido pelos outros.

J.-P.S. — Sim, mas não dava muita importância a isso. Parecia-me normal; obedecia da mesma maneira que me sentava numa cadeira, que respirava, que dormia. Minha liberdade se exprimia através de escolhas de pequena envergadura, como, por exemplo, escolher um alimento ou outro durante uma refeição; passear ou entrar numa loja me bastava. Pensava que nisso residia a prova de minha liberdade; naquela época, ela era sobretudo um estado, um sentimento, o próprio estado de consciência de onde saía por momentos uma decisão: comprar um objeto ou pedir um a minha mãe. Meus pais e as obrigações que eles me impunham representavam as leis do mundo e somos livres no que diz respeito a essas leis se formos diligentes.

S. de B. — Você nunca se sentia violentado? Não sentia que uma vontade livre se opunha à sua?

J.-P.S. — Fui senti-lo mais tarde. Essa foi a minha descoberta em La Rochelle, quando tive que enfrentar alunos de província que não viam com bons olhos um parisiense. Eram meninos grandes, ao passo que eu era miúdo, e se uniram para perseguir-me. Mas até o fim do quinto ano, isto é, até os 11 anos, nunca senti isso. Os outros estavam ali para ajudar-me, para remover obstáculos, para aconselhar-me; não me contrariavam. Talvez uma ou duas vezes, o que me provocou raivas terríveis que tinham algo de metafísico. Mas eu era sobretudo mimado. Nunca senti opressões enquanto pequeno, senti, ao contrário, uma inteligente solicitude destinada a fazer-me desabrochar. E foi quando entrei em contato com meninos de minha idade que comecei a conhecer essa hostilidade que constitui em parte a relação dos homens entre eles.

S. de B. — Você conservou essa impressão de liberdade quando sofreu tais hostilidades?

J.-P.S. — Sim. Mas ela se interiorizou mais. Durante certo tempo tentei reagir às perseguições, quer brigando — mas os resultados eram imprevisíveis, ou antes, muito previsíveis, mas imprevisíveis para mim — quer interessando os outros em projetos. Mas, evidentemente, sentia obstáculos permanentemente. No entanto, entre mim e os outros havia também amizade. Hostilizar-me não era a única maneira de comportar-se em relação a mim; podiam também falar comigo, ser amigos, passear comigo. Eu fazia parte do grupo de meus colegas e, sob esse aspecto, me sentia livre. O que mais me incomodava é que, nessa época, estava começando a zangar-me com minha mãe, sendo certamente a presença de meu padrasto a causa profunda disso. Alguma coisa me faltava, que se ligava não somente a ela, mas também à ideia de liberdade. Eu tinha um papel privilegiado na vida de minha mãe nos anos precedentes e ele me tinha tirado, já que havia aquele homem que vivia com ela e que era o detentor do papel principal. Antes, eu era um príncipe com relação a minha mãe, agora era apenas um príncipe de segunda categoria.

A cerimônia do adeus

S. de B. — Como evoluiu seu sentimento de liberdade a partir de todas essas experiências: os colegas, seu padrasto e depois sua ida para Paris?

J.-P.S. — Disse que me sentia livre naquela época, mas não dizia a mim mesmo: sou livre. Era um sentimento que não tinha exatamente nome ou que tinha vários nomes. Foi em Paris, no segundo ano do liceu Henri IV, isto é, em filosofia, que aprendi a palavra liberdade ou pelo menos seu sentido filosófico. Foi nessa ocasião que me apaixonei pela liberdade e que me tornei seu grande defensor. Nizan, nessa mesma época, estava atraído pelo materialismo, o que o levou mais tarde a entrar para o partido comunista. No ano seguinte, eu estava em *hypo-khâgne* no Louis-le-Grand. Era semi-interno, e durante os recreios passeávamos por uma varanda e discutíamos sobre a liberdade e sobre o materialismo histórico. Estávamos em oposição, ele apoiando-se em argumentos racionais e concretos, eu defendendo uma determinada concepção do homem, um homem que descrevia sem apresentar argumentos. Não chegávamos, aliás, a resultado algum. Discutíamos, nenhum dos dois ganhava. As conversas permaneciam inúteis. Nizan, adepto do materialismo histórico, deu-me um dia uma prova de sua liberdade; realizou um ato, cujos vínculos com o passado não pude encontrar, já que desconhecia suas circunstâncias. Um dia, ele se ausentou do liceu de sexta até segunda-feira à tarde. Quando regressou, perguntei-lhe aonde tinha ido. Disse-me que fora circuncisar-se. Fiquei muito surpreso. Nizan era católico, filho de uma mãe muito católica, e eu não conseguia entender seus motivos. Interroguei-o e ele me disse que aquilo era mais higiênico, mas não deu maiores explicações. O fato me parecia sem causa. Ele decidira circuncisar-se — decisão tola, já que nada a justificava. Procurara um médico que o circuncisara, e tinha ficado dois ou três dias num hotel, com um curativo na glande.

S. de B. — Nessa época, você assimilava de alguma maneira a liberdade do ato gratuito?

J.-P.S. — Em grande parte. No entanto, o ato gratuito, tal como é definido e descrito em *Os moedeiros falsos* de Gide, não me seduzia. Quando lia esse livro, não me deparava com a liberdade tal como eu a entendia. Entretanto, a circuncisão de Nizan era, para mim, um ato gratuito, que na verdade decorria, evidentemente, de motivos que ele me ocultara.

S. de B. — Sua concepção de liberdade era, no fundo, a liberdade estoica: o que não depende de nós não é importante e o que depende de nós é a liberdade; por conseguinte, somos livres em qualquer situação, em qualquer circunstância.

J.-P.S. — Certamente era isso, mas, no entanto, um ato que vinha de mim nem sempre era um ato livre. Embora conservasse permanentemente o sentimento de minha liberdade... Para mim, liberdade e consciência eram o mesmo. Ver e ser livre eram o mesmo. Porque era algo que não era dado; vivendo, criava sua realidade. Mas todos os meus atos não eram livres.

S. de B. — Isso não encerra um risco de fazê-lo tomar atitudes extremamente reacionárias? Se todo mundo é livre, isso é perfeito, já não há por que ocupar-se de ninguém e cada um tem apenas que fazer sua própria vida; e, consequentemente, podemos continar-nos em nossa vida interior. Como se explica que não tenha terminado assim?

J.-P.S. — Nunca chegou a isso. As dificuldades que essa ideia enfrentou depois, em minhas relações com os homens, com as coisas, comigo mesmo, levaram-me a precisá-la e a dar-lhe outro sentido; compreendi que a liberdade encontrava obstáculos e foi nesse momento que a contingência me apareceu como oposta à liberdade. E como uma espécie de liberdade das coisas, que não são rigorosamente necessitadas pelo instante precedente.

S. de B. — Mas você não tinha consciência das opressões que as pessoas sofrem?

J.-P.S. — Em certo momento, não.

S. de B. — De fato, discutimos sobre isso quando você escrevia *O ser e o nada*. Você dizia que podíamos ser livres em qualquer situação. Quando deixou de acreditar nisso?

J.-P.S. — Muito cedo. Existe uma teoria simplista da liberdade: somos livres, sempre escolhemos o que fazemos, somos livres frente ao outro, o outro é livre frente a nós; encontramos essa teoria nas obras de filosofia muito simples e eu a conservara como uma maneira cômoda de definir minha liberdade, mas ela não correspondia ao que eu verdadeiramente queria dizer. O que queria dizer é que somos responsáveis por nós mesmos, ainda que os atos sejam provocados por algo exterior a nós... Toda ação comporta uma parte de hábitos, de ideias transmitidas, de símbolos, e, por outro lado, há algo que vem do mais profundo de nós mesmos e que se liga a nossa liberdade essencial.

S. de B. — Para voltar ao problema político e social da liberdade, como foi que você passou de uma teoria muito individualista, muito idealista, para a ideia de que era preciso engajar-se numa luta social e política?

J.-P.S. — Tive essa ideia muito mais tarde. Não esqueça que, até 1937–1938, eu atribuía muita importância ao que chamava então o homem só. Ou seja, no fundo, o homem livre, na medida em que vive fora dos outros porque é livre e faz com que as coisas ocorram a partir de sua liberdade.

S. de B. — Sim; mas isso não o impedia, mesmo nessa época, de interessar-se muito pelos problemas sociais, de posicionar-se veementemente, pelo menos em pensamento. Por que foi que se colocou violentamente contra Franco, por exemplo, e a favor da Frente Popular?

J.-P.S. — Porque pensava que o homem livre era aquele que optava pelo homem, tal como ele é, contra aqueles que queriam substituí-lo por uma imagem construída, a imagem do homem fascista, ou mesmo pela do homem socialista. Para mim, o homem livre opunha-se a essas representações sistemáticas.

S. de B. — Acho sua resposta muito idealista. Os fascistas não querem apenas dar ao homem a imagem do homem fascista. Querem, também, prendê-lo, torturá-lo, obrigá-lo a fazer determinadas coisas.

J.-P.S. — Isso é óbvio. Mas falo do que pensava na época. A tortura, por exemplo, que considero horrível, parecia-me uma consequência da vontade dos fascistas de obrigar os homens a serem homens fascistas, submetidos a princípios originários da doutrina fascista.

S. de B. — Por que sentia tal repugnância por essa doutrina?

J.-P.S. — Porque ela negava a liberdade. O homem que, em minha opinião, deve decidir sozinho, talvez junto com outros — mas sozinho, no fascismo estava dominado por homens situados acima dele. Sempre detestei as hierarquias, e encontro em determinadas concepções atuais, anti-hierárquicas, um sentido da liberdade. Não pode haver hierarquia com referência à liberdade. Não há nada que se sobreponha a ela, portanto decido sozinho, ninguém pode forçar minhas decisões.

S. de B. — Em suma, isso também definia suas relações com o socialismo?

J.-P.S. — Sim. O socialismo era uma doutrina que me satisfazia bastante, mas que, em minha opinião, não colocava os verdadeiros problemas. Por exemplo, o problema do que era um homem no socialismo. Era preciso substituir a satisfação das necessidades por uma concepção inteiramente materialista da natureza humana. E era isso que me incomodava, antes da guerra, no tocante ao socialismo. Era preciso ser materialista para ser um socialista consequente, e eu não era materialista. Não o era em decorrência de minha liberdade. Enquanto não encontrei um meio de materializar essa liberdade — coisa que fiz durante os trinta anos seguintes de minha vida — havia alguma coisa que me desagradava no socialismo, porque a pessoa deixava de existir em benefício da coletividade. Eles, às vezes, empregavam a palavra liberdade, mas era uma liberdade de grupo, sem nenhuma relação com a metafísica. Eu ainda estava nisso durante a guerra e a Resistência. Estava satisfeito comigo mesmo naquela época. Durante minha prisão, em meu alojamento, à noite, eu era o contador de histórias, o farsista. A luz era apagada por volta das oito e meia. Colocávamos velas numas caixinhas e eu contava histórias. Era o único sentado e vestido, enquanto todos os outros estavam deitados em seus estrados. Eu adquirira uma espécie de importância pessoal. Era o rapaz que fazia rir, que prendia a atenção.

S. de B. — Que relação tem isso com a liberdade?

J.-P.S. — Era eu quem transformava em unidade pessoas que ouviam, que riam, que se entusiasmavam. Era uma unidade sintética e eu era a unidade que criava a outra unidade, a unidade social, e nessa unidade engajava minha liberdade. Eu me via criando uma espécie de pequena sociedade a partir de minha liberdade.

S. de B. — Foi a primeira vez que você teve a impressão de uma certa eficácia de natureza social. Quando tentou criar um grupo de resistentes denominou-o Socialismo e Liberdade. Portanto, começava a pensar que isso se podia conciliar?

J.-P.S. — Sim. Mas distinguia os dois conceitos. Perguntava-me se o socialismo pode integrar a liberdade.

S. de B. — Levou depois trinta anos para definir o que entendia por liberdade?

J.-P.S. — Dediquei-me muito a isso em *O ser e o nada* e em *Crítica da razão dialética*.

A cerimônia do adeus

S. de B. — Também em *Saint Genet*. O que é espantoso nesse livro é que quase já não há um mínimo de liberdade concedida ao homem. Você dá uma importância extrema à formação do indivíduo, a todo o seu condicionamento. Fala de várias pessoas, não apenas de Genet, e não há praticamente nenhuma que surja como um ser livre.

J.-P.S. — Ainda assim, esse menino homossexual agredido, violado, conquistado por jovens pederastas, tratado um pouco como um joguete pelos valentões de seu meio, torna-se o escritor Jean Genet. Houve aí uma transformação que é obra da liberdade. A liberdade é a transformação de Jean Genet, menino homossexual e infeliz, em Jean Genet, grande escritor, pederasta por opção e, se não feliz, seguro de si. Tal transformação poderia muito bem não ter ocorrido. A transformação de Jean Genet se deve verdadeiramente ao uso de sua liberdade. Ela transformou o sentido do mundo, dando-lhe um outro valor. Esta liberdade e somente ela foi a causa dessa reviravolta, a liberdade escolhendo-se ela mesma operou tal transformação.

S. de B. — Você parece definir a liberdade como uma invenção própria que é possível em determinados momentos. Quais os momentos de sua vida em que lhe parece ter havido essas opções livres — ou antes, essas invenções?

J.-P.S. — Creio que houve um muito importante: quando saí de La Rochelle para entrar no primeiro ano do liceu Henri IV. Nessa época, não fui perseguido. Confiaram-me até uma função honorífica.

S. de B. — Sim; mas não foi você quem decidiu ir para o Henri IV, nem tampouco deixar de ser perseguido por seus colegas.

J.-P.S. — Não fui eu quem decidiu ir para o Henri IV, mas o fato de meus colegas já não me perseguirem, sim, em certa medida. Não o fizeram porque eu já não era alguém que se podia perseguir, eu me transformara.

S. de B. — Você escolhera uma atitude?

J.-P.S. — Sim, afirmei-me e defrontei-me com outros meninos que aceitavam muito bem essa afirmação, porque, por sua vez, eles se afirmavam. Meu primeiro ano, minha filosofia e meu *hypo-khâgne* foram anos muito agradáveis para mim. Senti-me totalmente aceito.

S. de B. — É um dos momentos de sua vida em que você sente retrospectivamente que houve uma escolha, algo de livre. Há outros assim?

J.-P.S. — Sim. A Escola Normal foi um apogeu. Era a liberdade. A liberdade de meus atos me era dada pelo próprio regulamento da Escola. Podíamos sair até meia-noite. A partir de meia-noite, fazíamos parede. Éramos três ou quatro num *turne*, depois dois, e, no fim, quando Nizan foi para Aden, morei sozinho em meu quarto. Almoçávamos na escola ou num pequeno bistrô ao lado. Passávamos horas num outro bistrô onde encontrávamos moças e rapazes da vizinhança. Saíamos todas as noites. Estudávamos com muita tranquilidade nos quartos. Duas vezes por semana almoçava com meus pais e depois voltava para a Escola. Minhas relações com minha família se haviam tornado muito amenas.

S. de B. — Tem a impressão de que determinadas escolhas moldaram seu destino?

J.-P.S. — Um dos momentos fortes foi a guerra.

S. de B. — Mas há algo que você não menciona: não foi o fato de escrever que orientou sua vida?

J.-P.S. — Orientou-a desde a idade de oito anos.

S. de B. — Sim, mas não houve um momento em que isso foi retomado por você de uma maneira específica? Aos oito anos, quem escrevia era uma criança. Isso poderia ter cessado.

J.-P.S. — Isso mudou e foi retomado, a cada vez, diferentemente.

S. de B. — Mas foi uma escolha fundamental que sempre permaneceu?

J.-P.S. — Sim.

S. de B. — Voltemos aos momentos em que você talvez não se tenha sentido livre, mas que retrospectivamente são vistos como opções importantes.

J.-P.S. — A guerra, a partida. Eu era contra toda e qualquer guerra, mas ainda assim era preciso viver aquela. Constituí em mim mesmo a ideia de uma oposição ao nazismo que, em sendo o caso, podia manifestar-se através de uma ação militar. Isso me deu a possibilidade de comunicar-me com meus companheiros da frente de batalha.

S. de B. — Em que isso foi importante?

J.-P.S. — Já não era uma vida de professor entremeada de algumas viagens ao estrangeiro: estava mergulhado numa ampla situação social.

S. de B. — Mergulhar nela não foi escolha sua. Você foi convocado.

J.-P.S. — Não a escolhi, mas era preciso reagir de uma determinada maneira. Todos nós escolhemos — a partir do momento em que

A cerimônia do adeus

pusemos os pés no trem — a maneira pela qual viveríamos a guerra. Isso é muito importante. Sempre desejei assumir meu papel na guerra. Meu papel consistia em lançar balões. Era preciso agir sobre si mesmo para ver a relação entre o fato de lançar ao céu uma bola vermelha e a guerra invisível que nos rodeava. E havia também minhas relações com meus companheiros que, de um modo geral, eram contra a guerra por motivos diversos. Minhas relações com você e com outras pessoas.

S. de B. — Você quer dizer que poderia ter feito uma outra escolha, internamente? Por exemplo, uma escolha pacifista?

J.-P.S. — Sim, era livre para fazer qualquer escolha.

S. de B. — Sim, até mesmo uma escolha colaboracionista, pró-nazista.

J.-P.S. — Não, isso não, porque eu era contra os nazistas.

S. de B. — O pacifismo poderia ter sido uma tentação para você. Já discutimos sobre isso. Eu estava mais próxima do que você de um pacifismo à maneira de Alain; você compreendera muito bem o que ocorreria se o fascismo se impusesse. Sua escolha resumia o conjunto de suas atitudes.

J.-P.S. — Essa escolha permitiu-me, a seguir, ir mais longe: para a Resistência, quando voltei do cativeiro, e depois, ao socialismo. Tudo isso decorreu daquela primeira escolha. Penso que ela foi absolutamente capital. Meus companheiros e eu somos homens da guerra de 1940. Esses cinco anos de guerra, de cativeiro, de coexistência com nossos vencedores foram capitais para mim. O fato de viver ao lado de um alemão que nos venceu e que, além disso, era um simples soldado que não nos conhecia, que não falava francês, foi uma experiência que tive, primeiro como prisioneiro, depois como homem livre num país subjugado. Comecei a compreender melhor o que era resistir à autoridade. Antes da guerra eu não resistia: desprezava um pouco as autoridades que tinham direitos sobre mim, ou seja, o governo, a administração. Mas, a partir do momento em que fui preso, essas autoridades eram nazistas, ou petainistas, em alguns casos. Ora, você e eu desprezávamos uns e outros, e, na medida do possível, resistíamos às ordens que nos davam. Por exemplo, não tínhamos direito de passar para a zona livre e passamos duas vezes. Não tínhamos direito de ir a determinados bairros em determinadas horas...

S. de B. — Foi a partir desse momento, em suma, que você tentou conciliar a presença de uma liberdade interna com a exigência da liberdade para todos os homens? Foi a partir desse momento que sua liberdade encontrou a dos outros?

J.-P.S. — Sim. Éramos prisioneiros dos nazistas em zona ocupada. Apesar de tudo, minha liberdade era muito cerceada, porque não podia manifestar-se em todos os sentidos que eu desejaria; em particular, os romances que eu escrevia só tinham sentido se os alemães saíssem da França, só podiam ser impressos com essa condição. Quando penso nisso, é até uma coisa curiosa, o empenho que tive em escrever obras que só podiam ser impressas se os nazistas desaparecessem. A Resistência — como o nome que escolhi, Socialismo e Liberdade, o demonstrou claramente — comportava a ideia de que eu me inclinava para o socialismo, mas não sabia se a liberdade tinha seu lugar.

S. de B. — Você tinha a ideia de uma síntese.

J.-P.S. — Sim, certamente. Como uma esperança e, no fim, como uma certeza, mas no fim.

S. do B. — Quais são os outros momentos de escolha que retrospectivamente lhe parecem importantes?

J.-P.S. — Minhas relações com os comunistas por volta de 1952–1956, interrompidas a partir do problema húngaro. Isso me levou a conceber relações com homens políticos que estariam em oposição ao governo, mas bem-estabelecidos na sociedade.

S. de B. — Em sua opinião, como se realizou a passagem da liberdade individual à ideia da liberdade social?

J. P.S. — Penso que isso é importante. Eu trabalhava em *O ser e o nada*. Era por volta de 1943. *O ser e o nada* é uma obra sobre a liberdade. Naquela época, eu acreditava, como os velhos estoicos, que somos sempre livres, mesmo em circunstâncias extremamente desagradáveis que podem desembocar na morte. Nesse ponto, mudei muito. Penso que há, efetivamente, situações em que não se pode ser livre. Expliquei-me a respeito em *O diabo e o bom deus*... O padre Henrich é um homem que nunca foi livre, porque é um homem da Igreja, e, ao mesmo tempo, tem uma relação com o povo que absolutamente não se liga à sua formação eclesiástica. Povo e Igreja se contradizem; ele próprio representa o lugar onde essas forças se contrapõem e não pode jamais ser livre. Morrerá porque nunca pôde afirmar-se. Essa mudança ocorreu por volta de 1942–1943, até mesmo um pouco mais tarde; passei da ideia estoica de que somos sempre livres — que era uma noção

A cerimônia do adeus

muito importante para mim, porque sempre me senti livre, não tendo jamais conhecido circunstâncias realmente graves onde já não pudesse sentir-me livre — à ideia posterior de que há circunstâncias em que a liberdade está acorrentada. Tais circunstâncias decorrem da liberdade de outrem. Em outras palavras, uma liberdade é acorrentada por uma outra liberdade ou por outras liberdades, coisa que sempre pensei.

S. de B. — A ideia da Resistência não era também de que, afinal, havia sempre uma saída possível, a morte?

J.-P.S. — Certamente. Havia muito disso. Essa ideia de acabar com a vida, não por um suicídio, mas através de uma ação que pode desembocar na morte e que trará seus frutos na medida em que nós mesmos somos destruídos, era uma ideia que estava presente na Resistência e que eu apreciava. Considerava um fim perfeito do ser humano morrer livremente; muito mais perfeito do que um fim lento, com doenças, envelhecimento, decrepitude, ou pelo menos uma diminuição das faculdades mentais que vê desaparecerem as liberdades bem antes da morte. Preferia a ideia de um sacrifício total, um sacrifício consentido, e, consequentemente, não limitando a liberdade de um ser cuja essência é a liberdade. E é por essa razão que me acreditava livre em qualquer circunstância; mostrei, depois, no caso de Heinrich, que há inúmeras circunstâncias em que não somos livres.

S. de B. — Como passou da ideia de que somos livres em todas as circunstâncias à ideia de que a morte não é uma saída que liberta, mas, ao contrário, uma saída que suprime a liberdade?

J.-P.S. — Conservo a ideia de que a liberdade consiste também em poder morrer. Ou seja, se amanhã uma ameaça qualquer pesar sobre minha liberdade, a morte será uma maneira de salvá-la.

S. de B. — Muita gente não deseja morrer. Um operário de fábrica que trabalha em linha de montagem não se sente livre, mas não vai libertar-se escolhendo a morte.

J.-P.S. — Não, ele não se sente livre. Ele não atribui nenhum valor à liberdade que lhe resta. É essa confusão dos homens com respeito a sua liberdade que torna as coisas tão complicadas em política.

S. de B. — Para voltar ao seu problema pessoal, como passou da ideia de que sua liberdade se bastava a si mesma à ideia de que era preciso que os outros também fossem livres, para que você fosse livre? Foi a isso, finalmente, que você chegou?

J.-P.S. — Sim. Não é admissível, não é concebível que um homem seja livre se os outros não o são. Se a liberdade é recusada aos outros, deixa de ser uma liberdade. Se os homens não respeitam a liberdade de outrem, a liberdade que por um instante surgiu neles é imediatamente destruída.

S. de B. — Mas quando passou de uma concepção a outra?

J.-P.S. — Ao mesmo tempo, creio eu, em que passei para uma política socialista. Não que o socialismo engendre a liberdade; ao contrário, sob as formas que conhecemos, ele a recusa; fundamenta-se numa solidariedade que nasce, ela própria, da necessidade. Por exemplo, a consciência de classe da classe operária não é uma consciência livre. É a consciência de uma classe oprimida e violentada pela outra classe, a classe burguesa. Portanto, não aparece como livre. Aparece como produzida por uma situação desesperada. Pensei sobre a liberdade ao longo de um certo número de escritos que anotava em cadernos, grandes cadernos que agora perdi, e onde havia uma quantidade imensa de considerações morais, filosóficas e políticas. Foi nessa ocasião que estudei a liberdade sob um ponto de vista novo. Foi então que concebi a liberdade como passível de anular-se em determinadas circunstâncias, e como algo que liga os homens uns aos outros; no sentido de que cada um, para ser livre, tem necessidade da liberdade de todos. Foi por volta de 1945–1950.

S. de B. — Que pensa atualmente sobre a liberdade? Sobre sua liberdade e sobre a liberdade em geral?

J.-P.S. — Sobre minha liberdade não mudei. Penso que sou livre. Como muitos, fui alienado em alguns planos. Fui oprimido por ocasião da guerra. Fui prisioneiro; não era livre, quando prisioneiro. No entanto, vivi minha maneira de ser prisioneiro com uma certa liberdade. Não sei por que, mas considero-me, mais ou menos responsável por tudo o que me aconteceu. Responsável, é claro, em circunstâncias dadas. Mas, no conjunto, reconheço-me em tudo o que fiz e não penso ter sido determinado por uma causa exterior.

S. de B. — No seu caso, porque você não sofre coações, é um privilegiado e pode, portanto, dispor de sua vida mais ou menos como quer. Mas, quando falava dos operários que trabalham em linha de montagem, você disse: eles não se sentem livres. Você acha que eles não se *sentem* livres ou que não *são* livres?

A cerimônia do adeus

J.-P.S. — Já lhe disse: o que faz com que eles sejam determinados é a ação dos outros homens sobre eles, o que acarreta opressões, deveres, pseudocontratos que os mistificam, em suma, uma escravidão na qual a liberdade de pensar e de agir é mistificada. Ela existe ainda, do contrário, por que se revoltariam? Mas é mascarada por representações coletivas, por ações feitas e refeitas, todos os dias sob coerção, por concepções ensinadas e não por pensamentos próprios, por uma falta de conhecimentos. E a liberdade lhes aparece, às vezes, como, por exemplo, em 1968, sob outros nomes que não o seu; mas é a liberdade que desejam quando querem derrubar, eliminar ou talvez matar os seus opressores, para descobrir um Estado em que seriam responsáveis por eles mesmos e pela sociedade. Penso que 1968 foi um momento em que eles tomaram consciência da liberdade, para perdê-la a seguir. Mas esse momento foi importante e belo, irreal e verdadeiro. Era uma ação através da qual os profissionais, os operários, as forças vivas tomaram consciência de que uma liberdade coletiva não era a combinação de todas as liberdades individuais. 1968 foi isso. E aí creio que houve uma percepção de cada um, de sua liberdade e da liberdade do grupo a que pertencia. Momentos assim surgirão frequentemente na História. A Comuna era desse tipo.

S. de B. — Você vê algo a acrescentar sobre suas próprias relações com a liberdade?

J.-P.S. — Isso representa, repito, algo que não existe, mas que se faz pouco a pouco e que sempre esteve presente em mim, e que só me deixará com a morte. E penso que todos os outros são como eu, mas o grau de consciência e de clareza com que esta liberdade lhes aparece varia de acordo com as circunstâncias, com sua origem, seu desenvolvimento, seus conhecimentos. Minha ideia de liberdade modificou-se por minha relação com a história; eu fazia parte da história, era levado, quisesse ou não, para determinadas modificações sociais que ocorreriam qualquer que fosse a minha posição quanto a elas; foi isso que aprendi naquele momento, isto é, uma modéstia sadia e, às vezes, horrível. Em seguida, e isso ainda permanece atualmente, aprendi que o essencial da vida de um homem, da minha, consequentemente, era a relação entre termos que se opunham um ao outro, como, por exemplo: o ser e o nada; o ser e o devir; a ideia de liberdade e a do mundo exterior, que, de certa maneira, se opunha à minha liberdade. Liberdade e situação.

Simone de Beauvoir

S. de B. — Você tomou consciência de que a sua liberdade se opunha à pressão da história e do mundo.

J.-P.S. — É isso, para que a minha liberdade triunfasse, era preciso agir sobre a história e sobre o mundo, e obter uma relação diferente do homem com a história e com o mundo. Foi esse o ponto de partida. Conheci primeiro uma espécie de liberdade individual, antes da guerra, ou pelo menos acreditei conhecê-la; isso durou muito tempo, assumiu diversas formas, mas, no conjunto, tratava-se da liberdade de um indivíduo, que tentava exprimir-se e triunfar sobre forças exteriores. Durante a guerra conheci algo que me parecia absolutamente contrário à liberdade: primeiro, a obrigação de partir para combater, cuja razão não captava muito bem, embora fosse inteiramente antinazista; não compreendia muito bem por que era preciso que milhões de homens se enfrentassem até à morte; foi esta a primeira vez em que captei a minha contradição: no engajamento para a guerra; desejava-o livre e, no entanto, ele me impunha, até à morte, algo que eu não tinha verdadeira e livremente desejado. Depois, foi a liberdade da Resistência, que me levava a opor à força de uma sociedade tirânica a liberdade de indivíduos que se opunham a ela, e que eu considerava que deviam fazê-lo, porque eram livres e viam livremente o que queriam: triunfar. Na Libertação, senti que as forças que eles tinham desencadeado eram da mesma natureza que as forças nazistas; não que tivessem os mesmos objetivos, que utilizassem procedimentos como o assassínio de milhões de judeus e de milhões de russos; mas a força coletiva e a obediência às ordens eram da mesma espécie. E a chegada do exército americano à França pareceu a muitos, entre os quais eu me encontrava, uma tirania.

E as pessoas se tornaram gaullistas; não eu, mas sentia algo que os outros sentiam, a necessidade de uma força, uma potência estatal francesa, consequentemente a legitimidade de um poder como o de De Gaulle. Não pensava nisso, mas sentia a força desse ponto de vista. Naquele momento, então, a partir da Libertação, começou o surgimento de um partido comunista muito forte, muito mais forte do que jamais o fora na França antes da guerra; incluía um terço dos franceses. Nesse momento tornou-se necessário tomar posição frente aos grupos que nos governavam. Pessoalmente, eu permanecia fora deles, como aliás Merleau-Ponty, por outras razões; eu tinha fundado a revista *Les Temps Modernes*; éramos de esquerda, mas não comunistas.

A cerimônia do adeus

S. de B. — Você a fundou, em parte, para tomar posição precisamente na luta política?

J.-P.S. — Não, exatamente; fundei-a mais para mostrar a importância, em todos os planos, dos acontecimentos da vida quotidiana, bem como da vida coletiva: diplomática, política, econômica; tratava-se de mostrar que todo acontecimento tinha diferentes estratos, e que cada um destes era um sentido do acontecimento, o mesmo sentido, aliás, de estrato em estrato, modificado simplesmente por aquilo que, naquele determinado estrato, estava em jogo; a ideia principal era mostrar que tudo na sociedade aparece com múltiplas facetas e que cada uma dessas facetas exprime, à sua maneira, mas completamente, um sentido que é o sentido do acontecimento. Encontramos esse sentido sob formas inteiramente diferentes e mais ou menos desenvolvidas, em cada nível dos estratos, que os constituem em profundidade.

S. de B. — Mas, em tudo isso, parece-me que há muita coerência; você falou, ainda agora, de contradição; ora, você leva hoje uma vida de homem de letras, sua literatura encontrou uma maneira de definir-se, ela é engajada; você dirige *Les Temps Modernes*, que representa também esta tendência, isso me parece muito coerente; por que falou há pouco de contradição e disse que, a partir da guerra, sua vida transcorreu dentro de certa contradição?

J.-P.S. — Porque a coerência é desejável na vida de um homem, mas só se aplica à tese ou à antítese; a tese é um conjunto de ideias, de costumes, e, de preferência, deve ser mais ou menos coerente, ainda que ela própria compreenda contradições menores; e assim também a antítese: deve haver coerência nela. Cada uma das duas, tese e antítese, se explica por sua oposição à outra. Ora, eu lhe expus aqui o que se pode chamar a tese; falta explicar-lhe a antítese. O que constatei, na primeira parte de minha vida, foi, sob uma forma ainda um pouco vaga, a oposição da minha liberdade em relação ao mundo. A guerra e o após-guerra foram apenas um desenvolvimento desta oposição, e isso eu quis mostrar quando escolhi o título do nosso movimento de resistência: Socialismo e Liberdade. A ideia de uma coletividade ordenada, na qual cada um se desenvolve segundo princípios que são os seus, e, por outro lado, a ideia de uma liberdade, ou seja, um livre desenvolvimento de cada um e de todos, são ideias que, na época, me pareciam opor-se ainda atualmente elas existem cada uma de seu lado —, e, o que descobri após a guerra, foi que minha contradição e a contradição deste mundo residiam na ideia de liberdade, na ideia do pleno desenvolvimento, do pleno desabrochar da pessoa confrontada com a ideia do desenvolvimento igualmente pleno de uma coletividade à qual pertence a pessoa, surgindo ambas inicialmente como contraditórias. O pleno desenvolvimento de um cidadão não tem necessariamente como prelúdio o pleno desenvolvimento da sociedade; é a este nível que se poderia dar a explicação da minha história, da minha história clara de após a guerra, de minha história obscura de antes da guerra; ou seja, que a ideia da minha liberdade implica a ideia da liberdade dos outros. Só posso sentir-me livre se os outros o são. Minha liberdade implica a liberdade do outro e não é limitável. Por outro lado, sei que há instituições, um Estado, leis, em suma, um conjunto de coerções que se impõem ao indivíduo, e que absolutamente não o deixam livre para fazer o que quer. É aí que vejo uma contradição, porque é preciso que o mundo social tenha determinadas formas e é preciso que minha liberdade seja inteira. Isso apareceu também durante a Ocupação; a resistência implicava normas importantes e rigorosas, como o trabalho em sigilo, ou missões particulares e perigosas, mas cujo sentido profundo era a construção de uma outra sociedade que devia ser livre; consequentemente, a liberdade do indivíduo tinha como ideal a sociedade livre pela qual ele lutava.

S. de B. — Quais foram os momentos em que você viveu mais intensamente essa contradição? E de que maneira, em cada circunstância, você lhe deu uma solução?

J.-P.S. — Necessariamente, apenas soluções provisórias. Houve primeiro o R.D.R. (*Rassemblement Démocratique Révolutionnaire*) com Rousset, pessoas como Altmann, o redator-chefe de *Libération*...

S. de B. — De *Libération* dessa época...

J.-P.S. — *Libération* dessa época, um jornal radical-socialista, depois comunisante, comunista e, em seguida, novamente comunisante. Esse movimento queria ser distinto do partido comunista, mas revolucionário, procurando realizar através da revolução o socialismo. Tudo isso não passava de um amontoado de palavras grandiloquentes e que podia não significar nada. Em primeiro lugar, o problema de reforma/revolução se coloca imediatamente: De que revolução se trata? Uma revolução que desejaria simplesmente apoiar e suscitar reformas? Nesse caso, trata-se de alguma coisa contra a qual é preciso inscrever-se: o socialismo reformista de antes da guerra. Ou se tratava verdadeiramente de um movimento revolucionário? Parece-me que, se havia algumas pessoas de tal tendência, as medidas que o R.D.R. tomava eram muito mais reformistas do que revolucionárias; especialmente porque Rousset, ex-trotskista, não tinha absolutamente nada de revolucionário, a não ser o palavrório. E, no que me diz respeito, ao invés de entrar pessoalmente e resolutamente, eu mais tinha sido jogado no R.D.R. Uma vez lá, quiseram dar-me uma posição importante, eu tinha condições para isso; mas Rousset e eu discordávamos muito. Via que Rousset se orientava em direção ao reformismo, que queria angariar fundos para o R.D.R. solicitando-os aos sindicatos operários americanos, o que me parecia uma total loucura, já que significava colocar um grupo de franceses sob a dependência financeira dos grandes sindicatos americanos, que são tão diferentes dos nossos, e da política de esquerda que era colocada em primeiro plano. Eu me opunha a essa tendência de Rousset.

A contradição se tornou gritante quando, depois de uma viagem à América onde recolhera alguns centavos, Rousset (e Altmann, especialmente) organizaram uma espécie de congresso, na França, com pessoas que se podiam interessar pelo R.D.R., e para esse congresso convidaram americanos.

S. de B. — Mas você já contou isso; o que me interessa é ver o que, por um momento, lhe pareceu uma solução sem validade.

J.-P.S. — Não era válido, porque muito cedo se viu que se tratava de um movimento reformista e não revolucionário, e que a forma escolhida não era possível. Naquele momento, não era possível instaurar, ao lado do partido comunista, uma força revolucionária diferente. Havia uma contradição entre uma liberdade que se opunha ao partido comunista, e uma revolução, isto é, movimento de massa, na medida em que esta revolução rejeitava a ideia de liberdade. A seguir, depois de muitas hesitações, houve outro momento contraditório: o momento da Operação Ridgway; Ridgway foi a Paris, houve uma manifestação comunista contra Ridgway, manifestação violenta, e poucas horas depois, Duelos, que passava de carro com dois pombos em seu assento, foi preso sob pretexto de tratar-se de pombos-correio. Era uma acusação grotesca, que teve como resultado fazer com que eu escrevesse um artigo defendendo os comunistas; artigo que foi publicado em vários números de *Les Temps Modernes* e que provocou uma mudança do partido em relação a mim.

S. de B. — Como foi levado a escrever esse artigo?

J.-P.S. — Curiosamente, foi Henri Guillemin quem me decidiu a considerar muito grave a prisão de Duclos, através de *Le Coup du 2 décembre*, livro sobre a chegada ao poder de Napoleão III, no qual fornecia extratos de jornais, anotações íntimas, livros de pessoas favoráveis à chegada de Napoleão III ao poder.

S. de B. — Então você tomou a decisão de apoiar o partido comunista, sem filiar-se a ele, naturalmente.

J.-P.S. — Escrevi *Les communistes et la paix* sem ter nenhuma vinculação com o partido, sendo antes seu inimigo, para dizer que era vergonhosa a prisão de Duclos. Depois, pouco a pouco, os artigos se transformaram numa espécie de quase elogio e até de elogio ao partido comunista contra as formações francesas do momento; e o resultado foi que o partido me enviou Claude Roy e um outro — Claude Roy representando o elemento que podia falar aos intelectuais não comunistas — para perguntar-me se eu não me associaria aos intelectuais que protestavam contra a prisão de Henri Martin. Aceitei; participei das reuniões desses intelectuais; eu propunha que se fizesse um livro exigindo a libertação de Henri Martin, incluindo diversos artigos sobre os quais faria uma espécie de comentário. Eu o fiz, chamou-se *L'affaire Henri Martin*, foi publicado; infelizmente, o livro apareceu 15 dias depois da libertação de Henri Martin, em virtude de dificuldades de edição, mas o fato é que ele estava em liberdade nesse momento.

S. de B. — Depois você esteve no congresso da paz.

J. P.S. — Na ocasião, a atitude do partido comunista em relação a mim mudara e também a minha em relação ao partido comunista; tínhamos passado a ser aliados. O resto da esquerda já não existia; os socialistas estavam do lado da direita, lutavam contra o partido comunista e o atacavam violentamente; a única esquerda que se manteria, a meu ver, seria uma esquerda ligada ao partido comunista; *Les Temps Modernes*, apesar de profundas reservas, aliou-se ao P.C. para fazer uma política favorável ao partido.

S. de B. — De que maneira isso representava uma solução para suas contradições?

A cerimônia do adeus

J.-P.S. — No fundo, não era uma solução; isso nunca durou muito tempo, mas durante minha vida aconteceu-me várias vezes ter momentos breves em que abandonava a liberdade em favor de uma ideia de grupo.

S. de B. — Naquela ocasião você pensava que o partido comunista era como uma etapa para o socialismo?

J.-P.S. — É isso, não pensava que nossos objetivos fossem idênticos, mas a caminhada com eles era fácil.

S. de B. — E isso durou até quando?

J.-P.S. — Durou de 1952 a 1956...

S. de B. — Foi em 1954 que você esteve na U.R.S.S.; ainda estava em bons termos com eles.

J.-P.S. — Sim, mas o que vi na U.R.S.S. não me entusiasmou. É claro que me mostraram o que podia ser mostrado e tive muitas reservas.

S. de B. — No entanto, fez um texto muito elogioso em *Libération*.

J.-P.S. — Foi Cau quem o fez.

S. de B. — É preciso dizer que você estava muito cansado.

J.-P.S. — Eu dera a ele um certo número de indicações e saíra de férias com você.

S. de B. — Sim, para repousar. Depois, em 1955, houve em Helsinki outro congresso da paz; aliás, eu o acompanhei.

J.-P.S. — Sim, conhecemos argelinos que chamaram a atenção para a situação da Argélia.

S. de B. — De fato. E em 1956, houve uma ruptura com o partido comunista.

J.-P.S. — Ruptura que realmente nunca se desfez; desfez-se de certa maneira a partir de 1962, quando retornei à U.R.S.S.

S. de B. — Retornamos juntos à U.R.S.S. em 1962, duas vezes até; depois em 1963, 1964, 1965.

J.-P.S. — Mas eu não estava tão bem assim com os comunistas.

S. de B. — Mas tínhamos amigos lá, entre aqueles que eram profundamente antistalinistas. Houve outro engajamento que foi importante para você: contra a guerra da Argélia.

J.-P.S. — Sim.

S. de B. — Você teve atividade muito importante durante essa guerra. A seguir, depois de 1968, começaram suas relações com os maoistas. Como foi que chegou a conciliar seu desejo de liberdade individual com uma ação coletiva que supõe disciplinas, ordens?

J.-P.S. — Quando me engajei de uma maneira ou de outra na política e realizei uma ação, jamais abandonei a ideia de liberdade; ao contrário, cada vez que agia me sentia livre. Jamais pertenci a um partido. Posso ter tido simpatias por um partido durante um tempo — atualmente simpatizo com a tendência maoísta, que começa a dispersar-se atualmente na França, mas que nem por isso está morta — e simpatias mais duráveis. Estive, portanto, em ligação com grupos, sem pertencer-lhes. Pediam-me atos: eu era livre para responder sim ou não e me sentia sempre livre aceitando ou recusando. Vejamos, por exemplo, minha atitude durante a guerra da Argélia. Foi o momento em que me afastei do partido, já que o partido e nós outros não desejávamos exatamente a mesma coisa. O partido tinha em vista a independência argelina, mas como uma possibilidade entre outras; quanto a nós, estávamos com a F.L.N. para exigir a imediata independência argelina. Encontramo-nos algumas vezes, para tentar constituir um grupo anti O.A.S.; aliás, isso não levou a grandes resultados, porque os comunistas quiseram solapar nosso esforço. Sempre considerei o colonialismo como pura ação de roubo, de conquista brutal de um país e de exploração de um país por outro de uma maneira absolutamente intolerável; considerava que todos os Estados coloniais, cedo ou tarde deveriam abrir mão de suas colônias. A guerra argelina me encontrava absolutamente de acordo com os argelinos contra o governo francês; digo governo, embora muitos franceses fossem favoráveis à conservação da Argélia francesa; havia lutas constantes com franceses, e o esfriamento de amizades e de ligações com aqueles que eram pela libertação da Argélia. Eu ia até mais longe, estava com Jeanson em ligações com a F.L.N. e escrevi em seu jornal clandestino; conto isso para mostrar simplesmente como a liberdade estava em jogo nesse caso. Certamente, foi a liberdade original que me fez conceber, aos 16 anos, o colonialismo como uma brutalidade anti-humana, como uma ação que destruía os homens em benefício de interesses materiais. A liberdade que me constituía como homem constituía o colonialismo como uma abjeção; destruía outros homens, constituindo-se como homem e, por isso, constituir-me como homem era levantar-me contra o colonialismo. Talvez tenha aprofundado o que pensava aos 16 anos, mas sempre o pensei até depois da guerra da Argélia e ainda atualmente. Estive no Brasil em 1960. No Rio, recebi um telefonema de meus amigos de

A cerimônia do adeus

Paris, avisando-me a data do julgamento de Jeanson, do julgamento de seus amigos e colaboradores, e pedindo-me que desse um depoimento que seria lido no tribunal, já que não poderia estar de volta naquela data. Esse depoimento, evidentemente, não podia ser ditado; o telefone estava muito ruim, eu ouvia mal, ouviam-me mal; eu me limitava a repetir aos meus amigos os poucos pontos essenciais sobre os quais queria que se apoiasse o depoimento; aliás, eles os conheciam, e sabia que fariam um bom trabalho; deixei que redigissem esse depoimento: quando o li, achei-o perfeitamente correto.

S. de B. — Você também escreveu muitos artigos antes de 1960.

J.-P.S. — Claro que sim! Escrevi artigos contra a guerra da Argélia, contra as torturas.

S. de B. — Onde os escreveu?

J.-P.S. — Em *Les Temps Modernes*; em *L'Express* e também no jornalzinho de Jeanson, *Vérite pour*, que era mais ou menos clandestino.

S. de B. — Houve outras coisas?

J.-P.S. — No Brasil, o representante argelino quis ver-me; fui vê-lo e conversamos sobre a propaganda em favor dos argelinos; estávamos perfeitamente de acordo. Além disso, fiz uma conferência em São Paulo sobre a guerra da Argélia. Lembro-me dessa conferência que foi uma verdadeira enchente, tal o afluxo de gente; eram sobretudo estudantes; escancararam as portas e lotaram a sala de ponta a ponta. Expus minha concepção da guerra da Argélia, que era também a da F.L.N., um francês quis responder-me, o que representava uma certa coragem, porque a totalidade da sala era pelos argelinos; foi vaiado, teve a maior dificuldade em falar, e eu lhe respondi: ele desapareceu e a reunião se transformou numa manifestação pró-argelinos. Em tudo isso me sentia perfeitamente livre; teria podido recusar-me a fazer uma conferência sobre a guerra da Argélia e tratar de um tema literário. Mas queria descrever os fatos atuais e precisos que colocavam a liberdade em perigo; em meu foro íntimo era livre fazendo essa conferência, e, ao mesmo tempo, o tema dessa conferência era: a liberdade do povo argelino. Reencontro, a esse nível, a ligação da liberdade, de minha liberdade com a liberdade como fim e o exercício da liberdade contra tudo o que pode censurá-la, isto é, a ação de outros homens. Tratava-se, pois, de apresentar a liberdade do povo argelino como um fim supremo e absoluto, e a guerra como um esforço para impedir homens de se libertarem.

S. de B. — Já que citou fatos, há um que você esqueceu e que justificou que lhe pedissem seu testemunho: foi o *Manifesto dos 121*; isso foi muito importante. Ameaçavam-nos de prisão quando retornássemos à França por havermos assinado esse manifesto; o processo de Jeanson, em grande parte, girava em torno do manifesto.

J.-P.S. — Sim; e naquela ocasião houve passeatas de pessoas que eram a favor da guerra da Argélia, nos Champs-Elysées, onde gritavam: "Que morra Sartre!" O governo francês queria levar-me à justiça por haver assinado, como aos 120 outros signatários do Manifesto. Isso também estava por trás, e aí também eu era livre. Nunca fiz parte de nenhuma organização pró-argelinos, mas simpatizava com todas e era recebido em todas. O que queria mostrar era como esta pequena ação, sem grande importância, como o conjunto dos atos realizados no Brasil para popularizar a causa dos argelinos, provinha de minha liberdade, que eu não estava condicionado por ninguém, que agia em função de minhas próprias teorias, de meu credo político e que me engajava totalmente. A seguir, estivemos em Cuba. Voltamos pela Espanha. No cruzamento da fronteira houve discussões com os funcionários da alfândega que acabaram deixando-nos passar, não sem antes ter avisado nosso regresso a Paris. Alguns amigos teriam preferido que regressássemos de avião, para que, se houvesse prisão, ela ocorresse diante de todo mundo; mas nós consideramos que era inútil fazer provocação e que mais valia retornar tranquilamente a Paris, oficialmente, mas discretamente. Amigos foram buscar-nos em Barcelona: Pouillon, Lanzmann e Bost. Levaram-nos até Paris, onde comissários começaram a tomar nossos depoimentos e ficou decidido que dentro de oito dias iríamos ao juiz de instrução; na véspera, o pobre juiz adoeceu, soubemo-lo pelos jornais, oito dias depois continuava doente, e a brincadeira acabou aí; nunca mais ouvimos falar de nossa inculpação como signatários do *Manifesto dos 121*. Cito apenas um pequeno acontecimento entre centenas de outros. Quis mostrar aí como a liberdade me fez descobrir, num momento dado, a verdadeira relação dos argelinos com os franceses, ou dos franceses com os argelinos: uma opressão. Forçosamente, eu era contra essa opressão, em nome da liberdade que me parece constituir a base da existência de cada homem e, enquanto tal, tinha que agir, cada vez que isso ocorria, e na medida de minhas possibilidades, pela liberdade; os meios que utilizava dependiam de causas e vínculos necessários que já nada tinham a ver com uma afirmação livre; no entanto, eram penetrados pela liberdade, quando os utilizava; eram necessários para afirmar a liberdade no mundo.

S. de B. — Terá sido o amor pela liberdade que o levou a tentar fazer um determinado trabalho com os escritores, os intelectuais do Leste? Refiro-me às viagens que fez à Rússia, durante os anos 1962–1966: teriam elas o objetivo de tentar ajudar os intelectuais liberais a se liberalizarem?

J.-P.S. — Liberal é uma palavra ignóbil.

S. de B. — Bem, eles mesmos se designavam assim. Mas era essa sua intenção?

J.-P.S. — Sim. Queria ver se era possível, através de conversões, mudar um pouco seu ponto de vista sobre o mundo, sobre as forças com que se defrontavam, sobre a ação a realizar, mas ia à Rússia, sobretudo, para encontrar-me com pessoas que pensavam como eu; isto é, intelectuais que já tinham feito esse trabalho pessoalmente. Dois ou três.

S. de B. — Você deixou de ir à Rússia em 1966 quando houve o processo de Siniavski e Daniel. Você considerava que a causa dos intelectuais que se diziam liberais estava mais ou menos perdida. Mas houve um fato que ainda foi muito mais determinante: a invasão da Tchecoslováquia.

J.-P.S. — Sim. já ocorrera a invasão da Hungria.

S. de B. — Que fez com que você rompesse com os comunistas. Ainda assim, por volta de 1962, você reatou um pouco com a U.R.S.S., como dissemos ainda agora. Ao passo que, no caso em questão, foi definitivo. Como se afirmaram suas posições quando se tratou da Tchecoslováquia?

J.-P.S. — A intervenção na Tchecoslováquia pareceu-me particularmente revoltante, porque mostrava claramente a atitude da U.R.S.S. frente a países socialistas, daquilo que se chamava o *glacis*[96] soviético. Tratava-se de impedir que os regimes mudassem, se necessário, por meios militares. Fui convidado por meus amigos tchecoslovacos durante um período muito curioso, que logo terminou: as tropas soviéticas estavam presentes, os tchecoslovacos organizavam uma resistência intelectual em Praga, especialmente; ao mesmo tempo, duas peças minhas

---

[96] Zona protetora formada pelos Estados satélites da U.R.S.S. (N.T.)

estavam sendo representadas: *As moscas* e *As mãos sujas*, com intenções evidentemente antissoviéticas. Assisti às duas peças; falei ao público, sem disfarçar meu pensamento, sobre a agressão soviética; falei também na televisão em termos um pouco mais moderados. Em resumo, eles me utilizaram para que os ajudasse na luta contra o inimigo, que estava presente, mas que não víamos. Fiquei lá, alguns dias, estive com intelectuais tchecos e eslovacos; falei com eles; todos estavam profundamente revoltados com esse ataque e decididos a lutar. Parti, não entusiasmado, certamente, mas convencido de que a situação não se resolveria facilmente, que havia uma luta em andamento do povo tchecoslovaco contra seus opressores soviéticos, e que essa luta certamente iria adiante. Aliás, pouco depois escrevi um artigo sobre o assunto, um prefácio para um livro de Liehm.

S. de B. — Sim, no qual haviam sido reunidos depoimentos.

J.-P.S. — Testemunhos da maioria dos intelectuais de renome da Tchecoslováquia, todos contra a intervenção.

S. de B. — E depois da Tchecoslováquia, qual foi sua atividade? Teve ligação com os acontecimentos de maio de 1968?

J.-P.S. — Sim, mais tarde. Tratamos um pouco dos problemas universitários em *Les Temps Modernes*; discutimos, em particular, o curso professoral, o curso magistral. Houve artigos de Kravetz; e depois, como todos os franceses, fomos surpreendidos pelos acontecimentos de maio de 1968. Na ocasião, não fiquei muito malvisto pelos jovens.

S. de B. — Você fez uma declaração pela Rádio Luxembourg em favor dos estudantes, que até mesmo a distribuíram sob a forma de panfletos no Quartier Latin.

J.-P.S. — Efetivamente. E em maio de 1968 falei no salão da Sorbonne, como me haviam solicitado; fui lá, falei perante uma sala lotada. Era curioso, já que a Sorbonne estava num estado estranho, ocupada pelos estudantes. E depois falei também na Cidade Universitária. Em suma, tive algum contato com maio de 1968. Depois aquilo ficou um pouco vago; lembro-me de ter sido chamado para falar na Sorbonne, por amigos estudantes, que discutiam um ponto específico: fariam ou não uma manifestação no dia seguinte? Isso não me dizia respeito e eu só podia falar num plano geral; também me haviam colocado um papel na mesa, dizendo: "Seja breve, Sartre." Isso significava que não faziam questão especial de ouvir o que tinha a dizer-lhes, que na verdade eu

A cerimônia do adeus

não tinha nada a dizer-lhes, já que fazia muito que não era mais estudante e não era professor, não podia falar a título de nada. De toda maneira, falei um pouco, fui muito aplaudido quando subi à tribuna, menos um pouco quando desci, porque não fora o que esperavam. Esperavam pessoas que dissessem: "É preciso fazer uma manifestação por tal ou tal razão, é preciso fazê-la em tais condições etc." Representei um papel mais tarde, em 1970, quando Le Bris e Le Dantec, diretores sucessivos de *La Cause du Peuple*, foram presos e os maoistas, que não conhecia, que até então me atacavam em *La Cause du Peuple* pediram-me que dirigisse *La Cause du Peuple*.

S. de B. — Naquela ocasião era a Esquerda Proletária.

J.-P.S. — Sim; a Esquerda Proletária, partido maoista, dirigido por Pierre Victor; também aí foi um ato livre, nada me obrigava a aceitar, considerando que os maoistas não eram particularmente amenos comigo; nada, também, me obrigava a recusar, porque se tratava da esquerda revolucionária que atuara em maio de 1968 e também depois. Mas a partir do momento em que a solicitação foi feita, aceitei; aceitei ser diretor. Captava obscuramente todos os motivos que me levaram a aceitar; o que me motivava era uma espécie de imbricação sintética de todos esses motivos. Uma manhã, um maoista, já não me lembro quem, foi discutir comigo; respondi que sim, que aceitava, que dirigiria o jornal a partir daquele momento. Depois fui ao La Coupole, onde Victor e alguns outros me esperavam para almoçar. Foi lá que o conheci; ele disse a seus companheiros que ficara muito satisfeito com nossa tarde.

S. de B. — Quais foram suas relações com eles?

J.-P.S. — Aceitei ser uma espécie de testa de ferro, sem uma ideia muito precisa sobre sua tendência e seus princípios; não pensava em dirigir, eles mesmos não me pediam, pensava somente dar-lhes meu nome e, sendo o caso, agir com eles, para dar-lhes um pouco de tranquilidade e impedir que fossem suprimidos como jornal e como grupo. O que complicou um pouco as coisas, aliás, foi que pouco depois houve o julgamento de Le Bris e Le Dantec, no qual eu ia testemunhar como terceiro diretor de *La Cause du Peuple* e solidarizar-me com eles; nesse dia, uma decisão do ministro do Interior suprimiu a Esquerda Proletária. O partido estava interditado. No mesmo momento, Le Bris e Le Dantec eram condenados a penas de prisão bastante consideráveis; pouco tempo depois, o próprio Geismar foi perseguido; escondia-se, mas acabou sendo encontrado e julgado; eu testemunhava também a favor dele. No que me diz respeito, não me perturbavam, não me prendiam, não consideravam que, eu fosse realmente diretor de *La Cause du Peuple*; em certo sentido isso era verdade, eu não tinha nenhuma vinculação com o que lá se escrevia; mas todo mundo sabia que eu era diretor para impedir a prisão dos diretores. É verdade que um outro diretor, mais jovem do que eu, que fizesse parte dos maoistas, teria sido preso; não o fui, porque achavam que isso provocaria muito escândalo. *La Cause du Peuple* teve, assim, uma vida estranha, ao mesmo tempo oficial, de certa maneira, já que era publicado e eu era o diretor, mas também interditado. Quando encontrados, os vendedores de *La Cause du Peuple* eram detidos e ficavam presos por algumas semanas; poucos números foram confiscados na gráfica, porque na véspera eram despachados em caminhões, em grandes quantidades, e distribuídos no interior e em Paris. Distribuímos o jornal na avenida Général-Leclerc e depois no bulevar Poissonnière, duas ações diferentes; fui colocado em um camburão e fiquei sob vigilância. Essas ações levavam a aproximações com os maoistas que faziam o jornal. Começaram a querer conversar comigo; tínhamos reuniões, nas quais Victor, Geismar e outros mais discutiam comigo sobre determinada posição, determinada atitude e, finalmente, sem que me tornasse verdadeiramente diretor durante esse primeiro período, começava a sentir o interesse da Esquerda Proletária; comecei a descobrir uma espécie de liberdade dos militantes, liberdade que me influenciou no plano social e político; vi aí a possibilidade de conceber militantes livres em suas atividades de militantes, o que, de início, pode parecer uma contradição. E certamente não é o caso de um militante comunista. Sem jamais pertencer à Esquerda Proletária, que, aliás, como já disse, foi dissolvida, mas continuou a existir sob uma outra forma, aproximei-me pouco a pouco de algumas posições dos maoistas; tive discussões cada vez mais profundas, frequentemente a sós com Victor; vi o interesse que podia ter para mim a Esquerda Proletária; comecei a discutir com os redatores a respeito dos próprios números e artigos de *La Cause du Peuple*; no final, dirigia pessoalmente um ou dois números, reunindo diversos colaboradores; os chefes não estavam contra, queriam ver em que dava isso; evidentemente, eu adotava a direção das ideias maoistas, mas na medida em que elas… me seduziam. Fiz então dois números desse gênero, depois mais ou menos me retirei, mas

A cerimônia do adeus

mantendo meu nome na capa; e finalmente *La Cause du Peuple* desapareceu. Mas não o espírito maoista, que continua a existir e do qual me considero representante, embora o nome maoista não signifique muito. Exprimimos um pouco as nossas ideias no livro que Gavi, Victor e eu publicamos: *On a raison de se révolter*. Assim foi, pois, minha passagem política para a Esquerda Proletária de 1970 a 1973.

S. de B. — Mas depois? Houve outro jornal?

J.-P.S. — *Libération*! Parecia normal que fosse diretor de *Libération*, que não era um jornal maoista, que fora lançado por maoistas e outros representantes de grupos de esquerda. Pediram-me isso porque eu tinha sido diretor de *La Cause du Peuple*; aceitei, porque achava que isso poderia significar. um verdadeiro progresso, ter um jornal propriamente de esquerda, de extrema esquerda, pondo o preto no branco, o que pensávamos de cada acontecimento. Também aí fui diretor mais como testa de ferro. No início, o papel do diretor não estava especificado; simplesmente, estou doente e isso me impediu de representar um papel real em *Libération*. Atualmente, já não sou diretor, porque tive que demitir-me por motivo de doença, mas faço parte de um novo comitê diretor que decide quanto às diretrizes do jornal. Como você sabe, ainda me sinto cansado, não posso ler, nem escrever; de certa maneira, ainda posso escrever, mas não ler o que escrevo; de toda maneira, uma série de procedimentos me permitem dar a conhecer minhas opiniões. Aqui, ainda, a liberdade foi sempre essencial, a razão de minhas opções. E o novo *Libération* foi reestruturado durante o verão; as reestruturações tinham sido estudadas por mim, Gavi, Victor e alguns outros; esse novo *Libération* que vai ser publicado dentro de alguns dias poderia ter um bom começo desta vez.

S. de B. — Nestas conversas, você parece fazer muita questão de falar sobre sua relação com a política. Falou disso em suas entrevistas com Victor e Gavi, e ainda faz questão de falar a respeito comigo. Por que razão, considerando que você é, em primeiro lugar e antes de mais nada, um escritor, um filósofo?

J.-P.S. — Porque a vida política representou uma coisa que não pude evitar, na qual mergulhei. Não fui um homem político, mas tive reações políticas numa série de acontecimentos políticos; de maneira que, a condição de homem político, no sentido amplo, isto é, no sentido de homem mobilizado pela política, penetrado de política, é uma coisa que me caracteriza. Os maoistas, por exemplo, durante muito tempo, só consideraram minha amizade com Victor como uma relação política.

S. de B. — O ponto de vista dos maoistas não é um ponto de vista eterno e universal. A posteridade não considerará você como um homem político, mas essencialmente como um escritor, um filósofo, que, além disso, teve algumas atitudes políticas, como quase todos os intelectuais. Por que dá essa importância particular à dimensão política de sua vida?

J.-P.S. — Aos vinte anos era apolítico — o que talvez seja uma atitude política como qualquer outra — e termino sendo socialista-comunista, e tendo em vista um determinado destino político para os homens. Creio que passar de uma atitude apolítica para uma atitude política propriamente dita representa uma vida. Isso ocupou muito tempo em minha vida. Houve o R.D.R., minhas relações com os comunistas, minhas relações com os maoistas e tudo isso. Isso forma um conjunto.

S. de B. — Você quer, então, voltar à sua biografia política?

J.-P.S. — É preciso explicar o que significa não ter política, de onde se originava isso, porque era apolítico quando a conheci, e depois como a política envolve alguém e termina sendo adotada, de uma maneira ou de outra. Isso me parece essencial.

S. de B. — Pois bem, falemos disso.

J.-P.S. — Pois bem, quando era criança a política era uma atividade que pertencia a cada um; cada um tinha que cumprir determinados deveres, por exemplo, votar, e o fato de que todo mundo votasse fazia com que o país fosse uma república e não o Segundo Império ou uma monarquia.

S. de B. — Você quer dizer que havia uma atmosfera política em seu lar, em casa de seus avós?

J.-P.S. — Sim, meu avô era pelos príncipes da III República. Creio que votava pelo centro; não falava muito das pessoas em que votava. Considerava que isso era sigiloso. Coisa que era cômico, nessa família constituída por sua mulher, a quem isso pouco interessava, por sua filha, que não estava a par de nada, e por mim, muito criança para estar informado de tudo isso; mas, enfim, ele preferia ser discreto. Era o segredo do homem que vota, era o poder político que ele exerce ao votar. De toda maneira, ele nos preveniu que votaria a favor de Poincaré.

A cerimônia do adeus

S. de B. — Portanto, falava-se de política quando você era criança?

J.-P.S. — Oh! Muito pouco. Só um pouquinho.

S. de B. — Creio que havia também problemas de nacionalismo que pesavam.

J.-P.S. — Sim. A Alsácia, a guerra.

S. de B. — Você teve, então, uma dimensão cívica em sua infância.

J.-P.S. — Sim; a Alsácia era o ponto importante em casa de meu avô. A Alsácia fora tomada pelos alemães. Tive, pois, uma noção política como a que nos dão os manuais. E isso permaneceu assim até a guerra. Na guerra, havia franceses valentes, corajosos e heroicos que lutavam contra os iníquos alemães; era esse o patriotismo simples ensinado nas escolas e no qual eu acreditava muito. Escrevera até um romance de aventuras na época, quando passei para o sexto ano, em Paris, no qual o herói era um soldado que prendia o *kronprinz*. Era mais forte do que o *kronprinz* e o derrotava perante os soldados que riam aliviados.

S. de B. — Portanto, você se sentia um cidadão. Enfim, havia uma dimensão cívica. Aliás, você representara em peças patrióticas escritas por seu avô.

J.-P.S. — Sim.

S. de B. — Em que você dizia "Adeus, adeus nossa querida Alsácia", ou algo parecido.

J.-P.S. — Exato. Durante as férias, com companheiros de hotel. Isso se devia à guerra, e antes da guerra decorria de uma atmosfera burguesa, republicana, de minha família. E muito cedo adquiri a ideia de que a vida de um homem deve transcorrer assim; de início, não somos políticos, e depois, por volta dos cinquenta anos, nós nos tornamos políticos, como Zola, por exemplo, que fez política por ocasião do caso Dreyfus.

S. de B. — Mas de onde lhe vinha tal ideia?

J.-P.S. — Vinha-me do fato de identificar-me com a vida dos escritores. A vida do escritor era apresentada com uma juventude, uma parte intermediária, que era a realização das obras, e uma parte mais tardia na qual ele se engajava na política como escritor e na qual intervinha nos problemas do país.

S. de B. — Mas essa não é a biografia de todos os escritores. Há muitos que jamais fizeram política. Por que se interessou por esse tipo de biografia? Por que tais biografias lhe pareceram mais exemplares do que, por exemplo, a de Stendhal, que, no entanto, você aprecia muito, e que jamais fez política nesse sentido?

J.-P.S. — Bem, ele fez política de outra maneira.

S. de B. — Mas de modo algum no sentido que você refere. Por que foi esse o tipo de biografia que o mobilizou particularmente?

J.-P.S. — Os escritores de que me falavam, quase todos haviam feito política.

S. de B. — Sim, mas as coisas só nos influenciam na medida em que somos influenciáveis por elas; portanto, se você ficou muito mobilizado por tais biografias, identificando-as com a sua, foi porque havia em você algo que fazia com que as considerasse exemplares.

J.-P.S. — Sim. Sabia que também se escrevia política; não se realizava apenas através de eleições ou de guerras, escrevia-se; havia escritos que eram sátiras ou discussões sobre um fato político preciso; era como um ponto acessório da literatura para mim. E achava que deveria também abordá-lo lá pelo fim de minha vida, já quando não fosse tão capaz de fazer literatura. De toda maneira, via minha vida — sobre minha vida, não tanto minhas obras, não pensava tanto em minhas obras —, mas via minha vida assim; terminaria na política. Gide também: no último período de sua vida, ele esteve na U.R.S.S., esteve no Tchad, e teve uma quantidade de vinculações com a política de após guerra.

S. de B. — Sim, você acaba de dizer uma coisa estranha. Você disse: um ponto acessório para mim. Você achava que era o que restava ao escritor, quando já não tivesse quase o que dizer? Ou, ao contrário, uma espécie de apoteose que lhe proporcionasse uma audiência muito mais ampla, e que lhe permitisse passar do escrever para a ação?

J.-P.S. — Ele estaria velho, já não podia agir muito. Podia dar conselhos aos jovens e engajar-se num caso particular. O caso Dreyfus, por exemplo, ou então Victor Hugo exilando-se em sua ilha e censurando o Segundo Império. Na verdade, ambos. Eu considerava a política como um ponto acessório das preocupações do escritor. Não podia ser uma obra que se equiparasse a um grande poema ou a um romance. Mas lhe pertencia. O lado escrito da política devia pertencer ao escritor. E também, por outro lado, já que pertencia ao escritor que estava envelhecendo, também a sua apoteose. Ao mesmo tempo, algo menor do que o que ele havia feito antes, e, no entanto, a sua apoteose.

S. de B. — Ao mesmo tempo declínio e apoteose.

A cerimônia do adeus

J.-P.S. — Ao mesmo tempo declínio e apoteose. Vivi isso durante muito tempo: até a idade madura.

S. de B. — Estávamos ainda na infância. Quando você chegou a Paris, quando foi para a Escola Normal e se ligou a Nizan e a outros que, ao que me parece, eram bastante engajados politicamente...

J.-P.S. — Sim.

S. de B. — Você não o era nem um pouco? E como considerava aqueles que o eram?

J.-P.S. — Não, eu não o era. De certa maneira, achava risível. Considerando que aquilo era uma brincadeira que nada tinha a ver com a ocupação deles, que era a Escola Normal. Por outro lado, admirava-os, porque eu mesmo não era capaz de manter discussões com eles, de definir seus objetivos; mas aquilo não me interessava. Por exemplo, o socialismo, que seduzira vários de meus colegas da Escola Normal, não me dizia nada.

S. de B. — Aron, por exemplo.

J.-P.S. — Aron, no início, era socialista. Não se manteve assim durante muito tempo. Todas aquelas pessoas estavam preocupadas com o que chamavam de socialismo, isto é, uma determinada forma de sociedade. Eu não era contra, mas também não era a favor. Também não era capitalista, mas não era exatamente contra. Pensava, finalmente, que tínhamos sempre mais ou menos as mesmas relações com a sociedade. Eram instituições, com homens de Estado que as faziam mudar um pouco, mas cada um tinha que desembaraçar-se com respeito a todas essas instituições. Considerava que não podia agir sobre as instituições. Teria sido preciso entrar então realmente para a política, inscrever-me num partido, que tal partido vencesse em eleições. Nem pensava nisso.

S. de B. — Você tinha o que chamava, quando o conheci, uma estética de oposição. Achava que estava certo que o mundo fosse em grande parte detestável, que existisse a burguesia, que existisse... um mundo a ser detestado, em suma.

J.-P.S. — Sim.

S. de B. — E que o papel do escritor era exatamente encarar esse mundo, denunciando-o, detestando-o, mas não tanto querendo mudá-lo. Se fosse modificado, se fosse tal como gostaríamos, já não poderíamos detestá-lo da mesma maneira. Em seu caso havia uma atitude quase estética. No entanto, você tinha algumas convicções sobre a sociedade tal como era.

J.-P.S. — Lembro-me de uma das primeiras reações que tive, por volta dos 15 anos, em relação às colônias. Considerava as colônias como um confisco infame do Estado. Supunha guerras, guerras injustas, supunha a conquista de um país onde iam instalar-se e a subjugação dos habitantes desse país. E considerava que tal atividade era absolutamente desonrosa.

S. de B. — Por quê? Não era o seu ambiente que lhe insuflava essa ideia.

J.-P.S. — Certamente que não. Cheguei a ela um pouco talvez através das leituras; em La Rochelle, quando tinha 14 anos, os meninos não se interessavam por isso.

S. de B. — Então? Há toda uma mitologia sobre o papel civilizador do branco. Você era alguém para quem a cultura tinha muita importância. Você poderia então ter vindo a dar nessas mitologias.

J.-P.S. — Mas não o fiz.

S. de B. — Por quê? Tente ver por quê.

J.-P.S. — Quando estávamos no primeiro ano, em *hypo-khâgne*, em *khâgne*, havia um personagem legendário, que era Félicien Challaye, professor de filosofia, que falava com os alunos contra as colônias e os convencia. E fui logo informado sobre esse personagem, primeiro por Nizan, que era naturalmente anticolonialista, mas sem muita ênfase. O que lhe interessava eram os problemas nacionais.

S. de B. — É interessante ver que desde muito jovem você absolutamente não tinha o senso da superioridade de uma raça, de uma cultura, de uma civilização sobre outra.

J.-P.S. — De modo algum.

S. de B. — Mas isso é importante. Como se explica que sua cultura e o elitismo em que foi educado não tenham influenciado você, pelo menos de uma certa maneira?

J.-P.S. — Realmente, a ideia da igualdade era primordial em mim. Pensava que as pessoas eram meus iguais. Creio que isso vinha de meu avô que o dizia formalmente. Para ele, a democracia significava pessoas que eram todas iguais. E tive, como uma percepção espontânea, uma visão da injustiça que havia em tratar como menos importante do que nós mesmos uma pessoa que na verdade era um igual. Disso me lembro:

sempre tomei como exemplo, em mim mesmo, desde os 14 anos, a Argélia. E isso se manteve quando pensava na Argélia muito mais tarde; quando estávamos em guerra com ela.

S. de B. — Essa foi sua primeira reação política declarada. É importante. E quanto à exploração dos operários, sentiu-a muito cedo?

J.-P.S. — É difícil dizer. Já não me lembro bem. Meu padrasto era diretor de uma fábrica de estaleiros navais em La Rochelle. Controlava muitos operários. Já não me lembro bem como os encarava. Certamente, em parte, através da visão que tinha meu padrasto, que tratava os operários como menores, isto é, pessoas menores de vinte anos.

S. de B. — Sim, crianças.

J.-P.S. — Crianças. Mais adiante, ele ficou muito magoado com o comunismo, que representava a contradição de toda a sua vida. Nunca fui a favor de uma sociedade socialista antes da guerra de 1939.

S. de B. — Sim.

J.-P.S. — Lembro-me ainda de que, durante a *drôle de guerre*, eu anotei em meu caderno que a sociedade não devia ser socialista.

S. de B. — Pensava que seria inviável para você.

J.-P.S. — Sim. Pelas descrições que tínhamos da U.R.S.S. pensava que não poderia viver nesse país.

S. de B. — E, no entanto, também não se sentia à vontade nesta sociedade burguesa?

J.-P.S. — Não. De maneira que inventava sociedades míticas: boas sociedades nas quais deveríamos viver. Era o não real que se tornava o sentido de minha política, e foi um pouco assim que entrei na política.

S. de B. — Continuemos na época em que ainda não estava nela. De toda maneira, teve reações contra a divisão de classes. Lembro-me muito bem que uma das coisas que irritavam muito aquela senhora e Guille, quando passeávamos juntos pela Espanha, era que, por exemplo, em Ronda, você dizia com desagrado: tudo isso são residências aristocráticas. E se sentia furioso. Isso o irritava.

J.-P.S. — É muito misterioso. Sem dúvida nenhuma, estava muito contra a vida a que eram sujeitos os proletários, julgava-a lastimável e, certamente, estava do lado deles. Mas, apesar de tudo, com uma espécie de desconfiança, que provinha sem dúvida do fato de ser enteado do diretor da fábrica.

S. de B. — Refere-se ao tempo em que era muito jovem?

J.-P.S. — Sim, à idade dos 14 anos.

S. de B. — Lembro-me que, quando estivemos em Londres, você se interessava enormemente pelos problemas de desemprego; queria visitar os bairros dos desempregados; eu preferia ir aos museus; você tinha muito mais uma dimensão social.

J.-P.S. — Sim.

S. de B. — Quando chegou à *khâgne*, à *hypo-khâgne*, à Escola Normal, tinha colegas com convicções políticas; todos os seus amigos eram mais ou menos de esquerda. Você mencionou os alunos de Alain, eles também, mais ou menos de esquerda, e radicais, no sentido que isso podia ter naquela época. Nizan era de esquerda e também seus outros colegas.

J.-P.S. — Todos os de esquerda. Havia socialistas ou comunistas. Naquela época era muito mais ousado ser comunista.

S. de B. — Mas havia também uma tendência de direita *tala* bastante forte na Escola Normal. E você a hostilizava muito.

J.-P.S. — Sim, hostilizava-a muito.

S. de B. — Por quê? Penso que era toda uma atitude com relação também aos costumes.

J.-P.S. — Sim, no que se refere aos costumes, eu era nitidamente de esquerda. Era nitidamente anticristão, por exemplo. Você sabe que, aos 12 anos, decidi que Deus não existia e nunca mais mudei; isso me levava a rever a ideia do que era uma religião; o ensaio dos liceus sobre as religiões: as religiões antigas, o catolicismo e o protestantismo, isso levava a considerar a religião como uma série de preceitos, de ordens, de costumes, que variavam de um país a outro e que não tinham nenhuma relação com Deus; Deus não existia. Consequentemente, eu não era religioso, não era crente, e todas as tendências otimistas dos crentes me desagradavam. Pensavam que estavam enganados.

S. de B. — Em princípio você era favorável à maior liberdade de costumes.

J.-P.S. — Sim.

S. de B. — E de expressão.

J.-P.S. — E de expressão.

S. de B. — O conjunto de suas convicções metafísicas, ou religiosas, de suas ideias sobre os costumes, ou sobre a moral, poderia definir-se como uma espécie de individualismo de esquerda?

A cerimônia do adeus

J.-P.S. — É isso. Era um individualismo de esquerda. O indivíduo era muito mais importante para mim então do que o foi depois. Vivia, aliás, num mundo de individualismo; meu avô era um individualista, e eu adquiria costumes individualistas, Nizan era individualista...

S. de B. — Sim, Nizan, por mais filiado que fosse... Em que época ele se filiou ao partido comunista?

J.-P.S. — Inscreveu-se duas vezes. Em *khâgne*, e depois voltou-se mais ou menos para a direita; reinscreveu-se no segundo ano da Escola.

S. de B. — Nizan não tentou pressioná-lo para que o acompanhasse?

J.-P.S. — Não, de modo algum.

S. de B. — E seus outros colegas, por exemplo, os socialistas, também não tentavam doutriná-lo?

J.-P.S. — Não. Se os interrogava, eles expunham-me o que faziam e o que sentiam; juntar-me a eles seria decisão minha; consideravam-me mais como alguém que poderia um dia inclinar-se para o socialismo, mas não lhes cabia forçar-me.

S. de B. — Quando leu Marx pela primeira vez?

J.-P.S. — No terceiro ano da Escola. Terceiro e quarto.

S. de B. — E que lhe pareceu?

J.-P.S. — Uma doutrina socialista, que achava bem racional. Já lhe disse que pensava compreender e não compreendia nada: não via o sentido que aquilo tinha no momento. Compreendia as palavras, compreendia as ideias; mas que aquilo se aplicasse ao mundo do presente, que a noção de mais-valia tivesse um sentido atual, isso eu não compreendia.

S. de B. — Isso não o impressionou?

J.-P.S. — Não. Não era o primeiro sistema socialista que tivera ocasião de ler...

S. de B. — Sim, só que os outros eram utópicos. Aqui, havia uma análise da realidade.

J.-P.S. — Sim, mas faltava-me algo para diferenciar a utopia do que não era utopia.

S. de B. — Então isso não o impressionou extraordinariamente? Quanto a mim, compreendi Marx muito mal, mas, de toda maneira, a noção de mais-valia me produziu um choque quando eu tinha 18 ou 19 anos. Compreendi verdadeiramente a exploração, a injustiça, de uma maneira que só pressentia vagamente, já que via bem que havia ricos, pobres, explorados etc. Ali pude ver como era sistematizado. Isso me impressionou muito.

J.-P.S. — Eu compreendi, mas não senti. Considerava que era importante, que os textos que lia eram interessantes. Mas não houve choque. É que naquela ocasião havia muitas coisas para ler.

S. de B. — Havia muitos choques filosóficos de todo tipo, é o que quer dizer?

J.-P.S. — Sim.

S. de B. — Quais são suas primeiras lembranças de participação política, de…

J.-P.S. — É muito vago. A maneira pela qual passei minha vida, até 1939, do ponto de vista político, é muito vaga.

S. de B. — Ainda assim, teve algumas emoções políticas?

J.-P.S. — Sim, a partir de Doumergue.

S. de B. — Na primeira vez em que estivemos na Itália, você teve uma emoção política muito desagradável, e quando você esteve em Berlim, era muito importante para você fazer filosofia, mas ainda assim você ficou muito tocado pela presença dos S.A. nas ruas.

J.-P.S. — Sim, era antinazista e tinha horror aos fascistas. Lembro-me de ter visto em Siena fascistas marchando, um grupo de fascistas com um chefe à frente, um homenzarrão empolado, com uma camisa preta, que me fez horror.

S. de B. — Depois, houve a guerra da Espanha que o tocou.

J.-P.S. — Que nos tocou: a você também. Houve o engajamento de Gérassi, o que também nos ligou àquilo.

S. de B. — Foi uma das primeiras fissuras nas nossas relações com a sra. Morel e Guille; achávamos certo que Gérassi, como espanhol e republicano, fosse lutar. Ainda que não soubesse lutar bem, Guille e essa senhora diziam: ele deveria ter pensado em sua mulher e seu filho. Não era uma reação direitista; eles eram a favor da república, certamente, mas na medida em que a república era uma democracia liberal, muito repressiva com respeito aos operários. Quando as coisas começaram a avançar um pouco mais, eles não gostaram nada. Quanto a nós, estávamos furiosos porque Blum não dava armas à Espanha, enquanto a Itália e a Alemanha forneciam-nas amplamente, sobretudo a Itália. Éramos intervencionistas.

J.-P.S. — Sim.

A cerimônia do adeus

S. de B. — Depois houve a Frente Popular.

J.-P.S. — Sim, a Frente Popular. Tivemos uma situação estranha durante aqueles anos. Tínhamos a impressão, não de colaborar com essa formação política, que era a Frente Popular, mas de caminhar a seu lado.

S. de B. — Explique um pouco melhor.

J.-P.S. — Havia a Frente Popular e havia também pessoas que estavam mais ou menos ligadas a ela. Nós não estávamos entre essas pessoas. Sentíamos muito satisfeitos de que a Frente Popular triunfasse. Estávamos sentimentalmente ligados a grupos, mas nada fazíamos por eles. Éramos mais espectadores.

S. de B. — Uma coisa nos separou de Guille e daquela senhora: quando os operários começaram a fazer greves, Guille dizia: não, isso vai entravar a ação de Blum. Guille podia aceitar Blum na medida em que ele fazia reinar a ordem e não permitisse muito que os operários controlassem as decisões. Ao passo que nós éramos muito extremistas, muito radicais, muito "o poder aos soviéties". A tomada das fábricas pelos operários, os conselhos de operários, achávamos isso muito certo. Teoricamente éramos tão extremistas quanto possível.

J.-P.S. — Sim, éramos extremistas, mas não fazíamos nada... Outros, como Colette Audry, se haviam dedicado à política de esquerda; não faziam muito, porque ninguém podia fazer muito, mas agiam, e nós não.

S. de B. — Você não era ninguém naquela época, seu nome não tinha peso algum, você não pertencia a nenhum partido, não queria pertencer a título individual, ainda não tinha publicado *A náusea*. Portanto, não era ninguém. Aliás, as pretensões dos intelectuais engajados nos faziam rir. Ainda assim, você acompanhava os acontecimentos com enorme interesse. Com Guille, com Aron, com Colette Audry, as conversas muito frequentemente eram políticas, você não era de modo algum o sujeito fechado em sua torre de marfim e para quem nada disso importava.

J.-P.S. — De modo algum. Isso tinha uma importância enorme, era a vida quotidiana, era o que me acontecia.

S. de B. — Como reagiu à grande ameaça de guerra que houve em 1938 e depois a Munique?

J.-P.S. — Era a favor da resistência dos tchecoslovacos e, portanto, contra o abandono da Tchecoslováquia pelas potências aliadas a ela. Mas, no entanto, depois de Munique, senti uma espécie de alívio, pelo fato de a guerra ter sido afastada. Apesar disso, você e eu estávamos pessimistas e achávamos que a guerra estava próxima.

S. de B. — Eu me senti muito mais aliviada do que você, muito mais covarde, tinha muito mais medo da guerra, e houve discussões entre nós, nas quais eu retomava os argumentos pacifistas de Alain: dizia-lhe que o pastor de Landes pouco se incomodava com Hitler, e você me respondia que isso não era verdade, que ele se preocuparia, que também sentiria que isso lhe dizia respeito, se Hitler ganhasse, e que você não queria que arrancassem os olhos de Nizan e que obrigassem você a queimar seus manuscritos. Você era violentamente a favor da guerra, não sei se por ocasião de Munique mesmo, mas pelo menos no ano seguinte; pensava que não podíamos deixar Hitler ganhar, que não podíamos cruzar os braços e deixá-lo ganhar. O que foi que o impediu de cair no pacifismo, onde, por exemplo, caíram muitos alunos de Alain e onde eu teria estado um pouco pronta para cair; naturalmente, na irresponsabilidade?

J.-P.S. — Creio que foi porque eu não tinha política. Fazemos política se recusamos ou aceitamos uma declaração de guerra, se estamos entre pessoas que decidem combater ou que decidem resistir e não combater; temos uma linha de conduta traçada. Quanto a mim, não tinha linha traçada. Era profundamente hostil a Hitler depois de sua subida ao poder; sua atitude em relação aos judeus me parecia intolerável. Não podia pensar que ele permaneceria indefinidamente chefe de um Estado vizinho; consequentemente, na ocasião em que estourou o caso de Dantzig, mesmo antes, por volta do mês de março daquele ano, eu era contra Hitler; depois de Munique senti o alívio de todo mundo, sem perceber que era um alívio que implicava uma política de perpétua adesão ao que Hitler fazia. O alívio era uma atitude que devia ser recusada. Não a tive por muito tempo. Tive-a em contradição comigo mesmo: estava contra Munique, de certa maneira, mas aliviado porque Munique tinha ocorrido. Por algum tempo, a guerra recuava. E depois, durante o ano, a Polônia se tornou o ponto central dos projetos de Hitler. Aliás, pelo que soubemos depois, e pelo que sabemos agora lendo o livro de J. Fest sobre Hitler, o próprio Hitler não estava inteiramente decidido a fazer a guerra; não sabia exatamente quando. E quando realizou sua ação na Polônia, estava persuadido de que manteria a Inglaterra fora da guerra, e, consequentemente, também a França. E nós estávamos convencidos

A cerimônia do adeus

de que era preciso resistir à crise da Polônia e à tentativa de anexação de Hitler, porque sem isso, tudo estava perdido.

S. de B. — Em nome de quê? Era em nome da moral, era uma injustiça?...

J.-P.S. — Em nome de uma vaga concepção política que eu tinha, que não era socialista, mas que era republicana. Meu avô teria protestado como eu. Teria protestado porque se tratava de uma violação, de uma agressão.

S. de B. — Era uma atitude propriamente moral, ou uma atitude mais política que previa qual seria o destino do mundo se Hitler reinasse?

J.-P.S. — Era isso. O poder de Hitler crescia a cada dia, e se deixássemos que continuasse, ele se tornaria finalmente o senhor do mundo. Pelo menos da Europa. E era isso que não podíamos suportar. E o que fazia com que me levantasse contra ele eram coisa simples, era meu sentimento da liberdade, que era o de todos os franceses, uma certa liberdade política. Embora nunca tivesse votado naquela época (é preciso não esquecer que eu não votava: não votei antes do fim da guerra). E aí fazíamos questão de nossa república, porque é a liberdade dos homens, pensávamos, que se encontra no voto.

S. de B. — Por que fazia questão, já que não votava?

J.-P.S. — Fazia questão que os outros votassem. Pensava que poderia votar se a ocasião me parecesse importante. Não havia impedimento. Simplesmente, aquilo não me interessava. E as assembleias que governaram entre as duas guerras me pareciam grotescas.

S. de B. — Mas, no entanto, fazia questão de que essas assembleias continuassem a existir?

J.-P.S. — Naquele momento, eu pensava que era preciso que continuassem. Não tinha nada contra a Constituição. Ocorria que o mundo político que eu descobria era um mundo grotesco.

S. de B. — Um mundo grotesco e um mundo de classe. Um mundo em que os governantes defendiam as classes privilegiadas.

J.-P.S. — Pensava que isso absolutamente não estava dado no fato de haver eleições e assembleias. Pensava que era possível conceber eleições que correspondessem realmente à população. Como você sabe, não pensava na luta de classes. Só compreendi a luta de classes por ocasião da guerra e depois.

Simone de Beauvoir

S. de B. — Você a compreendia um pouco, já que, quando houve a Frente Popular, estávamos muito satisfeitos com a vitória dos trabalhadores e dávamos dinheiro aos grevistas.

J.-P.S. — Sim. Mas não via isso como um movimento que opunha duas classes, a classe burguesa e o proletariado, e que as opunha necessariamente, historicamente.

S. de B. — É um pouco sumário dizer que você não tinha consciência da luta de classes.

J.-P.S. — Eu vinha de um meio burguês que, consequentemente, nem sequer ouvira falar na luta de classes. Minha mãe, e até meu avô, não sabiam o que era isso. E, consequentemente, eu considerava meu próximo, fosse ele proletário ou burguês, como um homem como eu. Não levava em consideração essas distinções que, depois, me pareceram tão importantes.

S. de B. — No entanto, de um modo geral, você tinha horror à burguesia?

J.-P.S. — Horror. Mas não tinha horror à burguesia como classe. As pessoas que se pensavam burguesas em 1920 ou em 1930 não se pensavam como classe. Pensavam-se como uma elite, e eu tinha horror à elite burguesa, à moral burguesa. Mas não via isso como uma classe, uma classe dominante que oprimia o povo; via isso como gente que havia atingido, através de determinadas qualidades, uma espécie de realidade elitista e que dominava os outros. A ideia de classe não estava presente; aliás, também não em você.

S. de B. — Não acho isso muito exato. Sabíamos muito bem, por exemplo, que a guerra da Espanha era uma luta de classes.

J.-P.S. — Sim, nós o sabíamos. Essas palavras não nos eram estranhas. Nizan, sendo comunista, falava de classes. Mas, poder-se-ia dizer que, como conceito, não o havíamos assimilado. Comecei a ocupar-me da luta de classes durante a guerra e depois dela.

S. de B. — No entanto, quando líamos *Histoire de la Révolution Française* de Jaurès...

J.-P.S. — Foi mais tarde. Em 1937, 1938.

S. de B. — Naquela época, compreendíamos a Revolução em termos de luta de classes.

J.-P.S. — Sim, mas naquela época não havia proletariado. A Revolução era o triunfo da burguesia. Era diferente. É por isso que é ensinada com muita pompa nas escolas.

A cerimônia do adeus

S. de B. — Se falo no *Histoire* escrito por Jaurès, é porque ele insiste muito no lado burguês, não chega ao ponto de radicalizar as coisas e deixa de lado o que chamávamos de o povo excluído da vitória da burguesia. Creio que você exagera, que simplifica um pouco. Pelo menos conhecia a luta de classes?

J.-P.S. — Conhecia, mas era uma noção que eu não utilizava. Não interpretava um acontecimento histórico como uma oposição de classes.

S. de B. — No entanto, quando líamos *Histoire de la commune* de Lissagaray sabíamos perfeitamente que se tratava de uma luta de classes.

J.-P.S. — Sabíamos, mas era uma interpretação que parecia válida em determinados casos, e não válida em outros. Certamente não teríamos reduzido a história à luta de classes. Você não pensava que a história greco-romana, ou o Antigo Regime, explicavam-se por classes em luta.

S. de B. — Ainda não sabemos até que ponto é preciso realmente ver apenas lutas de classe nos acontecimentos históricos. A guerra árabe-israelense, por exemplo, é outra coisa.

J.-P.S. — É o que ia dizer. E a luta de classes nos pareceu essencial a partir de 1945; durante a guerra e depois de 1945; e nós a considerávamos como uma das causas essenciais dos fatos históricos, mas outras causas também existiam.

S. de B. — Como foi que passou de uma determinada concepção da luta de classes, que conhecia sem utilizar, para uma concepção da luta de classes que se tornou para você uma explicação essencial do mundo?

J.-P.S. — Tudo mudou a partir da guerra; quando estive em contato com outros homens, ligados a mim porque eram do mesmo regimento, quando vi como encaravam o mundo, o que poderia acontecer em duas hipóteses, a de que Hitler vencesse, a de que Hitler fosse vencido; eu, que tinha partido para uma guerra de três meses, de seis meses, como todos os franceses, comecei a pensar o que significasse ser histórico, fazer parte de uma história que se decidia a cada instante por fatos coletivos. Isso me fez tomar consciência do que era a história para cada um de nós; cada um era a história. Foi certamente a *drôle de guerre*, isto é, o estar diante de dois exércitos, que praticamente não se mexiam, que me abriu os olhos.

S. de B. — Não vejo em que isso lhe tenha dado o sentido da luta de classes.

J.-P.S. — Não me refiro à luta de classes: à história.

S. de B. — Ah, sim! A história.

J.-P.S. — O fato é que, a partir de 1939, eu já não me pertencia. Até então pensava levar a vida de um indivíduo absolutamente livre; escolhia minhas roupas, minha comida, escrevia; segundo eu mesmo era, portanto, um homem livre dentro de uma sociedade e não via que essa vida era completamente condicionada pela presença de Hitler e dos exércitos hitleristas em frente a nós; compreendi depois, tentei um pouco exprimir isso em meu, romance (no primeiro volume de *Os caminhos da liberdade*, e um pouco no segundo). Portanto, eu estava ali, com roupas militares, que me caíam bastante mal, no meio de outras pessoas que usavam as mesmas roupas que eu; tínhamos uma ligação que não era uma ligação familiar, nem uma ligação de amizade, e, no entanto, importante. Exercíamos papéis que nos eram distribuídos do exterior. Eu lançava balões e os olhava pelo binóculo. Haviam-me ensinado isso, quando nunca pensara em utilizá-lo, durante meu serviço militar. E estava ali, fazendo esse trabalho entre outras pessoas desconhecidas, que me ajudavam a fazê-lo, que faziam esse trabalho como eu, que eu ajudava a fazer, e olhávamos meus balões sumirem nas nuvens. E isso, a alguns quilômetros do exército alemão, onde havia pessoas como nós, que também se ocupavam disso, e havia outras pessoas que preparavam um ataque. Havia ali um fato absolutamente histórico. Bruscamente, eu me encontrava numa massa, onde me haviam dado um papel preciso e estúpido para representar, e que eu representava diante de outras pessoas, vestidas como eu com roupas militares, e que tinham o papel de frustrar o que fazíamos e no fim, atacar.

A segunda e mais importante tomada de consciência foi a derrota e o cativeiro. A partir de certo momento fui repelido para outras posições, com meus companheiros; de caminhão, chegamos a uma cidade; aí nos instalamos; dormíamos nas casas dos habitantes; lidávamos com alsacianos, de uma mentalidade muito variável. Lembro-me de um camponês alsaciano que era a favor dos alemães e que defendia teorias pró-germânicas diante de nós; dormíamos ali, partíamos, mas não sabíamos se conseguiríamos escapar do exército alemão. Ficamos nesse lugar durante três, quatro dias. Os alemães se aproximaram. Uma noite, ouvimos o canhão atirando sobre a cidade, que ficava a uma dezena de quilômetros; na estrada plana podíamos vê-lo bastante bem, e sabíamos que os alemães chegariam no dia seguinte. E aí, também, isso

A cerimônia do adeus

me impressionou muito, historicamente, esses fatos que eram pequenos fatos, que não pertenciam a nenhum manual, a nenhuma história de guerra; uma cidadezinha era bombardeada; uma outra aguardava e seria tomada por sua vez. Havia pessoas bloqueadas ali, esperando que os alemães se ocupassem delas. Fui deitar-me; tínhamos sido abandonados por nossos oficiais, que se foram por uma floresta, carregando uma bandeira branca, e que foram feitos prisioneiros como nós, mas em horas diferentes. Nós ficamos entre soldados e sargentos, dormimos e no dia seguinte de manhã ouvimos vozes, tiros, gritos; vesti-me rapidamente, sabia que isso significava que seria feito prisioneiro; saí dormira em casa de camponeses que estavam ali; saí e me lembro de uma estranha impressão de cinema que tive, a impressão de que representava uma cena de cinema e que não era real. Havia um canhão que atirava contra a igreja, onde certamente havia resistentes chegados na véspera; sem dúvida, não eram dos nossos, porque não sonhávamos em resistir, não tendo aliás meios para isso. Atravessei a praça sob os fuzis dos alemães, para ir de onde estava ao local onde eles estavam; e eles me empurraram, colocaram-me numa imensa tropa de rapazes que se deslocavam para a Alemanha. Contei isso em *Com a morte na alma*, mas o atribuí a Brunet. Caminhamos, e não sabíamos muito bem o que iam fazer conosco. Havia os que esperavam que nos libertassem em oito ou 15 dias no máximo. Era o dia 21 de junho, dia de meu aniversário, e, por outro lado, dia do armistício. Havíamos sido feitos prisioneiros algumas horas antes do armistício. Fomos levados para uma caserna de gendarmes, e ali também aprendi o que era a verdade histórica. Aprendi que era alguém que vivia numa nação exposta a diferentes perigos e que esse alguém estava exposto a tais perigos. Havia ali uma espécie de unidade entre os homens que estavam lá; uma ideia de derrota, uma ideia de ser prisioneiro, o que, naquele momento, parecia muito mais importante do que todo o resto. Tudo o que eu aprendera e escrevera nos anos anteriores já não me parecia válido, nem sequer como tendo um conteúdo. Era preciso estar ali, comer quando nos davam comida — o que aliás era muito raro; havia dias em que absolutamente não comíamos, porque não fora previsto alimentação para tantos prisioneiros. Dormíamos nessa caserna, no chão.

S. de B. — Em Baccarat, foi lá?

J.-P.S. — Sim. No chão das diversas salas. Eu estava no celeiro com uma quantidade de colegas, dormíamos no chão, fiquei um pouco enlouquecido de fome durante dois, três dias, como vários de meus vizinhos: delirávamos, porque não tínhamos o que comer, estávamos ali, deitados no chão; tínhamos horas de delírio, horas de sangue-frio, dependia. Não éramos administrados pelos alemães, eles nos enfiaram lá e depois, um belo dia, deram-nos pedaços de pão e começamos a nos sentir em melhor estado. E depois, finalmente, tomamos um trem e fomos para a Alemanha. Foi um golpe, porque ainda estávamos vagamente otimistas. Pensava que ficaríamos ali, na França, e que um dia, uma vez que os alemães estivessem instalados, nos soltariam e fariam com que voltássemos a nossas casas. O que não era, em absoluto, a intenção deles, já que fomos acima de Trèves, para um campo de prisioneiros; do outro lado do campo havia uma estrada e, do outro lado da estrada, uma caserna alemã. Muitos de nós trabalhávamos na caserna alemã. Eu fiquei prisioneiro, sem fazer nada. Não fazia nada, via prisioneiros, estabelecia amizades com padres, com um jornalista.

S. de B. — Falamos sobre isso de outra vez. Mas eu gostaria de saber em que medida tudo isso lhe revelou a luta de classes? Concordo que tenha descoberto uma dimensão histórica da guerra.

J.-P.S. — Espere.

S. de B. — Bem.

J.-P.S. — Fiquei na Alemanha até o mês de março. E lá tomei conhecimento, de uma maneira estranha, mas que me marcou, de uma sociedade com classes, séries, pessoas que pertenciam a certos grupos, outras a outros; uma sociedade de vencidos alimentados por um exército que os mantinha prisioneiros. E, no entanto, a sociedade toda estava ali. Não havia oficiais, éramos simples soldados; eu era soldado de segunda classe e aprendi a obedecer a ordens malévolas, a compreender o que era um exército inimigo; tinha contatos com os alemães, como todo mundo, quer para obedecer-lhes, quer, algumas vezes, para ouvir suas conversas ineptas e orgulhosas; fiquei lá até o momento em que me fiz passar por civil e fui libertado. Levaram-me de trem até Drancy, colocaram-me em casernas da guarda nacional móvel, que eram imensas, arranha-céus. Eram três ou quatro e estavam cheias de prisioneiros de guerra; fui libertado 15 dias depois.

S. de B. — Já nessa ocasião você me escrevera cartas nas quais dizia: farei política. O que queria dizer, quando escrevia isso?

A cerimônia do adeus

J.-P.S. — Isso queria dizer que, de alguma maneira, havia descoberto um mundo social, e descoberto que eu era forjado pela sociedade, pelo menos sob determinado aspecto; mas forjado em minha cultura e também em algumas de minhas necessidades, minha maneira de viver. De certa maneira, tinha sido reformado pelo campo de prisioneiro. Vivíamos em conjunto, nos tocávamos o tempo todo, e lembro-me de haver escrito que a primeira vez que me vi libertado em Paris, fiquei surpreso por ver pessoas num café, tão distantes umas das outras. Aquilo me parecia espaço perdido. Retornava pois, à França, com a ideia de que os outros franceses não percebiam aquilo; que alguns percebiam, os que retornavam da frente e estavam em liberdade, mas que não havia pessoas que os decidissem a resistir. Eis o que parecia ser a primeira coisa a fazer, ao retornar a Paris, isto é, criar um grupo de resistência; tentar, pouco a pouco, angariar a maioria das pessoas para a resistência e criar assim um movimento de violência que expulsaria os alemães. Não que pensasse com absoluta certeza que seriam expulsos, mas que havia oitenta por cento de chance — continuava otimista — de que fossem expulsos; sobravam vinte por cento de chances de que fossem vitoriosos. Mesmo neste caso pensava que, apesar de tudo, era preciso resistir, porque de uma maneira ou de outra acabariam cansando-se; como Roma, que conquistava territórios, mas, ao mesmo tempo, neles se perdia.

S. de B. — Mas você tinha em mente qualquer tipo de resistência? Seu movimento se chamava Socialismo e Liberdade. Qual a relação que você estabelecia entre o lado socialista e o lado resistente? Você entrou em contato com resistentes de direita. Também entrou em contato, ou fez com que entrassem, com resistentes de esquerda. Como se situava para você a relação da resistência com o socialismo?

J.-P.S. — O fascismo se apresentava em primeiro lugar como um anticomunismo, e, consequentemente, uma das resistências consistia em ser comunista. Ou pelo menos socialista. Ou seja, assumir uma posição absolutamente oposta à do nacional-socialismo. Era insistindo sobre o desejo de uma sociedade socialista que melhor nos podíamos opor aos nazistas. Criamos, portanto, esse movimento, do qual fomos, você e eu, quase que os fundadores.

S. de B. — Fale de suas relações com o comunismo durante a Resistência. O pacto germano-soviético e a reação de Nizan o tocaram muito.

J.-P.S. — Nizan saíra do partido comunista; durante a guerra, antes que eu fosse preso e ele morto, escreveu-me uma carta na qual dizia que já não era comunista e que estava refletindo sobre tudo isso. Adotará uma atitude de reflexão, antes de retomar uma posição política definida. O pacto germano-soviético foi para nós um estupor, como para a maioria das pessoas.

S. de B. — Por que criou um movimento pessoal, por que não trabalhou imediatamente com os comunistas?

J.-P.S. — Propus isso. Fiz com que amigos ligados ao partido comunista o propusessem e a resposta foi: Sartre foi devolvido pela Alemanha para fazer propaganda nazista entre os franceses sob a capa de resistência. Não queremos colaborar com Sartre por nada no mundo.

S. de B. — Por que havia essa hostilidade dos comunistas em relação a você?

J.-P.S. — Não sei. Não queriam ligar-se a pessoas que não estavam com eles antes da guerra... Sabiam perfeitamente que eu não era um traidor, como eles diziam, mas não sabiam se eu podia acompanhá-los. Coisa que souberam muito bem dois anos mais tarde.

S. de B. — Então, você retornou, os comunistas não quiseram unir-se a você e você fundou um movimento.

J.-P.S. — Fundamos o movimento Socialismo e Liberdade. O nome foi escolhido por mim, porque pensava num socialismo em que a liberdade existiria. Naquela época, tornara-me socialista. Isso ocorrera, em parte, porque, em suma, nossa vida de prisioneiros era um triste socialismo, mas era uma vida coletiva, uma comunidade; sem dinheiro, comida distribuída, obrigações impostas por um vencedor; era portanto uma vida comunitária, e era possível supor que uma vida comunitária, que não fosse a de prisioneiro, pudesse ser feliz. Apesar disso, não tinha em mente um socialismo desse tipo, com mesas comuns etc., e você tampouco, certamente.

S. de B. — Certamente que não.

J.-P.S. — Aliás, você estava pouco seduzida pela ideias de socialismo.

S. de B. — Não sei. Sempre fui bastante vaga a esse respeito. De toda maneira, estava bastante seduzida pela ideia de socialismo. Havia um lado de igualdade na penúria que me agradava bastante durante a Ocupação. E pensava que um verdadeiro socialismo, que tivesse motivos positivos, construtivos, realmente seria o certo. Mas atenhamo-nos ao seu movimento. Você então retornara com a ideia de que o socialismo era viável?

J.-P.S. — Sim. Mas ainda não estava muito convencido. Lembro-me de que elaborei toda uma Constituição para o pós-guerra.

S. de B. — Quem lhe pediu que elaborasse essa Constituição?

J.-P.S. — Já não me lembro. Foi quando De Gaulle estava em Argel, creio eu.

S. de B. — De qualquer forma, alguém lhe pediu que elaborasse um projeto de Constituição.

J.-P.S. — Foi isso. Houve então dois exemplares: um, que foi enviado a De Gaulle. E outro que se perdeu, não sei aonde, e que foi encontrado por Kanapa.

S. de B. — Kanapa era um de seus ex-alunos. Já era comunista?

J.-P.S. — Sim, é claro. Havia então, nesse projeto de Constituição, uma maneira de habituar-me ao socialismo, de trabalhar um pouco essa ideia, para que se tornasse algo de coerente, para que eu compreendesse seu sentido.

S. de B. — Você se lembra um pouco de seu conteúdo, de sua orientação?

J.-P.S. — Havia uma passagem grande sobre os judeus.

S. de B. — Disso me lembro, porque o discutimos; e aliás era você quem tinha razão; eu achava que os judeus deviam ser considerados como tendo os direitos de todo cidadão, mas nem mais nem menos; quanto a você, insistia em que havia direitos muito precisos que lhes deviam ser concedidos: falar sua própria língua, ter sua religião, ter sua cultura etc.

J.-P.S. — Sim. Isso me vinha de antes da guerra. Quando escrevi *A náusea* estive com um judeu sobre quem falamos muitas vezes depois, Mendel. Ele conversou comigo e me convenceu. Eu queria fazer dos judeus cidadãos como os cristãos, e ele me convenceu da especificidade do fato judeu e de que era preciso dar aos judeus direitos particulares. Para voltar à minha conversão ao socialismo, foi certamente um dos elementos que me fizeram aceitar a proposta — surpreendentemente, mas ligada à evolução do partido — que me disseram os comunistas: por intermédio de Billet, um comunista que eu conhecera quando prisioneiro em Trèves.

S. de B. — Ah, sim, lembro-me. Eu o havia conhecido.

J.-P.S. — Era comunista. Estava em vias de constituir uma organização de resistentes ligados aos comunistas. E me propôs que integrasse o grupo. Há um ano já eu não fazia mais nada; nosso grupo se desarticulara.

S. de B. — Então os comunistas, depois de lhe virarem as costas e se recusarem a trabalhar com você, espalhando que você era um delator, finalmente decidiram trabalhar com você. Como ocorreu isso?

J.-P.S. — Não sei, um dia encontrei um companheiro de cativeiro que me disse: por que é que você não faz resistência conosco e não entra para o nosso grupo que se ocupa de arte e literatura? Fiquei muito surpreso, disse que achava ótimo, e, efetivamente, houve um encontro, e poucos dias depois eu estava no C.N.E., isto é, *Comité National des Écrivains*. O C.N.E. incluía diversas pessoas: Claude Morgan, Leiris, Camus, Debû-Bridel, e muitos outros.

S. de B. — E o que fez você?

J.-P.S. — Entrei para esse comitê. Evidentemente, algo acontecera, uma mudança...

S. de B. — Não havia só comunistas lá, já que você se refere a Leiris.

J.-P.S. — Não. Leiris ou Debû-Bridel absolutamente não eram comunistas. Mas acho que houve uma mudança nas direções do partido comunista no que se refere aos recrutamentos. Devem ter dito: é preciso mostrar-nos mais abertos. De toda maneira, o fato é que, em 1943, tornei-me membro do C.N.E. e trabalhei com eles em textos, folhas clandestinas, essencialmente *Les Lettres Françaises*, onde publiquei um artigo contra Drieu la Rochelle; e, a seguir, por ocasião da Libertação, nos haviam dado a missão de defender com armas, isto é, com pistola que era comum a todos, os atores e nós, a *Comédie-Française*. Instalamo-nos, então, às vezes uns, às vezes outros, na *Comédie-Française*; em dado momento representei o papel de diretor da *Comédie-Française*. Estava no *bureau* do diretor, uma noite dormi no chão. E no dia seguinte impedi a entrada de Barrault. Depois, no dia da Libertação, houve lutas de rua, houve pequenos combates na *Comédie-Française*; fizemos uma barricada e ainda me lembro de ter visto, na rua da *Comédie-Française*, o responsável por um grupo de soldados alemães, prisioneiros, que estavam sendo conduzidos ao tribunal. Também tive que dormir uma noite com Salacrou. Dormíamos no mesmo quarto. Enfim, havia um pouco de movimento.

A cerimônia do adeus

S. de B. — E depois da guerra, qual foi sua atitude política?

J.-P.S. — Depois da guerra, os primeiros números oficiais do *Les Lettres Françaises* foram publicados a partir da chegada de De Gaulle e lembro-me de ter publicado, nos primeiros números, um artigo sobre a Ocupação e as lutas da Resistência.

S. de B. — Você começou a colaborar em *Lettres Françaises*?

J.-P.S. — Sim. Pelo menos escrevi esse artigo. Não me lembro se escrevi outros. Desde o início, desde que o partido comunista se tornou oficial, as coisas passaram a não correr bem. É evidente que os comunistas não estavam de acordo com o fato de que eu me houvesse tornado um escritor conhecido. Isso ocorrera bruscamente; pessoas que retornavam da Inglaterra ou da América consideravam-me um escritor conhecido. Aliás, eu estava retornando da América; tinha sido enviado à América por *Combat*; os americanos haviam solicitado jornalistas franceses.

S. de B. — Sim: por *Le Figaro* e por *Combat*.

J.-P.S. — Então retornei, e me vi diante de *Lettres Françaises*, do partido comunista, dos escritores de *Lettres Françaises*...

S. de B. — De *Action* também...

J.-P.S. — E de *Action*, sim. *Action* era um hebdomadário pró-comunista, que em determinada ocasião fora dirigido por Ponge e Hervé. Também escrevi em *Action*.

S. de B. — Você não era apenas um escritor conhecido. Também tinha fundado pessoalmente, a partir de 1945, uma revista que mobilizava muita gente e muitos intelectuais, e que não era comunista. Consequentemente, você representava outra possibilidade que não o comunismo para os escritores de esquerda. Como se sentia com respeito a eles?

J.-P.S. — Bem, eu não encarava o comunismo da mesma maneira que eles encaravam, isto é, sob a forma soviética, mas pensava que o destino da humanidade repousava na aplicação de um certo comunismo.

S. de B. — Mas acha que teria podido haver um diálogo? Eles estavam furiosos porque você propunha, em suma, uma ideologia substitutiva, no dizer deles, e brindavam-no com todos os insultos da direita. Como sentiu isso?

J.-P.S. — Há vários pontos de vista. Há meu ponto de vista pessoal, de minhas relações com os comunistas: achei-os infectos para comigo, e lutei contra eles. E só mudei mais tarde.

S. de B. — Sim, em 1952.

J.-P.S. — E eu era então bastante hostil aos comunistas enquanto indivíduos. Quanto a eles não tinham nenhum bom sentimento em relação a mim. Tinham ordens, e nenhum sentimento de nenhuma espécie. Exceto, talvez, uma vaga simpatia por parte de Claude Roy.

S. de B. — Queria saber que importância tinham essas dissensões políticas; e quanto ao R.D.R., em que medida você se engajara profundamente, e em que medida continuava um pouco cético.

J.-P.S. — Estava cético. Não estava profundamente engajado.

S. de B. — E qual foi a sua reação quando, a propósito de *As mãos sujas*, os comunistas o vilipendiaram?

J.-P.S. — Ah! Aquilo me pareceu normal. Estavam contra o R.D.R. e era essa a sua maneira de atacar.

S. de B. — Aquilo lhe pareceu normal, então, não pelo conteúdo da peça, mas em consequência da atitude política que teriam com respeito a você de toda maneira?

J.-P.S. — É isso. Era um pouco desagradável para mim, sobretudo porque havia, entre eles, pessoas de quem gostávamos muito, como Marguerite Duras, que naquela ocasião era comunista, e escrevera um artigo pérfido, creio que no *Les Lettres Françaises*. Lembra-se?

S. de B. — Lembro-me que, de modo geral, todos os comunistas tinham ficado contra você. Então, como é que você se situava politicamente? Porque se não tinha muita confiança no R.D.R., por outro lado você não queria absolutamente entrar para o partido comunista e ser simpatizante a qualquer preço. Isto não combinava com você: "quanto a mim, se me dão pontapés no traseiro, aceitá-los-ei com prazer."

J.-P.S. — Bem! Eu não tinha posição. Naquela época, por volta de 1950, víamos as coisas em termos de ameaça de guerra. Eu era malvisto pelos soviéticos, e, se eles invadissem a Europa, como supúnhamos, eu não queria partir. Queria ficar na França. Afora isso, com quem ficaria não tinha ideia.

S. de B. — Que importância tinha para você essa dimensão de sua vida? De toda maneira, seus escritos continuavam a ser a coisa principal.

J.-P.S. — Sim, o que contava para mim eram meus escritos.

S. de B. — Já que fazia literatura engajada e descobrira que nomear, desvendar, significava mudar o mundo, pensava que, finalmente, sua ação individual enquanto escritor teria peso, teria futuro?

A cerimônia do adeus

J.-P.S. — Sim. Pensava assim.

S. de B. — Aliás, creio que tinha razões para isso.

J.-P.S. — Pensava isso. Sempre o pensei.

S. de B. — Então, por que insistia em estar ligado a um movimento político como o R.D.R.?

J.-P.S. — Não fazia questão. Mas quando me propuseram, pensei que devia aceitá-lo. Esperava que o R.D.R. fosse um movimento ligado ao comunismo, mas que representaria um pouco o que era o socialismo de Nenni na Itália.

S. de B. — Os comunistas franceses não queriam isso. Os comunistas italianos eram muito mais conciliadores, puderam aceitar uma aliança com o partido socialista de Nenni, ou seja, com um partido socialista de esquerda.

J.-P.S. — Sim.

S. de B. — Então, a ideia era essa. Mas, na França, isso não era possível. Outra coisa: quando você teve em mãos o código de trabalho, o código administrativo, o código soviético, segundo o qual era possível internar as pessoas por simples medida administrativa, você o publicou.

J.-P.S. — Sim.

S. de B. — E que pensou nessa ocasião? Quando soube que os campos existiam realmente e que havia uma quantidade considerável de deportados?

J.-P.S. — Considerei que se tratava de um regime inaceitável.

S. de B. — Sim. Você fez um artigo sobre isso com Merleau-Ponty.

J.-P.S. — Foi Merleau-Ponty quem o fez.

S. de B. — E ambos o assinaram. Vocês diziam que um país onde havia tal quantidade de deportados e de fuzilados não podia ser chamado de país socialista. Em suma, a partir de sua ruptura com o R.D.R., você viveu em grande solidão política?

J.-P.S. — Uma solidão completa.

S. de B. — Digamos que você então deixou de fazer política.

J.-P.S. — Não fiz política, em suma, até… 1968.

S. de B. — Espere. Em 1952 você se aproximou dos comunistas. Lembra-se do período entre a ruptura com o R.D.R. e essa aproximação?

J.-P.S. — Escrevia livros e isso me tomava todo o tempo.

S. de B. — Mas o fato de já não estar ligado a nenhuma organização política não representava uma certa falta, um vazio?

J.-P.S. — Não. Ainda não era verdadeiramente politizado, não considerava isso essencial. Escrevia que a política era uma dimensão do homem. Mas já não era de fato uma dimensão de mim. Na verdade era, mas eu não o sabia. Comecei a percebê-lo a partir do momento em que me liguei aos comunistas, isto é, quatro anos depois. Tinha uma espécie de esteticismo político durante aqueles anos. A América fora durante muito tempo um país de sonho para mim, no tempo de Nick Carter e Buffalo Bill; depois, um país em que teria gostado de viver; um país que me seduzira em certos aspectos e me desagradara em outros. Em suma, não era um país que eu gostaria de ver destruído numa guerra com a U.R.S.S. Quanto à U.R.S.S., que ainda se apresentava como o país do socialismo, eu considerava que sua destruição também teria sido terrível. Portanto, via uma guerra russo-americana como uma dupla catástrofe. E me mantive assim durante muito tempo, sem saber bem o que era preciso fazer. Era preciso sem dúvida não partir se houvesse uma guerra, era preciso permanecer na França; era preciso fazer resistência por um socialismo e não pelos americanos, pensava eu, era preciso, pois, ser um resistente clandestino.

S. de B. — Passemos à guerra da Indochina.

J.-P.S. — Fomos os primeiros a condenar a guerra da Indochina em *Les Temps Modernes*; estávamos ligados a vietnamitas, sobretudo a um a quem conheci bem: Van Chi. Ele nos trazia informações.

S. de B. — Não era um filósofo, mas um político.

J.-P.S. — Mas também era professor.

S. de B. — De quando em quando, convidava-nos para almoçar num restaurante vietnamita. Mas, exceto através dos artigos escritos em *Les Temps Modernes*, não tínhamos meios de agir.

J.-P.S. — De fato. Fizemos um número de *Temps Modernes* especialmente indochinês e Van Chi nos ajudou, trazendo-nos textos da Indochina.

S. de B. — Sim. Essa guerra foi uma dimensão importante no horizonte de nossa vida política.

J.-P.S. — Em suma, nossa posição era a dos comunistas.

S. de B. — Nesse terreno, sim, estávamos muito próximos.

S. de B. — Em nossa conversa de ontem, você me dizia que havia uma coisa que não acentuara a relação que sempre quis estabelecer entre o socialismo e a liberdade.

A cerimônia do adeus

J.-P.S. — Sim, o socialismo para muita gente representa uma maior liberdade econômica, em primeiro lugar, também uma liberdade cultural, uma liberdade de ação quotidiana, uma liberdade de grandes opções; eles se afirmam livres, isto é, não condicionados por uma sociedade, mas formando-se eles próprios, de acordo com suas próprias opções. Só que, na verdade, o socialismo tal como nos é apresentado pelos marxistas, por exemplo, não comporta tal noção. Marx a tinha e quando considerava o período longínquo do comunismo imaginava que a sociedade seria feita de homens livres. A liberdade que ele tinha em mente não era exatamente a que eu tenho em mente, mas de toda maneira elas se parecem. Apenas, os marxistas na França já não dão absolutamente nenhum lugar para a noção de liberdade. O que é importante para eles é o tipo de sociedade que vão formar, mas nas estruturas dessa sociedade as pessoas se inserem como máquinas; esse socialismo reconhece determinados valores, por exemplo, a justiça, isto é, uma espécie de igualdade entre aquilo que a pessoa dá e aquilo que recebe, mas a ideia de que mais além do socialismo um homem livre possa existir — digo mais além, não quero dizer numa época ulterior, mas ultrapassando a cada instante as regras do socialismo — é uma ideia que os russos nunca tiveram. Não me parece que o socialismo da U.R.S.S. — se isso ainda pode ser chamado socialismo — comporte uma permissão dada a uma pessoa para que desabroche no sentido por ela escolhido. Foi isso que eu quis dizer, ao dar àquele pobre grupinho que formávamos em 1940, 1941, o nome de Socialismo e Liberdade. Embora bastante difícil de realizar a partir do socialismo, era essa ligação socialismo-liberdade que representava a minha tendência política. Era essa a minha tendência política e nunca a modifiquei. E, atualmente, ainda foram o socialismo e a liberdade que tentei defender em nossas conversas com Gavi e Victor.

S. de B. — Sim, mas isso é o presente. Para retornar ao que falávamos ontem, foi essa vontade de ligar socialismo e liberdade que o levou a oscilar entre o partido comunista, a formação do R.D.R., a solidão, um retorno ao partido comunista etc. Não é preciso refazer toda a história cronológica de sua vida política até 1962, porque já escrevi isso, em parte ditado por você, em *A força das coisas*. Mas o que eu queria saber é o que você pensa de seu itinerário, digamos até o fim da guerra da Argélia.

J.-P.S. — Bem, que eu seguia minha linha, que ela era difícil, árdua, que eu estava frequentemente em minoria, frequentemente sozinho, mas que era indubitavelmente isso que eu sempre desejara: o socialismo e a liberdade. Na liberdade acreditava há muito tempo e falara a respeito em *O ser e o nada*, livro do qual ela é o tema principal. Tenho a impressão de haver vivido livre, desde minha infância até agora, evidentemente acompanhando as correntes gerais. Mas vivi livre e finalmente me encontro atualmente com a mesma ideia em que se ligam sempre socialismo e liberdade.

S. de B. — Você sempre sonhou com essa harmonização, nunca a encontrou. Teve alguma vez a ilusão de encontrá-la? Em Cuba, talvez?

J.-P.S. — Cuba, sim. Havia tendências diversas que se opunham, mas naquela ocasião, quando estive lá, Castro não tinha verdadeiros princípios culturais, não queria impor uma determinada cultura. Depois, mudou.

S. de B. — Foi em 1960, isto é, pouco depois da tomada do poder.

J.-P.S. — Ele não queria nem que se falasse em socialismo naquele momento. Pediu-me que, quando falasse dele em meus artigos na França, não falasse em socialismo.

S. de B. — Na verdade, falava-se em castrismo.

J.-P.S. — De fato, tratava-se de uma revolução que ainda não estava feita. Lembro-me de que lhes perguntava sempre: se tiverem que encarar o terror, que farão?

S. de B. — E, efetivamente, tiveram depois uma espécie de terror.

J.-P.S. — Já o adivinhavam, questionavam-se, mas não me respondiam, ou respondiam que não haveria terror.

S. de B. — Volto à minha pergunta: pode dizer-me o que se lembra de haver sentido, pensado? O que significa para você, atualmente, esse itinerário que percorreu? Acha que cometeu muitos erros? Que não poderia ter agido de outra maneira? Que sempre agiu bem? Enfim, como vê isso?

J.-P.S. — Cometi uma quantidade de erros, sem dúvida. Mas não erros de princípio: erros de método, erros nas opiniões exprimidas a propósito de um determinado fato. Mas, em princípio, continuo em concordância com meu passado. Inteiramente de acordo com meu passado. Penso que ele tinha que conduzir-me aonde cheguei e deste lugar a que cheguei olho meu passado com benevolência.

A cerimônia do adeus

S. de B. — Quais são os erros que pensa ter cometido?

J.-P.S. — Não me haver engajado violentamente, verdadeiramente, ao lado de determinadas pessoas, quando tinha idade para fazê-lo.

S. de B. — Você quer dizer antes da guerra?

J.-P.S. — Antes e depois.

S. de B. — Com quem poderia haver se engajado?

J.-P.S. — Apesar de tudo havia uma esquerda marxista, não comunista.

S. de B. — Você fez o possível para aproximar-se.

J.-P.S. — Talvez nem tudo. Na esquerda dos comunistas havia grupos que contestavam o comunismo oficial, e que, às vezes, tinham razão sobre inúmeros pontos; nada fiz para conhecê-los. Até 1966, afastei-me de tudo o que estava à esquerda do partido comunista.

Considerava que a política devia ser tratada com os socialistas e os comunistas, e ponto final. E ainda estava impressionado, como todas as pessoas que me rodeavam, pela velha Frente Popular, de antes da guerra de 1939. Encontrei depois aqueles a quem realmente era preciso aliar-se: os jovens esquerdistas.

S. de B. — Apesar de tudo houve momentos em que você tomou decisões; quais são as opções de que você se felicita retrospectivamente? Penso que não se sente insatisfeito, por exemplo, com sua atitude durante a guerra da Argélia.

J.-P.S. — Não; penso que aquela atitude foi a que devia ser tomada.

S. de B. — Nesse caso, você ultrapassou os comunistas em sua vontade de lutar pela independência da Argélia, você foi muito mais longe do que eles.

J.-P.S. — Sim. Eles queriam a possibilidade de independência, e eu, com os argelinos, queria a independência propriamente dita. Aliás, não compreendo essa prudência comunista.

S. de B. — Havia coisas ainda mais graves nos comunistas: eles haviam votado os plenos poderes.

J.-P.S. — Sim, mas não compreendo a atitude dos comunistas. Isso mostra bem, coisa que digo com frequência, que eles não querem a revolução.

S. de B. — Indubitavelmente. Pensávamos na época que, como eles queriam ter um partido potente e forte, e que agradasse aos franceses, tinham que ser nacionalistas; não queriam que se dissesse que estavam prontos para liquidar as colônias.

J.-P.S. — Mas ser nacionalista não significa ser colonialista.

S. de B. — Na época…

J.-P.S. — Ser nacionalista significa ter vínculos fortes com o país em que se nasceu, no qual se vive, não significa que se aceite uma determinada política desse país: por exemplo, a política colonialista.

S. de B. — Mas você não acha que a atitude deles era demagógica? Eles não queriam que se pudesse dizer que eram antifranceses.

J.-P.S. — Sim, é verdade.

S. de B. — Às vezes colaboramos com eles durante a guerra da Argélia; lembro-me da quantidade de manifestos que fizemos juntos; depois, no fim, quando se tratou de lutar contra a O.A.S. criou-se uma espécie de liga na qual entravam comunistas; foi então que você dizia: não se pode fazer nada com eles, não se pode fazer nada sem eles. Como se lembra dessas tentativas de lutas comuns?

J. P. S. — Houve um período que as coisas não correram mal…

S. de B. — Mas você nunca teve relações amigáveis com eles?

J. P. S. — Nunca.

S. de B. — Depois de *Mortos sem sepultura*, Ehrenburg disse-lhe que era vergonhoso falar de resistentes como você falara. Depois de *As mãos sujas* foi um dos que disseram que você vendera a alma por um prato de lentilhas. E, de repente, lá estava você todo sorridente com Ehrenburg. Em 1955, em Helsinki, vi Ehrenburg com você, e você estava todo sorridente; até a morte de Ehrenburh tivemos boas relações com ele. Como se explica? Não o constrangia pensar que ele tinha…

J.-P.S. — Constrangia, foi ele quem se aproximou. Recebeu-me muito calorosamente em Moscou, quando lá estive pela segunda vez, e estive em sua *datcha*, onde ele morava com a mulher e as irmãs. Pessoalmente, ao ir vê-lo — talvez nos tivéssemos visto antes numa reunião, mas simplesmente cumprimentando-nos com um aperto de mão — sentia-me satisfeito por estar com Ehrenberg; alguma coisa se distendera entre nós, e tinha-se a impressão de que sempre estivéramos bem. Aliás, gostava muito de Ehrenberg.

S. de B. — Mas, de um modo geral, a maneira com que o partido comunista se utilizava de você — por exemplo, no caso do livro sobre Henri Martin — sem que você pudesse ter relações realmente humanas, pessoais, amigáveis, confiantes com eles, isso não era constrangedor?

A cerimônia do adeus

J.-P.S. — Sim, extremamente constrangedor; eram até relações impossíveis, foi por isso que me desliguei completamente, no que fiz bem. O que chama a atenção, ao contrário, nos maoistas que conheci, é que eles tratam as pessoas como pessoas.

S. de B. — E por que, tendo denunciado pessoalmente em *Les Temps Modernes* a existência dos campos de trabalho, você escreveu *Le fantôme de Staline*, dizendo que a U.R.S.S. era o socialismo encarnado, portanto sangrento e cheio de defeitos, mas socialismo, apesar de tudo?

J.-P.S. — No caso, estava errado. Na verdade, já não era socialismo. O socialismo desapareceu depois da tomada do poder pelos soviétes; naquela ocasião tinha uma possibilidade de desenvolver-se, mas pouco a pouco com Stalin e já nos últimos anos de Lenin, aquilo se transformou.

S. de B. — Você já não pensava que o P.C. fosse revolucionário, mas, ainda, pensava que ele defendia os interesses do proletariado. Creio que isso era importante para você.

J.-P.S. — Sim, certamente. Mas vi, depois, que as greves, a política sindical, a C.G.T., a política dos operários ligados ao partido apresentavam imensos defeitos que frequentemente foram revelados.

Gostaria de explicar como julguei os comunistas que vi, nas circunstâncias em que os vi. Tinham uma espécie de máscara; sorriam, falavam, respondiam às perguntas que eu lhes fazia, mas, na verdade, não eram eles que respondiam, "eles" desapareciam, tornavam-se um personagem cujos princípios conhecíamos, que dava a mesma resposta que teria dado *L'Humanité* em nome dos princípios.

S. de B. — Como um computador programado?

J.-P.S. — Nunca havia solidariedade entre mim e eles, a não ser a solidariedade imediata do problema que era preciso resolver juntos.

S. de B. — No entanto, você continuava com eles?

J.-P.S. — Porque não havia pessoas com quem pudesse ter outras relações políticas. E de fato eles tinham uma vida pessoal, momentos em que, entre eles, mais ou menos tiravam sua máscara, mas isso era entre eles. Suas relações com as pessoas de fora não comportavam esse gênero de fraternidade.

S. de B. — Não houve um momento em que você se aproximou de alguns deles, que tinham assumido, depois de Budapeste, posições mais ou menos semelhantes às suas, e excluídos do partido ou tomado distância com relação ao partido?

J.-P.S. — Por volta de 1957, Vigier, Victor Leduc, um certo número deles tentavam, não um outro partido, mas uma outra maneira de orientá-lo; e efetivamente na mesma linha que eu em "Fac"; sobre a guerra da Argélia tinha a mesma posição que eu.

S. de B. — Você teve a mesma impressão de Vercors, que a transmitiu de uma maneira bastante divertida, de ser um pouco um *potiche* para o partido comunista?

J.-P.S. — Não, exatamente; não foi bem na mesma época que Vercors.

S. de B. — E também Vercors era mais dócil que você, era mais *potiche*.

J.-P.S. — Eu o encontrava em reuniões, nas quais ele tomava a palavra para expor uma opinião que, em geral, era a do partido, e depois se calava. Mas a mim eles faziam trabalhar. Tratava-se de uma ação que decidíamos juntos, sobre a qual fazíamos depois um *meeting* onde cada um tinha um papel mais ou menos estabelecido, onde eu devia intervir, o que é inteiramente natural; não é isso que censuro aos comunistas. Censuro-lhes a recusa de toda subjetividade, a ausência de toda relação de homem para homem.

S. de B. — Você acha que perdeu seu tempo, tentando trabalhar com os comunistas?

J.-P.S. — Não, não foi tempo perdido. Isso me ensinou o que era um comunista. Mais tarde, quando me liguei aos maoistas, que eram, sem dúvida, pouco amigos dos comunistas, senti-me inteiramente à vontade com eles, porque tinham as mesmas ideias que eu sobre as relações com o partido comunista.

J.-P.S. — Se não tivesse feito todas essas tentativas de trabalho com os comunistas, se tivesse reservado mais tempo para a literatura, a filosofia, se tivesse ficado muito retraído em relação à política, isso teria alterado alguma coisa em suas relações atuais com os maoistas?

J.-P.S. — Sim. Porque foi através da política que cheguei aos maoistas, pela reflexão sobre 1968, sobre a obrigação de engajar-me, que me engajei junto aos maoistas, mas isso supunha precisamente o engajamento da Ocupação, da Libertação; eu não era uma pessoa apolítica que se engajava com eles e eles compreendiam isso. Não, não creio que em minha idade, não tendo feito política, estivesse com os maoistas; teria continuado a não fazer política. Quando se trabalha num movimento há necessariamente idas e vindas, há muito tempo perdido. Mas o que é tempo perdido? Há tempo perdido e há também tempo em que se adquire um conhecimento das pessoas, aprende-se a mantê-las a distância, ou, ao contrário, que alguma coisa corre bem com elas.

S. de B. — Agora, quais são suas perspectivas políticas?

J.-P.S. — Sou um velho; aos 69 anos penso que tudo o que posso empreender atualmente não chegará a seu termo.

S. de B. — Como assim?

J.-P.S. — Bem, desaparecerei antes que um movimento do qual faça parte tenha tomado uma forma nítida e tenha chegado até determinado fim; estarei sempre nos inícios, o que é o melhor, se não estiver nas derrotas; no momento estou nos inícios, não verei algo de mais amplo, de mais forte: há elementos, há uma multidão de pessoas que não querem entrar para o P.C. e, no entanto, querem agir.

S. de B. — Não há uma esperança de que o P.C. possa rejuvenescer e mudar? Ou considera isso completamente fora de questão?

J.-P.S. — Pelo menos, é extraordinariamente difícil. Todos os adultos, quase todos, já têm a máscara, já têm o computador no cérebro; se os jovens forem diferentes, talvez as coisas melhorem, mas imagino que não.

S. de B. — Resta saber se os jovens darão ao partido um sangue novo ou se, ao contrário, seu sangue se congelará.

J.-P.S. — Eis a questão.

S. de B. — Gostaria que falássemos hoje de um tema importante que é a sua relação com o tempo. Não sei muito como formular as perguntas, creio que é melhor que você mesmo fale do que lhe parece importante em suas relações com o tempo.

J.-P.S. — É muito difícil, porque há o tempo objetivo e o tempo subjetivo. Existe o tempo em que aguardo um trem que parte às 8h55, e também o tempo em meu recolhimento, em que estou trabalhando. É muito difícil. Vou tentar falar dos dois, mas sem verdadeiro fundamento filosófico.

Penso que até oito, nove anos, meu tempo era pouco dividido. Havia um grande tempo subjetivo, com objetos exteriores que de quando em quando vinham dividi-lo — objetos verdadeiramente objetivos. Por volta de dez anos — e como verá, por muito tempo — houve uma divisão muito precisa de meu tempo: cada ano se dividia em nove meses de estudo no liceu e três meses de férias.

Simone de Beauvoir

S. de B. — É o que você chamaria de divisão objetiva?

J.-P.S. — Objetiva *e* vivida subjetivamente. Originalmente, era objetiva: os nove meses do liceu eram programas que me eram impostos; os três meses de férias, eu os vivia subjetivamente; não era a mesma coisa entrar no liceu pela manhã, com uma caneta, ou levantar-me num lugar no campo, com o sol sobre minha cabeça. Isso acarretava mudanças no que eu esperava desse tempo. Nos nove primeiros meses esperava monotonia: deveres que recebiam notas, composições em que podia ser o primeiro ou último, o conjunto de trabalhos que me impunham e que eu fazia em casa na sala de meus pais. E depois, durante três meses, esperava o maravilhoso, isto é, algo que não seria da mesma espécie que o quotidiano do liceu, algo que pertencia ao campo, ao estrangeiro, em lugares de férias, algo que nada teria em comum com o quotidiano dos nove primeiros meses, mas que representaria uma realidade estranha, que me aparecia e me escapava ao mesmo tempo, e que era muito bonita. Era a ideia que tinha das férias, isto é, o campo ou o mar, e dentro desse tempo em que estava em contato com o campo e o mar, coisas aparecendo, que eram maravilhosas; era a própria existência do mar ou do campo. Um barco aparecendo ao longe na água podia ser um elemento maravilhoso; um pequeno córrego nos bosques também podia ser maravilhoso. Era um outro tipo de realidade, que nunca defini muito, mas que contrastava com o resto do mundo. Havia a realidade do quotidiano em que nada podia surpreender, e a realidade das férias, em que, ao contrário, determinadas coisas podiam surpreender e enriquecer. Foi assim que vivi o tempo até a Escola Normal e ainda na Escola. Depois, fiz meu serviço militar. Tive uma prorrogação e o fiz aos 24 anos no serviço de meteorologia. Fiquei numa pequena casa nos arredores de Tours. Lá tomava notas sobre higrometria, sobre o tempo, aprendia um pouco de rádio, conhecia o alfabeto Morse e recebia informações meteorológicas de diferentes lugares. Às vezes, ia à noite determinar as temperaturas, o estado higrométrico etc., com instrumentos reunidos numa cabana perto da casa. Em suma, tinha uma vida muito regrada e naquela ocasião, a divisão em três meses de férias e três meses de estudo já não existia. Uma vez terminado meu serviço militar tornei-me professor e reencontrei o ritmo nove meses-três meses, não mais como aluno, mas como professor, o que de certa maneira vem dar no mesmo. Durante nove meses preparava as aulas e as dava; tinha minha vida privada, que era importante, já que dava apenas 15 ou 16 horas de aula por semana e gastava outro tanto de preparação, o que representa, portanto, 32 ou 33 horas por semana; passava horas em trabalhos literários. E depois havia os dias que passava em Rouen, com você, e íamos ambos a Paris, para passar dois dias, quando não tínhamos aula. Tinha uma vida bem regrada e o tempo subjetivo nela representava um papel muito grande: no Havre, o que eu fazia sobretudo era pensar, sentir, desenvolver pensamentos filosóficos; ou trabalhava em *A náusea*. Em Paris, em Rouen, havia coisas a fazer, reuniões, amigos para ver. O Havre representava a subjetividade — não unicamente, é claro, mas em grande parte; o futuro era sua dimensão essencial. Meu tempo subjetivo estava orientado para o futuro. Vivia trabalhando e trabalhava para realizar uma obra. A obra era evidentemente futuro. Trabalhei em *A náusea* até o fim de meus anos no Havre e isso representava um vínculo tão durável, tão estável, e, de certa maneira, tão objetivo, quanto o tempo do liceu, durante o qual eu ensinava filosofia, ou o tempo de minhas relações com meus amigos ou com você.

Durante as férias, saía da França. Íamos, você e eu, passear um pouco por todos os lugares, pela Espanha, pela Itália, pela Grécia, e isso também era um tempo à parte. Eu só podia imaginar ver a Espanha ou a Grécia durante aqueles meses. E o maravilhoso reaparecia, já que ia ver algo que desconhecia: um camponês grego, uma paisagem grega, a Acrópole que eu descobria. Era bem o maravilhoso das férias que contrastava nitidamente com os nove meses de liceu, em que ensinava sempre a mesma coisa; esses três meses sempre novos e nunca assimiláveis de um ano a outro eram o tempo da descoberta.

Isso durou até a guerra. Durante a guerra e até meu retorno do cativeiro ignorei completamente essa divisão antiga de meu tempo; tudo era sempre igual, pelo menos no que se referia a minhas ocupações. Um soldado faz as mesmas coisas no inverno e no verão. Eu era meteorologista e levava uma vida de meteorologista. Depois, fiquei num *stalag*, onde os dias se sucediam uns iguais aos outros. A seguir fugi e voltei para a França e nesse momento recuperei as mesmas divisões do tempo, como antes: isto é, nove meses no liceu Pasteur em Paris e três meses de férias — de um modo geral, férias em zona livre, o que representava o estrangeiro, mais ainda do que o verdadeiro estrangeiro, já que era preciso penetrar em zona livre com a ajuda de *passeurs*.[97] No fim da guerra, quando os alemães se foram, saí do liceu; tirei uma licença que terminou depois em demissão e tornei-me exclusivamente escritor, vivi apenas do dinheiro que meus livros me proporcionavam. No entanto, o ano continuava dividido em nove meses-três meses, e, finalmente, se manteve assim durante toda a minha vida. Ainda hoje tiro três meses de férias. Continuo indo aos mesmos lugares; consequentemente, o maravilhoso é mais restrito, mais esperado. Vou a Roma durante minhas férias. Mas durante esse período, a vida é muito mais flexível, muito mais livre, falo com você sobre uma variedade de coisas, passeamos. É portanto um tempo diferente, de certa maneira, mas que não traz grandes novidades, porque conheço bastante bem a Itália e o que vejo é sempre um rever. Mas a divisão do tempo permanece. Retorno em outubro, como se estivesse em aulas, e parto em julho, como se as aulas tivessem terminado. Pode-se dizer que o ritmo nove meses-três meses persistiu desde a idade de oito anos até a idade de setenta anos que tenho atualmente. Foi a divisão-padrão de meus anos. O verdadeiro tempo de meu trabalho literário são os nove meses em Paris: em geral, continuo a trabalhar durante os três meses de férias, mas trabalho menos, e o mundo se estende em torno de mim sem ordem prefixada. Durante os nove meses há uma ordem a priori; depende do livro que escrevo. Durante as férias fico muito mais ligado ao lugar em que estou. Aí se encontra o tempo subjetivo. Sou subjetivamente afetado por Paris que amo e que foi sempre meu lugar principal de moradia, ou então pelo tempo do Brasil, do Japão, tempo que é diferente, que me vem das pessoas, durante o qual frequentemente faço excursões e visitas, que as pessoas locais me dizem serem indispensáveis. É um tempo bizarro, confuso, de quando em quando com experiências notáveis. Os tempos de minha experiência do mundo são esses três meses. Há diferentes maneiras de captar os minutos que se escoam durante as férias. Durante o ano, os dias se atropelam um pouco. São interrompidos pelas noites durante as quais durmo; mas, na verdade, eles se mantêm, as noites representam um repouso. E em minhas lembranças os dias dos nove meses se insinuam lentamente uns nos outros e acabam formando um só. Nove meses se

---

[97] Pessoa que faz atravessar uma fronteira, uma zona proibida etc. (N.T.)

tornam um único dia no ano seguinte. Assim, meu tempo sempre foi dividido e nisso ele não se assemelha ao tempo de um operário que tem vinte dias de férias — se os tem — e para quem o resto do ano é quotidianamente o mesmo trabalho.

S. de B. — Apesar de tudo, sua vida — pelo menos depois da guerra — não é assim tão metódica e regular como você diz. Houve ocasiões em que você não passou seus nove meses em Paris: um ano em que você passou quatro meses na América. No ano seguinte, retornou à América em ocasiões que não eram ocasiões de férias. Quando foi a Cuba, era fevereiro. Fizemos, também, uma viagem à Argélia, depois à África do Norte, em 1950, perto de abril. Naquele ano não tiramos férias longas durante os meses de verão. O ritmo é um pouco mais flexível, um pouco mais caprichoso do que você diz. Além disso, saímos também nas férias de Páscoa.

J.-P.S. — Certamente. Mas permanece sempre o esquema nove meses-três meses. Ocorrem coisas imprevistas durante os nove meses, mas mantenho a divisão nove meses-três meses. E se faço uma viagem durante o ano, ela não tem exatamente o mesmo sentido que uma viagem de verão.

S. de B. — Você diz que, em sua lembrança, seus nove meses se condensam num único dia. No entanto, sua vida em Paris é bastante diversificada. E também é programada.

J.-P.S. — É programada dia a dia, e cada dia tem o mesmo programa: levanto-me por volta de oito e meia. Às nove e meia já estou trabalhando e trabalho até uma e meia: meio dia e meia nos dias em que recebo alguém. Em seguida, almoço, em geral no La Coupole. Por volta das três horas já terminei, e das três às cinco converso com amigos. Às cinco, trabalho em minha casa até as nove. Pelo menos era assim até estes últimos anos em que estou cego — ou pelo menos vejo muito pouco e já não posso ler nem escrever. Atualmente ainda fico frequentemente durante horas em frente à minha mesa, sentado em minha cadeira, pouco escrevendo. Às vezes, tomando notas, mas que não posso reler, e que você relê. Às nove horas, vou jantar com você ou com outra pessoa — em geral, com você. De algum tempo para cá, jantamos em sua casa. Antigamente íamos a um restaurante, mas agora jantamos em sua casa, um pouco de patê ou qualquer outra coisa, passamos a noite conversando ou ouvindo música. À meia-noite, vou deitar. Os dias transcorrem assim. Afora isso, variam um pouco. Posso vê-la mais durante um dia e vê-la menos nos dias subsequentes.

S. de B. — Você nem sempre almoça com a mesma pessoa, nem sempre passa a noite com a mesma pessoa, mas tudo é muito programado: segunda-feira tal pessoa, terça-feira esta outra, quarta-feira aquela etc. Portanto, o programa da semana é mais ou menos invariável. Isso é importante, porque significa que além de sua divisão nove meses-três meses, você tem, nas minudências, uma vida muito programada, no dia a dia e, também, durante a semana. É uma vida muito regular. Por que é assim programada?

J.-P.S. — Não sei. Mas é preciso não esquecer que esse programa é sobretudo uma forma; os conteúdos só dependem de mim. Se disponho, por exemplo, de três horas para trabalhar à tarde, não faço o mesmo trabalho todos os dias.

S. de B. — Naturalmente. No que se refere a encontros, há pessoas que desejam vê-lo e que querem saber quando podem estar com você. E seria muito complicado se, a cada vez, você tivesse que marcar um encontro. As pessoas não podiam exatamente contar com você. Creio que você se deixou levar um pouco pelo prático-inerte de suas relações com os outros, isso fez com que você nunca mudasse o horário em que costuma ver as pessoas. Todo mundo é um pouco assim, mas de toda maneira tenho relações flexíveis com as pessoas. Em seu caso, é particularmente uma coerção.

J.-P.S. — Sim, mas em tal coerção, o elemento limitador é a hora marcada para os encontros. O conteúdo destes varia.

S. de B. — Exato; às vezes passamos uma noite conversando, às vezes leio para você, às vezes ouvimos música.

J.-P.S. — Há pessoas com quem vivo horas muito repetitivas.

S. de B. — Voltemos ao tempo subjetivo. O tempo nunca lhe pareceu muito curto, muito longo?

J.-P.S. — Quase sempre muito longo, e às vezes também muito curto.

S. de B. — Isso significa que frequentemente se entedia?

J.-P.S. — Não é bem isso, mas creio que as coisas poderiam ser mais condensadas. A vida das pessoas poderia comportar menos repetições. Não me enfado com isso. Ver duas vezes as mesmas coisas ditas pelas mesmas pessoas é algo que pode divertir-me. Não, não é tédio. Mas o fato de que o tempo é muito longo quase sempre. Às vezes, muito curto. Ou seja, que o tempo dado não é suficiente para que preparemos e realizemos a ação que desejamos realizar. Ele não basta, seja por causa das pessoas, que se opõem, seja por causa das dificuldades encontradas. E também, um momento que passo, que acho agradável, tem que acabar às dez horas, porque preciso trabalhar. Foi então muito curto. O tempo nunca é exatamente aquele que é necessário, ou seja, aquele que conviria exatamente a uma coisa determinada sem ser supérfluo ou sem perda.

S. de B. — Em determinada época você falava muito de "corrida contra o relógio", quando realizava grandes trabalhos, como o *Flaubert* ou, antes, a *Crítica da razão dialética*. Você tinha a impressão de que o tempo era pouco para acabá-lo e que era preciso lutar, de uma maneira quase neurótica, contra o relógio. Aliás isso explicava o *corydrane*.

J.-P.S. — Muito menos com relação a *Flaubert*; sobretudo com relação a *Crítica da razão dialética*. E, afinal, não o terminei. Conservei uma longa passagem que não foi publicada e que não foi terminada, e que representaria um segundo volume. Aliás, uma das características de minha relação com o tempo é o número de obras que não terminei: meu romance, *O ser e o nada*, *Crítica da razão dialética*, o *Flaubert* etc. Não é terrível que não tenham sido terminados porque pessoas que se interessassem por eles poderiam terminá-los ou fazer coisas análogas. Mas o fato é que, de modo geral, houve em mim uma espécie de afobação ou de mudança que me fez decidir de repente — decisão desagradável — parar ali e não terminar o livro no qual estava trabalhando. É curioso, porque tinha uma representação de mim mesmo inteiramente clássica e tranquila; via os livros um pouco como os livros que meu avô fazia, livros de leitura; começava-se no início, terminava-se no fim. Eram rigorosos. Por volta dos dez anos pensava que todas as obras que faria teriam um começo e um fim, seriam rigorosamente escritas e compreenderiam tudo o que havia a dizer. E depois, ao olhar, aos setenta anos, tudo o que há atrás de mim, constato que há uma quantidade de obras que não foram terminadas.

S. de B. — Não seria porque seus projetos englobam um futuro imenso: enquanto vivia esse futuro, outras coisas e solicitavam, o interessavam e o ocupavam e então você abandonava o outro projeto?

J.-P.S. — Penso que é isso. É certo que meu romance foi interrompido, porque o último volume, sobre Resistência em Paris, durante a guerra, já não se enquadrava com a vida política na França da IV República. Eu não podia viver ao mesmo tempo em 1950 e tentar reencontrar, através da imaginação, a vida que tínhamos em 1942–1943. Havia ali uma dificuldade que um historiador poderia superar, mas que um romancista não pode.

S. de B. — Em relação às outras obras inacabadas é um pouco o mesmo, penso eu; o projeto se estendia por muito tempo e, ao concebê-lo, você não refletia que estaria diante de outras solicitações precisas que, finalmente, prevaleceriam porque faziam parte do presente.

J.-P.S. — A *Crítica da razão dialética* e *O idiota da família* foram, em parte, contemporâneos; *O idiota da família* em seu início e *Crítica da razão dialética* em seu final; prejudicaram-se um pouco na época.

S. de B. — Você disse que o tempo nunca era exato, que era muito curto ou muito longo. Em sua relação com o tempo não há momentos de relaxamento, momentos de flanação ou de contemplação, lazeres sem tensão?

J.-P.S. — Houve muitos momentos assim, eles existem diariamente. Sou tenso quando escrevo em minha mesa. É um tempo de tensão, ele me resiste. Sinto que não farei ao fim de três horas o trabalho que queria fazer. E depois há as horas que chamaria de vida privada, embora sejam também coletivas, tão sociais quanto o resto. Quando estou com você podem ocorrer situações em que temos coisas precisas a fazer e nas quais o tempo novamente se torna tenso. Mas numa noite como a de ontem, nada nos pressionava e o tempo transcorria assim.

S. de B. — Sim; não há que dar a impressão de que você é tão tenso com relação ao tempo, quanto o é em suas relações com seu corpo. Você não aceita o abandono do corpo, mas abandonar-se ao tempo, à duração. É algo que você sabe fazer muito bem.

J.-P.S. — Muito bem.

S. de B. — Diria até que mais do que eu. Quando em viagem, eu estava sempre ávida por ver tudo, percorrer tudo, e você preferia muito mais ser contemplativo, ficar tranquilo, tomar seu tempo. O fato de fumar cachimbo talvez fosse também uma maneira de preencher seu tempo, sem preenchê-lo.

J.-P.S. — Sim, para fumar cachimbo é preciso estar instalado num lugar, por exemplo numa mesa de café, e depois olhar o mundo em torno de si, enquanto se fuma. O cachimbo é um elemento de imobilização.

A cerimônia do adeus

Desde que fumo cigarro é diferente. É certo que durante as férias eu queria mais "tomar meu tempo" do que durante os nove meses do ano. E também, durante os nove meses, havia horas de vida privada em que queria tomar meu tempo. Olhava as coisas, falava do que via, dos objetos em torno de mim, dos homens que passavam.

S. de B. — Creio que, embora tendo trabalhado mais do que eu em sua vida, você sempre foi mais capaz de permanecer sem fazer nada.

J.-P.S. — Sim, e ainda atualmente. Ontem pela manhã fiquei três horas nesta poltrona de onde não via muito, posto que quase já não vejo. Não estava ouvindo música porque havia a greve, e estava ali, refletindo, devaneando, sem ir muito longe no passado, já que não gosto muito de meu passado; não que o ache pior do que qualquer outro, mas é passado. Para mim, o passado existe na medida em que, se me perguntarem o que fazia em 1924, poderia explicar que estava na Escola Normal. Mas não existe na medida em que cenas de minha juventude, de minha infância, de minha idade madura poderiam renascer e não renascem. Você não é assim.

S. de B. — Não, de modo algum. Você nunca se conta determinada viagem que fez?

J.-P.S. — Nunca. Tenho lembranças fugitivas. Por exemplo, tenho uma lembrança de Cordes; pequenos maciços de anêmonas ao longo dos muros, nas ruas que sobem. Não sei por quê; mas uma rua de Cordes pode voltar-me à mente.

S. de B. — Quando você vive no presente, as coisas lhe evocam reminiscências? O presente é invadido pelo passado?

J.-P.S. — Não, ele é sempre novo. É a razão pela qual sustentei em *A náusea* que a experiência de vida não existe.

S. de B. — Não é bem assim que penso. Penso nas superposições que se produzem — pelo menos em mim isso é frequente — do passado sobre o presente e que dão ao presente uma dimensão particularmente poética. Uma paisagem de neve me lembrará uma paisagem de neve na qual esquiei com você, e a paisagem, com isso, ser-me-á mais preciosa. Um odor de relva cortada evocará imediatamente, para mim, as pradarias do Limousin.

J.-P.S. — Sim, sem dúvida. Os odores podem levar a outros odores; mas a paisagem de neve que evoca uma paisagem de esqui — isto é, um conjunto de coisas que aconteceram em outra época, na mesma paisagem —, não. Minha vida passada só é lembrada por mim de forma contemplativa e não povoando lembranças presentes. É claro que a cada instante tenho lembranças, estão presentes como momentos que se perdem no presente e não como coisas precisas que me fariam voltar ao passado. É passado, mas passado incorporado ao presente.

S. de B. — Por exemplo, ao olhar Roma pela manhã, de seu terraço, para você é a Roma que viu inúmeras vezes, mas é no imediato que você a capta.

J.-P.S. — Sim, sempre. Não prendo meu passado ao presente. Sem dúvida, ele próprio se prende a este.

S. de B. — Sim, porque os objetos do mundo são constituídos, como você explicou, por todos os valores que aí investimos; mas isso não é dado diretamente como algo situado no tempo.

J.-P.S. — Eu tinha um outro tempo quando pequeno: era o tempo de minha vida até a minha morte, desde os 15 anos. Mas ainda assim, na época em que as ideias e de genialidade me interessavam, até por volta dos 34 anos, eu dividia o tempo em um tempo de vida real, indeterminada, e depois num outro tempo, infinitamente maior, o tempo depois de minha morte, no qual minhas obras agiriam sobre os homens.

S. de B. — De toda maneira o tempo real terminava com a morte?

J.-P.S. — Sim; em certo sentido não terminava. A vida não terminava. Morria-se em meio a uma quantidade de projetos que não se realizavam. Mas, depois de minha morte, sobreviveria sob a forma de meus livros, encontrar-me-iam em meus livros, era uma vida imortal. A verdadeira vida, na qual já não temos necessidade de possuir um corpo e uma consciência, mas onde proporcionamos fatos, significações que variam segundo o mundo exterior.

S. de B. — Você teve consciência dos diferentes estágios de sua vida?

J.-P.S. — Sim e não. Captava-os mal; aos 14 anos, por exemplo, tão logo escrevia dez linhas, tinha a impressão de ser genial. Na verdade eram frases sem importância, mas eu as supunha geniais. Era ao mesmo tempo uma maneira de me ver adulto. Quando escrevia, via-me adulto, com a minha idade. Não tive ideia, por exemplo, de que aos 16 anos fazia rascunhos. Pensava, todas as vezes, que estava fazendo algo de definitivo e que agradaria a meus leitores.

S. de B. — Você nunca teve a ideia de aprendizagem?

A cerimônia do adeus

J.-P.S. — Isso veio depois. Mas no início, não. A aprendizagem se fazia no próprio romance. *A náusea* foi uma verdadeira aprendizagem. Era preciso que aprendesse a narrar, a encarnar ideias num relato. Era uma aprendizagem como outra qualquer.

S. de B. — Uma ideia foi muito importante para você: a do progresso.

J.-P.S. — Certamente. Pensava que minhas primeiras obras seriam inferiores às que viriam depois. Pensava que minha grande obra se realizaria por volta dos cinquenta anos e que depois eu morreria. Esta ideia de progresso me vinha, evidentemente, das aulas nas quais se ensinava o progresso, e de meu avô, que acreditava no progresso.

S. de B. — E também de sua escolha do futuro. Você pensava que amanhã seria melhor do que hoje. Como conciliava essa ideia de progresso, que sempre teve, com sua recusa da experiência?

J.-P.S. — Pensava que era na forma que se fazia o progresso no meu caso. Tratava-se de aprender a escrever melhor, a construir um estilo, a compor livros seguindo um certo programa. Mas isso não era um progresso de conhecimento.

S. de B. — No entanto, parece-me que em filosofia a ideia de progresso implica um conhecimento cada vez mais rico, uma reflexão cada vez mais aprofundada.

J.-P.S. — Sim, mas eu não pensava realmente assim.

S. de B. — Você pensava que não seria o passado que o enriqueceria. Pensava que havia uma forma que iria afirmar-se mais, que o próprio movimento em direção ao futuro era algo de válido?

J.-P.S. — No fundo, acreditava na fórmula de Comte: "O progresso é o desenvolvimento de uma ordem oculta"; isso me parecia verdadeiro.

S. de B. — Era uma ótica muito otimista ao lado da atitude de tantas pessoas que pensavam, como Fitzgerald, por exemplo, que uma vida é um empreendimento de desagregação, que toda vida é uma derrota, uma ruína.

J.-P.S. — Também pensava isso. Pensava-o na vida. As coisas que eram começadas e que deveriam concluir-se eram interrompidas. Terminava-se então num fracasso.

S. de B. — A ideia de fracasso não é igual à de uma desagregação, de uma decomposição.

J.-P.S. — Nunca pensei isso. Sempre pensei que uma vida era um progresso até a morte, que devia ser um progresso.

S. de B. — O que pensa a respeito atualmente?

J.-P.S. — A mesma coisa. O progresso se interrompe antes da morte, em determinado momento, porque estamos cansados, estamos próximos da decrepitude ou temos preocupações particulares. Mas, de direito, ele deveria continuar por muito tempo. Cinquenta anos valem mais do que 35. Naturalmente, podem ocorrer rupturas do progresso, podemos bruscamente dar as costas à direção que havíamos começado a tomar.

S. de B. — E também há obras que não podemos considerar como sendo um progresso ou uma regressão, porque se trata de totalidades. Não se pode dizer que *A náusea* seja menos bom do que *As palavras*. Em compensação, pode-se dizer que há um progresso de *Crítica da razão dialética* em relação a *O ser e o nada* e, de certa maneira, do *Flaubert* em relação a *Crítica da razão dialética*, porque sob certos aspectos vai mais longe. Aí se pode falar de progresso. Mas no que se refere ao que chamamos de arte é impossível, porque se uma obra é consumada, ela é consumada.

J.-P.S. — Por outro lado, os progressos entre o que pintava, por exemplo, Van Gogh na Holanda e seus últimos quadros são imensos.

S. de B. — No que se refere aos pintores, muito frequentemente são suas últimas obras que são, de longe, as melhores, porque há um domínio do trabalho que é muito mais complicado do que no escrever.

J.-P.S. — Para mim, o próprio instante já é um progresso. Ele é o presente e transborda para o futuro, deixando muito atrás de si o pobre passado, desdenhado, desprezado, renegado; o que faz com que eu tenha reconhecido muito facilmente falhas ou erros, já que vinham de outra pessoa.

S. de B. — Você tem muita constância em sua vida, tanto no trabalho como em seus afetos, mas ao mesmo tempo não tem solidariedade profunda com seu passado. No entanto, é o mesmo Sartre de vinte anos que encontramos atualmente.

J.-P.S. — Solidarizar-se ou não com o passado é secundário. O trabalho a ser feito permanece o mesmo. O passado enriquece de certa maneira o presente e é também transformado por ele. Mas isso nunca foi problema meu.

A cerimônia do adeus

S. de B. — Gostaria de saber: em suas diferentes idades, quais foram suas relações com sua idade?

J.-P.S. — Inexistente. Em todas as idades.

S. de B. — Não; quando era criança, sentia bem que era criança.

J.-P.S. — Sim, mas a partir do momento em que tive 13, 14 anos, evitaram fazer com que eu sentisse que era criança; comecei a pensar que era um rapaz, porque há privações especiais para um rapaz.

S. de B. — Que quer significar por privações?

J.-P.S. — Não se tem liberdade completa, depende-se dos pais, eu me deparei com oposições, choques; comecei a ser totalmente livre quando estava na Escola Normal e a partir de então, sim, podia dizer: tenho vinte anos, tenho 25 anos, e isso correspondia a determinados poderes muito precisos que a idade proporciona; mas não sentia a idade em si mesma.

S. de B. — Não sentia uma determinada relação com um futuro imensamente aberto?

J.-P.S. — Sim, sentia-me engajado numa história que não conhecia bem, mas isso não representava uma idade para mim: era preciso que me pusesse a trabalhar, que fizesse alguma coisa.

S. de B. — Quero dizer: tudo estava ainda à sua frente naquela época.

J.-P.S. — Sim, mas não o pensava como uma idade; era como o começo de um livro que nos tomará dois anos, três anos, para ser escrito, e cuja primeira linha escrevemos. Era uma operação que duraria um certo tempo, ou até para sempre. A ideia de envelhecer, isto é, de ter artérias cansadas, vista ruim etc., todos os achaques que temos ao envelhecer, isso não me ocorria.

S. de B. — Naturalmente. Mas não se sentia positivamente jovem, não saía com colegas da mesma idade que você? Não tinha uma relação com as pessoas de 45 anos que pertenciam a uma outra classe que não a sua?

J.-P.S. — Sim, mas não pensava que me tornaria um deles.

S. de B. — Então você não tinha a impressão: sou jovem?

J.-P.S. — Não, isso foi uma das coisas que menos senti; naturalmente, não significa que não o sentisse em absoluto, digamos que era apagado. Tinha um pouco a impressão de juventude, mas era apagado. Nunca me senti muito jovem.

S. de B. — Houve um momento em que sentiu que tinha uma idade?

J.-P.S. — Não, não exatamente. Estes últimos anos...

S. de B. — Não: antes destes últimos anos! Não houve um momento em que sentia que estava entrando na idade adulta?

J.-P.S. — Não.

S. de B. — No entanto, pelo que me lembro, sim, você teve aquela espécie de neurose, as lagostas que o seguiam etc., era um pouco porque se encontrava instalado na vida adulta; pelo menos foi o que eu disse em minhas *Memórias* e você não me desmentiu: você tinha 26, 27 anos e começava a ter a impressão de que sua vida estava feita.

J.-P.S. — Sim, mas não era uma questão de idade. Sentia-me jovem.

S. de B. — De certa maneira, você o era.

J.-P.S. — Aliás era isso que fazia o contraste entre a vida que eu tinha e a que me esperava, ou seja, a de professor instalado na existência etc. E escrever pairava um pouco sobre tudo isso. Mas não se pode dizer que tivesse o sentido de minha idade naquela época, que a associasse a uma quantidade de coisas, de relações, de trabalho, de amizade, coisas que fariam dela uma realidade viva; não, isso não me passava pela cabeça.

S. de B. — Mas, apesar de tudo, quando estava com Bost, Palle, com Olga, não se sentia diante de pessoas nitidamente mais jovens que você?

J.-P.S. — Sim, um pouco, não em relação a Olga: a relação com as mulheres é diferente; mas quanto a Bost e Palle, sim. No entanto, na intimidade entre mim, Bost e Palle havia algo que superava a idade: eram companheiros também. Eles próprios lhe dirão, nunca sentiram a minha idade.

S. de B. — Sim, como você mesmo disse, a idade é um irrealizável, nós mesmos não podemos nunca perceber como realizar nossa própria idade; ela não nos está presente; mas o fato de ter ou trinta ou quarenta anos, ou cinquenta anos, ou sessenta anos, não acarreta relações diferentes com o futuro, com o passado, com uma série de coisas? Isso não faz diferença?

J.-P.S. — Enquanto havia um futuro a idade era a mesma. Havia um futuro aos trinta anos, havia um futuro aos cinquenta anos. Talvez fosse um pouco mais ressequido aos cinquenta do que aos trinta, não me compete julgar. Mas a partir dos 65, setenta anos: já não há futuro. Obviamente, o futuro imediato, os cinco próximos anos; mas eu mais ou menos havia dito tudo o que tinha a dizer; de um modo geral, sabia que já não escreveria muito, que em mais dez anos isso teria terminado. Lembrava-me da triste velhice de meu avô; aos 85 anos, ele acabara,

A cerimônia do adeus

sobrevivia, não se entendia por que ele vivia; quanto a mim, pensava às vezes que não desejava essa velhice; e em outras vezes pensava que era preciso ser modesto e viver até o fim da idade que tivesse e desaparecer quando fosse a hora.

S. de B. — Na relação com a idade você só fala na relação com o futuro, mas sua relação com o passado também não mudou? Não houve também momentos em que você tinha — pelo fato de haver escrito — um certo cabedal, algo atrás de você? Não houve momentos em que lhe era agradável ter uma certa idade? Digamos, 35, quarenta anos?

J.-P.S. — Não me lembro disso. Como disse em *A náusea* nunca acreditei na experiência. Aos 35 anos era um garoto que fingia ser um adulto. Nunca tive experiência, algo que se tivesse formado atrás de mim, que me tivesse impulsionado, não.

S. de B. — Mas, na falta de experiência, você tem lembranças?

J.-P.S. — Muito, muito poucas, como você sabe; atualmente, falando com você, tenho algumas lembranças, desenvolvo-as; mas isso porque estamos voltados para o passado.

S. de B. — Em suma, você nunca teve o prazer de suas lembranças?

J.-P.S. — Não; tenho recordações quando falamos do passado; mas estão já um pouco banalizadas, em sua maior parte são reconstruídas; a direção de meu pensamento, quando penso sozinho, não é a de recordar-me.

S. de B. — Ainda assim, você tem um certo cabedal; por exemplo, quando lhe falo do Brasil ou de Havana você tem uma visão diferente a respeito, diferente da que teria se não tivesse estado no Brasil e em Havana.

J.-P.S. — Sim, mas em meu contato com o Brasil ou Havana é a propósito de coisas presentes que posso ser levado a pensar nisso.

S. de B. — Em suma, você quer dizer que passou sua existência, dos 13 anos até hoje, sem nunca ter tido relações diferentes com o futuro, com o presente, com o passado, que isso foi sempre exatamente igual?

J.-P.S. — Sim.

S. de B. — Creio que isso não é possível.

J.-P.S. — Não, exatamente, mas de um modo geral, é assim.

S. de B. — A que atribui isso, que é inteiramente anormal? Em geral, as pessoas percebem que têm vinte anos e se sentem mais ou menos satisfeitas com isso; outras percebem que têm cinquenta; há momentos em que as pessoas pensam ter uma determinada idade; quanto a mim, por exemplo, é bastante evidente que tive idades. Como explica que não as tenha tido?

J.-P.S. — Não sei. Mas sei que é assim. Sinto-me como um homem jovem, cercado de possibilidades que se oferecem a um homem jovem. Detesto pensar, o que é evidente, que minhas forças diminuíram, que já não sou o que era aos trinta anos.

S. de B. — Todo mundo, ao ultrapassar uma certa idade, é obrigado a pensar nisso e detesta pensá-lo.

J.-P.S. — Por exemplo, o fato de ter 69 anos, que pelo pensamento transcrevo como setenta, me é desagradável; pela primeira vez, penso, de quando em quando, em minha idade: tenho setenta anos, isto é, estou terminando, mas isso tem a ver com coisas que vêm certamente do estado de meu corpo, consequentemente de minha idade, mas que não ligo com a idade: com o fato de enxergar mal, de já não escrever; já não posso escrever, nem ler, porque não enxergo; todas essas coisas estão ligadas à idade...

S. de B. — Você as sente, mais como um homem de cinquenta anos acidentado, do que como um homem de setenta cuja idade tem repercussões desagradáveis no corpo?

J.-P.S. — Muito mais.

S. de B. — Atualmente você então sente uma idade?

J.-P.S. — Por momentos. Ontem pensei nisso; na semana passada, também, ou há 15 dias. Evidentemente, trata-se de uma realidade de fato, na qual penso de quando em quando, mas apesar de tudo, de um modo geral, continuo a sentir-me jovem.

S. de B. — Intemporal de certa maneira?

J.-P.S. — Sim, ou jovem. Talvez deva antes dizer que me sinto jovem em minha cabeça; talvez tenha sentido minha juventude, em todo caso, eu a conservei.

S. de B. — Como explica então esse fato, pelo menos curioso, de nunca ter tido idade? E por que sempre viveu intensamente no presente, um presente voltado para o futuro, para a ação?

J.-P.S. — Sim; provavelmente não tive muita disponibilidade para referir-me a momentos do passado considerados em si mesmos, por seu valor estético, por seu valor sentimental; não tive muito tempo para isso.

A cerimônia do adeus

S. de B. — Ou não será uma ausência total de narcisismo? Na verdade, você quase não tem relações com você mesmo, quase nenhuma relação com sua imagem.

J.-P.S. — Certamente, as lembranças de meu passado não se ligam à minha imagem; veja, neste momento, ocorre-me uma lembrança que permaneceu muito forte: a do dia em que experimentei mescalina. Voltei de trem, você estava comigo, e havia um macaco debruçado na janela do vagão; vejo isso muito bem. Vejo você e vejo o macaco debruçado, de cabeça para baixo, contra a vidraça.

S. de B. — Recordações você tinha, *As palavras* comprova isso; e ao conversarmos aqui, as lembranças surgiram; mas o que quero dizer é que você tem uma consciência dirigida de um modo geral para o mundo, e não para sua situação, sua posição no mundo, para uma imagem de você mesmo.

J.-P.S. — É isso.

S. de B. — Talvez seja isso que faz com que você tenha menos idade do que outros.

J.-P.S. — Subjetivamente, é claro. Atravesso os mesmos períodos que os outros e adapto-me a isso, sou igual, diferente, mas dentro de limites previsíveis; e também penso diferentemente, penso como se não me modificasse.

S. de B. — Isso não se liga, também, à sua grande indiferença em relação à morte? Há um momento em *As palavras* em que você diz que, na infância, tinha muito medo da morte. Mas, depois, parece-me que isso nunca ocupou um lugar em suas preocupações. Você não pensou: agora tenho quarenta anos...

J.-P.S. — Nunca. De dez anos para cá, mas objetivamente, sem que isso me transtorne de maneira alguma, penso nisso; ainda há dois ou três dias estava pensando nisto: atingi a idade em que uma vida humana atualmente termina. Creio que, para os franceses, setenta anos...

S. de B. — Não, um francês privilegiado como você pode viver até os oitenta, 85 anos; mas, enfim, isso é um lapso muito limitado, sinto-o pessoalmente; já não temos a audácia de dizer: dentro de vinte anos farei isto, dentro de vinte anos irei a tal lugar. Mas para você é indiferente esbarrar nesse limite? Nessa espécie de muro?

J.-P.S. — Pouco a pouco forma-se uma idade que é formada por esse limite. De outra forma, por mim mesmo, quando estou disposto, ainda me sinto como há trinta anos. Mas sei que dentro de 15 anos terei 85. Se ainda viver.

S. de B. — Mas é um saber que vem de fora. Isso você explicou cinquenta vezes; o ego não está na consciência, portanto a consciência está eternamente presente, fresca, a mesma; e em suas relações com os outros? Os outros não o fazem sentir que tem uma determinada idade?

J.-P.S. — Em minha opinião, eles também não envelhecem muito. Veja os rapazes de *Temps Modernes*: penso em Bost, em Pouillon, exatamente como foram sempre.

S. de B. — Não os vê envelhecer?

J.-P.S. — Não, vejo-os como jovens a quem ensino filosofia e a quem ensinei filosofia.

S. de B. — E em suas relações com os jovens? Por exemplo, com Victor: uma das coisas que o tocam é que pode ensinar-lhe algumas coisas, e que pode ajudá-lo; portanto, nesse momento, há uma questão de experiência, pelo menos, algo que se liga aos raros benefícios da idade.

J.-P.S. — Sim, é preciso ver o que significa isso. Trata-se mais de considerar as coisas atualmente, não com a experiência, mas com a idade que tenho. Sim, gosto de estar com Victor, mas temos uma conversa de pessoa a pessoa; não é um jovem que vem ver um velho; discutimos, temos pontos de vista sobre uma realidade qualquer, política ou não, que se nos apresenta; nesses momentos ele tem a minha idade.

S. de B. — Sim, isso é compreensível. Há outras coisas a dizer sobre sua relação com o tempo, relação que talvez explique essa ausência de um sentimento de idade. Primeiro essa maneira que você sempre teve de preferir o presente ao passado. O que quero dizer é o seguinte: se você toma um copo de uísque, dirá: Ah! este copo de uísque está maravilhoso, melhor do que o de ontem. De um modo geral, há sempre uma preferência pelo presente.

J.-P.S. — O presente é concreto e real. Ontem é menos nítido, e em amanhã ainda não penso. Para mim há uma preferência do presente em relação ao passado. Há pessoas que preferem o passado, porque lhe conferem um valor estético ou um valor cultural. Eu não. O presente morre, ao passar ao passado. Perdeu seu valor de entrada na vida. Pertence-lhe, posso referir-me a ele, mas já não tem essa qualidade que é dada a cada instante, na medida em que vivo, e que perde quando já não vivo.

A cerimônia do adeus

S. de B. — E, sem dúvida, por isso suas rupturas com seus amigos foram tão pouco difíceis para você.

J.-P.S. — Sim, eu começava uma vida nova sem eles.

S. de B. — A partir do momento em que uma coisa passou, para você ela foi realmente abolida?

J.-P.S. — Sim. E quanto aos amigos que me restam, que estão vivos, é preciso que tenham um presente novo para não retornar sempre ao mesmo presente; é preciso que não se representem a mim como na véspera ou, na antevéspera, com as mesmas preocupações, as mesmas ideias, as mesmas maneiras de falar; é preciso que haja uma modificação.

S. de B. — Sim, porque poder-se-ia pensar, por essas definições de suas relações com o tempo, que você é um homem muito versátil, que se separa de seu passado muito facilmente, para lançar-se em novas aventuras; mas não é assim de modo algum; você é muito constante; vivemos 45 anos juntos, você tem amizades, como a que tem com Bost, que duram há muito, muito tempo; você também teve longas amizades com outros membros de *Les Temps Modernes*. Como pode explicar essa mistura de constância, de fidelidade e de vida no presente?

J.-P.S. — A vida no presente é feita exatamente dessas constâncias; a vida no presente não é correr atrás de qualquer coisa, atrás de qualquer pessoa nova, é viver com os outros, dando-lhes uma espécie de dimensão presente que eles têm efetivamente. Por exemplo, quanto a você, nunca a pensei no passado, sempre a pensei no presente; então, conseguia ligar este presente a passados anteriores.

S. de B. — E em suas relações com o trabalho, também era assim? Pensava sempre que a última obra que fazia era a melhor? Ou tinha ternuras por obras anteriores?

J.-P.S. — Tinha ternuras por obras mais antigas. *A náusea*, por exemplo. Concebia meu trabalho como que datado. Havia obras que se compreendiam em determinada época, nem antes, nem depois, em virtude das circunstâncias.

S. de B. — Mas, intelectualmente, você tem a impressão de avançar, a impressão de um progresso? Ou determinadas obras lhe pareciam tão definitivas que, de certa maneira, tinha a impressão de que não poderia superá-las?

J.-P.S. — Tinha a impressão de um progresso; não diria que *As palavras* é superior a *A náusea*; mas, apesar de tudo, ir mais adiante, de toda maneira, era fazer algo que valia mais, porque eu me beneficiava das obras anteriores.

S. de B. — Não seria preciso então fazer uma distinção — isso nos leva a falar de suas obras — entre as obras literárias e as obras filosóficas? Porque não se quer que você diga que *As palavras* é superior a *A náusea*, mas você diria de bom grado, e isso é uma evidência, que *Crítica da razão dialética* é superior a *O ser e o nada*.

J.-P.S. — Penso que é verdade, mas não o diria de bom grado, porque, de certa maneira, minhas obras passadas são marcadas pela satisfação que experimentava no momento em que as fazia. Para mim é muito difícil imaginar realmente *Crítica da razão dialética* como superior a *O ser e o nada*.

S. de B. — Você quer dizer que ela não vai mais longe?

J.-P.S. — Sim, ela vai mais longe.

S. de B. — Ela resolve mais problemas, dá uma descrição mais exata da sociedade. Só que não teria sido possível sem *O ser e o nada*, penso que isso também é um fato.

J.-P.S. — Em filosofia e em minha vida pessoal sempre defini o presente — é o momento pleno — com relação ao futuro e fiz com que contivesse as qualidades do futuro, ao passo que o passado sempre foi — na tríade; sei, no entanto, que o passado, de certa maneira, é mais importante do que o futuro; ele nos traz alguma coisa.

S. de B. — Você disse frequentemente que ele define a situação que ultrapassamos: o presente é a retomada do passado em direção a um futuro. Mas o que mais lhe interessou foi o movimento em direção ao futuro — enfim, pessoalmente — mais do que a retomada do passado.

J.-P.S. — Se atentamos para o sentido de minha vida, que é escrever, pois bem, isso é constituído a partir de um presente que se torna passado no qual não escrevi, para chegar a um presente em que escrevo, e em que se faz uma obra que terminará no futuro. O momento do escrever é um momento que compreende o futuro e o presente, e o presente determinado com referência ao futuro. Escreve-se um capítulo de romance, escreve-se o capítulo 12 que vem depois do capítulo 11 e que precede o capítulo 14, o tempo se mostra, portanto, como um apelo do futuro ao presente.

S. de B. — Mas existiram, existem atualmente em sua vida, momentos em que o presente é vivido verdadeiramente por ele mesmo?

A cerimônia do adeus

Como uma espécie de contemplação, de prazer, e não apenas como um projeto, uma prática, um trabalho?

J.-P.S. — Sim, ainda existem; existem pela manhã, aqui,[98] por exemplo, quando acordo, e você ainda não está presente, e vou sentar-me numa poltrona no terraço e olho o céu.

S. de B. — Houve muitos momentos assim em sua vida?

J.-P.S. — Bastantes. Considerei-os superiores aos outros, mais interessantes.

S. de B. — Pelo fato de ter sido um homem muito ativo e que trabalhou muito, houve, apesar de tudo, esses momentos de abandono, de mergulho no imediato?

J.-P.S. — Sim. Houve muitos.

S. de B. — E, em particular, com que conteúdo?

J.-P.S. — Um conteúdo agradável.

S. de B. — Sim, mas refiro-me ao que o coloca nessa espécie de estado do imediato.

J.-P.S. — Qualquer coisa. Uma manhã de céu bonito: então olho as coisas sob esse céu; há um momento de perfeito contentamento: as coisas estão ali, sob esse céu que vejo; sou unicamente isso, alguém que olha o céu da manhã.

S. de B. — Será que a música — você gosta muito de música — lhe transmite às vezes o mesmo estado?

J.-P.S. — Sim, quando não tocada por mim. Num concerto, ou ouvindo um disco, posso ter impressões desse gênero. Poderíamos dizer que são contatos com a felicidade. Não é exatamente felicidade, já que se trata de instantes que vão desaparecer, mas são esses os elementos que constituem a felicidade.

S. de B. — Você vivia no futuro, na medida em que o futuro era uma prática; mas você o vive também como uma espécie de antecipação alegre? Por exemplo, quando estava de partida para sua viagem à América?

J.-P.S. — Sim, eu me via na América.

S. de B. — Até pensava intensamente nisso.

J.-P.S. — Sim.

S. de B. — E durante um tempo cuidou dos preparativos necessários, mas já estava na América. Tais momentos lhe acontecem com

---
[98] Em Roma.

frequência? Há coisas que você quis muito, que imaginou, desejou e esperou muito intensamente?

J.-P.S. — Certamente.

S. de B. — E na medida em que há depois uma confrontação entre esse futuro sonhado, imaginado, e o presente, você é suscetível ao que podemos chamar de decepção? Ou, ao contrário, a realidade lhe oferece mais do que você imaginara?

J.-P.S. — Ela me dá mais e algo diferente; em geral, mais porque é um presente em que cada objeto contém partes infinitas, e pode-se encontrar tudo num novo presente, portanto mais do que se pode imaginar; o que podia imaginar eram direções, qualidades, limites, mas não objetos reais, e a realidade era diferente da expectativa porque, apesar de tudo, não se imagina a verdade; a Nova York de Nick Carter não era a que descobri quando cheguei a Nova York.

S. de B. — Você não é dessas pessoas que se decepcionam constantemente quando não encontram o que esperavam?

J.-P.S. — Não me decepcionei com Nova York, ao contrário, não; sei que o que imagino não é o que será. Seria nesse caso, efetivamente, que se poderia conceber uma decepção. E talvez haja algumas, pequenas, mas que desaparecem.

S. de B. — Em certo sentido, sua novela *Le soleil de minuit* era a história de uma decepção?

J.-P.S. — Sim, a menina imaginava o sol da meia-noite sob uma forma mágica e decepcionava-se quando se deparava com o objeto real.

S. de B. — Mas isso foi raro acontecer em sua vida?

J.-P.S. — A própria novela mostrava essa decepção como um erro: através da decepção da menina eu devia mostrar que esse sol da meia-noite era algo belo.

S. de B. — Você teve grandes arrependimentos em sua vida? Houve momentos em que disse a si mesmo: Ah, deveria ter feito isto, deixei passar isso, perdi tempo aqui?

J.-P.S. — Não muito; quando se trata de algo urgente, sim, quando é uma decisão que envolve uma parte de minha vida, e é urgente, portanto, e deve ser tomada imediatamente. Uma decisão não é uma coisa simples; se tenho que tomar uma decisão, inventá-la em todos os seus detalhes, aí então posso lastimar.

S. de B. — Uma vez tomada a decisão?

A cerimônia do adeus

J.-P.S. — Sim, porque não considerei tudo.

S. de B. — Quer dizer que, se é obrigado a decidir muito rapidamente, pode acontecer-lhe tomar a decisão errada?

J.-P.S. — Não, não uma decisão errada, mas uma decisão imperfeita.

S. de B. — Em que caso, por exemplo, isso lhe aconteceu?

J.-P.S. — Não tenho um exemplo preciso para dar-lhe.

S. de B. — Nas raras ocasiões em que tomamos decisões em nossa vida, e não são tantas as que tomamos, tenho a impressão de que você se sentiu satisfeito; a decisão de ir para a Alemanha, de ir para a Havre já no primeiro trimestre, de não aceitar uma *khâgne* em Lyon, como era o desejo de sua família, e sim de aceitar um posto em Laon: todas essas decisões lhe deram satisfação?

J.-P.S. — Fiquei satisfeito com elas.

S. de B. — Que eu saiba, quando você se sente insatisfeito é porque o mundo lhe recusou algo. Por exemplo, você lamentou não ter ido para o Japão.

J.-P.S. — Sim. Não o lamentei muito. Há pessoas que o haveriam lamentado muito mais do que eu. Mas, de um modo geral, não lamento muita coisa em minha vida. Lamento algumas; há livros que comecei e que nunca terminei e jamais publiquei.

S. de. B. — Sim, mas o pesar não devia ser tão intenso, já que precisamente você não os escreveu e optou por fazer outra coisa.

S. de B. — Gostaria de perguntar-lhe, de uma maneira muito ampla, como vê o conjunto de sua vida?

J.-P.S. — Sempre considerei a vida de cada um como um objeto que é contíguo à pessoa e a envolve. De um modo geral, posso dizer que vejo, não somente a minha vida, mas a de todo mundo, desta maneira: um início muito filiforme — que se amplia lentamente por ocasião da aquisição dos conhecimentos e das primeiras experiências; que se amplia sempre até os vinte, trinta anos, acrescendo-se sempre de experiências, de aventuras, de uma quantidade de sentimentos. Depois, a partir de uma certa idade, variável segundo as pessoas, vindo em parte delas mesmas, em parte de seu corpo, em parte das circunstâncias, a vida tende para seu fechamento, sendo a morte o último fechamento, assim como o nascimento foi a abertura. Mas considero que esse momento do fechamento é acompanhado de uma ampliação constante em direção ao universal. Um homem de cinquenta ou sessenta anos, que efetivamente, se encaminha para a morte, apreende e, ao mesmo tempo, vive um determinado número de ligações com o outro, com a sociedade, cada vez mais amplas. Ele apreende o social, aprende a refletir sobre a vida dos outros, sobre sua própria vida. Enriquece-se, enquanto que, por baixo disso, morre. Uma determinada forma vai em direção à sua realização e, simultaneamente, o indivíduo adquire conhecimentos ou esquemas que são universais, que tendem para o universal. Ele age por uma determinada sociedade, por uma conservação ou, ao contrário, pela criação de uma outra sociedade. E o surgimento desta sociedade talvez ocorra depois de sua morte; de toda maneira seu desenvolvimento se fará depois de sua morte; assim como, aliás, a maioria dos empreendimentos aos quais ele se dedica na última etapa de sua vida terão êxito se continuam depois de sua morte, se ele pode, por exemplo, legar a seus filhos o estabelecimento que criou, mas fracassarão se terminam antes de sua morte — se, por exemplo, ele se arruína e nada pode legar-lhes. Em outras palavras, há um futuro mais além da morte e que quase faz da morte um acidente na vida do indivíduo, vida que continua sem ele. Isso não é verdade para muitos deles: por exemplo, os velhos dos asilos, que foram operários, exerceram trabalhos muito humildes, já não têm futuro. Vivem no presente e sua vida se aproxima da morte, sem outro futuro que não, para cada momento, o momento imediatamente subsequente.

S. de B. — Creio que sua descrição é, de fato, uma descrição que se aplica a você, certamente, a um determinado número de privilegiados e, em particular, aos intelectuais quando estes conservam um interesse pela vida; mas, sem falar sequer dos asilos, a imensa maioria das pessoas idosas, uma vez simplesmente aposentadas, se encontram cortadas de seu trabalho e do mundo em geral; a velhice só muito raramente é o tipo de ampliação de que você fala. Mas como é de você que estamos falando, o que disse a respeito é ainda assim muito interessante. Gostaria que especificasse um pouco em que medida tem pessoalmente a impressão de que a vida continua a ser uma ampliação para você. A partir de que momento situaria, sob esse ponto de vista, o ápice de sua vida? Refiro-me ao momento em que se relacionou ao máximo com o mundo, com as pessoas, com os conhecimentos.

J.-P.S. — O auge das relações reais e que não terminam num futuro em que já não estarei vivo, creio que foi entre os 45 e sessenta anos.

A cerimônia do adeus

S. de B. — Em suma, você acha que sua vida não deixou de ampliar-se e de enriquecer-se até os sessenta anos?

J.-P.S. — Mais ou menos. Foi então que escrevi obras filosóficas. Mas ela sempre teve um futuro que não dependia de minha morte. Havia aquela noção de imortalidade, na qual acreditei durante muito tempo e depois deixei de acreditar. De toda maneira, para um escritor permanece a ideia de que continuarão a lê-lo quando ele não mais existir. E isso é o seu futuro. Continuamos a ser lidos durante quanto tempo? Cinquenta anos, cem anos, quinhentos anos? Isso depende do escritor. No que me diz respeito, imagino uns cinquenta anos. Pouco importa que seja lido raramente ou com frequência, mas durante cinquenta anos meus livros ainda existirão, assim como os de André Gide ainda existem para os jovens — cada vez menos, aliás — ou seja, cinquenta anos depois de sua morte, ou até mais.

S. de B. — Você acha que depois dos sessenta anos há uma ampliação e, ao mesmo tempo, um estreitamento? Como vê especificamente esses dois movimentos?

J.-P.S. — Falemos do estreitamento: já não me interessaria escrever um romance descrevendo outra vida que poderia ter tido. Mathieu, Antoine Roquetin tinham vidas diferentes da minha, mas próximas, exprimindo em minha opinião o que havia de mais profundo em minha própria vida. Já não poderia escrever isso. Muitas vezes penso em escrever uma novela, e depois nunca o faço. Portanto, há elementos em meu próprio trabalho que estão suprimidos, cortados, interrompidos, todo um lado romântico da vida, de esperanças vãs, mas valorizadas enquanto vãs. Todo esse lado, a relação com o futuro, a relação com a esperança, a relação com uma vida real numa sociedade real, em harmonia com meus desejos, tudo isso terminou. E há também todo o universal — o sentido de minha vida no século XX — que tento conceber; isso me distancia do século XX. É no século XXI que se poderão julgar, situar vidas pertencentes ao século XX. Certamente imagino isso de uma maneira falsa, mas apesar de tudo tento projetar minha visão de mim a partir do século XXI. E há mil outras coisas: conhecimentos de economia, de ciências humanas, que ao mesmo tempo se introduzem em minha vida, modificam-na de certa maneira — e consequentemente correm o risco de perecer com ela —, mas que são também leis que agem sobre todas as vidas, que, sob esse aspecto, representam o universal.

Essas leis mudarão com o século XXI e o século XXII. Mas permitirão que sejamos compreendidos. Tudo isso é um universal que sinto, que capto parcialmente, que imagino, seja no futuro, seja a partir de seu presente. Esse conjunto de conhecimentos é constante, está em minha cabeça porque estou aqui, no século XX, mas na verdade está também em minha cabeça porque existe; são leis que temos que descobrir como descobrimos um rochedo à noite, chocando-nos contra ele.

S. de B. — Você quer dizer que a partir da idade de sessenta anos aprendeu?

J.-P.S. — A partir da idade de um ano.

S. de B. — Sim, mas perguntava-lhe o que entendia por ampliação a partir da idade de sessenta anos.

J.-P.S. — Continuei, sem dúvida, a adquirir. E os conhecimentos que adquiro estão nos livros, mas também em minha cabeça, porque os desenvolvo, tento ligá-los a outros conhecimentos que tenho. Eles são universais, isto é, não se aplicam somente a uma infinidade de casos, mas, além disso, ultrapassam o tempo; têm um futuro, encontrar-se-ão em outras circunstâncias, no próximo século. E através disso mesmo, de certa maneira, me dão seu futuro. Pelo menos mo dão de uma maneira formal. Os conhecimentos que tenho e que me caracterizam são igualmente futuros e me caracterizarão. Assim sou e serei, ainda que tenha perdido minha consciência.

S. de B. — Pode especificar o que são esses conhecimentos?

J.-P.S. — É difícil, porque se trata de todos os conhecimentos. Por exemplo, o último trabalho que escrevi em colaboração com Victor e Gavi era isso. Nele falamos do presente, mas falamos também do futuro, do futuro revolucionário, das condições que irão constituí-lo; este futuro é meu objeto e, ao mesmo tempo, sou eu.

S. de B. — Em outras palavras, você tem a impressão de possuir uma ideia do mundo, uma visão de compreensão do mundo mais ampla, mais válida do que a que teve até agora?.

J.-P.S. — Sim, mas não diria que ela começa aos sessenta anos. Começa desde sempre, amplia-se sempre.

S. de B. — O estreitamento seria então o de determinados projetos, como, por exemplo, o de já não fazer romances.

J.-P.S. — Sim, e de já não fazer grandes viagens, porque isso me cansa. É o estreitamento da velhice, propriamente dita, e da doença, e

A cerimônia do adeus

que atinge cada um de nós. E este lento avanço para a morte só pode ser dado em pontilhado sob o conjunto de conhecimentos universais que me criam um futuro para além da morte. Descreveria então minha vida, em direção ao fim, como uma série de linhas paralelas e retas; seriam meus conhecimentos, minhas ações, meus pertences, e isso representaria precisamente um universo em que o futuro está presente, em que ele me caracteriza tanto quanto o presente. E por baixo disso indicaria em pontilhado o que ocorre a cada instante e que não tem muito futuro a não ser meu fim: esta vida real de cada instante, as doenças que podem alterar minhas vísceras, as faltas de conhecimentos que tive durante toda a minha vida, mas que podem ainda agravar-se atualmente etc. É minha morte, mas represento-a em pontilhado. E, por cima, coloco esses conhecimentos e essas ações que implicam o futuro.

S. de B. — Compreendo o que quer dizer. Mas consideramos agora sua vida sob outro ângulo. Gostaria que a olhasse como tentei olhar a minha quando escrevi o começo de *Balanço final*. Ou seja: o que aconteceu em sua vida em termos de oportunidades, acasos, momentos de liberdade, obstáculos a tal liberdade. E principalmente — suponho, coisa que a meu ver, é verdade, que se sinta satisfeito com o conjunto de sua vida, com o que fez, com haver sido o que é — o que pode considerar como as oportunidades que fizeram de você o que é?

J.-P.S. — Creio que a maior oportunidade foi, incontestavelmente, nascer numa família universitária, isto é, numa família de intelectuais de certo tipo que tinham uma determinada concepção do trabalho, das férias, da vida quotidiana, e que podiam oferecer-me um bom ponto de partida. É evidente que, desde que fui capaz de olhar em torno de mim, considerei a condição de minha família e, consequentemente, a minha, não como uma condição social em meio a outras, mas como *a* condição social. Viver era viver em sociedade, e viver em sociedade era viver como meus avós ou como minha mãe. Portanto, o fato de ter vivido inicialmente, como descrevi em *As palavras*, em casa de um avô que se ocupava sobretudo de livros, que tinha alunos, foi de fato muito importante. E o fato de não ter tido pai também foi certamente muito importante. Se tivesse tido um pai, sua profissão seria muito mais visível, muito mais rigorosa. Meu avô estava aposentado, ou perto disso, quando nasci. Tinha uma escola. Tinha um curso de alemão nos *Hautes Études Sociales*. Tinha portanto um trabalho, mas esse trabalho era remoto. Eu conhecia seus alunos nas festas que se realizavam no Instituto, em Meudon, na casa de meus avós. Em suma, conhecia sua vida de trabalho unicamente nas ocasiões de lazer, as ligações de seu trabalho com seus alunos quando ele os convidava para jantar.

S. de B. — Que importância teve para você o fato de não ter tido consciência de um trabalho necessário para ganhar a vida?

J.-P.S. — Enorme, porque isso suprimia a relação entre o trabalho que fazemos e o dinheiro que recebemos para fazê-lo. Eu não via a conexão entre essa vida de festas e de convívio com os alunos que tinha meu avô e que pareciam relações de companheirismo, de amizade, e o dinheiro que ele recebia no fim do mês. E a seguir, nunca vi muito bem a relação entre o que eu fazia e o que ganhava, mesmo quando professor. E nunca vi muito bem a relação entre os livros que fazia e o dinheiro que recebia de meu editor no fim de cada ano.

S. de B. — Esse trabalho de professor foi uma escolha livre, ou foi imposto pela família, já que estamos falando exatamente de liberdade, de escolhas etc.?

J.-P.S. — Isso é bastante complicado. Creio que para meu avô não havia dúvidas de que eu deveria ser professor. Seu filho mais velho não o fora, tornara-se engenheiro; mas seu filho caçula tinha sido professor, ainda o era, e ele achava natural que eu, em sua opinião, tão bem-dotado, fosse professor como ele. Mas enfim, se eu tivesse tido uma vocação precisa para qualquer outra profissão — por exemplo, engenheiro politécnico ou engenheiro da Marinha — ele não se oporia. Mas eu concordava em ser professor porque via nessa categoria de intelectuais a origem, a fonte dos romancistas, dos escritores dos quais queria fazer parte. Pensava que o trabalho de professor dava conhecimentos consideráveis sobre a vida humana, e que o livro exigia conhecimentos consideráveis para ser escrito. Via uma relação entre o professor de Letras, que forma um estilo para si mesmo sendo professor, corrigindo o de seus alunos, e esse mesmo professor utilizando-se do estilo que assim estudara, para fazer um livro que garantiria sua imortalidade.

S. de B. — Houve, portanto, uma harmonia entre as circunstâncias familiares, que o estimulavam para o professorado, e sua própria vontade?

J.-P.S. — Sim, se podemos chamá-lo de harmonia, porque podemos ser lixeiro e escritor. As relações entre o fato de sermos professor e de

A cerimônia do adeus

escrevermos é muito secundária. Mas eu escolhi essa harmonia. Ou seja, vi o mundo através da carreira de meu avô e através de meu próprio desejo de escrever. Isso se ligou, já que era meu avô que me dizia: você escreverá. Aliás, ele mentia, pois pouco se lhe dava, ele queria que eu fosse professor. Mas eu o levava muito a sério, e, consequentemente, meu avô professor, superior a todos os professores, é claro, dizia-me isso como se ele próprio tivesse escrito.

S. de B. — Então, poderíamos considerar a profissão de professor como uma espécie de escolha livre, mas conforme ao que era desejado para você. Você vê na infância ou na juventude momentos em que essa liberdade foi mais solitária? Teve a impressão de ter iniciativas inteiramente pessoais durante toda essa primeira etapa de sua vida?

J.-P.S. — É difícil dizer.

S. de B. — No fato de escrever, por exemplo.

J.-P.S. — O fato de escrever talvez não tenha sido inteiramente pessoal quando tinha oito anos, que, como referi em *As palavras*, recopiei, reinventei textos já escritos. No entanto, havia alguma coisa que vinha de mim. Queria ser aquele que escrevia livros como aqueles. Depois do quinto ano fui para La Rochelle com meu padrasto e minha mãe, e ali já nada justificava minha escolha de escrever. Em Paris, tivera colegas que haviam feito a mesma escolha que eu; em La Rochelle não havia nenhum que quisesse tornar-se escritor.

S. de B. — E ainda assim você escrevia?

J.-P.S. — Escrevia, apesar de tudo, só tendo como público para minhas obras coleguinhas para os quais li algumas páginas e que caçoavam de mim.

S. de B. — E em casa, também não o encorajavam?

J.-P.S. — De modo algum.

S. de B. — Em suma, escrever era, para você, uma espécie de aprendizado de solidão e de liberdade.

J.-P.S. — Ainda escrevi no quarto ano; muito menos, e talvez nada no terceiro e no segundo. Concebia o escritor como um infeliz que não era lido, que não era conhecido por seus próximos. Era depois de sua morte que sobrevinha sua celebridade. Eu escrevia sentindo a hostilidade possível ou real de meus colegas. Naquela época, via pois o escritor como um pobre-diabo condenado. Fiz romantismo.

S. de B. — Em última instância, você tem uma visão muito serena da morte.

J.-P.S. — Vejo a aproximação da morte como uma série de privações. Por exemplo, eu era um grande bebedor, como você sabe, e uma das grandes satisfações de minha vida, mesmo quando estava aborrecido por razões objetivas, era terminar a noite bebendo bastante. Isso desapareceu. Desapareceu, porque os médicos mo proibiram. Aliás, discordo dos médicos, mas ainda assim me submeto. Há, portanto, privações que são como coisas que tiram de mim, antes de tirar-me tudo, o que será a morte. E há essa dispersão que é o surgimento da velhice. Ou seja, ao invés de ter ainda bem claramente a ideia de uma síntese de mim que deve consistir num só homem, isso se dispersa numa série de atividades, de pequenas coisas. A síntese começou, mas jamais será terminada. Sinto tudo isso e, portanto, meu estado é menos confortável do que há dez anos. Mas nem por isso, a morte, como coisa séria que surge num momento dado, e que eu espero, é algo que me assuste ou que não me pareça natural. Natural, em oposição ao conjunto de minha vida que foi cultural. De toda maneira, é o retorno à natureza e a afirmação de que eu era natureza. E também, aquilo que recordo de minha vida, mesmo com essa nova perspectiva, mesmo com o erro da imortalidade que alimentei durante muitos anos, me parece válido. É uma espécie de perspectiva pré-mortal, não inteiramente a perspectiva da morte, mas uma perspectiva de antes da morte. Não lamento nada do que fiz. Até mesmo meus maiores erros estão ligados a mim, engajam-me, muitas vezes os resolvi através de outras reviravoltas.

S. de B. — É um outro assunto, mas gostaria de saber o que é que você considera como seus maiores erros.

J.-P.S. — Oh! neste momento nada de muito particular. Mas penso que ocorreram.

S. de B. — Erros, pelo menos, sem dúvida alguma.

J.-P.S. — Erros, sim. Em suma, considero que é uma vida que se desfaz. Consequentemente, não há jamais uma vida que termine como começou, por um ponto que é o ponto terminal. Isso mais se...

S. de B. — Desfia-se.

J.-P.S. — Dispersa-se, desfia-se. Então, se excluo esse período de desfiamento — que não deploro, já que é o destino de cada um — considero que tive um período, dos trinta aos 65 anos, em que me dirigi, em que não fui muito diferente desde o início até o que vim a ser; em que houve até uma continuidade, em que utilizei minha liberdade para o que desejava, adequadamente; em que pude ser útil e ajudar a disseminar determinadas ideias; em que fiz o que queria, isto é, escrevi, isso foi o essencial de minha vida. O que reivindiquei desde os sete anos, eu o consegui. E consegui em que medida? Não sei, mas fiz o que queria, obras que foram ouvidas, que foram lidas. Consequentemente, quando morrer, não morrerei dizendo, como muitas pessoas: "Ah, se pudesse refazer a vida, eu a refaria de outra maneira, desperdicei-a, fracassei!" Não. Aceito-me integralmente e sinto-me, com precisão, tal como quis ser. E certamente, se me reporto ao passado, à minha infância, ou à minha juventude, desejava menos do que fiz. Tinha outra concepção da glória, imaginava-a para um público restrito, para uma elite, e atingi um pouco todo mundo. Portanto, quando morrer, morrerei satisfeito. Descontente por morrer em tal dia e não dez anos depois, mas satisfeito. E jamais até agora — e provavelmente isso jamais ocorrerá — a morte pesou sobre minha vida. É falando sobre isso que quero terminar este capítulo.

S. de B. — Sim, mas há ainda uma pergunta que gostaria de fazer-lhe: nunca foi tocado pela ideia da sobrevivência para além da morte, da alma, de um princípio espiritual em nós, uma sobrevivência como pensam os cristãos, por exemplo?

J.-P.S. — Parece-me que sim, mais como um fato quase natural. A dificuldade que eu tinha, em função da própria estrutura da consciência, em imaginar um momento em que eu já não existiria. Todo futuro que imaginamos na consciência remete à consciência. Não podemos imaginar um momento em que a consciência já não existiria. Podemos imaginar um universo em que o corpo já não existirá, mas o fato de imaginar implica a consciência não somente no presente, mas no futuro. Consequentemente, creio que uma das dificuldades para pensar na morte é exatamente a impossibilidade de se desfazer de uma consciência. Por exemplo, se imagino meu enterro sou eu quem imagina meu enterro; estou então escondido numa esquina e o vejo passar. Portanto, tive assim uma vaga tendência, quando era jovem, quando tinha 15 anos, a conceber essa vida que existiria sempre, simplesmente porque, quando imaginava o futuro, imaginava-me dentro dele, para vê-lo, mas isso nunca teve grande significado. Na verdade, sempre pensei, como ateu, que não havia nada depois da morte, a não ser a imortalidade que eu via como uma quase sobrevivência.

S. de B. — Gostaria de saber como nasceu e como se desenvolveu em você seu ateísmo.

J.-P.S. — Expliquei em *As palavras* que, por volta de oito, nove anos, eu já tinha com Deus somente relações de boa vizinhança, não realmente relações de sujeição, ou de compreensão. Ele estava presente, de quando em quando se manifestava, como no dia em que, ao que parece, ateei fogo na casa. Era um olhar que, de quando em quando, pousava em mim.

S. de B. — Como assim, você ateou fogo na casa?

J.-P.S. — Contei em *As palavras* como tinha acesso a caixas de fósforos, como ateei fogo, modestamente, aliás. Efetivamente, ele me via de quando em quando; eu imaginava que um olhar me envolvia. Mas tudo isso era muito vago, sem grande relação com o catecismo, toda a colocação em lições dessa instituição que era, ela própria, falsa. E um belo dia, por volta dos 12 anos, em La Rochelle, onde meus pais haviam alugado uma *villa* um pouco fora da cidade, tomava o tranvia pela manhã com minhas vizinhas, que frequentavam o liceu de meninas, três brasileiras, as meninas Machado, e estava passeando em frente à casa deles, esperando que se aprontassem, isto é, alguns minutos. E não sei de onde me veio este pensamento, como se instalou em mim; disse a mim mesmo de repente: mas Deus não existe! É certo que já deveria ter anteriormente ideias novas com relação a Deus, e começara a resolver o problema por mim. Mas, enfim, naquele dia, e sob a forma de uma pequena intuição, lembro-me muito bem que disse a mim mesmo: Deus não existe. É notável pensar que pensei isso aos 11 anos, e nunca mais tornei a fazer-me a pergunta até hoje, isto é, durante sessenta anos.

S. de B. — Você pode detectar um pouco mais precisamente qual foi o trabalho que precedeu essa intuição?

J.-P.S. — De modo algum. Ao que me lembre, e muito bem, com a idade de 12 anos, eu considerava isso como uma verdade que me surgira com evidência, sem nenhum pensamento prévio. Era evidentemente falso, mas foi assim que sempre me representei as coisas: um pensamento que intervém bruscamente, uma intuição que surge e que determina minha vida. Creio que as senhoritas Machado apareceram nesse instante e o pensamento me saiu da cabeça. Depois, pensei a respeito, sem dúvida, no dia seguinte ou no outro, e continuei a declarar que Deus não existia.

S. de B. — Essa revelação teve consequências para você?

J.-P.S. — Não consideráveis na ocasião, nem verdadeiramente muito determinantes; meu comportamento estava ligado a outros princípios, a outros desejos; queria sobretudo ter contatos com meus colegas. E havia também no liceu de meninas uma que eu queria conhecer. Absolutamente não estava ligado à religião católica, não ia à igreja antes, nem fui depois disso. Portanto, isso não teve nenhuma relação precisa com minha vida daquele momento. Não recordo haver-me jamais lamentado ou surpreendido pelo fato de Deus não existir. Evidentemente, ignorava os ateus, já que minha família era honestamente, honradamente crente.

S. de B. — E não o incomodava o fato de estar em oposição, sobre esse ponto tão importante, com sua família que você respeitava, que amava?

J.-P.S. — Sinceramente, não. Em *As palavras* tentei explicar como já constituíra para mim todo um arsenal de pequenos pensamentos pessoais, em estreita oposição aos pensamentos de minha família. Pensava um pouco só por mim. E a verdade era o que me surgia como verdadeiro. Acreditava mediocremente no que meu avô me dizia serem os pensamentos dos outros, suas concepções. Pensava que nós mesmos tínhamos que encontrar nosso próprio pensamento; coisa que ele também me dizia, aliás, mas não o concebia no grau de profundidade em que eu o concebia.

S. de B. — E quando cresceu, quando foi para Paris, seu ateísmo mudou, alguma vez se abalou, fortificou-se?

J.-P.S. — Diria que se fortificou. Creio, sobretudo, que passou de um ateísmo idealista a um ateísmo materialista, e isso durante minhas conversas especialmente com Nizan. O ateísmo idealista é difícil de explicar. Mas quando dizia: Deus não existe — era como se me tivesse desfeito de uma ideia que estava no mundo, e tivesse colocado em seu lugar um nada espiritual, uma determinada ideia frustrada, no marco de todas as minhas ideias. E o resultado é que isso tinha pouca relação direta com a rua, as árvores, os bancos nos quais pessoas estão sentadas. Era uma grande ideia sintética que desaparecia, sem ir muito longe. E, pouco a pouco, minhas conversas com Nizan, minhas reflexões pessoais, levaram-me a outra coisa, a um pensamento diferente do mundo, que não era algo que devia desaparecer, colocar-me em contato com um paraíso onde veria Deus, mas que era a única realidade. A ausência de Deus era visível em todos os lugares. As coisas estavam sós, sobretudo o homem estava só. Estava só como um absoluto. Um homem era uma coisa estranha. Isso me surgiu pouco a pouco. Era um ser perdido no mundo e consequentemente cercado de mundo por todos os lados, como que aprisionado no mundo. E, ao mesmo tempo, era um ser que podia sintetizar esse mundo e vê-lo como seu objeto, estando ele diante do mundo e fora dele. Já não estava dentro, estava fora. E essa ligação do fora e do dentro que constitui o homem. Percebe o que quero dizer?

S. de B. — Sim, muito bem.

J.-P.S. — E levei alguns anos para persuadir-me disso. É muito mais simples, evidentemente, vê-lo como um dentro simplesmente, ou simplesmente como um fora. A dificuldade de que haja os dois, e que isso se contradiga, constitui sua contradição profunda e primeira. Portanto, estava presente, em Tours, por exemplo, sentado à mesa de um café, e ao mesmo tempo, estava não fora de Tours, mas capaz, em Tours mesmo, sem me mexer, mas recusando ser um objeto simplesmente definido por meu estar ali, podia ver o mundo como uma síntese, isto é, como a totalidade de objetos que me rodeavam, que eu via, e para além de outros objetos, os horizontes, como diz Heidegger. Em suma, captar o mundo como o conjunto desses horizontes, sendo constituído igualmente por objetos.

S. de B. — Quando você fez filosofia, em filosofia, em *hypo-khâgne*, em *khâgne* etc., na Escola Normal, até a agregação, isso teve alguma relação com seu ateísmo, fortificou-o ou deu-lhe, pelo menos, argumentos?

J.-P.S. — Decidi fazer filosofia em *hypo-khâgne*, até mesmo em *khâgne*. Naquela ocasião, estava absolutamente seguro de não existência de Deus, e o que desejava era uma filosofia que explicasse meu objeto, "meu" no sentido humano, isto é, seu objeto também, o objeto do homem. Ou seja, seu próprio ser, no mundo e fora dele, e o mundo sem Deus. Parecia-me, aliás, que se tratava de um empreendimento novo, já que estava muito pouco a par dos trabalhos dos ateus. Aliás eles pouco fizeram filosofia, todos os grandes filósofos são mais ou menos crentes. Isso significa diferentes coisas para as diferentes épocas. A crença

A cerimônia do adeus

em Deus de Spinoza não é a de Descartes ou de Kant. Mas o que me parecia era uma grande filosofia ateia, realmente ateia, não existia na filosofia. E era nessa direção que era preciso agora tentar trabalhar.

S. de B. — Ou seja, você queria fazer, em suma, uma filosofia do homem.

J.-P.S. — Sim, fazer uma filosofia do homem, num mundo material.

S. de B. — Você teve colegas — falando ainda de sua juventude — colegas que não eram ateus? Que relações tinha com eles? Isso o incomodava, incomodava-os?

J.-P.S. — A palavra não é incomodar. Dava-me muito bem com Laroutis, que era um rapaz encantador e de quem gostava muito; não sei bem o que se tornou. Mas evidentemente isso acarretava uma distância. Falávamos das mesmas coisas, e, no entanto, sentíamos bem que não as referíamos exatamente da mesma maneira. A maneira pela qual Laroutis tomava um trago, aparentemente era semelhante à minha maneira de tomar um trago e, no entanto, não era igual.

S. de B. — Entre seus colegas, houve alguns que tentaram convencê-lo, não digo convertê-lo, mas convencê-lo da existência de Deus?

J.-P.S. — Não, nunca. De toda maneira, aqueles com quem me dava, ou bem não sabia se eram ateus ou cristãos, ou bem, se o sabia, eram extremamente discretos, porque eram da Escola Normal, eram intelectuais. Pensavam, então, que lidavam com homens que criam mal, que criam pouco, que não criam, e que isso era problema de cada um; que eles simplesmente deviam estar presentes e nada fazer, nada dizer que pudesse escandalizar uma consciência. De maneira que sempre me deixaram em paz.

S. de B. — Houve época em que você conheceu cristãos, de uma maneira muito íntima: no campo de prisioneiros. Seu melhor amigo era até um padre.

J.-P.S. — Sim, lá eu convivia em grande parte, essencialmente com padres. Mas eles representavam naquela ocasião, no campo de prisioneiros, os únicos intelectuais com quem eu tinha contato. Nem todos, mas pelo menos meu amigo, o jesuíta Feller, e o padre que depois deixou as ordens, e se casou...

S. de B. — O abade Leroy?

J.-P.S. — O abade. Eles representavam intelectuais, pessoas que pensavam sobre as mesmas coisas que eu, nem sempre o que eu pensava, mas era já um ponto em comum questionar as mesmas coisas. De maneira que eu podia falar muito mais com o abade Leroy, ou o abade Perrin, ou com Feller o jesuíta, do que com camponeses prisioneiros.

S. de B. — E seu ateísmo não os incomodava?

J.-P.S. — Parece que não. O abade Leroy me disse, muito espontaneamente, que não aceitaria um lugar no paraíso se me fosse recusado um lugar. Mas ele pensava precisamente que esse lugar não me seria recusado, e que eu aprenderia a conhecer Deus, ou durante minha vida ou depois de minha morte. Portanto, ele considerava isso como um limite entre nós que desapareceria. Uma separação que desapareceria.

S. de B. — E quando escreveu *O ser e o nada* você tentou, ou justificou filosoficamente sua não crença em Deus?

J.-P.S. — Sim, é claro, era preciso justificá-la; tentei mostrar que Deus deveria ter sido "o em-si para si", isto é, um em-si infinito, habilitado por um para-si infinito, e que essa noção do "em-si para si" era em si mesma contraditória e não podia constituir uma prova da existência de Deus.

S. de B. — Era, ao contrário, uma prova da não existência de Deus.

J.-P.S. — Dava uma prova da não existência de Deus.

S. de B. — Sim.

J.-P.S. — Tudo isso girava em torno da noção de Deus. Havia em *O ser e o nada* uma exposição de razões de minha recusa da existência de Deus que não eram, efetivamente, as verdadeiras razões. As verdadeiras razões eram muito mais diretas e infantis — já que tinha 12 anos — do que teses sobre a impossibilidade de tal ou qual razão da existência de Deus.

S. de B. — Você disse em algum lugar que o ateísmo é um trabalho de grande fôlego, e que você o levou até o fim, dir-se-ia com alguma dificuldade. O que queria dizer exatamente com isso?

J.-P.S. — Exatamente que a passagem do ateísmo idealista para o ateísmo materialista é difícil. Supõe um longo trabalho. Já lhe disse o que entendia por ateísmo idealista. É a ausência de uma ideia, uma ideia que é recusada, que é impedida, mas de uma ideia, a ideia de Deus. O ateísmo materialista é o universo visto sem Deus, e isso, evidentemente, é de fôlego muito longo, o passar desta ausência de uma ideia a esta nova concepção do ser; do ser que é deixado nas coisas e que não é eliminado das coisas numa consciência divina que as contemplaria e as faria existir.

A cerimônia do adeus

S. de B. — Você quer dizer que mesmo que não se creia em Deus há uma maneira de ver o mundo…

J.-P.S. — Mesmo se não se acredita em Deus há elementos da ideia de Deus que permanecem em nós, e que fazem com que vejamos o mundo com aspectos divinos.

S. de B. — Por exemplo?

J.-P.S. — Isso varia de acordo com as pessoas.

S. de B. — Mas para você?

J.-P.S. — Quanto a mim, sinto-me não como um pó surgido no mundo, mas como um ser esperado, provocado, prefigurado. Em resumo, como um ser que só parece poder provir de um criador, e esta ideia de uma mão criadora que me haveria criado me remete a Deus. Naturalmente, isso não é uma ideia clara e precisa que utilizo cada vez que penso em mim; ela contradiz várias outras de minhas ideias; mas está presente, vaga. E, quando penso em mim, muitas vezes penso um pouco assim, já que não posso pensar de outra maneira. Porque a consciência em cada um justifica sua maneira de ser, e não está presente como uma formação gradual ou feita de uma série de acasos, mas, ao contrário, como uma coisa, uma realidade que está constantemente presente, que não é formada, que não é criada, mas que surge como constantemente presente toda inteira. A consciência, aliás, é a consciência do mundo, consequentemente, não sabemos muito bem se queremos significar a consciência ou o mundo, e, consequentemente, encontramo-nos na realidade.

S. de B. — Afora essa impressão de estar presente apenas por acaso, há outros terrenos em que há indícios de Deus, por exemplo, no terreno moral?

J.-P.S. — Sim; no terreno moral, conservei uma única coisa da existência de Deus, o Bem e o Mal como absolutos. A consequência habitual do ateísmo é a supressão do Bem e do Mal, é um certo relativismo, é, por exemplo, a consideração de morais variáveis segundo os pontos da terra em que os consideramos.

S. de B. — Ou então as palavras de Dostoievski: "Se Deus não existe, tudo é permitido." Você não pensa assim, não é?

J.-P.S. — Em certo sentido, entendo bem o que ele quer dizer, e é abstratamente verdadeiro, mas, por outro lado, vejo bem que matar um homem é mau. É mau diretamente, absolutamente, é mau para um outro homem, certamente não é mau para uma águia ou um leão, mas é mau para um homem. Diria que a moral e a atividade moral do homem são como um absoluto no relativo. Há o relativo, que, aliás, não é o homem todo, mas que é o homem no mundo, com seus problemas dentro do mundo. E depois há o absoluto, que é a decisão que ele toma, no que se refere a outros homens, a respeito desses problemas, que é então um absoluto que nasce dele, na medida em que os problemas que ele se coloca são relativos. Considero, pois, o absoluto como um produto do relativo, ao contrário do que se faz comumente. Isso, aliás, se liga a essas noções "fora-dentro" de que falava ainda agora.

S. de B. — De um modo geral, como definiria seu Bem e seu Mal, aquilo que você denomina o Bem, aquilo que denomina o Mal?

J.-P.S. — Essencialmente, o Bem é o que se presta à liberdade humana, o que lhe permite colocar objetos que realizou, e o Mal, o que prejudica a liberdade humana, o que apresenta o homem como não sendo livre, que cria, por exemplo, o determinismo dos sociólogos de determinada época.

S. de B. — Então, sua moral se baseia no homem, e já não tem muita relação com Deus.

J.-P.S. — Nenhuma, atualmente. Mas é certo que as noções de Bem e de Mal absolutos nasceram do catecismo que me ensinaram.

S. de B. — Não se poderia dizer que uma moral sem Deus é mais exigente, já que, se você acredita em Deus, sempre pode ter seus erros perdoados, pelo menos na Igreja Católica, ao passo que, se não crê em Deus, um mal praticado contra o homem é absolutamente irreparável?

J.-P.S. — De maneira absoluta. Considero que todo mal é irreparável em si, porque não somente ocorre, e é mau, mas ainda tem consequências que são consequências de ódio, de revolta, de mal igualmente, ainda que tenham um resultado que é melhor. E, de toda maneira, o mal está presente, profundo.

S. de B. — Na fé que você tinha na criação literária, em sua vontade de sacrificar tudo pela obra de arte, quando jovem, não havia nisso como que uma espécie de resquício de fé em Deus?

J.-P.S. — Ah, já disse isso, é a última página de *As palavras*. Digo que a obra de arte me parecia como que a imortalidade cristã, e, ao mesmo tempo, era criar no absoluto algo que escapava aos homens, e que devia ser lido pelo olhar de Deus. E ela assumia seu valor absoluto e transumano, pelo fato de ser, no fundo, dada ao criador. Portanto, a primeira

A cerimônia do adeus

relação entre a obra de arte e Deus era dada por minha primeira concepção da arte. Eu criava uma obra e Deus a olhava, para além de todo público humano. Foi isso que desapareceu, embora sempre tornemos a dar, quando escrevemos, uma espécie de valor transumano ao que escrevemos. O belo aparece, como aquilo que os homens aprovam no que é diferente da simples aprovação dos homens. A aprovação dos homens é um sinal de que o objeto tem um valor transumano. Claro está que se trata de uma ilusão, isso não corresponde a nada de verdadeiro, mas conservamo-la quando escrevemos. Porque a obra que fazemos, se deve ter êxito, ao mesmo tempo ultrapassa o público presente, vivo, existente, e se dirige também a um público futuro. E, além disso, comporta um julgamento dado por uma ou duas gerações, e que é transmitido e ligeiramente modificado, mas, de um modo geral, conservado pelas gerações ulteriores. De maneira que há como que um olhar sobre a obra, e que é, no fundo, o olhar dos homens, um pouco multiplicado, um pouco modificado. Voltaire, por exemplo, quando atinge uma consciência do século XX, é um Voltaire já iluminado por uma luz que o considera como Voltaire, e que não sentimos como humana. Que sentimos como uma luz que vem dele, e que, ao mesmo tempo, poderia ser como uma outra consciência iluminando-o. Ou seja, algo como Deus. É em meio a noções desse gênero, muito embaralhadas, muito disparatadas, muito pouco compreensíveis, que se movem os elementos que sobram de uma ideia divina, elementos que, em minha opinião, irão perdendo sua força, na medida em que o mundo continua.

S. de B. — Você disse que era difícil perceber, de uma maneira materialista, o mundo sem Deus, senti-lo nos objetos, nas coisas, nas pessoas. De que maneira? E de que maneira chegou a isso? Houve uma evolução? Volto à questão da passagem de seu ateísmo idealista para o ateísmo materialista. O que foi que isso comportou?

J.-P. S. — Em primeiro lugar, isso comportou a ideia de que os objetos não têm consciência, ideia essencial e muitas vezes negligenciada pelas pessoas. Dir-se-ia que as pessoas que falam de objetos consideram que estes têm uma vaga consciência. E quando vivemos no mundo, em meio às pessoas, é assim que os representamos esses objetos. E é essa consciência que é preciso fazer desaparecer. É preciso inventar por si a maneira de existir das coisas, existência material, opaca, sem relação com uma consciência que as ilumina, exceto com nossas consciências, e que de toda maneira não têm relação com consciências interiores delas.

S. de B. — Você quer dizer que atribuímos uma consciência a objetos, por que, em suma, é a consciência de Deus, vendo-os, que supomos neles?

J.-P.S. — Inteiramente. É Deus vendo-os, é Deus dando-lhes uma consciência. E o que captamos, ao contrário, são esses objetos tais como os vemos; isto é, a consciência está em nós, e o objeto, este, é absolutamente desprovido de consciência. Ele se situa no plano do em-si. E isso é uma coisa complexa que é preciso estudar cuidadosamente, antes de dizer que estamos certos de que um objeto não tem consciência. Antes de chegar à totalização em mundo de todo um setor de objetos sem consciência, é necessário muito esforço, porque a consciência divina, sob uma forma qualquer, acabo de explicá-lo, tende sempre a ressuscitar, a penetrar neles. E é isso, exatamente, que é preciso evitar, porque não é exato.

S. de B. — Você fala do em-si do objeto, mas não quer significar que o objeto tem um gênero de ser que é absolutamente definido, determinado, independente da consciência humana. É um em-si, não é um para-si, mas isso não significa que tenha, fora de nossa consciência, uma realidade que se impõe à consciência, que é exatamente a realidade que Deus teria criado?

J.-P.S. — É o que quero dizer. Penso que, efetivamente, os objetos que vejo aqui existem fora de mim. Não é minha consciência que os faz existir, eles não existem pela minha consciência e exatamente por ela, não existem pela consciência do conjunto dos homens e exatamente por ela. Em primeiro lugar, existem sem consciência.

S. de B. — Existem em relação com sua consciência e não numa espécie de objetividade suprema que viria do fato de serem vistos por Deus de certa maneira.

J.-P.S. — Eles não são vistos por Deus, de certa maneira, já que Deus não existe. Eles são vistos pelas consciências, mas as consciências não inventam o que veem, captam um objeto real que está fora.

S. de B. — Sim. Enfim, segundo você, elas o captam sob perfis que são tão válidos uns quanto outros.

J.-P.S. — Sim.

A cerimônia do adeus

S. de B. — Não existe uma espécie de perfil privilegiado que seria aquele que capta Deus.

J.-P.S. — De modo algum. O objeto é muito complicado, muito complexo, oferece diversos perfis às pessoas que o veem. E, também, há outras consciências além das consciências humanas, há as consciências dos animais, dos insetos, por exemplo. Eles se oferecem, então, de maneira completamente diferente segundo as consciências que os apreendem. Mas o objeto está fora dessas consciências; ele é, mas sem consciência de si mesmo, ele é em-si. Embora, naturalmente, em-si, para-si, sejam ligados, não como o estariam para Deus, mas quase como dois atributos de Spinoza: o em-si sendo aquilo de que há consciência, a consciência existindo apenas como consciência do em-si. Ela pode, sem dúvida, ser consciência do para-si, o para-si se indica. Mas só há consciência do para-si na medida em que há consciência do em-si. Consequentemente, o em-si para si captado como o ser de Deus é uma impossibilidade, uma simples ideia da razão, sem realidade. E, por outro lado, há o vínculo em-si para si, da consciência e da coisa, que é uma outra forma do em-si para si, e que existe a cada instante. Neste momento estou consciente de uma quantidade de coisas que estão diante de mim, que existem realmente e que capto em sua própria existência. Capto o em-si de uma mesa ou de uma cadeira, ou de um rochedo.

S. de B. — O ateísmo para você é, portanto, uma de suas evidências, uma das bases de sua vida. Então, que pensa das pessoas que se dizem crentes? Você encontrou algumas que estimou, outras que, sem dúvida, não estima; creio que existem as que se dizem crentes e que não creem. Mas, enfim, em sua opinião, o que representa o fato de crer, quando se tem um certo grau de cultura, naturalmente quando um Merleau--Ponty — que aliás deixou de crer — dizia que acreditava em Deus, e quando os padres amigos seus, os jesuítas, diziam que acreditavam em Deus? De um modo geral, na maneira pela qual um homem conduz sua vida, que pensa você que representa o fato de situar-se como acreditando em Deus?

J.-P.S. — Isso me parece uma sobrevivência. Penso que houve um tempo em que era normal crer em Deus, no século XVII, por exemplo. Atualmente, considerando a maneira pela qual vivemos, o modo pelo qual tomamos consciência de nossa consciência e pelo qual percebemos que Deus nos escapa, não há intuição do divino. Penso que neste momento a noção de Deus é uma noção anacrônica já, e sempre senti algo de caduco, de ultrapassado nas pessoas que me falaram de Deus acreditando nisso.

S. de B. — Mas por que acha que se mantêm agarrados a essa noção caduca e ultrapassada?

J.-P.S. — Da mesma maneira que, muitas vezes, se agarram a noções caducas e ultrapassadas, a outros sistemas caducos e ultrapassados, porque conservaram, da época da grande síntese divina do século XVII, por exemplo, elementos que não podem encaixar-se numa outra síntese atual. Não podem viver sem essa síntese já morta dos séculos precedentes, e são anacrônicos, superados, fora de nossa época, quando aparecem. Embora possam ser excelentes matemáticos, ou físicos. Têm uma visão do mundo que é de uma época passada.

S. de B. — Mas de onde pensa que lhes vem essa visão do mundo?

J.-P.S. — De sua escolha, deles mesmos, de sua liberdade, e também de influências. Foram influenciados por pessoas que também conservavam a visão do século XVII, padres, por exemplo, mães muito cristãs; isso porque as mães eram mais ligadas à religião do que os homens, pelo menos no período anterior. Portanto, esses homens me parecem representar alguma coisa que não é atraente para um jovem que deve formar-se, mas que já sente o passado, um velho passado. Os jovens que acreditam em Deus precisam de vínculos com a tradição… diferentes dos nossos.

S. de B. — Você falou da escolha de uma determinada visão do mundo. Você acha que essa escolha lhes traz vantagens e é por isso que a fazem?

J.-P.S. — Ela certamente lhes traz vantagens. É muito mais agradável pensar que o mundo é bem fechado, com uma síntese feita não por nós, mas por um ser todo-poderoso, que este mundo é feito para cada um de nós e que todo sofrimento é uma provação tolerada ou desejada pelo Ser supremo, isso é muito melhor do que tomar as coisas como elas são: isto é, sofrimentos que não são merecidos, que não são desejados por ninguém e que nada proporcionarão à pessoa que os suporta. Dádivas também, que não são dádivas de alguém, que representam igualmente algo que é dado sem que ninguém o tenha dado. Para restabelecer a velha noção de Deus consciente de tudo, vendo as relações entre tudo, e estabelecendo tais relações, desejando-as, bem como também

A cerimônia do adeus

suas consequências, é preciso ignorar a ciência, as ciências humanas e também as ciências naturais, e é preciso retornar a um universo inteiramente contrário ao que estabelecemos depois disso. Ou seja, conservar uma noção que as ciências da natureza e do homem, sem dizê-lo, sem desejá-lo expressamente, contribuíram amplamente para eliminar.

S. de B. — Por outro lado, você vê no fato de ser ateu, não diria vantagens, mas um certo enriquecimento moral, psicológico, para o homem?

J.-P.S. — Sim, mas isso vai demorar. Porque é preciso exatamente livrar-se inteiramente do princípio do Bem e do Mal que é Deus, e é preciso tentar repensar, reconstituir um mundo liberado de todas as noções divinas que se apresentam como uma imensidão do em-si. É difícil. Mesmo aqueles que pensam ter atingido um ateísmo consciente e refletido estão certamente imbuídos ainda de noções divinas, de elementos da ideia divina e, consequentemente, não alcançam inteiramente o que desejam; introduzem cada vez mais ateísmo em seu pensamento, mas não se pode dizer que o mundo seja ateu, que o mundo humano seja ateu. Há ainda muita gente que crê...

S. de B. — E para um indivíduo em particular, por exemplo, pensemos apenas em você, qual é... digamos, qual a vantagem, além da de haver pensado que isso era a verdade, é claro, mas qual a vantagem que lhe proporcionou o fato de não acreditar em Deus?

J.-P.S. — Isso assegurou, estabilizou a minha liberdade; agora esta liberdade não é feita para dar a Deus o que ele me pede, mas é feita para inventar eu próprio, e para dar a mim mesmo o que eu me peço. Isso é essencial. E também minhas relações com os outros são diretas; já não passam por intermédio do Todo-Poderoso, não tenho necessidade de Deus para amar meu próximo. É uma relação direta de homem a homem, não tenho nenhuma necessidade de passar pelo infinito. E também meus atos constituíram uma vida, a minha vida, que vai terminar, que está mais ou menos encerrada, e que julgo sem equivocar-me muito. Esta vida não deve nada a Deus, ela é ela mesma tal como a quis, e em parte tal como a fazia sem desejá-la. E quando a considero agora, ela me satisfaz, e não tenho nenhuma necessidade de passar por Deus para isso. Tenho apenas que passar pelo humano, isto é por mim e pelos outros. E penso que na medida em que todos nós trabalhamos mais ou menos para constituir um gênero humano que terá seus princípios, suas vontades, sua unidade, sem Deus, somos todos, ainda que não a cada instante, mas realmente em todo momento de nossa vida, ateus, ou pelo menos ateus de um ateísmo que se desenvolve, que se realiza de maneira cada vez melhor.

S. de B. — Você pensa que a primeira das desalienações do homem é antes de mais nada não crer em Deus.

J.-P.S. — De maneira absoluta.

S. de B. — Isso consiste em tomar apenas o homem como medida e como futuro do homem.

J.-P.S. — Deus é uma imagem pré-fabricada do homem, o homem multiplicado pelo infinito, e diante da qual o homem deveria esforçar-se por satisfazê-la. Continua a tratar-se, portanto, de uma relação consigo, de uma relação consigo absurda, mas imensa e exigente. É essa relação que é preciso suprimir, porque é a verdadeira relação consigo. A verdadeira relação consigo é aquilo que somos e não com aquilo que construímos vagamente semelhante a nós.

S. de B. — Há ainda alguma coisa que você queira dizer?

J.-P.S. — Sim e não. O fato de viver em relação muito estreita com pessoas que também não acreditam em Deus suprime completamente, entre elas e nós mesmos, esse intermediário infinito que é Deus. Você e eu, por exemplo, vivemos sem preocupações com esse problema. Não creio que muitas conversas nossas tenham girado em torno disso.

S. de B. — Não, nunca.

J.-P.S. — E de toda maneira vivemos, temos a impressão de nos havermos interessado por nosso mundo, de haver tentado vê-lo.